国家社会科学基金重大项目"视觉修辞的理论、方法与应用研究"（项目编号：17ZDA290）的子课题"国际传播的视觉修辞原理、机制与路径"

新媒体传播理论与应用
精·品·教·材·译·丛

数字新闻

The SAGE Handbook of Digital Journalism

［荷］塔玛拉·维茨格（Tamara Witschge）　［美］C. W. 安德森（C. W. Anderson）
［比］戴维·多明戈（David Domingo）　［加］阿尔弗雷德·贺米达（Alfred Hermida） | 编著

高丽　姚志文 | 译

清华大学出版社
北京

Tamara Witschge, C. W. Anderson, David Domingo, Alfred Hermida
EISBN: 978-1-4739-0653-2
The SAGE Handbook of Digital Journalism
Introductions & editorial arrangement © Tamara Witschge, C. W. Anderson, David Domingo and Alfred Hermida 2016

本书中文简体字版由SAGE Publications, Inc. 授权清华大学出版社出版。未经出版者书面许可，不得以任何方式复制或抄袭本书内容。

北京市版权局著作权合同登记号　图字：01-2017-4655

本书封面贴有清华大学出版社防伪标签，无标签者不得销售。

版权所有，侵权必究。举报：010-62782989，beiqinquan@tup.tsinghua.edu.cn。

图书在版编目(CIP)数据

　数字新闻 / (荷) 塔玛拉·维茨格(Tamara Witschge) 等编著；高丽，姚志文译. 一北京：清华大学出版社，2021.1
　(新媒体传播理论与应用精品教材译丛)
　书名原文：The SAGE Handbook of Digital Journalism
　ISBN 978-7-302-55610-7

　Ⅰ.①数… Ⅱ.①塔… ②高… ③姚… Ⅲ.①数字技术—应用—新闻工作—教材 Ⅳ.①G21-39

　中国版本图书馆CIP数据核字(2020)第090928号

责任编辑：陈　莉　高　屾
封面设计：周晓亮
版式设计：方加青
责任校对：马遥遥
责任印制：杨　艳

出版发行：清华大学出版社
　　　　　网　　址：http://www.tup.com.cn，http://www.wqbook.com
　　　　　地　　址：北京清华大学学研大厦A座　　邮　编：100084
　　　　　社 总 机：010-62770175　　　　　　　　邮　购：010-62786544
　　　　　投稿与读者服务：010-62776969，c-service@tup.tsinghua.edu.cn
　　　　　质 量 反 馈：010-62772015，zhiliang@tup.tsinghua.edu.cn
印 刷 者：北京富博印刷有限公司
装 订 者：北京市密云县京文制本装订厂
经　　销：全国新华书店
开　　本：185mm×260mm　　印　张：21.75　　字　数：728千字
版　　次：2021年1月第1版　　印　次：2021年1月第1次印刷
定　　价：88.00元

产品编号：073648-01

编 委 会

主任：林如鹏　暨南大学

主编：支庭荣　暨南大学

编委：(排名不分先后)

　　　李　彪　中国人民大学

　　　李良荣　复旦大学

　　　刘　涛　暨南大学

　　　陆　地　北京大学

　　　谢耘耕　上海交通大学

　　　沈　阳　清华大学

　　　张志安　中山大学

　　　钟　瑛　华中科技大学

　　　祝建华　香港城市大学

丛书总序

这是一个新兴媒体高歌猛进的时代。中国接入国际互联网二十多年,见证了网络社会的异军突起。"互联网+"计划和国家大数据战略的实施,进一步提升了新媒体的增长空间。截至2015年6月,全国的互联网普及率趋近50%,智能手机普及率超过七成。作为对比,北京地区电视机开机率保持在六成以上,从理论上说,如果电视机全部消失,对城市的影响已不太大,尽管还是会影响到相当一部分乡村地区的收视需求;同样,如果报纸全部消失,对大部分读报人口来说影响也不太大,尽管其阅读体验可能会下降不少。互联网和手机对于传统报纸和电视的替代性,越来越强。只要有手机在,没有报纸的日子并非难以忍受;只要有电脑、平板电脑和互联网,没有大屏幕彩电的日子也没那么难熬。人们对移动互联网和网络社交的迷恋,甚至已逐渐成为一种"文化症候"。新媒体,正在成为人体的新延伸。

曾几何时,世界上最大的免费物品是空气和阳光,如今可能就要数互联网上的信息了。网络信息的市场均衡价格,近乎为零。免费带动付费,以至于数字经济蓬勃生长。专业机构和众包生产参差不一的内容,一起被投进了免费的染缸,难分彼此。在报纸的黄金时代,读者挑错的来电来函络绎不绝。在互联网时代,用户对低劣信息的容忍度却增加了,见猎心喜,愿意忍受免费、新奇而营养价值或许不高的内容。互联网和整个新媒体家族,作为巨大的分布式的数据生产、复制工厂和推送、分享空间,具有一种吞噬性的力量。几乎人类有史以来创造的所有内容,都可以用极低的成本迅速数字化。这样一种近乎"黑洞"般的传播能力,使得任何单体的模拟制式的传播者黯然失色。新媒体以不可阻挡之势,席卷了内容、娱乐和各种各样的应用市场。

从产业结构层面来看,互联网和新媒体世界的控制力,掌握在技术取向的大型平台和超级运营商的手中,这些大型平台和超级运营商,如谷歌、苹果、百度、腾讯、阿里等,逐渐囊括了信息聚合、信息储存、信息搜索、社交娱乐、地理位置服务、数据挖掘、智能制造、电子商务等环信息经济圈。新闻,只是它们的副业之一。

技术相对于内容的霸权,在目前这一信息技术革命不断升级的阶段是相当明显的。但是,人类社会终究由人们的认知、心态、想法、观念所主导,而非技术的奴隶。移动终端不过是增加了一些优越感和幸福感而已。好的内容,优质的新闻产品,始终有它的独特价值,并且能够在技术标准逐渐成熟后,再一次恢复自己的崇高声望。因此,技术不可或缺,内容也依然重要。计算机科学技术不等于新媒体的全部,新媒体传播的理论和应用,仍有许多独特的规律等待人们去探求。

新传播技术正在并还将创造出很多种可能。看起来,新媒体传播与传统新闻工作有着一定的相似之处,它们都取决于一个个睿智头脑的即时生产,标准化作业即使有,也是有一定限度的。语言的隔阂、用户的地缘兴趣随着距离的增加而衰减,决定了行业的规模边界。但是,机器人对人工操作的取代,在财经、天气等领域已初显身手。智能化技术将会解决很大一部分初级信息的生产和传播问题。技术的含量,与内容、产品、营销等类目相比,如果不是更重要,至少需要得到同等程度的重视。

与此同时,新媒体传播的理论和应用,

也对深化和拓展传统新闻传播学的地盘提出了新的要求。从历史的角度看，是互联网的出现承接、替代了媒体的功能，而不是媒体创造了网络。媒体是网络时代的追随者，是数字革命的后知后觉者，媒体恐怕做不到掌控网络的命运。互联网为各种各样的企业提供底层平台，也推动了商业、教育、娱乐和新闻信息等应用平台的成长。具有强大商业能力、创新能力的企业，乃是网络时代的弄潮儿。当媒体汇入了互联网的洪流中，意味着新闻业的变革成为必然。实践呼唤着理论的回应，新媒体传播学科的进一步发展成为必需。

当然，人们不应忘记，往往渠道越发过剩，数据越发富集，信息越发泛滥，优秀的产品始终稀缺。这是新媒体传播的价值和命脉所在。

鉴于时代的新变化和人才培养的新需求，我们与清华大学出版社又一次携手合作，瞄准世界前沿，组织了一套"新媒体传播理论与应用精品教材译丛"，以飨国内的读者。前路漫漫而修远，求索正未有穷期。

支庭荣

前　言

Tamara Witschge，C. W. Anderson，
David Domingo，Alfred Hermida

学科的问题

同类书籍通常为读者提供一门学科的发展现状，查考这门学科与其他学科之间的界限，以及考察它的历史与未来。这些手册被解读为与这门学科紧密相关的权威读物。本书读者将会知晓那些围绕着新闻业的历史与未来而展开的诸多讨论（Downie，Schudson，2009；Lee-Wright 等，2012；Peters，Broersma，2013；Anderson 等，2012），以及相关的新闻学研究（Zelizer，2004；Boczkowski，Anderson，2016）。我们希望，本书可以帮助学者们反思新闻理论研究的历史路径。更为重要的是，我们希望本书能够推进未来的新闻研究与理论的发展。

同时，我们不想让本书扮演图书这样的"角色"，即对新闻研究和这门学科当前面临的种种议题的权威性描述。我们是否可以把新闻研究视为一门学科(或者把数字新闻研究视为一门子学科)，这并不是本书关注的最主要的问题。在我们看来，本书有一个更重要的任务：审视21世纪新闻业的新方法，而非仅仅探察这一领域的边界。我们将研究这个领域的不明确性和不确定性。

如果说与其他同类书有什么区别的话，那么本书可视为一份请人们(重新)思考这个领域及其方法和理论的邀约。早在2000年，芭比·泽利泽尔就注意到，确实有必要"构建一个更为综合、广泛的新闻学术体系……以推动新闻研究沿着一条全新的路径发展"(Zelizer，2000)。15年后，我们仍然认为这是当前该领域最为迫切的需求之一。同时，本书的各个章节展示了学者们进行新闻研究可借鉴的、丰富的视角，也是邀请读者们思考和发展出洞察和分析的新方法。确切地说，我们希望这本书被"使用"而非仅仅被"思考"，这就是为什么这本书的各个章节是以鼓励读者进行实际应用为目的的。

除了提倡新的视角和方法以外，本书的另一个特色是，汇集多方的声音且提供偶尔出现在不同章节(有时是同一章节里)的互相矛盾和对立的发现、观点等。应该明确的是，我们的目的并不是为这一领域提供一个全新的范式。正相反，我们的立场是，我们需要离开新闻研究中已经达成一致的对新闻的同一化理解，朝向对新闻和新闻业的一个更为多元的理解。差异、分歧和多元是本书的核心主题。这个趋势正在发生，不仅在学术领域里，也在学者们视为研究对象的现实世界中。如果读者们能从这本书中领悟到什么，那就是我们的研究对象、方法和理论的多元性与复杂性。

数字新闻中的"数字"

虽然本书的目的并不是要发展出数字新闻研究的一门子学科，但其标题中确实含有"数字"一词。数字技术和数字文化的崛起(以及对新闻业和新闻研究带来的影响)无疑是本书的中心。其中相互补充的章节解释了，当我们想要探索和分析数字新闻的时候，需要说明不断变化着的环境和新的实践，需要重新思考理论和发展出研究策略。我们并不希望暗示的是，在数字技术被引入以前，新闻是一个稳定的概念和一种稳定的实践。在某种程度上，本书并不关心这些议题，不比较传统新闻和数字新闻，以及传统新闻业和数字新闻业之间的异同，也

不会建立相关的因果关系。数字环境被看作一个给定的事实，对于本书编撰者或者参与者，传统新闻业的功能并非提供"比较基准"。

本书展示了新闻环境与实践的复杂性和多元性，而非在传统新闻业和未来新闻业、主流新闻和另类新闻以及数字新闻和非数字新闻(或前数字新闻)之间划清界限。过去几十年里，在新闻领域发生的根本变化不能轻易被归因于一个因素，不管这个因素是技术的、文化的、社会的，还是经济的。发生在这个领域的种种趋势也并非指向新闻实践的某一个方向，因而新闻研究也不是只有一条路径。为了使我们的研究领域被公正地看待，我们需要和研究对象一样复杂的理论与方法(见第36章)，以及包含了这个领域的分散性和混杂性的理论与方法(见第11章)。

已经发生在这个领域的诸多变化不能被简单地精炼为技术的变化，正因为如此，"数字"这一说法有可能具有误导性。在本书中，我们使用"数字"作为一个"捷径"来指涉当代新闻领域的文化、经济、社会和技术等方面的综合体。不容否认的是，数字技术的出现和崛起引发了很多根本性的变化。这些变化不局限于新闻领域，也发生在社会层面。

本书结构

第Ⅰ部分讨论的是"不断变化的环境"，这部分内容主要包括：解释那些与新闻有关的、我们认为很重要的领域；提出民主、权力、代理、金钱和伦理的问题。始终贯穿该部分内容的一个中心思想是：在一个混合的、有各种参与者在场的数字媒体环境中，我们如何就新闻业的那些根本方面提出问题、开展讨论，或者如何强化这些方面。被囊括在第Ⅰ部分中的章节共同勾勒出了数字新闻的图景，凸显了这个领域里变与不变之间的张力。为了理解当代环境的复杂性，第Ⅰ部分的作者们提供了一个历史的视角以及对局部情况的敏感体察，以此把变化的机制、因素和过程置于职业、产业和社会演化的背景当中。

第Ⅱ部分的主题是"数字时代的新闻实践"。这一部分的各个章节并非仅仅识别和区分生产实践与消费实践，而是强调研究对象的复杂性，以及这一复杂性给研究者们带来的种种挑战。位于挑战中心的是两个相互关联的趋势：新闻业的分散化(Ringoot，Utard，2005)与混杂化(Chadwick，2013)。这两个趋势不仅促使新闻语境、新闻实践和新闻从业者变得更为丰富多样，也许更为根本的是，这种差异化在现如今的数字化环境中还不是很清晰，这已经被描述为一种"混淆疆界"的现象(Carlson，Lewis，2015)。第Ⅱ部分中的各个章节探索的是人们以观众、使用者、生产者、消息提供者、专家或市民等身份接触新闻的不同方式。每一章节以特有的方式对现有的分类方法提出挑战，并且针对新闻从业者和新闻实践给出了全新的概念。

第Ⅲ、Ⅳ部分各自回答了这样一个问题，即理论和方法是如何回应上述这些挑战的，以及如何帮助我们理解发生在新闻这个领域的种种变化。在解释复杂性上，我们提倡的不是用僵硬的模型去处理田野调查，而是需要能够描绘出多样性和混杂性的理论和方法工具。我们需要研究不同的行动者如何定义他们与新闻的关系，他们如何通过互动来形塑新闻生产，以及让新闻业发展演进和拒绝变化的因素是什么。第Ⅲ部分聚焦"新闻业的概念化"，提供种种有时互补、有时矛盾的方法，将"新闻"概念化为实践、机构、领域、网络或生态系统。这部分内容还提供新闻业中关键行动者的新概念，包括记者、公众、空间和技术。

最后，第Ⅳ部分的各章节为读者提供"研究策略"。它们回顾了可用的方法论工具，并且提供了具体的例子加以说明：现有的方法是如何帮助我们解释这个领域中学者们所面对的挑战的。正因为如此，这些方法中的每一个都促进了该领域的研究：它们说明变化着的生产与消费实践；它们提供对访问和存取"大数据"的深刻理解，以及抽样、分析与当前新闻业一样易变的事物的方法。这些章节提倡这样的方法和研究策略：使新闻业的复杂性和多样性本质的价值得以充分发挥(涉及强调新闻工作的物质层面的视角、民族志、重构采访、Q-方法和三角测量)。

那么新闻研究的下一步是什么呢?这本书的各个篇章是如何说明这个问题的?如上所述,这本书并没有遵循某个被一致认同的范式,也不是为了得出这样的一个范式。很有可能的是,这本书的读者在阅读的过程中会产生更多的、新的疑问,而非已有的疑问被解答。在阅读目录时读者会感受到很多张力。这些张力不会缓和,而且更有可能的是,在读者阅读具体内容的时候会变得更为剧烈。这本书囊括了这个领域的复杂性以及张力和不确定性。

和第37章的作者Costera Meijer一起,我们呼吁在新闻研究领域有更大的空间容纳怀疑、矛盾和混乱。对于我们,这意味着一个学科的成熟;能够与未知共存,而不是要知晓一切;寻找和包容灰色地带,而不是熟练地限制研究对象;为很多有可能矛盾的关于什么是新闻和什么是记者的定义创造空间;以及承认新闻能以很多方式影响社会,远远不止其在西方社会里的民主角色(Zelizer,2013)。我们希望通过这本书为该领域的研究方法添砖加瓦。对我们而言,这本书展示了方法的多样性,而正是这一多样性使得这个研究领域如此令人着迷和包罗万象。

编　者

目 录

第 I 部分　不断变化的环境 ……… 1

第 1 章　数字新闻与民主 ………… 3
引言 ……………………………………… 3
批评新闻与民主范式的理由 …………… 4
沟通式民主的不同模型 ………………… 6
新闻的不同概念 ………………………… 7
谁在做新闻 ……………………………… 8
得与失 ………………………………… 10
不同新闻形式的融合 ………………… 12

第 2 章　全球媒体权力 ………… 13
传统媒体权力 ………………………… 13
新媒体生态系统 ……………………… 14
新媒体力量 …………………………… 17
结论 …………………………………… 19

第 3 章　数字化新闻媒体与少数族裔 …………………………… 20
对少数族裔观众的约束 ……………… 21
少数族裔的新闻实践：动员逆流与弥合差距 ………………………………… 24
结论 …………………………………… 28

第 4 章　新闻业务 ……………… 29
我们所了解的新闻业务 ……………… 30
越来越数字化的新闻业务 …………… 33
新闻业务的未来 ……………………… 37
结论 …………………………………… 39

第 5 章　数字新闻伦理 ………… 41
媒体伦理的起源 ……………………… 41
重点问题 ……………………………… 42
功能概念 ……………………………… 43
认知概念 ……………………………… 45
结构概念 ……………………………… 47
批判概念 ……………………………… 49
总结 …………………………………… 50

第 6 章　社交媒体和新闻 ……… 51
定义社会媒体 ………………………… 51
新闻环境 ……………………………… 52
新闻的背景 …………………………… 54
新闻实践 ……………………………… 55
总结 …………………………………… 57

第 7 章　网络框架与把关 ……… 59
引言 …………………………………… 59
媒体控制理论：把关与框架 ………… 60
网络把关：一种以人群为中心的理论 … 62
网络框架：一种以人群为中心的理论 … 65
结论 …………………………………… 67

第 8 章　新闻的亲密化 ………… 68
引言 …………………………………… 68
社会媒体和新闻消费 ………………… 69
社交媒体中的新闻工作者 …………… 70
前社交媒体时代的新闻与亲密性 …… 72
公众新闻工作者的衰落 ……………… 74

第 9 章　情绪与新闻 …………… 78
引言 …………………………………… 78
新闻与情绪：有问题的结合 ………… 79
数字新闻与情绪：追踪"数字颠覆"的后果 ………………………………… 81

受众参与与真实性 ································ 82
结论 ··· 86

第II部分　数字时代的新闻实践 ··· 87

第 10 章　网络新闻业 ··············· 89
引言 ··· 89
记者和公众的关系变化 ························ 90
参与与控制的张力 ······························ 92
数据驱动的实践 ································· 93
网络公共领域 ···································· 95
新闻研究的未来 ································· 96

第 11 章　融合新闻实践 ············ 97
反对对立 ·· 97
整合与语境 ······································· 99
社会形态与功用的融合：媒体介入 ······ 99
技术与形式的融合：社会目击 ············ 101
新闻与营销融合：重视真实 ··············· 102
结论和下一步研究方向 ······················ 104

第 12 章　新闻参与的生态 ······· 105
引言 ··· 105
"生产"内容 ···································· 106
沉默的大多数 ·································· 108
情感和社区作为参与的驱动因素 ········ 108
参与的生态 ······································ 110

第 13 章　新闻编辑室里的创新 ··· 112
新闻编辑室的创造性破坏 ·················· 112
一种商谈过程 ·································· 113
影响新闻编辑室创新的因素 ··············· 114
结论 ··· 119

第 14 章　外包新闻工作 ··········· 121
引言 ··· 121
外包：划定界限 ······························· 122
外包：产业结构和劳动条件 ··············· 123
外包和工作实践 ······························· 124
外包与技术 ······································ 126
规范影响和结论 ······························· 126

第 15 章　半专业记者 ··············· 129
认同危机：命名参与性 ······················ 129
活动和创造力：实践和动机并行 ········ 131
反应性：信息提供者，从消息来源到新闻资源 ·· 132
互动性：接入、工具和UGC专业平台 ··· 133
社区商品 ··· 135
UGC的失衡与矛盾 ···························· 135

第 16 章　作为新闻生产者的消息来源 ································· 137
大众传媒时代的消息来源 ·················· 138
重思数字媒体时代的新闻来源 ············ 140
是多元公共领域，还是基本认同的新时代 ·· 143
结论：构想新闻文本之外的新闻来源 ··· 144

第 17 章　作为新闻生产者的行动者 ································· 145
在线动员与权力结构的强化 ··············· 146
连接型行动的兴起 ···························· 147
抗议渠道 ··· 148
数字监督：监测和披露政治信息 ········ 149
媒介接触的终极解释 ························ 150
激进主义与新闻的多步骤模型 ············ 151
讨论和结束语 ·································· 152

第 18 章　公民目击 ·················· 153
引言 ··· 153
作为专业理念的目击 ························ 153
媒体目击 ··· 155
作为远距离苦难的视觉表征 ··············· 156
专业目击与公民目击 ························ 158
结论 ··· 160

第 19 章　超本地新闻 ··············· 161
定义超本地新闻 ······························· 161
我们对超本地新闻的了解 ·················· 163
超本地新闻的可持续性：公司专营与独立经营 ·· 165

超本地新闻理论·················167
结论·····························168

第III部分　新闻业的概念化······170

第20章　数字新闻的规范性模型······173

引言·····························173
参与性···························174
去机构化·························176
创新·····························178
企业家精神·······················180
结论·····························181

第21章　大众、受众和公众······182

引言·····························182
文化受众研究和新闻···············183
公众·····························184
受众·····························185
大众·····························186
结论·····························187
注释·····························188

第22章　作为实践的数字新闻···189

引言·····························189
实践理论·························189
引入作为实践的分享···············191
Twitter：一个分享信息、新闻与评论的平台·······················192
精英们的Twitter实践··············193
政治激进分子的Twitter实践········194
新闻工作者的Twitter实践··········194
紧张和矛盾·······················195
结论：共享和新闻业的未来·········197
注释·····························197

第23章　描绘新闻业中的人机差异······198

引言·····························198

人类—技术维度的概念化···········199
新闻业及其社会行动者·············200
新闻业及其技术行动元·············201
技术依赖的概念化·················202
结论·····························203
注释·····························204

第24章　新闻消费的空间和地点······205

引言·····························205
从大众媒体消费到数字媒体实践·····206
对新闻受众的空间的概念化·········208
数字消费场所——家庭、工作、公共和虚拟空间·······················211
结论·····························213
致谢·····························213
注释·····························213

第25章　新闻制度···············214

身份和规则·······················214
持续性···························217
改变·····························219
结论·····························221

第26章　新闻场域···············223

引言·····························223
场域隐喻·························223
解释，场域和个人·················226
新闻的权力·······················227
新闻场域的变化···················229
结论·····························231

第27章　新闻网络···············232

打开新闻编辑室的黑箱：理解技术创新·····························232
追踪新闻编辑室以外的网络：新闻实践的多元性·······················235
新闻业的(再)建构：ANT，权力与规范性···························237
结论：调和·······················239
注释·····························240

第 28 章　新闻生态系统 ………… 241
引言 …………………………………… 241
新闻编辑室内外 ……………………… 241
关于新闻生态系统的思考：简短的溯源考察 ……………………………… 243
两种媒体生态 ………………………… 243
媒介生态学与数字新闻学研究 ……… 246
结论 …………………………………… 249
注释 …………………………………… 249

第 29 章　流动的新闻业 ………… 250
从稳固性职业到流动性职业 ………… 251
改变的困难：管理者遇到"自命不凡者" ……………………………… 254
专业力量的利益 ……………………… 257
未来：协商身份 ……………………… 259

第IV部分　研究策略 ……………… 261

第 30 章　数字新闻生产的民族志研究 …………………………… 263
引言 …………………………………… 263
民族志研究简史 ……………………… 264
早期新闻编辑室民族志研究方法的发展 ………………………………… 265
新闻民族志研究中的"感性" ……… 266
新闻编辑室民族志研究中的"感性" … 267
数字新闻编辑室的民族志研究技术 … 268
考虑、限制和结论 …………………… 269

第 31 章　在新闻研究中采用"物质敏感性" ……………………… 271
什么是物质性，为什么它对新闻研究很重要 ……………………………… 271
行动者网络理论及其超越 …………… 272
方法论困境 …………………………… 273
方法论线索 …………………………… 275
新闻研究的物质时代即将来临 ……… 279

第 32 章　通过访谈重构生产实践 ………………………… 280
引言 …………………………………… 280
基础预设 ……………………………… 280
重构访谈与传统方法 ………………… 281
需要考虑的因素 ……………………… 283
优势和局限性 ………………………… 287

第 33 章　对液态新闻进行抽样 … 289
引言 …………………………………… 289
液态新闻抽样面临的挑战 …………… 290
获取社交媒体数据 …………………… 292
变量设计与计算机编码 ……………… 294
结论 …………………………………… 296

第 34 章　大数据分析 …………… 298
引言：新闻学中的大数据 …………… 298
新闻生产中的大数据 ………………… 299
关于新闻接受的"大数据" ………… 301
机会和威胁 …………………………… 304
新闻研究中的"大数据"应走向何方 … 306
致谢 …………………………………… 306

第 35 章　Q-方法与新闻受众研究 …………………………… 307
在新闻中度过生命里的一天 ………… 307
融合媒介文化中作为新闻受众的公民消费者 …………………………… 308
新方法、创新方法与传统方法 ……… 308
以用户为出发点：非媒体中心，跨媒体视角 ……………………………… 309
洞察力互补的混合方法 ……………… 310
描绘新闻消费的跨媒体景观：探索用户的媒体使用情况 ……………………… 310
整合跨国和纵向视角分析新闻汇辑 … 314
结论：混合方法的附加值 …………… 315

第36章 实践以受众为中心的新闻研究 316

数字时代主流受众研究方法的局限性 … 317
必要的多样性：开放新闻研究的
研究议程 … 319
新闻伦理中的用户视角 … 322
结论 … 324

第37章 多重方法研究 325

简介 … 325
新闻研究中的"方法工具包" … 326
模态内与模态间的多方法研究设计 … 327
多方法设计的功能和结构方面 … 328
多方法设计的挑战 … 330
结论与展望 … 330

第Ⅰ部分

不断变化的环境

Alfred Hermida

鉴于数字新闻是一个变化不定的领域，这一部分的目的是勾勒出这个领域的大致轮廓，并力图识别出与那些老生常谈的路径不一样的方向。理解数字新闻的第一步是绘制出新闻与信息所处的环境的复杂性。这部分的各个篇章考虑、评估和质询的是：什么条件致使新闻在社会中的位置不断演化和突变。

前三个章节关心的是数字环境中新闻与基本的权力问题之间的关系，以及研究相关变化的方法。这些章节共有的一个主题是：具有多种形式的权力是如何通过数字媒体被重新配置、固化和改造的。第1章的作者Beate Josephi讨论的主要内容是在民主社会运行中新闻被假定了什么角色。这一章节重点关注：使更大范围的公共参与和新闻生产过程民主化成为可能的数字化技术，如何引发了新闻领域专业化与公共参与之间的张力。核心的问题是：视自身为民主"台柱子"的制度化的新闻是如何与数字新闻的多视角的潜能结为同盟的。

第2章的作者Taylor Owen将"对抗的当局"作为其讨论的主题，旨在回答这样一个问题：数字媒体权力的新形式如何挑战制度化的新闻？这一章记录了非制度化行动者(比如维基百科)和本土化的地方新闻运作(比如Kigali的出现)，同时还有来自冲突地区(比如叙利亚)的去中心化的目击者与报道的崛起。诸如此类的发展挑战了国际报道的海外通讯员模式与制度化媒体所给出的关于新闻的定义。他们还指向这样的一个必要性：更好地理解在多大程度上和在什么样的背景下这些因素呈现出权力的迁移。

第3章的作者Eugenia Siapera在该章中提到了发声、权力和表征的议题。它关注的是把少数民族作为单一实体进行研究的方法，这些方法基于把种族受众进行自上而下的概念化。和欧文一样的是，Siapera也关注数字媒体权力的问题，表现在少数族群开始成为内容的生产者，这极大便利了信息、动员和跨接的逆流。

接下来的三个章节研究新闻的一些基础是如何被挑战、削弱以及在某种程度上被根本性地破坏的。这部分讨论新闻的商业运作、新闻伦理和新闻与受众的关系。对很多在新闻产业工作的人而言，最急迫的问题莫过于如何为专业化的新闻素材收集、新闻内容生产和新闻传播提供充足的资金。第4章的作者Rasmus Kleis Nielsen深入地剖析了数字媒体如何破坏传统新闻商业模式的关键要素。处于商业挑战核心的是这样一个悖论：所谓的能让读者从中受益的来自更多信源的更多的新闻与新闻产业的财务健康是相矛盾的。该章节指出，在混杂的媒体环境中，以营利为目的的新闻角色已经不再那么重要。

数字媒体同样在动摇传统的规范与价值。第5章的作者Stephen Ward并没有维护那些在过去一个世纪里已经定义了什么是专业新闻的种种方法，也没有试图拯救传统的新闻伦理，而是让新闻伦理重生以顾及数字媒体的影响。该章提出了一个全新的具有包容性、诠释性和全球性的数字媒体伦理视角，此视角能够成为数字媒体空间中专业记者和其他行动者负责任传播的基础。

作为第6章的作者，我关注的是专业记者宣称的在新闻收集、生产和散播上的权限所面临的来自这些新兴行动者的挑战。该章对社交媒体和专业新闻之间的互动作出评定,并指出社交媒体如何成为制度化媒体之外的空间,供公众消费、分享、监督和质疑专业记者的工作。该章还强调了随着数字媒体成为一个混杂、矛盾的意义建构场,新闻工作如何在新闻制度的逻辑之外展开,尽管新闻仍由专业媒体价值所塑造和改造。

基于前面章节的论述,第7章到第9章深入分析了一个网络化的、协作的媒体环境对新闻工作的影响。第7章的作者Sharon Meraz和Zizi Papacharissi聚焦"网络把关"和"网络框架"的概念,以此强调参与者、观点和议题是如何通过参与式的社会架构而浮出水面的。他们指出新闻的把关和建构功能如何被重新相互贯连,如何塑造谁是说话者和说话对象,以及如何影响信息的过滤与传递。其结果是对新闻叙事进行一种动态的、非固定的矫正。

第8章的作者Steen Stensen讨论的是记者在这样一个共享的、混杂的媒体空间中的位置。他的论述聚焦社交媒体环境以及该环境如何与新闻的公共性互动。具体来讲,该章以一种历史的视角着眼于记者如何在私人角色和专业角色之间取得平衡,并且提出社交媒体导致新闻工作"幕后领域公开化"的趋势。

记者们面临的挑战之一是更加个人化和情绪化的新闻叙事形式的重要性与日俱增。正如第9章的作者Karin Wahl-Jorgensen所解释的,情感在新闻中的角色并非人们第一眼看上去觉察到的那么新奇。相反,她从公民媒体和社交媒体的发展角度出发回溯了新闻中情感表达的与日俱增的重要性,以及随着用于情感表达的新空间的开放,新闻业朝着更个人化、更主观的叙事的变化趋势。

然而,正如第Ⅰ部分的各章节提及的其他趋势一样,这样的变化被一些记者接受,也被其他记者排斥。新闻领域正在被重新配置,记者们的工作环境也正经历着同样的过程。数字新闻的世界是令人吃惊和不安的,同时也是令人兴奋的。第Ⅰ部分的各章节旨在充当本书的一个"发射台",为后面关于新闻领域里夺人眼球的新规范、新实践、新角色、新理论和新概念的讨论、分析及解释做背景和语境上的铺垫。

第1章

数字新闻与民主

Beate Josephi

引言

数字新闻的出现并非无源可溯。它得益于技术上的种种可能性，在很短的时间里，已经明显地改变了新闻的面貌，在北美、欧洲和澳大利亚尤其如此。全球范围内，传统新闻业仍然占据支配地位，正因为如此，数字新闻被看成是与传统新闻的协作而不是隔离。

在与民主的关系定义上，数字新闻不同于传统新闻。技术上的种种变化为能够和愿意积极参与新闻生产、传播的人们开放了渠道，这个角色以前局限于专业记者和媒体机构，现在让新闻过程更加民主化。本章节旨在解释有关新闻和民主的各种见解，并且考察参与的新可能性是如何影响新闻业的。数字新闻领域的进展有目共睹，由此带来的利弊得失也是能够被评估的。

除了对新闻与民主做全面的概述，本章还总结了新闻领域各种各样的趋势、数字鸿沟以及民主概念在人们头脑中散布的不均衡状况。鉴于新闻与民主的开端始于西方国家，而且如今新闻领域里的快速变革也发生在西方国家，把讨论的范畴局限在这个区域确实比较容易，但描绘出的新闻业的图景却是不完整的。

新闻与民主

作为民主重要组成部分的新闻的概念，在20世纪里被明确地给予了表述和解释。但是一个具有批判性的媒体和朝向民主的努力这二者之间关系的开始则始于17世纪，当时意识形态的斗争初现端倪于出版业。为了把出版业从国家和宗教权威的桎梏中解放出来，诗人John Milton(约翰·弥尔顿)要求政府给予未经批准的印刷以自由(1644)。他在议会上的这次演讲随后被出版成册，标题为《论出版自由》，直到今天仍然是为言论自由而战的重要文献之一。让Milton深信不疑的是，如果所有"教条的风被散落在地上"，真理就会胜出。

随着资产阶级在工业革命期间的崛起和有读写能力的公众的增加，出版成为不同政治需求相互竞争、公开讨论的"广场"。直至今日，促进有见地的意见交流已经成为新闻最有影响力的视野之一。它为如下观点提供了根据，即"新闻是一个协商民主社会中的重要信息来源"(McNair，2009)。

大概三百年后，哈钦斯委员会(Hutchins Commission)和它的一份题为《一个自由而负责的新闻界》的报告对新闻与民主做了精英主义式的诠释。这个委员会成立于"二战"期间的美国，成立后不久就出版了这份报告，旨在阐明新闻自由与民主的基本方面(Bates，1995)。报告中的一些观点受到当时欧洲极权主义经验的影响，其中饱含对大众治理与普通市民的深度怀疑。在当时的精英主义者看来，普通市民是信息闭塞的、情绪化的，以及容易被煽动者和宣传所劝服的。

在这样一个充满意识形态竞争的环境中，高质量的新闻机构和它们的记者们很容易把自己推荐为公众的代言人。正因为如此，他们能够在公众意见和政府官员之间充当调解者的角色。媒体把自己呈现为可信赖的信息渠道，以及具有对民主社会的运转至关重要的告知与把关功能。媒体要提供"在一个赋予新闻事件意义的环境中，对新闻事件真实的、全面的和明智的描述"(Hutchins Commission Report，1974)。记者应把自己视为专家，尽管那些不大受到尊敬的民粹主义媒体谴责这一变化是非民主的(Bates，1995)。

之后出现的很多学术批评指向记者和编辑们从他们的专有角色出发而做出的实践与选择。在数字新闻的影响下，以下这两方的争论再一次赫然出现，这两方分别是支持专业记者为社会上更多人发声的一方和支持以个人为中心的方式理解民主进程的一方(Curran，1997)。

新闻与民主范式如此普遍的原因

新闻与民主范式如此普遍的一个主要原因是它在新闻规范理论中的显著地位，其中以Fred S. Sieber的《报刊的四种理论》为代表。这本书的说服力在于对二分法的简单易解——自由主义和极权主义——这是新闻规范理论的基础(Josephi，2005)。《报刊的四种理论》用新闻和国家的关系来衡量媒体系统，这是一个让那些民主国家获得特权的活动，在这些地方，新闻与政府之间存在一定距离。根据独立于政府的程度，所有的媒体系统被置于从自由主义到极权主义这条线上的某一个点。《报刊的四种理论》成为无数后续研究的试金石，也是那些揭露其缺点的研究的试金石(Christians等，2009；Hallin，Mancini，2004；Nerone，1995)。

时至今日，这个范式在新闻学术研究中的地位根深蒂固，"因为西方学术界——尤其在美国——直接或间接依赖于对民主的假定"(Zelizer，2013)。对民主的讨论不大可能会消失，正如Zelizer所写的，它的规范性价值已经赋予其"道德上的通行证"(Zelizer，2013)。数字新闻的参与性又一次激活了对民主模式的讨论，尤其是对参与式民主模式的讨论。

总的来说，民主的中心地位正在衰退。一个针对数字时代新闻理论的综合分析发现，"民主"作为关键词出现的次数从2000至2006年间的第四位跌落至2007至2013年间的第九位(Steensen，Ahva，2015)。短语"公共领域"和"公民新闻"取代了"民主"的地位，这表明对新闻的理论认知发生了变化，新闻不再那么受制于某一具体的政府形式。

批评新闻与民主范式的理由

一个限于特定时间和地点的范式

新闻和民主之间关联的历史倾向于以目的论的方式讲述，以言论自由作为其叙事框架。John Milton在1644年作出的充满激情的辩护远远早于英国变成一个民主国家的时间。伏尔泰，另一个言论自由的杰出战士，死于法国大革命爆发的11年前。

新闻与民主范式在美国被理解为是：由市场资助的媒体会独立于政府。如Nerone所指出的(2013)，在美国，确保该范式合法性的一系列观点最多只存在了几十年。只有在20世纪五六十年代，一个被Hallin称为"盛期现代主义"的时期(1994)，媒体在新闻服务领域才占据垄断地位，这可以被视作一种权力地位，而正是这种权力地位支持着当时的媒体人把自己称为社会中的"第四阶层"。这个具有支配性的范式依赖于一个有利的商业氛围，例如广告业的兴盛和物料成本、运输成本的降低。用Hallin的话来说，美国新闻界的盛期现代主义是这样一个时代："记者变得强大、富有、独立、无私和有公德心，得到从权力部门到普通市民和消费者的所有人的信任和爱戴，这一切看上去都是可能的。"(Hallin，1994)

政治共识和经济安全是这个看上去田园诗歌般的世界存在的前提。Hallin判定政治共识的衰退是盛期现代主义的终结。但是直到数字技术的影响导致盛期现代主义的经济基础出现衰退，我们才看到媒体和记者在选择、呈现和诠释新闻上具有的霸权走到了尽头。现在的注意力已经从媒体的言论自由转移到网络上的信息自由，相应被提及的一个问题是："第四阶层"是否应该变成"第四公民"(Poitras，2014)。

一个不均衡的全球图景

和传统新闻业一样,数字新闻业不可避免地成为一个国家媒体系统的一部分,所以无法逃避国家控制之类的问题。最初,数字技术的可获得性也许是一个棘手的问题,但它今后会成为一个议题,决定着世界各个国家里能出现多少对新闻的注释和贡献。

同样地,数字媒体的渗透在全世界范围内是不均衡的,就如同印刷媒体的可行性在全世界范围内是不均衡的一样。Picard(2014)把传统媒体面临的挑战总结为"成熟和饱和的市场、对新闻不那么感兴趣的受众的流失、大众媒体商业模式效能的衰减、经济危机的持续影响,以及数字竞争者的冲击"。

然而,世界报业和新闻出版商协会认为印刷媒体距离消亡尚早。该组织于2014年10月发布的一份全球报告显示,世界上超过一半的成年人(约25亿人)阅读传统日报,超过8亿人阅读日报的数字版本(WAN-IFRA,2014a)。2014年6月公布的一项调查结果显示,在全球范围内,2014年上半年的报纸发行量与2013年同期相比增加了2个百分点;但在过去5年里,报纸发行量总体上呈现下降趋势,下降幅度为2%。如果仔细查看每个大洲的总体数据我们就会发现,报纸读者流失最集中的地区是北美洲、澳大利亚和西欧。在过去5年里,北美洲的报纸发行量下降10.25%,大洋洲的报纸发行量下降19.6%,欧洲的报纸发行量下降23%。与此同时,亚洲、拉丁美洲、非洲和中东的报纸发行量均呈现出上升的趋势。

这些数据表明,"报纸发行量持续上升的国家具备如下特征:有一个不断壮大的中产阶级以及相对较低的宽带普及率"。特别是小报在发展中国家(比如南非)的有文化且生活在城市的工人群体中越来越受欢迎(Wasserman,2010)。尽管有这些令人鼓舞的数字,世界报业和新闻出版商协会的秘书长在一次演讲中仍给出这样的警告:"为数字新闻媒体找到一个可持续的商业模式不仅与我们的事业息息相关,还对民主社会中公共辩论的未来兴旺至关重要"(WAN-IFRA,2014b)。这一警告,根植于媒体对"第四阶层"的想象,本应该在一个世纪前在美国被提出,尽管是在一个非常不同的情境下。

媒体运作面临的是这样一个环境:在大约70亿世界人口中,有60亿人口可以接触到移动电话(Wang,2014;Franklin,2014)。虽然移动技术的可获得性并不必然意味着与数字网络的连接,但这些数字强调了对普遍连通的要求。

民主国家之外的新闻:对实践的研究

一直以来,在西方世界之外鲜有对新闻与民主范式的研究。为了避开这一僵局,对新闻实践的研究比对媒体系统的研究更富有成果(Josephi,2013)。这些研究关注处于世界各地的个别记者的工作条件与感知,并确认了这一事实,即新闻工作已在全世界开展,不受政治体系的影响。迄今为止最全面的研究是哈尼奇的"新闻研究的多重世界",囊括60个国家,试图对全球的新闻实践与新闻文化进行概念化。正如Deuze早些时候对记者的专业认同与专业意识的再思考(2005),Hanitzsch的调查很大程度上也受到西方新闻价值观的影响。

对实践而不是规范的关注被看作数字新闻领域的前进之路,因为在该领域里规范抑制着采取可以挑战制度结构的任何创新。Domingo等人建议采用完全以实践为导向的行动者网络理论(Latour,2011)。行动者网络理论非常全面地描绘了"与变化着的新闻生产有关的行动者多样性",还描绘了新闻使用与贡献,即"人们对什么是新闻和谁有资格生产新闻的期待,……他们参与新闻生产的动机和实践,以及他们在新闻传播过程中的权力关系"。这些研究者承认,从实用主义的角度出发,这是一个野心勃勃的目标,而且只能分阶段实现。但是一旦完全实现,它将有助于"对我们当代社会中新闻的角色进行再评价"(Domingo等,2015)。

行动者网络理论可以运用于全世界。数字新闻如果被视为民主发展的一个指征,很容易受到媒体系统和国家控制的限制。然而,对实践的聚焦却能够探明在一个国家里新闻业是如何被构筑的,尽管这些发现揭示的具体实践很少满足那些已被广泛接受的规范性期待。

沟通式民主的不同模型

数字化时代评估新闻与民主之间关系的一个决定性因素是看上去可行。三种对媒体有很强适用性的模型出现在20世纪(Benson, 2010): Walter Lippmann提出的精英主义模型、John Dewey提出的参与式模型以及在Habermas的理论中被发现的协商式模型。

精英主义模型

数字技术带来的种种转变已经重燃人们对"Lippmann-Dewey之争"的兴趣。这场争论并非真正的对话,而且在数字技术到来之际已经归于平静。Dewey在其著作中就Lippmann的观点发表评论,二人在公众问题上的分歧显而易见。Lippmann在《公共舆论》(1922/1997)和《幻影公众》(1925)中表达了他对民主的悲观态度。在他看来,民主理论起源于对人的尊严的愿景,已经变得受制于选民的智慧和经验。Lippmann认为,刻板印象、偏见、宣传和人的自私本质,倾向于破坏这种智慧,而且很多问题已经变得太复杂,从而超出了选民的理解范围。Lippmann并不认为更好地交流国事是一个解决办法。在他看来,报纸在应对"暴力性偏见,漠不关心,对稀奇古怪的琐事的偏好,对次要事件和诸如三条腿小牛事件的渴望"此类问题上并没有太大的进展。重要的是,Lippmann要求"放弃全权公民理论",转而把决策过程分配给专家,以便在议题出现的时候它们能够以"不仅仅是盲人冲撞"的方式被处理。新闻应该"被一个智能系统所发现,这个智能系统帮助媒体发现新闻,并且能够控制媒体"。这里的智能应该被委托给公正无私、不被自己的先入之见和个人兴趣左右的专家。不足为奇的是,Dewey把Lippmann的上述观点称为"目前被构想出的或许对民主最有效的控告"(Steel, 1997)。

必须把Lippmann对有些愚昧的、轻易被引导的大众选民的不信任放置在极权主义政体崛起的背景中去审视。Lippmann的倾向使他不仅成为"精英民主"的倡导者,而且还是"精英媒体"的拥护者——由专家来写作,职业记者为想要被启发的公众写作。在这样一个自上而下的路径中,编辑和记者应该充当"看门人"的角色(Hermida等, 2011)。

"精英媒体"的概念让那些把自身看作记录型的报纸试图尽到其职责。它们努力印刷出"适合印刷的所有新闻",正如纽约时报的标语所讲,包括无趣但有价值的故事,大多被刊登在报纸的偶数页上。对于一些高质量的讨论和贡献,很多没接受过高等教育的读者可能会觉得其难以理解。一些报纸炫耀它们的精英地位,用到一些口号(比如《法兰克福汇报》的"在这份报纸背后是一个聪明的大脑");它们还陶醉于其作为意见领袖的地位。它们过去是——现在仍然是——高质量的媒体,当下在面对一个更民主的新闻环境时不得不让自身重新合法化。

参与式模型

Dewey对这场争论的贡献在于他对Lippmann观点的评论形式,以及他自己出版的《公众及其问题》一书(1927)。Schudson(2008)认为Dewey的这些评论是持肯定态度的。这种友善令人惊讶,因为Dewey关于民主的概念与Lippmann大相径庭,而且现如今已成为基于互联网的参与式交流的哲学基础(Hermida等, 2011)。

Dewey为公民参与的重要性辩护,在他看来公民参与是民主合法性的来源。他试图移除个人和社会之间的对立,且视个人处于其从属的社会关系的各种网络当中。不像Lippmann不相信公众能够理性地参与民主,Dewey所推崇的观点是:人民是政治权威的来源。他被描述为20世纪的自由知识分子中"最重要的参与式民主拥护者"(Westbrook, in Rogers, 2010)。对Dewey而言,政治判断的检验标准是:它们在多大程度上能够经得起相反观点、理由和经验的挑战(Rogers，2010)。

Dewey的"一个参与式的媒体文化"的愿景，可能无法在20世纪实现，尽管他的概念对一些学者而言是可取的。Herbert Gans在他的《决定什么是新闻》一书中为会带来文化民主化的多视角新闻辩护(2004/1979)。Gans的这本重要著作清楚地阐明了政客、官员和记者之间的亲密互动，在结尾处表达了对一个多元化国家的需求：能容纳共存的种种意识形态和各种各样的声音，而且能在大众媒介中被公众知悉和了解。Gans认为这"能让记者充当更加民主的公众代表"(2004)。

协商式模型

最经常与协商式模型联系在一起的哲学家和理论家是Jürgen Habermas。他的《公共领域的结构转型》最早于1962年在德国出版，在大约三十年后它的英文版取得了显著的地位。而他的《沟通行动理论》(1981)一书则把Habermas提升到民主核心要素之一的"协商"的主要拥护者。

对Habermas而言，英格兰资本主义早期的咖啡屋已经成为一种公共空间，位于其中的公民，通过阅读报纸上的最新消息，从而参与到关于政治和社会事件的讨论中。这种空间既不是完全私人的领域，也不是国会大厅，但舆论却形成于其中，且基于开放的和批判式的种种协商。有人指责Habermas把18世纪还处于萌芽期的公共领域理想化了，但是根据Curran的观点，正是这个时期的公共领域"提供了民主社会中媒体角色的一个强有力且引人注目的愿景"。

Habermas在《公共领域的结构转型》以及后来的《沟通行动理论》中都强调了"理性"。根据Kant的观点，争论应该由理性所引导。Habermas和Lippmann都要求要有深思熟虑的推理。Dewey也相信协商是民主的沟通行动的核心之一。在给予"理性"特权这方面，Dewey和Lippmann都含蓄地拒绝接受偏见、刻板印象和其他不理智的情绪。Habermas和Lippmann知道来自个人体验的情绪化反应的缺陷。Lippmann研究战争时期的宣传，而Habermas的童年和青年时期在处于希特勒统治时期的德国度过。Dewey也不会轻而易举地认为公众就应该被允许表达他们的需求。

这些分界线延续到数字新闻时代。它们与优质报纸和通俗小报之间的分界线既相似又不同。通俗小报因为其依赖于情感、轰动效应和戏剧性情节而受到指责，但精确地讲，这种对大众知识的偏爱，对"生活体验的密实结构"的描绘，使通俗小报广受欢迎，尤其对那些感觉被"与阶级层次结构相关的精英认识论"忽视的读者(Wasserman，2010)。

在对数字新闻的描述中也同样出现戏剧性情节、哗众取宠和情绪化这样的关键词。尤其是通过社交媒体散布的新闻往往具备这些要素。在Twitter上被转发的爆炸性新闻，例如恐怖主义行动、枪击或者自然灾害，是引人注目的且会引发大量的情绪反应。不能对这些推文嗤之以鼻，因为它们对公民生活是有贡献的(Sparks，2010)。爆炸性新闻在Twitter上的即刻散布能让事件发生地和千里之外的广大公众都参与进来。在这种情况下，数字新闻成了公民行动的一部分。对一个纯粹理性的争论的期望不会消失，但是在未来的几年里，这一期望可能会退回到一个理想化的空间，在其中协商的践行者是少数人而非多数人。

新闻的不同概念

关于新闻是什么并没有一致的看法。一类观点强调新闻的文本形式，比如Hartley认为新闻是现代性的首要意义建构领域(Hartley，1996)；Wahl-Jorgenson和Hanitzsch认为，新闻是最重要的社会、文化和政治机构之一(2009)。不同的是，Nerone把新闻看作一门学科："新闻是一套信仰系统，决定了适合于新闻专业人士、新闻媒体和新闻体制的实践与准则"(2014)。Schudson倾向于给新闻下一个不那么宽泛的定义："新闻是生产、传播关于当代事务的信息的商业或实践，这里的当代事务关系到公众利益和公共重要性"(2003)。数字新闻将不可避免地被积极参与的公众和学者们拿来与这些观点

信息提供者

一个关于新闻具备什么功能的最新且富有争议的说法是：提供准确、可靠和相关的信息与新闻。具体实践比如新闻的采集和散布已经在数字新闻领域变得更为复杂。"此时此刻"，Domingo称之为是一个在新闻演化进程中充满着令人兴奋的不确定性的时刻(2014)，探索现今构成新闻的所有可能的主要和次要的实践，似乎是一个无比艰巨的任务。处在这个不断变化的情形中，作为准则而经久不变的是：公众对准确性和可信性的期待。

公众"知情权"的维护者

在为言论自由而战的过程中，媒体通常将自身定位为公众"知情权"的维护者。这里的"自由"特意被用来揭露政府、官员和商人不想被注意到或者刻意隐瞒的那些事实。"看门人"的角色与调查新闻最为密切相关：将决策过程、腐败或违法活动置于阳光之下。在许多国家，调查新闻都被赞誉有加，人们视之为最令人崇敬的一种新闻形式，参与者往往是有经验的记者。"看门人"的角色，尽管与倡导言论自由的民主国家联系最为密切，但已经在全球范围内获得一致认可(Hanitzsch，2011)。

把这一角色宣称为专业记者和传统媒体的"堡垒"越来越困难。社交媒体提供可以在几秒钟之内把异常行为报道给更多公众的平台，通常提供视觉材料作为观点的支撑。更加复杂的故事倾向于需要资深记者的帮助，但是现在警觉的公众远远胜过专业的新闻工作者。

社会价值的传递者

Benedoct Anderson给出了一个强有力的描述，关于阅读的"仪式"是如何被成千上万的人在一天里特定的时间同时执行的，他借此安慰报纸阅读者们："想象的世界显然根植于日常生活"(1991)。当成千上万的读者聚集在一个"共同的事实集合"(Nerone，2013)周围，这促使共同意识和社群意识(如果不是民族意识)的形成。

这一共识模型，Hallin也做过描述(1994)，并已经消散，至少在美国和西欧是这样，尽管此概念坚持"记者向社会描述社会本身"(MEAA，2014)。现代技术使得社区(成员因共同的兴趣或种族结合在一起)能以无数种形式进行自我想象，这与民族或地理界限无关。在其居住国被频繁边缘化的移民社群，已经在使用互联网创造他们自己的社交、文化和信息空间，这些空间基于网络的公开发表、公开讨论和人际沟通(Georgiou，2003)。全球性和地方性的不断融合提出了一个问题：民主是否需要一个"共同的事实集合"才能正常运转。

谁在做新闻

对于谁是记者的讨论已走向两个极端：专业化与参与。前者确保新闻产品的质量和伦理标准；后者确保包罗万象和多角度的报道，这有利于民主辩论。

新闻专业化

早在数字新闻"追使"记者们进入反对用户生产内容和其他合作性努力的边界工作之前，新闻专业化一直就是一个尚存疑问的领域(Waisbord，2013；Fenton，2010；Schudson and Anderson，2009；Domingo等，2008；Hallin，Mancini，2004)。专业化能被苛刻地判断为"由出版商和记者们发起的一种话语策略，目的是获得社会声誉"，但它也可以被用于"在生产与众不同的形式的知识与新闻的同时，与其他领域协商边界"(Waisbord，2013)。

Hallin和Mancini把"专业化"这个概念划分为三个方面：自主性，与众不同的专业化准则，以及公共服务的定位。因为他们只考虑民主国家，所以关于自主性的问题可能要被提及，尽管Hallin和Mancini尼已经做了附加说明：新闻业从来没有获得过和其他职业同等程度的自主性，而且将来也不会。

自主性也可以用来检验Bourdieu对新闻领

域的理解。对Bourdieu而言(2005)，自主性的程度限制了这个领域；在这个领域内，正是媒体机构拥有的摆脱经济和政治压力的自主性的程度，决定了记者的权威。Bourdieu有预见性地评论道："就业的不稳定就是丧失自由"，而丧失自由则严重破坏了自主性与权威。

如今，在世界的很多地方，权威的丧失都显而易见。正如Picard指出的，数字化已经动摇了媒体的商业模式，随之而来的是新闻就业的经济基础变得不稳定。传统媒体部门的压缩，尤其在北美、西欧和澳大利亚，已经导致就业朝向临时和合同类工作转变。这一状况已经催生出一类自我雇佣的"创业型记者"。

尽管明显存在"就业的不稳定"，但就全球来说，Waisbord仍然把专业化视为一个正在进行的过程，"凭借这个过程，新闻业力图行使控制权"。给"现代性最初面对的这种完全的自主性"贴上"抱残守缺"标签的同时，Waisbord认为专业化是抗衡权力的必需品。把"取之不尽的信息提炼成新闻"是记者的技能(2013)。对Waisbord而言，边界工作不得不在一个"水平和混乱的"新闻环境中持续进行；在这个环境中，聚焦新闻专业技术而非公共利益受托者模式，会有助于记者们稳固他们的地位。

新闻过程的民主化

数字新闻的生态系统已经严重挑战和破坏了新闻业的"单向"本质(Bird，2009)。起初，记者们不大愿意与"业余者"分享他们的空间。在他们探索参与性新闻实践的过程中，Domingo等人发现，在2007年，"处于核心的新闻文化并没有发生多大变化"，因为记者们"在每一个阶段都保留了决策的权力"。

尽管启动缓慢，这个全新的新闻生态系统一直在发展；朝向开放与公民参与的进程也在持续发展(Scottet等，2015)。参与式新闻呈现出众多形式："受众参与主流媒体、独立新闻网站、成熟的参与性新闻网站、协作媒体网站，以及个人广播站"。受众参与主要借助于社交媒体和微博。在开放的系统中，公民能影响新闻生产和传播的整个过程；而在传统媒体中，新闻过程仍然被记者控制(Scott等，2015)。这些发现支持Hermida等人的观点，即"几乎没有迹象表明，参与式新闻在将新闻过程民主化"。

记者们的边界工作和持续地宣称"要在民主国家里扮演一个必不可少的角色"，这二者表明他们不会轻易地放弃对权威的争取。很大程度上来讲，他们会由于环境所迫而不得不从事更具包容性的工作实践；具有讽刺意味的是，这样的工作实践比记者们自身更具有民主性。

向多视角新闻转变

新闻业的未来已经不可逆转地迁移到数字化空间中。这仍然是一个正在进行中的实验，充满了不确定性；重要的是，不确定性也围绕在读者和参与者周围。迄今为止，数字新闻的主要形式包括仅限于网络的在线发布，以及部分或全部在传统媒体上发布的内容在网络上的再发布。最常见的互动形式有对推文、博客以及主要以视觉素材为主的用户生成内容的回应。因此，数字新闻在新闻来源和新闻发布等领域引发了巨大的变化，毫无疑问，其更接近Gans对"多视角新闻"的要求和Dewey"一个参与式的媒体文化"的愿景。

到目前为止，最为广泛和深远的影响是社交媒体，尤其是Twitter，成为24/7新闻周期的组成部分。Twitter已经成为发布突发新闻和事件后续发展的关键平台，这促使Twitter公司宣称："如果2014年世界上发生了某件事，那么它就发生在Twitter上。"2014年，Twitter报告有2.84亿/月活跃用户和每天超过5亿条推文被发布。

尽管推文并不是新闻本身，但它们可以是新闻活动。Franklin已经观察到："Twitter的140字格式对通俗小报的文本压缩新闻技能提出了更高的要求"。这里加入形容词"通俗小报的"是合适的。大多数推文的内容是情绪化的，而且很多是个人的反应，不管是对事故或者一个知名人物的死亡，都借助于Twitter。在政治领域也能看到这种史无前例的"公开性"。例如，美国参议院情报委员会的主席Feinstein参议员将她针对美国中央情报局主席的辩护而做出的基于事实的反驳第一时间发布在Twitter上。在这个例子中，Twitter构建了一个公共领域，以实现一个高水平的政治协商，它接近Habermasian提出的要求，即在感兴趣的参与者和拥护者们面前开展一场理性的辩论。

Twitter绝不仅仅是政治和新闻精英们的交流工具，它也让新的声音出现在公民话语中。通过把讨论聚集在主题标签周围，Twitter能够与主流媒体代表进行辩论，正如发生在加拿大的"不再懈怠"(#idlenomore)抗议运动所展示的，加拿大原住民们在Twitter上发起围绕着主题标签#idlenomore的讨论，引发大众关注并且在线下组织示威游行，以抗议政府通过的C-45综合法案，该法案被认为侵犯了原住民的土地主权。在这个例子中，Twitter上对这个话题的讨论一半来自非精英行动者和非主流声音(Callison, Hermida, 2015)，这表明众包(crowd sourcing)实现了之前在传统媒体中看不到的"多音性"(multi-vocality)。转发Twitter使得一群相互协作的精英们能有效地把另类的、非主流的声音传递给更广泛的受众。

此外，Twitter被越来越多地用于众包(crowd sourcing)，这仍然把记者置于收集和过滤信息的中心位置，或者一个节点，但它也囊括了官方或精英资源以及另类行动者们的观点(Hermida等，2014)。Hermida等人把Twitter描述为"记者们和行动者们共同建构新闻的平台"。他们强调说，网络化的新闻生态系统使得记者们与千里之外的信源共事成为可能，共事的方式并非那种根深蒂固的等级式采访模式。该环境是这样的，即"在其中，知识与专业技术是流动的、动态的和混合的"。

得与失

在《新媒体，旧新闻》一书的前言中，作为主编的Fenton提出一个仍然被热议的问题：新媒体是复兴了民主，还是扼杀了好新闻？这个问题一直悬而未决，主要是因为我们处在一个动态的、易变的情形中，学者们发现很难跟得上最新的发展变化(Domingo等，2014; Franklin, 2014)。

下面要强调的是迄今为止的得与失。不得不讲，这里讨论的很多发展变化正发生在北美和欧洲；在这些地方，印刷媒体变得支离破碎，而且新闻主要通过Twitter和互联网触及公众，尤其是年轻人。

参与与交互

Fenton主编的《新媒体，旧新闻》一书的副标题是：数字时代的新闻与民主。这本书是在这样一个情形下被汇集成册的，即传统媒体虽然摇摇欲坠，却在缓慢前行。其体现了传统新闻的价值，提出新发展应该如何被评判，好像新闻仍然有机会回归到传统形式。五年后，数字新闻的分享、参与形式已深入人心，并且得到了进一步的发展。此时，问题不再是"开放、迭代的网络评论世界"是否被认为能引导新闻业达到新高度，而是现今数字化参与是否应该被认为是公民参与。

参与是民主的核心价值，而且它已经变成以史无前例的方式进行的新闻生产中一种显而易见的实践。很多时候，公民成为突发新闻的首要提供者，而且"这种作证功能——观察和提供事情发生的经过，正在被转移给社交媒体，并且越来越多地被普通目击者和行动者们执行"(Picard, 2014)。Dahlgren认为，参与性的媒体介入能强化民主制度，尽管我们并不能保证，基于更广价值考量的参与总会带来开明的决定。对他而言，参与不仅仅是关于在公共领域中"凸显政治上的涉入"，也是一种基于个人价值和道德观的行动。

另一方面，Peters和Witschge就如下观点提出质疑：广义上，由数字新闻带来的参与应该被等同于公民权。在他们看来，"参与到新闻中"而不是"通过新闻来参与"缩小了新闻在公民社会中民主功能的逻辑论证范围，并且用"政治参与的高度个人化概念"取而代之。出于这个原因，他们警告说，在评估数字新闻的民主功能可见性时,不能简单地用"参与范式"来取代"民主范式"。在一项聚焦受众的研究中,Carpentier给出了类似的警告:不能在理论上孤立"参与"这个概念,因为这无法在一个更广泛的社会中衡量"参与的相关性、重要性和被理解的程度"。

关于"参与",记住如下观点很重要:尽管在全球范围内,大众媒体逻辑仍然充当着普通民众与政治过程之间的桥梁,但参与式实践并不是被普遍接受的规范。新闻生产的参与式模式让媒体明显更接近Habermasian所言的"作为民意工具的媒体"。在实际中,数字新闻是否会被公众以这种方式所感知,还是未知数。依据Dewey关于民主的观点,协商的渠道比以前更加开放,不过这些互换(思想、信息等)的质量仍需要接受大众的监督。

理性与情感

传统新闻范式非常重视理性的思考。Lippmann和Habermasian在他们对民主与传播行动的概述中都赋予理性以核心价值。Schudson称赞Lippmann是"客观性理想最睿智、最强势的代言人"。客观与中立仍然是新闻精神的重要组成部分,尽管历史上它们并不一直如此,而且也并非在所有的文化里都享有这等重视(Waisbord, 2013; Hallin, Mancini, 2004)。

互联网的开放接入不再过滤掉那些Lippmann试图抵制的情绪,按照其关于民主和媒体的精英主义观点,偏见、刻板印象和情绪化的辩论都是需要被抵制的。网络上,严格的把关过程的移除使得这些再次进入公共话语当中(Witschge, 2007)。其他学者已经提出,偏见、刻板印象和情绪化的辩论一直都存在。"在分离理性与情感,信息与娱乐,真实的与想象的,事实与故事上,新闻事业从未成功过"(Hartley, 1996)。

与高端报纸不同的是,通俗小报从来不羞耻于助长偏见、煽动情绪、制造娱乐性,旨在获得读者的注意力。读者喜欢通俗小报,其相当可观的发行量可以证明这一点;读者对通俗小报的喜爱也含蓄地表明,高端报纸面向精英人群,同时也把普通人排除在外(Wasserman, 2010)。

尽管在线参与的包容性仍然有待讨论,但很清楚的是,通俗新闻暗示的很多趋势已经进入数字新闻领域,尤其当社交媒体被广泛使用时。频繁发送的充满情绪的讯息或推文吸引着人们的注意力,而且能被直接地回应。看看那些网站(例如BuzzFeed)就能轻易发现,它们都体现出通俗小报的特点。新闻仅仅是包含生活方式、娱乐和体育比赛结果在内的一揽子内容的一部分。虽然这些网站不提供深度报道或者常见于传统媒体的情境化文章(Fink, Schudson, 2013),但它们能以与通俗新闻同样的理由进行自我辩护。它们吸引大量公众,它们发布的文章受到更多读者的欢迎,它们的情感投入能渗透到公共领域当中(Ornebring, Jonsson, 2007)。

社交媒体上无处不在的人际传播所具有的主观性必然会影响(美国人的)客观性理想。Domingo等人发现,客观性"似乎被越来越多的新闻工作参与者们视为一个神话"。他们认为,透明性的固定程序取代了客观性的固定程序,尽管这不能解释所有网上的行动派新闻活动。"假设行动主义没有推动或间接引起暴力的发生,"Dahlgren写道,它"不应该被视为标志着在不同公共领域中协商式民主失败的消极之物"。然而,Domingo等人也指出,公民和读者对信息、记者的可信度有着规范性的期待,力图强调他们的专业技能,和他们对准确与平衡的追求。

社会凝聚力与趋势

传统媒体承诺要呈现和阐明"社会的目标与价值"(Hutchins Commission, 1947)。数字新闻,虽然是各种各样的人的协同合作,但其所依托的平台不具备同样的责任与义务。

因大众媒体机构具有的商业性质,其一直被诟病,其口头上服务于新闻价值和民主国家里的新闻角色,实际上对利润趋之若鹜。社交媒体并不是中立的平台。正如Poell和van Dijck所论证的,社交媒体正在执行下面这一商业策略,即将"新的技术-商业机制引入公共传播,这强化而非中立化大众媒体"。商业策略的一部分是算法编码,将用户参与程度最大化,并且增加网站流量。出于这个目的,Facebook和Twitter优先发布突发新闻和呈现快速变化趋势的报道,而对于那些带有频繁被使用标签的话题,比如#OccupyWallstreet(占领华尔街),流量确实有所增加,但并没有呈现出明显的变化趋势。突发新闻或大众可参与的新闻所享有的这种优先权意味着,复杂的且要经过较长时间才能有结果的政治议题,或许很难引起用户的注意,又或者根本不会被传播。Poell和van Dijck得出结论,社交媒体的算法逻辑"破坏了新闻实现其主要民主功能的能力,这里的民主功能包括让政府成为一个负责任的政府,以及为明智的公共辩论提供便利"。在那些呈现明显变化趋势的话题中被表达的集体性,常常是短暂的,且易被公众的好奇心所煽动。因此,这种集体性被认为与传统媒体提供的社会联结有本质上的不同,后者的导向是公共利益(public interest)而非公众的利益(public's interest)。

不同新闻形式的融合

数字媒体环境的到来已经唤起了许多关于未来新闻可能具备或缺乏的主要特点的猜测。"Twitter革命,如果确实存在,"Nerone认为,"不大可能成为新规范结构或者一个新的居支配地位的新闻业的基础设施,因为Twitter并没有以与传统日报同样的方式激起老百姓的公民意识。"

有各种各样的线索支持Nerone的即兴评论。一个线索是,新闻规范理论的适用范围非常小。规范理论是针对数字新闻而被发展出来的,尽管数字新闻的传播更为广泛,但是规范理论可能来自一个同样暂时性的且受制于空间的境况。成熟的民主制度并非全球性的标准,应避免将在西方提出来的理论运用于世界其他地方。事实上,一直都有人提出这样的观点:民主的中心性,即应该谨慎对待任何未来的理论(规范性的或者其他)。参与式新闻的视野有很大的可能性,但是认识其技术上的,以及实际参与中的全部潜能,还有很长的路要走。

现在能被观察到的合作新闻的种种瞬间让人想起Habermasian提出的萌芽期的公共领域,它给我们带来了很多希望,直到被不同的发展所取代。这些不同的发展中有一些已经被观察到,比如对参与的商业性开发与利用。实现参与的赋权,是以用户行为被追踪、集合和挖掘为代价的。连接性媒体的生态系统依旧受制于商业规则,它们的运行方式比老式媒体更具侵入性,因为它们把用户活动与广告商联系在一起,采用的是"深度个人化和网络化定制"的机制(van Dijck,Poell,2013)。

出现在Nerone的评论中的第二个线索,集中在"支配的"这个形容词上。"参与的"和"支配的"不一定相互矛盾,"参与"这个概念总是与"支配"和"霸权"这两个概念难舍难分。迄今为止,新闻工作的参与式形式,不管是通过发布评论,故事输入,还是成为一个新闻源,都远远不是支配性的。新闻媒体组织"仍然生产着我们今天消费的大多数新闻,甚至是那些通过社交媒体和整合们进行传播的新闻(也来自新闻媒体组织)"(Domingo等,2014)。新闻的这种制度形式,基于共同的信仰系统、结构、标准化的实践和规范(Picard,2014),是由那些会继续在新闻价值与故事创作方面坚持专业性的记者们所创造的(Waisbord,2013)。

我们不仅有两个平行的新闻世界——一个是传统的,扎根于大众媒体逻辑,另一个是数字化的,开创了有待进一步成熟的参与形式;我们还有这样的预言,即新闻的公共机构性质在任何时候都不会被消除。至少记者中的一部分可能要为"少数几个大型综合商业化新闻提供商工作,这些提供商会控制大多数国家里的数字化新闻供给"(Picard,2014)。

在民主国家里,制度化的新闻业把自己想象成支撑民主的四大支柱之一,数字新闻则带来参与的多种可能性,提供多元视角,并且让公众产生情感投入。这二者的融合会确保民主价值得到维护,协商持续进行,非民主国家也会见证这样的融合成果。

第2章

全球媒体权力

Taylor Owen

整个媒体景观正处于一个急剧变革的时期，从生产和散播的工业模式到一个更为多样的，以及在某些情况下是弥散的生态系统。正如此书中的很多学者描述的那样，新闻媒介正在从20世纪的传统传播渠道转变为一个正在快速演化的网络，这个网络包括原生的数字化媒体公司(Vice，Vox.com，Fusion，BuzzFeed)、社交平台(Twitter，Facebook，Snapchat，Instagram，YouTube)、匿名信息分享的新兴形式(WikiLeaks，SecureDrop)，以及幸存于并在某些情况下繁荣于数字世界的公民报道和传统媒体公司。

对这一变化中的媒体景观的诸多解释蕴含着一个不显眼的假设，即媒体代理和媒体权力正在发生着变化，从21世纪的国家和企业形式的广播机构转移到一个由人和组织构成的新网络。数字媒体的主旨，即我们已经深植于媒体(广义上)和新闻业(狭义上)中的带有分散集权力量的权力，在数字技术相关话语中大量可见。

本章要探索的是，是否存在一个出现于数字时代的媒体权力新形式。我们将从以下三个方面予以概述：首先，传统媒体权力意味着什么；其次，新媒体生态系统如何代表媒体权力的新形式；第三，有哪些具有代表性的挑战传统新闻机构和规范的媒体新形式。

传统媒体权力

在讨论媒体的去中心化和那些挑战传统媒体结构的行动者之前，有必要首先探究的是，媒体是否以及如何拥有权力。理解如下问题很重要，即：我们如何理解世界？世界在我们眼中呈现出什么样子？在多大程度上新闻与信息的新社会生态系统会改变这一权力平衡？传统媒体组织究竟还能发挥多久的作用？

大型媒体组织通过对信息的获取，对基础设施的获取，以及对新闻规范的创建这三个层次的控制，一直持有影响全球信息环境的权力。

首先，媒体有很多方法用于控制、限制和设计对信息的获取。一些方法与媒体的关系结构有关。以国外通讯记者为例，在媒体和政府的互惠互利关系中，当涉及指派记者时，就展示出媒体所占据的特权空间(Tumer，2004)。政府允许媒体获取公众无法收到的信息。媒体继而发挥看门人的作用，决定什么是新闻，什么不是。

媒体"索引"的概念有助于进一步阐明这一关系。Lance Bennett在其发表于1990年的一篇有巨大影响的文章里指出，政府在公共辩论的结构中具有特权地位。它提供入口，也为政策辩论提供话题。Bennett认为，媒体通过"索引"基于政府立场的辩论放大了这一影响。例如，在关于里根总统努力为萨尔瓦多内战提供资金支持的媒体报道中，Bennett发现新闻界将这一局面框定在原有的政府正当性周围。在国会作出决定之后，关于这一还在进行中的政治形势的报道就显著减少了。本质上，当官方停止评论后，新闻界也会停止发声。民主社会中政府的中心位置驱动了这种"索引"操作，另一个驱动因素是新闻的平衡准则。因此，总是政府和媒体联手决定和塑造将什么样的辩论呈现给公众，以及如何设计这些辩论。

其次，作为惯例，主流新闻媒体一直拥有各种各样的媒介，借助于这些媒介，他们对信息的大众传播施加控制。报纸、电视网络、广播的所有权，使得单一一个新闻机构的声音被快速和有效地传播成为可能，同时也将其他声音排除在外。在散播机制的获取与编辑内容生产这二者之间，一直存在着某种联系，这让媒体具有了一种结构性的权力，借此影响什么样的信息会在各种各样的网络上传播。传媒联合体的无处不在赋予媒体一种权威，从而控制辩论被如何设计，以及什么议题会吸引公众的注意力。作为学术杂志《外交季刊》的作者，James Hoge认为，在国际事务领域，传媒联合体的存在导致媒体的趋同思维和显著权力。他指出，"人们很容易忽视媒体在危机时期迅速告知观众的能力。在这些时候，巨大的信息流会包含合理的和谬误的，负责任的和不负责任的声音(1994)。"

第三，Castells在其文章《权力的网络理论》中指出，网络中的精英有能力设计出让网络中其他人遵从的规范(2011)。Castells的文章尤其有助于我们判断，传统媒体组织是否可以影响其参与的信息网络中的其他人，以及如何影响。在其更早期的文章中，Castells和Amelia Arsenault提出一个在网络中主流媒体的精英者角色的问题，他们的研究对象是Rupert Murdoch的"转换的力量"(Arsenault, Castells, 2008)。这两位学者认为，Rupert Murdoch扮演着一个非常强有力的"开关"角色，他能影响网络中的数个领域，这归因于他作为许多主流媒体机构所有者的强势地位。他们还指出，某些媒体机构具有结构性的权力，从而能影响整个网络。

Timothy Cook还认为，媒体在信息网络中处于一个特权地位，而且扮演着一个与政治行动者们不一样的角色。Cook强调，媒体可以被视为政府的"第四部门"，有其自身的角色和职责，政府在媒体的产品(新闻故事)中扮演一个中心角色。制度理论有助于我们理解，不同的媒体机构如何倾向于以同样的方式报道同样的故事。Cook把制度定义为"组织之间可识别的行为的社会化模式，这些组织被普遍地认为是在一个社会里管理着特定的社会领域"。在媒体中，这些社会实践一直在持续，而且遍布各个媒体机构，这造成了强大的行为范式。我们应该以这种方式把新闻媒体看作一个集合体，这个集合体有着一套标准的职能与实践。这一看法带来的后果是，正如Cook强调的，"学术界的很多学者已经确认存在一个'同质性假设'。"新闻机构，即使形式不同，都倾向于聚焦特定的政治角色，出于特定的原因，构思特定的故事(Cook, 2006)。新闻行为与报道的这种同质性给那些有限的框架带来了实质性的后果；我们借助于这些框架去看世界，正如下文所讨论的，这种同质性与新的数字媒体生态系统所带来的声音、故事的多样性形成了鲜明的对比。

新媒体生态系统

在新媒体和旧媒体的交叉领域里存在一个令人不悦的缝隙，即WikiLeaks的出现，它代表着一个行动者占据了出版者、信源和记者之间的空间。2010年4月，维基解密在一个名为"平行谋杀"(Collateral Murder)的网站上公开了一段视频，视频内容是：2007年7月12日美国军队在巴格达空袭时，美国空军飞行员利用阿帕奇武装直升机杀死包括数名伊拉克记者在内的无辜平民。自那时起，关于WikiLeaks是否应该被认为是一个新闻组织的争辩，一直不绝于耳。这场争辩强调了很多关于记者角色的潜在假设，尤其当争辩涉及传统媒体和新媒体发生竞争时产生的反应。其指出，权力朝着媒体制度新形式转移。

最初，WikiLeaks被媒体组织视为一个网络行动派团体和潜在的信息源。但是在2010年，它开始改变自己的形象，成为一个正当的新闻企业。在这个过程中，一个非常重要的节点就是上述的"平行谋杀"视频发布，同时发布的还有专业记者的调查报告。此次发布激起了关于WikiLeaks究竟是什么的讨论。创始人Julian Assange认为，WikiLeaks践行的是"科学的新闻工作"，基于的是公众对原始资料的获取，这些资料没有被编辑和语境化。当然，这里的编辑和语境化一直是新闻的核心属性。

媒体学者(例如Yochai Benkler和Jay Rosen提出了这样一个问题，即WikiLeaks的视频发布和纽约时报发布的一份被泄密的文件，这二者有何不同。他们声称，唯一的差别是WikiLeaks建造了一个系统，通过这个系统，个人能够匿名地透露信息。技术让新闻过程的核心要素在这个系统里发挥作用。

然而，并非所有的媒体机构都是这么认为的。尽管WikiLeaks最初与美国的《纽约时报》、德国的《明镜周刊》和英国的《卫报》一同合作公开了"战争日志"文件，在2011年，纽约时报的时任编辑Bill Keller表示，他确实"不认为Assange是合作伙伴，而且他不太情愿把WikiLeaks的所作所为描述成新闻行为"(Keller，2011)。

其他几家媒体机构也遇到了类似的情况，而且一些原有的合作关系出现恶化。正如Lisa Lynch在"WikiLeaks after Megaleaks"(大泄密之后的维基泄密)一文中描述的，"Daniel Ellsberg是一个直言不讳的支持者……，之前是一个军事分析家，因为把'五角大楼文件'泄露给《纽约时报》而名声大噪。Ellsberg认为，Assange以维基泄密的名义进行的种种活动，毫无疑问地让他成为一个记者；他还宣称，'相信能把Assange与纽约时报区别开来的任何人……都是枉费心机(Lynch，2013)。'"

在许多方面，这里引用越南的例子是恰当的。"五角大楼文件"被泄漏之后，美国政府试图封锁媒体报道，但以失败告终，因为参议院投票否决了政府的禁止媒体发布"五角大楼文件"的要求。如今，美国政府再次试图压制WikiLeaks和取消其合法地位。在越南的例子中，政府的媒体审查事与愿违，因为记者们说服公众相信美国政府在越战中采取蒙蔽、欺骗公众的手段以获取人们的支持。在WikiLeaks的例子中，政府试图破坏Assange及其同僚在公众眼中的合法性的举措似乎事倍功半。

我们回想一下，在"密电门"文件被发布之前的几年里，有多少人会认为WikiLeaks是标新立异的。其背后是这样一个组织，它使用数字技术将政府的秘密公之于众。这个组织重新想象着，在事件和我们对事件的理解这二者之间，作为首要过滤器的媒体的角色。关于Chelsea Manning在WikiLeaks平台上公布的25万份外交电报的争论，体现出隐含于这一想象中的张力。

起初，WikiLeaks与有声望的新闻机构合作，这在很大程度上将WikiLeaks合法化。尽管Assange认为自己只是一个恰巧透露了机密文件的发布者，但他的合作媒体组织从来不这么认为。对他们而言，WikiLeaks是一个很难在新闻传统角色里被定义的组织。它既是信源，也是发布者，是报告者，也是泄密者，是匿名工具，也是平台。

在某种程度上，Assange让新闻角色的这种伪装性偏离了原有的轨道。当他出于恶意地把完整的、未经修改的"密电门"文件泄露给《英国卫报》时，他把自己从其一直在寻求的规范性保护中移除了，而这种规范性的保护是Assange一直在寻求的。他秉持的绝对透明的观念，与新闻的规范实践发生了冲突。他相信，前者比后者更重要。

几乎没有人会怀疑，WikiLeaks等技术给传统的新闻组织带来了实实在在的挑战。这些新兴技术的关键角色是在事件、权势和公民之间的缓冲器，也就是Castells所谓的"开关"。我们的社会一直认为这个角色对我们的新闻体系至关重要，它赋予新闻业特定的权力和责任，通过广播和印刷传播渠道，以及在某些情况下借由法律的保护，去保护信源和拥有非法文件。WikiLeaks，以及更为重要的使WikiLeaks成为可能的那些技术，挑战了这一观念。如果任何人都能成为泄密的接收者和发布者，新闻机构的角色是什么？支撑新闻业的种种保护条款和措施又承担着什么样的角色？

这个话题在Edward Snowden泄密事件中被进一步放大。Snowden说，他选择不把机密文件透露给《纽约时报》，原因是在收到美国白宫的要求之后，《纽约时报》决定不公布美国国家安全局在2004年总统大选之前的国内监听项目。他也没有把机密文件给Glenn Greenwald，后者在当时与英国《卫报》有联系，但不是该报记者。有趣的是，Snowden和Greenwald都看到通过传统媒体机构来发布机密文件的价值所在，因为借助这些机构(尤其在美国)能让他们享有合法保护。

Greenwald因被认为是记者而受益良多，这大概是他一直坚持在全世界大多数报纸上署名的原因，这些报纸上刊登的诸多报道中引用的文件都归他所有。毫无疑问，Greenwald是记者，而且一直在做着记者的工作。他应该被给予这个职业理应享有的所有保护。但问题是，如果Snowden把机密文件透露给博客，会发生什么？这个博主会因为其发布者的身份而受到保护吗？如果这个博客是Snowden的兄弟网站将会怎样？如果他把这些机密文件发布在自己的网站上又会怎样？原生数字化媒体公司呈现出与传统媒体公司不一样的声音、形式、公共角色和行动主义者姿态，它们的出现让问题变得更为复杂。一个相关的例子是First Look Media，其由eBay的创始人之一、亿万富翁Pierre Omidyar与Greenwald一同创立。Omidyar原本考虑收购《华盛顿邮报》，后来转而决定投资2.5亿美元于新媒体实体。他雇用了Greenwald和其他差不多算是在对抗性独立调查报道领域的人士，甚至还请来了新媒体理论家和评论家Jay Rosen来帮助构想一个新闻制度新模式。Greenwald认为这一举动给旧新闻制度带来了直接的挑战，"通常(持异议的记者)不在制度性权力的范围之内，这一举动的真正意义是，一个资金充足的、强大的、高防御性的制度将被创立，旨在不仅兼容现有的新闻形式，还要让它更有效、更安全、更巩固和更强大(Greenwald, 2013)"。

Greenwald还说，First Look Media网站代表着一个新的、与传统模式相对立的新闻制度形式。他近乎挑衅地把传统模式描述为是"被阉割的、无立场的。现在下结论还为时过早，但是First Look Media俨然是如下这一发展趋势的一部分：网络化的个人聚集在一起，围绕特定的话题领域或新闻风格，形成各种各样的新媒体实体。一个新的新闻生态系统在显现，其驱动力则是内容递送的传播新形式。

制度性影响与权力的另一个变化发生在外国通信领域，在这个领域里公民记者和见证人正在挑战传统媒体模式的核心功能。在20世纪的大多数时间里，世界事件的新闻由那些为大型公司、国有企业的新闻组织工作的西方外国通讯记者制作，而且通过横跨大西洋的电缆、卫星、收音机和电视机，以及载有印刷品的运货卡车，发送给公众。正因为如此，凌驾于这种生产和传播模式之上的控制者们，对我们如何理解这个世界以及最终如何采取行动，也产生着实质性的影响。这一过程的每个阶段，从被使用的技术到参与的行动者再到观众，已经从根本上被互联网和移动计算机处理技术所改变。

尽管传统新闻组织和外国通讯记者仍然在报道当代全球事件，但他们不再是把事件的细节播送给世界的唯一见证人(见第16章和第18章)。在过去的几十年里，我们极大地依赖于战地记者来了解战争。

移动互联和照相手机的兴起，使得人们可以通过一个视频窗口来了解冲突，而不再需要西方的战地记者或勇敢的(有人会说是鲁莽的)自由撰稿人。

去中心化的目击和报道并不少见。几年前，Engin önder，一位21岁的土耳其花园城市大学的大学生，和其他人共同创办了140 Journos，一个由志愿者参与的组织，他们使用自己的移动设备，为公众提供未经审查的新闻，通过社交媒体平台(例如Twitter和SoundCloud)进行发布。这个组织之所以被命名为140 Journos，是因为它依托的主要发布平台Twitter把每条推文限制在140字以内，而Journos则是报人的意思。虽然其成员不超过20人，但该组织对土耳其媒体产生了显著影响。"我们现在都是记者，"Önder告诉《哥伦比亚新闻评论》，"我们拥有的就是我们自己的设备……它实际上移除了看到新闻的人和生产新闻的人之间的屏障(Dlugoleski, 2013)。"

Ethan Zuckerman认为，在我们的日常生活中，我们仍然被内容的本地来源所吸引(Zuckerman, 2008)。这导致像Kigaliwire.com和mexicoreporter.com这样的网站的出现。它们代表一种面向国际观众的地方新闻报道新形式，借助的是各种各样的数字化工具。Hamilton和Jenner指出，我们现在看到的是一个全新的生态系统，在其中我们不用再目睹外国记者的死亡，而且"降落伞记者"(记者很快地到达和离开)如今已经不是获取冲突报道的唯一选择。其他选择包括被雇用的外国国民(他们独立地生产报道，然后卖给通讯社)，在本地做国际报道的地方媒体，服务于在线新闻组织的非美国人通讯记者，通过官方渠道进行传播的国际组织代表，大型新闻集团，以及业余通讯记者和目击者。

这引出一个关于记者的核心"作证"功能的问题。Marie Colvin和Rémi Ochlik无疑提供了一个对准战争的宝贵的镜头，Colvin用形象的文字，Ochlik用美丽的、令人震惊的图片。他们提供关于这场冲突的背景和知识，并且用我们能理解的方式转播这场战争。技术的发展带来对冲突的非专业化呈现。如果身处冲突环境中的市民能把一个虚拟的现实环境传递给世界另一端的观众，将会发生什么？这又引出关于外国通讯记者角色的价值定位的问题，以及一个更为重要的问题，即去中心化的目击与报道会在何种程度上影响我们理解和响应冲突的方式。

这些技术还处在发展初期，而且我们确实不知道它们是否会带来对事件的更好的了解，或者改变我们响应事件的行动，但它们确实会改变外国通讯记者和其所属大型传统媒体机构的角色。更广泛地讲，随着事件呈现和播送的去中心化，权力也发生了转移，从20世纪的等级式机构到21世纪的网络化公众。理解这一转变对"解码"国际事务中媒体和记者的角色至关重要。

新媒体力量

WikiLeaks、First Look和公民报道新形式的例子说明了以下问题的重要性，即传统媒体生态系统中新闻实践的现有权力结构与规范。它们展示出数字媒体如何改变国际新闻，进而影响公众对世界的理解。

传统机构曾经控制的三个信息空间——对信息的获取，基础设施，以及新闻规范的创造——都面临着挑战，或正在被转变。

首先，对信息的获取不再被垄断。非专业记者通过"在那里"寻找他们自己的故事，而"在那里"通常使其具有自己的优势，即"在对的时间出现在对的地方"，这是外国通讯记者不可企及的。尽管独立记者与政府之间没有确定的关系，但他们还是能够以一种不受政府权威影响的方式来设计故事。

如今，为了向全世界讲述某个事件，一个人需要同时具备两个条件："身在那里"和传播平台。这意味着，为媒体机构工作的记者，是最有可能在事件展开的过程中"身在那里"的人(Sambrook, 2010)。当然，总会有其他人也在那里，他们只是没有传播所见所闻的能力。我们现在能从身处事件发生地的人们那里获取相关内容。这些"亲眼所见"的描述不一定有助于观众理解和情境化一个事件，但它们确实通过一个去中心化的、直接的视角将观众"运送"到"那里"。这种传播方式不具有专业新闻实践所追求的客观性。

其次，任何人都能在新媒体平台上散播信息。借助博客、社交网络，以及更广泛的互联网，人们能自己发布可被全世界观看的素材。主流新闻不再垄断大众信息传播。然而，主流新闻网络已经采用了这些非主流的在线媒介，导致旧形式与新形式的整合。

第三，由于信息获取的去中心化，以及与

信息网络获取、传播能力的结合，新闻规范正在发生演变，社交网络在其中一直扮演着重要的角色。"即时性"是最重要的，而且在这些新环境中，值得信赖的公民和资深记者一样重要。人们如何实践，如何参与，以及如何消费数字新闻，都在快速演变。

在数字媒体时代，作为传统新闻规范之一的客观性发生了变化。追求无偏见地呈现事件的记者们，与网络世界形成鲜明对比，在这个世界里任何人都能公开发表意见。对许多博客和社交平台来说，这种主观性是显而易见的。但是，当拍摄者使用手机拍摄一个事件时，其个人偏见，以及其所处的情境导致的偏见，都会在这个记录过程中被嵌入。

我们通过专业记者发博客，也能见到客观性规范的变化。Jane Singer研究了主流媒体如何采用非主流在线媒体来巩固他们在网络上的权威性(Singer，2005)。她发现，记者的行为随着平台的不同而变化。在网络平台上，他们常常转变为第一人称，并且以一种不会在报纸或广播平台上使用的方式来思考新闻故事。记者的传统看门角色转变为信息的核实者与质量的把控者。

在新近的一项社交媒体叙事的研究中，研究者分析和绘制了Twitter上的信息流，以此探究新闻报道的变化动态(Papacharissi，Oliveira，2011)。他们发现，Twitter上的新闻分享常常以体现传统媒体价值观的方式被表达，但也发展出其独有的一些核心价值，比如首当其冲的"即时性"。"情感性新闻流"已经一跃成为一种与其他新闻来源不同的独特环境。

Twitter在很大程度上依据地方性原则进行聚合，其取决于本地群体的互动，这种互动受共享的群体认同或群体意见的影响。记者、主流新闻机构和公民在Twitter上的联合，创造了一个复杂的"社会意识"流(Hermida，2010)，它把新闻重新定义为一个不同信息类型的混合体，挑战着构成新闻的种种概念。有学者提出，社会意识流反映出不同于传统媒体的"新闻价值观"组合(Papacharissi，Oliveira，2011)。

在Twitter上，价值观集中于即时性、团结性，以及由值得信任的精英提供的信息。其表明媒体规范如何能够在短时间内发生变化。结果是，其削弱了作为媒体规范实施者的主流媒体的权力。

目前尚不太清楚的是，这些新规范在多大程度上代表权力的变化。Castells也这么认为(Castells，2007)，他提出一个理论框架，用来考察与公民新闻同时出现的权力变化，在公民新闻里我们看到一个趋势，即更加"社会化"的传播方式。在他的模式里，传统媒体代表权力，另类媒体代表针对传统规范的反权力。

社会运动不仅仅发生在数字空间里，也发生在"流"空间和地域空间的组合里，后者依存于网络、面对面互动和传统媒体(Castells，2011)。它们并不完全脱离于真实世界，但已经失去碎片化的本质。在全球化的网络中，控制这个网络比控制媒体基础设施更加困难。

对Castells而言，权力被定义为一个行动者控制另一个行动者的能力，反权力被定义为一个行动者抵抗制度性权力的能力。对他而言，朝向公民而非制度性媒体的一个趋势是"社会化传播"的兴起。在这个新的生态系统中，传统的"垂直"形式的传播，被"水平的网络"(互联网)所取代，随着这一变化而来的是对信息控制能力的挑战。对Castells来说，对信息控制能力的干扰，无论干扰者是企业、媒体，还是政治精英，都是一种反权力。

这种反权力并非绝对的。考虑到国家监控的规模，以及经营全球传播基础设施的电信和技术公司的合作程度，总是存在为获得监控信息能力的斗争。为非独裁和非民主国家提供技术支持以控制互联网的私营部门行业在飞速发展。但是，作为对互联网带来的传播能力的响应，这也是一种权力的行使。

正如媒体理论家Danah Boyd指出的，社交媒体网络常常反映出它们所在社会的权力结构。她强调，数字化工具不能代表整个社会，因为对很多人而言，数字化工具是不可获得的。例如，纪录片《科尼2012》在网络上的病毒式传播，不是因为讯息本身的力量或者个体的去中心化行动，而是因为一场精心策划的活动。其创作者是一个名为"被遗忘的儿童"(Invisible Children)的美国非政府组织，他们利用一个名人网络和大学校园团体发起这场运动。人们就像这场运动的组成部分，但实际上这个网络已经受到精英们的严重影响。它有结构，而且那个结构就是一种权力形式。

结论

上述这些变化给我们的媒体景观和媒体权力带来了什么？学者们应该提出什么样的问题来更好地理解媒体？首先，尚不清楚的是，我们还要走多长的路才能成为真正的公民主导的媒体，以及这一过程最终会给传统广播和报纸带来什么影响。其次，我们可以通过当地人的直接体验来了解全球事件，也可以通过专业媒体来了解全球事件，这能产生什么实质性的影响，我们对此知之甚少。再次，我们需要了解清楚的是，去中心化的全球媒体的实际网络分布，更多样化声音的观众的特征和分布情况，以及评估这些分布(与大型同质化广播媒体的分布相异)的方法。

我们已经看到纯粹的社会化信息流与新社交媒体过滤器的力量。我们已经看到新技术平台如何模糊信源、记者和发布者之间的界限。我们还看到新一代的媒体公司如何涌现于这样一个新的作业环境。我们正在目睹的是一个全新的、有活力的信息分享生态系统；一些信息来自专业人士，一些信息直接来自信源，还有相当一部分信息来自记录自己日常生活中所见所闻的人们。

一个确定无疑的事实是，对信息的控制权被彻底地去中心化，从传统媒体转移到普通人手中。我们从网络化机构的种种新形式中受益良多，这些新形式将构成新一代CNN这类媒体的基础。

第3章

数字化新闻媒体与少数族裔

Eugenia Siapera

20世纪90年代至21世纪初,如果在阿姆斯特丹、鹿特丹或者任何其他大型西欧城市的郊区散步,你会很容易地发现"盘子城市"的存在,换句话说,这是位于高层建筑上的圆盘式卫星电视天线的集合——标志着移民社区和福利住房的存在。圆盘式卫星电视天线在移民社区的可见性已经吸引了右翼学者和政客的注意。政客,例如Geert Wilders,把这些"盘子"看作一体化不可能发生的证据,因为"圆盘式卫星电视天线连接的不是本地电视台,而是原籍国的电视台"(Wilders,2008)。事实上,Wilders的观点来自他的关于媒体族裔的保守派政治思维。1997年,Hargreaves和Mahdjoub报告说,法国政客正在表达对"基要主义的"节目的担忧,族裔观众被允许收看这样的节目。到2000年,David Morley总结说,圆盘式卫星电视天线已经变成对立于"所在国"的"文化叛逆"的标志(Morley,2000)。

基于此,Lisa Parks认为,族裔社区不仅仅基于肤色、宗教或者语言被区别对待,还基于"他们使用的技术和他们能连接到的基础设施"(Parks,2012)。这种区别化与对"自有媒体"的偏好有关,对此已有大量扎实的研究,从美国(Ghanem,Wanta,2001)到马来西亚(Carstens,2003),从西班牙(AIMC,2008)到荷兰(Ogan,2001)。少数族裔观众,不管是在美国和西班牙的拉美人,马来西亚的华人,还是在荷兰的土耳其人和摩洛哥人,都显示出他们对"自有媒体"的偏好——这里的"自有"表示用他们自己的语言或者/以及原籍国的语言。类似地,族裔观众对新闻消费也有一种偏好,或者按照Christiansen的话(2004),"对新闻的渴求"。

但是,无线和便携媒体的扩散、普及已经彻底地改变了媒体景观。关于可见性与社会差异的问题也因此发生变化,尽管一些政治忧虑依然存在。在一定程度上,向无线技术的转变已经让这种曾经非常显眼的对"自有媒体"的偏好变得不那么显眼。就这一点来说,新媒体生态系统将少数族裔的媒体使用神秘化。这一趋势,连同新媒体生态系统的个性化和定制化趋势(Thurman,2011),"合谋"隐藏和减少了族裔媒体使用与消费中公共的、社区的因素,以及模糊了少数族裔和大多数观众/媒体使用者之间的分界线。少数观众的新媒体使用存在一个隐含的政治忧虑,和后"9·11"时代的环境氛围有关。只有在由基要主义群体构建的高度非典型的激进化情形中,我们才会听到或者谈论族裔媒体消费,这倾向于扭转整体。

另一方面,对少数族裔观众媒体使用的识别和研究存在一些问题。把族裔观众概念化为独特的、静态的类别,会有碍于讲明这类群体的本质,尤其当这样的概念化一方面没有提出身份形成的动态特征,另一方面也没有提出观众与媒体互动的积极方式时(Madianou,2012)。为了避免这种情况的出现,同时考虑适用于不同社区的研究模式,Madianou提出了一个双重策略:第一,聚焦群体之间不断变化的界限,而不是这些群体有意要牵制什么;第二,考察人们/观众自己的各种各样的话语。Madianou提供的一个重要的观点是,新闻媒体能够作为界限制造设备而运作,以(歪曲地)呈现社区与文化(Madianou,2005)。她报告说,尽管少数族裔观众的大多数媒体使用与消费的方式是"老一套的",或者与大多数观众并无差别,但当他们自己或者他们的原生国出现在新闻报道中时,模式就变了。此时,界限将被绘制,少数族裔观众开始显露他们的族裔身份。

本章回顾了少数族裔观众对在线新闻媒体使用与消费的相关研究,旨在揭秘和在一定程度上揭示数字化新闻与少数族裔观众/使用者之间各种各样的关系。这一讨论,如果不包括对下述问题的讨论,则是不完整的,即少数族裔观众是如何被国家政策与话语以及媒体企业实践所预先设计和限制约束的。因此,本章先从政治经济学的视角讨论少数族裔观众是如何被建构的;紧接着讨论他们的新闻消费。然而,在线新闻消费是一种在线实践,少数族裔的新闻生产则是另一种实践。因此,本章的第二部分将探究少数族裔的多样化新闻内容生产实践。总而言之,一个混合的、复杂的景象正在出现,在其中,碎片化和两极化的趋势与界限-破除实践、社区建设、连接与政治参与共存。

对少数族裔观众的约束

至少有三个不同的参考点可被用来理解这一主题,尤其是在与政策有关的圈子里。第一点来自20世纪80年代的"新世界信息与传播秩序"(NWICO, New World Information and Communication Order)辩论,也就是众所周知的"MacBride报告"(1980)。首先,它聚焦的是,当涉及媒体和技术流动时,发达国家和发展中国家之间存在公平与对等的缺乏,以及在国家内部、不同族裔社区之间在获取媒体和在媒体上表达等方面存在对等的缺乏。我们可以把这一点称作同等化。它与这样一些政策存在主要的关联,即旨在理解和说明存在于不同族裔社区之间,以及大多数人和少数人之间的各种各样的数字鸿沟。其次,后"9·11"时代的世界见证了一种种族化的、基于安全的、和移民有关的话语的出现(Ibrahim, 2005),以及与此相关的朝向证券化移民政策的一种转变(Fauser, 2006),这已经对针对少数族裔观众的政策产生不利影响,如今他们被建构成潜在的安全威胁。证券化可以被理解为,对在线环境中的一些群体的强化监控。第三,根据Dallas Smythe的令人信服的论述,观众被首先建构和理解成商品(1981)。一旦被聚合起来,作为商品的观众继而被卖给广告商,这成为基于广告的媒体主要的收入来源。从这个角度看,将族裔观众聚合起来的动力之一是收益,而且与此相关的主要话语则是市场推广。这一部分将考察这三个参考点,以及与它们相关的话语,即同等化、商品化和证券化的话语,还要讨论它们对在线新闻的少数族裔观众意味着什么。

公平与对等

"新世界信息与传播秩序"聚焦媒体与传播内容流中存在的不对等问题,以及技术基础设施的获取和它们对媒体和传播内容的生产与消费的影响。这份报告强调传播的民主化,由于未能成功地获得美国的帮助,所以最终没有被广泛地采纳为政策(Calabrese, 2005)。信息社会世界峰会(WSIS, World Summit for the Information Society)继承了"新世界信息与传播秩序"的衣钵,旨在干预未来信息社会的形成,应对信息和技术基础设施获取方面存在的任何不对等问题。虽然这两个倡议在政策方面没有取得多大的成效,但它们都成功提升了人们对这类不对等和其潜在影响的认识。

到21世纪初,数字鸿沟这个概念已经进入政策辩论当中,国际经济合作与发展组织(OECD, 2001)和皮尤研究中心的"互联网与美国生活项目"(Lenhart, 2003),都在报告中把种族视为人口分类指标之一。具体来讲,这些调查发现,一些族裔群体比其他族裔群体有更为普遍的接入互联网的机会。例如在美国,皮尤研究中心的报告显示,2003年55%的非洲裔美国黑人和46%的西班牙裔美国人没有接入互联网,相比之下不在线的美国人的比例是40%。这种不对等性见于少数族裔社群中的所有收入群体。然而更近一些的调查显示,鸿沟已经被抹平,美国族裔群体之间的差异已经不复存在。

另外,新的差异已经出现,在连接模式和相关的新媒体模式方面最为显著。10年之后,也就是2013年，皮尤研究中心的报告显示，存在两种基于族裔和人种的差异：第一种关乎不同族裔群体接入互联网的方式(Rainie，2013；Smith，2014)；第二种关乎不同族裔群体使用的平台的种类(Duggan，Smith，2013)。大多数非洲裔美国黑人通过移动设备，尤其是手机接入互联网，相比之下大多数美国白人通过家庭宽带接入互联网。比起美国白人(19%)和西班牙裔美国人(16%)，非洲裔美国黑人也更有可能使用Twitter(29%)。这些发现表明，其在互联网接入方面的差距在缩小，而在使用与实践方面的差距在持续。例如，通过移动设备接入互联网，限制了一个人能参与的实践的种类：在手机上很难填写一份职位申请表(Washington，2011)，很难写论文或下载和阅读详细的新闻报道。还有研究表明，由于Twitter作为一种新闻媒介的重要性在提升，它也代表着记者和新闻制作者们有机会接触到以前不轻易接触到的人口群体(Brown等，2011)。尽管尚不清楚这一机会是否已经被抓住，但关于差异的问题经常出现在有关族裔媒体观众的讨论中，尤其是目前几乎没有政策明确地试图解决这些差异。这就是为什么继NWICO失败之后，传播中的信息差异与不平等被留给市场去解决。

商品化

族裔媒体观众市场化是将国家责任转移给市场导致的结果。少数族裔观众的信息和传播需求将被市场满足；在一种看上去是双赢的局面当中，市场把这类观众看作潜在消费者的细分部分。广告商们能够瞄准少数族裔观众，而且如果得到积极的观众回应，则会让族裔媒体持续运转下去。鉴于迎合特定族裔社群的新闻机构的增加和普及，我们可以看到，依赖于细分观众的族裔媒体模式是成功的。(Georgiou，2005；Husband，2005)。在这种情况下，公共空间越来越多样化，同时对少数族裔群体的呈现也更加有深度和更加多样化。尽管存在碎片化的问题，德尔兹认为，族裔媒体模式的成功也归因于一个参与性更强的文化的出现，这一趋势与新媒体以及生产和消费之间界限的模糊是密切相关的(Deuze，2006)。

然而，还有一个因素促成了族裔媒体模式的成功，即其市场价值的提升。发表在《福布斯》杂志上的一篇文章这样描述族裔媒体：族裔媒体和广告是我们要应对、理解和适应的，发展最快的，最有希望的力量。这是现实，其中有很多有利可图的和高影响力的创业机会(Prashar，2014)。这样一个"难以捉摸但又利润丰厚的市场"(Prashar，2014)，已经导致至少在美国的族裔媒体领域中大量合并的发生(Prashar，2014)。比如Fox International(福克斯国际)，是21世纪福克斯的子公司，拥有MundoFox(隶属福克斯国际的美国西班牙语电视台)和Fox News Latino(隶属福克斯国际的美国拉丁语新闻频道)。美国著名互联网服务提供商AOL(American Online，美国在线)拥有HuffPost LatinoVoices(赫芬顿邮报拉丁之声网站)(Guskin，Anderson，2014)。此外，族裔媒体模式已经引发一种相关的中间人产业的出现，这些中间人"知道"和"理解"族裔市场，因而能在广告商和族裔市场细分消费者之间调解和斡旋。例如，族裔媒体公司(www.ethnicmedia.ie)是一家爱尔兰公司，主要业务是把广告商连接至族裔观众，以此让Aer Lingus(爱尔兰航空)、Ryan Air(瑞安航空，欧洲最大的廉价航空公司，总部位于爱尔兰)和沃达丰(总部在英国伦敦的一家跨国电信公司)，与生活在爱尔兰的罗马尼亚人或菲律宾人连接上，连接的形式是在这些少数族裔常用的网站上发布广告。2013年1月，多元文化与族裔媒体销售(Multicultural and Ethnic Media Sales，MEMS)公司的创始人John DiNapoli在为卫报媒体网写的一篇文章中指出，广告商们忽略了14%的英国消费者，例如少数族裔市场。他写道，MEMS覆盖了超过400个少数族裔网站以及广播频道和印刷媒体。一年后，也就是2014年1月，DiNapoli的公司被英国天空广播公司收购。

族裔媒体模式的扩散不仅基于差异性的价值，还基于少数族裔美元、欧元或英镑的价值。这种商品化可能会聚焦少数族裔的公众，但另一方面，族裔媒体和营销机构的越来越集中化，带来的是一种肤浅的、以市场为导向的关注，这种关注并没有设法解决根深蒂固的不平等问题。

监控和证券化

尽管应对不平等问题的政策少之又少，但是应对所谓的少数族裔观众带来的威胁的新政策似乎大量存在。这样的政策依靠的是对少数族裔观众的证券化。从广义上讲，政治科学里的证券化指的是这样一个过程：一个对象被指定为一个实实在在的威胁，因此被从政治的常规领域中移除(Buzan等，1998)。少数族裔社群已经越来越成为证券化的目标，其方式多种多样。Fauser描述了至少三种在欧洲国家里被认为是移民社群带来的威胁：恐怖主义、健康和犯罪(2006)。Fauser认为，这导致的结果是，为欧盟越来越严厉的移民政策提供了正当化的理由，但从当前的平等重要性的角度来看，证券化导致的是对如下方面的正当化，即针对少数族裔社群活动的越来越多的监控。

理论家们比如Lyon(2001)已经证明一些群体确实被设置为更密集监控的对象。这种监控，以及相关的政策，例如种族定性(racial profiling)，倾向于发生在街道、商店、机场，或换句话说在物理环境中(Gross，Livingston，2003)，但我们对在线环境中针对少数族裔社群的监控知之甚少。不过比较清楚的是，一方面在线监控越来越普遍，另一方面在线监控也呈现出多种多样的形式。圆形监狱的概念，一种可以让身体处在持续被观察和监控中的设计，由Jeremy Bentham在18世纪提出，现在已经以一种电子化的超级全景监狱呈现(Lyon，2001)，在其中每个人都被持续监控，对每个人的信息的收集和储存也是持续进行的。对里昂而言，这种监控和涌现出的大规模数据库，导致分类拣选和分类拣选技术的强化，凭此人们被分类和拣选入各种各样的类别，这做的最终目的是控制人们的行为。

一旦到位，监控技术就会受制于所谓的"功能潜变"，一种扩张和覆盖其他领域，以及实现其他功能的趋势(Winner，1997)。这表明，一旦这些基于监控数据的数据库被集结完成，它们就可能被用于各种各样的目的，与此同时，人们以各种各样的方式被分类和重新归类。圆形监狱指的是一种自上而下的监控形式，它从根本上依赖于一种观念，即人们会对控制的规训形式产生认同，并对其进行再造(Foucault，1995)，不过理论家们已经补充了另外两种监控形式。Bauman使用了Mathiesen的"单景监视"概念(synopticon)，它指的是这样一种观念：人们是少数几个被精心挑选出的对象的观察者，这里的对象包括名人和政客；这种形式的监控以大众媒体为例，而且它依赖的不是强制或强制的内化，而是吸引力。和圆形监狱与单景监视相似的是Andrejevic(2002)提出的第三种形式：横向监控(lateral surveillance)，也叫作互相监控，它依赖于这样一种观念，即身处于在线环境中，我们互相调查与监视。

2013年美国国家安全局电子监听项目被曝光的事件说明，超级全景监狱技术在不断发展，而且少数族裔社群成员被明确地锁定为监控目标(Greenwald，Hussain，2014)。再者，有一个常用的修辞指的是这样一种可能性，即这类社群被极端主义者所引诱。激进化被看作引诱的一种形式，这被用来为横向监控正名，比如当涉及特定少数派成员的行动时，呼吁在线禁戒。看上去，这三种形式的监控都被用于少数族裔的在线活动上。例如，在一份为"美国国家安全项目"准备的报告中，Neumann提出，监控和分析技术(例如对相关网站、博客和社交媒体平台进行情绪、网络和文本分析)提供了重要的策略和战术情报(2012)。对族裔媒体观众线上活动的监控与挖掘并不一定非要借助美国国家安全局使用的技术才能实现；任何人，当遇到他们认为是极端主义的、暴力的或者攻击性的内容时，都能将其曝光于社交媒体平台上，或者直接报告给警察。横向监控在社交媒体的背景下不断发展，而且鉴于种族定性在发挥作用，少数族裔有可能更强烈地受制于横向监控。

至此，我们回顾了少数族裔公众被约束的种种方式，从中我们看到张力的存在，其存在于这些群体与新闻媒体之间的关系当中。对少数族裔公众的商品化和证券化也许会导致相当多的不信任与愤世嫉俗；与此同时，在数字化实践中也出现了持续的不平等，体现在对数字化技术的获取、使用和理解方面。下一部分内容将探究的是，少数族裔公众如何从一开始响应和推动强加给他们的种种界限。

少数族裔的新闻实践：动员逆流与弥合差距

被广泛认可的是，新/社交媒体已经开辟了一种媒体-公众关系新形式，该形式并不维护媒体生产者、消费者和使用者之间的传统界限。Axel Bruns首次提出"生产性使用者"（produser）这一术语(2008)，它指的是由新媒体使用者承担的生产性工作，他们集内容生产和媒体使用于一身。Bruns参考的是发生在类似维基百科这种平台上的个人对个人的协同性工作，其他人则理解为是由公民承担的更具新闻性的工作。Stuart Allan(2013)认为，在许多方面，公民见证是一个更适合于理解新闻生产中公民角色的术语，尤其是在危机时期。但是，这样的公民见证，以及更广泛地讲，用户内容并不总是被乐于接纳。例如，Hermida和Thurman报告了在公民/业余者和专业新闻文化之间存在的种种困难与张力(2008)。

离散的新闻生产与动员

毫无疑问的是，互联网为少数族裔公众提供了大量的传播机会。正如Castells所论证的(2009)，互联网启动了水平传播网络的产生与扩散，因而使得那些之前分散的公众或社群重新走到一起。对于少数族裔公众，这是格外适宜的，因为互联网让散居在国外的人们能够重聚。Brinkrhoff记录了这种重聚向少数族裔公众灌输新的理念、规范和伦理的种种方式(2009)。不同的是，Alonso和Oiarzabal在他们的著作里记载的是，分散的在线网站和遥远的民族主义之间的联系(2010)。

与对公民和专业新闻的讨论一样，对离散的在线政治的种种讨论显示出其中存在张力与缺损。少数族裔公众或许充当着新闻与相关信息的生产者的角色，但是这种实践进而造成社群内部和社群之间新的分歧。此外，在线少数族裔公众或许能起到他们的原籍国和当前所在国之间桥梁的作用(Zuckerman, 2013)，但这样做又常常把他们暴露于严密的监控之下。然而有些公开的数据显示，大多数少数族裔的网络使用方式是老一套的方式，也就是说他们对网络的使用与其他人并无差别，都是通过Facebook、Twitter和Instagram这样的平台来获取新闻和进行大众自传播。不过有时候我们能追溯新的密切性、共同性与团结性的产生，它们也许是临时的，但被组合起来时，它们或许能孕育出一种新关系的种子，这种新关系存在于大多数/少数公众、社交媒体和新闻业之间。

由移居者创建并且为移居者服务的"流散网站"（diasporic websites），已经在数量上骤增，多到几乎没有哪个少数族裔社群是没有接受过这类网站的服务的。Bozdag等人列举了在德国的面向少数族裔观众的一系列流散媒体，包括新闻网站、社区论坛、娱乐节目、视频游戏和音乐商店。没有人对此感到惊讶，因为，正如Diminescu注意到的，移民正处在技术采纳与使用的最前线(2008)。为了理解少数族裔观众如何应用这一复杂的离散的、使用卫星技术的主流媒体文化领域，博兹达等人指出，一个有用的视角是将少数族裔社群成员进行分类(Bozdag等, 2012)。具体来说，他们发展出一个类型学，包括族裔取向的移民，世界取向的移民和源头取向的移民。这一分组归类的方法，分别从族裔开始、从世界开始和从原籍国开始，对媒体和新闻进行优先顺序的排列。他们的发现表明，那些被认为是族裔取向的移民，例如对移居本身和关于移居国的发展、新闻感兴趣的人群，更有可能使用流散媒体。

尽管上述观念或多或少地呈现出循环性的

特征——对移居感兴趣的使用者更有可能使用流散媒体——但它的价值在于展示了流散媒体的特殊性，Bozdag等人把该特殊性描述为：流散的、传播性的人际关系网的焦点(2012)。这是因为，由这类媒体提供的新闻和信息会应对在特定地区的特定社群的需求——这是超本地新闻的一个版本，但面向的是一类特殊的社群。由流散媒体贡献的新闻和信息以不同的语言出现，从而可以令新移民所理解。流散媒体发布的新闻中的有一部分涉及有用的信息，比如工作许可证或语言课程，而且这些内容在其他地方是找不到的。这恰恰就是为什么这类流散媒体成了少数族裔社群里的焦点。

Bozdag等人进一步提到由少数族裔成员从事的自愿或半专业化的新闻工作，他们生产新闻，并且从自己的视角表达意见。分享新闻与经验，是流散网站的一个常见要素。Trandafoiu也注意到这一点，他点明这类分享活动促成移民流散身份形成的种种方式(2013)。这些方式能偶尔动员移民为政治目的而采取行动。

逆流

尽管新闻生产实践的方向和显性流动似乎是从原籍国到移居国，但我们也应该指出逆流的持续存在和循环，这里的逆流(counter-flows)是指反作用于原籍国的流散新闻实践。上文罗列出的实践中的一些，或许也促成了在原籍国的实践与主导思维方式的转变。例如，Brinkerhoff展示了流散的阿富汗人如何利用和扩散那些围绕着参与、正义、透明、责任等概念的理念与价值，以此积极地试图影响他们原籍国的政治(2009)。在Siapera和Veikou的研究中，被调查者反思他们在欧洲环境中遇到的所谓言论自由，并且定期地与他们在中东和北非地区的朋友、家人谈论这个话题(2013)。Kperogi展示了尼日利亚移民如何通过尼日利亚语的流散网站发布关于尼日利亚的新闻故事。Kperogi的研究发现的重要性在于，不仅阐述了流散公民新闻的"调查记者"角色，而且例证了这类新闻对原籍国造成的影响。在Kperogi描述的例子中，位于美国的尼日利亚流散新闻网站，比如*Elendu Reports*、*Sahara Reporters*和*Times of Nigeria*，发布的新闻导致尼日利亚政府官员辞职回家。尼日利亚传统媒体也使用这些网站上的报道，否则他们就得依赖国际新闻通讯社。正如科佩洛基指出的，"这些流散新闻机构已经不仅仅是其创立者们在迁移环境中构建主体性的工具，还是原籍国国内政治的积极参与者(2008)。"

桥接

另外一套实践，代表着一个更复杂和多方面的流的种类，被发现存在于一些少数族裔成员的"桥接"(bridging)工作中，他们试图提供关于各种各样的身份、事件和文化实践等方面的见解，目的是增进理解。"桥接"这一术语，最先由一位伊朗博主Hossein Derakshan提出，他认为，"伊朗的网络博客就像是桥梁，在男人和女人之间，在年轻人和老年人之间，在政客和普通人之间，在伊朗人和世界之间，建立连接"(2005)。这一观点继而被Ethan Zuckerman采纳和进一步详细阐述。Zuckerman把"桥接"博主描述为是"通过他们的线上工作为不同文化的人们建立连接的一群人"。这类"桥接"博主熟悉他们连接的不同文化，并且为其提供信息、解释、引导和新闻。

"桥接"连接不同文化和促进理解，正因为如此，它是一项有价值的工作。"全球之声"就是一个很好的例子，Zuckerman是其创始人之一。这个新闻资讯网站整理、核查、翻译和展示来自167个国家的博客、独立新闻机构和社交媒体上的新闻。尤其在危机时期，其他人也会承担这种桥接工作，但是没有那么正式。比如知名博主伊拉克人Salam Pax的博客"Where is Raed？"，用英语且从一个本地人的视角解释经历过2003年伊拉克战争是一种什么样的体验。

Andén-Papadopoulos和Pantti提及一种类似于桥接的实践，即"中介"(brokering)，它指的是移居者提供原籍国目击者和主流媒体之间的联系。具体来讲，这两位学者聚焦叙利亚移民，并且认为此类中介者具有如下特征：(a)创造了把叙利亚抗议者连接到世界其他地方的必要的传播基础设施，例如通过社交媒体页面、Skype网络电话、视频录制等；(b)管理讯息，以便"桥接"社交媒体与主流媒体；(c)承担联络人和文化翻译的角色(2013)。Andén-Papadopoulos和Pantti的理解是，参与这类实践的人，与这个过程(把叙利亚抗议者连接到世界其他地方)的利益有关，因为他们试图影响国外舆论，以便为他们自己的目标争取支持。

移居者的所有这些实践揭示出断层线和张力的存在。其中一组张力存在于社群内部，另一组张力存在于少数族裔社群和主流媒体之间。看看一些族裔群体的明确具有政治色彩的新闻实践，尤其是那些被卷入冲突中的新闻实践，我们就能发现张力的存在。例如，美国、英国的中东政策和伊拉克战争都揭示出这些政策的支持者与反对者之间的紧张关系。反对的观点产生反对的博客、网站和社交媒体平台。虽然这些或许被看作一个充满生机的公共领域的组成部分，但是互联网，尤其是社交媒体，也让族裔社群中部分成员的可见性发生了变化。那些在社交媒体上可见度较高的成员，不一定反映出沉默的大多数的立场。

在意料之中的是，那些有着较高水平电子素养的人更有可能控制社交媒体领域，至少以生产和发布内容的方式来控制。有些人已经在做着记者的工作，凭自身实力以媒体人的形象出现在公众视野里。事实上，尚不清楚的是，"桥接"会在哪里停止，以及宣传会从哪里开始，尤其当这类在线工作可能主要针对的是移居者第二代时。另一个与"桥接"有关的议题是，它在多大程度上为社群的其他成员提供连接。Siapera的研究发现，承担"桥接"工作的博客通常形成的是基于强(比如多重的和冗长的)连接的、轮廓清晰的单个网络，而不是网络和网络之间的桥接(2011)。如果"桥接"博客的读者仅仅是观念相似的一群人，那又何来"桥接"呢？

不过"桥接"工作是必要的，因为在主流媒体报道和对事件、身份、少数族裔成员的呈现之间存在清晰的紧张关系。Madianou对这些紧张关系有详细的解释(2005)，他展示了在希腊的土耳其少数族裔成员，在看到希腊主流媒体对他们不公平和有偏见的呈现时，如何变得两极化和愤怒。类似的发现见于Matar的研究：在伦敦的巴勒斯坦人认为，英国媒体对巴勒斯坦的政治议题的报道是不公平的(2007)。

鉴于网络上声音的多样性，上述这些顾虑中的一些或许能得以缓和。但是这种多样性和多元主义是有问题的，因为实际上主流媒体公司通过霸权式地强制实施专业规范与价值的方式，控制着这类空间(2011)。Kperogi对CNN的iReport的分析显示，公民新闻与报道被重新排列，依据的是公司的在线新闻价值，比如"最新的"新闻，分享最多的新闻，被评论次数最多的新闻，等等。这么做的结果是，另类观点被"拉拢"和重新整理，用与公司利益相匹配的方式，同时又在口头上赞成差异性和包容性。从这个角度看，目击者只不过是为大型媒体公司服务的免费劳力。另外，Skjerdal指出，少数族裔的公民记者会调用专业规范，目的是把他们的在线新闻工作合法化，即使当这样的工作面向的是政治行动主义时，因而其与客观性和自主性这样的规范相对立(2011)。照这些说法来看，存在于少数族裔公民、公民记者和主流媒体之间的紧张关系似乎能通过如下方式得以解决：合作，或者对某些新闻节目的策略性调用。

"老套的"消费：身份为什么重要

到目前为止，我们看到少数族裔在线使用者们的最常见在线活动是老一套的，也就是说他们阅读和评价，而非生产和发布新闻。就这一点来说，他们和主流观众别无二致。不过从其他方面看，少数族裔观众和主流观众之间还是存在差别的。例如在英国，由英国媒体管理部门英国通信管理局在2013年发布的一份报告显示，比起一般族群，少数族裔群体成员更倾向于浏览在线新闻和报纸网站；少数族裔群体之间在这方面也存在明显差异：34%的印度族裔成员和31%的非洲族裔成员经常浏览新闻网站(除了报纸和杂志网站)，相比之下，21%的孟加拉裔成员和23%的加勒比裔成员经常浏览新闻网站，英国本土居民的这个数字是27%。同样的模式见于报纸网站：36%的印度族裔成员和37%的非洲族裔成员经常浏览报纸网站；相比之下，26%的孟加拉裔成员和18%的加勒比裔成员经常浏览报纸网站，英国本土居民的这个数字是22%(Ofcom，2013)。

这些数字似乎支持Christiansen的观点，即"一些少数族裔社群对新闻更渴求"(2004)。由The Media Insight Project(2012)公布的一份详细报告揭示了在美国的少数族裔社群的在线媒体使用状况：美国白人(72%)比非洲裔美国黑人(62%)和西班牙裔美国人(56%)更有可能通过电脑上网来获取新闻；然而，少数族裔群体成员比白人更有可能在手机上获取新闻，非洲裔美国黑人和西班牙裔美国人分别是75%和64%，相比之下，美国白人的这个比例是53%；非洲裔美国黑人比西班牙裔美国人和美国白人更有可能注册新闻提示服务，前者的比例是58%，后两者的比例分别是46%和42%。然而，非洲裔美国黑人和西班牙裔美国人更相信来自他们社群内部的新闻来源和媒体。皮尤研究中心的一项关于社交媒体与新闻的调查显示，尽管所有的族裔群体都会通过社交媒体来获取新闻，美国白人比非白种的美国人更有可能使用Facebook和Twitter来获取新闻——美国白人中使用Facebook和Twitter获取新闻的人数比例分别是63%和57%，非白种的美国人中使用Facebook和Twitter获取新闻的人数比例分别是37%和43%(Holcomb等，2013)。这表明，尽管在非洲裔美国黑人中Twitter的普及率很高，但它不是被用于浏览新闻，这与Brown等人(Brown等，2011)的预期不同，他们认为Twitter将被用于触及这类新闻观众。这些发现表明，在线新闻消费实践中确实存在一些差异，但很难再得出更宽泛的结论，因为适用于所有群体的整体模式遵循着同样的趋势，即朝向个性化的、遍及各种各样的媒体和平台的新闻推送、新闻获取与新闻消费。

上述这些发现也说明，身份认同显然是重要的，正如Madianou所指出的，少数族裔公众更有可能关注与他们社群成员相关的新闻故事(2005)。例如，在2014年8月14—17日期间发生了如下事件：美国弗格森市的警察枪击一名黑人青少年并引发抗议，男演员罗宾·威廉姆斯自杀身亡，非洲爆发埃博拉疫情，俄罗斯—乌克兰局势动荡，以及美国在伊拉克发动空袭。皮尤研究中心的一项调查发现，上述新闻事件中最受关注的是弗格森抗议和罗宾·威廉姆斯的去世，在被调查者中有大约27%密切关注了这两则新闻。仔细看看这27%的族裔构成：其中54%是非洲裔美国黑人，25%是美国白人，18%是西班牙裔美国人(Pew Research Center，2014)。这些发现表明，尽管没有清晰的模式可以概括不同社群的新闻媒体与平台使用情况，但是与社群成员有关的故事，尤其是那些涉及正义问题的故事，会吸引来自同一社群的成员的大量关注。

还有一些事例说明，新闻故事会激发观众的使用与实践，即使观众作为社群成员的身份与这些新闻故事没有直接关系。英国广播公司(BBC)曾因为其对2014年6月和7月发生的加沙冲突的报道方式而受到抨击。巴勒斯坦团结运动组织了一场网上请愿活动，要求英国广播公司改进他们的冲突报道。这场网上请愿活动收集了约4.5万个签名，同时也有街头抗议出现在BBC位于伦敦的新广播大楼门前和位于索尔福德市的BBC North门前。在这里有两个议题很重要：首先，观众能够组织反对他们认为有偏见的媒体报道，而且他们确实也这么做了；其次，这类观众没有呈现出原属族裔或身份上的差异，而是大家联合起来问责新闻媒体。在皮尤研究中心对弗格森事件新闻报道的研究中，研究者们发现这则新闻的观众在政治信仰上有所差异：有68%的民主党人(遍及所有的族裔背景)发现弗格森抗议与种族有关，61%的共和党人认为种族问题受到的关注过多。

上述这些观察看起来像是表明，政治取向与信仰或许是新闻消费中一个重要的中介因素，同样重要的还有族裔身份和其在新闻中的显著性。Stroud的研究说明，人们的政治信仰激发了他们使用媒体的积极性(2008)。这一结论，连同证明了网络趋同性倾向的网络分析研究(McPherson等，2001)，共同引发关于政治认同、族裔认同与新闻消费、新闻使用之间关系的问题。换句话说，我们知道人们倾向于接触他们赞同的新闻媒体，也倾向于连接有相似背景的人。但是我们还不知道的是，政治身份如何与族裔身份相互关联、相得益彰，以及这如何影响新闻消费的模式。

这存在至少两种可能性。第一，上述这些倾向或许会导致一种"无限回归"，即人们仅仅连接那些在身份和政治信仰上与自己相似的其他人，也只读与他们有关和他们赞成的新闻。这是所谓的"过滤器泡沫"的一个明显的例子(Pariser，2011)，这个例子支持Sunstein的关于公共领域碎片化和割据化的论述(2009)。 第二，政治取向可能会形成构建跨身份团结的基础。如前所述，个性化的新闻供给似乎成了规范，巴勒斯坦的例子说明团结可以被建立在共享的信仰基础之上，导致要求新闻媒体负责的声明的明确提出。

一个类似的例子与2014年9月发生在纽约的气候变化示威游行有关。大约有30万抗议者参与了这场示威游行，呼吁采取行动应对气候变化。不过这场示威游行并没有获得美国主流媒体的报道，却频繁出现在博客和社交媒体上，最终导致针对美国国家公共广播电台的网上请愿活动。尽管这些抗议者的人口特征还是未知数，但美国新闻学会2014年度调查显示，少数族裔成员对环境新闻表现出极大的兴趣。气候变化构成了团结观众的另一个议题。不过更宽泛地讲，在不同的身份、政治信仰与新闻消费模式之间无法被定义清晰的界限，因为我们观察到的既有个性化、碎片化和两极化的新闻供给，也有连接和团结不同身份人们的跨界新闻故事。

结 论

本章考察了少数族裔社群与其新闻媒体使用或消费之间存在的各种各样的关系。在数字化时代，来自少数族裔社群的观众如何获取和使用新闻媒体。为了说明这个问题，本章首先着眼于政策制定者和媒体/商业公司描述、理解这些活动的自上而下的方式。三个主要参考点和相关话语被用来理解和约束少数族裔观众：公平/对等参考点，围绕着获取的公平和不同社群之间在媒体使用上的分歧等问题；"证券化"参考点，这与针对少数族裔观众的强化监控有关；"商品化"参考点，讲的是为了利润把少数族裔社群作为目标受众。由这些参考点所强加的界限把少数族裔观众建构为：与主流观众不对等，参与令人怀疑的活动或容易受到激进化的影响，以及是新闻的利基市场。

这些自上而下的建构被参与各种各样新闻媒体相关活动的公众所延伸、抵抗或忽视。这些相关活动包括勾连不同社群的"桥接"实践，组织、管理和阅读流散新闻网站，作为中间人来安排新闻，以及促成一种从移居国到原生国的反向的新闻流。上述活动的含义是多种多样的：流散新闻网站在其取向上可以是非常民族主义的，但它们也可以促成新闻话语与观念的流通；桥接和中介(brokering)可以是非常宝贵的散播信息方式，但它们也能成为宣传的工具。这些实践或许也加剧了现有的紧张关系：不同社群之间和社群内部的紧张关系，专业记者、新闻生产者与基于社群的记者、新闻生产者之间的紧张关系。

然而，在大多数情况下，少数族裔成员的与在线新闻相关的实践与主流观众的这类实践几乎是一样的。在什么情况下会不一样呢？答案是，当新闻中出现了与少数族裔成员直接相关的话题时。有研究显示，在这种情况下，在对新闻的兴趣和对新闻的诠释这两方面上，主流观众和非主流观众之间出现了明显的分歧。另外，可能的情况是，对观众的新闻兴趣和新闻诠释而言，政治和文化信仰是更好的预测指标。不过我们需要更多的研究来揭示，人们什么时候能团结起来，不同的群体之间什么时候会出现断层线。目前我们知道的是，少数族裔观众在很大程度上参与的是与主流新闻观众一样的活动种类，但也有一些实例表明分歧的出现，以及分歧的"被桥接"。

第4章

新闻业务

Rasmus Kleis Nielsen

正如我们所了解的，新闻业的发展纵横交错，构成了新闻业务。该业务领域的种种发展反过来又同时支撑和约束着新闻业。支撑，是因为大多数记者为私有企业工作，这种雇佣关系能解释大多数被生产和散播的新闻从何而来；约束，是因为这些企业的首要目的是盈利，而非职业素养或公共利益等。为了理解专业新闻，我们不得不理解新闻业务，一个已经让新闻业变得更独立于政治力量和公民社会力量，同时更依赖于市场力量的业务。

新闻业，作为一种专业的、职业的和有偿的独特工作种类，需要大量的资源，这与各种各样的小心翼翼从事的个体新闻行动有所不同，例如见证、记录和真相核查。这些资源有时候由国家提供，其通过公共补贴、公共服务媒体，以及由国家拥有和运作的媒体等提供；有时候是公民社会行动者们提供了这些资源，比如与政党有关系的媒体、利益群体、宗教组织、社群协会等。但是超过一个世纪以来，这些资源在很大程度上是由私有媒体公司在遵循市场逻辑的基础上创造的，这些公司为观众提供内容，并且把观众的注意力卖给广告商(Pettegree，2014)。甚至在英国，世界上最强大的公共服务媒体组织之一英国广播公司(BBC)的家乡，分析师估计在所有的对新闻内容的投资中，大约有1/3来自在市场基础上运作的私有媒体。在有着较弱的公共媒体的国家，比如美国，这个数字甚至更高。为了理解如何和什么时候这种情况会发生，我们需要把新闻看作为市场而生的产品，生产者通常是追求利润的私有企业(Doyle，2013；Hamilton，2004；Picard，2011)。

很多其他因素，包括政治的、技术的、范围广泛的社会因素，以及专业内部因素，形塑着什么是新闻，它如何运作，以及它随着时间如何变化。但是私有媒体在资助新闻工作和新闻工作者上扮演的绝对核心的角色意味着，如果我们要充分理解这个行业，就必须考虑经济因素。记者们和从事新闻学研究的学者们有时候似乎羞于这样做。在某种程度上，这是可以理解的。新闻业，作为一种职业，声称要维护职业权威，把自己与商业因素精确地分隔开来(Anderson，Schudson，2009)。新闻学研究，作为一个学术领域，首先根植于职业新闻教育，与这个职业的自我概念、媒体与传播学研究、政治科学和社会学密切相关，而非与经济学或工商管理学密切相关(Wahl-Jorgensen，Hanitzsch，2009)。但缺乏对新闻业的经济基础的了解，会让记者和新闻学学者严重受限，有碍于他们理解新闻这个职业，新闻业在社会中的角色，新闻业存在的制度性前提，以及所有这些方面如何发生着变化。

本章对新闻业务的主要方面做了一个整体的回顾，以及试图回答如下问题：新闻业务是怎样变化的，以及它变向何处。本章展示了数字化媒体如何带给新闻职业一系列重大挑战；这些挑战破坏了一直支撑20世纪私有部门新闻生产的商业模式的主要支柱，而且迄今为止它们并没有提供可持续商业模式的新例子。这主要是因为，在一个越来越融合的媒体环境中，很多不同种类的媒体之间存在竞争，导致观众更为分散，以及内容、广告价格不断下调。这使得专业内容生产的高昂固定成本越来越难以被覆盖。数字化技术的出现所带来的改变和直接影响，随着国家的不同而不同，因为延续的市场结构、易变的偏好和管控框架在不同国家以不同的方式塑造着新闻业务(Levy，Nielsen，2010；OECD 2010；Trappel等，2011)。通常，这些发展指向一个不确定的未来，其呈现的景象是：娱乐媒体、社交媒体和利益相关者媒体不断发展，出现更多的传播(包括人际传播和策略性公关)，由专业记者生产的原创新闻越来越少，在这样的环境中，以利益为导向的新闻媒体组织的角色被削弱(Nielsen，2012)。

本章首先介绍了媒体经济学的基本概念，描述了20世纪末在高收入民主国家里运行的新闻业务；然后论证了21世纪初数字化媒体的崛起如何挑战20世纪主要的商业模式，同时让新闻的其他经济属性保持不变；最后讨论的是，我们从一个混合的媒体环境进入一个越来越数字化的媒体环境，这种转变会给新闻业务带来怎样的影响。

我们所了解的新闻业务

私有部门的新闻生产只是媒体和娱乐产业组合中的一小部分，这个组合包括广播和报纸、图书出版、消费者杂志、电影、音乐，以及各种各样的在线服务。所有这些公司抢夺作为媒体使用者的我们的注意力，它们中的大多数争抢作为媒体消费者的我们手中的钱，它们中的很多为获得出售我们的注意力给广告商的机会而相互竞争。为了成功，它们需要平衡三个顾虑——人们愿意关注的是什么，他们愿意为之花钱的是什么，以及广告商愿意为什么掏腰包。随着将音频、图表、文本、视频和视觉材料整合在一起的数字化媒体技术的发展，公司在适应这一趋势的同时，还要应对在同一融合平台上不同公司之间直面竞争所带来的挑战。

这个更广泛的媒体和娱乐产业组合中只有很小的一部分投资于新闻生产。一项在2011年开展的研究作出了这样的估计：在英国，由电视、广播、印刷出版和在线媒体创造的综合收益的大约9%被投资在新闻上。这个比例随着部门的不同而显著变化。整个用于新闻的投资中有2/3来自报纸出版商，其收益的23%被用于新闻生产；对于电视广播台，这个数字是4%；对于在线媒体，这个数字低到2%。类似的差异在其他国家也可以见到(Nielsen，2012；Picard，2011)。因此，当电视和在线媒体占据了整个媒体和娱乐产业组合中较大的一部分时(比报纸出版商的占比大)，新闻业务在实践中仍然是一个以报纸为主的业务。在美国，报纸尽管经历了利润下降的10年，但2012年所有被媒体公司雇佣的专业记者中超过60%在报社工作。电视和广播的组合——在利润和用户使用率上更高的一个产业，雇佣的专业记者比例是24%。"其他信息服务"这个无所不包的类别，涵盖了专业商务新闻和信息服务提供商，比如Bloomberg、Reuters，以及迅速发展的数字媒体部门，包括新闻聚合器、联合组织、搜索引擎和只限于网络的出版商，在这个类别下被雇佣的专业记者比例是9%，尽管Google一家的利润就超出整个美国报纸行业综合效益一大截。

在整个媒体产业的所有利润中，只有相对很小的一部分被投资于新闻生产，这一事实说明，不仅经济学规律在其中起作用，而且在大多数人的媒体使用中新闻只占据相对很小的部分。这也适用于传统媒体，比如在印刷和广播媒体中，新闻与时事只占了人们所读、所看和所听中很小的一部分。某研究表明，人们观看电视的总时间中至多只有1/4用于观看新闻，数字媒体同样如此。虽然估计的结果参差不齐，但各种各样的跟踪小组研究和直接取自互联网服务提供商的流量样本都表明，人们花在线上新闻浏览的平均时间占到其所有上网时间的1%~3%。

相关调查发现，人们说他们经常浏览新闻，而且他们认为密切关注时事是有趣的和重要的(Hewman等，2015)。但是，我们不应该高估人们愿意花在新闻上的时间、金钱与努力(Picard，2011)。对新闻的兴趣一直是不均衡的，而且总是与对其他议题(比如名人丑闻和体育)的兴趣混杂在一起。随着人们有越来越多的媒体选择，他们可以调整他们的媒体使用情况，以更加接近自己的真实兴趣。很多人因而会阅读比之前更少的新闻，不是因为他们对新闻的兴趣减少了，而是因为他们有更多的(以及更吸引人的)内容可选择(Prior，2007)。

娱乐对新闻的这种取代是那些能够说明如下问题的众多例子中的一个：所有种类的内容和不同形式的媒体如何在一个更广泛的"注意力经济"中直面竞争；在这个经济中，媒体使用者们必须把他们有限的时间在一系列丰富的媒体选择中作出分配(Neuman等，2012；Taylor，2014)。作为媒体使用者，我们通常对媒体内容做两种投资，即使我们并不认为它们是对等的(Vogel，2011)。首先，作为媒体消费者，我们会把金钱投资于媒体内容——按照媒体内容的价格支付金钱，除非在实际消费中内容是免费的。所以我们会评估内容是否物有所值，尤其在与其他替代选择做比较的时候。第二，作为媒体使用者，我们会把时间投资于媒体内容——不管我们是否为之支付金钱，时间一定会被消耗，只是多与少而已。所以我们会评估内容是否值得我们花费时间去阅读，尤其在与其他替代选择做比较的时候。用经济术语来讲，花时间在媒体上的机会成本(为了得到某种东西而要放弃的另一些东西的最大价值)也许会超过货币成本(我们实际支付的价格)。但相关实证分析表明，"大多数人更愿意浪费时间而不是金钱"(Okada，Hoch，2004)，因此，很多人倾向于那些在实际消费中无须支付金钱的选择。

在这个更广泛的媒体与娱乐内容市场中，面向大众兴趣的报纸可以被视为信息商品的一个特定种类。从经济学的角度看，信息商品，不管是来自广播、报纸，还是在线媒体，都统一地具有一些重要的特征(Hamilton，2004；Shapiro，Varian，1999；Vogel，2011)。这些特征与新闻生产、作为商品的新闻和新闻市场有关。

首先，新闻生产是昂贵的，而新闻再生产是便宜的。经济学家总结新闻生产的特点是高固定成本和低可变成本。固定成本可以被理解为"首次拷贝成本"(first-copy cost)，涉及内容创造、内容生产和获得使用分发网络的机会；可变成本可以被理解为服务不止一位用户的成本(Doyle，2013；Hamilton，2004；Picard，2011)。高固定成本和低可变成本的组合意味着，有大量的、实质性的成本花在生产内容的过程中，包括用于调查和报告一个新闻故事的时间，以及筹备发布的时间。这些成本大致是不变的，与消费故事内容的受众人数无关。在生产内容的固定成本被计算在内之后，把内容分发给更多用户的可变成本相对较低：对报纸而言，可变成本较低，但也不少；对在线服务而言，这种成本是非常低的；对于地面的广播系统，一旦有一个电台/电视台在工作，那么它的可变成本实际上是零。

与其他部门有着高固定成本/低可变成本一样，新闻生产以可观的规模效益和范围效益为特征(Doyle，2013；Shapiro，Varian，1999)。每个被服务用户的平均成本随着用户数量的增加而减少，增加用户数量的方法包括，吸引更多的人去一个平台，或通过不同的平台和标题触及更多的用户；平均成本减少，是因为内容生产的固定成本和通常的运营费用，可以被分散到一个平台上的更多用户(规模)，或被分散到更多的平台/标题(范围)。由于规模效益的存在，较之小型竞争者，大型媒体公司常常更具有成本优势，就像很多媒体公司运营一个由不同平台和/或标题构成的组合，以此分担行政的、广告销售的和生产的成本，从而得益于规模效益。

其次，新闻是一种非竞争性的经验商品。这里的非竞争性是指，一个人阅读一则新闻故事不会妨碍其他人也这么做，或者不会减少对其他人的价值(Hamilton，2004；Shapiro，Varian，1999)。在这一点上，新闻与很多其他信息商品是类似的，比如一本电子书或者一部电影，却有别于像市场情报这样的商品，后者提供一种竞争性优势。新闻也有别于大多数有形商品，包括"私有商品"(例如衣服和食品)和"集体商品"(例如饮用水)。新闻不仅是非竞争性的，还是非排他性的，也就是说拥有接收器的任何人都可以自由获取内容，只要这些内容是可获得的。经济学家把既是非竞争性又是非排他性的商品称为"公共物品"——干净的空气、广播电视，以及人类知识的总和。需要强调的是，新闻或许是为了公共利益，但并非所有的新闻都是公共物品。印刷报纸很少是非排他性的，因为对报纸的获取只限于那些为之付费的人。很多有线新闻频道只供订阅者观看；越来越多的新闻网站运营各种各样的付费墙。经济学家把这些称为"俱乐部商品"——对这些商品的获取是被控制的，但享有获取机会的人的数量不会减少它对其他人的价值。

除了是非排他性的，新闻也是一种经验商品(Hamilton，2004；Shapiro，Varian，1999)。经验商品的价值和质量只有在被实际使用之后才能确定。它与"搜寻商品"(search goods)不同，后者的价值和质量很容易被提前评估；与信任商品(credence goods)也不同，这是一种基于信任而被消费的商品。当在相互竞争的经验商品之间做选择时，消费者通常不得不依赖预览，例如电影预告片、推荐和其他用户的评论，或者根据导演或演员的名声来做观看与否的决定。特别是新闻消费，在很大程度上依赖于声望，依赖于媒体使用者回顾对个别新闻组织或个别记者的过往体验。越来越常见的是，经验商品被如下现实所驱动，即人们使用搜索引擎比如Google，以及人们在Facebook和Twitter这样的社交媒体上分享材料和从中获取推荐。只要媒体使用者们继续从他们习惯的提供者那里寻获令人满意的内容，没有声望的新进入者就很难成功劝服人们去花时间——更不要说花他们的金钱——去尝试新事物。

第三，市场集中化和在特定市场里只有有限的竞争对手，这也是新闻产业的特征。这归因于以下两点，即新闻生产机制和作为上述"商品"的新闻(Hamilton，2004；Picard，2011)。作为新闻生产的主要特征之一，高固定成本和低可变成本的组合通常有利于一个给定市场里的最大玩家，它可以把生产内容的高固定成本分摊给很多使用者，从而提供低廉的价格。另外，这些大玩家对广告商来说通常是最有吸引力的平台，这让媒体内容的价格一降再降。按照经验来看，媒体市场倾向于被一个或少数几个大型公司所控制，它们还有很多下属的小公司占据着市场中的细分部分(小众消费者)(Noam，2013)。大公司和小公司的精确配置部分地依赖于市场规模(Shapiro，Varian，1999)。在较大的市场里，配置的结果通常是一个差异化的产品市场，其特征是垄断性竞争：每一个竞争者都提供明显不同的产品，因而享有一定程度的市场权利来为观众和广告商设置价格。如果这个市场足够大，而且生产者们被有效地区分开来，那些相对较小的利基市场就可以支撑这样的一些专业化机构：它们提供一个非常特别的内容种类，以及迎合一群被仔细定义了的观众。这是很多欧洲报纸市场的结构，它们通常提供右派的、中立的和左派的大开本报纸，以及财经日报和一家或多家通俗小报，每种报纸在市场中都有其独特的身份。这种结构也见于美国的有线电视新闻领域。在美国，"公平"信条的废除，以及不再要求电视新闻具备"应有的不偏不倚"，这二者意味着Fox News(福克斯新闻网)、CNN(美国有线电视新闻网)和MSNBC(微软全美有线广播电视公司)可以各自占据一个不同的位置，提供根据广义上的党派线路而有所区分的新闻，这些党派线路从右派到中立派再到左派。这三家有线电视网正是以这种方式有效地与那些更大型的广播机构相竞争，例如ABC(美国广播公司)、CBS(哥伦比亚广播公司)和NBC(美国国家广播公司)。在较小的市场或者差异化不明显的市场里，归于最大玩家的那些优势更经常地导致"一家独大"的情形：一家公司通过其产品的优势和/或伴随规模效益而来的成本优势，占据着一个近乎垄断的位置。这种结构见于欧洲和美国的大多数本地报纸市场，正如很多较小国家里的商业电视新闻市场的结构一样。因此，当美国的Fox News以2%的观众占有率获取大量利润时，这2%的观众占有率仍不足以支撑一个例如在丹麦的面向细分观众的新闻频道。

不管一个特定的媒体市场是否是差异化的，以及不管这个市场是否以垄断性竞争为特征或被一个公司所控制，新闻的"经验商品"特征意味着，对当前新闻媒体满意并产生品牌认同的消费者们几乎没有转换到其他媒体的动机，尤其是相对不太出名的媒体。新进入者必须提供在某些方面明显出众的产品——质量更好，价格更低，更方便，更时尚——以及找到让潜在消费者相信其价值的方法。"经验商品"有利于已经进入市场的媒体，同时给那些未进入者带来障碍，这导致有限的竞争，在本地新闻媒体市场里这一点尤为显著(Picard，2011)。

作为很多媒体市场的特征，市场导向和有限的竞争这二者的组合，从新闻业和民主社会的角度看，既有优点，也有缺点。其存在的问题显而易见，市场不能独自提供太多的新闻，因为要完全覆盖高固定成本是很困难的；市场独自也无法提供明显相异的新闻，因为存在朝向市场集中化和高进入门槛发展的趋势——这是市场失败的一个经典例子(Baker，2002)。但是，其也并非完全没有优点，至少从记者的角度看是这样——市场集中化和有限竞争并不总是不利于公共利益(Hamilton，2004)。对新闻媒体来说，市场导向和有限竞争这二者的组合提供了三个先决条件，它们已经让很多公司受益于对新闻业的投资。这三个先决条件分别是：用于争夺注意力的编辑内容的有限供应；用于争夺广告商支出的广告空间的有限供应；"捆绑"产品的重要能力，以便让那些对一揽子产品中的某一部分(比如体育)有偏好的媒体使用者们不知不觉地补贴这一揽子产品中的其他部分(比如新闻)。这些因素对于解释如下问题至关重要：尽管报纸发行量在过去的几十年里一直下跌，但直到21世纪初，报纸产业依旧是坚挺的，它获得的可观收益、高利润以及对感兴趣于稳定投资和定期回报的投资者的吸引力——至少在高度商业化的国家(比如美国和德国)——让这个产业有能力投资新闻生产。然而在过去的10年里，这三个先决条件一直承受着日益增长的压力。

越来越数字化的新闻业务

自21世纪初以来，大多数高收入民主国家里的媒体产业都发生了哪些变化？答案是明确的：已经下跌了几十年的印刷报纸发行量以更快的速度下跌，印刷广告收益也急剧下降。地面电视(不依赖卫星传输的无线电视)在经济上仍然是强健的，即使观众分布于更多的频道；而且付费电视的市场也已经发展起来。报纸和电视都面临着一个引发担忧的朝向未来的转变，这个未来的景象是：居家的流媒体点播和移动设备上的流媒体点播将会发挥更大的作用。最终，所有种类的数字化媒体在媒体使用、消费者支出和广告等方面会扮演日益重要的角色。美国的报纸产业很好地说明了这种转变。从2000年到2010年，印刷报纸收益下跌近50%，同时电视广告增加了25%，付费电视收益增加了近150%，数字广告增加了超过300%。在其他高收入民主国家里，这种转变没有如此剧烈，而且也随着国家的不同而变化(Levy，Nielsen，2010；Trappel等，2011)，但转变的方向大致是一样的(Nielsen，2012)。

总体上，媒体和娱乐产业的收益并没有下降。平均每户家庭在媒体和传播上的花费不断增加，尤其在硬件和通信服务上。广告支出随着商业周期而波动，并且随着国家的不同而呈现出大幅度的差异(美国的广告支出占到其GDP的1.5%，相比之下，法国的广告支出占到其GDP的0.75%)(Vogel，2011)，但大体上并没有下降。事实上，观众和广告已经从一些部门比如报纸(一直以来投资于新闻生产)转移到其他部门比如电视(没报纸投资的那么多)，以及转移到新的部门比如数字媒体(几乎没有投资新闻生产)。资源从报纸流出，并流入其他媒体，这已经严重影响了许多国家被雇佣记者的人数。从2000年到2010年，根据美国劳工统计局公布的数字，美国的记者人数减少了超过20%。随着观众继续转移和广告商对这一趋势的遵循，这一现象有可能在将来更加严重。

结果之一是收益和观众行为的整体变化；另一个结果是，新闻业务的基本因素随着数字化技术的发展而发生变化。两位媒体经济学家有信心地指出："技术在变，经济规律不会变(Shapiro，Varian，1999)。让我们重新思考新闻生产的关键特点，作为商品的新闻，以及上文概述的新闻市场。

首先，新闻生产仍然以高固定成本/低可变成本为特征，由此带来规模效益和范围效益。目前，新闻生产的固定成本已经普遍下降，因为新技术让记者们能够更有效地工作和更容易地接触到更多信源。但是在快节奏的线上"抄袭新闻"(churnalism)的例子中（聚集其他人的内容，盗取和重写故事，或者生产"清单体"和类似的内容），较之于传播内容的可变成本而言，以记者薪水的形式而生成的固定成本仍然是相当高的。好的专业新闻工作仍然需要付出时间和努力。对在线报纸出版商而言，可变成本已经下降，因为数字化分发比印刷分发便宜得多。广播公司面对的情况是相反的。地面广播的可变成本基本上是零，而在线流媒体视频尽管更便宜但仍然不是免费的。例如，2013年，BBC的iPlayer仅占到BBC所有内容被观看时间的2.3%，却占到BBC所有分发成本的约12%，超过3000万英镑。

其次，新闻仍然是一种非竞争性的经验商品。发布在网上的一个新闻故事或者一个视频剪辑，就像刊登在新闻简报上的一则新闻故事一样，不会因为一些人的可获得而降低它对其他人的价值。因为有数字新闻和模拟新闻，以及很多形式的媒体，我们几乎没有办法提前知道，被考虑的内容是否值得我们花费时间和金钱。这意味着，在很大程度上，人们仍然要基于现有习惯和品牌声望来消费数字媒体，而由被信赖的人做的推荐主要借由社交媒体来发挥其重要作用。很多人在线上和线下搜寻的是相同的新闻源；最广为使用的线上新闻源是由老牌电视台和报社创办的网站(Newman等，2015)。不过也有例外，比如法国的*Mediapart*和美国的*Politico*，尽管它们已经发展了很多年，但达到的用户规模远远不及那些大型老牌传统媒体的线上用户规模(Newman等，2015)。

第三，新闻市场已经变得非常有竞争性，新闻媒体发现它们自己处于与其他媒体争夺消费者注意力、消费者支出和广告预算的直接竞争当中。这大概是在新闻业务领域正在发生的唯一最重要的变化。生产新闻的这种持续的高固定成本/低可变成本的结构，以及作为"信息商品"的新闻所具有的特征，让早已进入市场的媒体大大受益。但是它们的商业模式和成本结构无法适应从有限竞争到加剧竞争的迅速转变。前者(有限竞争)的情况是，老牌媒体公司行使高度市场权利和拥有高昂价格，后者(加剧竞争)的情况是，老牌媒体公司行使较弱的市场权利，以及不再拥有同样高昂的价格。

媒体市场变得越来越有竞争性的原因如下。第一，市场进入门槛被降低，因为与内容生产和分发有关的高固定成本已经降低。其带来的结果是一些新玩家进入市场，从门户网站的内容聚合者到只限网上的纯粹做新闻的玩家，包括国际的、国家的和本地的新闻网站，其中有很多面向的是小众群体。第二，流动性障碍被减少。这里的流动性障碍让那些老牌传统媒体很难从当前运作的市场进入其他市场。而流动性障碍的减少，已经让一系列领先媒体，比如英国广播公司、《赫芬顿邮报》和《纽约时报》，去跨境寻求国际观众而不需要解决与印刷和广播有关的分发问题。这也帮助了之前的区域性媒体，比如《华盛顿邮报》和《南德日报》，将其市场扩展至全国范围。第三，一个最为重要的原因是，那些为新创公司降低准入门槛和为现有公司减少流动性障碍的数字化平台，让一系列新类型的媒体公司的出现成为现实。这些媒体公司与那些老牌传统公司争夺观众注意力和广告商，尽管它们自己几乎不投资新闻生产，典型的例子包括：最有影响力的搜索引擎之一Google，社交网站如Facebook，分类网站如Graigslist和Monster.com，以及各种各样的移动应用的提供者。非新闻媒体对人们的注意力、媒体支出和广告预算的争夺是大多数新闻媒体面临的最重要的竞争新形式。

越来越数字化的新闻业务仍然以高固定成本/低可变成本为特征，它应对的是信息商品，通常是非竞争性的经验商品。但是媒体市场已经发生了变化，从相对有限的竞争到逐渐加剧的竞争，发生在运行于相同数字化平台上的旧媒体和新媒体之间。正如基本经济学理论所预测的，加剧的竞争为观众和广告商压低了价格，因为越来越少的媒体内容公司享有可以支配市场价格等方面的权力地位，从而只能把内容价格定在这样一个水平，即接近于服务不止一位顾客所带来的边际成本。当涉及数字化媒体时，这个边际成本几乎是零。因为交易成本，以及为某物不支付任何费用和支付哪怕0.01美元之间的心理差异(即所谓的"一分钱效应")，让微支付变得复杂，因而当下所支付的价格通常是零。

有广告支持的免费内容常见于地面电视(不依赖卫星传输的无线电视)。但是数字化媒体正在改变新闻业务的方式，其在某些方面表明，数字化媒体不一定会提供线上新闻服务，因为广告本身在发生着变化。广告过去立足于数量有限的媒体公司，它们把观众的注意力卖给大量广告商。"眼球"是这一交易的核心，而且广告商的选择也是非常有限的(Napoli, 2011)。21世纪初，分析广告市场的经济学家们仍然坚持一种假设，即个别媒体公司在触及他们的观众这方面具有垄断控制权，这让他们能影响想要刊登广告的那些人(Bagwell, 2007)。一些形式的广告仍然像这样被出售，但是越来越常见的情况是，通过广告网络(一种介于想出售广告空间的媒体/网站与想在媒体/网站上刊登广告的广告主之间的平台)和广告互换(多个网站上相互交叉、轮流地显示网站群内其他成员网站的广告，访客通过点击或者激活这些广告可以访问另一个网站)来购买数字广告(Turow, 2011)。这种交易的基础有两个：遍及众多网站的观众以及越来越详细的个人信息在网上被收集。例如，为了触及本地体育迷，你不必亲自去当地的报社或者电视台，而是可以指定你想要触及的群体，然后就看着你的广告出现于各种各样的网站、全国性媒体、搜索引擎、社交媒体和粉丝空间等，只要是广告网络能覆盖的地方，就能出现你的广告。而且可供刊登广告的网站的数量已经呈指数级增加，这给媒体公司带来新的竞争者，给广告商带来新的机会，以及带来一个近乎无限量的网上广告库存(Taylor, 2014)。

这一发展意味着，新闻媒体在线上没有了过去在线下曾经拥有的那种特权地位，他们必须出售的观众注意力也不再像以前那么有价值。20世纪90年代，广告公司和媒体公司想象的是，数字广告或许能达到80美元的CPM值(广告每展现给1000个人所需花费的成本)，因为这类广告可能比现有格式更具有互动性、更有针对性和更及时，而且在很多方面优于广播或印刷广告(Turow, 2011)。由于供应的增加速度已经超过需求的增加速度，真实情况并没有按照广告公司和媒体公司想象的那样发展。少数一些非常有辨别能力的线上目标群体是非常有价值的，由人们实际点击广告而带来的高"转化率"也是很有价值的(转化率是指通过点击广告进入推广网站的网民形成转化的比例；转化是指网民的身份产生转变，如网民从普通浏览者升级为注册用户或购买用户等)。不过，单纯的暴露(把刺激物不断呈现给观众，使之重复暴露而最终影响个人知觉，比如重复暴露某广告可能最终劝服观众去购买广告商品)和大量的买进卖出已不再有价值。广告正在从暴露范式转变为强调点击通过率(一般指网络广告的点击到达率，即该广告的实际点击次数除以广告的展现量)和参与度(参与是指用户点赞、转发、评论、下载文档、观看视频、咨询等交互行为)。来自美国的2011年不同媒体的CPM值让我们看到，线上数字广告的CPM值与线下广告的CPM值有何不同：印刷报纸的平均CPM是60美元，网络电视黄金时段的平均CPM是23美元，一般在线广告的平均CPM在2.5美元到3.5美元之间，移动显示广告的平均CPM是0.75美元，而社交网站上广告的平均CPM仅为0.56美元。

大多数在线广告的低廉价格让基于广告这种盈利方式的内容生产难以覆盖其固定成本。这导致越来越多的报纸去探索其他潜在的收入来源，以及启动多种形式的"支付墙"，从2010年德国的《汉堡晚报》，法国的《费加罗报》和英国的《泰晤士报》，到2011年美国的《纽约时报》，都在这么做。到2013年，美国70%的日报将某种支付模式作为他们数字化业务的组成部分，2009年这个比例几乎是零。一些只限于网上的新闻网站也依赖支付模式，这关系到它们的大部分收入，法国的调查新闻网站*Mediapart*就是一个例子。尚不清楚的是，种种支付模式在多大程度上会有助于新闻组织，或者智能手机和平板电脑的迅速发展是否会为支付模式提供一个更加友好的环境(Nel, Westlund, 2012)。几乎没有可获得的详细数据是关于付费订阅用户数量的，以及关于被创造的销售收入是否超过了流失的广告收入。有调查表明，为新闻付费的人的比例大体上是一个数值很低的个位数，但是这个数字在(慢慢地)上升，而且只有少数报告显示，人们可能会在未来为新闻付费(Newman等，2015)。这样看来，媒体大亨Arianna Huffington在2009年的断言"支付墙已成历史"似乎为时过早。

新闻业市场正在向一个更具竞争性的市场转变，将上述传统新闻媒体盈利能力的三个先决条件置于巨大压力之下，因为具有不同质量和种类的内容的数量已经极大地增加；广告的供应，尤其是通过搜索引擎和社交网站发布的广告，也已经激增；同时，在很多数字化平台上，"捆绑"产品的能力已经减弱。这些变化减少了现有私有新闻提供者们的收入和利润幅度，而且让那些新的新闻初创公司很难有所突破。这些变化已经导致公司压缩成本，以及减少他们对新闻业的投资。

这些变化对观众和广告商而言是好消息。媒体使用者们可以更高效、更精准地获得他们偏好的内容，而且常常无须为此支付任何费用；广告商可以更精准地把他们的诉求对准他们想要触及的特定人群。不过这些变化对我们所认识的新闻业务来说并不是好消息，因为这些变化让新闻业务更难以支付与内容生产有关的固定成本。融合市场被少数几个大公司所控制，尽管有些大公司是内容公司，但它们很少是新闻媒体公司，在媒体使用、消费者支出和广告中的占比也一直在减少(本来占比就很小)。例如，Google和Facebook发布的数字广告占到全球数字广告的近50%，这让其他人为剩下的那50%而竞争。"长尾效应"鼓励了一大批小型利基媒体为特定社群生产量身定制的内容，不过这个概念已经引起太多的乐观态度，因为关于"长尾效应"在实践中的效用的证据还是非常有限的(Vogel, 2011)。

数字新闻生产业务挑战着传统新闻媒体和初创者们。早期媒体市场的一个主要问题是低水平的有效竞争，这是差异化产品市场尤其是一家独大型市场的特点。如今，媒体市场的一个日益显著的问题则是高水平的有效竞争，尤其在这样的一些领域——观众和广告商都不会察觉到在售媒体内容之间有何明显的不同，因而把它们看作直接的代用品。这指向了新闻的"商品化"，在该情形下，媒体使用者们有很多新闻源可供选择，并且认为这些新闻源之间没有本质的差异；在该情形下，相互竞争的提供者们以服务再多一个用户的边际成本各自提供内容，在线上这个成本实际上是零。Carl Shapiro和Hal Varian认为，问题在于"信息商品市场"是不起作用的。如果竞争把价格拉低到边际成本，那么公司就无法支付内容生产的高固定成本。

早在20世纪90年代，商业教授Carl Shapiro和媒体经济学家Hal Varian就表示，从长期来看只有两类公司会在这样的环境里蓬勃发展(1999)。第一类是开发高度差异化产品的公司，观众和/或广告商愿意为其支付高价，甚至在他们有可供选择的替代品时。这种情况常常与支付模式相结合，而且生产高度差异化产品与支付模式的组合，是世界上大多数知名媒体组织都在执行的一种策略，包括高端市场成员(例如《纽约时报》)、专业化媒体(例如财经类报纸)和调查新闻初创公司(例如*Mediapart*)。一些最受欢迎的欧洲通俗报纸也在执行这一策略，如德国的《画报》和英国的《太阳报》。这里存在的一个挑战是，让用户相信你的产品是好的，还要让他们相信你的产品比免费的替代品好得多，所以他们应该付钱给你。第二类公司可以成功触及大量观众，观众的规模大到可以让这类媒体公司弥补他们在单个用户收益上的损失。这一策略常常伴随着以下策略：对猎奇类和娱乐类资讯的聚焦，可分享的内容，以及高度聚集和重复使用其他人的内容来压低生产成本。执行这一策略的媒体机构包括英国老牌报纸每日邮报旗下网站 Mail Online，新起的初创公司，如 BuzzFeed 和 Gawker Media（高客传媒，总部设在纽约的在线媒体公司）。即使有着大量的在线用户，媒体面对的挑战依然是在数字广告回报率低的情况下支付内容生产的固定成本。不管是哪一种策略，一个共同的问题是，新闻提供者们是否可以触及那些决定媒体收支平衡的关键大众。《纽约时报》采取的策略是产品差异化和有偿内容，Mail Online 采取的策略是提供大量的免费内容，这两家媒体机构都在明确地、积极地寻求全球观众。Andrew Miller 是英国卫报媒体集团前任 CEO，该集团由斯科特信托基金会所有，卫报网站则是世界上被浏览最多的英语新闻网站之一。Andrew 曾明确表示，"我们需要走向世界……我们在英国可能活不下去。"一个有着超过 6000 万人口的国家可能无法提供足够大的观众数量以支撑一个已经相当知名的新闻品牌。这一现实凸显的是，在较小的全国性市场里媒体的处境是多么困难，更不要说本地市场了。

新闻业务的未来

从我们在 20 世纪末所了解的新闻业务到 21 世纪初的数字化现实，这场转变是一场深远的、未完成的媒体革命的一部分；这场媒体革命已经进行了十多年，并且会在接下来的几年里继续进行（Anderson 等，2012；Nielsen，2012）。认识到下面这一点很重要：虽然互联网的发展和移动接入的增加是媒体已经产生的实质性改变的一部分，但我们仅仅处于一个更长的、更深层次的转型期的开端。大量近期研究已经尝试将不同媒体平台的相对重要性进行量化，依据的是人们的全部媒体节目（media repertoire）。这些研究大体上发现，传统媒体，尤其是电视，对大多数人而言仍然扮演着比数字媒体更为重要的角色，这一点在高收入民主国家里尤为明显（Hilbert，2011；Neuman 等，2012）。一项来自美国的调查表明，在 2013 年，花在新闻消费上的时间里有 92% 是花在传统平台上，具体来讲，广播新闻占了新闻消费总时间的 57%，印刷新闻是 35%（出奇地高），相比之下通过桌面互联网消费新闻的时间占比是 4%，移动互联网的这个比例也是 4%。数字化广告在迅速发展，但是传统平台仍然占据全球广告支出的 3/4。类似地，大多数传统新闻媒体公司仍然以他们的"老媒体"运作方式创造出其所有收益的 80%~90%（在很多情况下是 100%），而且只有非常少的只限于线上的新闻网站能创造出可观的收益（OECD，2010；Grueskin 等，2011；Nielsen，2012）。明显的是，数字化媒体日新月异，而传统媒体（如电视）正在快速地被数字化，但是，不管"数字化时代"将意味着什么，至少现在还没有名副其实地存在。

这场未完成的媒体革命在很大程度上受到下述因素的驱动，即跨国性的技术发展，经济力量，以及媒体使用的变化模式。媒体政策曾经通过公共服务职责、资助公共服务媒体和跨媒体所有权管理等方式，深刻地影响着 20 世纪新闻媒体环境。然而到目前为止，曾经效果显著的媒体政策已经几乎无法积极地影响种种数字化发展（Nielsen，2014）。这些情况出现在很多国家，但是带来的结果却随着国家的不同而不同，随着层次的不同而不同（比如全国性媒体和地方媒体），随着公司的不同而不同。这些差异呈现的不只是一个时间间隔：欠发达国家注定要走由发达国家领头的道路，又或者保守型公司最终将不得不与那些更有创新精神的公司同台竞争以便生存下去。这些变化还与那些发生在市场需求、市场结构和市场规模等方面的深远变化有关。

最明显的是，在很多低收入和中等收入民主社会里(比如印度和巴西)的新闻媒体业务正在快速发展，尤其像通俗小报和地面电视新闻这样的媒体形式对购买力不断增长、人数不断增加的中产阶级来说很有吸引力，因而广告商对这类媒体形式的兴趣也在增加(Kohli，2013；Porto，2010)。这些国家里的高端市场新闻媒体同样面对着高收入民主国家里新闻媒体所面对的诸多挑战——比如印度的《印度时报》不亚于英国的《泰晤士报》和美国的《纽约时报》——因为它们的目标群体越来越依赖于数字化媒体。这些数字化媒体可以带来更多的选择，广告商也因此有更多的方法触及目标群体。不过低收入和中等收入民主社会里的新闻媒体也受益于经济的发展、中产阶级的崛起，以及广告商为了触及中产阶级所做的种种努力。在同样都是高收入的民主国家里，也存在显著的国与国之间的差异。在美国，一个一直以来就很强健的、重度依赖广告的和主要由地方垄断报纸组成的报纸产业，已经遭受数字化变革的严重打击(Downie，Schudson，2009)。在北欧的很多地方，一个同样强健的、立足于广告和销售额多种组合的报纸产业，也敏锐地感觉到了印刷发行量和广告的减少，但下降的程度不及美国的报纸产业(Esser，Bruggemann，2010)。在南欧，互联网出现以前，其报纸产业的商业运作已经很薄弱；如今，它受到剧烈的挑战，越来越多的报纸靠其经营者或其他捐助人来支撑。

不管是公司与公司之间的差异，市场与市场之间的差异，还是国家与国家之间的差异，它们都有一个共同特征：数字新闻业务是困难的。只有少数几个媒体组织为数字新闻找到了可持续的商业模式。这适用于传统新闻媒体和新的市场进入者。在新闻领域被谈论的最多的一些公司，要么是没有赚到钱的公司，要么是极端的"局外人"，它们对这个产业的其他部分将走向何处知之甚少。甚至在万维网出现的25年之后，以及新闻组织开始进军数字化平台的20多年后，大多数字新闻生产的资金来源仍然是传统运作模式带来的收益，各种形式的补贴，或者那些打赌会在未来某个时候找到可持续商业模式的投资者们。线性推测是危险的，而且通常是具有误导性的，但整体趋势看上去很清晰——印刷收益在减少，虽然电视的收益会好一些，但也被普遍认为已受到数字化的负面影响；尽管对少数几个主导公司而言，数字化业务利润是丰厚的，但是数字化内容业务是困难的，而且数字新闻业务对老牌媒体和新的市场进入者来说尤为困难。私有部门新闻提供者们直到最近才从捆绑媒体产品中赚得大量利润。这些捆绑媒体产品包含相当多的新闻成分，并且为成千上万的新闻工作提供了资金支持。不过私有部门新闻提供者们也面临着其有利可图的传统业务的衰退，一场困难的转变，以及一个极具挑战性的数字化环境。极少数的新闻初创公司已经设法实现了收支平衡。正如Clay Shirky已经注意到的，变革就是这样——"旧事物的瓦解比新事物的到位要快得多"。有时候旧事物瓦解了，却没有新事物取而代之。

在这个过渡期里，很清楚的是，传统新闻媒体组织仍然是我们最重要的新闻来源，最重要的新闻生产者，以及最重要的专业新闻"承保人"。市场"现任"参与者的身份让他们既有了资产，也有了不利因素。"传统"是资产，它代表的是拥有一个已经被广泛认可的品牌(这一点在推广经验商品时很重要)，在编辑部和其他地方的人力资源(对生产高质量的、能在市场中脱颖而出的内容至关重要)，以及由印刷或广播运作所创造的可观利润(这是可以支撑组织和可以被投资于新数字化创业的资源)。传统也是不利因素，因为在一个已经成立很久的组织里，文化转变是困难的，对管理层和编辑室都是如此；在商业方面，成本结构是按照原来的新闻业务模式设计的，在一个越来越数字化的环境中，这种成本结构是难以为继的，甚至那些管理有方的市场"现任"参与者们也会认为改变是困难的(Christensen等，2012；Kung，2008)。在新数字经济中最有成就的企业家中，到底是围绕传统新闻媒介来构建数字化新闻运作，还是从头开始，这二者的相对长处与短处,看上去是不清晰的。2013年底,亚马逊的创始人兼首席执行官Jeff Bezos决定以2.5亿美元收购《华盛顿邮报》,而eBay的创始人和主席Pierre Omidyar则宣布将会投资大约相同的数额来启动他的原生数字化平台First Look Media。这对形成鲜明对比的决策佐证了这种不清晰的存在。

媒体使用者认为,我们所生活的世界是一个幻想世界,因为高收入民主国家里富裕的媒体使用者们能从更多的来源获得更多的内容,而且通常是免费的,内容的格式也更为便利。弹指间的信息数量确实令人难以置信。但这也是一个不真实的幻想世界,因为被消费的内容由传统商业模式所资助,这类模式看上去不适合数字化环境;它是"不真实的",还因为老牌新闻提供者们和初创新闻提供者们在努力为数字化新闻生产寻找可持续的商业模式。

作为一种职业和有偿工作,新闻业的未来依赖的或许不仅仅是市场。除了利润,另外两个让新闻媒体获得资助的显著动机一直是权力和公共服务。事实上,尤其在19世纪前,大多数我们现在这般称呼的新闻业和新闻,是由直接且明确地为权威机构利益而服务的媒体所创造的,这里的利益是国家利益和特别企业的利益;或者是以公众为导向的公民社会团体的组成部分,这里的团体如政党、宗教群体;又或者是社会运动(Pettegree,2014)。即使商业化的新闻供给背后的利润动机在逐渐消失,但另外两个动机不会消失。权力是利益相关者媒体(stakeholder media)背后的主要动机,它表达和维护着特定社群的利益,通常是资助者和所有者的利益(Hunter, van Wassenhove, 2010)。这里的利益相关者媒体的范围,从很久以前的非营利性党派报纸,到作为更广泛的公共事务策略组成部分的各种类型的工具性媒体;从游说组织、智囊团和知名品牌的网站,到很大程度上依赖于财政补贴的新闻组织;从国际化广播电视机构(Alhurra、Al Jazeera和Russia Today),到恐怖主义叛乱者群体运营的媒体。更宽泛地讲,随着更多的钱被投入公共关系和策略性传播当中,政府机构、利益团体和企业表现出对这样一种观念的与日俱增的兴趣,即每一个组织都是一个媒体组织,并且发展出更广泛的传播策略,广告和新闻媒体只是其中很小的一部分(Davis,2013)。公共媒体,要么是非营利的且受到个别捐助者和企业赞助(企业社会责任策略的组成部分)的支持,要么是由国家支持的,通过直接的政府拨款或者"牌照费"形式资助,不管在哪一种情况下,公共媒体都不会消失。由于私有部门和市场为新闻业提供的资金有所减少,在其他条件一样的情况下,公共媒体和非营利媒体将扮演一个相对来说更重要的角色。

结 论

自新闻传单、公报和第一份报纸出现以来,高收入民主国家里的新闻生产与发行变得越来越少地直接依赖于权威机构的支持,例如国家、政党、宗教团体或者个别企业利益的支持;同时越来越多地依赖于一个独特的商业领域,即新闻业务,它本身在变得日益强大(Pettegree,2014)。新闻业和它作为一种独特职业的种种发展已经与商业密切交织在一起;尽管塑造新闻业的除了经济因素以外还有很多其他因素,但是如果要理解新闻业,我们必须要理解其背后的商业逻辑。

理解新闻业务和它如何随着数字媒体的快速发展而变化,这对于下述人士很重要:想要理解其职业的经济基础的记者们,想要理解其研究对象的新闻学者们,以及想要理解影响新闻的经济力量的公民,他们依赖新闻来了解公共事务。数字媒体的发展已经降低了媒体生产和发行的成本,而且赋予人们获取新闻的新方法。这并没有改变新闻生产的基本的高固定/低可变成本结构,和新闻作为一种非竞争性的经验商品所具有的特征。但是数字媒体的优势以及如下这一趋势已经大大改变了现在的市场,即先前截然不同的媒体如今逐渐融入能够提供音视频、图片、文本和数据的互动性数字化平台,这些不同形式内容的提供者们不再局限于一个市场,而是跨越了之前被建立的市场边界。在目前的市场中,单个的新闻媒体为观众注意力、媒体消费者的支出以及广告商的预算而相互竞争。直到最近，大多数资深媒体公司还享有高度的市场权力，因为他们有着支配性的市场地位，以及/或者他们的声望将他们与竞争者们区分开来。他们因而能够收取高于边际成本的高昂费用，最终覆盖内容生产的高固定成本和实现运营收益。今天，越来越少的新闻媒体公司能获得溢价，因为内容日益商品化，而且广告库存供应的增加速度快于需求，因而拉低了价格。

这些发展在很多方面对观众和广告商来说是好消息，对Google和Facebook这样的在新兴数字媒体市场里扮演主要角色的公司来说也是好消息。但是这些发展对新闻媒体来说是坏消息，不管是老牌媒体还是新的市场进入者，如果竞争把价格推向边际成本，这些公司将无法支付生产内容的高固定成本，更不要说为其投资者或所有者带来高于其他投资渠道的竞争性收益。在过去的一个世纪里，新闻业务一直有利可图，最成功的公司也变成了权威机构。

现在，经济基础正在发生变化。在内容生产者当中，只有少数几个是赢家，很多都是失败者。并非所有的传统新闻媒体都会在这个环境里找到一个商业上可持续的利基市场，新的市场进入者也不会。数字媒体可以潜在地以多种方式让新闻变得更好——更可获得的，更吸引人的，更情境化的，更方便的，更即时的，更具有参与性的，更具有响应性的，以及为作为公民和消费者的我们提供更多的东西。不过数字媒体的经济基本原理告诉我们，市场将支撑更少的人去从事新闻职业。在20世纪，新闻业务在一定程度上能作为公共物品的新闻的私有化产供提供财力支持。在21世纪，做到这一点更加困难，而且除非新的业务模式被开发出来以用于私有部门新闻产供，否则未来的前景是：出现越来越多的媒体——包括娱乐的、社会的和利益相关者媒体，越来越多的传播——包括人际传播和策略性公关，越来越少的专业化生产的新闻。

第5章

数字新闻伦理

Stephen J. A. Ward

新闻伦理,即对新闻实践规范的研究和应用,已在数字媒体革命的汹涌大海中扬帆起航。在新闻实践的转型中,变革重构了新闻伦理。曾经惬意的新闻伦理世界——一个有点昏昏欲睡的领域,其中大家一致认可的往往被假定为不变的伦理准则——已经成为模糊的记忆。

从客观性到发表前的查证,几乎没有一项原则或实践是不受质疑的。新观念、新媒体形式和新实践者将人们一直持有的确定性、口号和习惯抛诸脑后。编辑和伦理学家就传统新闻伦理的哪些部分应该保留和哪些原则需要创新展开了争论。我们见证了一套清晰明了的适用于专业人士的前数字时代新闻职业道德的终结,以及一套不够明了的适用于每个人的数字媒体伦理的诞生。

在变革这个混乱的过程中,有可能形成一种观念、目标、方法、内容都各具特色的新的新闻伦理。本章将为读者勾画出这种新兴数字新闻伦理的轮廓。它提出了一种未来新闻伦理的设想,这种设想建立在领先的媒体潮流的基础上,采取了一种规范的、哲学的和面向未来的方法。它提出了一种新的新闻伦理思维方式,审视了关于新闻伦理的功能与正当性,以及媒体批评形式的新颖的、开创性的观点。它得出的结论是,未来的新闻伦理将越来越趋向发散性、解释性、全球性和整合性,适用于重大公共目的和全球性问题,同时采用"不完全的"推理模式(Ward, 2015)。

媒体伦理的起源

今天流行的"媒体伦理"一词并不是指通俗的新闻出版道德伦理的最初术语。在有媒体伦理之前,就已经有新闻伦理了。在前数字媒体时代,报纸和杂志的新闻工作者们概念化并创造了一套道德伦理,将其作为报道和出版新闻内容的实践准则。

20世纪初,美国等地的新闻工作者创立了行业协会,并开始推行一套明确的、全能型的新闻职业道德。这些协会构建了许多我们现在仍然熟悉的道德准则,例如客观性、陈述真相和新闻编辑独立性等原则。后来,随着其他媒体形式的发展,"媒体伦理"一词被创造出来,用来统称专业媒体实践的规范。媒体伦理是指新闻、广告、市场营销和公共关系的道德伦理。新闻伦理被认为是媒体伦理的一个分支。

从新闻到广告,所有形式的媒体伦理都被定义为负责任地行使出版自由的权利。它的目的是提供实践规范,界定什么样的媒体实践是负责任的,并指导从业人员作出合理的道德判断。

19世纪后期,美国和其他西方国家兴起了一场运动,明确界定和指出负责任的新闻出版对日益壮大的专业媒体工作者队伍意味着什么。新闻工作者们开始在大众商业媒体的大型新闻编辑室里工作。专业主义的目的是提高这一群体的社会地位,这个群体里越来越多的成员都接受了良好的教育(Ward, 2005)。

但那远远不够。专业主义意味着向公众保证记者将使用他们的权利负责地发表文章。专业的态度可以约束新闻媒体日益增长的权力,也不会像新闻界大亨、报业集团和商业新闻媒体那样产生令人焦虑的影响。20世纪初,记者们追求专业主义并不奇怪,因为在那个时代,从医生到律师，各行各业的人们都想成为专业人士。

有人认为，专业人士有一种高于一切的特殊职责，那就是为公众服务。为公众利益服务高于为自己的利益或为特定群体的利益服务。人们认为，商业贸易和手工艺行业几乎没有(或根本没有)公共利益理论。商业贸易和手工艺行业的从业者服务于个人的私人需求，而不是整个社会。他们与客户签订经济合同的时候并不会考虑更多的公众关注。当你叫水管工来修你浴室的排水管时，也不会考虑公共物品或公共场所的职责等问题。相反，人们开始将职业军人、医生、记者的职责定义为公共服务。

强调社会责任和公共服务在很大程度上是由于一些专业领域的影响力在日益增大，包括像医学这些早已存在的专业领域和像新闻这些新兴的专业领域。这些专业人士获取到客户的敏感信息，如果他们不讲道德，就会造成极大的伤害。因此，许可证制度和自我管理机制似乎在许多专业领域都是适用的。

而在新闻行业，强调社会责任是由于强大的大众商业媒体的发展。这种商业媒体几乎垄断了新闻、分析报告和广告的供给。公众成为信息的被动消费者，依赖于专业记者提供的数据，而越来越多的专业记者是受雇于大型新闻机构。在20世纪初及以后，这种依赖引起了公众对这类新闻工作者的可靠性的担忧。这些商业媒体是真正为公众服务还是在谋求自己的利益？它陈述了真相还是带有偏见？为了解决这些问题，新闻工作者成立了专业协会，并制定了第一套全行业的道德规范(Ward, 2005)。媒体伦理的诞生是一种有意识的尝试，以确保公众能够相信媒体将为公众服务放在第一位。

制定道德准则的新闻工作者们承诺的不仅仅是为公众服务。以信息调解员的身份为公众服务，这要求新闻工作者遵循一套独特的原则。其中一个专业职责是作为编辑守门人，即选择什么样的新闻应该被发表。新闻工作者应该确保他们的报道是准确的，并且应该查证说法是否属实。他们应该不偏不倚，精神独立，报道客观。新闻应与观点区分开来。这种自我强加的道德规范，在诸如新闻委员会和读者监察员等负责任的机构的支持下，将构成新闻行业的自我监管机制。

因此，新闻伦理成为一种重要的社会实践的职业道德规范，而不是个别新闻记者的个人价值观或其新闻媒体的特殊准则。时代已经发生变化，在一个信息高度依赖新闻的社会里，许多记者接受了一种共同的责任，并一致认可追求真相、尽量减少伤害、保持客观和负责任等原则。在新闻界和其他领域，媒体伦理是由专业人士为专业人士创造并完善的。在这些历史细节中，重要的是不要失去伦理的要点。大约始于20世纪末期的技术发展对前数字时代新闻伦理的延续性造成了最不可挽回的损害。那就是数字媒体的诞生，以及它带来的许多新的线上交流和出版形式，这些形式的成本相对较低。越来越多非专业作家、公民、社会团体、政府、非政府组织和企业也可以发表信息、观点和劝说性言辞，并日益热衷于此。想法相近的公民群体可以交流分享信息和知识，同时批评专业新闻记者。

前数字时代的新闻伦理是为了指导负责任的主流新闻媒体工作者而被创造的。一旦这种主导地位被削弱，伴随这种形式的新闻报道而来的伦理道德几乎不可避免地会受到质疑。当时的致命打击是数字媒体的传播和主流媒体对新闻出版近乎垄断地位的衰落。对媒体和一般的新闻伦理而言，这算不上一种"致命性的"发展。这致命性地打击了任何试图保留前数字时代伦理的假想与准则的行为。针对数字媒体时代创造一套新伦理变得十分必要。

重点问题

数字媒体的两大强有力趋势正在影响着新闻伦理。第一个趋势是交互式的线上混合新闻媒体正在崛起。新闻媒体的混合有两个原因：一是新闻从业者使用多种技术来创造媒体内容，例如印刷报纸、博客和社交媒体；二是新闻媒体现在处于专业记者和公民记者的领域。第二个相关的趋势是媒体的全球化。在我们生活的这个世界里，现实是由无处不在的网络化全球媒体来定义的。新闻媒体可遍及全球，收集来自世界各地的新闻。新闻媒体的影响也是全球性的，因为报道的影响可以跨越国界，在遥远的地方引起骚乱，或促使全球对自然灾害作出反应。

这两大趋势引发了新闻伦理问题。要想讨论新闻伦理的"状态"，就要讨论这些趋势的含义。

- **身份问题**：如果公民和非专业记者都在报道和分析世界各地的事件，那么谁是新闻工作者？
- **关于范围的问题**：如果每个人都能发表内容，那么新闻伦理是否适用于每个人？如果是这样，这将如何改变新闻伦理的本质和传授？
- **关于内容的问题**：对于数字新闻伦理来说，最合适的原则、方法和目的是什么？例如，新闻客观性仍然是一个有效的理想吗？
- **关于新新闻主义的问题**：新形式的新闻，如非营利性新闻或商业性新闻，如何坚持编辑独立性等标准？
- **关于社区参与的问题**：应该用什么样的道德规范来指导公民内容的使用，以及新闻编辑室与外部团体的合作关系？
- **关于全球影响的问题**：新闻工作者应该把自己视为全球交流者吗？记者如何协调他们的爱国价值观与他们对人类的责任，以及如何从多个角度处理全球问题？

要回答好这些问题，需要一种新的思维模式。思维模式是一套理解(并实际处理)某些实践或问题的思想方法。当讨论政治时，我可能会采用自由意志主义的思维模式。新闻伦理的思维模式是一套关于伦理、新闻的作用及其主要价值的观念。

新思维模式包括：(1)功能概念；(2)认知概念；(3)结构概念；(4)批判概念。功能概念是关于新闻的性质、功能及其伦理道德的概念。认知概念是关于道德推理和道德权威来源的观念。结构概念是指如何将伦理内容(如原则)组织成伦理准则。批判概念审视新闻的现有观点，以及公众如何评估其新闻媒体系统的表现。

对于每一个类别，新的思维模式都提出了非传统的新颖的观点，这些观点源自哲学、伦理学、社会学、科技理论和传播学等众多领域，是一群形形色色的记者、伦理学家和公民持有的观点。

功能概念

商谈伦理学

新思维模式将新闻伦理重新构想为一种关于全球数字媒体规范的开放式商谈。创造这种商谈是媒体伦理的一个重要功能。伦理商谈讨论的是价值观、判断、问题和某些行为方式的恰当性。这是一种独特的交谈方式。这是一种"给予和索取"的沟通方式，旨在完善处在讨论中的观点。商谈本身是有价值的。通过商谈，我们肯定了自己和他人的理性与尊严。

商谈伦理的核心是发展、充实和公平谈判。商谈伦理学相信合作性商谈在修正我们的信仰和影响行为方面具有变革性的作用。商谈伦理学是对未来伦理学的一种探索，是一种能够更好地应对新情况、新问题的伦理学。

作为商谈的伦理学不认同伦理是预先创立的和静态的，这是许多等级宗教和传统派所持有的观点。这一观点认为伦理学具有绝对的原则，可以超越地点和时间，以统一的形式被应用。正在推进的商谈对于预先建立的伦理学是没有什么价值的。既然我们已经知悉，为什么还要做长篇大论呢？这最大的好处是，可以通过商谈来传授原则。然而，作为商谈的伦理学并没有弱化内容本身。它承认人们需要伦理信仰。作为商谈的伦理学只要求人们不能使这样的信念免除修正以及不受商谈的影响。

对话式商谈

并不是所有的交流方式都是合乎道德的。

商谈式伦理要求参与者在对话中尊重某些交流规范。参与者努力营造一种公平、知情、合理和包容的"共同思考"的氛围。参与者的讨论方式很重要。种族主义或不宽容的言论会带来伤害。商谈应该体现公共理性，即以平等公民的身份相互给予理由，并在我们提出诉求时保持理智。这是一种"道德行为的交流形式"(Makau, Marty, 2013)。

对话式商谈强调伦理的社会层面。对话式伦理不是与自己的向内对话，而是与他人的向外对话。对话存在于哲学思考和操控性说服的高度需求之间。对话式伦理是一种对某件事合作的、基于事实的探索，其目标并不是在任何形式的辩论中获胜(Makau, Marty, 2013)。对话并不要求参与者完全公正，也不要求像逻辑学论文那样，以整齐、严谨的方式进行。在对话中，理性意味着在有意义的对话中倾听和回应他人。学者们正在发展更现实的对话模式。其中的一个主题是，不应把对话仅看作志趣相投的人之间的闲谈，或者不同思想的人回避棘手问题的礼貌性交谈。学者们把对话看作来自不同种族、不同经济阶层和不同权力地位的人之间的一种对话，这种对话往往是艰难的。

对话式商谈与数字新闻伦理的关系是什么？首先，在这个新闻快速发展的时代，伦理作为商谈内容而不是作为固定内容，这一观点至关重要。如果在内容上没有共识，就需要通过商谈创造新的实践原则与规范。伦理是一个阐明新规范的过程，这种观念变得至关重要。没有任何一个权威机构能够对数字新闻的内容进行"立法"，将其强加给专业记者和公民记者。因此，最好的选择是在记者和公众之间进行开放、民主的对话式商讨。第二，作为对话性商谈的伦理是全球新闻行业的最佳选择。数字伦理需要囊括"跨越国界"的规范和原则，并能获得不同媒体文化中记者的认可。这些原则应该考虑新闻故事对其他文化和国家的影响，以及公民对全球问题的理解，如气候变化等需要全球合作的问题。这些原则还需要指导新闻工作者适当地代表其他文化和传统。

因此，对于新思维模式，讨论问题和新内容的过程与捍卫既定原则同样重要。

许多地方都有一种针对新闻伦理的话语方法。自媒体用户和内容生产者——新闻工作者、公民和伦理学家——越来越多地通过商谈来"制造"道德规范。我们通过扩展全球通信网络来讨论、支持和反对各种观点。我们的观念在这些交流中不断改变。对话性商谈的使用也出现在更正式的环境中，例如在学术和媒体学者会议中。以构建全球媒体伦理这一运动为例(Ward, 2013)，其目的是为全世界的媒体从业者，尤其是报道全球问题的媒体从业者建立一套道德规范。理论家们已经阐明了全球的目标和新闻行业的原则，如服务于人类、充当交战群体之间的沟通桥梁、促进人权等。

政治道德伦理

对话式伦理从两个方面重新将新闻伦理定义为公共伦理。首先，它使公共商谈成为新闻伦理的固有属性，弱化了新闻伦理是个人事务这一观点，个人事务即每个人碰巧重视的事情。其次，它使公共(和全球)议题成为新闻伦理的一个焦点。新闻伦理，作为一种话语式伦理，往往是一些涉及媒体系统问题的宏观伦理，如媒体多样性、获取媒体技术、全球传播的所有权以及新闻媒体如何报道像安全、人权和气候变化这些全球问题。

这种话语式的方法将伦理道德置于政治领域，有人可能会说它"浸没"了伦理道德。权力、不平等、向更大的民主过渡以及给予弱势群体发言权等问题是人们普遍关心的。在这种模式下，几乎无法区分伦理道德与政治道德，这里的政治道德是指理应塑造社会和我们这个世界的政治结构和正义原则。

新兴伦理

在前数字时代的新闻伦理中，对原则的专业共识使得从业者认为他们的伦理是稳定(Ward, 2014)。分歧或不确定性被认为是消极的表现，表明他们的伦理有其弱点。数字时代的伦理却站在了相反的立场：分歧和不确定性是伦理商谈中自然、健康和受欢迎的一部分。

商谈式伦理认为伦理是新兴的，是新的规范和原则的不断涌现。在社会中，社会和技术的变革呼唤着新的原则和伦理体系的建构。新价值观与旧价值观之间形成了一种令人不安的紧张关系。这些新的价值观试图在现有的伦理领域建立一个滩头阵地。生物伦理学发展和科技伦理的军事化应用是新兴伦理的代表。在这些领域，技术发展的速度超越了现有原则指导实践的能力。人们需要制定新的准则和道德规范，来应对这种不断发展的能力，如无限期延长人类寿命的能力，或将计算机芯片植入士兵大脑从而使他们在战场上具有优秀作战的能力。在这种背景下，人们开始构建一套新兴的伦理——新的决策原则和新的决策过程。新兴的伦理是人类历史的一部分。例如，Beitz(2009)将现代人权定义为大屠杀后出现的新兴实践。人权伦理观挑战了旧的、狭隘的、将权力限制在特定国家公民身上的价值体系。今天的新闻伦理是新兴伦理的一个主要例子。这是一个有争议的领域。新的思维模式应该把新闻伦理视为理所当然出现的和有争议的事物。

认知概念

有一种思维方式将新闻伦理看成是不断完善的公共论述，这是一种认识论。它或隐或显地坚持道德要求的正当性和伦理推理的天然性。前面的章节中出现过与这些观点相近的说法。这些观点是被我称之为"不完美主义"观点的一部分(Ward, 2005)。

不完美主义

从William James和John Dewey到Hilary Putnam和Richard Rorty，实用主义哲学家们为一种认识论提供了具有重大影响力的观点，这种认识论试图为新闻伦理的话语转向铺垫基础；(详情见Albrecht, 2012)。实用主义认识论包括关于知识的一般信念和关于我们如何形成道德信念的具体信念。"不完美"认识论的定义是：(1)错误主义；(2)实验主义；(3)解释主义(Ward, 2015)。

错误主义认为，"谁都不敢作出任何形而上的保证，保证我们的观点永远不需要修正，哪怕是最坚定的信念(Putnam, 1995)。"人类是不完美的问讯者。其信仰是不可靠的，以及从来不是确定无疑的。我们的信仰是关于理解一种现象的最佳方式的假设，或者是关于规范行为的最佳方式的建议。错误主义不是极端的怀疑主义。它不需要我们怀疑一切。它只需要我们准备好怀疑任何事情——如果有合适的理由这样做的话。

错误主义反对普遍存在的绝对主义的比喻说法，即我们的信仰需要万无一失的基本原则，就像房子需要坚固而稳定的地基一样。错误主义更喜欢把知识比喻为正在进行的探索，就像一艘已经扬帆启航的船(Quine, 1960)。这艘船包含了我们关于科学、伦理和其他领域的概念体系。这些体系中包含基础原理，如生物学中的自然选择。但是，错误主义者并不把基础的等同于根本的，也就是无须修正的。当我们航行时，有些信仰给我们的印象是值得怀疑的。我们用自己的一些信仰去质疑其他信仰。但是，我们不能同时质疑我们所有的信仰。此外，我们总是从"某类船只"中查询内容，例如一个包含着概念体系和特定历史时期的背景。

错误主义与对实验主义的承诺相吻合。如果我们的信仰是错误的，它们可以通过新的经历和与他人谈论的方式来改进。我们在精神上对新思想是开放的。甚至像民主这样的大型社会模式，都是Mill所说的"生活实验"。

错误主义和实验主义都包含不完美主义。不完美主义者认为，探究很少是"完美的"，很难得到明确的以及不可挑战的结果。世界的复杂性抵制了完美的结果。此外，人类的认知能力受到偏见和其他不利因素的限制，从而产生了缺陷。一个不完美主义者，放弃了对完美的要求，相信有根据的信念和有价值的推理存在于绝对和武断之间。不完美并不意味着所有的观念在价值上都是平等的。

采用这种实用主义认识论就是把伦理探究看作易犯错误的、实验性的和不完善的。无论对一般伦理道德还是数字新闻伦理道德，这种方法都具有理论和实践上的优势。如果我们对伦理采取一种完美主义的、绝对的观点，很可能发现民主性商谈的价值是有限的，因为在这种观点下，伦理原则不是通过商谈这种方式被创造或明确表达出来的，而是被发现的。它们已经存在了，伦理就是使行为符合这些已经存在的规范。此外，根据这一观点，原则不是根据不断变化的情况而演变的。他们不会犯错。因此，不完美主义这种方法似乎能更好地解释和巩固将数字新闻伦理看作一种新兴商谈的观点，在这种商谈中，新的伦理规范需要以一种跨国界的实验方式来制定。伦理的这种认识论鼓励我们参与到新闻伦理的重建中来。在一个全球化、多元化的世界里，我们需要一种认识论，提倡把探究看作不完美的、有争议的。这种态度鼓励我们向他人学习，并参与到对话中来。我们不应该在变化的风向中寻找绝对的根基，而应该通过一个全球性的商谈讨论来比较各种伦理框架，并随时准备修正它。伦理的任务不是维护和保护，而是相应地用新想法、新工具来迎接未来。

解释主义

解释主义是一种关于我们如何构建伦理观点的观点。它认为各种群体中的所有伦理要求、伦理准则和道德教育都是基于对讨论中的行为或实践的规范解释。

一个规范的解释是，从伦理的角度来说，一种实践或专业活动应该如何开展。规范的理解是，当从最好的角度看待实践时，实践是什么(应该是什么) (Dworkin, 1986)。通常，我们会从一个这样的实践开始，它包括了共享的历程，包括关于谁是实践者的共享理解，以及良好的实践范例。然后我们陈述实践的要点——实践的伦理和社会目的，以及它的相关规范。

从Walter Lippmann和Edward R. Murrow，到Hunter Thompson和当代公民记者，现代新闻工作者们对新闻观点有不同的解释。在新闻伦理中，几乎每一条准则都是以一句陈述实践要点的富有启发性的序言来开头的。例如，美国职业记者协会(SPJ)的准则是极具影响力的，其修改后的序言(2014年修订)规定：

专业记者协会的成员认为，公众的启蒙是正义的先导，是民主的基础。有道德的新闻体系力求准确、公正和彻底的信息可以被自由交流。一个有道德的记者行正直之道。该协会宣称这四项原则是有道德的新闻体系的基础，并鼓励所有人在所有媒体的实践中遵循执行这些原则。

这四项原则是：追求并如实报道真相、将伤害最小化、行事独立、负责任。这些原则再被细分成许多具体的规范和规则。而这一准则是对最佳新闻实践的目标进行规范解释的经典范例。

解释是指不完美的实践思维出现在新闻伦理中的方式。解释就是实验性地提出关于如何规范行为方式的假设。解释主义承认听取其他角度的必要性。其他的解释总是有可能的。我们关注的是伦理的过度人性化、实践性、非绝对性和社会性本质。解释主义使我们认识到，新闻伦理中存在的问题不仅仅是对具体问题有着相互矛盾的观点。问题还在于人们对新闻观的规范性解释产生了严重分歧。

公共主义与权威

提出关于如何评价规范性解释的问题是合乎时宜的。数字新闻引发了两种派别的争论。一些人认为道德权威的来源是新闻工作者自己的个人价值体系，而另一些人则认为道德权威的来源是社会对所有记者的要求，而不管他们的个人价值观如何。我支持后一种观点，但要正确地阐述它却很困难。我们很可能会构建一个虚假的二元论，即我们必须在尖锐的个人主义和"媒体社会责任理论"之中作出选择。个人主义主张出版自由，拒绝伦理约束；而"媒体社会责任理论"强调新闻的社会控制是十分必要的，特别是在它被认为带有冒犯性或违背现有社会习俗的时候。

数字媒体伦理需要一种社会价值观，这种价值观承认公众的合法诉求是其伦理道德的基础，同时为逆反民意的新闻和有争议的出版物提供很大的空间。这种"第三种"方法是"公共主义"。它声称，正如一些对实践观点的似是而非的解释所概述的那样，新闻伦理原则提升了新闻实践的社会责任，这是新闻伦理原则的正当性或权威的最终来源。在我看来，最好的解释是促进平等和公正的民主。在这种民主制度下，自治的公民利用媒体来发展和管理他们自己。简而言之，为民主的公共社会服务是评价各种原则的最基本标准。任何价值主张、实践或原则都必须促进或符合(且不违反)界定这种民主解释的公共责任和原则。

新闻伦理的公共基础是新闻主义的社会性和制度性本质。随着我们从(a)个人爱好(和社会活动)转向(b)社会实践和(c)机构内的活动，社会越来越要求活动明确体现并遵循公共道德。在正常情况下，只要我们遵循基本礼节，不伤害他人，像遵守诺言这样遵守普通道德规则，我们就可以自由地开展(a)的活动，如集邮或观看足球比赛等。公共主义在这里没什么用。针对这类活动来谈论公共责任和规范这类活动的特定道德准则是不合时宜的。

然而，当一项社会活动变成一种社会实践时，情况就不一样了。实践是一种受约束的社会活动，有其固有的技能、知识、目标和责任。最明显的例子是各种职业活动。例如，从事法律工作，并不是把参与个人活动当作一种追求乐趣的不受约束的爱好。公共主义的要求适用于法律。依法行事，就是遵守社会规定的行为准则，履行社会公共义务。

公共主义适用于新闻伦理，因为在过去的几个世纪里，新闻从编辑个体的个人兴趣发展到重要的社会实践，继而发展到宪法中提到的社会制度(Ward，2005；Ward，2014)。如前所述，在20世纪初，新闻业出现了第一个明确的全行业道德规范。这是一套新闻工作者的共同的群体道德规范，这些新闻工作者把自己看作承担着不可推卸的普遍公共责任的专业人士(Ward，2014)。

新闻行业的制度性地位改变了新闻伦理。它强化了新闻伦理作为一种群体伦理的观念，使之更牢固地扎根于民主的根本需要之中。例如，说新闻业是"第四等级"，就意味着将新闻伦理固定在比个人价值观或群体道德更广泛的领域。它将新闻伦理植根于整个社会的制度结构和政治哲学中。

媒体革命并没有破坏新闻伦理中公共主义的有效性。许多公民把涉猎新闻作为一种线上爱好。然而，还有许多人开始参与到实践中来。新闻仍然是一种社会实践和制度。新闻记者的数量和所发表的内容的影响并没有减少，而是在增加。不同的是，过去对记者的定义在当下已经不合时宜，专业记者不再是这个领域的唯一群体。只要新闻工作者们被组织进入了专业的机构，人们就可以像表达公共道德一样来指出他们的道德准则。但是，如果公民从事新闻工作，但不属于专业新闻协会，不受他们的道德准则约束，那么事情就没有那么清楚了。在今天，将公共主义的理念应用到新闻业中变得更加困难，然而这一事实并不是拒绝公共新闻伦理这一理念的理由。公共主义并不等同于专业主义或主流新闻的准则。我们的任务是为一个混合的、全球性的新闻行业重新定义公共关系。有观点认为，博客作者、Twitter用户或任何参与新闻工作的人可以自由地创造他们自己的独特的伦理——或根本不关心伦理，公共主义否定了这一观点。新闻伦理不"属于"新闻工作者。新闻工作者没有特殊权威来公布新闻的价值观和对出版的限制。当记者的行为受到质疑时，他们必须面对公众的审判，而不仅仅是他们自己的良心。从公众的角度来看，他们需要提供其他公民能够接受的理由。

结构概念

有了这种哲学方法，问题就变成了如何把新的原则和实践组织成伦理体系和伦理规范？重建新闻伦理的最佳方法是一种寻求"差异中的统一"的综合方法，即允许不同解释和实践的共同核心原则。

集成或碎片化

然而，并不是每个人都同意新闻伦理的任务是在新闻工作者之间建立一种新的伦理共识。集成主义者和碎片主义者就一种新的新闻伦理是否可能或可取这一问题展开了讨论。集成的伦理有着统一的原则和被实践者广泛认可的目标。要成为一名集成主义者，就必须相信新闻伦理在很大程度上是统一的。

碎片化的伦理缺乏统一的原则和目标。它的特点是在目标、原则和实践方面存在严重分歧。在新闻领域，碎片化是针对新闻目的及其主要规范的不同观点的扩散。打个比方，一套碎片化的道德规范并不是一片价值观与原则中心相连的大陆。相反，它是一个由孤立的"岛屿"或价值体系组成的群岛。它们缺乏联系，信奉着相互冲突的价值观。要做一名碎片主义者，就要相信碎片化不仅是关于新闻伦理的一个事实，更是一种积极的状态。集成带有同质化的意味，即所有记者都遵循相同的模式。"大陆"这个比喻描述了数字革命之前的前数字时代新闻伦理的状态。

在新闻界，似乎只有碎片化正在进行着，因为分歧会吸引公众的注意。然而，仔细观察就会发现，集成和碎片化都在进行着。在伦理准则的修订过程有一种集成的趋势。许多主要新闻机构，从BBC到美国职业记者协会，都已经或正在对他们的编辑指南进行大规模的更新。在这个程度上，这些修正是集成的，因为它们表明了原则如何适用于新的实践。新政策出台了，但它们与首要原则是一致的。碎片化也在继续。有观点认为社交媒体新闻或博客有其独立的实践与规范，并且诸如公正等传统的（和集成的）原则不再适用。自网络新闻出现以来，这一观点常常被重复提及(Friend, Singer, 2007)。

差异中的统一

整合集成这种方法避免了将伦理视为价值孤岛或将伦理视为忽略差异的同质原则的两极对立。碎片化是一种消极的力量。它将记者们分成了不同的阵营，削弱了他们参与共同事务的能力，比如反对对新闻自由的威胁。碎片化向公众表明，根本不存在新闻伦理，只有每个记者的观点，这可能是支持严厉的新闻法律的一个理由。

碎片主义缺乏一个词汇来满足公共主义的要求。碎片主义者们费力讨论所有记者都应该尊重的公共目标和职责，因为他们自己的假设中没有普遍的"跨岛"原则或职责。更糟糕的是，公众要费尽心力地让那些零散的从业人员始终保持责任感，因为没有一致认可的原则来评估媒体行为。在碎片化的旗帜下，通过呼吁"个人"价值观，不太可靠的新闻形式可以变得合理化。此外，拒绝一体化的碎片主义者似乎错误地认为，伦理权威的来源是每个记者个体或每个记者群体。

与此相反，"差异中的统一"方法将新闻伦理置于灵活的一般原则中，这些原则可以通过不同的新闻形式和不同的媒体文化以多种方式实现。这些重叠的价值观在一定程度上统一了各种明显的差异。为了达成共识，我们必须在制定原则时考虑其解释方式和应用上的差异。例如，调查性记者、每日报道者和社会媒体记者将如何尊重寻求真相、准确和信息核实的原则，这在可接受的范围内是因人而异的。从文化的层面来说，北至加拿大，南至南非，各地的媒体系统对他们理解的服务公众和媒体的社会责任有着不同的定义。世界不同地区负责任的新闻工作者可能共享的是在基本价值观上的重叠共识，比如揭露真相和监察权力与不公。

个性化的道德

共识崩坏的后果之一是伦理准则的"个性化"。个性化意味着由每个新闻工作者、新闻形式或媒体平台来创建他们自己的、个性化的伦理准则。个性化是对碎片化的回应。如果不可能达成共识，或许最好的办法就是设计自己的指导准则。

新闻伦理始终承认不同类型记者之间的差

异，例如允许专栏作家有所偏颇，而报道者必须不偏不倚。但个性化是不同的。与前数字时代的伦理相比，它的共识范围更小。在前数字时代伦理中，共同价值观的范围相当大。伦理准则是"去个性化的"—— 它们是通用的(或"平台中立的")—— 而且内容丰富。它们是平台中立的，即要求任何从事新闻实践的人都遵循准则。它们内容丰富，因为它们赞同许多一般原则和规范。前面提到的职业新闻记者协会准则是这种去个性化集成方法的典范。

自制伦理

当总部位于美国的在线新闻协会(ONA)在2014年决定制定他们的第一份伦理准则时，并没有遵循职业新闻记者协会的集成方法，这种方法强调的是共同的过程，而不是共同的内容。ONA决定，在一个新闻形式多样化的时代，最好的策略是使过程个性化，给每个在线记者或媒体以"工具"来创建他们自己的编辑指南。

ONA网站鼓励其会员"创造你自己的伦理规范"。该组织称，该项目"旨在帮助新闻机构、创业公司、自由新闻工作者和博主建立自己的道德准则"。这一过程被称为"DIY(自制)伦理"。

该工具包从一些小的基本原则开始，这些基本原则是ONA认为大多数新闻工作者都会考虑的，比如陈述事实，不抄袭，纠正错误等。接着记者们被要求在传统的客观新闻报道("不能在这种报道中表达你的个人观点")和透明的新闻报道("只要你是坦率的，从某种政治或社会角度写文章是可以的")之间作出选择。然后，该工具包为大约40种行为提供了创建准则的指南，"诚实的新闻工作者"可能并不认可这40种行为，如删除线上档案中的内容、使用匿名来源和验证社交媒体来源等。

这种DIY方式似乎是一种积极的、包容的和民主的方式，适合于多元化的媒体世界。对另一些人来说，这却是对新闻伦理的抛弃，是对相对主义和主观主义不合时宜的让步。对于后者，新闻伦理需要强有力的内容。它需要坚守

原则，而不是退回到一个"过程"，就像自助餐一样，允许每个人挑选自己喜欢的价值观。

一套集成的准则

未来伦理规范的结构应该是去个性化和个性化方法的结合。其实不存在我们必须在两种方法之间作出选择的两难境地。将来任何适当的准则都必须将这两种方法结合起来，进行创造性的思维拓展练习。一套集成的准则包括以下4个层次。

> 层次1：去个性化的一般原则，表达了每个负责任的记者在为自治民主的公众服务时应该肯定的原则。
> 层次2：一般原则下的更具体的规范，如职业新闻记者协会准则。
> 层次3：案例研究和范例，说明如何在日常新闻工作中应用层次1和层次2的规范，例如如何使伤害降到最低。这一层次并没有把关注点放在新媒体问题上。
> 层次4：一套针对新媒体实践和平台的指南和协议。这一层次的工作还在进行，随着我们在这一领域完善我们的伦理思想而不断发展。

这套准则应该是一个有生命力的线上文档，它应该根据公众对问题和趋势的讨论而不断完善改进。与个性化方法不同，这套准则将包含丰富的内容，从层次1和2的原则，到层次3和4的应用和前瞻性讨论。与去个性化的方法不同，它不仅仅是为所有人陈述抽象的原则，还将基本原则编织成一套多层次的准则。

批 判 概 念

开放的、全球化的伦理

数字革命催生了一种伦理商谈，它超越了媒体行业的范畴，也超越了国界。公众直接参与新闻伦理的讨论。这种不一致的、公众参与的伦理改变了前数字时代媒体批评和改革的概念。

新闻伦理的讨论现在是对所有人"开放的"。这不是一个只有专业人士参与的"封闭"式商谈。公民和专业人士通过在线网络连接起来，共同参与这个讨论。从主流媒体的粗制滥造的报道到使用手机监控人权，这些网络群体"无所不谈"。这种全球性的商谈，无论是愤怒的还是克制的，反思的还是保守的，误传信息的还是博学的，都是商谈式的参与性道德推理。与许多专业讨论不同，它是非正式的、无组织的。它混合了事实、谣言、偏见、解释和意识形态。新闻的不同规范解释相互碰撞，相互冲突。在这个层面上，数字媒体伦理是有争议的、不断发展的、跨文化的，而且永远不会被确定下来。

对于那些较喜欢系统思考和谨慎思考的人来说，这种商谈是多余的，是"行不通的"。对于那些较喜欢包容的、自由式讨论的人来说，这种形式的伦理是有启发性的和有挑战性的，是十分必要的。无论个人偏好如何，这都是数字媒体伦理的研究者和伦理学家需要研究和理解的一种商谈形式。

最后，媒体伦理正逐渐成为一种社会行动主义的形式。今天，评论家们可以加入媒体玩家的行列。他们可以实践"媒体伦理行动主义"。这个词的其中一个含义可以总结为这样一句话："如果你不喜欢你正在使用的媒体，那就创建自己的媒体。"媒体伦理超越了批判。我们可以创造新的平衡的媒体环境，这种媒体环境是致力于实现道德理想的。

非营利新闻的发展是这种媒体环境的其中一部分。在美国各地，由基金会和个人捐助者资助的非营利性的调查性新闻中心如雨后春笋般涌现。在世界各地，新闻学院为了公共利益做着实事求是的新闻工作，这是商业媒体所缺乏的。非政府组织尝试利用新媒体进行社会改革或向公民宣传人权。

这些新媒体实体有可能会独立采取行动。但如果他们团结起来，就会产生额外的影响。在媒体伦理行动中，新媒体、传统媒体和教育单位可以联合起来，将媒体世界打造得更好。

总 结

鉴于本章所讨论的趋势，我们的任务是创造一种新的、更复杂的、在概念上更深层次的全球性伦理，用来保证各种传播活动是负责任的，适用于专业的和非专业的、主流的和非主流的、线上的和线下的一切传播活动。

在未来，新闻伦理将成为更大的传播伦理的一部分，因为我们将为每个人的媒体使用方式制定规范。新闻伦理将以过程为导向，作为一种开放的、全球性的公共商谈存在，并纳入非西方的实践解释。媒体的讨论和改革会将公众卷进来，公众是其中的重要参与者。伦理将是新兴的、有争议的，这是理所当然的。新闻伦理将变得更加积极，创造出好的新闻，倡导更好的世界。

这种新伦理的哲学基础将是一种认识论，这种认识论从实用主义和其他相关的哲学中借用了大量的知识。其核心是不完美主义，通过错误主义、实验主义和解释主义表现出来。新伦理学并没有放弃公共主义，而是将它重新定义为道德主张的锚，并将关注点放在宏观公共问题。

第6章

社交媒体和新闻

Alfred Hermida

1896年10月，纽约人第一次瞥见了新闻界的一句标志性短语。麦迪逊广场上方有一块红色的广告牌，上面写着："所有适合印刷的新闻"。直到一年后，美国新闻界最著名的这9个字才出现在《纽约时报》的报头上，并逐渐成为一种高深难懂的新闻理解方式的象征(Campbell，2012)。今天，一个更贴切的口号应该是"所有适合分享的新闻"。到2010年，读者每4秒就会分享一个时报文章的链接(Harris，2010)。在任意一天，启迪性的、有吸引力的或娱乐性的这三种类型的文章都会登上Twitter网站上转发次数最多的故事的榜单。

随着Facebook和Twitter等数字社交媒体发展成为受众传播、剖析和质疑专业记者工作的平台，新闻的社交式推荐已经变得司空见惯。相关受众研究指出，新闻行业使用社交网络媒体变得越来越普遍，社交推荐也成为新闻网站日益重要的流量来源。但是分享新闻和信息并不是社交媒体带来的新现象。使用媒体来进行不同程度的社交互动，这种现象一直存在(见第21章)。

从本质上讲，人类是社会动物。纵观历史，人们利用手头上的传播工具来整理、过滤和分享信息，并建立和培养人际关系。Donath指出，社交媒体的起源可以追溯到4000年前的记录个人观察的泥版文书。关键问题是，以计算机为媒介的传播方式的出现如何催生了新的媒体形式，这种形式影响着发现、选择、发表和传播新闻与信息的动力。事实上，新闻业只是一个领域，被用于加强交流和社会联系。

本章讨论了社交媒体平台、工具和服务与新闻之间的相互作用。它审视了Wellman和Rainic所说的三重革命——"社会网络、个性化互联网及永远可用的移动连接"的兴起——对新闻的影响。它试图突出社会实践、文化趋势和与技术有关的主要行动因素对新闻和信息流动的影响。这一章首先考察了作为新闻散播、流通和诠释空间的社交媒体的兴起。接着探讨新的受众习惯对新闻业的影响，评估新闻机构对新趋势的反应，以及思考新的行动者和行动因素的出现。

定义社会媒体

在短短几年的时间里，随着Facebook、Twitter、Instagram和微博等一系列服务和工具在世界各地的迅速普及，社交媒体已经成为一种"全球现象"。到2010年，美国、波兰、英国和韩国等国家近一半的成年人正在使用社交媒体(Pew，2010)。自那以来，社交媒体的使用在数字媒体生态系统中蓬勃发展，智能手机的迅速普及，易于使用的应用程序的开发以及与互联网的广泛连接推动了这一趋势。到2014年，超过20亿人是社交媒体的活跃用户，其中3/4的人通过移动设备访问社交媒体平台(Kemp，2014)。2015年3月，仅Facebook就有14.4亿月度活跃用户，其中大多数人在移动设备上使用该服务。在2015年的其他主要平台中，Twitter有3.02亿月度活跃用户，Instagram有3亿用户，LinkedIn有3.47亿会员(Bullas，2015)。2004年，Iudith Donath就预测："我们正在迅速接近这样一个时刻——对于数百万人来说，无论他们身在何处，正在做什么，媒介社交将始终与他们在一起(Donath，2004)。"随着永远在线、连接性移动设备和社交媒体的普及，这个时代可能即将到来。

社交媒体的互联网技术是建立在互联网企业家Tim O'Reilly(2005)推广的网络2.0概念之上的。他将网络2.0定义为一种参与架构，它使人们能够进行互动，交互的范围从消费扩展到数字内容的创造、传播和分享(O'Reilly, 2005)。Kaplan和Haenlein将社交媒体定义为"一组基于互联网的应用程序，它们建立在网络2.0的意识形态和技术基础上，允许创造和交换用户生成内容"。受众制作媒体内容，这早在互联网之前就已经出现。正如Harrison和Barthel所指出的，"在历史上，活跃的媒体用户通过创造支持社会运动和社区行动的媒体产品，实现激进的和以社区为导向的目的。"

社交媒体的不同之处在于它为有着共同价值观、关注点或兴趣的个体提供了网络结构与机制，这让他们在没有任何中心协调的情况下也能相互联系与协作。这些平台、工具和服务使个人可以"在一个有界系统内创建公开或半公开的个人简介，与一些跟他们有着共同连接的其他用户建立联系，查看并研究他们自己的联系列表和系统内其他人创建的列表"(Boyd, Ellison, 2007)。Harrison和Barthel认为，"新媒体技术现在使更多的用户能够体验更广泛、更多样化的协作性活动"。Manuel Castells把这种社会化通信的新形式称为"大众自我交流"。其关键要素是"内容上的自我生成，发散上的自我导向，以及与他人交流的很多人在接收上的自我选择"。

社交媒体属于参与性传播技术的范畴，这种技术被认为能够使人们在媒体的生产过程中进行互动、参与和协作，而不仅仅是消费媒体(Tapscott, Williams, 2006)。其隐含的概念是，在社交媒体出现之前，受众是媒体的被动消费者。这种方法低估了观众使用他们自己的解释性镜头来理解媒体信息的能力(Fiske, 1987)。然而，传统上，观众几乎没有能力影响呈现在印刷或广播媒体上的叙事的创造和创作。

后来，社交媒体为用户提供了一个扩展的角色，使其不仅有能力塑造媒体信息，还可以使用和重新解读它们，或在多对多模式中完全绕过媒体。正如Marwick和Boyd所指出的，"广播听众消费着媒体机构创造的内容，但能给出反馈的可能性是有限的。与广播听众不同，网络受众有一条畅通无阻的路径，能与演讲者通过网络进行交流。"这意味着新闻生产者和消费者之间的、作为守门人的媒体和作为观众的公众之间的区别已经变得模糊，以至于这些术语本身需要被重新定义和解释。本章将讨论新闻如何成为社交媒体的一个普遍组成部分，再研究社交媒体对新闻的采集、生产、传播、解读和框架的影响。

新闻环境

长期以来，新闻一直受到时空因素的影响。在20世纪，新闻消费习惯是伴随着新闻采集、制作和传播的专业惯例而发展起来的。新闻日报将世界浓缩成一个稳定的、以文字形式呈现的"所有适合印刷的新闻"。这些故事遵循日常的制作模式，最终的成品在傍晚时被分送到印刷厂，第二天早上被递送给读者(Sheller, 2015)。这些信息与当天特定的时间和特定的地理区域有关，也许是地方性的，也许是区域性的或全国性的。广播新闻也受到类似的时空因素的影响。

在20世纪末，新闻开始从在一天中特定时段被观众消费的定量商品，转变为随时随地都可以享用的丰富自助餐。有研究指出，现有的通信技术、时间、空间和环境塑造了新闻和信息消费的流动性。例如，2013年的一项英国行业调查发现，手机在早上人们吃早餐或上班途中的时候吸引了人们的注意力，而平板电脑在晚上则更受欢迎(ComScore, 2013)。

正如新闻的制作与传播不再仅仅是专业记者的工作范围，新闻不再仅仅是与特定的时间和地域相联系的分立活动。相反，新闻已经变成了环境(Hermida, 2012)：轻量级和永远在线的社交网络设备的发展使得新闻意识变得普遍、持久和永恒。皮尤研究中心在2010年指出，"随着用户越来越能够定制他们的体验，并掌控进入他们生活的信息流,与新闻的邂逅正变得越来越个人化(Pew,2010)。"

对新闻的社会性探索并不新奇。公众总是求助于可用的通信系统来与他人建立联系,以过滤、管理和分享信息。一个新颖的问题是,社交媒体的新数字技术对新闻习惯产生了怎样的影响。通常,探索新闻的行为被描述为一种有目的的寻找信息的活动(Tewksbury等,2001)。一般来说,个人会决定读报、收听广播或观看电视新闻节目。互联网的发展伴随着更多的偶然,甚至意外的新闻接触。Tewksbury等人在他们2001年的论文中提到,在流行网站上新闻标题无处不在的情况下,受众是如何仅仅通过浏览网页就能接触到新闻的。

随着社交媒体的发展,新闻在日常生活中变得越来越普遍。社交媒体空间,原来主要是为私人公司创建的,现在已经转变为传播、流通和解释新闻与信息的场所。它们已经成为受众分享、讨论和贡献新闻的网络化公共空间,增强了新闻消费者创造和接收定制新闻流的能力。社交媒体并没有取代大众媒体。相反,人们把它与传统媒体一起作为新闻来源(Hermida等,2012;Nielsen,Schrøder,2014)。Newman、Levy和Nielsen指出,在对新闻习惯的4年研究中,"我们发现了一种一致的模式,电视新闻和网络新闻的访问频率最高,而纸质报纸的频率显著下降,社交媒体正在迅速成长"。他们的研究表明了社交媒体作为新闻空间的兴起。还有报告指出,12个国家的Facebook用户中有2/3的人在网络上发现、阅读、讨论或分享新闻(Newman等,2015)。特别是在美国,数量相近的Facebook和Twitter用户表示,他们在这些平台上获得了一些新闻。虽然社交媒体服务仍然是次要的新闻来源,但是它对年轻人越来越重要(Barthel等,2015)。展望未来,这些趋势指向一个事实,即年轻一代会越来越依赖数字媒体,这将以牺牲更成熟的媒体为代价。

社交媒体上的新闻消费习惯随着受众或社交网络类型的不同而有所变化。社交媒体平台往往有不同的年龄结构,Instagram(照片墙)和Snapchat("阅后即焚"照片分享应用)的用户比Facebook的用户更偏年轻。虽然总的来说Facebook、YouTube和Twitter等知名社交网络是最受欢迎的新闻来源,但年轻人也开始转向Instagram、Snapchat和Tumblr(轻博客网站)等其他服务。同样,这些次要网络平台对新闻的相对重要性也因国家而异。例如,社交消息应用WhatsApp(即时聊天应用)在巴西兴起,并成为一个重要的新闻平台,而在美国却几乎没有泛起一丝涟漪(Newman等,2015)。

受众行为因平台而异,尤其是在Facebook和Twitter这两个更为重要的新闻网络平台之间。2015年,41%的美国成年人通过Facebook获取新闻,相比之下,只有10%的人通过Twitter获取新闻(Barthel等,2015)。但有研究指出,这两个平台上各自形成了两种截然不同的新闻消费文化。新闻只是用户在Facebook上分享经历、照片或与朋友联系时偶然发生的体验(Mitchell等,2013)。

在Facebook上偶然看到新闻与在Twitter上更有目的地寻找新闻形成了对比。Twitter被视为实时新闻渠道,其中一个迹象是,使用Twitter追踪突发新闻的美国互联网用户数量是Facebook的两倍(Barthel等,2015)。自2006年被推出以来,该服务越来越强调及时的信息性消息。有学者在分析Twitter的发展时发现,"Twitter的界面发生了微妙但有意义的变化,这表明Twitter的策略是更强调(全球的、公开的)新闻和信息,而不是有限的圈子里的(个人的、私人的)对话"(van Dijck,2012)。

正如Newman、Levy和Nielsen所说,"我们在Twitter上寻找新闻,却在Facebook上偶然看见了新闻。"对新闻机构来说,Facebook是一种触及新闻临时用户而非一天看几次新闻的忠实粉丝的更有价值的途径。按照惯例,对新闻只有短暂兴趣的人是更难被触及的。因此,作为新闻机构触及这些捉摸不定的受众的一种手段,Facebook上的社会性探索变得更为重要。

总的来说,公众了解周围世界的方式可能正在发生重大转变。少数密切关注新闻的人将继续在主流媒体和社交媒体上寻求新闻。那些对新闻只有短暂兴趣的人可能正在远离非正式的旨在获取新闻的种种活动。在一个被新闻环绕的环境中，媒体形式的独特性逐渐消失在背景中，因为寻求新闻的行为可以在电视、互联网、手机或报纸之间无缝切换(Sheller，2015)。新闻和信息的普遍性、持久性和永恒性，在数字技术的推动和社交媒体的推动下，意味着一些人可能再也看不到寻求最新信息的必要性，而认为"新闻会来找我的"。这种态度是基于这样一种信念：如果某件事足够重要，它就会突然出现在社交媒体的消息里(Hermida，2014)。

新闻的背景

新闻和信息的生产与消费的普遍性已经并将继续对新闻业产生深远的影响。新闻变化的规模和影响给记者和公众都带来了挑战与机遇。社交媒体使新闻生产者与新闻消费者之间的界限变得更加模糊。媒体空间最好被描述为一个混合的新闻系统(Chadwick，2011)。混杂性(见第11章)影响着新闻如何被揭露、传播、构架和讨论。它还影响着参与新闻形成与报道的行动者。正如Chadwick所提出的，"所谓的'新'网络媒体的人员、实践、类型、技术和暂时性与所谓的'旧'广播和新闻媒体混杂在一起。"

社交媒体是建立在新闻媒体早些时候的参与性实践之上的，这些实践往往受到流行的新闻编辑室规范和价值观的限制(Singer等，2011)。对参与式新闻的初步研究主要着眼于新闻编辑室如何将来源于公众的内容整合到新闻产品中，以及着眼于为实现受众反馈而创建的线上空间。社交媒体，尤其是Twitter，成为这样一个场所，在其中新闻工作者和受众内容之间的差异被融进不断更新的社会意识流中。

在Twitter上，许多混合在一起的信息、经历和评论都是由事件驱动的，比如有关最新政治丑闻、流行音乐视频或足球比赛的消息，这些信息在不断更新的信息流中争夺注意力。Twitter作为一个新闻平台的本质在危机时期最为明显。在自然灾害或恐怖袭击期间，Twitter随着第一手资料发布、推测、情感和观点表达而变得活跃起来(Hermida，2014)。专业记者、新闻机构、团体和个人通过广播、编辑和传播的过程，产生混合的、环绕的新闻和信息流。

由此产生的事实、评论、经历和情感的混合体，与传统新闻实践相碰撞，这里的传统新闻实践往往把报道与观点评论分开。Papacharissi和de Fatima Oliveira(2012)提出，社交媒体上混合的新闻制作和传播过程重塑了事件成为新闻的方式。作为新颖的新闻价值观的瞬时性、一致性和弥散性，与作为传统新闻价值观的影响力、接近性和及时性，会同时出现，尤其在突发新闻发生的时候，这时候大量个体参与信息的选择、过滤和发布(见第7章)。那么，新闻是"在一个弥散的新闻环境内通过主观经验、观点和情感被合作创建出来的"。

新闻的流动、框架和表现方式是在互动中被协商的，Chadwick认为这种互动的特点是冲突、竞争、党派偏见和相互依赖，以追求新的信息，这些信息会推动新闻故事向前发展并增加其新闻价值。这一过程目前最明显的表现之一就是带有特定主题标签(hashtags，以"#"形式出现)的交流。主题标签已经兴起为过滤信息和参与社交媒体讨论的关键方式，其讨论范围超出了用户的社交圈。

主题标签也被用作一种框架策略。例如，在2014年俄罗斯索契冬奥会前夕，Twitter上一个流行的主题标签是"#SochiProblems"。它被运动员、记者和市民使用了331 000多次，用来分享和重播俄罗斯赛场上的初期困难轶事，从古怪的厕所布局到淡黄色的水(Hermida，2014)。这届奥运会的筹备工作被框定为一连串"只有在俄罗斯"才会发生的搞笑的及往往令人尴尬的故事，而不是体育胜利的故事(有关网络框架的详细分析，见第7章)。

在其他时候，社交媒体已经成为挑战主流媒体报道的一个渠道。其中一个最突出的例子就是使用社交媒体来挑战那些将黑人描绘成威胁的新闻事件报道(Muhammed，2010)。2012年，美国佛罗里达州一位手无寸铁的非洲裔美国人Trayvon Martin被枪杀后，反种族主义活动人士转向Twitter (Senft，Noble，2013)。主题标签"#BlackLivesMatter"(#黑人的生命很重要)被用作一种"行动号召"——号召人们"开展意识形态层面上的政治干预，以扭转当前危及黑人生命的社会现状"(Garza, 2014)。

两年后，也就是2014年8月，另一位手无寸铁的非裔美国青年Michael Brown被一名白人警察开枪打死。该事件发生后，"#Ferguson"(弗格森，位于美国密苏里州圣路易斯县，是本事件的发生地点)这个主题标签被用来吸引人们去关注发生在密苏里州的这类事件。随后的抗议活动在一周内产生了360万条推文，讨论了枪击事件的情况、警察的行动和媒体的报道(Bonilla, Rosa, 2015)。社交平台不仅被用作抗议的场所，还将聚光灯重新转向警察和媒体本身。在对"#Ferguson"的研究中，Bonilla和Rosa提到，这个话题标签"使消息走出去，吸引全球来关注世界的一个小角落，并试图带给压迫性力量以可见性和责任性"。"#Ferguson"和随后的标签如"# HandsUpDontShoot"(举起手来，别开枪)和"# IfTheyGunnedMeDown"(要是他们枪杀了我)都在试图突出和反驳针对非洲裔美国人的刻板媒体形象。正如博尼拉和罗莎所指出的，"Twitter等社交媒体平台为集体构建反叙事和重塑群体身份提供了场所。"

学者们指出了社交媒体上的传播实践如何使人们围绕新闻中的某个事件或问题团结起来。Bruns和Moe认为，主题标签可以促进公众围绕新闻事件迅速形成特定话题。这些群体可能很快消失，就像使他们在社交媒体上团结起来的问题迅速失去重要性那样。"#BlackLivesMatter"标签是一个例子，它体现了个人如何通过社交媒体的网络化功能围绕某个事件联系起来。Castells认为，这种行为可以通过交换来培育一种网络力量形式。这种力量源于个人通过不同网络所建立的联系，这些联系使他们能够整合资源来反抗等级制权力。

社交媒体可以作为一个有争议的中间地带，在这里，主流媒体等机构式精英的权力被质疑成一种往往偏向精英的实践，这些精英从有权力的机构职位获得权威和合法性。然而，权威和信誉可以通过网络化守门在社交媒体上分配给个人(更完整的讨论见第7章)。根据Meraz和Papacharissi的说法，网络化守门是"一个通过对话和社会实践将行动者聚集到突出位置的过程，这些对话和社会实践在决定信息相关性时将精英和大众共同联系起来"。

政治人物、商界领袖和杰出记者等机构精英将其继承的结构性权力延伸到社交媒体环境中(见第16章)。但是，网络大众的行动和互动可能会导致一些关键行动者的出现，而这些行动者传统上不会被记者视为权威消息来源。混杂性意味着精英的力量与新兴的、源于大众的影响力节点一起运作。代表一场运动或一个观念而发言的权威变成一种情境的、相关的、动态的资源，在社交媒体上参与某一特定事件、问题或事业的行动者们对这些资源进行分配(Hermida, 2015)。

新闻实践

正如本章所探讨的，随着社交媒体的普及和范围的扩大，新闻和新闻业的背景正在被修改。同样受到影响的还有新闻业作为一种职业在个人和组织层面上的规范与实践。近年来，针对职业新闻与社交媒体之间的互动的研究如雨后春笋般涌现。其中大部分把关注点放在Twitter上，更具体地说是放在记者和新闻编辑室对该服务的使用上。这样的研究对于在混合媒体中描绘新闻实践的轮廓是有价值的，但它有着"主要……用传统概念上的镜头来理解新兴现象"的风险(Mitchelstein, Boczkowski, 2009)。

有研究指出，新闻工作者普遍使用社交媒体，将其作为他们新闻工作的一部分(Gulyás, 2013; Hedman, Djerf-Pierre, 2013)。但这些数字可能掩盖了一个问题，即新的通信技术在多大程度上加强和重塑了既定的常规。许多研究表明，记者利用Twitter等社交媒体服务的即时性和覆盖范围来扩展现有的新闻收集、报道与广播实践(概述见Hermida, 2013)。

新闻编辑室定期对社交媒体进行彻底搜索，择优挑选在突发新闻发生时目击者的描述、照片和视频，或寻找和联系新闻来源。但有研究表明，受众并没有积极参与新闻的共同创作，也没有对故事的性质给予关注(Cozma，Chen, 2013；Noguera-Vivo, 2013)。总的来说，公众参与新闻的方法与之前对参与式新闻的研究给出的结论是一致的，参与式新闻研究发现，新闻工作者将受众视为积极的接收者，当他们看到新闻时，他们被期望去采取行动，然后对发布的新闻作出反应(Singer等，2011)。

当涉及新闻的核实原则时，对既定实践的压力甚至更加明显，虽然核实原则是新闻的核心(Kovach，Rosenstiel, 2001)，但由于记者要在准确性与社交媒体内容的速度、数量和可见性之间取得平衡，因此存在显著的紧张局面。例如，Bruno发现，在2010年海地地震时，三家新闻机构对社交媒体内容的处理方式并不一致(2011)。类似地，Thurman和Walters在针对英国《卫报》的实时博客报道的研究中得出结论，"事实验证是粗略的。"

核实社交媒体内容的方法和技术在新闻行业中经常被讨论(Silverman, 2013)。在新闻业中，核实从来就不是绝对的，因为方法和标准的差异很大(Shapiro等，2013)。可以说，存在的问题较少涉及核实原则在多大程度上被扭曲，而更多涉及概念在某些环境中多大程度上被改变，在这些环境里，知识的控制和生产是动态和分散的。Hermida、Lewis和Zamith的研究指出了社交媒体作为一个网络化和合作性的新闻编辑室的潜力，在这里，报道在新闻工作者和公众之间的公开交流中被筛选、剖析和质疑(2014)。学者和专业人士面临的问题是，新闻业在多大程度上正在成为"一个试验性的、反复的过程，在这个过程中，有争议的报道会被公众实时审查和评估"(Hermida, 2012)。

在这些社交媒体空间中工作的新闻工作者最终会实现职业身份与个人的、隐私的身份之间的平衡(见第8章)。社交媒体平台是新闻组织惯例化的出版框架之外的空间。此外，组织社交媒体账号数量往往少于新闻工作者的个人社交媒体账号数量。公共的和私人的，以及个性化的和专业化的，在社交媒体上并肩竞争。与传统媒体渠道相比，社交媒体上的分界线要模糊得多，也脆弱得多。虽然很难一概而论，但是针对记者在Twitter上的行为的研究表明，他们分享更多有关家庭和社交活动的个人和私人细节，呈现出比在传统新闻作品里的更主观的形象(Lasorsa等，2012；Vis, 2013)。另一项研究指出了性别的作用，并表明女性往往比男性更开放(Lasorsa, 2012)。

从新闻行业的角度来看，社交媒体既是一种祝福，也是诅咒。在受众聚集的地方，社交媒体为新闻业和受众之间建立联系与互动提供了新的方式。为了触及那些对新闻只有短暂兴趣的人，这种方式尤为重要。Newman、Levy和Nielsen指出，"与直接访问网站或使用电子邮件相比，社交是触及临时用户和低收入人群的更好机制。"此外，社交媒体提供了挖掘忠实读者核心的可能性，并利用他们的热情来推荐和放大一个特定的故事。

同时，当每个人都可以成为自己的新闻编辑时，主流媒体的议程设置作用被削弱。社会性共享允许个人绕过编辑的筛选，而选择突出他们认为重要的和有价值的东西(Purcell等，2010；Hermida等，2012)。到2014年，在美国新闻网站上分享、喜欢或推荐内容的工具已经无处不在(Ju等，2014)。新闻网站上社交推荐机制的激增，鼓励并强化了Singer所描述的受众的第二守门功能。她指出，虽然编辑可能试图使用既定的重要性提示来突出某些问题或者故事，但他们也依靠用户的力量，用户可以把任何一个报道放进他/她的社交网络，并从那里去突出、重新传播该报道，或增加该报道在其他地方被看到的机会。

媒体组织必须应对这种混合媒体空间的附加动力——社交媒体平台本身的经济和社会力量。新闻网站上充斥着转发或喜欢某个故事的按钮，但目前还不清楚谁从中受益最大。迄今为止的研究对社交推荐的经济效益提出了质疑。在一项研究中，研究者们发现社交媒体对流量和广告收入的贡献"在最好的情况下都是令人失望的，尽管所有媒体都在大肆宣传社交媒体作为新闻发布渠道的潜力"(Ju, Jeong, Chyi, 2014)。异地分发(offsite distribution)的经济又增加了一层复杂性。科技公司一直在讨好主流媒体，让它们在自己的平台上托管原生内容，例如Facebook的即时文章、Snapchat发现或苹果新闻。

媒体公司存在什么样的潜在直接经济价值，这一直是被激烈争论的话题(Doctor, 2015; Filloux, 2015)。从长期来看，存在这样的问题：20世纪的新闻发布模式在多大程度上受到挑战、破坏，或许最终会被站在发布者和受众之间的新中介机构的崛起所抹掉。Filloux建议，"我们正在走向一个新的阶段——大规模的再中介化，重新洗牌新闻制作人(传统媒体公司或纯粹的参与者)与读者之间的层次。"

正如互联网促成了报纸的拆分，现在这些平台也开始拆分发布者的独立内容。重要的是，它破坏了读者和发布者之间的直接关系。相反，这种关系是读者和新闻分发商之间的关系，比如Facebook或者苹果公司。威胁可能仍然会像地平线上随时会改变方向的远处风暴一样出现，尤其鉴于大部分媒体都面临着财务挑战这种情况(见第4章)，通过社交媒体获取新闻的用户数量仍然远远不及电视和报纸的受众数量(Costera Meijer, Groot Kormelink, 2015; Nielsen, Schroder, 2014)。不过，正如Newman等人所提到的，"现在有了更新的担忧，关于这些网络的力量，关于围绕着使内容浮现的算法的透明性的缺乏，以及关于在多大程度上内容发布者会因其发布的内容驱动大量社交媒体使用而得到公平的回报。"

在21世纪，Facebook、Google和Twitter等科技公司已成为关键的媒体机构，尽管它们并不创建媒体。无论如何，对他们来说，新闻远非他们关注的中心。随着他们开始进入新闻与信息的分发、流通和推广工作，学者和行业分析师们开始审视社交媒体平台对公众利益的职责和责任，尤其是在支持一个运作良好的民主国家的信息需求方面。尽管欧洲理事会在2012年将社交网络服务框定为具有公共服务价值，但主导社交媒体的商业实体会如何按优先顺序对待这些概念，仍值得商榷。Napoli指出，尽管公共利益一直是主流媒体的一部分，但"在以设计和操作这些平台的方式为特征的机构层面上仍然存在一些公共利益真空地带，至少在新闻和信息传播的问题上需要这样考虑。同样，Ananny和Crawford发现在新闻的公共服务理想与社交平台设计者的职业价值观之间存在断层。

人们感兴趣的是嵌入在专有算法中的价值，这些算法驱动了新闻和信息在社交平台上的推荐、发现和消费。不过这里的问题不是算法本身。Gillespie将算法比作城市的哭泣者——它们只是处理、过滤和选择信息的最新的文化形式。问题是算法的不透明性，即这样的算法是如何被设计并被个人用来识别和突出知识的，这种突出强调是针对某些个人用户的，而不是针对其他人的。算法用塑造和告知公众生活的方式，对知识的索引、相关性、价值、可见性和重要性作出决策。正如Anderson和Tufekci等学者所强调的，有必要对算法操纵在新闻和信息的流动上的作用和影响进行更详细的调查。

总结

这一章的开头提出了一个恰当的口号来描述今天的媒体环境，可能就是"所有适合分享的新闻"。这句话是一种用来描述新兴媒体空间的令人难忘的方式，在这个空间里，社交发现与传播扮演着如此重要的角色。这个吸引眼球的口号掩盖了新闻和信息如何被生产、处理和包装的复杂性。正如本章所探讨的，这9个字概括了一个混合的媒体空间，在这里，新老演员、主要行动因素、受众和活动在社会性协商的意义构建上进行互动(Weick, 1995)。

通过社交互动传播的新闻和信息在社会中一直扮演着重要的角色。更重要的问题是，它如何发生在被Wellman和Rainie(2012)称为网络化个人主义的社交操作系统中？Wellman和Rainie认为，"信息、沟通和行动之间的界限已经模糊。"网络化个体的信息习惯超越了对新闻的消费。在网络化个人主义的概念中隐含着这样一种期望，即人们使用社交媒体不仅是为了寻找多种新闻和信息来源，更是为了比较结果、与他人联系和分享经验。不管是有意的还是无意的，每个人都扮演着编辑和守门人的角色。

社交媒体是一个充满悖论的空间。在社交媒体上，新闻无处不在，却又无处可寻。人们不会去Facebook看新闻。这些平台主要用于社交目的——与他人交流和联系。新闻是偶然的，是在这些平台上发生的日常社会实践的一部分。然而，与此同时，随着公众吸收和评估信息，接着将其整合到现有的记忆和知识中，然后重新表述它，新闻故事和问题可以通过这些社会实践上升到突出的位置。这些动态与新闻实践、新闻业务以及新闻在社会中的作用交织在一起。

新闻正变得更加个人化和个性化，同时也更加协作化和集体化。每一条Facebook推送消息都呈现出一种针对一个人而特别定制的体验，但问题和故事会在许多用户的推送消息中浮出水面并变得突出。数千人的选择常规性地聚合在一起，以代表公众——至少是围绕着社交媒体促成的奋斗目标而形成的参与性的、短暂的公众群体——的利益和关注。

对于新闻工作者和新闻机构，社交媒体的悖论可能令人费解。新闻可以在新闻机构的逻辑之外同时发生，但又被与新闻机构逻辑的相互作用所塑造和重塑。作为传统新闻价值观的影响力、及时性和接近性，这三点很重要，但作为新兴价值观的瞬时性、一致性和弥散性，这三点也很重要。对于新闻工作者，这不仅仅是个人的、专业的、公共的或私人的空间。社交媒体可以是所有这些属性的组合。根据平台、背景和个人选择，这些属性连续发挥作用，并以复杂的方式组合在一起。在机构层面上，分配和收入的机会伴随着不确定性和潜在的长期风险。

绘制这个网络化的、混合的媒体环境的轮廓，并理解它对新闻和公共生活的影响，这是一项持续的事业。这样的事业超越了由社交空间中的受众和新闻工作者开展的调查性新闻实践。它包括描绘新闻在社交平台上的发展过程，识别特定时间和地点的行动者，并阐明这些发展发生的背景。一个事件或问题如何被报道成"新闻"，这是由多种因素和力量相互作用的结果，这些因素和力量取决于故事的性质、故事展开的背景以及当时有影响力的行动者。在社交媒体的竞争空间中，权力是流动的、动态的，受到情境因素和时空因素的影响。识别和了解权威、影响力和权力如何在混合新闻环境中被分配和重新分配是至关重要的。最终，它可归结为对"什么变成了新闻"的理解。

第7章

网络框架与把关

Sharon Meraz 和 Zizi Papacharissi

引言

为了推动网络社会的崛起(Stadler，2006)，社交媒体技术也在新闻制作和传播的过程中创造了一种范式转变(见第6章)。这一技术如Facebook(Carren，Gaby，2011)、Twitter(Penney，Dadas，2014；Gleason，2013；Wang等，2013)和Youtube(Thorson等，2013)协助公众进行数字化联络，同时促进受众了解当地发生的事件。这些技术之所以被称为"连接技术"，是因为它们能够将公众个性化的数字行为整合到更大的抗议和意义叙事中(Bennett，Segerberg，2013)，并且已经开始改变我们如何看待公众在信息创造和传播方面的作用。除了社会运动和抗议场景，这些技术还促进了危机沟通。从2006年卡特里娜飓风灾难(Meraz，2011c)的新闻到2008年本·拉登之死的新闻(Newman，2011)，随着其在网上展开，这些技术也改变了实时新闻的形式。关注"新的通信网络如何复杂地相互作用、进入和形成"这些事件(Cottke，2011)，我们可以明显感觉到，这些社会技术的应用对于这些运动的意义是不可或缺的，因为技术将"融合在运动中"(Cottke，2011)。

这些技术改变了传统媒体与公众之间的关系(Hermida，2013，2012，2010；Meraz，Papacharissi，2013；Papacharissi，de Fatima Oliveira，2012；Bruns，2005)。这些技术还修复了现有的媒体生态，将混合性引入传统的新闻范式、新闻价值观和传统媒体机构中(Chadwick，2013；Hermida，2012；Papacharissi，de Fatima Oliveira，2012)。持续不断的、永远存在的信息流从这些技术中产生，被描述为一种"弥漫新闻"的形式，维持着一种"提供不同的手段来收集、交流、分享和展示新闻和信息的意识系统，并服务于不同目的"(Hermida，2010)。这种"弥散性"给予的暗示，已经通过如下方式被反映出来，即对作为社会意识(Naaman，Becker，Gravano，2011)或社会传感器(Sakaki，Okazaki，Matsuo，2010)的信息流的进一步描述。我们认为，从这些工具中产生的新闻信息是动态形成的，它已经超越了传统新闻机构的组织逻辑。并且我们认为，这些新的动态是通过网络把关和网络框架的运作来捕捉的，特别是在开放和包容公众参与行动的环境中。

在本章中，我们提出了网络把关和网络框架的双重理论，作为实现如下目的的重要方式，即理解网络化的行动者们(实施独立的或者协作的新闻行为)是如何贡献于复杂的、弥散的和基于社交技术的新闻环境。我们通过各种不同的新闻事件简要描述了网络把关和网络框架的运作过程。在概述这些理论时，我们为网络化公共领域的兴起寻求解释，使公众能够构建非主流性的话语，这些非主流性的话语可能与产生自传统媒体的讨论交叉、平行或背道而驰(Meraz，2013)。这些理论论证了公民行动者、非主流媒体和主流机构是如何共存于一个网络化、被社会所构建和灌输的新闻流中(例如，Meraz，2013；Papacharissi，de Fatima Oliveira，2012；Newman等，2012；Lotan等，2011)。在概述促进网络把关和网络框架的理论过程时，我们解释了条理清楚、强劲有力的叙述的产生，这些叙述是在引起广泛、分散的公众参与的工具中被共同构建和共同制作的。我们将重点放在改变的规范、更新的运作模式和补救的概念过程上,以了解信息如何获得相关性,行为者如何获得突出地位,公众如何塑造、改变和交叉他们与传统媒体逻辑的叙事。这些范式呈现出从自上而下、事先控制范式到以人群为中心、网络化和集体智能逻辑的转变。我们将这些重新制定的规范固定在社会技术实践中,即公众利用社交媒体技术传播、分享、重新定位和再次传播内容(Bennett, Segerberg, 2013; Jenkins等, 2013),涉及新闻事件和抗议场景的不同背景。

媒体控制理论:把关与框架

把关理论的起源是跨学科的(Barzilai-Nahon, 2008)。与传播领域相关,把关理论经常在议程设置的背景下被讨论(McCombs, 2004)。把关描述了传统媒体组织的新闻选择过程。Lewin(1947)在他的群体动力学研究中创造了"把关人"一词,把关理论被定义为一个缩小的过程,即"将无数的信息筛选和加工成每天能到达人们的有限数量的信息"(Shoemaker, Vos, 2009)。这一选择性过程揭示了精英媒体作为非精英媒体组织的把关人,处于一个被称为中间议程设置的过程中。因此,媒体把关陷入了一种媒体环境中,这种环境的特点是媒体供应有限,媒体生产工具的所有权集中,以及媒体实践的惯例化,这里的媒体实践起到的作用是:使媒体组织的新闻选择同质化(Shoemaker, Reese, 1996)。

媒体框架理论与把关理论相呼应,因为它们有共同的理论前提:包含与排斥。它在概念上也与媒体议程设置一致,都强调媒体有能力设置被动新闻公众的实质性与情感性框架议程(Weaver等, 1981)。Entman将框架定义为对"特定问题定义、因果解释、道德评价和/或对待条件"的促进。Gamson和Modigliani赋予框架一种理解相关事件并提出重要议题的能力。研究显示,制定媒体议程的权力会受到媒体精英和社会精英不成比例的控制,如美国总统、政府官员和公共关系从业人员,他们能够向媒体提供例行新闻和信息流(McCombs, Reynolds, 2002)。在媒体框架中,"谁制定媒体议程"的问题也因此被称为精英间的竞争,这就是众所周知的级联激活模型(Entman, 2003)。这一模型解释了当精英们在"谁将塑造媒体、政策和公共议程"的问题上展开竞争时,他们所产生的影响模式。媒体框架理论揭示了政府官员、非政府精英和新闻机构等精英把关者在控制媒体议程的过程中存在的倾向和紧张关系。

社交媒体技术的包容性、参与性逻辑使这些媒体控制把关理论和框架理论受到质疑。"关"这个比喻的可行性,以及它对有限渠道和可控制流动的暗示(Williams, Delli Carpini, 2004, 2000),似乎不适合当前的媒体生态,在这种生态中,信息毫不费力地从一个应用程序渗透到另一个应用程序。对Web2.0之前的媒体把关进行修订,使公众成为关键参与者(Bennett, 2004),因为大众媒体在技术的冲击下保留了选择和过滤当天新闻的权力,而这些技术使自下而上的网络化行动成为可能。尽管把关理论学家Shoemaker和Vos(2009)承认公众在把关过程中的作用,但他们认为主要把关角色仍然是传统媒体编辑室,传统媒体编辑室通过分享、连接和评论这些新闻选择,将受众置于与传统大众媒体内容互动的第二把关过程中。把关理论在一段时间内被概念化,当时由于没有响应式媒体技术,所以公众的社会性受到限制(Meraz, 2012),这就导致该理论很难适应当前的网络环境。以其目前的形式,媒体把关和框架不能解释公众借助于社交媒体工具的网络行为。这些控制理论在解释公众如何宣传、策划和过滤大众传媒机构权限之外的新闻和信息方面做得不够好(见第16章)。

在公众被赋予权力之后,大众媒体对放弃把关的权力仍然犹豫不决。研究表明,对于大多数精英新闻编辑室来说,使社交媒体技术规范化的努力(Singer等, 2011; Williams等, 2011; Thurman, 2008)旨在强化其作为主要把关人的作用(Messner等, 2012; Holcomb等, 2011; Lasorsa等, 2011)。

Lewis将这场保持领导力的斗争描述为专

业控制和开放参与这二者之间的紧张关系,传统媒体在边界控制方面的努力推动了这场斗争(2012)。大多数记者很少在他们的新闻报道中采访公众(Broersma,Graham,2013),即便允许公众参与,传统媒体也会在其标准新闻惯例的范围内进行(Singer等,2011;Williams,2011)。大多数大众媒体新闻编辑室仍然不愿意完全接受自己与公众之间的互惠流动或共同创造行为(Aitamurto,2013;Hermida,2013;Lewis等,2013)。

为了保持对把关的控制,新闻编辑室在突发新闻事件中别无选择,只能求助于网络公众。诸如体育类(而不是政治类)的新闻体裁更需要读者的参与,这揭示出新的混合新闻实践的发展(Coddington,Holton,2014)。与大众媒体编辑室相比,个别记者更有可能放弃新闻客观性准则。实时博客新闻为读者提供了独特机会:在工作中与记者合作,以协调精英和大众之间的竞争需求(Thurman,Walters,2013)。此外,记者和公民在博客或Twitter上直播事件的发展,并将其转化为一个"被媒体化"的故事,他们经常一同工作,产生一个以事实、观点、新闻、情感和戏剧独特组合为特征的新闻叙事(Papacharisi,de Fatima Oliveira,2012)。我们可以将这种协作式的新闻叙事理解为"预被媒体化",即新闻在转化为"被媒体化"新闻故事之前所呈现的形式(Grusin,2010)。

总之,媒体把关和媒体框架仍然被保留在大众媒体权力的概念定义理论当中,因为该权利与新闻生产过程有关。正如文献回顾所示,多元化的新闻收集和叙事实践颠覆了传统的权力等级制度,使把关和框架的实践变得网络化。对于那些必须适应实时新闻流需求的记者们,新闻编辑室实践和情境化动因之间的倾向与张力,揭示了混合的新兴过程。混合和流动的新闻过程使这些新闻工作者们能够利用参与公众的合作潜力,并维持大众媒体和公众之间的共同创造与共同生产。

我们认为,通过研究大众媒体新闻编辑室的演变或者改变编辑室的做法,很难理解公民网络对媒体把关和媒体框架的全面影响。考虑到大众媒体编辑部在认识公众影响力这方面进展缓慢,我们将注意力转向网络把关和网络框架的双重理论,该理论强调在以人群为中心的环境中所展开的网络进程。在网络化场景中,开放、包容的理念使网络公众能够共享、创建、分发和修改内容。在以人群为中心的环境中,网络进程是通过基于Web 2.0技术的社会技术架构来实现的。首先,这种架构使公众独立于传统媒体编辑部却又与其结合,并被连接到新闻制作和新闻传播的流程当中。第二,这些过程使公众能够在技术允许的范围内参与个性化的数字"被媒体化"活动,这些技术充当组织代理人,对内容创作的个人行为进行整理和聚合(Bennett,Segerberg,2013;Papacharissi,2010)。第三,这些社会技术架构加强了公众之间的横向联系,促进了不同公众之间的对话、交流和会谈。第四,也是最后一点,算法流程对内容进行强大的聚合,这揭示出受欢迎的新闻项目和新闻情感可能与传统媒体组织所做的新闻决策有关,也可能与新闻决策相背离。这些过程展示出创新的新闻制作实践与混合生产价值观,它们或引入新的价值观,或修正原有的新闻价值观(Meraz,Papacharissi,2013;Papacharissi,de Fatima Oliveira,2012)。我们通过网络把关和网络框架的双重理论来定义这些新的进程(Meraz,Papacharissi,2013)。

网络把关和网络框架的精细化理论过程强调了技术手段中发生的一系列社会实践。这些社会技术实践使人群或公众能够通过相互连接的社会媒体架构,积极地过滤、协作、共享和传播信息。通过对这些社交媒体的应用,公众参与独特形式的对话实践,促进新闻流的主观多元化、共同创作和协同策划。这些网络化进程的可塑性和流动性有助于解释,借助于数字化手段的集体行动如何迅速扩展,如何促进广泛动员以及如何创造出创新的技能形式,以实现包容性,以及促进公众的参与。

我们现在将注意力转向网络把关理论,通过参考那些社交媒体在其中扮演重要角色的各种新闻事件,来探索这一理论原则是如何运作的。

网络把关：一种以人群为中心的理论

与媒体把关强调自上而下不同，我们将网络把关定义为"一个过程，在这个过程中，行动者们通过使用可对话的、社会性的实践进行协作，从而提升其影响力；这些实践将精英和群众连接起来，以确定信息相关性"(Meraz, Papacharissi, 2013)。这一定义颠覆了以往自上而下的媒体把关模式，并建立在Barzilai-Nahon对被授权者或"被把关者"角色的重新阐述基础之上。Barzilai-Nahon通过提出如下的呼吁来改进"把关"的概念：(a)向把关者们澄清其政治权力的背景；(b)信息生产能力；(c)与把关人的关系；(d)把关背景下的替代选择。在Barzilai-Nahon对被改变的规范的见解之上，我们进一步研究以人群为中心的应用，比如Twitter，是如何让过滤信息与推动信息的新范式从公众参与的包容性逻辑中产生的。

解释网络环境下的"把关"，有助于我们理解社交媒体上以人群为中心的行为如何改变传统媒体把关中精英驱动的权力和控制的流动。我们也试图解释基于相互连通的公民的网络，是如何让把关者们变得显而易见，从而揭示精英者特质显现的另类逻辑。

Callison和Hermida研究了发源于Twitter的加拿大"不再懈怠"运动(Idel No More)，他们发现主流媒体的报道与非主流媒体和人气博主的报道不相上下，这些非主流媒体、人气博主与传统媒体并驾齐驱，为社会运动创造了一个多元发声、网络化的舆论氛围。Lotan在研究与网络首发纪录片《科尼2012》相关的表情包时发现，其病毒式的传播是由高中生引起的，他们在网上非常具有影响力。像Twitter这样的网络基础设施，通过话题标签这样的标记，使支持和反对公众的分散式参与成为可能，这些话题标签的作用是号召人们为参与式交互而采取行动(Leavitt, 2013)。

Web 2.0的种种应用为网络把关原则发挥作用提供了便利，这一过程将社会和技术融合在迭代、递归和强化的关系当中。这些关系"强调"并"实现"了横向的、网络化的公民互联，这是传统的媒体把关和媒体框架中所没有的现象。有几个不同的术语被用来描述网络把关实践如何为在分散的公众之间实现交互参与提供开放性和流动性。"看门"(gatewatching)这一术语表明，活跃的公众通过编辑媒体内容，过滤和放大新闻条目，以及在社交媒体应用中分享他们的偏好，来参与行动，这些应用利用算法来整理和揭示新闻的受欢迎程度(Bruns, 2005)。例如，像Reddit这样的社交类新闻网站，它们可以让公众提交报道，并对热门项目进行投票，通过专门算法让热门报道出现在头条新闻版块。研究表明，这些网站的新闻选择往往与传统媒体所强调的新闻项目相呼应，但也有所偏离(Meraz, 2012)。众包(crowdsourcing)是另一个术语，用来描述一个更加开放的、更横向的生产过程。"众包"这个术语被明确地保留下来用于如下场景：一个商业性的需求通过网络被发送给外界的、感兴趣的群体，报酬则是很少的内部成本(Brabham, 2013; Howe, 2008)。生产使用(produsage)是一个将生产与消费融合在一起的术语，它反映了公众在社交媒体架构中通过收听(消费)和广播(生产)实践所产生的参与范畴(Meraz, Papacharissi, 2013)。所有这些术语都强调非精英的、网络化的公众在引导和影响信息流动上的权力。

当我们将注意力转移到对网络把关过程的概述时，我们强调把关的实时性(Hermida, Lewis, Zamith, 2014)及其自发的种种特性。这些特性说明，影响是以流动的、短暂的方式，在种种反复的过程当中，被商议和实施的(Meraz, Papacharissi, 2013; Papacharissi, de Fatima Oliveira, 2012)。独特的流程将广播与社会惯例融合在一起(Bakshy等, 2011; Watts, Dobbs, 2007)，以促进网络把关发挥作用，因为"连通性是在由人类和技术代理人组织的网络中被建立、过滤和协调的"(Bennett, Segerberg, 2013)。这些参与性的行动包括分享、链接、喜欢、转发、话题标签、提及和超链接等社交行为。这些社交行为使突出的行动者们能够通过社交媒体的技术手段而获得影响力。

我们现在概述了一些驱动性的社会技术进程，这些进程使网络把关能够在基于互联网的网络中发挥作用，这些网络推动了以人群为中心的参与。

社交过滤/协同过滤

通过社交媒体平台上的朋友和网络的过滤与推荐过程，社交媒体公众接受和分享新闻条目(Hermida，2012；Purcell等，2010)。推荐系统利用用户社区的意见，帮助社区中的个体在相互竞争的选择中轻松地选择出感兴趣的内容(Herlocker等，2004；Resnick，Varian，1997)。协同过滤强调了这种过滤的社会性，因为应用程序算法会记录用户的行为，以确定如何过滤内容。这种"看门"方式的典型代表是像Reddit这样的社交媒体新闻整合平台，它使用户能够搜索和策划网络上有趣的新闻故事，并且通过用户的集体投票体验，将热门和排行靠前的故事通过特定网站的算法展示出来(Meraz，2012)。协同过滤的过程也可以将参与的公众提升到把关状态。在社会运动或抗议场景中，Twitter的地址标记，如转发(retweet)和提到(note)标记，为验证显著观点提供了社会标记。众包精英们扮演着"把关人、看门人或把门人"的角色，他们出现在流媒体上，吸引着大众的注意力，将透明化运用于报告和核实信息上，并且在完全公开的过程中直接互动(Meraz, Papacharissi，2013)。在网络把关中，推荐和过滤的社会化过程赋予显著性的出现以一个充满活力的特质。通过协同过滤，由被连接的公民构成的网络，通过利用这些应用的对话标记，参与到对本地行动者或看门者的评估当中，这些标记是全社区行动者表达支持的方式。

社会过滤和协同过滤的过程已经在一些以人群为中心的社交媒体环境中得到了证明。在Twitter这样的社交媒体新闻网站中，转发作为一种支持的形式，鼓励着用户们成为杰出的把关者(Hansene等，2011；Boyd等，2010)。Lerman发现，社交过滤往往将Digg社交媒体新闻聚合器上的用户决策向朋友和热门用户的网络偏转。对"占领运动"期间Twitter使用情况的研究发现，不同的Twitter公众利用这个平台推动着信息传播，而不仅仅是呼吁参与或组织/协调抗议活动(Theocharis等，2013)。"占领运动"期间，Twitter的简洁形式所带来的可视性与限制，使得由Carren和Gaby(2011)提出的"修辞速度"(rhetorical velocity)成为可能，为不同的公众提供病毒式传播信息的能力。

参与的力量法则

了解网络中的力量因素对于理解网络如何运作至关重要(Castells，2009)。这种参与社交媒体应用程序的开放的、包容的逻辑，成为决定把关人如何出现的核心指标。把关人通过网络化的过程被提升为精英，这一过程聚合了以人群为中心的推荐数据，赋予特定数量的个人以力量和权威。社会网络科学理论解释了力量法则的普遍性，即在具有包容性和开放性的基于网络的社交网络中(Singh，Jain，2010；Capocci等，2008)，前10%~20%的用户拥有较多的注意力和影响力(Nahon等，2011；Drezner, Farrell，2008；Perline，2005；Newman，2003；Barabasi等，2000；Barabasi，Albert，1999)。与传统媒体把关不同，网络把关人在赢得大众的支持和认可的过程中(Nahon等，2011)获得显著性，并带有短暂的、瞬间的力量(Meraz, Papacharissi，2013；Nahon，2011)。在这种以人群为中心的环境中，主流媒体记者的精英地位难以得到保证。

早期对美国博客圈的研究记录了精英、党派的男性政治博客的兴起，他们成为美国公众和主流媒体在美国党派政治博客圈中塑造意见的把关人(Meraz，2009；Farrell, Drezner，2008；Harp, Tremayne，2006)。缺乏平等的力量分享被联系到性别与种族歧视上。女性政治博主们认为，博客的超链接的架构特征(在文本内和博客链接上)有效地促进了性别同质，因而使算法偏向那些已经被认为有影响力的人(Meraz，2008)。女性政治博主们和少数族裔政治博主们建立了另一种网络，以促进他们的政治议程和获得相关性，避开了主要支持白人和男性政治博客的力量法则所带来的一些负面影响(Meraz，2008；Harp，Tremayne，2006)。但实际上，力量法则可以限制意见表达，同时增加那些已经在网络中有影响力的人的力量。

然而，力量法则在以人群为中心的环境中发挥的作用是，让非精英者们更好地分配到精英者们的影响力，这是抗议活动和社会运动中的一个显著现象。总体而言，几乎没有证据表明，传统大众媒体的地位高于网络参与范围内非大众媒体中的有影响力者的地位(Meraz，Papacharissi，2013)。因此，网络化的把关过程致力于使大众媒体精英和非大众媒体公民中"有影响力者"的身份多元化或混合化。精英的地位在功能上也取决于人群在网络把关中的行动(Meraz，Papacharissi，2013；Nahon等，2011)。与媒体把关不同，网络把关意味着，权力不再永久不变，而是更加具有流动性，因为群体的社会行动决定了哪些节点会被视为中心把关者。

在认识到力量法则是以人群为中心的网络环境中知识共享的一种组织原则时，人们普遍接受的一个观点是，一些公众会获得力量并保持其网络范围内的影响力。在美国"占领运动"期间，仍然存在一种参与的力量法则，使得大多数受欢迎的"占领"标签下的Twitter内容是由少数用户制作的(Wang等，2013；Smith，Glidden，2012)。但是，这些以中心把关人身份出现的用户借助于网络把关逻辑所提供的流畅、开放的过程而产生影响力(Papacharissi，Meraz，2012；Nahon，2011)。通过基于人群的社交行为，比如在Twitter上转发和提及这些精英，网络把关逻辑让他们脱颖而出。

同质性

沿着同质价值观和信仰建立网络的过程，就像幂律一样，是一种无处不在的网络原则(McPhearson等，2001)。同质性也作为网络把关的一个潜在的过程，解释了志同道合的公众是如何融合的。同质性决定了人们的注意力，并驱使把关人走向显赫的地位。有几种社会行为表明同质性倾向。超级链接为参与者提供了一种参与把关策略的途径(Dimitrova等，2003)。此前对政治博客网络中超链接把关的研究表明，党派政治博客更可能链接到支持其意识形态立场的观点上(Meraz，2009；Farrell，Drezner，2008；Adamic，Glance，2005)。同样，具有党派性的茶党网络公众参与到其Facebook政治团体中，他们对要链接的网络内容是有选择性的，旨在努力为其预先关联的议题平台提供议程支持(Meraz，2013)。政治博客和Twitter的公众通过有选择性的曝光做法，在具有同质性的党派信仰的驱使下，与支持自己的来源和公众建立联系与关系网。

通过Twitter的会话式的地址标记，众包的且具有精英者特质的把关人也会受到同质性过程的影响。同样，在美国"占领运动"期间，地理标签将公众从纽约市的祖科蒂公园(#ows，#occupywallstreet)动员到波士顿(#occupyboston)、丹佛(#occupydenver)、洛杉矶(#occupyla)、奥克兰(#occupyoakland)、旧金山(#osf)、华盛顿特区(#occupydc)和美国境外(#occupytogether，#occupyeverywhere)，这为同质性的群众提供了一个空间，让他们在Twitter上发布一个与本地区相关的议程(Meraz，Papacharissi，2013；Papacharissi，Meraz，2012)。这些地理标签为类似的运动提供了连贯性，这些运动经常被批评缺乏直截了当、切实可行的政治议程(Rushkoff，2013；Butler，2012)。

作为一项可操作的原则，同质性有助于强化意识形态上一致的议程，并为别处传来的干扰提供一个平台。在政治Twitter讨论小组中，有强有力的证据表明，存在"内容注入"或蓄意的党派斗争，用不同的信息去搅乱意识形态Twitter流(Conover等，2011；Yardi，Boyd，2010)。通过亲信纽带，网络公众利用嵌入在社交媒体应用程序中的网络把关策略，来促进其意识形态与他们的观点相一致。

接下来，我们将注意力转移到解释网络框架的过程，这里的网络框架是一种以人群为中心的理论。

网络框架：一种以人群为中心的理论

我们以Entman对媒体框架的定义为基础，将网络框架定义为"通过众包实践，使特定问题定义、因果解释、道德评估和/或应对建议获得突出地位的过程"。在以人群为中心的背景下，网络化框架的过程是通过上述所有的过程来实现的，这些过程使得网络化的把关成为可能。社交和协同过滤的过程经常受到同质倾向的驱动，可能使意识形态相似的公众通过分享、评论、喜欢、链接、转载和内容制作的过程参与到问题的网络框架当中。先前对政治博客圈的研究表明，政治博客在管理政治议题的党派性解释时，意识形态一致的来源为其提供了一种过滤或固化机制。就内容而言，党派政治博客也更有可能在其博客文章(Meraz，2011a，2011b，2009)和标题(Meraz，McCombs，2013)中以党派的方式对问题进行解释。考虑到这一点，政治博客通过从意见领袖到追随者的两级过程，为不够精英化的政治博客设定了议程(Nahon，Hemsley，2014)，这使得网络框架可能对舆论的形成产生重大影响。

在2012年总统选举期间，大数据中出现的新证据为政治问题的网络框架提供了支持，这些政治问题是由领先的精英政治博主们所撰写的。Meraz对2012年1月至10月期间发布的博客标题进行了纵向研究，研究发现，主要的党派政治博主极有可能讨论不同的议题议程和博客标题中宣传的人物议程。由意识形态相似的党派政治博客组成的网络，通过网络框架原则的运作，在标题中推送精选关键词，以促进精选议题议程和精选人物议程。这些网络框架原则证明，美国政治博客精英们利用政治博客来动员他们的支持者，让网络公众参与到党派政治议程中来。

Twitter的社会学功能允许以人群为中心来确定主要的新闻条目和新闻视角，它们以特定的方式运作，目的是提供网络化的框架。Twitter包含一个名为话题标签的公约，它起着轻量级语义注释的作用，公众在自我标记生成内容的努力当中将其分配给Twitter。因此，话题标签以自下而上的、民间的方式将内容语境化(Bruns，Burgess，2011；Zangerle等，2011)。话题标签为特定的、紧要的公众提供了围绕问题或问题视角进行动态的自我组织内容的有机能力(González-Ibáñez等，2011；Kouloumpis等，2011；Wang等，2011)。话题标签可以沿着内容框架(例如，#jobs)和情感维度(例如，#love)来标记主题，或者同时启用这两个维度(例如，#getmoneyout)。在单一话题标签上缺乏共识的新兴议题，使得具有竞争力的话题标签之间产生实时的竞争，竞争的内容是Twitter公众之间的黏性或吸引力。这些标签可以作为一个问题是新兴还是衰落的外部标记，因为网络框架是由公众协商的，而新闻是以其预先策划的形式出现的。与传统编辑室的做法不同，社交媒体上的网络框架将框架问题之间的斗争暴露于公众面前(Meraz，Papacharissi，2013)。与级联激活模式(Entman，2003)不同的是，话题标签病毒式传播的争斗涉及非精英和精英的参与，他们通过贴有话题标签的Twitter，将他们对问题的解释和观点推到公众面前。随着时间的推移，获得传染或流行功能的标签可以制定、维持和支持以人群为中心的问题或事件框架。

在抗议和社会运动的背景下，对Twitter话题标签的分析可以提供一个窗口，让支持和反对参与的公众了解网络框架效应是如何运作的。尽管美国"占领运动"口号"我们是99%"成为该运动蕴含多种含义的公开符号(Pew Center for the People and the Press，2011)，但政治公众利用"#p2""#tcot"和"#tlot"等话题标签，就抗议活动发表推文，以此创建了一个支持(#p2)公众和反对(#tcot)公众的政治平台(Meraz，Papacharissi，2013)。公众在Twitter上对"#p2"表示广泛的同情和支持，认为该运动的政治目标是反对华尔街腐败和银行欺诈。与此形成鲜明对比的是，在Twitter上向"#tcot"发帖的公众热衷于批评"占领公众"的政治议程，同时推动茶党运动的替代议程。

在抗议周期之外的日常政治活动中，Twitter公众利用话题标签提供实时的问题解释(Small，2011)。2012年美国总统选举辩论中，来自热门政治团体的用户参与了话题标签战争，通过问题话题标签和情感话题标签来重新组织政治辩论(Fineman，2012)。怀有政治动机的个人常常利用话题标签将党派内容注入与意识形态对立的Twitter流中，试图污染或劫持话题标签框架(Conover等，2011；Yardi，boyd，2010)。网络框架的细微差别也可能在全国各地有所不同。Leavitt分析了2010年世界杯期间"Cala Boca Galvão"短语在巴西Twitter用户网络上的传播。说英语的人将这一活动解读为"Save Galvão Birds Campaign"；然而，在2014年世界杯的一场比赛中，巴西Twitter用户使用表情包对当地体育广播播音员(Galvão)作出负面回应("闭嘴，Galvão")。

在研究网络框架如何在以人群为中心的环境中展开时，很明显，一个重要的过程涉及"传染"和"病毒"这两个动态因素。这些过程是不同视角如何在公众行为相互依赖的、以人群为中心的环境中发挥作用的基础。目前尚不清楚病毒式传播过程最初是如何开始的，尽管先前关于信息传染方面的研究表明，人们有羊群行为，或者公众有模仿或效仿之前那些人的可见行为的倾向(Bikhchandani等，1992)。有名气和声望的演员也有可能鼓励其他人采用他们的问题框架，因为他们是先驱者，是被定义为那些在网络中存在了更长时间的人(Barabasi等，2000；Barabasi，Albert，1999)。网络框架过程中所固有的病毒性为公众提供了重新发布和再传播内容的机会，使得从原始内容复制、变异、重新混合和重新塑造新的叙事成为可能(Knobel，Lankshear，2007；Shifman，2012；Shifman，Thelwall，2009)。这些过程能够塑造和放大以人群为中心的框架效果。例如，话题标签的简短形式为公众提供了公开的机会，让他们参与可复制的行为，通过创造性的重新解释，可以发展、扩展和重做话题标签框架。

表达中的情感元素常常赋予新兴的框架或标签(作为框架手段)以病毒式的传播方式。可传播的网络框架可以利用幽默作为主导手段来驱动大众的吸引力和参与(Shifman，2012；Knobel，Lankshear，2007)。事实上，尽管传播媒介很简洁，但以游戏的形式表现出来的"表演性"经常在Twitter中获得病毒式传播(Papacharissi，2012)。讽刺和幽默既可以用来确认运动的共同目的，也可以用来描述运动的背景，因为运动是通过与之相关的标签流在网上形成的。例如，对与"占领运动"相关的"#ows"标签的研究表明，保守派公众试图通过反复使用讽刺的、但事实上没有根据的说法，在网上对"占领运动"进行无中生有的抹黑(Meraz，Papacharissi，2013)。此外，即使没有新的新闻可以报道，赞同的交际本质和对同样的新闻进行重播仍然有助于让运动保持一种始终持续的节奏。传统的新闻报道融合了剧情、观点和博客上的实况报道，以至于无法在报道之间作出区分。这常常增强了信息流的"强度"，形成了一种被理解为情感的新闻形式(Papacharissi，de Fatima Oliveira，2012)。

值得注意的是，平台鼓励分享新闻和观点，作为与他人进行社交联系的一种方式，这一特点必然会为新兴叙事提供一种情感形式。情感是指我们经历的前情绪强度(pre-emotive intensity)或驱动力，它代表了我们体验和表达诸如喜悦、悲伤、痛苦等情感的强度。情绪是主观的，但平台的可承受性会在情绪一致或出现分歧时导致高强度传播。例如，重复使用转发功能，会为一个特定的框架提供一定等级的、可传播的情感强度，这可能有助于让该框架吸引更多的注意。或者，通过持续使用幽默、讽刺或其他表达方式，以话语的方式具体化叙事的情感调性，也可以同样地增加或减少一个潜在框架，获得或失去显著性的强度。因此，情感对下述问题至关重要，即如何通过Twitter在线制定网络把关和网络框架的机制。理解在线传播的强度是关键，因为它可能会影响网络公众对他们正在收听、策划和合作的故事所作出的回应。对在线情感的定性和定量研究是必不可少的，因为它们有助于我们了解节奏、调性、演化中的信息流的潜在影响，以及这些流帮助讲述的故事。

网络把关和网络框架，作为促进边缘化公众声音和非主流性叙事的理论，它们所具有的效用，进一步放大了被称为"共振"的现象，Callison和Hermida将其描述为"使用网络的运动参与者们接受、转发和肯定发声的过程"。网络把关和网络框架理论的流动性与开放性，使得这种由共振概念所暗示的力量再分配成为可能，因为公众的集体身份是以一种特殊的、迭代的方式被构建和协调的。Callison和Hermida在其对加拿大Twitter上"不再懈怠"运动的分析中指出，共振"允许广泛的注册、共识、联盟以及批评和反对的过程"。网络把关和网络框架的理论过程在以人群为中心的背景下运作，通过社会技术架构提供支持和异议叙事，使公众能够动员和反动员，从而为一场运动提供多元化和多种呼声。权力、精英和影响力具有的动态的、新兴的和有些短暂的特质，让这些理论能灵活地捕捉到网络是如何通过选择、聚焦把关人来协商其叙事框架的。

对于那些感兴趣于在线平台如何提供协作式新闻叙事的学者们，网络把关和网络框架是理解谁讲述故事、谁策划故事、如何讲述故事、向谁讲述故事以及以何种强度讲述故事的核心。网络把关和网络框架重构了精英对群体的单向权力影响，并解释了在选择把关人以及推广新闻事件的议题和议题框架中，以人群为中心的动态因素如何为公众参与提供更为多元、流动的过程。作为网络把关和网络框架的基础，这些过程产生了混合，纠正了以前的新闻价值观(Chadwick, 2013; Hermida, 2012; Papacharissi, de Fatima Oliveira, 2012)，从而改变了传统媒体与公众之间的关系(Hermida, 2013, 2012, 2010; Meraz, Papacharissi, 2013; Papacharissi, de Fatima Oliveira, 2012; Bruns, 2005)。从这些工具中衍生出的新闻流是由这样的一些因素所组织的，它们已经超越了传统新闻机构的组织逻辑。借助于这些社交媒体应用，公众参与到形式独特的对话实践当中，这些实践让新闻流具备如下特征：主观多元化、共同创造和协同管理。

结 论

网络把关和网络框架提供了新的理论范式，通过这些理论范式我们可以理解网络公众以人群为中心的行为。这些公众有机会通过社交媒体技术参与社会行为。与媒体把关和框架不同，网络把关和网络框架为评估行动者、议题和议题诠释的显著性，提供了新的框架、混合的价值观和另类的逻辑。这些理论为理解下述内容提供了灵活的视角：在社会抗议、政治运动、危机沟通或日常事件期间，以人群为中心的行动如何导致有目的性的活动的发生。与媒体把关和框架不同，网络把关和框架解释了社会技术过程，通过这些过程，由相互联系的公民所构成的网络，以网络化的方式参与式行动，促成了把关人的出现和热门问题的诠释。与媒体把关和框架不同，网络把关和框架的重点是公众参与和横向连接。

这些理论可以更直接地适用于以人群为中心的环境，这种环境缺乏严格的大众媒体等级制度或精英影响力。尽管网络把关和框架并不缺乏自己的关于决策权力的衡量标准，但这些将精英和群体连接在象征性的、社会性的行动之中的种种过程，为这一双重理论提供了活力与流动性。在强调横向公民连接的过程中，公众参与形式独特的对话实践，这些实践让新闻流具备主观多元化、共同创造和协同管理等特征。这些网络化过程的可塑性和流动性有助于解释，借助于数字媒体的连接性或集体性的行动如何让自己具备这样一种逻辑，即纠正或引入存在于以前那种自上而下的新闻实践模式中的混杂性。在线平台重塑了我们讲述、分享和倾听故事的方式。网络框架和网络把关促进了我们对下述问题的理解，即如何通过现代平台的混合逻辑和层次结构来纠正新闻叙事。

第8章

新闻的亲密化

Steen Steensen

引言

2014年8月6日,挪威TV 2(挪威的商业性免费电视频道)国家电视台驻中东的战地记者Fredrik Graesvik,在Facebook上发表了一篇相当奇特的文章。Fredrik Graesvik是挪威最有经验、最受人关注的战地记者之一,整个夏天他一直在电视和社交媒体上报道加沙冲突。自2007年他开始写博客以来,Graesvik已经是社交媒体上最活跃的挪威记者之一,他在Twitter、Facebook和Instagram上有数千名粉丝,博客上也有很多读者。8月的这一天,一切都将改变。"从现在开始,这是一个私人账号,"格雷斯维克在Facebook上写道。接下来是这篇文章的节选:

我请求那些是我的好友但并不认识我的人,将我从你的好友列表中删除。你是几千人中的一个,所以删除好友对你来说,比这件事对我来说要容易。从周一起,我所有的状态更新都与TV 2无关。

Graesvik试图将自己的社交媒体形象私人化,这一相当奇怪的尝试是因为他的以色列粉丝大规模地批判其在社交媒体上对巴以冲突的评论。他在社交媒体上的关注者们不可能错过他对巴勒斯坦方面的同情,这一点在2014年夏天的加沙爆炸事件中变得尤为明显。他所引起的抱怨,远远超过支持性的评论,对TV 2来说已经太多了。该电视台敦促他和其他所有在这家电视台工作的记者们,在社交媒体上要像在电视上一样保持中立和平衡。这不是Graesvik的选择,相反,Graesvik试图通过将前者私人化的方式,将自己在社交媒体上的形象和电视上的形象分离开来。当然,这是一种不可行的策略,这在第二天就被证实了。他次日在Facebook上写道:"作为一个普通人,我可以告知大家,加沙战争到目前为止已经造成415名儿童死亡,包括双方的。"

Graesvik在公开场合以个人身份发言,这一矛盾的策略或许可以作为一个例子来说明,当新闻工作者们在私人和公共领域日益混乱的环境中改变自己的媒体形象时,会面临什么样的问题。社交媒体结合了广播媒体、大众传播和面对面互动的元素(Marwick, Boyd, 2011),似乎打破了公众和私人之间的界限。本章将深入探讨社交媒体如何挑战我们对私人和公共传播的概念,并探讨这些领域的潜在性将如何影响新闻业。本章认为,私人和公共传播之间不断变化的边界意味着,新闻界正在逐渐被一种亲密性话语所主导,个人观点和表露自我是这种亲密性话语的关键特征。然而,这种亲密性话语对新闻业来说并不新鲜。本章的一个核心目的是,表明新闻业长期以来一直致力于缓解私人与公众、个人与专业人士之间的紧张关系,而社交媒体带来的最新发展象征着连续性,同样也象征着变化。

这一章首先回顾了社交媒体的重要性,新闻对社交媒体的适应,以及随之而来的新闻的亲密化,亲密化的标志是私人与公众、个人与专业之间的界限变得模糊。本章接着讨论了社交媒体出现之前的新闻中类似的亲密关系。本章最后以一段讨论收尾,这段讨论受Sennett (2002) 在《公共人的衰落》(*The Fall of Public Man*)中经典分析的启发,社交媒体对新闻行业的意义是否就像在20世纪后半部分"电子媒体"对政治的意义那样,即由于公共领域的亲密化而导致其中的实践者的公共角色的衰落。Sennett认为，广播媒体，尤其是电视，掩盖了政治，以至于政治家的所作所为不再重要；重要的是他们用超凡的个人魅力来打动观众的能力。Sennett称这是"亲密的暴政"，并认为公共领域已经被来自公众人物私人领域的私密细节入侵了。如果今天的新闻工作者发现很难在社交媒体上把他们的私人形象和专业形象区分开来，那么我们可能会问，同样的"亲密暴政"是否也适用于作为公众人物的新闻工作者呢？如果是这样，这会对新闻工作者未来的角色产生什么样的影响？

与这一未来角色密切相关的是记者、新闻机构和受众之间的关系。当新闻工作者在社交媒体上与受众建立直接关系时，他们就会与雇佣他们的新闻机构分离开来，从而与这些机构提供的背景和受众群分离开来。这可能会让记者更难评估他们的受众到底是谁，以及他们的社交媒体行为在多大程度上能触及公众。根据Goffman的说法，这也使得自我表现更加困难，因为了解背景和受众对我们如何表现自我至关重要(1971)。因此，对未来的记者来说，精通表现自我可能是一种全新的、决定性的技能。

社会媒体和新闻消费

社交媒体的出现，尤其是像Facebook这样的服务，改变了传媒行业和媒体文化(见第6章)。这些服务的流行意味着，在网络空间里个人成为比传统的新闻生产者等机构更突出的传播者。个人变得比机构更重要，这对新闻在私人/公共连续体中如何被感知产生了一些重要的影响。

现在至少有三种主要趋势，这些趋势都将个人的作用置于机构的作用之上。首先，人们越来越多地从社交媒体推送消息上获取新闻更新，而不是传统的新闻发布者(Hermida等，2012；Nielsen，Schrøder，2014；State of the News Media 2014，2014)。第二，人们越来越多地通过社交媒体来讨论和理解新闻，而不是专业新闻发布者网站上的新闻评论(State of the News Media 2014)。新闻故事越来越多地被个性化的社交媒体通过推送消息而框定，并在其中被再语境化，用户则通过推送那些消息与朋友和家人分享和讨论新闻故事。第三，作为其他两种趋势的结果，广告商正从传统的发布者转向Google、Facebook和其他社交媒体 (WAN-IFRA，2014)。

这三种趋势都以牺牲新闻发布者为代价来增强新闻消费的能力，从而使新闻消费更像是一种个人和个性化的选择，而不是涉及公共领域的行为。然而，社交媒体推送消息严重依赖于主流媒体，社交网络上的大部分内容来自这些传统的提供者(Kwak等，2010)。这说明社交媒体是过滤传统媒体提供的新闻的工具。然而，用户往往淡化社交媒体对其新闻消费的重要性，反而强调社交媒体在控制信息溢出方面的作用 (Groot Kormelink，Costera Meijer，2014；Pentina，Tarafdar，2014)。在一项有关新闻消费的跨国研究中，只有1/10的人表示社交媒体是他们最重要的新闻来源，而在所有国家中，超过50%的受访者表示，电视是他们最重要的新闻来源 (Nielsen，Schrøder，2014)。另一项跨国研究也表明，电视仍然是最重要的新闻消费平台(Papathanassopoulos等，2013)。

换句话说，社交媒体并没有取代传统媒体。相反，它们是获取、理解和传播传统新闻的渠道，而且它们经常被用作除传统主流媒体之外的额外渠道，而不是传统主流媒体的替代品 (Hermida等，2012)。Twitter上的讨论在新闻播报时达到高峰，并且在重大新闻突发时Facebook上的用户活动会增加。今天的新闻流动很复杂。它涉及许多行动者、主要行动因素、受众和活动 (Lewis，Westlund，2015)。它最适合被形容为是网络化的(Anderson，2010；Domingo等，2015；Russell，2013)，以及弥散的(Hermida，2010)。社交媒体将新闻消费推向了一个更加私密和个性化的方向，但传统的新闻制作机构仍然在什么会被受众认为是新闻这一问题上扮演着重要的角色。那么疑问就变成了，这些传统的新闻机构和在其中工作的新闻工作者们如何应对新闻消费的转变。

社交媒体中的新闻工作者

鉴于社交媒体对人们的生活以及消费和参与新闻的方式的重要性，新闻机构和新闻工作者发现有必要在社交媒体中建立强大的存在感(Hermida, 2013)。新闻工作者是社交媒体的早期使用者，使用社交媒体的新闻工作者所占比例是相当高的(Gulyas, 2013)。最初，新闻工作者主要使用社交媒体来扩大他们已经建立的公共性存在；然后他们开始通过社交媒体推广和传播自己的故事(Artwick, 2013; Blasingame, 2011; Messner等, 2011; Pew Research Center, 2011)。然而，社交媒体也很快成为推动突发新闻的舞台(Vis, 2013)。新闻工作者使用社交媒体似乎是作为这样一种实践开始的，在这种实践中，新媒体通过一个规范化的过程来适应现有的实践(Lasorsa等, 2012)，类似于当新闻工作者开始写博客时发生的过程(Singer, 2005)。这种规范化的实践并没有像私人/公共连续体一样意味着记者看待和履行其职责的方式发生了变化。然而，随着新闻工作者越来越多地使用社交媒体与消息来源、用户互动，社交媒体的职业规范化目前正受到质疑(Gulyás, 2013; Hedman, 2015; Zeller, Hermida, 2015)。当新闻工作者通过社交媒体与消息来源或受众群体中的一员进行互动时，他/她就会在一个与他/她所服务的新闻机构的首选平台不一样的平台上进行更多的个人和非公开的交流。

此外，记者使用社交媒体不仅是出于职业原因。Hedman和Djerf-Pierre的研究表明，社交媒体的私人性使用实际上对记者更重要。他们发现，65%的瑞典新闻工作者每天或"一直"出于私人目的使用社交媒体，而只有44%的新闻工作者出于职业需要积极使用社交媒体。这意味着新闻工作者越来越多地在同一个平台上混合了他们的私人角色和专业角色。Twitter这个平台最能反映私人和专业角色的混合。微博服务

已经发展成为一种以传播新闻和信息为核心活动的社交媒体，这一点可以经由如下事实被象征性地反映出来：2009年Twitter公司将用户的默认问题"你在做什么？"改成了"正在发生什么事？"(van Dijk, 2011)。在一份对新闻和Twitter研究的全面回顾中，Hermida总结道，这项服务"已经发展成为一个永远在线的、事件驱动的交流系统，在这里新闻被分享、争论、核实和推荐"。因此，对新闻行业、新闻和社交媒体之间的相互作用感兴趣的学者们对Twitter都特别感兴趣。就本章而言，这种相互作用有两个方面特别值得关注，这与私人和公共、个人和职业之间的模糊区别有关。首先，与传统媒体平台相比，新闻工作者更倾向于在Twitter上透露自己的个人观点。其次，新闻工作者倾向于用Twitter向更广泛的受众披露他们的个人生活细节。

这两个方面都可以作为亲密话语的标志，意味着基于记者内心思想与私人行为的视角主导着新闻话语。这种亲密性话语与客观性话语是对立的，而客观性的话语在现代民主政治中一直主导着新闻。下面，我将更深入地探讨这两个方面。

舆论的媒介

尽管新闻工作者在社交媒体，特别是在Twitter上传播交流时，倾向于坚持已有的新闻规范与价值观，但有研究表明，j-tweeter(使用Twitter的新闻工作者)对客观性规范是有争议的，尤其是体育记者(Sanderson, Hambrick, 2012)和Twitter上最活跃的和受欢迎的新闻工作者(Lasorsa等, 2012; Vis, 2013)。这可能是因为Twitter的140个字符格式，和它的对话式、高度网络化的结构，更倾向于评论而不是描述事实(Hermida, 2013)。但一个同样合理的解释可能是，j-tweeter和其他Twitter用户一样，在传统媒体新闻编辑室和新闻机构之外的中立平台上以自己的名义行事。一名j-tweeter代表其新闻机构的程度，与他/她在新闻报道、电视广播节目或网络新闻报道署名时的代表程度是不同的。

一名j-tweeter更像是一个"个人品牌"(Bruns，2012)，因此更倾向于表达自己的观点。

新闻工作者在Twitter上争论客观性规范，由此引发了争议，这也是许多新闻机构为其新闻工作者制定社交媒体行为指南的主要原因。引言中提到的挪威驻中东战地记者Fredrik Graesvik就是这场争议的一个例子。这场争论并没有使Graesvik失去他的工作，就像CNN(美国有线电视新闻网络)中东事务高级编辑Octavia Nasr 2010年在Twitter上哀悼一名真主党领导人死亡时一样。

然而，Graesvik和Nasr的错误并不代表外国记者在社交媒体上的常态行为。在对美国战地记者们的推文(在Twitter上发表的内容)的内容分析中，Cozma和Chen发现，只有10%的推文表达了个人观点。这项研究的一个有趣发现是，个人观点的表达对新闻工作者在Twitter上的受欢迎程度没有任何显著影响。那些不表达个人观点的新闻工作者与那些表达个人观点的一样有很多的关注者，得到同样多的喜爱与转发。这表明，坚持客观规范并不会妨碍新闻工作者在Twitter上的受欢迎程度，而这反过来又表明，新闻工作者没有必要将他们的专业形象和私人形象混在一起。

事实上，在Twitter上表达个人观点可能会疏远关注者，而不是吸引他们。有过一个这样的案例，2014年3月16日，挪威国家公共广播公司(NRK)的一名体育记者，也是一名曼联球迷，在他支持的球队以0比3输给利物浦后发了一条推文，提到这场比赛在纪念希尔斯堡惨案25周年之际举行，在这场惨案中96名球迷遇难，而利物浦球迷受到了错误的指责，他最后写道："好吧，至少我们没有杀死任何球迷。"尽管比赛一方的球迷嘲笑对手的球迷是一种惯例，但这条推文并没有受到欢迎。这位体育记者在主流媒体上受到批评，不得不公开道歉，部分原因是他承受了来自他的雇主NRK的压力。甚至有人向委员会投诉，要求NRK必须向委员会解释他们的社交媒体政策。在这条臭名昭著的推文发布4天后，这位记者发布了一条推文："向所有人道歉，这种事不会再发生了。对不起。"之后的11个月里，他没有再出现在社交媒体上。

这位新闻工作者分享个人观点这种行为是一个很有启发性的例子，它告诉我们，当私人空间和公共空间在以即时性和突发新闻讨论为标志的媒介中汇聚时，语境是如何崩塌的。就如上面的例子，该条推文并不适合被某些受众看到(在球迷一起观看比赛的私密背景之外的受众们)，但Twitter可以在一瞬间向更广泛的公众自发和即时地分享此类声明。什么是可以接受的，什么是不可以接受的，这之间的界限是易变的，也很难预测。j-tweeter们必须迅速判断自己在不疏远公众视线的情况下，能够在多大程度上投入情感和展开辩论。因此，不难理解，记者很难做到这种平衡。这也是许多新闻机构建立社交媒体指南的原因之一，这些指南试图在记者的社交媒体活动中强制施行传统的编辑室规范和价值观。

因此，建立社交媒体指南可能是新闻机构试图保持对其新闻工作者的社会控制的一种方式，这是几十年来新闻机构的一个重要功能(Breed，1955)。社会控制维度甚至给新闻机构设定限制、实施严格的规则，甚至禁止从新闻编辑室访问社交媒体(Sivek，2010)。然而，Opgenhaffen和Sheerlinck对社交媒体指南的最新分析表明，新闻机构已经逐渐放弃了这种严格的社交媒体政策，并且现在允许他们的记者自由地表达自己的意见(2014)。新闻机构可能已经注意到，面对就业市场的不确定性，新闻工作者将个人品牌置于机构品牌之上，"感觉为了生存，他们必须把自己的品牌放在第一位"(Sivek，2010)。

换句话说，一方面新闻机构需要保持其品牌的可信度和客观性，另一方面新闻工作者需要通过社交媒体进行自我宣传和个人品牌塑造，这两者之间存在冲突。Opgenhaffen和Sheerlinck在研究佛兰德斯(欧洲历史地区名，位于法国东北部和比利时西南部，译者注)的新闻工作者对这些指南的看法时发现，新闻工作者们反对这些指南，认为指南本应推动他们的社交媒体实践，而严格的指南会危及他们的个人自由(Opgenhaffen，Sheerlinck，2014)。

新闻工作者在社交媒体上的自我表露

新闻工作者的社交媒体行为促进了新闻话语的亲密化，这一现象的另一个重要方面是，j-tweeters倾向于通过自我表露向公众披露个人生活细节。Bruns认为是个人的个性推动了Twitter的可见性，而不是机构之间的联系。Herrera和Requejo认为，"Twitter上的媒体声音必须是……个性化的和人性化的。"因此，社交媒体使新闻市场更多地受到个性的驱动，这意味着j-tweeter为了吸引观众而被迫透露一些个人信息。

这让人想起了Goffman在《日常生活中的自我呈现》(1971)一书中对舞台前和舞台后作出的经典区分。这种区别意味着自我呈现总是与语境和受众相关的。人们在更私人的台后区域和公共的台前区域之间穿梭，就像演员在舞台上和舞台下一样。而在社交媒体上，这种区别就荡然无存了。Twitter只有一个舞台，没有台前和台后之分。因此，在像Twitter这样的社交媒体上，平衡个人与专业、私人与公众变得更加复杂(Hermida, 2008)。

一项关于高知名度Twitter用户如何平衡个人和职业身份的调查发现，这些用户坚持真实性，这是以揭露个人信息为标志的一种规范。Marwick和Boyd认为，对这些高知名度的Twitter用户来说，个人信息的披露是有战略性的，他们称这种披露是"有主要专业背景的带有自我意识的身份展示"。他们采访的许多Twitter用户都表示，他们很难在个人和职业之间找到正确的平衡。Marwick和Boyd总结道，对于高知名度的Twitter用户来说，个人/职业的平衡"意味着持续的台前身份表现，并且在保持正面印象的愿望与对他人忠诚或真实的需求之间取得平衡"。

专门针对j-tweeter的这种个人/职业平衡的研究并不多。然而，一项针对全球拥有最多关注者的500名j-tweeter的分析表明，女性新闻工作者比她们的男性同事更有可能在Twitter上谈论自己的个人生活。Lasorsa认为，性别差异可能与这一事实有关，即相对于她们的男性同事，女性新闻工作者更有可能写"软"新闻。"软"新闻，或新闻特写，利用了亲密化的话语(Steensen, 2011b)，并且写这些类型文章的记者更有可能在他们的新闻中坚持主观性的理想。本章后面部分会讨论"软"新闻生产、主观性和社交媒体新闻活动之间的这种联系。

有人对个性化的推文是否提高了被关注者在关注者中的受欢迎程度做了有趣的实验研究。该研究表明，在Twitter上自我表露的新闻工作者给人的印象是更令人喜爱的(Boehmer, 2014)。然而，这项研究还发现，这种个性化的自我表露对职业的受欢迎程度没有影响。这表明，新闻工作者很难在个人和职业之间找到正确的平衡。

上述两种社交媒体和新闻之间的冲突——个人观点和客观性之间、个人自我表露和职业身份之间——以及它们可能代表的新闻的亲密化，对新闻业来说并不是新鲜事。新闻业很久以来就依赖于亲密化的话语，并设法公开从业者的个人观点和自我表露。在下一节中，我将深入探讨在社交媒体出现之前的新闻中，这样的话语是如何被清晰地表达出来的，以及我们可以从这些历史性的表达中学到什么。

前社交媒体时代的新闻与亲密性

与以往新技术、新媒体的介入一样，社交媒体话语在新闻界中也类似于革命性的话语。围绕社交媒体和新闻的讨论往往强调潜在的变化和影响是一种新的、独特的、具有颠覆性力量的东西。Mosco展示了人们一直以来是如何用一种革命性的话语来框定新技术与新媒体的使用的。他认为，那些被推测为是新技术和新媒体所带来的变化，通常是在引入新事物之前很久就开始了。此外，它们发生的速度往往比早期预测的要慢得多，而且发生的方式也远没有早期预测的那么激进。这就是互联网冲击新闻业时的情况(Scott, 2005; Steensen, 2011a)，社交媒体现在对职业产生影响的情况似乎也是如此。

社交媒体带来的潜在变革性的压力，以

及由于私人与公众、个人与职业之间的界限模糊而造成的新闻的亲密化，都有着历史上的相似之处。回顾这些历史相似之处很重要，这样可以避免忽视新闻职业一直都有的活力和适应性。早期的新闻观念被行动主义的理想所主导，在这种理想中，新闻工作者的个人评论和观点蓬勃发展，就像今天的社交媒体一样。而新闻特写这种类型也推广了亲密性，使之成为职业角色的一部分。

新闻工作者作为积极分子的历史重要性

当1811年英国记者兼编辑James Mill在《爱丁堡评论》上发表影响深远的文章《新闻自由》时，他有一些特别的想法。当时，在英国和其他欧洲国家有一种普遍的担忧，法国大革命会在其他地方引发类似的血腥起义。Mill认为，如果媒体可以自由地批评政府，那么即使完全不让人们流血，也有可能实现社会改革。Mill想让政府害怕革命，以至于在社会起义把事情搞得一团糟之前，它会把社会改革进行下去。在Mill看来，新闻是达到这一目的的手段。他认为记者应该鼓动社会改革。

19世纪30年代初，当英国政府通过《自由新闻法》时，《苏格兰人报》和《蓓尔美街报》等报纸的记者和编辑成了政治角色，他们设想让自己在创造社会变革方面比政客更重要。那是一个"媒体即议会"的时代(Hampton，2001)。从那时起，新闻业就有了敌对的一面。换句话说，个性化，即新闻工作者让他们的个人观点影响他们的专业工作，这在整个新闻历史中是很普遍的。Waisbord认为，在客观性成为一种看似霸权的职业理想之前，新闻"在很大程度上是'鼓吹性新闻'，是政治组织的宣传工具，是有政治野心的新闻企业家的平台，是政治激进主义记者的道路"。事实上，在新闻存在的大部分时间里，这一直是它的主要功能，甚至在自由民主国家也是如此。

客观性规范是划分新闻工作者个人与职业、私人与公众的最强有力的标志之一，20世纪20年代美国新闻界被制度化了(Schudson，2001)，后来欧洲新闻界也被制度化了。在欧洲的许多民主国家，如斯堪的纳维亚国家，并没有将客观性提升为一种职业理想和党报制度，这种情况一直延续到20世纪七八十年代。换句话说，在这些民主国家里，客观性只是近几十年来的一个重要理想。此外，其他民主国家的新闻系统，如地中海国家的新闻系统，从来没有将客观性作为重要的新闻理想(Hallin，Mancini，2004)，这意味着新闻工作者的个人观点与他的职业工作之间有着更紧密的联系。

换句话说，新闻报道对中立性的坚持以及将事实与观点相分离，这是一种相对来说比较新颖的观念，在全球的渗透范围有限。话虽如此，根据Hallin和Mancini的说法，客观性作为一种新闻理想在过去几十年中已从一种新闻体系传播到了全球范围内的其他新闻体系。然而，即使在客观性已成为一种看似霸权的理想的新闻体系中——美国的新闻体系和其他的自由新闻体系——鼓吹性新闻也从未消失。20世纪80年代，17%的美国新闻工作者将他们自己定义为"对手"(Weaver，Wilhoit，1986)。根据Beam、Weaver和Brownlee的研究，在过去的几十年里，这一比例有所增加，并出现了一种新型的新闻工作者——"民粹主义动员者"。Patterson和Donsbach在欧洲进行的一项跨国研究发现，即使是那些坚持客观性理想的新闻工作者，也觉得很难将事实与观点区分开。这两位学者将这总结为"在记者的自我形象和他们的具体行动之间存在……感知上的差距"。

当记者们突然开始在社交媒体上表达自己的个人观点时，他们不仅与过去的新闻业是一致的，也与客观性时代的新闻业是一致的。不同之处在于，他们现在的自我形象与他们的行为更加一致。

新闻特写中的主观性与自我表露

第二个冲突，即个人自我表露与新闻工作者这一职业角色之间的冲突，在新闻史上也有相似之处，尤其是在新闻特写或"软"新闻的类型上。在对历史和现代的新闻特写教科书的分析中，Steensen发现，亲密性话语一直是这些类型的核心。这种话语意味着特写新闻记者"试图在亲密的层面上与读者建立联系,她允许自己在写作中是个人的,比如使用个人名词'我'"。

这种亲密性的话语一直是报告文学新闻和文学/叙事新闻的重要组成部分。报告文学也许是最古老的,也是整个新闻史上最持久的新闻体裁。Haller认为,报告文学的历史可以追溯到古希腊希罗多德生活的时代和他的旅行日志《历史》,这是他在公元前431—公元前425年期间写的。《历史》是基于希罗多德在旅途中的观察,这种目击者的叙述被描绘为报告文学体裁的一个特点(Carey,1987)。Bech Karlsen将这种体裁定义为"基于记者在现实世界中的亲身经历的个人叙述"。报告文学在本质上是主观的,而现代许多伟大的报告文学记者如Ryszard Kapuscinski,把个人的自我表露变成了他们新闻报道的组成部分。

19世纪初,当巴尔扎克、左拉、狄更斯和陀思妥耶夫斯基等作家/记者引入现实主义和自然主义时,报告文学体裁在欧洲的报纸上有了现代突破。在现实主义和自然主义中,描绘世界呈现给作者的样子是很重要的。与此同时,美国的廉价报刊为"人情味"报道铺平了道路,这种报道与当时欧洲的报告文学新闻报道有许多相似之处。一个早期的重要例子是一名妓女在纽约一个时髦的度假胜地被谋杀后,编辑Bennett在《纽约先驱报》上发表了一篇报告文学报道,文中写道:

我突然看到了什么情景!那里摆着一张雅致的红木双人床,上面全是烧过的亚麻布、毯子、枕头,黑得像煤渣。我四处寻找我好奇的对象。在地毯上,我看到一块亚麻布床单,上面盖着什么东西,好像是随便扔在上面的。(Hughes,1981)

然后,Bennett描述了他看到尸体时的感受,并把它比作一尊大理石雕像。换句话说,他于1836年描绘的犯罪现场报道非常主观。他所有的描写都是通过他的主观视角进行过滤的,从而将报告文学框定为以记者为主角的第一人称叙事。19世纪90年代,这种主观性报告文学新闻在许多欧洲国家和美国达到了顶峰,这些国家的记者采取了叙述文学新闻的形式,发起了"对主流的'事实'或'客观'新闻的挑战或抵抗"(Hartsock,2000)。

1960年,当像Tom Wolfe和Gay Talese这样的记者再次挑战主流事实和客观新闻时,历史发生了重演。Talese和Wolfe是后来被称为"新新闻"的早期先锋人物,这种新闻以叙事性结构和个人观点为特征(Wolfe,1975)。有一些被Eason标记为"现代主义者"的新记者(例如Hunter S. Thompson、Joan Didion和Norman Mailer)挑战了那时新闻认识论的传统概念,并描述了"生活在一个没有共识的参考框架中来解释'这一切意味着什么'的世界是怎样的感受"。他们坚持认为,如果不让人们看到他们的主观观点和解释,就不可能对世界上的事件说一些真实的话。这些记者不仅主观,他们还把个人生活的细节添加到他们写的故事当中。这种主观性的理想在美国的文学、叙事新闻和欧洲的报告文学新闻中继续蓬勃发展(Hartsock,2011)。过去的几十年也见证了亲密的、自白的长篇文学新闻的增长(Harrington,1997;Steensen,2013)。

公众新闻工作者的衰落

现在应该清楚的是,社交媒体中私人与公众、个人与职业之间的模糊界限对新闻来说并不新鲜。在整个新闻史上,甚至在客观性已经成为主流职业理想的时代和地方,这种亲密性的话语,已经在不同的体裁和新闻系统中,以不同的方式和程度,成为新闻工作者的公众形象的一部分。这里有一个重要的观点。新闻是一种复杂的并有点"精神分裂"的职业和实践,在这种职业和实践中,相互竞争、似乎相互排斥的理想、规范和话语共存。新闻既是客观的,也是主观的;它既是事实驱动的,又是观点承载的;它既是个人的,也是职业的。

因此,我们不应该假设社交媒体给作为职业和实践的新闻带来了重大变化。社交媒体所做的,是给已经存在的新闻悖论增加了复杂性。这种增加的复杂性主要与新闻及新闻工作者与受众的关系有关，我在下文将这称为受众瓦解。在本章的最后一节，我将讨论这种增加的复杂性的含义，以及它是否意味着公共新闻工作者的最终衰落。

受众瓦解

当1836年Bennett写他的高度主观的犯罪现场报道的时候，以及当Hunter S. Thompson在1970年肯塔基赛马会期间写了他极度兴奋的、充斥着酒精和毒品的疯狂报道的时候(Thompson，1975)，除了新闻报道的高度主观性和包含个人叙述外，他们还有一个共同点：他们知道自己是为谁而写的。负责出版他们报道的出版社有相对稳定的读者，这些读者会在固定的背景下看到报道。这些报道将在各自的报纸和杂志上以固定的版面被编排和呈现出来，这会提供一个稳定的背景，从而为体裁归属和可能的解释提供一个参考框架。新闻工作者和观众之间的界限很清楚，并且出版社有办法控制信息。

当新闻业走向数字化时，这一切都改变了。网络报纸不能像印刷媒体和广播媒体那样在固定的语境中将报道文章打包好。不同的网络浏览器会以不同的方式呈现在线报纸，不同的屏幕也会有所不同。网络报纸不是固定的实体，它们是不断变化的，发表的报道也随之变化。这就是Manovich标记的数字媒体的"可变性"，以及Yates和Sumner所标记的"固定性的丧失"。当新闻业走向数字化时，记者和编辑失去了将故事固定在某一时间地点的力量。因此，记者和编辑失去了一些他们本有的控制，即他们对报道将如何被呈现、报道将被谁消费的控制。随着平台范围的扩大，从智能手机到大型智能电视，他们甚至失去了更多的控制。最后，随着社交媒体的出现，新闻几乎失去了所有的固定性，并变得前所未有的多变。在当今的社交媒体世界中，记者无法知道读者是在阅读纸质报纸时还是通过他或她的Facebook墙内的链接而看到新闻故事的。随着社交媒体的发展，记者和编辑已经失去了控制报道被消费、解读和评论的语境的能力。想象中的受众，正如记者和编辑以前能够想象到的那样，已经瓦解了。

此外，当记者在社交媒体上发表文章时，他们就失去了为报纸(线下或在线)、杂志或广播电视台发表内容时所拥有的特权，也就是失去了知晓自己所发表内容的大致受众范围的特权。这一点在社交媒体中尤其重要，因为社交媒体对受众范围的控制有限，甚至无法控制，比如Twitter。一条推文只能传达给你的几个朋友，因此它可以作为一条私人信息，或者它可以像病毒一样传播并触及全球的受众。记者无法事先知道他或她的推文会触及什么样的读者，因此也无法知道它会在私人/公共连续体中获得什么样的地位。正如Marwick和boyd所指出的，社交媒体"瓦解了多种语境，将不同的受众聚集在一起"。

这是社交媒体对新闻业的挑战。Goffman认为，了解语境和受众对人们如何表现自己至关重要。当失去了对语境和受众的控制后，自我表现就会出现问题。2011年挪威发生恐怖袭击后，一些挪威记者在社交媒体上的交流方式，就是一个很好的例子，说明语境和受众可能会影响记者的自我表现。网络报纸VG Nett(挪威一家报纸网站)的一群记者设法观察并拍摄了警方对2011年7月22日发生在午托亚岛的恐怖袭击的重现(警方对袭击过程的再现)。这些记者对自己的"独家新闻"感到非常高兴，以至于他们在Twitter上互相击掌庆祝，并吹嘘自己拍下了恐怖分子Anders Behring Breivik的照片，照片里他正在向警方展示他如何在午托亚岛杀害了69名青少年。

这种吹嘘显然不是给更广泛的公众看的。这是一场内部的同僚话语的一部分，但它传播的范围远远超出了内部同僚的圈子。午托亚岛袭击案的一些幸存者读到Twitter上的交流，觉得很可怕，于是向挪威媒体投诉委员会Pressens Faglige Utvalg(PFU)投诉。他们认为，这些记者在Twitter上炫耀，以及发布照片，违反了挪威的新闻道德。VG Nett和记者们为他们在Twitter上的行为感到后悔，但是他们认为PFU对记者在Twitter上写什么没有管辖权。PFU同意并总结，

Twitter上的信息应被视为"委员会工作范围之外的私人声明"(PFU，2011)。

换句话说，当记者在社交媒体上写什么时，他们不受新闻道德的约束。当记者们在社交媒体上给自己取昵称，把自己和工作单位联系在一起(比如"@TV2Fredrik")，或者他们在简历中以其他方式表明这种工作联系时，这就会出现问题。PFU后来明确指出，如果记者公开这样的工作联系，记者的社交媒体活动可能会受到该委员会的管辖。这就是为什么TV 2战地记者Fredrik Graesvik正式将他的社交媒体形象与他的雇主相分离。然而，问题依旧存在，至少对像Graesvik这样的高知名度记者而言，在挪威的语境中，无论他在Twitter和Facebook上的个人简介中陈述了什么，Graesvik总是与TV 2联系在一起的。

话虽如此，缺乏语境和假想的受众使社交媒体上的自我表现变得难以处理，但这对那些已经成功在社交媒体上大肆宣传自己个人品牌的记者来说，问题要小得多。举几个例子，有些记者，如挪威的Graesvik、美国的Anderson Cooper(CNN主持人，Twitter上有500多万粉丝)、英国的Caitlin Moran (《泰晤士报》专栏作家，Twitter上有50多万粉丝)，都把自己的名字变成了流行的社交媒体品牌。对他们来说，社交媒体变得类似于传统的大众媒体，他们知道通过这种媒体，可以在相对可控的语境下触及大量的受众。即便是对这些高知名度的记者来说，私人与公共的区别可能也难以平衡，正如Graesvik的例子所表明的那样。

社交媒体、新闻和亲密的暴政

Sennett对公众生活的分析(2002)为我们提供了一些深刻见解。在《公共人的衰落》一书中，Sennett哀叹公共生活的终结。他认为，公共生活被剥夺了价值，除非它涉及某种亲密性。他把前工业时代世界的公共生活浪漫化了，在那个世界里，人们可以体验与陌生人的有情感意义的邂逅，同时又保持冷漠。

根据Sennett的说法，在20世纪，公共生活的这个维度消失了。在一个没有神的社会里，人文精神被定义为一种亲密性的意识形态；什么被认为在道德上是好的，这与亲密的个人关系的温暖和亲近相关联。这种关系在公共生活中已不复存在，因此也就被剥夺了意义。公共空间被非人化，因为人只能在私人领域中找到意义。陌生人不再在公共场所相互交谈，并且在这种场所的走动——例如上下班——被削减为有用的必要行为。在这样的文化中，没有个性的政治是不可能存在的。Sennett认为，人们开始"把政治构想成一个(强有力地)声明个性的领域"。人们根据政治家展现在公众场合的富有魅力的本性来评价他们。一个政治家的动机，而不是他的行动，成为他成功的决定性因素。如果他能让公众相信他的动机是真实可信的，那么他通过行动实现了什么并不重要，Sennett如是认为。这一发展的核心是广播("电子")媒体的兴起："电子媒体在这种偏差中扮演了关键角色，它同时过度曝光了领导人的个人生活，掩盖了他在办公室的工作。"

如今，Sennett的分析得到了Bruns(2012)等研究学者的赞同，他们认为，对那些通过社交媒体争取影响力的专业人士来说，个性比机构从属关系更重要。如果一个人认为，社交媒体让公众生活更加亲密，并且如果一个人认为Sennett的分析是准确的，那么下面的问题就提示了其本身的答案：我们是否把社交媒体设想成这样一个领域，人们的个性在其中得到了强有力的彰显？那么一个记者在社交媒体上公开展示其个性，这种做法能决定其在职业上的成功吗？

研究中有一些证据表明，个性对吸引社交媒体上的受众至关重要。新闻越是转向社交媒体，就越依赖于从业者的个性，因此很有可能成为一种亲密的话语。新闻业可能会走上与政治相同的道路：感召力、动机和情感投入可能是新闻工作者未来的驱动力。如果是这样的话，那么我们所知道的公众记者就会衰落。

然而，公众记者并不一定会以Sennett说的那种方式衰落，那种方式意味着公众生活的道德瓦解。Sennett对现代公共生活的看法是非常规范的，因为他把公共领域的亲密化评价为暴政化。对Sennett来说，感召力、情感投入和个人动机很难与扎实可靠地履行公共和职业义务相结合。这类似于一种规范性，表明新闻工作者的职业客观性不能与情感投入和公开表现主观性携手并进。新闻的历史表明，客观性与主观性、个人与职业、私人与公众并不一定有着天壤之别。因此，社交媒体所促进的新闻的亲密化和个性化并不会自动地意味着记者的职业和公共角色的衰落。这些影响可能仅仅意味着"专业"和"公众"对新闻业的意义的转变。

此外，社交媒体还没有把新闻变成个人的亲密行为。也许这永远不会发生。新闻还没有完全转向社交媒体。尽管存在经济困难，但新闻仍然在机构媒体中蓬勃发展，如果传统媒体内容消失，社交媒体将会被剥夺很多意义。社交媒体不会取代传统媒体。它们是它们的同僚，并且它们以它们为食。至关重要的是，新闻工作者们不能屈从于一种技术决定论，这种决定论强调了在社交媒体上与新闻进一步亲密化的需求。相反，渴望创造一个成功的社交媒体形象的新闻工作者可能会从Cozma和Chen以及Boehmer的研究发现中找到慰藉：在社交媒体中保持个人化和亲密性可能会提高你的受欢迎程度，但不一定会提高你的受尊严程度。

第9章

情绪与新闻

Karin Wahl-Jorgensen

引言

数字新闻时代代表了新闻认知(或认识论)形式的转变。我认为,这种转变为公共话语中更感性、更个性化的表达方式开辟了新的空间。在谈到数字新闻时,我对网络新闻与融合的出现所带来的"数字颠覆"(Jones,Salter,2011)产生的一系列特定发展的后果非常感兴趣。这些过程自20世纪90年代以来就一直在进行(Scott,2005),但仍然具有极大的不稳定性和变革性。这些过程给新闻实践带来的变化是多方面的和深远的,涉及从新闻业的商业模式到新闻业的自我理解及其与受众的关系等方方面面的挑战。FrankLin在《数字新闻》第一期的一篇社论中指出:

> 数字新闻是复杂的、广阔的,即使在早期,它也构成了一个庞大的、模糊的、不断变化的通信领域。数字新闻涉及不同类型的新闻组织和个人,包含独特的内容格式和风格,并涉及具有不同编辑志向、专业背景、教育经验和成就的撰稿人,他们努力触及不同的受众。(Franklin,2013)

Franklin对数字新闻领域复杂性的描述,突显出这个新时代如何挑战了人们对"记者是谁""新闻是什么"的传统理解,涉及的群体和个人、体裁和平台的范围越来越广。这一章集中讨论了一系列特殊的发展,这些发展给传统的"客观的"新闻报道风格带来了挑战,包括更加情绪化的和个性化的叙述形式。它阐述了用户生成内容、公民新闻和社交媒体如何引领新闻叙事的日益突出的新风气,从而产生新

的真相声明形式的。这应该在更广泛的文化变革的背景下理解,这种变革也影响新闻领域。首先,人们越来越认识到,情绪表达不一定会破坏公共领域的合理性,反而可能是促成新形式参与的一种至关重要的积极力量。其次,"主观性和自白性新闻"的兴起(Coward,2013)是过去几十年来新闻表达的一个增长趋势。反过来,数字新闻和社交媒体的出现加快了这一进程,并为之提供了保障。"记者"和"受众"之间传统界限的模糊,导致了对新闻认识论的挑战(Wahl-Jorgensen,2014,2015)。

应该注意到,在这里,我使用的是"情绪"(emotion)一词,而不是广为流传、经常互换使用的"情感"(affect)一词。从一开始就澄清术语的选择是有用的。Massumi认为,即使这两个术语经常互换使用,但两者在重要的概念上有所区别。在他看来,最好把情感理解为一种身体感觉,一种以强度和能量为特征的刺激的反应,但没有一个有意识的方向和解释。相反,情绪是:

> 一种主观的内容,是一种社会语言学对一种体验的定性表现,从这一点上,这种体验被定义为个人的。情绪是一种限定的强度,是将强度插入语义和符号形成的过程中,插入可叙述的行动—反应回路中,插入功能和意义中的常规的、一致的点。(Massumi,2002)

尽管Massumi首先将情绪反应描述为个人的,但其区别也成为对集体行为感兴趣的社会学家和政治学家的一个重要资源,因为这是以情绪作为解释和叙述情感的前提的,或者说是

以情绪在社会关系中的位置为前提的(Massumi, 2002)。因此，它使我们能够理解"表达的情绪"和"表达的情感"。因此，在其他事情上，情绪通过集体叙述和有公共影响的新闻叙事来例证。Papacharissi在她最近出版的《情感公众》(Affective Public)一书中，更喜欢"情感"一词，而不是"情绪"，她将其理解为"超越感知……情感影响着我们的感性，这一理论既存在于人体的感官制造过程中，也存在于情感驱动的感官制造技术中。情感先于情绪，并驱动情感被感知的强度"。在这里，我的兴趣在于情感之后发生了什么，当情感在公众场合通过新闻话语被描述为一种有意识的情绪状态(Clough, 2007)并因此变得具有集体性和政治性的潜在特征时，会导致什么样的结果？

新闻与情绪：有问题的结合

新闻业与情绪之间的关系尤其令人担忧，因为专业新闻在历史上一直与客观性的理想紧密相连(Schudson, 1978)。20世纪初，随着实证主义科学信仰的兴起，以及对现代主义项目合理性的承诺，新闻业走向成熟，它通常被赋予客观性，被理解为将价值观排除在新闻叙事之外(Maras, 2013)。在新闻界和其他领域，客观性往往被视为情绪的对立面。例如，Dennis和Merrill认为新闻的客观性与目的在于呈现"对新闻情绪上的超然看法"，而Schudson则认为客观性"引导记者将事实与价值观分开，只使用'冷静而非情绪'的语调报道事实"(Schudson, 2001，引自Maras, 2013)。客观性的特点是非个人化的叙述风格，抹去了记者的主体性(Maras, 2013)。正如Edward Epstein指出的，客观的准则产生了超然的"众所周知的消息"。

在规范性上，客观新闻与把新闻看作公共领域的一个关键制度的观点是一致的(Habermas, 1989)。它被理解为对共同关心的问题进行公正、理性的批判性讨论的场所。主观性——以及情绪表达和个人历史——被视为无关紧要的，超出了可接受话题的范围。对于新闻从业者和学者，从情绪与公共领域理想背离(的角度)来解释，情绪往往代表着一种"坏东西"(Coward, 2013；Pantti, Wahl-Jorgensen, Cottle, 2012)。正如Pantti所说，"情绪化通常代表着新闻从业标准的下降和对新闻业应有的社会角色的背离；而'高质量'的新闻通过诉诸理性来告知和教育公民时，其他类型的新闻则侧重于通过诉诸情感来取悦他们的读者。"除此之外，这种观点在对小报过分追求轰动效应的担忧中得到了证明。引发与小报新闻相关的道德恐慌的正是这样一种观点：它代表着一种与我们的理性相对的对身体和情绪的关注(Sparks, 2000)。这些担忧反映了对其他流行文化体裁的越界性质的焦虑，比如电视谈话节目，它们通过强调"心理治疗谈话"——公开讨论和表达情绪以及在公共场合的个人经验——来挑战公众话语中对情绪管理的传统理解：

> 电视谈话节目通过打破文化规则，有管理的冲击，转变我们对什么是可接受的概念，改变我们对什么是可能的想法，破坏文化判断的基础，重新定义越界行为和适当的反应，冲蚀社会障碍、抑制作用和文化差异，从而创造受众。(Abt, Seesholtz, 1994)

这样的一种立场试图控制可接受的公共话语的界限。它对危机蔓延和越界行为的警告，反映出人们对情绪化的公众言论的负面影响有着更多的担忧。在表达对"改变我们对什么是可接受的概念""改变我们对什么是可能的想法"和"消除社会界限、社会抑制与文化区隔"的关切时，它突出了人们对需要仔细规范公共话语中情绪表达的基调和内容的担忧。然而，关注情绪在公共话语中的管理和表达方式，并不局限于小报和电视脱口秀等流行文化形式，还可以延伸到利用情绪故事讲述的成熟和享有盛誉的新闻形式。例如，Stephanie Shapiro批评了普利策奖得主的"情绪化的新闻"，产生了"哭泣的姐妹"的写作风格：

> 报纸无法抗拒长时间报道致命疾病、毁容和事故的冲动，尤其是当这些疾病袭击儿童时。近几十年来，这些令人痛心的报道背后的故事情节催生了叙事新闻的一个分支体裁，这种体裁经常与硬新闻争夺美国最负盛名的报纸的A1版面。

这种以小说技巧塑造的充满人情味的故事，让人们看到了医学伦理、高风险手术和临终选择等令人困惑的世界。类似于黄色新闻(一种惯用煽情主义手法的新闻)代表人Nellie Bly和她"哭泣的姐妹"风格的衍生品，这些故事也是精心设计的，为的是抓住读者的情绪，不让他们离开，直到他们适时地哭出来。

对Shapiro和其他评论家来说，这种"情绪化的新闻"有沦为偷窥、过度简化和感伤的风险——类似于针对其他形式的情绪化公共话题的指控。相比之下，对情绪在新闻业中作用的任何"积极"评价往往都会受到较少的关注(Pantti，2010)。

然而近年来，媒体和新闻学者开始对情绪产生兴趣(Pantti，2010；Peters，2011；Richards，Rees，2011；Wahl-Jorgensen，2013a，2013b)。这项新兴的工作可以看作对人文和社会科学学科更大的"情感转向"(Clough，Halley，2007)的一个后期补充，它要求我们将身心、理性和激情同等考虑在内(Hardt，2007)。"情感转向"反映了人们对情绪参与如何改变社会和政治生活越来越感兴趣(Goodwin等，2001；Staiger等，2010)。这种情感转向在认知心理学和社会学等学科中尤为突出。在这里特别值得研究的一个领域是社会运动研究，因为它就情绪在政治话语和集体行动中的作用提出了核心问题。社会运动学者们对情绪如何激发和塑造激进分子的活动感兴趣，他们认为情绪参与是促进人们参与政治生活的一个强大的、积极的激励因素，是不容忽视的(Dahlgren，2009；Gould，2010)。因此，学者们思考了"激情政治"和"情感政治"的兴起。

"情感转向"的部分动力来自于研究政治与流行文化之间日益密切关系的学者(van Zoonen，2005)，以及那些察觉到"情绪公共领域"的出现的学者们(Lunt，Stenner，2005；Lunt，Pantti，2007)。这些方法的共同点是对理性、客观性与情绪之间对立的根本性质疑，因为情绪表达实际上可能是健康公共生活的组成部分，而不是具有破坏性的。

人们对新闻与情绪之间关系的兴趣是在与这种新闻作品的密切对话中产生的，并采取了多种形式，从试图将情绪性和客观性之间的关系理论化(Peters，2011)和一种给予个人声音以特权的"主观新闻"的兴起(Coward，2013)，到追踪情绪性和个性化叙事在获奖新闻中的地位(Wahl-Jorgensen，2013a，2013b)，以及开发在所谓的"客观"新闻机构报道中能辨别情绪立场的工具(Stenvall，2008，2014)。学者们研究了记者在报道中恰当使用情绪的观点(Pantti，2010)和他们的创伤经历(Richards，Rees，2011)。聚焦记者视角的研究表明，记者们高度意识到自己的报道对受众情绪的影响。Gürsel在美国一家新闻杂志上发表的关于摄影新闻的人种学研究表明，受众对故事的情绪反应的预期会影响从照片选择到排版的所有事宜(2009)。她认为"运用情绪"的目的是"拉近故事的距离"并教育读者。通过激发情绪来拉近故事情节的想法，也是一套被详细记录的新闻实践的核心，这些实践围绕着报道苦难而展开，在人道主义灾难的案例中得到强调。最后，正如下文将更详细地讨论的那样，数字时代公民记者独特的、更感性的做法正受到越来越多的关注(Allan，2013；Blaagaard，2012，2013)。在这里，我想追溯一下这些发展是如何在数字时代塑造新闻认识论的。

新闻形式的认识论含义早已被新闻学者们所讨论(Wahl-Jorgensen，2015)。Ettema和Glasser是最早提出新闻认识论思想的两位学者，他们从"新闻记者知道他们知道什么"的角度理解和研究了新闻认识论。在调查性新闻方面，他们研究了什么是"经验性证据，以及这些证据如何成为一种合理的经验性信念——因此，这是一种关于经验世界的知识主张"。然而，本章从"在社会环境中运作并决定所产生的知识形式和所表达(或隐含)的知识主张的规则、惯例和制度化程序"的角度更广泛地理解了新闻业的认识论(Ekström, 2002)。新闻的知识诉求具有更广泛的意识形态后果，同时受到社会学力量和普遍存在的权力关系的影响。正如Matheson所描述的，基于福柯对知识和权力关系的分析：

> 新闻写作的惯例不仅是记录世界，而且……构成对新闻文本受众、新闻记者在世界上的地位以及受众与新闻记者之间关系等问题的某些知识要求。……新闻记者遵守这些惯例即我们习惯于听到某些事件和个人作出权威性的陈述。新闻话语可以被看作一个更普遍的"真理意志"的特殊例子，它激励和制约着现代社会的认识制度形式。

我的建议是，借鉴Matheson的方法，数字时代带来了新的表达平台和体裁——包括新闻形式——这可能会超越传统的"客观"实践，允许更个性化、主观和情绪的叙述形式。我在其他地方更详细地阐述了这些观点(Wahl-Jorgensen, 2014, 2015)，但我绝不是第一个发现与新闻业变革相关的认识论转变的人。例如Dahlgren曾撰文论述了技术和社会变革所导致的公共话语的"多元认知"本质。

这些变化是伴随着新闻实践的物质环境和权力关系的变化而发生的。按照这些思路，我不希望认为技术本身是变革性的。我们必须认识到，特定技术的采用、占有和使用取决于并与更广泛的政治、经济和社会环境相互作用。正如新闻学研究和其他领域的研究所指出的那样，将技术视为拥有特定的供给(它使行动的形式成为可能)，并理解这些供给如何在与特定的社会文化背景相互作用中影响其使用，会是非常有用的(Papacharissi, 2014)。在今天的由交叉和杂交技术、媒体、平台和应用组成的"多媒体"环境中，我们可以追踪可能实现新的声音形式的特定供给(Chouliaraki, Blaagaard, 2013)。正如下一节所讨论的，数字时代的兴起、新闻制作机会的增加与民主化密切相关。这种情况是随着科技的出现而发生的，这些科技使得"普通人"不仅可以制作新闻，还可以与其他认识和不认识的人分享新闻。

数字新闻与情绪：追踪"数字颠覆"的后果

"数字时代"常常与20世纪90年代互联网的出现联系在一起。新闻内容聚合形式的发展，使得论坛、体裁和形式(从博客、评论，到用户生成的内容，再到社交媒体)的激增产生更大的互动性，因此产生了深远的影响。从20世纪90年代和21世纪初最早的实验开始，媒体组织允许用户评论在线新闻故事，而博客的引入则促进了进一步的即时对话，这前所未有地形成了意见社区(communities of opinion)，它们能实时响应正在展开的新闻事件(Steensen, 2011)。

观察家们大张旗鼓地欢迎互联网，认为它是一个"创造虚拟公共领域"的机会(Papacharissi, 2002)，从而彻底改变了媒介化的公众参与。由新技术的供给而促进的创新对传统的新闻报道形式以及制作和发行的层次结构提出了挑战。

数字新闻带来的变化正挑战着公共领域的传统权力关系，在公共领域，参与不再是主流媒体的专利。相反，"普通人"在意见的产生和分配上获得了更大的自主权。传统上，充当把关人的媒体组织现在已经成为看门人或策展人，它们对互联网上其他地方的信息进行整理和公布(Bruns, 2005)。也许最重要的是，观众做出的贡献的作用越来越大，这代表着一种转变，即这种贡献被持续地、整齐地推送入专门的版块，与专业记者提供的内容一起被传播或出版，至少在某些情况下是这样。这一点意义重大，因为这意味着传统"客观"新闻和"情绪化"受众内容这两种相互冲突且根本不相容的认识论现在并驾齐驱，而不是前者享有新闻内容等级的特权(Wahl-Jorgensen, 2014)。

对许多观察者来说，这种转变标志着一种现象的出现，这种现象被描述为公民新闻、用户生成的内容、"自媒体"和合作新闻。在2004年印度洋海啸之后，对由公众提供的观点、图像和视频的使用首次受到重视。在这里，目击者能够拍摄灾难的发展，为新闻机构的报道提供了前所未有的直观性(Allan, 2009)。在2005年伦敦"七七爆炸案"之后，公民记者获得了进一步的动力和重要性。

虽然大量的术语被用来描述这一现象，但"用户生成的内容"和"公民新闻"这两个短语可能是使用最广泛的(另见第12章)。前者基于用户为传统媒体生成内容的理念，采取了一种制度观点，而后者在借鉴公民词汇方面具有明确的规范含义。本章借鉴了学者们讨论这一现象时所使用的词汇，假设术语的使用与特定的分析和规范标准有关。

对追踪这些转变会带来何种后果的学者们来说，对客观性规范的挑战和新的认知方式的出现一直是一个突出的主题。公民记者的独特立场部分体现在Allan所说的"公民目击"(另见第18章)的理念中(Allan, 2013)。这一术语描述了目前第一人称报告文学的成熟做法，即"普通人临时扮演记者的角色，以便参与新闻制作，这通常是在危机、意外、悲剧或灾难发生时，当他们碰巧出现在现场时，会自发地参与新闻制作"(Allan, 2013)。然而，"普通人"以公民见证的方式参与实践，并不是由主流新闻的惯例和价值观塑造的，而是由生活经验的民间风格所塑造的——通常是带有情绪的、具体的和深刻的个人经历。例如，澳大利亚广播公司(ABC)对2009年维多利亚森林火灾紧急情况的处理表明，该广播公司通过使用技术，在创造情感社区并遏制灾难引起的焦虑方面作出了积极的努力。澳大利亚广播公司开通了森林大火社区网站，邀请听众通过"文字、照片、音频或视频分享自己的经历"(Pantti等, 2012)。这个网站可以被看作一个新的参与性体裁的典范，它由主流媒体主办，但"没有话语上的等级差异，而且访问是无限的"(Pantti等, 2012)。这种结构不一定赋予撰稿人与专业记者同样的权力，但确实为那些可能没有交流渠道的个人提供了发言权和分享信息的机会，从而促进了社

区的创建。

建立一个在线社区是一个优先事项，因为受灾地区地理位置偏远、分布广泛，这意味着记者很难接触到。该网站创建后，陷入森林大火的当地社区成员继续利用它分享有关当地情况的信息以及目击者拍摄的照片和视频。然而，越来越多的社区成员开始以诗歌的形式分享他们对灾难的情绪，讲述他们自己的经历，以及哀悼和祈祷。这意味着，由于数字技术的出现，以前那些针对灾难受害者的典型描述与作用发生了变化：

> 普通民众对澳大利亚广播公司在线(ABC Online)森林大火报道所做的贡献，与他们传统上在灾难报道中所扮演的角色(即被媒体专业人士呈现为新闻来源或新闻人物)有所不同。情感社区并不是由媒体主导的，而是与自身的对话，因为媒体提供了一个分享情绪和形成社区的空间。(Pantti等, 2012)

受众参与与真实性

将受众参与作为新闻内容的重要组成部分，更加强调与受众参与相关的主观情绪话语和认知方式的，以上这些转变被视为对客观性范式的重大挑战。支持者认为这是一个可喜的范式转变，它挑战传统新闻业"枯燥、疏远、授课式的报道模式"。Allan将支持者们的立场描述如下：

> "民治民享新闻"将因其不同的准则、价值观和优先事项而受到欢迎。它是原始的、直接的、独立的、非常主观的，最大限度地利用了网络资源……去联系、互动和分享第一手的、未经授权的新闻活动形式，这将带来新的视角。(Allan, 2013)

Allan重建了支持"民治民享新闻"的论点，这表明它的力量恰恰在于颠覆了传统新闻的认识方式或认识论。凭借其"原始的、直接的、独立的和非常主观的方法"，它挑战了与

传统新闻报道如此紧密结合的客观性规范。相反，它是由"理性的"动机和"打破传统协商民主模式，通过技术把情绪、情感和激情引入协商空间"所形成的(Blaagaard, 2013)。

对许多观察者来说，公民新闻向情绪表达形式的转变预示着一种"新真实性"的出现(Chouliaraki, Blaagaard, 2013)，这表明一种新的真理主张体系的建立，它与客观性的权威无关，而是与普通人未经排练、未经修饰的个人描述中内在的真理有关。正如Allan所述，在这种情况下，真实性被理解为与围绕公民贡献的原始的、直接的和主观的想法紧密相关。强调"普通人"新闻稿件更具个人风格和情感变化风格的真实性，与研究受众对用户生成内容的反应一致，这表明受众倾向于重视它，因为它被视为比专业内容更"真实"(Wahl-Jorgensen等, 2010)。观众对真实性的理解涉及一种未经审查的对个人叙事、情绪完整性、真实性、即时性和认同性的流露。这与被感知到的新闻专业性带来的距离感形成对比，后者涉及"冷漠""超然""客观"和"疏远"等方法(Wahl-Jorgensen等, 2010)。例如，在描述卡特里娜飓风发生后用户生成的内容时，NowPublic.com的创始人Michael Tippett认为这些内容"拥有情绪深度和亲身体验，而不是主流媒体的公式化的、疏远的方式"(Allan, 2013)。这些观察强调了来自情绪投入和个人经历的真实性或"真相"似乎胜过与专业技能相关的专业知识。

对一些观察者来说，这些新形式的真相声明(比如公民报道)与新技术的功能可见性密切相关，特别是对可记录视听内容的手机的使用。正如Blaagard所说：

> 技术成为生活和叙事的延伸。我们不仅从另一个人的角度看这个世界，而且好像我们在那个人的身体里，用他或她的眼睛看这个世界。这一点在可视化的公民新闻中尤为明显，在这种新闻中，手机视频质量差、明显不专业的一面，使得这段视频更加"引人注目"，并向我们表明，故事是真实的。

公民新闻的兴起对传统媒体的抽象分析方法提出了挑战，也对公私关系的重塑提出了挑战。被同理心驱使的展露行为(向他人展示、表达)具有具体的、部分的、主观的和个人化的本质特征，这里的同理心是指能够设身处地为他人着想。这反过来又为新闻媒体的道德力量和责任提供了新的视野，让人们关心正在远方遭受苦难的人(Cottle, 2013)。对Chouliaraki和Blaagaard来说，这些发展有可能引发关于传统新闻价值的根本性问题，并最终可能支持在灾难、危机和苦难报道的背景下采取世界性的行动。对新闻叙事中情绪和个人形式的世界性潜能的兴趣，突显了关于公共话语中情绪所处地位的最重要的观点之一：越来越多的人认识到，情绪表达不一定会破坏公共领域的合理性，反而可能是一种至关重要的积极力量，有助于在受众中形成新的参与和认同形式。

社交媒体、情绪与新闻

如果说有什么不同的话，那就是随着社交媒体的出现，有关数字时代如何推动更个性化、更情绪化的新闻话语形式的问题被进一步放大了(见第6章)。关于情绪表达和参与的问题一直是社交媒体架构的核心。部分原因是公共关系和市场营销领域会对塑造这种社交媒体架构产生影响。这些领域一直专注于如何产生情绪共鸣、参与以及对特定产品和品牌的依恋。早在1928年，开创性的公共关系专家Edward Bernays就曾撰文，对政治家应采取什么样的策略来最大限度地影响舆论，他详细研究了情绪诉求的作用，建议候选人"尽可能多地利用基本情绪"(Bernays, 2004; Grabe, Bucy, 2009)。社交媒体在结构上鼓励情绪表达和启发，这是一种确保和实现参与的方式——例如，Facebook "Like"(喜欢)按钮的开发就证明了这一点，该按钮作为一种表达方式，被Pariser描述为乏味的积极性(2011)。它也促使了情绪分析的出现，即"对文本中观点、情绪和主观性的计算处理"(Pang, Lee, 2008)。情绪分析使用数据挖掘技术对非常大的数据集进行挖掘，在某些情况下，这些数据包含数百万条帖子，并且检查意见表达中的积极情绪和消极情绪(Liu, 2010)。这种方法将商业问题与政治问题交织在一起：它将社交媒体中的情绪表现解释为一种集体和政治实践；它提供了关于舆论的有用信息，尽管存在明显的方法和规范问题(Andrejevic, 2011)。这是一个有趣的方向，因为它明确地把对公民身份的理解与情绪联系起来，或者至少以"感情"的形式来解释。

许多使用情绪分析方法的学术研究都集中在Twitter上，因为该网站上的帖子是公开的和可搜索的。在这些研究里，学者们通过大规模分析情绪与新闻事件的相关性来证明，对事件的情绪评估可以映射到更广泛的公众情绪指标上(Bollen等, 2010)。例如，有研究发现，在Twitter上与奥巴马有关的情绪，与民调的支持率数据非常相似(O'Connor等, 2010)。

社交媒体强调情绪的第二个驱动因素是，大多数用户强烈地受到自我表达和分享个人经验与感受的驱动：

> 我们正利用社交媒体，养成记录自己生活的习惯，并将其公之于众，从而对社会产生一种集体和共同的看法。每天，数以百万计的人在数字空间里公开讲述他们的生活故事，向每个人讲述他们的生活、经历和观点。(Hermida, 2014)

社交媒体中表达和分享行为的情绪性，导致公共和私人之间的界限进一步模糊，其结果首先是公民新闻和用户生成内容的出现。这并不是说社交媒体代表着公共辩论向私人和非政治空间转变。相反，"通过Twitter呈现的展演架构是一个日常空间，在这里，主导性的叙述被复制，并且可以通过个人的和政治的表现受到挑战"(Papacharissi, 2014)。

> 我们将所研究的新闻流定性为情感性的，因为它们将观点、事实和情绪融入了对尚未获得主流媒体认可的事件的预期表达中。结合社交媒体的网络化和"永不停歇"的特点，信息的情感方面培养和维持了参与、联系与凝聚力。以前的研究强调共同话题、兴趣和地理位置的作用。我们通过提出情感新闻流的概念来扩展这项工作，旨在回答这样一个问题，即在一个弥散式的新闻环境中，新闻是如何通过主观经验、观点和情绪来被协作地构建。(Papacharissi, de Fatima Oliveira, 2012)

情感新闻流的概念突显了这样一个事实：在如今的弥散式的新闻环境中，公众表达的形式不再受到由忠于客观理想所形成的专业规范的严格控制。取而代之的是，它们是以某种方式被合作构建，这种方式把基于事实的传统信息与个人经验、主观观点和情绪融合在一起，而不赋予特定的形式、体裁或风格以特权(另见第8章)。在研究"占领华尔街"运动中Twitter讨论的情感基调时，Papacharissi将Twitter的作用比作音乐：

> 在某些方面，Twitter扮演的角色类似于音乐在运动中扮演的角色——通过使情感与运动自身相协调。歌曲反映了一场运动的普遍愿望，使公众和群众能够更强烈地感受到这场运动对他们的意义。情感的调和允许人们去感受，从而在政治中确定自己的位置。对抗性的内容注入中断了"占领华尔街"话题的情感和谐，起到干扰的效果。

音乐的隐喻既能唤起周围环境，又能唤起个人感官。这表明，大量的话语形式随时都可能被听到，但是正如情绪可能在促进运动目标方面发挥积极作用一样，它也可能会打破和谐——它可能会挑战主流叙事，并对共识提出质疑。这一观点让人想起激进民主党人的观点，他们长期以来一直对公共话语的竞争性形式感兴趣(Mouffe, 2005)，认为能够让不同意见的声音被听到是民主实践的核心。此外，它提醒我们理解消极情绪(包括愤怒和分歧)的重要性，这是激励和塑造政治行动的核心(Gould, 2001)。数字技术和社交媒体使得表达各种情绪成为可能，理解情绪的具体运作方式对绘制这一新媒体图景至关重要。

按照这种思路，我们对他人分享的故事、照片和视频作出反应的动机往往是情绪化的："情绪在新闻和信息的社会传播中起着至关重要的作用。兴趣、快乐、厌恶、惊讶、悲伤、愤怒、恐惧和蔑视会影响一些故事的流行和传播范围"（Hermida，2014）。特别是，有研究已经表明，那些引发高度情绪唤醒的内容——包括敬畏的积极情绪和愤怒或焦虑的消极情绪，比引发低度情绪唤醒（如悲伤）的内容更容易被社会性地分享（Berger，Milkman）。反过来，这种系统模式会产生一个情绪信息宇宙，这可能非常不同于传统媒体的传统新闻议程。这是一种最能触动受众心弦的内容，更有可能实现病毒式传播，而让我们感到悲伤的内容永远不会成为首要议程（Pariser，2011）。同时，这种情绪分享的新经济不能被视为与主流媒体的新闻选择过程相隔绝。在一个日益关注受众数量和"标题党新闻"出现的时代（Anderson，2011），新闻价值与新闻决策现如今都深受点击和分享预测的影响（Tandoc，2014）。正如Tandoc所述，基于对三个新闻编辑室的新闻选择的民族志案例研究：

> 为了吸引不再忠实于传统新闻的观众，新闻界以一种挑衅性的方式进行传传播——发表关于最疯狂名人的故事，上传可爱的猫咪视频，突出淫秽的头条——希望吸引眼球，增加流量。(Tandoc，2014)

提醒着我们，正是由于受众实践和新闻实践之间以及社交媒体和传统媒体之间存在可相互渗透的界限，我们现在必须把情绪视为左右新闻议程的重要因素，无论好坏（Hermida，2014）。

新闻中权力关系与情绪的转变

这一讨论反过来提醒我们，新闻报道新形式、新风格和新论坛的出现并不是改变新闻认识论范式的充分先决条件，而是通过受众和新闻组织之间的复杂互动而发生这种变化。新闻叙事的变化并不仅仅是因为业余人士介入新闻制作过程，更感性、更不"客观"的叙事方式也不局限于为新闻做贡献的公众。在调查博客的认识论时，Matheson仔细研究了英国报纸《卫报》是如何应对在自己的博客中引入这种新形式的。他展示了这些博客的特点是："一种独特的认知方式，其前提是建立不同的人际关系、不同的权威，以及建立一个注重联系而非事实的新闻业。"

因而新闻记者们利用新媒体的供给来建立与观众的情绪联系，这是传统的"客观"新闻风格无法做到的。对Matheson来说，这些文字代表了一种"更'原始'、更'不成熟'的信息来源，允许用户更多地参与构建关于世界性事件的知识"。这与公民记者使用的技术所提供的"新真实性"语言相呼应，并表明专业记者的做法也随着数字媒体的供给而改变，可能使表达形式更加偏颇、具体化和情绪化。

例如，英国广播公司威尔士分部（BBC Wales）前政治编辑Ashok Ahir表示，Twitter作为新闻报道工具的重要性已经改变了公正的专业化流程。如今的新闻记者不再只为一个平台进行报道，而是需要制作可能通过社交媒体、在线以及传统广播和传统媒体印刷格式进行传播的内容。越来越多的新闻记者在报道突发新闻事件时会全天发送Twitter。由于Twitter的独特功能（消息限制在140个字符以内），发送者很少有机会以平衡和公正的方式来表达故事。相反，报道具体事件的新闻记者在Twitter上发布的帖子，往往会以传统广播和印刷报道无法想象的方式，提供简短的观点、分析和事实信息，但这代表着新闻是一个持续的过程和未完成的产品。因此，新闻记者在他们的Twitter报道中偏离了一种公正的做法，这种情况每天都在发生。但是，他们在写作和制作传统新闻内容时又回到了这一点——以印刷版和晚间新闻广播的形式制作。

同时，本章所述的转变也可能使新闻记者越来越能够接受分享自己的情绪，特别是在危机和创伤事件的背景下。正如Charlie Beckett所写：

> 新闻记者现在可以使用一系列不同的平台、网络和渠道，以不同的方式传播他们的内容。他们改变他们的风格和信息，甚至可能相应地改变他们的编辑原则。他们以新的方式为自己的报道寻求关注。受众还可以根据自己的观点、习惯和情绪，将他们的新闻消费个性化，并塑造他们与"被媒体化"世界的关系。(Beckett, 2014)

在追踪这些变化时，通过讨论BBC记者Andrew Harding为其公司十点新闻频道拍摄的一部关于塞拉利昂埃博拉危机的电影，Beckett例证了这种趋向于更灵活、更公开的情绪化，以及趋向于非客观的叙事风格的发展过程。在这部电影中，Harding既报道了事件，也向当地村民们保证"我确信救援正在进行"——从而超越了作为不偏不倚观察者的"客观"记者的角色界限。这部电影在晚间新闻时间播出，而晚间新闻是传统媒体风格的忠实"拥护者"。Beckett认为，这些转变之所以发生，是因为新技术的可见性功能，以及使之具有可获得性的种种机会。因此，受众参与度的提高所带来的"新真实性"也蔓延到了"专业"记者中的那种不那么"客观"和更加情绪化、个性化的叙事形式当中，他们可能越来越多地使用更多的白话文形式，借鉴日常生活的惯例，而不是单纯的"客观"报道。这突出了这样一个事实，即不再可能将特定的平台、体裁或实践理解为完全自主的且独立于其他的操作。相反，我们需要认识到数字时代是如何带来一场深刻的变革的——这场变革对新闻界的认知方式产生了重大影响。

同时，值得注意的是，新闻报道形式的变化，以及受众参与的日益突出，并不是没有受到专业新闻的挑战。为了保护被围困职业的特权，他们进行了艰苦的边界工作，强调他们的专业技能与客观性(Carlson, Lewis, 2015; Wahl-Jorgensen, 2015)。新闻机构已投入大量资金，通过用户生成内容来实现受众参与——从美国有线电视新闻网(CNN)的"iReport"，到英国《卫报》的"GuardianWitness"网站等平台。然而，这些平台共享一种合作策略(Kperogi, 2011)，即在某些特殊的部分屏蔽来自观众的贡献，旨在让公众成为补充性、情绪化内容的提供者(Williams等, 2011)。

合作策略的基础是为专业新闻开辟一个超越策划实践的持续性角色；这个策略取决于记者提供的信息与分析的质量；这些记者们现在所具有的技能组合，在坚定捍卫该职业的人们眼中，或许比以往任何时候都更重要。因此，一方面是一直以来就存在的客观性专业范式，另一方面是公民新闻、用户生成内容和社交媒体的更加情绪化的风格，这两方面之间存在的认知论上的紧张关系，是不可能被轻易解决的。不过本章所展示的是它们之间一些潜在的、富有成效的"邂逅"空间。这一"邂逅"带来了动态的和多样化的结果，这些动态和多样化见于业余和专业形式的新闻制作中，也见于传统媒体和新媒体平台上。

结 论

本章认为，在新闻学研究和新闻实践中，情绪表达的作用一直被忽视，部分原因是该行业历史上忠于客观性。然而，数字新闻时代使得情绪表达日益突出。推动这一发展的动力来自几个方面。首先，公民新闻和用户生成内容的作用日益增强，通过个性化和具体化的新闻事件叙述，产生了新的认识方式(从维多利亚森林大火到各种抗议和革命)。第二，社交媒体的出现——公关和营销领域一直关注情绪在公共话语中的中心位置——通过情感新闻流的产生进一步放大了这些趋势。这些情感新闻流包含正面情绪和负面情绪、支持与破坏、同意与反对。然而，数字新闻的情绪转向尚未完成，它是一个动态的、竞争激烈的过程，不断受到专业记者的挑战。学者们已经认识到，个人经验的具体叙述有可能培养世界性的情感。同时，在情绪化的公共话语中，愤怒、仇恨和不宽容的声音可能以挑战共识和团结的方式被发出，无论这种方式是好是坏。了解这些变化如何塑造我们对世界的看法以及我们对世界的了解，是一项紧迫的任务。

第II部分

数字时代的新闻实践

David Domingo

本部分致力于探讨数字环境下新闻从业者的多元化新闻参与。论文作者们为我们提供了对当代新闻业发展的批判性视角，展示了这一研究领域的复杂性。他们建议的研究领域值得进行进一步的研究，他们的研究视角有助于加深对当前新闻业发展趋势的理解。每一章都以自己的方式挑战了关于新闻专业领域里从业者实践的假设，让我们重新思考现行的新闻业生存模式。

本部分前三章勾勒了数字新闻实践的核心趋势：新闻实践的分散化和融合化。其中一些非常明显地挑战了专业媒体，一些不那么明显但对理解新闻如何生产、分销和使用非常重要。Adrienne Russell(第10章)的研究凸显了快速发展的新闻从业者和技术多元化所造成的媒体实践分散化，以及他们的"网络化"特征。她描绘了互联网的水平化逻辑给新闻生产、分销、使用带来的可能性，追踪了新闻从业者们(大部分都不是专业记者)的行为，这些行为挑战了媒介工业的霸权：从新闻事件报道到政府机密泄露。

James Hamilton(第11章)主要论述新闻生产实践中的融合问题：内容形式和新闻特征。Hamilton致力于消除新闻实践中的诸如"主流媒体"与"另类媒体"的分类方式，他主张对媒体的互文本性进行分析，聚焦于新闻文本的类型、技术、市场策略分析。

Renee Barnes(第12章)论述了凸显数字时代新闻实践趋势的某些显著特征，尤其是对那些并不参与新闻生产的媒介用户的研究。她对本部分前两章所述的新闻实践分散化和融合化进行了平衡：提醒我们关注那些不积极参与新闻生产和评论的大多数受众。她倡导对这些所谓的"沉默的大多数"的新闻实践的研究。

本部分的第二组论文是关于专业媒体的进化及其边界的。Steve Paulussen(第13章)聚焦于新闻编辑室如何面对技术创新，他的研究显示了专业媒体对变革的激烈抵制。他的研究显示专业媒介的体制结构具有巨大的惯性。

Henrik Ornebring 和Raul Ferrer Conill(第14章)的研究显示，如果他们面对的经济和生产的不确定性更容易应对的话，媒介公司更渴望拥抱技术和组织变革。本章致力于探讨专业新闻机构通过建构由自由媒体人、通讯社和专业媒介公司组成的多层网络进行的组织去中心化可能带来的好处和风险。这一章将新闻外包趋势减弱了新闻编辑室中心的重要性作为研究对象。

这种新闻外包现象有助于那些依赖媒介公司和自媒体平台进行内容整合工作的半专业媒体机构，他们常常低成本或免费复制专业媒介公司的新闻。Jeremie Nicey(第15章)探讨了这些半媒体机构的动机和矛盾特征，他认为应该称之为"消息提供者"而不是"业余记者"，这些半媒体机构的目标是成为有价值的新闻信息提供者。

本部分的下一组论文讨论新闻领域的三个关键参与者：新闻来源、行动者、目击者。融合新闻中的参与者不需要替代、忽略或与专业记者进行竞争，这些文章细致地描述了这些参与者与新闻之间的复杂关系。

首先，Matt Carlson(第16章)的研究表明，在社交媒体时代，作为记者消息来源的机构和组织可以直接向公众发布信息。这减少了公众对新闻机构的依赖和记者的重要性。矛盾的是，这些掌握消息来源的组织和机构仍然寻求与新闻媒体进行互动，并认为这样做是值得的。本章研究了不同情境下新闻实践和记者角色的变化。

Yana Breindl(第17章)的研究显示，新闻行动者之间也存在类似的趋势，他们与专业记者存在一种共生关系，虽然他们互不信任。记者们仍然需要专业知识，而自媒体人则需要新闻报道的合法性来获得更广泛的公众。超越新闻编辑室的视野，我们可以看到这种行动者、官员、公民、记者间的多边传播的复杂状态。

Stuart Allan(第18章)的论文中也探索了这种紧张关系。他关注摄影记者在数字时代如何留意普通市民在危机事件中发布的可视化突发新闻报道。因为各种原因，突发事件的目击者被迫变成了所谓的"偶然型摄影记者"。Allan探讨了专业新闻编辑室为何以及如何与这些由公民生产的内容产生联系，思考这种新闻生产的分散化蕴含着的伦理和本体论意义。

作为这些新闻实践研究的总结，Andy Williams和Dave Harte(第19章)研究了不同的新闻实践者的相关性。他们聚焦于融合新闻的特殊媒体环境。作者们描绘了不同新闻生产者的形象，以及这些新媒体的进化过程。这一章分析了新闻生产社区正出现或发展的新闻实践关系，以及他们的社交和经济互动。

总之，这一组论文提供了对新闻生产、分销、使用过程中参与者的关系的观察。在数字化时代，新闻参与者的分散化和新闻实践的融合化模糊了不同参与者的特征，新闻实践也面临更多的竞争。本部分各章凸显了当代新闻业的最重要张力：参与与控制、创新与稳定、去中心化与正统性。

第10章

网络新闻业

Adrienne Russell

引言

1994年元旦，北美自由贸易协议生效的当天，来自恰帕斯州高地土著社区的一队近3000人的墨西哥游击队走下高山与政府军会谈，在战争声明中他们列出了关于土地权所遭受的一系列不公以及因此陷入的贫穷。墨西哥军方派出了援军，又将游击队推回了雨林。战争声明和随后的萨帕塔(Zapatista)运动都没有获得多少国内外媒体报道。相关的报道确实有，但太短了，无法让公众理解这些叛乱的动机和目标(Cleaver，1998)。但新兴的在线网络给这一报道提供了转机。萨帕塔的支持者开始在一个叫作Usenet的数字话题网站以及其他相似的如"城镇广场"这样的互联网社区上发布信息。这些在网络上发布的信息和讨论可以让支持者们以很低的成本交流，并成为新的新闻类型的原型，正如今天的新闻博客总是对主流媒体的报道进行修正、反驳和批评。报道充满了警告或互相矛盾的信息——如关于暴力受害者的报告或者军事袭击的第一手报道——被广泛地验证和编辑。这类新闻报道很少有政府或其他官方新闻源，除非是为了纠正它们。它们更强调新闻行动者或非官方组织成员目击的信息。它们以表达对运动的支持和团结、动员为特色。几个月后，萨帕塔运动慢慢走进了全球政治中心，不是因为它赢得了国际媒体的同情，而是因为它建立了一种在全球范围内传播的新方式(Russell，2001)。

这些在线新闻故事成为网络新闻时代不同进化阶段的标志。事实上，"网络新闻"这个术语在2005年左右才首次出现。它指的是新闻编辑室雇员和其他人通过数字技术连接的多样化新闻形式(Beckett，2008；Jarvis，2006；Rosen，2009)。专业记者与业余记者突然合作生产，同时，倡导利用数字工具和网络进行开放和互动生产的想法也慢慢兴起，改变了新闻生产体制的垂直结构。后来，学术界将这个术语扩展到用于描述网络公众扮演的新闻创作者、调查者、反馈者、重组者(remixer)、分发者角色。早期关于新闻体制以及新闻编辑室之外的新闻实践和生产的讨论正在改变。事实上，"网络公众"这个术语意味着从被动受众和消费者到更加主动参与的公众的转变，媒介环境也在发生变化，业余与专业，合作与独立以新的方式交互(Ito，2008)。关于网络新闻和它的公众的研究具有以下特征：一方面，乐观者认为它扩展了报道、新闻来源和经验研究的高质量和高参与度的材料(Hermida等，2014；Papacharisssi，2014；Russell，2013)；另一方面，悲观者忧虑网络新闻业缺乏成功的商业模式，专业新闻渐渐衰退，以及主流媒体拒绝创新和缺乏公众参与的新形式(Fenton，2010；也见第13章)。当这本书将付梓出版时，对网络新闻业的倡导和怀疑的紧张关系以及新闻业领域的变革丝毫未见减缓。

Bourdieu认为，在前数字时代，研究者一般将记者和媒体机构的行动和反应作为相关的研究领域，新闻体制由新闻参与者对政治和经济压力的反应以及记者的专业传统和同行规范决定(Bourdieu，2005，见26章)。今天这种研究方法仍然可用于探讨记者和编辑的实践规范和内容建构，虽然其越来越受到人群规模和多样性的影响。因此，本章视网络新闻业为变化中的新闻参与者及其互动反应的一个研究领域。

那么，形塑中的网络新闻业是怎样的呢？在回答这个问题前，我们先来看看21世纪第二个10年正在经历的最大的故事：对美国国家安全局的报道，主要由泄密者的披露和文件的泄密构成(Chadwick, Collister, 2014; Greenwald, 2014)。这是一个非制度化的全球性探秘行为，没有人是安全的，包括美国的盟友和公民。最有力的报道来自NSA的前雇员Edward Snowden收藏的文件，这些文件被独立媒体和主流媒体的记者采用，通过新闻和社交媒体报道出来。这些文件被存放在全球不同地点的服务器上，并被黑客们和新闻自由倡导者、行动者进行了加密。用这些文件撰写的新闻故事启发了eBay公司的创立者和亿万富翁Pierre Omidyar成立新的媒体公司来更高效地报道泄密事件。新闻生产不再由传统媒体完成，而由民间行动者完成，并在一个独立媒体与传统媒体、新创媒体(media start-ups)、公共舆论、网络行动者互相合作与竞争的环境中传播、建构故事与意义、互动反馈。NSA全球泄密事件是一个典型的例子。NSA泄密事件是传统的政府权力试图阻止和反对日益增长的数字调查和信息发布网络的权力的一个案例。它反映了网络新闻的两个特征：一是它不依赖媒体机构而依赖民间行动者和媒体创新者；二是它发生在一个媒介融合环境中，在这里充斥着对故事的各种解读。

这些维度对长期存在的关于新闻业的理念——媒体作为权力监督的看门狗和公众讨论的机构的角色提出了质疑。但是数字时代新闻业价值规范遭遇的挑战也引发了对媒体作为权力监督者角色的争论以及对非专业媒体维护政治体制和商业运行的能力的担忧。对媒体的权力监督者角色的批评主要发生在大众传媒时代。正如Snowden事件所证明的，专业媒体不太能胜任看门狗的角色。事实上，很多人早已指出在新闻机构和政府存在紧密关系和利益合作的时代，让报纸和电视承担监督权力的看门狗职责是不可靠的。比如，独立记者Glen Greenwald写道，"不管怎样，记者不可避免地对政府的声明给予重大的关注，即使这些声明充满了错误和欺骗(2014)。"同时，新闻媒体的合法性也仰赖政府的合作与支持(Bagdikian, 2004)。《哥伦比亚新闻评论》编辑Dean Starkman在其2008年金融危机期间出版的书《不叫的看门狗》中指出，20世纪90年代的商业报道经历了一个"CNBC化"的过程，即对金融运作中的风险与腐败不予报道。作为对主流媒体的失败的回应，分享型新闻超越了传统新闻(Greenwald, 2014)。

除了"看门狗"之外，John Dewey(1927)有一个著名的观点媒体应该培育公众对话，但媒体的这个角色在商业媒体时代也被严重腐蚀了。网络记者——包括公民记者编辑、数据管理者、网站建立者、受众社区管理者、社会网络员工等——通过促进对话和"互动"(Russell, 2011)，让公众作为理念生产者、目击者和阐释者，这正赋予John Dewey的理念新的生命(Hermida等, 2011)。

本章介绍了近期的一些具有挑战性的学术研究成果，这些研究面对的是超越(传统的)新闻生产者、受众、新闻体制和新闻文本遗存的那些新闻实践，聚焦于与新闻相关的信息、工具、实践和文化的拓展领域。后面的内容对与网络新闻业关键要素相关的4个主题进行了总体介绍：记者与公众的关系变化、专业控制与公众参与的张力、数据挖掘实践、网络公共领域(Benkler, 2006)。本章最后对新闻研究的挑战做了简短的总结，也引导人们重新思考新闻理论和研究方法。

记者和公众的关系变化

数字网络时代新闻业最显著的变化可能是公众参与新闻生产的机会大量增加。技术创新使得记者和公众之间分享信息和对话交流成为可能，将新闻领域扩展到超出新闻编辑室和传统报道范围(Hermida等, 2014; Papacharissi 和 Oliveira, 2012; Russell, 2013)，即便有些记者拒绝拥抱新技术,而大多数公民也没有参与这些新的新闻实践(Heinonen,2011;Lasorsa等,2012)。在20世纪90年代早期数字工具和网络兴起之前,一小群美国记者和学者们试图通过将读者和社区成员当作新闻生产的参与者来改革公众和媒体的关系。这项运动后来被称为公共新闻或公民新闻运动。人们曾讨论记者不再作为超然的观察者,而是作为公共生活的倡导者,通过与社区中的人们谈话和报道与他们相关的议题而将报纸变成社区议题的论坛(Glasser,1999)。然而,让记者成为倡导者的任何想法,都可能打破记者应该中立、客观的传统新闻规范,正如《华盛顿邮报》的编辑Leonard Downie所说,"太多所谓的公共新闻表现得像我们的推广营销部门所为(Case,1994)。"就像今天,新闻生产中的公众参与的后果会因民主优先还是商业利润优先而表现迥异。

社交媒体平台(如Facebook、Twitter、微博)为人们提供了新的途径来观察、过滤、传播、分析新闻,同时获得巨大的利润以及作为分销新闻内容的高效渠道。Alex Bruns发现受众通过Twitter和Facebook参与一种新的生产信息的形式,他称之为生产使用(produsage),或用户导向型内容创造,这使得大量的行动者参与新闻的建构(Bruns,2008;Hermida等,2014)。

行动者和记者通过联合主观体验、观点和带有情感的观察来生产新闻(Papacharissi和Oliverira,2012)。这种平台、类型和来源的混合不仅通过非专业记者(non-journalist)来实践,也有专业记者主动来做,他们将社交媒体视为对自己的挑战。研究者认为,专业记者使用社交媒体平台来拓展建构新闻的参与范围(Hermida等,2014)。这种包容性使得国际新闻写作和报道可以不再严重依赖国内政治精英(Kunelius和Eide,2012a;Tow Center,2014)。

Zizi Papacharissi发现,"使用一生产"者(produsers)在故事里表达自己,在故事框架中使用自己的权力。"完全讲述一个故事意味着以自己的视角对事件具体过程进行描述,从而对事情怎样发生提供框架。这代表了一种介入行为。"网络公众有一些不依赖记者的消息来源或不依靠记者帮助而直接建构故事的途径。公民新闻聚焦于在主流媒体之外生产本地新闻,比如Bondy Blog训练本地青年来报道环巴黎郊区的新闻,这是一个法国主流媒体忽视的典型领域。博主们对Bondy Blog主编Nordine Nabili所说的媒体"盲点"进行报道(Nabili,2013)。

公民记者致力于将报道权力和责任从主流媒体记者和体制中转出,赋权给社区(Dickens等,2014)。Stuart Allan(2013)用公民目击(citizen witnessing)来描述普通公民在新闻报道中扮演的角色(见第18章)。他对"业余记者"和"专业记者"的传统分类提出挑战,认为在目击事件时,公民参与新闻报道能让新闻更透明和负责任(见第15章)。另一个由社区报道者生产的草根新闻模式是由公众自己创造他们的新闻平台和内容来填补本地媒体的空白(见第19章)。这些(草根新闻)项目不仅创造社区氛围,而且在参与者间培育媒介文化。社区报道的站点彼此连接,形成新闻生产和消费的本地内部网络(Dickens等,2014)。这些社区驱动型的不同新闻生产者共同分享将新闻作为赋权工具的信念,他们接受了专业新闻界的许多规范——关于公正、准确报道和服务公共利益的信念——但他们不总是像专业记者那样对他们报道的事件持中立立场。这种新闻报道方式是改变公众和新闻关系的关键所在,公众改变了对事件目击和报道权威性的预期。

对专业新闻规范的一个广为人知的误解是对必须持中立立场的要求消除了新闻对记者的影响。Karen Wahl-Jorgensen在她的关于1995—2011年普利策奖新闻作品的研究中指出,在采取客观报道策略(Tuchman,1972)的同时,还有一种在报道中融入情感的情感报道策略(2012),包括描述其他人的情感或让新闻来源谈论他们的情感等方式。在网络新闻中,情感会影响新闻,这不仅不是什么新鲜事,而且其更居于报道的中心,因为那些在专业报道中表达情感的新闻来源在网络新闻中扮演了更加中心的角色

(Papacharissi, Oliverira, 2012; 也见第7章和第9章)。今天，任何主要的新闻事件的协作报道都包含了各种形式的信息、体验、观点和情感反应。而中立报道原则并不排斥新闻来源的情感影响，其证据无处不在。比如在对密苏里州弗格森县事件的CNN和互联网报道片段中，CNN记者Jake Tapper用摄影机记录排成队列的武装警察镇压抗议的民众时，Tapper看着镜头并露出厌恶的表情说，"这毫无意义。"

Andrew Chadwick将这些已成为媒介融合环境一部分的混淆信息与情感、新闻与娱乐的边界的现象视为"塑造新闻生产的微妙而重要的权力平衡转变"。他对政治传播领域不同力量的研究揭示了数字媒体与传统媒体实践、生产和技术混合的新闻环境的存在。他写道，"媒介融合正在创造更多的开放性和流动性，草根行动者群体甚至单独的个人正使用新媒体来决定性地介入新闻生产过程(见第11章)。"新闻记者现在更加依赖国际非政府组织(NGO)来决定新闻议程和传播新闻内容，部分是因为新闻编辑室缺乏新闻来源，部分是因为社会行动者和NGO正变得更被媒体聚焦、更有效地生产信息和他们自己的新闻渠道(Powers, 2014; 见第17章)。这些组织正更加精明地设置议程，这些议程原本会被忽略，通过参与行动、提供信息、分析信息和作为新闻来源来强化对国际报道的影响(Powers, 2014; Sambrook, 2010)。当公众具有了更多的新闻专业知识并变成了新闻和评论的生产者、能够建构新闻议程时，记者和公众的关系被改变了。

对NGO生产的新闻和信息的依赖使得国际新闻在向国内的人们报道和解释遥远地方的事件和文化时发生了改变(Hamilton, 2011; Powers, 2015)，而NGO有它自己的使命和不同的视角，它们较少与国内的新闻观点相关。其结果是新闻写作与报道有了更加国际化的视野，更加着重于文件档案，并与世界不同部分的经济、政治、社会和环境现实相联系(Berglez, 2008)。对数字工具和网络的接触在世界不同地区也不是均衡的，那些与人权、大规模抗议和地缘政治相关的故事不再单独是国内新闻或外国新闻(Berglez, 2008)，而是被更加广泛的全球公共领域所取代(Volkmer, 2003)——跨国的公众舆论不仅由国际通讯社系统建构，还由传统主流媒体网络建构。在媒介融合环境中，新闻是环绕性的、实时的、永远在线的和参与性的，新的新闻角色和报道方法层出不穷，为新闻生产提供了更多信息和参与的机会。

参与与控制的张力

公众在新闻业中的参与水平的扩展，以及技术推动者存在感的提升和新技术平台影响力的增强，改变了这个领域的参变量，使得诸如谁应对新闻生产、质量控制和传播工作负责的问题变得更加重要，虽然这些问题也不是什么新问题。新闻研究的张力之一是新闻业如何变得更加具有规范性和合法性(Schudson, 1978; Zelizer, 1992)，即Gieryn所说的"边界问题"(boundary work)。今天新闻研究的边界问题是，在一个最重要的新闻工作由业余记者或非体制内记者完成的时代，新闻工作的规范、价值和实践如何进化(Lewis, 2012)。

体制力量和技术力量也在很大程度上塑造这个领域(见第13章)。比如奈特基金会(Knight Foundation)每年投入数百万美元来资助扩展从新闻到技术的边界(Lewis, 2012)。传统新闻编辑室也在投资技术发展，虽然他们正在解雇记者。技术推动者正在重塑新闻业，他们创造平台或开发新闻软件来作为新媒体新闻(new-media-news)的工具。今天的新闻报道已经与技术设施密不可分，技术定义了新闻收集、报道和传播的状况。正如电视曾经改变了新闻故事报道的方式，数字网络也在通过比特和字节、算法、数据、社交媒体实践和规范等改变新闻报道。

事实上，社交媒体已经对新闻业造成重大冲击——它是记者们期望找到新闻的地方(Archetti, 2013; Cozma, Chen, 2013; Hermida等, 2014)。Nick Couldry反对"我们"的神话，他写道，这种神话"鼓励我们相信社交媒体平台上的信息是中立的，而且使之成为对社交媒体平台的信念"。他认为，为了理解传播网络的复杂性，我们必须认识到像Facebook和YouTube这样的网络系统怎样塑造社会和政治行为，怎样不仅塑造我们的传播方式，还影响我们如何理解自己和他人。也许对网络传播环境影响最大或最明显的是：计算机算法影响我们搜索信息，Facebook给我们推送信息，以及Pandora的非人工DJ。就像广播电视或新闻出版，算法也是基于商业公司利益的一种传播技术。它塑造世界观、商业习惯和人际关系(Gillespie，2014)。信息的筛选并非中立的，也没有征求用户的认可或同意。为了评估信息，算法创造了知识逻辑，告知我们什么是知识，以及我们如何界定与我们相关的信息。Gillespie写道，"当我们转向算法的时候，我们要知道我们对它的依赖就像我们对专家、科学方法、常识的依赖一样大。"

2014年8月，密苏里州弗格森县发生了警察开枪杀死手无寸铁的青少年Michael Brown而引发社会动荡的事件。Zeynep Tufekci在一篇研究此事件报道的文章中，提供了一个算法如何塑造网络议题的案例。她描述了当晚弗格森暴力事件发生后，她的Twitter是如何被事件新闻填满，而Facebook则被算法Edgerank筛选控制。Tufekci(2014)写道，她的Twitter上的"朋友"们和Facebook上的"朋友"们是同一批人。但是，当晚Facebook上没有提及任何关于弗格森暴力事件的信息，直到第二天早上。当算法Edgerank开始筛选此事时，人们也开始参与关于此事的讨论。她开始担忧如果没有Twitter，若算法不筛选此事件，当专业记者被捕，而警察用枪对准抗议者时，将会发生什么？关于算法的后果，她写道：

> 我不确信如果没有互联网中立——流媒体的数据包飞快地在我们的互联网上飞奔，Twitter上推送什么并不是由我们自己决定的，而是由不透明的公司算法决定的——我们能否还有关于弗格森事件的讨论(Tufekci，2014)?

这是一个很重要的问题，即在网络新闻时代如何更好地保护互联网作为公众参与的开放领域。

互联网自由涉及三个核心议题：(1)捍卫网络中立，或禁止第三方平台(如Facebook及其算法或电信公司)测算或过滤通信流量(Wu，2011)；(2)保护个人隐私，或保护记者和新闻来源的交流不受政府或公司监控，政府和公司广泛收集用户数据已经众所周知，其通过追踪抗议者和匿名新闻来源来阻止新闻报道的行径更是臭名昭著；(3)建立和维护分享内容、代码和数据的数字通信规范和法律(Benkler，2006)。最后一点尤其重要，因为各国政府以版权保护为名制定法律消除网络中立和个人隐私保护(MacKinnon，2012)。互联网自由最积极的倡导者是那些需要保护材料和新闻来源以及公共领域数据以服务公共利益的记者们。此外，积极的倡导者还有那些在小规模媒体和社区新闻领域工作的人们，如果没有网络中立，他们的项目和公众参与都会受到很大影响(Clark，2016)。他们的工作大部分直接依赖网络中立，事实上，这些新闻领域的行动者彼此间利益和目标重叠，他们在同一水平上相互合作，为公众提供信息，促进公众参与对话。他们需要数字工具和网络来从事这些工作。

在这些通常语境中，Lewis在2012年所说的"伦理和期望不匹配"的问题看来正朝着达成相似立场的方向演进。他认为，新闻业的逻辑正被修改：过去的伦理规范、法律边界和司法要求正被抛弃，在新的媒体环境中，人们正拥抱新的价值，比如开放参与，以便更加匹配数字媒体和文化的逻辑。换句话说，新闻工作的新逻辑可能需要保留诸如真相和准确性等标准，放弃只有专业记者有资格的观点。发现真相，以及诸如协作、开放参与和分布式控制等新的价值观，需要一个自由和开放的互联网。

数据驱动的实践

对数据驱动的新闻业而言，公众的每日发

声以及他们在塑造新闻方面更积极的作用，始终伴随着新闻业的巨大进步。Richard Sambrook将数据新闻业视为网络新闻业的重要组成部分。"在一个被观点淹没的世界，证据导向型新闻业正在出现新的溢价。新闻业需要基于专业知识的收集、分析和提供信息的数据，而不仅仅是提供个人观点。"随着主要新闻机构和基金会致力于推动数据用于加强新闻工作，在数据收集、验证、保护和共享方面的巨大创新可以帮助世界各地的记者运用从政府和企业上传的大量信息以及每日接入网络的数亿人的数字痕迹来建构故事。

2008年10月，《纽约时报》发布了其第一个应用程序编程接口(API)，这是一个允许开发人员访问数据库并使其可用的和相对容易阅读的工具。《纽约时报》的竞选融资API允许新闻编辑部用户根据美国联邦选举委员会的文件检索捐款和支出数据。API开发者Derek Willis说围绕着这个项目出现了意想不到的紧张局面。"因为竞争和把信息和数据保护好的渴望，人们有对信息和数据保密的自然倾向，有些人说这是因为他们不想向权力屈服(Russell, 2011)。"几年后，随着网络新闻文化在许多方面的发展，围绕数据共享的紧张关系依然存在，但新闻机构和记者个人已经逐渐超越自我，将信息分享从用于报道故事变成作为新闻实践的重要元素。记者们喜欢电脑编程，他们正在创建自己的应用程序和交互功能，以鼓励人们探索和更好地利用数据。事实上，根据数字新闻中心的Alexander Howard的说法，"2014年的信息公开问题不是新闻工作者是否可以基于公众利益使用数据、计算机和算法，而是如何，何时，何地，为什么，由谁使用。今天，记者可以把所有这些数据当作一个来源，向它们询问答案，就像询问一个人一样。"(见第23章)

当今最具创新性的记者正在开发和使用帮助收集、组织、验证、分析、可视化和发布数据的工具。例如，ProPublica的"Dollars for Docs"数据库收集了自2009年以来的15家制药公司披露的关于支付给医生、其他医疗提供者和医疗机构的大约25亿美元的记录。该数据库可以让病人在自己的医生那里或在医疗中心查询。2010年通过了《医疗支付阳光法案》，该法案规范了制药商和医疗技术制造商报告与医生和教学医院的财务关系。战争记录引发了数据新闻报道的又一次高潮。这些记录被上传到维基泄密网站，其中包括阿富汗战争的有关记录。它们揭露了盟军、塔利班袭击和北大西洋公约组织未报告的平民伤亡情况。《卫报》《明镜周刊》《纽约时报》和其他媒体报道了"战争记录"中的信息。国际主流媒体和独立媒体最近正在分析前中情局雇员Edward Snowden泄露的文件(见第17章)。

数据新闻业要做更负责任的报道，建立一个新的公共利益信息基础设施，它要求审视进入公共领域的数据和报道。例如，编辑部开发人员创建了询问政府官员对突发新闻或正在进行的调查的反应的调查工具；以及易于使用的有关人口普查或气候变化数据的界面工具。Howard(2014)解释说：

> 这些项目遵循建立因特网和万维网的原则，并通过跨编辑室和数据记者与公民社会之间的网络得到加强。这些工作中的数据和代码——由社交网络和应用程序编程接口松散地连接在一起——将扩宽21世纪数字民主的管道。

数据正在向拥有新技能和不断变化的实践的人们开放，使其处在新闻工作中的新中心地位。《卫报》的Datablog、《华盛顿邮报》的OutGrowth Vox和《纽约时报》Upshot等正推动网络数据新闻从边缘走向中心。在这个过程中，新闻价值观正在改变。《卫报》美国版的特别项目编辑James Ball说，透明度应该是所有新闻工作的标准。他说，在数据新闻业中，这意味着展示你的工作和分享你的数据(2014)。为公众和更广泛的新闻界提供访问背后的原始数据，可以让世界各地的主要新闻工作者分享故事，其把合作和透明度提高到一个新的水平(Howard, 2014)。

许多新闻项目将世界各地的记者与科技开发商联系在一起。20世纪80年代,"互联新闻"是一家国际性的非营利新闻机构,在大约40个国家开展业务,在全球范围内推广本地媒体。技术培训和数据新闻已经成为"互联新闻"开展新闻合作的基石。在"互联新闻"的项目"无国界协作"中,调查机构联合起来调查拉丁美洲各地的有组织犯罪。该项目培训来自哥伦比亚、萨尔瓦多、危地马拉和墨西哥等地的媒体机构的调查和合作报道,包括如何获取政府关于犯罪和政治捐款的记录,从受犯罪团伙影响最大的社区获取新闻来源,与当地开发人员合作创建有用的数据库,并分享报道。该项目也提供一些通过协作进行保护的方法,并产生了开创性的工作成果(Constantaras, 2014)。

网络公共领域

那么,在网络时代公众在讨论什么呢?本章中讨论的许多学术研究都指向一种扩展的、更多样化的、更少国家中心化的新闻业的存在,在这个领域,新的行动者和实践塑造着新闻内容。Yochai Benkler认为,网络公共领域是一个沟通渠道的生态系统,它们共同创造了一个空间,在这个空间,公民的声音和少数人的观点是可以看到的。故事和资料来源因相关性和可信度而获得突出地位,而不是依赖它们与权力的联系(Benkler, 2006)。它不那么受大型媒体的支配,更少受政府控制,比大众媒体公共领域更多地对广泛的公众参与开放,可以取代Habermas所说的沙龙和市政厅讨论那种理想的公共领域(Benkler, 2013;Habermas, 1989)。关于气候变化和互联网监管的新闻报道的研究有助于确定网络公共领域的可能形态和性质。

"媒体气候"(MediaClimate)是一个专注于18个国家的气候变化报道的国际研究团队,他们发现,有证据表明有一批跨国公众在从事与专业新闻机构相同的工作(Kunelius, Eide, 2012a;Kunelius, Eide, 2012b)。气候变化是一个重新定位社会行动者的议题,部分原因在于不同的团体和个人直接参与这个议题的新闻和信息生产。这项研究回顾了自2007年以来每年一度的联合国气候峰会的报道,显示行动者是如何被报道的,以及行动者是如何作为消息来源、消息提供者和生产者进入报道的。根据这项研究,"行动者友好"(activism-friendly)的新闻业正在芬兰、巴基斯坦、孟加拉国、埃及和美国等国家产生,表明气候变化——以及有关当局的否认或不采取行动——使记者放弃或重新思考他们的一些报道惯例。公民社会的行动者不仅得到了广泛的关注,也得到了报道者的同情,部分原因是他们自己的媒体报道被传统的媒体所放大。"媒体气候"研究人员Risto Kunelius和Elizabeth Eide写道:"对新闻业而言,我们的发现既给了我们希望,也提醒人们关注现实情况。新型传播网络和行动者联盟确实有助于新的新闻业的出现,并赋予人民权力。但是,新闻业对掌权的行动者和权力等级的依赖的结构依然如故。"(2012a,另见第16章和第17章)

在一项对给检察官和版权持有人提供新的工具以追踪涉嫌侵犯在线版权的公开辩论(SOPA/PIPA)的详细研究中,一个由伯克曼中心(Berkman Center)的研究人员组成的团队,从2010年9月到2012年1月底,编辑、绘制和分析了近一万篇关于这项立法的在线报道(Benkler, 2013)。研究发现,报道来源多种多样,包括传统记者以及小型商业科技媒体、非媒体NGO以及个人作者。这些材料通过更成熟的媒体进入了关于法案的更广泛的讨论中。网络报道和分析引发了人们的关注,改变了公众的观点,并最终影响了关于法案的辩论。"数据表明,至少在这个案例中,网络公共领域使个人和组织行动者都参与公共话语成为可能,并有助于就确定政治行动的复杂问题进行实质性讨论。"换句话说,SOPA/PIPA的案例表明,在网络公共领域中,商业媒体、强大的政府和企业行动者并不占主导地位。然而,网络公共领域的活力显然取决于语境。那些与已经动员的公众问题相关的议题，专业报道和权力精英的讨论做得更好，而未展开的议题则让网络介入会更好。

新闻研究的未来

我们正在研究的领域正在发生深刻的变化和创新，即使一些传统的新闻编辑室有抵制这些变化的惯性。今天，新闻业的界限是如此模糊，以至于我们再也不能指望完全专注于新闻业的孤立元素来理解新闻了，如受众、内容、生产者、组织、技术等。正如本章所强调的，旨在理解网络新闻业的研究聚焦于实践——记者如何开展工作——试图理解传统编辑室内外发生的事情(Boczkowski, 2004; Chadwick, 2011; Clark, 2016; Domingo, Patters, 2011; Lewis, 2013; Papacharissi, 2014)。其他人正在探索算法和代码，以重新定义记者们工作的快速变化的传播环境，并阐明影响新闻内容的技术所包含的价值(Gillespy, 2014; Ananny, 即将出版)。还有一些人试图描绘新闻内容生产流程并分析相关的公共话语，绘制确定国内和国际网络新闻议程的新闻中心之间的联系的图纸(Benkler, 2013; Bennett, Segerberg, 2014; Kunelius, Eide, 2012a)。

然而，理解网络是很困难的，即便是放在更宽泛的视野下。例如，新闻系统和地缘政治现实的背景仍然在很大程度上影响着新闻环境。Rodney Benson对法国和美国移民报道的分析，使用场域理论来理解正在发生的变化(见第26章)。他的结论是，在全球化和网络环境下，新闻业在跨国生产和内容发布方面的差异无法消除。相反，他似乎要指出变化的环境强化或限制了这种差异。他和其他人的跨国比较研究提醒我们，在不同的地方数字文化和更广阔的新闻领域里，这并不是平等分享的(Kleis, Schroder, 2014)。

最后，今天发生的变革为这一领域提出了生存和道德问题。如果新闻业正在被改造，我们如何才能创建一个支持我们想要生活的那种世界的新闻业版本(Silverstone, 2006)。我们如何创造一个更友善的媒体环境，促进正义，挑战不公正，缩小不平等(Couldry, 2012)，如何促进更有力的公众参与(Bennett, Segerberg, 2014; Clark, 2016; Lewis, 2013; Papacharissi, 2014)。当来自顶级企业和政府权力的对权利、隐私和言论自由的威胁加强时，相关问题的研究将变得更加紧迫了。为了继续回答这些紧迫的问题，我们需要训练把我们的注意力集中于网络公众和记者能够和正在使用媒体做什么，而不是新闻业对公众有什么影响。

第11章

融合新闻实践

James F. Hamilton

尽管有不同的看法，新闻实践一直是混合的。但是，随着近年来数字技术的融合和随之而来的变化，到2008年，融合新闻实践的普及似乎只是时间问题。我曾半开玩笑地说可能会出现一种"抗议频道"，该频道由全球正义行动者在街头拍摄的现场连续评论、采访和分析的视频组成，并夹在一个致力于改善家庭的频道和一个高尔夫频道之间。然而，当初设想的在当时看起来滑稽的情景的很大一部分现在已经以亚新闻(Vice News)的形式出现了。这些亚新闻主要出现在互联网上而不是有线电视上，虽然没有连续的评论和分析，但作为商业新闻机构的标志性组成部分，它由长达几个小时的未经编辑的视频(所谓的"原始报道")组成。这些视频是记者在国内骚乱和抗议中拍摄的，例如2014年8月发生在美国密苏里州弗格森县的民间骚乱、抗议和对抗，此事件的起因是一名白人警察枪击非裔美国人Michael，致其死亡。在弗格森事件中，三名亚新闻记者捕捉到了催泪弹被扔进抗议者人群中的镜头，并拍下了当值官员和当地居民对话的情景(Advertising Age, 2014)。

与将报道出售给有线电视系统或出售广告时间来获利不同的是(尽管它的YouTube视频确实将其包装在YouTube的广告中)，弗格森事件直播赢得的令人惊讶的稳定收视率令人偶然发现亚新闻获得商业上的成功的可能。正如一家广告行业杂志所报道的，与其说亚新闻"关掉了观众"，不如说它被观看的持续时间更长了：周四晚上的直播平均每次观看时间为4.5分钟；这个数字在周六晚上达到了15.5分钟。虽然通过直播抗议事件获得的受众的商业价值仍不确定，但它有助于提升亚新闻作为有声誉的媒体的品牌价值，这种声誉建立在2014年早些时候HBO有线电视纪录片系列获得艾美奖的基础上(Advertising Age, 2014; Vice Staff, 2014)。

亚新闻似乎跨越了主流新闻和另类新闻，它显示了在日益数字化的媒体生态中新闻业未来的诸多可能之一。正如下面将讨论的，它只是诸多融合新闻的案例之一。这一案例有助于为本章的讨论建立核心基石。第一，"主流媒体"和"另类媒体"经常把数字新闻分开来讨论，而掩盖了它们在实践中其实是融合的。第二，由于不加鉴别地将数字新闻假设为独立的领域，所以很少从经验层面来考察它的实际情况。第三，本章的研究目的是对这种将数字新闻割裂开来讨论的做法进行批判，并对融合新闻实践进行再理论化，在这些实践中以前分配给"主流媒体"或"另类媒体"领域的特征其实是融合的和并存的。

反对对立

另类媒体研究大大有助于人们对新闻学和媒介研究的理解，此类研究一般聚焦于媒体组织的决策和特定历史条件下的媒体实践。通过引发人们对社会运动所产生的媒体和传播的必要关注，它使人们不再认为公司化、商业化或政府统制的媒体工作和组织是理所当然的(Hájek, Carpentier, 2015)。早期对另类媒体的研究认为，另类媒体与主流媒体的主要区别在于：意图(挑战统治权威还是支持它)、组织(横向、水平的与纵向、垂直的)和形式(将评论、个人故事和想象艺术作为通向现实的路径还是纯粹的"客观"新闻报道)(Armstrong, 1981; Downing, 1984; Hamilton, 2000; Atton, 2002)。由于把自己作为一个独特的研究领域，早期的另类媒体研究在逻辑上有必要与主流媒体加以区分，以证明自己是可识别的。回过头来说，这种区分是以(理论的)解释能力和政治价值的狭隘为代价的。

尽管这种区分差强人意，但其不足也只是在最近的学术著作中才变得更加清晰(Downing, 2001; Couldry, Curran, 2003; Atton, 2004; Kenix, 2011; Uzelman, 2011)。的确，什么是"另类媒体"取决于时间、地点和语境(Hamilton, 2008)。对另类媒体而言，更特殊的是，其人员、意图、形式和组织随着与之相关的特定的、处于支配地位的历史语境而发生很大变化(Atton, Hamilton, 2008)。而且，关于传统新闻——Bruns恰如其分地称之为"产业"新闻——与另类新闻的区别不过是更广泛的大众文化案例中的一个例子。正如Williams40年前讨论的，像所有流行文化一样，新闻业不能被归类为纯粹的、不变的类型，而"通常是由两个非常不同的元素组成的不稳定的混合体：对一种独立的流行文化身份的坚持，往往与政治激进主义、对社会变革的建构和对社会运动的抵制相联系；以及从不利方面寻找对主流社会秩序的适应、缓解、满足、多样化的途径(Williams, 1970; Hall, 1981)。

追溯历史，我们会发现另类新闻和主流新闻总是以各种不同的方式深度而广泛地重叠在一起，因此，数字化实际是有更深层次根源的一种历史发展(Wunch-Vincent, Vickery, 2007)。事实上，作为今天的"主流媒体"，产业新闻只是另类新闻的一种不同类型。从18世纪后期开始，报纸逐渐得到广告和政治支持，扩大了内容撰稿人的范围。最早的报纸是私人印刷商的个人项目，商业媒体的出现很大程度上源于商业和社区领袖渴望得到国外的消息，这些消息是由通讯员撰写的私人信件，通过当地邮政局长之手(经常是当地的报纸出版商)到达市民手中。到了19世纪，在美国和英国，随着大众化商业出版的出现，这种专业报刊在读者和内容上再次扩大(Schiller, 1981; Nerone, 1987; Williams, 1978; Wiener, 1988)。

然而，矛盾的是，导致媒体不断扩展的可能性也在逐渐增加其限制性。建立和维护市场地位的努力导致采取措施来阻止其他突发新闻的竞争，乃至后来通过法律保护来阻止未经授权的再出版(Schwarzlose, 1989; Hamilton, 2008: 134)。与这一努力相一致的是同时进行的渐进的新闻专业化，即为专业报纸雇用专业作者(Høyer, Lauk, 2003)。因此，在促进新的公众参与的同时，产业新闻业也将公众参与限制在向编辑提供信件和其他简短的意见、作为新闻报道的来源和购买者/读者的范围内。

正是作为对这种商业化的新闻形式和新闻组织的回应，由各种劳工和社会主义者组成的另类新闻业向更多的社会阶层和领域开放(Fogarasi, 1983/1921；《工人生活》, 1983/1928; Hogenkamp, 1983)。他们建立了与读者的不同关系，以及读者之间的不同关系，比如19世纪末20世纪初劳工组织描述的"长距离握手"(long-distance handshaking)项目(Haywood, 1966: 153-4)。但是，从来没有明确的分界线将主流新闻与另类新闻分开。即使是19世纪福音主义和商业主义的融合已经在很大程度上成为美国社会改革媒体的特征(Hamilton, 2008: 97-99)，《诉诸理性》，这份曾经的美国最著名的社会主义报纸，也主要通过广告来生存(Shore, 1988)。20世纪60年代的地下报刊，也主要依靠生活方式广告生存，凸显了它的主流媒体特征(Peck, 1985; McMillian, 2011)。

当从历史争论转向关于当前数字环境的讨论时，将新闻种类或类型进行割裂讨论的不足就更加明显了。商业社交媒体如Facebook、Twitter和YouTube在促进社会变革的国家运动中发挥关键作用。业余的文字、视频和音频账户在专业新闻媒体中出现得越来越频繁了(见第15章和第18章)，并在专业新闻机构中占据越来越重要的角色(Allan, Thorsen, 2009; Thorsen,

Allan，2014)。像ProPublica和TalkingPointsMemo这样渴望获得传统媒体地位的创新新闻机构越来越多地依赖非商业和非官方的报道方式(Holcomb，Mitchell，2014)。将新闻类型割裂开来的其他障碍也被打破了，包括分离的媒体形式，如新闻和视频游戏；分离的领域，如公共和私人领域；分离的方法，如客观和主观等(Meikle，Redden，2011；另见第8章和第9章)。

整合与语境

要充分认识到这种经验的复杂性，就必须超越被广泛接受的新闻类型的局限性(另见第27章)。而要这样做，数字新闻业的研究就不能只聚焦于分析分立的新闻类型的内在一致性，而要通过对融合新闻实践的研究来获得更大的理论阐释性。

这里所使用的融合，与Hall的概念"整合"比较类似。通过Gramsci、Laclau和Mouffe等人的工作，"整合"提供了一种理解在特定的历史时刻或"历史交汇点"上文化、政治和意识形态的多样性和似乎不相关的因素如何汇集在一起的途径(Hall，Grossberg，1996)。最近，Hall将"结合"(conjunction)这个概念描述为一个总是存在于一个社会的不同领域的矛盾、问题和对立阶段，也就是Gramsci说的"对立统一"，通过这种矛盾的表述，强调了结合是多么不稳定和相互矛盾(Hay，Hall，Grossberg，2013)。分析结合是至关重要的，因为这是整合这种现象得以产生的力量所在。正是因为这个原因，Grossberg把整合及文化研究称为非本质理论，或"语境的理论"，因为关键的问题在于对这些语境的分析，以及它们是如何产生现象的。对于任何现象，典型的实证主义者都会把它与本质相联系("这是什么")，而理性主义者则把它与个人选择与使用相联系("人们用它做什么")这个问题是由一个极端的语境视角驱动的，它涉及使之存在、建构和维系的各种力量的组合。

它的悖论和偶然性使"融合"成为一个棘手的术语。从逻辑上讲，将某一现象称为融合现象取决于首先确定某些元素的存在，以便声称他们后来融合了。这就意味着回到我们先前提到的限制性的理论，即本章开头提到的一种广泛接受的分类形式。

然而，当整合完全被理解为根本就是一种充满内在矛盾的语境时，它就有能力以一种相互排斥的方式来组织对数字新闻的思考，聚焦于整合和历史联系，从而在更大范围内就数字新闻的具体创新和变化进行讨论。进一步说，我们不仅研究多种多样的新闻形式是如何生产的，而且研究如何在特定的历史背景下以不同的方式整合它们。通过聚焦整合来讨论融合问题，可以避免分类的先验化问题，将各种要素通过语境和它们之间的关系联结起来。因此，造成主流媒体和另类媒体对立的那些元素的融合成为分析的核心，强调它们是再生产的，而非只是简单存在。这种研究思路已经显示在那些对用户生产内容压力下的新闻编辑室惯例和意识形态的研究中(虽然有不同的理论前提)。他们认为那些主流新闻制度得以维系的部分原因在于对业余记者的威胁的抵制(Cook，Dickenson，2013；Hermida，Thurman，2008；Paulussen，Ugille，2008；Singer等，2011)。

通过考察新闻融合和整合来研究数字新闻业有可能产生新的问题和视点。通过把理论视野聚焦于特定历史语境的新闻生产问题，当前数字环境下的很多新的研究主题和问题可以被定义。如果不着眼于定义而是着眼于阐释，那么对媒介融合的讨论就可以通过对临时性的另类媒体和主流媒体的整合来加深和巩固对数字新闻业的理解。

社会形态与功用的融合：媒体介入

从五角大楼文件案到美国国家安全局监控信息报道，主流媒体的报道至少在某些时候呈现对立的社会形态(social formation)而非占统治地位的社会形态，这个术语指的是避免将事物本质化和具体化为社会团体或阶级等社会分类,而是将之把握为一种行动过程(Williams, 1977)。不过,这些观点很大程度上仍然是通过规范的自由主义新闻理论而理论化的(Altschull, 1990)。通过赞扬反体制的、勇敢的新闻来源和记者,这些案例被解释为主流媒体避免屈服于权力规则的例外或者作为"第四权"防止国家权力滥用的堡垒。在这两个案例中,分析都假定并认为主流媒体的存在是理所当然的,另类媒体被含蓄地认为是悲剧性理想或主流媒体的某种超越,它能激活主流媒体的资源、效果和重要性,但永远是少数者。

但Howley(2013)提出的"媒体介入"(media interventions)概念引起了人们对这一既定习惯性准则的质疑。通过聚焦于一种行动而不是一种内容或机构,"媒体介入"超越了对不同的新闻机构和新闻业态的分析。通过媒介融合与整合的棱镜,媒体介入的观念与数字新闻的研究非常相关,对其也很有价值。

一方面,媒体介入的观念借鉴了战术媒体(tactical media)的学术讨论成果。这种方法不把社会运动看作单一的因素来孤立研究,而是把它作为一种普遍存在于整个大众文化领域的抗争和挑战的社会生成过程(Boler, 2008)。从Deleuze、Guattari、Foucault、de Certeau及其他人的著作中可知,战术媒体的概念不仅不可能认同,而且拒绝接受媒体/传播和社会运动的一般理论,拒绝接受任何限制实践和人类可能性的做法。因此,战术媒体主张聚焦日常战术层面适度和可实现的介入,介入总是随着语境和各种具体力量和潜力的变化而变化。基于这一观念,战术媒体不试图界定其本质特征,因为根本就没有不变的本质可以来界定。取而代之的是,始终需要对常态的偶发事件进行认识、行动和理论化。因此,媒体介入指向的是对这些挑战和对抗行为的整合,而不在意对机构、资源和实践的吸收和利用的场域。

但是,另一方面,媒体介入的观念又将关于战术媒体的讨论扩展到了与数字新闻密切相关的新方向。通过媒介融合和整合,它提供了一种基于语境和变化的关于媒体和社会变化的

思考方式。Howley将媒体介入理解为"鼓吹与行动者实践的联合"或与"主流媒体机构和文本"有关,乃至"进步主义和保守主义文化政治"的统一。媒体介入的观念更符合特定的实践模式(见第22章),而非"主流媒体"或"激进媒体"的本质特征。Howley对这一观点进行了进一步阐述,并解释了Couldry的观点,他指出,媒体介入的观念"鼓励学者们识别机构和过程的变化"……,不管它是源于国家、市场还是公民社会。各种力量整合了媒体介入,这种介入产生于任何一个潜在的机构地点以及不同的作用方式。

Howley有关新闻业的案例研究突出了媒体介入是如何通过融合和整合的方式运作的。一方面,主流新闻会像另类新闻那样通过多种方式与社会运动同步运作社会变革。比如Howarth从事的关于转基因食品的英国商业报纸运动研究,1996年,第一批转基因食品出现在食品店,到1998年,人们对转基因食品的态度发生了变化,主要原因是报纸参与的强化,以及媒体内容从对转基因食品的矛盾态度转向日益敌视转基因食品的推广政策。其后果是,公众的反对,包括消费者的抵制逐步升级和强化,导致4家主流报纸发动了反对这项政策的运动。到2000年,政府自愿暂停"生物技术产业",首相在报纸上道歉,报纸发起的这场运动才算平息(Howarth, 2013)。

另一方面,另类媒体的努力既挑战又维护主流媒体的地位。例如,Orgeret对另类公民新闻在拓展主流媒体设定的新闻议程中的角色的研究。在他所说的"16天行动主义"运动中,一名活动分子"决定住在开普敦(南非)的街道上,尽可能地模仿街头儿童的生活",并通过社交媒体分享他的经历。这一努力既是对传统新闻机构的挑战,也为其提供了支持。在证明普通公民也可以创造和整合新闻来克服主流报道局限性的同时,这种媒体介入也为主流媒体的报道提供了素材。因此,另类媒体在喂养(feed)主流媒体的同时也对它提出了挑战,让人们对媒体介入的理解变得更加复杂,将媒体介入置于

不同社会形态的重叠以及变化的、复杂的媒体效果之中。

这样的案例还有很多。然而，通过避开媒体类型的分类，而把重点放在具体的策略和实践上，它们都显示了媒体组织、社会形态和功用融合的媒体介入程度：主流媒体可以是另类的，另类的主流媒体不再是荒谬的，而是作为经验特征出现。

技术与形式的融合：社会目击

融合和整合也是当前技术和文化形式创新的特点，例如由数字录音、社交媒体和个人账户的相互作用形成的创新形式。这种理论回溯重申了必须承认技术与文化、社会不可分离的论点，用Williams的话说，"(技术)总是在社会中创造出来"，或者，正如Slack和Wise所说，"(技术)总是文化(和社会)的一部分，而不是它们的原因和后果。"从最早期开始，目击者写的新闻报道就出现在时事通讯和报纸上。它们的真实性、权威性和由此产生的制度价值并不是从所谓的内在真实性或准确性产生的，而是从英美悠久的经验主义传统和习俗以及竞争性辩论的机构，特别是法律机构，也包括实验科学的发展实践中衍生出来的(Hamilton, 2008；Shapiro, 2000)。这些传统和习俗确保了那些经过实证报道证明了的制度的价值，比如那些专业的产业新闻。

然而，除了对产业新闻有很大的价值外，目击报道将无穷无尽的(事实)再现给那些没有媒体资源的个人。将专业新闻的价值和对个人实践的意义相结合，使Allan所称的"公民目击"(citizen witnessing)在数字新闻时代成为如此引人注目的现象(见第18章)。考虑到记录技术能主动生成账户，而不是简单和中立地获取它们，数字设备记录的"公民目击"视频和音频对传统新闻机构的价值甚至比书面报道更有价值，因为纪录被认为不会受到人类偏见和阐释的影响，不过一直以来，这种假设也饱受批评(Sontag, 1977；Berger, 1995)。更重要的是，现在每天在手机上记录的数字视频和音频会扩大公民目击者的能力，或者，正如Allan所言，成为一名"偶然的记者"。

公民目击的变异形式是个人与社会、主流与另类的融合，这种形式被称为社会目击。这种新范式是数字创新活动家、现场直播人、目击者、数字记者Tim Pool(Gynnild, 2014；Lenzner, 2014)建构的。Pool将各种已有的设备和技能以新的方式组织它们，他的基本技术架构包括一部联网的智能手机和一家可订阅的具有无限数据传输和无线直播服务能力的无线运营商，这使得Pool能够向任何远程观看直播的用户发送用手机录制的任何音视频内容。一个外置电池能让Pool连续工作15个小时(Pool, 2012a；2012b)。最后一个连接部件是智能手机上的聊天应用程序，可以与观看现场直播的人进行实时对话。Pool与其他人谈论他正在展示的事件和用户看到的事件，有时甚至还会接受远程观众的请求比如播他想看的东西或问正被采访的人他想问的问题。

作为一种融合新闻实践，社会目击不仅仅是一种技术组合，它还需要与更大的社会制度和形式相结合。当一个人运用这种设备和服务组合进行直播时，正如Pool所说，"无法言说的朋友们"(friends doing dumb stuff)开始使用它作为一种让别人实时了解抗议和社会骚乱事件及其发展的手段，从而将社会目击作为自许的社会行动者-记者对社会运动的支持。正如一位记者总结的那样，Pool等人对美国主流媒体的报道不满意，称媒体在很大程度上受到了企业界的贿赂。相反，正如他经常对受众所说的，他来这里是为了展示到底发生了什么(Townsend, 2011)。在参加2011年在曼哈顿祖科蒂公园举行的"占领华尔街"抗议时，Pool每天连续直播21小时，两个月后的那年秋天，他的直播节目吸引了200多万独立观众(Jardin, 2011)。

Pool通过使用Google眼镜这种类似眼镜的移动电脑和通信设备，将这一实践的技术基础提升到了一个新的水平。他声称戴眼镜而不用智能手机可以让他专注于报道这一事件，也帮助他保护自己，避免在动荡的示威或局势中被捕或受伤(Ungerleider, 2013)。正如Pool在最近接受采访时说的,"当有一面警察的人墙向你发射塑料子弹时,当你正穿过催泪弹墙时,你的手可以自由地遮住你的脸,同时对眼镜说'眼镜,录制视频',这使得录制过程……要容易得多"(Dredge, 2013)。

然而,尽管社会目击将商业上可用的消费电子产品与另类媒体实践相结合,它与传统商业新闻机构的相关性和与社会运动的相关性是一样的。一方面,社会目击以动员和社会抗议作为一种文化形式,同时,又产生了人们行动的团结驱力(Anderson, 1991)。正如一位占领华尔街运动的参与者告诉Pool的:"你的直播今天让我起了床,并让我来到了这里。我想,这也是发生在很多人身上的事情。你正在做对我们很重要的事情"(Townsend, 2011)。但是,另一方面,社会目击也与传统的专业新闻业联系在一起。Pool的努力意义重大,美国传统商业新闻杂志《时代》称之为"占领华尔街的现场直播"(Townsend, 2011; Time, 2014)。2013年,Pool加入了多媒体集团Vice公司担任直播新闻主管。2014年秋,Pool成为一家由悠景和迪士尼-ABC电视集团合资组建的融合媒体公司Fusion的高级记者和媒体创新总监(Steel, 2014)。

社会目击作为超越主流和另类媒体界限的数字新闻融合现象,也可以从宣布Pool入职Fusion的首席执行官Isaac Lee的一封电子邮件中看出。Pool被誉为数字时代的游击队员式记者,同时是《时代》杂志所说的未来新闻业人才。未来新闻业将是游击队和专业记者、另类和主流媒体的矛盾统一体,社会目击几乎无法被准确地归类(Fusion, 2014),它在存在"双方"中,使得作为边界的观念变得无关紧要。

新闻与营销融合:重视真实

与数字新闻相关的融合有许多不同的形式。多媒体集团Vice公司的案例表明,新闻和营销行业的融合也很值得关注。它自称"世界领先的青年媒体",公司专注于在全球范围内创建、分发和商业化原创内容,并维护社会正义。它是一个纵向一体化的跨国集团组织,不仅创建内容,而且通过其许多门户网站发布、推广和销售(Vice Inc., 2014)。

目前,该公司在35个国家设有办事处,拥有数千万用户,并通过对新闻、音乐、旅游、体育等方面的非正统但引人注目的报道为广告商服务(Brownstein, 2014)。除了Vice新闻,该品牌伞形内容矩阵还包括Noisey(流行音乐报道)、Motherboard(高科技)、Munchies(食品)、Vice体育、创作者项目(艺术和技术)、Thump(舞厅音乐和文化)、I-D(服装时尚)、Fightland(竞技武术)和Vice HBO(当下议题的有线电视纪录片内容)。

它对本章的意义在于它如何在某种程度上将新闻和营销结合在一起,而不仅仅是简单地在硬新闻出版物或节目中添加软性新闻或促销内容。Vice媒体公司用新闻来打造品牌。对Vice来说,新闻不仅仅与营销相关,也不仅仅辅助营销,从根本上讲,新闻就是营销传播。

为了将新闻和市场营销结合起来,Vice无畏地说真话,不是为了公共服务,也不是为了社会责任,而是为了自由主义。它的编辑方针令资产阶级震惊并激发他们的情感,这是一种针对城市潮人(年轻男性)生产公共性、关注和品牌价值的营销策略。事实上,联合创始人Shane Smith被描述为"P. T. Barnum遇到Lord Byron"(Ortved, 2011)。这是用以了解当前的媒体文化的两个最重要的浪漫主义时代的人物。马戏团大师Barnum是营销传播的先驱,他第一次发现如何聚集人群并激发兴趣以便出售产品;Byron是典型的浪漫主义、自我中心、破坏性的感官主义者。

Vice新闻通过自然主义的文化形式将新闻生产作为市场营销。事实上,它的标识性内容生产是实时目击,后来又重新剪辑、包装成长时段的自然主义纪录片(当然,他声称要带观众到隐蔽的地方自己去看一看,来进行自我意识的建构)。虽然能呈现的内容范围无限,Vice新闻却自由地选择专注于刺激、危险和不寻常的题材,如果说不是地下题材的话。但同时,无论真相是什么,也不管是冒犯谁,Vice都坚持说真话，坚持客观性信条和作为独立的"第四权"的新闻专业主义。其营销有效性的证据是其受众在全球范围内不断增长，以及因杰出的系列报道或专业报道获得2014年艾美奖(Vice电视学会，2014)。

新闻和营销的整合既具有战略性，也具有偶然性。Vice公司的前身为1994年创办于蒙特利尔的一家免费另类周报(Picard，1998)。在2000年的一篇简介中，这本少年杂志专注于"污秽""性""酒精""政治""朋克摇滚"和"hiphop"等，后来定位为"国际调查"杂志，到2000年已经成为一桩大生意(Dunlevy，2000)。到了2001年，这份"粗鲁、聪明的杂志"品牌已经成为一个"聚焦男性"的品牌——一个后现代营销理念的集大成者——它是为那些叛逆的孩子准备的，混合了盎格鲁蒙特利尔(Anglo-Montreal)的玩世不恭，直率的纽约嘻哈音乐和18岁的性欲，吸引了一群15～28岁的时尚人士。它为满足从苏打水到滑板的所有东西的销售者们迫切地想要达到的营销目标服务(Toane，2001)，这是对Frank(1997)所指出的营销挑战的回应。

不管这种编辑模式的由来多么偶然，联合创始人很快就认识到了这个项目的营销价值，尽管这其中充满矛盾，但正是这种内在矛盾成就了这种模式。正如一位联合创始人所说，"Vice对反文化杂志与成熟、多渠道、增值品牌所固有的内在矛盾感到怡然自得。"正如另一位联合创始人所说，"这是一桩生意，在一天结束的时候，……孩子们走进我们的商店买500美元的音响。(其中一些)孩子15岁，他们住在家里，除了买衣服和CD外，他们和钱没有任何关系。"这篇新闻故事以将Vice媒体公司称为"有史以来最具品牌意识的一代反品牌工业力量"这样自相矛盾的方式结束了(Toane，2001)。

新闻营销融合的唯一问题是如何获得资金支持，以及它将采取何种具体形式。最初，它扩展到时尚零售业，努力将自己发展成一个在线零售商。据当时一位记者总结，"Vice杂志""Vice时尚""Vice电影""Vice唱片"和

"Vice电视"都将被用来引导网站的流量，并促进时尚、音乐、电子游戏和其他任何被认为是值得一次性销售给受众的产品的电子商务的在线发展(Dunlevy，2000)。它引进了外部投资者的资金进行扩张，但最终收购了它的外部合作伙伴而让公司实现了独立。

为Vice公司打开今天的方便之门的是2006年的新闻列表和2007年的互联网作为高效益的分销网络的运动，首先通过它自己的网络销售和展示其内容，然后在其他在线媒体网站上销售和展示其内容品牌。其业务最初从MTV到CNN，再到营销媒体巨头WPP和有线电视公司HBO，直到其他有能力整合新闻和营销的媒体机构(Kelly，2007；Levine，2007；Rabinovitch，2010；Krashinsky，2011；Dunlevy，2013)。纪录片模式将"独立音乐、极限运动，当然，还有裸体"短片与雄心勃勃的新闻报道结合在一起，比如对"贝鲁特市长"的采访，对环境恶化的调查，以及关于哥伦比亚强奸-毒品案件的故事(Levine，2007)。通过自由主义和纪录片模式整合新闻和营销的成功在2005年左右变得清晰起来，它的发展轨迹使一本"粉丝"杂志变成了一本拥有90万读者的杂志，遍布22个国家，成为一个拥有包括服装、电视和书籍出版、音乐和电影的国际品牌(Wilkinson，2008)。此外，还要增加一个向其他公司和产品提供品牌援助的品牌战略/创意部门，名为"美德"(Virtue)(Iezzi，2009；Harding，2010)。

从一开始，与自然主义纪录片一致，Vice新闻专攻与战争、性和青年文化有关的不寻常话题和第一人称纪录片。Vice新闻的一位主管把新闻的营销价值说得很清楚，"我们把自己看作是那些懒得去看CNN……的孩子们准备的CNN，我们觉得有些事情是人们应该知道的。在某种程度上，我们通过诱使人们对事物感兴趣来教育他们。'看，教练！'，然后你发现这是关于利比里亚或塞拉利昂的事件"(Horan，2006)。这种信息和感觉、震惊和严肃的融合有它的品牌价值。"是什么使Vice脱颖而出？"公司简介中说，"是它的工作方式，严肃而有洞

察力的报道。例如,最近的一部俄罗斯特辑,描绘了俄罗斯年轻人的生活;还有一个令人震惊和难以面对的关于残疾人的议题,会让你如鲠在喉。最重要的是,这两个故事都紧紧围绕真相展开。"(Horan,2006)

本章开始时的插曲只是将Vice关于新闻与营销融合的议题导向下一个阶段。但在Vice媒体公司,该项目在内容、意图、制度和目标方面的融合过程是持续一致的——这需要数字新闻的出现才能实现。正如公司的联合创始人2013年所说,"我们创造了一些新的东西,其中一部分是新闻,一部分是娱乐,一部分是——我不知道的东西,但是你把所有的东西放在一起,它创造了一些在主流新闻或主流内容世界中不存在的东西。世界上只有Vice另类媒体和其他媒体。"(Dunlevy在2013年引用了这句话。)通过开发一种将长篇纪录片作为有效营销策略的内容模式,Vice将自己作为一个品牌来营销,从而把20世纪90年代的城市朋克杂志发展成21世纪10年代的多媒体商业综合杂志,与其说它是一种真正的另类媒体,不如说它是一种可选择的方案。它提供了一个可能的未来数字新闻融合的前景。

结论和下一步研究方向

媒介融合提出的新的关键问题值得关注。在媒体介入的研究中,需要更加关注社会形态和功用的融合。在这个过程中,新闻项目通过挑战来支持主导者,而/或通过支持来挑战主导者。例如,《卫报》在报道美国国家安全局和宇航局窃听事件时,通过挑战自由民主政府来在某种程度上恢复其主导地位,以实现其声称的信念。关注其他有关多样的、扭曲的社会结构的数字新闻实践的案例,有助于加深我们的理解。

对社会目击的研究,需要更多关注技术和形式的融合。一些其他类型的数字技术和数字报道装备也引起了关注,例如对配有照相机的无人机的应用,它们能进行远程高空监控,既可用于新闻报道,也可用于国家支持的情报收集(Bishop,Phillips,2010)。最后,对将新闻作为品牌的研究,需要进一步关注新出现的组织形式,这些组织形式摒弃了传统的编辑和销售部门,以及内容分类上新闻和广告(如不断发展的"赞助内容")。

这些建议只是一个必需的开端。就目前数字化的新闻产业所带来的变化而言,这些变化几乎没有停止。正如在这里简短讨论过的融合问题,最具挑战性的现象和最重要的问题还没有获得充分的思考。也许新词"后新闻"以富有成效的模棱两可的方式抓住了当前数字新闻的历史时刻,通俗易懂又清晰无误,正如Anderson等人主张的"后产业新闻"对这些发展进行的更彻底的理论分析。正如"后现代主义"这个术语所蕴含的,它已经超越了较早的阶段,但在它与过去的关系所产生的意义上,它与过去、现在和可能的未来相关。

第12章

新闻参与的生态

Renee Barnes

引言

互联网作为传播新闻的工具的出现,以及它所提供的参与潜力,改变了记者和学者对新闻受众行为实践的观念。他们不再需要想象受众在家里、咖啡馆或火车上读新闻或看新闻,相反,通过受众的评论、对故事和图像的传播,以及其他现在经常被纳入新闻网站的参与渠道,他们会被告知受众在做什么。对记者来说,通过征集和管理新闻制作过程中的这种推力,已经从根本上改变了他们的角色(Singer等,2011)。对新闻学者来说,它导致对那些不能受益于新闻网站的人以及这种"公开新闻业"新形式的民主潜力的极大关注(Sill,2011)。然而,它只是强调对那些留下了明显痕迹的参与者的关注,而忽视了那些"沉默的"受众的参与实践。本章试图建构一种论述来解决过分强调"大声""可见"的受众实践而忽视"沉默"的受众参与实践的问题,受众的这种"沉默"参与实践是一种对新闻网站的高度参与的内部实践。

学术术语"公民新闻"(Allan,Thorsen,2009;Robinson,Deshano,2011)和"参与式新闻"(Bowman,Willis,2003;Singer等,2011)或用户生成内容(Carpentier,2011)通常与参与内容制作的新闻受众的行为有关。具体来说,这种现象被定义为一个公民或一群公民"在收集、报道、分析和传播新闻和信息的过程中扮演积极的角色"(Bowman,Willis,2003:9)或新闻编辑室内外的人在创建一个新闻网站和建立一个多元社区时彼此交流(Singer等,2011)。在这些广义的定义中,受众行为被理解为"制作"内容和"参与"行为,从对内容生产的实际贡献到参与新闻点评和分享新闻(Shao,2008)。受众参与的渠道多种多样和变化多端,包括如评论、论坛讨论、用户博客、受众报告、声誉系统、微博和社交网站等积极参与行为(Singer等,2011)。

对Jenkins(2004,2006)来说,我们正处于一种"趋同文化"之中,公众已经从知情型公民转变为积极的监督型公民。这个过程已经突破了媒体生产和媒体消费的界限,使那些参与新闻网站的人现在被一些研究人员理解为"生产使用者"(Brun,2005)。然而,这种将新闻受众视为更具互动性和生产性的人的研究也是有问题的,因为它没有考虑到那些我称之为"沉默"的受众。这些沉默的受众通过使用媒体文本创造意义,并将其作为想象和连接其他网络受众的方法"内化"他们的参与(Bird,2011;Barnes,2014a)。很多文章是关于"活跃受众"的(Fiske,1989;1990),这个概念的产生早于互联网及其相关的参与性文化。Barker将媒体受众(对任何媒体来说都是如此)描述为在他们自己的文化背景中积极产生意义的人。这样,受众就被定位为不只是被动地消费媒体内容,而是通过他们自己的经验和理解积极地过滤信息,从而产生独特的意义,不管它是否在公共领域中。用这个概念来考察那些参与在线新闻网站的人,受众就不局限于用户或"生产使用者"的概念,而可以理解为更宽泛的参与者。本章关注那些访问在线新闻网站的人如何使用新闻。这包括那些通过制作内容而留下明显的参与标记的人和那些沉默寡言的、以更个人化和内部化的方式参与媒体文本的人。要做到这一点,我们将首先讨论那些在新闻网站上"制作"内容或做出积极贡献的受众，然后是那些沉默的、不公开宣称他们参与网络实践的受众。最后，本章将提出一个用于分析受众如何在网上对新闻进行阐释、反应和参与的理论框架。具体而言，它将通过多样化的实践提出一种策略来将在线新闻受众概念化，这种策略将采用一种更合理的方法将讨论对话与身份游戏、社区建构和寻求快乐联系起来。

"生产"内容

对新闻制作过程中受众参与方式的研究主要集中在这种参与对记者日常工作的影响，在新闻网站上参与的特征，以及如何管理用户生成的内容(Singer等，2011)，根据对10个西方国家的67名纸媒和在线编辑的访谈，可归纳出受众参与新闻制作过程的5个阶段：

(1) 获取和观察可以传达的信息；
(2) 选择和过滤该信息；
(3) 处理和编辑故事；
(4) 分发故事，这个阶段要求新闻可供阅读和讨论；
(5) 解释故事，这一阶段是在出版之后，取决于故事何时开放评论和讨论。

总的来说，这项研究表明，受众的参与，比如对故事的解释这种最开放的参与，会对新闻机构和当局构成挑战。

其中一些研究显示，记者希望在以下方面鼓励受众参与，如接受信息，对记者报道进行评论(Doingo等，2008；JÖnsson，Örnebring，2011)，以及在受众生产的内容能提升他们的故事时拥抱受众内容(Harrison，2010；Robinson，2010；Singer，2010；Williams等，2010)。例如，BBC记者将受众参与的主要看法作为另一种消息来源——而不是作为新闻业的合作者(Williams等，2010)。通过这种方式，记者仍然坚持其传统的守门人角色(Domingo，2008；Chung，Nah，2009；Singer，2010；Karlsson，2011)，并在新闻专业主义的实践、规范和价值受到威胁时抛弃受众内容(Quandt，2008；Harrison，2010；Wardle，Williams，2010；

Williams等，2010)。在新闻价值规范中，在如下情形中，受众对内容的贡献往往被漠视：受众在公共讨论中表现出某些情感倾向，如攻击性情绪，缺乏焦点的或专业的讨论，以及"非理性"特征等。(Hardaker，2010；Robinson，2010；Shepard，2011；Singer等，2011)

对在线新闻受众本身的研究远没有那么普遍，在大多数情况下，研究的重点是那些正在生产内容或在网站上留下积极贡献的人。研究显示，互动性受众是由社会互动动机驱动的(Springer等，2015)，他们希望表达个人问题并获得"乐趣"(Bergstrom，2010；Holt，Karlsson，2014)，而不是像许多学者所希望的那样出于民主的原因而生产新闻。新闻网站的参与者也更愿意保持匿名(Fortunati等，2005；Meyer，Carey，2013)，因此，辩论和讨论被攻击、破坏和欺骗或"捣乱"主导(Hardaker，2010；Shepard，2011)。其他人则探讨记者如何在内容生产中鼓励或不鼓励参与，特别是在新闻报道之后留下评论。这些研究发现，负面的或有争议的故事集中在公共事务上(尤其是政治)，它们引发了更多的在线读者的评论和评论者之间更大的互动(Diakopoulos，Naaman，2011；Boczkowski，Mitchelstein，2012；Weber，2014)。

研究还显示，受众试图发展自己的新闻规范和价值观，这可能背离传统的新闻规范和价值观(Robinson，2010；Williams等，2010)。那些参与新闻网站的人认为，评论是一种民主权利和透明度价值，以及对公民事务和话题讨论的自我调适能力。然而，受众仍将文本权威赋予记者，专业主义的观念可能会阻碍他们在新闻网站上的参与。Robinson和Deshano(2011)的研究考察了为新闻网站做出贡献的人是否获得了社区和个人的满足感。作者认为，对当地新闻网站和博客上的事件进行"报道"，可能会提高人们对自己生活的社区的归属感。同时，他们发现，对许多人来说，他们的贡献可能被视为"新闻"，这对他们的参与构成了阻碍。受众的贡献是由学者、记者甚至观众自己用新闻价值规范来评判的，这些价值规范没有广泛地容

第12章 新闻参与的生态

纳那些与新闻和公共讨论相关的游戏性的、情感驱动的参与贡献。

还有一种研究集中在受众如何看待其他受众的贡献上。受众的贡献得到认可的主要有图片、视频、目击报告等被认为是权威、直接和真实的陈述(Williams等, 2010)。Bergstrom对瑞典在线报纸的研究发现, 尽管人们对为网络提供内容兴趣有限, 但传统新闻业内外的受众贡献的内容还是被广泛阅读。德国一项对在线新闻读者的研究发现, 阅读新闻报道后面的评论是以娱乐为目的的(Springer等, 2015)。Robinson和Barnes也发现, 在线新闻受众像对待专业评论一样对新闻报道后的评论给予高度评价。这表明, 受众对新闻网站的贡献在受众参与中扮演着基础性的角色, 甚至对那些保持沉默和不留下积极贡献的人也一样。Saffo、Hermida和Thurman研究了"个人"在互动中的参与感, 这种参与感是提高个人体验和品牌忠诚度的一种方式。"这一切都表明, 能够参与其中的心理效应的重要性不亚于内容本身。"

一些研究试图说明与新闻受众相关的许多不同的实践。Ike Picone对佛兰芒在线新闻用户的研究应用了Bruns的"生产使用"理论, 将之作为理解信息生产过程、受众体验过程的分析框架。实证研究认为, 可生产性新闻(productive news)的使用或生产使用(produsage)——"修正、评估、完善、标记或评论"新闻——是由动机、情境和社会因素塑造的。具体来说, 他发现用户需要有"生产使用心态"并准备对做出贡献有高水平的投入。生产使用者(Produser)还需要对故事、技巧和设计进行情感上的投入并渴望"宣传"自己。具体而言, 研究发现, 当受众选择留下他们参与的可见标记时, 不管是在社交媒体上评论, 还是分享或展示喜好, 他们心目中有特定的受众。

> 随机的生产使用者似乎把其他用户当作他们不知道的受众。这一潜在的受众扮演着重要的角色, 因为生产使用者会让他们的贡献来适应被想象的受众的喜好和需要。(Picone, 2011: 116)

这种在不同的在线新闻受众间的互动, 那些积极贡献者和沉默的受众间的互动关系, 对多样化的受众实践的概念化尤其重要, 这将在本章后面更详细地讨论。

受众使用新闻的方式不应该仅仅理解为生产性的。在对将新闻使用作为一项活动的纵向研究中, Costera Meijer和Groot Kormelink确定了16个使用新闻的实践活动: 阅读、观看、收听、观察、查阅、消遣、监听、浏览、搜索、点击、链接、分享、喜欢、推荐、评论和投票。这些多样性的受众实践, 有些是可见的, 有些不是, 有些也不是媒体平台专有的。相反, 这些实践与个人如何参与新闻活动以及如何确定一天之中的其他活动有关。例如, 阅读和观看的实践与深度或高度的注意力集中有关, 而观察或收听则更多的是伴随性的(wallpapering)——一种与完成其他活动相伴随的行为, 如准备晚餐或驾驶。其他活动, 如查阅、浏览、扫描或监听也是与个人一天中有限的时间和其他情境或地点要素有关的实践。同样, 点击链接是查阅和消遣新闻时的一种额外的行为。链接、分享、喜欢、推荐、评论和投票都需要更积极的投入, 这些做法通常与形象管理产生的个人利益相关。总的来说, 研究表明, 受众的新闻使用包含了复杂的动机因素和情境因素的影响。这种方法类似于对新闻使用规则, 甚至其他社会和文化习俗的研究(Schroder, 2014; Domingo等, 2015)。因此, 如果我们考虑到与新闻使用相关的实践的多样性, 以及这些受众实践在受众整体参与中的作用, 对网络新闻受众的更细致入微的理解才开始显现。

因为访问新闻网站的人中只有一小部分人会留下明显的参与贡献, 所以, 理解受众在整个受众参与中的更广泛的作用是很重要的(van Dijck, 2009; Barnes, 2014a; St John III等, 2014)。Van Dijck(2009)引用了一种"新兴的经验法则", 即每100人中只有1人会积极参与内容生产, 10人进行"互动"评论, 其余89人只是观看。那么, 我们该如何理解大多数受众, 即那些"沉默"的人是如何使用以及参与在线新闻内容的呢？

沉默的大多数

Costera Meijer和Groot Kormelink概述了许多沉默的(受众)实践，如查阅、浏览、消遣和监听。这些做法不仅是"沉默"的，而且也有必要理解为与其他更可见的受众实践联系在一起的重要实践。Couldry认为，"声音"必须被认为是"隐含地与说话和倾听联系在一起"。在这种情况下，倾听不是听的行为，而是认识到别人说什么的行为，认识到他们有话要说，或者说，人们有能力对自己的生活进行反思和连续的描述，这是一个持续的、具体的反思过程。因此，倾听包含了对他人的话的解读，"除非人们处于倾听互动的过程中，否则互动网站是一文不值的"。正是在这个背景下，O'Donnell、Lloyd和Dreher呼吁将倾听的内容用于对媒介传播的分析，因为媒体是互动实践和身份认同的关系空间，一个承认与拒绝、联系与斗争、表现与再现的空间。学者们认为，把倾听行为理解为媒介消费的基本实践，将有助于对意义互动中的差异和不平等问题进行研究，并最终提升媒体促进公众参与和认知传媒的机会。因此，"倾听"成为推动受众研究的一种方法，因为它允许对交流的主动-被动二元结构进行解构(Lloyd，2009，见第36章)。这个术语描述的是"现代公共空间的一种熟悉的体验，充斥着移动电话、电视平板屏幕和耳机漏音中的短暂对话"。

Crawford提出了一个令人信服的观点，在设想在线交流的受众时使用"倾听"这个隐喻。"倾听"使我们能够捕捉到"新出现的在线关注模式"，Crawford认为，这是网络参与的一个内在部分，也是那些做出积极贡献的人必然有的行为。在建立一个理解在线"倾听"的理论框架时，Crawford主要关注社交媒体传播，尤其是Twitter，她认为"倾听"可以作为一种用于理解广泛的在线交流实践的概念，在这些实践中，学术分析往往过于强调发帖、评论和言说。个人可以快速浏览在线信息，并参与"背景倾听"(background listening)。网络空间中的评论和对话可以作为个人日常"建构基于一组联系的语言和行为模式的认知和亲密感觉"的持续背景。例如，通过在新闻网站上留下评论或在在线调查中对一个故事进行评级或投票等来进行积极受众实践，都是建立在"被听到"的预期之上(Couldry，2009)，甚至那些积极贡献也会对所预定的"听众"的喜好和需求进行调整(Picone，2011)。因此，"倾听"他人的贡献是在线社区的一个重要组成部分，通过"倾听"可以创造出一种联系和参与的感觉。因此，正如符号学和受众研究的学者长期以来所主张的那样，重要的是要明白"积极"这个术语是指向所有实践的，而不仅仅是那些写下了东西的贡献者。

情感和社区作为参与的驱动因素

将受众互动理解为一个个人的、社会的和阐释性的过程，这是粉丝研究学者在分析粉丝社区时经常做的事情，同时，这也为在线新闻受众研究提供了一个框架(Barnes，2014b)。要做到这一点，我们需要从研究新闻应该做什么转向研究它做了什么(见第27章)。如前所述，网络新闻受众通过批判性对话和讨论，以及娱乐化和情感化方式参与新闻活动。这意味着在研究受众的新闻参与时需要重思Habermasian关于可视新闻或将新闻视为纯粹理性话语的理念，而不是只是研究角色情感，特别是通常与之相关的快乐和娱乐的概念。Gray在一项对美国流行新闻和政治博客评论的研究中发现，评论经常表现出一种"审慎、理性"意见与本质上更像粉丝的情绪化的、有趣的元素的混合。这种与新闻的互动意味着：

> 新闻作为许多身份认同和个人安全事项的控制中心是深度情感化的，并非完全冷静"理性"，它允许我们在我们的房子、社区、国家和世界中安放自己。

这意味着要考虑情感和爱在个人参与文本过程中扮演的角色的价值(Grossberg，1992)。正

第12章 新闻参与的生态

如Jenkins所言：

> 大多数流行文化都是由情感强化的逻辑塑造的。与其说它是为了让我们思考，不如说是为了让我们感受。然而，这种区分过于简单：从最好的方面来说，大众文化是通过让我们感受来让我们思考。

考虑情感在审慎的讨论和辩论中所起的作用，可以更好地理解受众如何使用新闻。Gorton认为，知识不仅仅是通过理性获得的，情感可以在理性决策中发挥作用。Gorton认为，情感的存在并不一定是必然的否定观众与文本互动时的"理性"或"批判性"潜力。我们的行动不仅取决于我们的想法，还取决于我们的感觉和身体对感觉的反应。"对Gorton来说，情绪和情感的影响的中心主题是对个体或公共领域中个人隐私的侵扰，个人的观点和感情被用来参与更广泛的公共讨论。与Gray的论文一样，这一论点表明情感的参与是受众如何以及为什么使用在线新闻网站的重要因素。因此，情绪和情感的文化概念提供了一个有用的工具来说明"情感反应"并非无关紧要或者是不相关的(见第9章)。

Wetherell使用"情感实践"一词来描述一种特定的刺激，如一篇新闻或另一位读者的评论，如何激发一种可能的情绪反应。在这种模式中，传播涉及一种产生情感的努力。从文本参与中唤起一种普遍的感觉，作为一种后果，我们对那种情感产生了一种身体反应，就像在新闻报道后面留下评论。这些情感反应也具有高度传染性。在Gibbs所说的"情感传染"中，有些影响，特别是愤怒、恐惧和快乐都会传染。某个在线新闻故事的读者可能会对另一个人的评论中叙述的厌恶、恐惧乃至快乐的感觉作出反应，这反过来又会激发人们发表评论的行动，但这种评论很可能既是情绪化的又是具有批判性的。

然而，情感实践也会导致其他参与的途径，例如个人和集体认同的形成，以及形成对与文本相关的社区的归属感(Barnes, 2014a)。粉丝研究学者习惯于研究身份、归属和社区在参与中的角色，在这种情况下，沉迷(fandom)可以被理解为一种受到媒介文本激发，并被动员去投入文本之中的特殊的情绪强度或"情感"的形式(Grossberg, 1992; Hills, 2002)。

对沉迷的研究提供了更全面的了解受众的方法，可以应用于新闻网站的读者。粉丝贴近或"偷猎"(Jenkins, 1992)他们沉迷的东西，解释或重构文本，然后在粉丝社区内流通。这也可以被称为"文本表演"(Lancaster, 2001)，其中粉丝文化通过创造性的自我表现以及共同的活动来流通。因此，粉丝可以通过粉丝小说创作内容，也可以通过关于沉迷之物的集体讨论进行参与。Sandvoss将粉丝的参与描述为一种"自恋式"投入，通过有意识地或不自觉地识别他们沉迷的外在之物来构建自己的身份。这样，一个粉丝可能并不是真正的粉丝，但通过经常反复地消费某一对象而形成了一种强烈的情结，并通过与媒体文本的联系而想象成为粉丝社区的一员。Sandvoss论文的核心观是，粉丝的定义应该建立在粉丝实践的基础上：

> 对某一通俗文本的特定情感投入的最清晰的指标在于它的经常性反复消费，而不管它的读者是谁，也不管这种情感的含意是什么。

传统上，新闻媒体没有被归类为沉迷之物，也没有把其受众归为粉丝。然而，如果我们借鉴Sandvoss对粉丝的看法，新闻观众可能不会描述他们自己为"粉丝"，但通过对媒体的定期的、情感投入的消费，也可以很好地用个人和集体认同的理论范式来分析他们，正如一个"粉丝"使用流行文化文本。这种基于粉丝概念对受众参与的理解，为将网络新闻受众的"沉默"实践概念化提供了一种方法：一个人虽然没有生产任何内容，但可能有高度的情感参与。强调与社区的联系也提供了另一种方式来理解受众在沉迷状态下对新闻网站的参与。粉丝研究学者强调身份创造在粉丝参与中所起的作用，以及它如何表现为对粉丝社区的归属感，无论是个人的还是集体的(Lancaster, 2001; Hills, 2002; Sandvoss, 2005)。

通常,虚拟社区被理解为基于共同的利益和设施、共同的价值观和经验、共同的义务和社会互动的共享(Hopkins等,2004; Nip, 2004; Tyler, 2006)。Nip将社区的组成部分概括为:归属感、互动的共享形式和群体成员之间的社会关系。使用这个社区概念,人们可以把新闻网站上的讨论看作一种社区活动,尤其是社区发展的动态可以提供一个关于新闻网站参与动机的洞察。Lin、Bagozzi和Dholakia发现,经常访问虚拟社区的人更愿意生产内容。其他人(Teo等,2003; Meyer, Carey)发现归属感在影响成员参与虚拟社区的意愿方面发挥了关键作用。此外,Wasko和Faraj发现对那些没有留下贡献的人通过围观内容在维持虚拟社区中发挥了重要作用。借鉴粉丝研究中关于情绪和情感对激活社区感觉的作用的强调,情绪和情感在网络新闻受众参与中的作用也是至关重要的。社区感能够鼓励积极的贡献,因为它确保有成员在"倾听"这些内容贡献。同样,一种社区成员的感觉有助于沉默的受众形成他们自己对网站的参与。通过他们对网站内容的消费,无论是记者还是其他受众生产的内容都可以创造一种情感联系,从而促进个人和集体(网络社区)的发展。

新闻参与的新形式表明,我们需要以新的方式看待受众。Bruns将受众称为"生产使用者"。粉丝理论的整合,尤其是情绪和情感的作用,以及社区的作用机制,使我们能够对受众的活动进行分析,而不仅仅是从生产的角度来分析,同时也从沉默实践角度来分析,这些实践是通过一个复杂的情感参与、身份认同和社区发展的过程来实现的。

总之,粉丝理论可以用来理解那些在新闻网站上留下积极贡献的人,方法是将这些概念化为"偷猎"文本,并解释它们,在他们的个人社区中通过对新闻故事的评论和讨论,在社交媒体上分享故事,或者通过提供他们认为应该包含的材料来流通。同样,也可以说,对一个故事、一个新闻小贴士,甚至一个图像的评论,都可以作为"文本表演"的一个例子进行理论分析(Lancaster, 2001),在这里,贡献者利用这种形式的参与作为自我表达和身份建构的一种手段。沉迷理论强调集体认同的作用和对社区的归属感,这也有助于分析大多数新闻网站的受众(沉默的大多数)。这些受众会定期和反复访问新闻网站,但从不留下积极的贡献。这些受众是网站的附庸,是那些积极贡献的人的"倾听"者。总的来说,这种基于粉丝研究的方法动摇了对新闻受众的常规解释,使人们能够更全面地把握受众的参与,其中情绪和情感是生产内容和个人化"沉默"参与两种参与方式的关键。事实上,在一项关于另类和独立新闻网站受众的研究中,那些没有在网站上留下积极贡献的人对网站形成了情感依恋,产生了归属感和认同,并最终感受自己参与了与网站关联的虚拟社区(Barnes, 2014a)。因此,将受众参与理解为由不同形式的参与组成,从那些积极贡献的人到那些沉默寡言但积极且经常参与网站的人,这为分析在线新闻受众实践提供了一种更细致的方法。

参与的生态

正如本章所描述的那样,在线新闻网站的受众参与是很复杂的,不能仅仅关注那些在网站上留下了可见物的访问者。"参与性新闻"的传统定义仅限于那些在网站上留下积极贡献的人,这限制了对受众如何使用新闻的研究。我们在这里提出的是一种通过多样性实践来概念化受众的方法。实践的方式取决于每个受众的不同的时间、地点和社会因素。

将网络新闻媒体受众实践的多样性概念化的一种方法是"参与生态"。生态学一词是用在它最基本的意义上的,而不包括与"媒体生态系统"相关的复杂系统语篇(见第28章),在那里,生态学一词被理解为不同生物与环境的不同互动关系。其通常被称为海克尔形式,是以19世纪中叶生物学家Ernst Haeckel的名字命名的。他将生态学定义为"研究所有那些被达尔文称为生存斗争条件的复杂的相互作用"。将受众实践理解为新闻的一种参与生态，强化了每一种参与实践模式之间的互动和关系的重要性。因此，这种生态可以理解为对每一个积极贡献、倾听和分发的实践的整合，以及它们之间的相互依赖和互动。

"积极贡献"通过评论或对新闻网站的贡献来彰显参与的行为。这与Lancaster在"积极贡献的粉丝"中所描述的"表演自我"和Picone将"生产使用"概念化为自我公共化(self-publication)类似。生产使用者或生产使用的术语是不可取的，因为它仅限于信息的生产。而"积极贡献"包含了所有那些受众实践，包括可见的，比如信息生产、向新闻网站提交评论或报道，以及其他可见行为，如对新闻或评论的排名，或在民意调查中的投票。这种文本表演可以通过创造性的自我表达以及公共活动，召唤其他积极贡献者和那些没有积极贡献但有参与实践的受众。这些贡献可能是情感上的，也可能是批判性的，还可以作为一种"情感传染"工具(Gibbs，2011)，这反过来又鼓励了更多的"积极贡献者"。"积极贡献者"是新闻网站社区的可见指标，但他依赖与那些沉默的社区成员保持密切的联系。沉默的听众是必要的，并且影响着"积极的贡献者"所做的贡献。

"倾听"是一种广泛的实践模式，可以用来理解"沉默的大多数"是如何使用新闻的。它结合了"背景倾听"(Crawford，2009)或观看、查阅、消遣、浏览或监听等实践(Coster Meijer, Groot Kormelink，2014)，在这里，"评论和对话持续作为日常背景，只需要短时间集中注意力"(Crawford，2009)。但是，倾听也包含了一个更复杂的过程，在这个过程中内容(既包括记者生产的内容，也包括积极贡献者提供的内容)被用来获得对在线社区的归属感和促进形成认同(Barnes，2014a)。所谓的"参与性听众"可能对内容有情感或个人反应，但他们不会公开宣布这一点，相反，他们将保持沉默，并将这一反应内化。"参与性听众"从文本中积极地产生意义和乐趣，并与新闻网站形成情感关系。他们通过访问网站建构认同，与受众集体形成一种联系感。这种形式的参与可以与粉丝的行为联系在一起，其特点是高水平的情感投入，并以与社区联系的愿望为动机，尽管是以一种沉默的方式。

"分发"是在外部网站上分享和讨论新闻网站内容的实践。分销者可能是"积极的贡献者"，即使这些"积极的贡献者"可能在社交媒体平台和外部网站上看起来都保持沉默状态。Shao认为这种受众实践与其说是"分发"，不如说是"参与"，它构成了参与式新闻生态一个重要的组合。尽管存在重大的国际差异，但通过在线社交网络分享新闻(如新闻故事或对其评级，或偶尔发表评论)的数字媒体，用户的数量在不断增加(Newman，Levy，2013)。在一个以信息丰富和融合为特征的数字新闻环境中，用户似乎越来越愿意在多个平台上传播他们的新闻消费，从而创造他们自己的"个人信息空间"(Deuze，2007)。因此，新闻使用变得极为分散和个性化，因此分销者在新闻网站的参与生态中起着至关重要的作用。

将受众实践概念化为"参与生态"，如上文所述，每一种实践模式是相互关联的，为今后的网络新闻研究提供了很好的参考。它为定性研究提供了一个框架来了解受众如何使用新闻，而不是当前这种仅聚焦于受众参与的定量或基于度量的研究。虽然评级、分享和点击提供了关于新闻消费频率的有用信息，但它们并没有提供多少关于实践模式和个人如何真正体验新闻的相互关系的洞见(见第36章)。通过将与认同游戏相关的审慎对话实践、社区形式以及与寻求快乐相关的粉丝研究结合起来，本章提出的概念为分析新闻受众的实践而不是专业的新闻实践和规范提供了方法。将网络新闻受众的实践建构为一种生态，也使得研究网络新闻受众实践之间的互动以及分析这些互动如何影响整体参与和"参与性新闻"的潜力成为可能。"参与的生态"可以通过分析新闻如何在关系中循环以及每一种实践模式间的相互关系，进一步发展为研究新闻流程的框架。总的来说，本章中提出的概念有望为更多的以受众为中心的在线新闻参与研究提供一条途径。

第13章

新闻编辑室里的创新

Steve Paulussen

> 从历史看，新闻编辑室通过削弱或阻止变化作出防御性反应，这句话几乎每天都会在商业方面回响："编辑部绝不会允许有这样的变化。"(《纽约时报》创新报告，2014，第78页，引自Benton，2014)

2014年5月，《纽约时报》泄露的一篇内部报告引起了媒体观察家的极大兴趣，其中一位甚至称其为"当今媒体时代的关键文件之一"(Benton，2014)。这份由战略专家和数字专员小组根据对该报以及一些竞争对手的数字活动的评估所撰写的报告有96页，为该报领导者更好地管理和促进编辑部内部的创新提供了分析和建议。两位作者强调的是《纽约时报》为了适应数字时代还能做些什么，这份创新报告读起来有点像对《纽约时报》错失种种机会的一项编年史。然而，这份文件之所以值得关注与其说是因为其可怕和悲观的论调，不如说是因为它给这份世界主要报纸的数字战略提供了一个独特的内在视角。此外，这份报告之所以引人注目，是因为它揭示了传统新闻机构在向数字化转型中遇到的诸多阻力。

对熟悉网络新闻研究和专业文献的读者来说，这些阻力是众所周知的。2004年，Pablo Boczkowski已经将报纸组织中的创新文化描述为"反应性、防御性和实用性的"。他更全面地论证，在数字发展方面，报纸几乎不可能鼓励试验，只有当他们被新玩家强迫时才会有所行动。换句话说，他们利用新技术的心态有点保守，因此表现得比不受传统媒体束缚的竞争对手更慢 (Boczkowski，2004)。这项分析(的观点)得到全球不同国家对新闻编辑室采用技术创新的研究的回应和重申。在Boczkowski之后近十年后，David Ryfe诊断出美国新闻编辑室普遍患有不愿意拥抱创新的疾病，他称之为"是的，但"综合征：当被问到时，许多记者认识到数字挑战，但又会找出了不同的借口来不应对它。如下文所示，关于在线新闻的研究文献确实找到了丰富的影响新闻编辑室创新过程的种种"是的，但"因素。

本章首先更广泛地讨论在数字转型时代如何理解新闻业的变化和连续性。接下来，我将简要讨论数字战略的重要性，以及它将面临的不可避免的"文化冲突"。这将使我回顾关于在新闻领域采用(和适应)新技术和新实践的研究，其中我将特别关注这些研究的理论和方法框架，以及它们在我们目前对新闻编辑室创新过程的认识和理解中留下的空白。

新闻编辑室的创造性破坏

尽管传统新闻媒体没有站在数字创新的前沿，在适应新技术和新实践方面比新的数字竞争对手慢得多，"但不应低估渐进的转型"(Boczkowski，2004a)。换句话说，虽然新闻机构似乎在短期内适应得很慢，但它们年复一年的渐进式进化是引人注目的和根本性的。事实上，在最近的研究文献中，新闻业因数字转型而发生的变化被认为是激进的和具有破坏性的(Küng，2015)。Schlesinger和Doyle(2015)转向约瑟夫·熊彼特的"创造性破坏"概念，该概念指的是"工业突变的过程……它不断地从内部改变着经济结构，不断地摧毁旧的，不断创造新的"(Schumpeter，1950)。"创造性破坏"

的概念对研究人员很有用，因为它主张新闻编辑室的创新不是一种战略，也不是一种最终目标，而是一种过程——"作为一系列动态、机制、手段和变化的过程，导致一个具体的结果"(Siles，Boczkowski，2012)。这种过程导向的概念化固化(encapsulate)了新闻编辑室被持续重塑的理念——不断被重组、破坏——以适应千变万化的数字新闻生态系统。

进入21世纪以来，几乎所有的报纸和广播电视机构都进行了重组，以适应数字化时代的需要。他们开发了数字和多平台战略，探索了内容制作和发布的各种新机会，包括多媒体制作的实验(Deuze，2004)、博客(Singer，2005)、用户生成内容和受众参与(Singer等，2011)、众包和数据新闻(Anderson，2013a)、社交媒体(Lasorsa等，2012)、移动新闻出版(Westlund，2013)及个性化新闻服务(Usher，2014)。近年来，在传统新闻编辑室中引入的一系列创新实际上相当可观。

Nikki Usher(2014)强调在数字时代重塑新闻工作的三种价值观：即时性、交互性和参与性。即时性价值反映出新闻媒体正在与一个信息迅速传播的网络社会达成一致，这促使记者们适应全天候的无截止时间的新闻环境。互动性指的是新的可能性超链接、多媒体故事讲述和个性化的新闻发布，允许用户控制和操作以前由记者拥有的内容。第三个是参与性价值，新闻媒体越来越意识到"网络已经成为一个社交的、分享内容的平台"(Usher，2014)。同时Usher指出，尽管这些是在《纽约时报》编辑室里出现的新的数字新闻价值，但这些文献清楚地表明，它对整个新闻业都是适用的，尽管有些价值发展得比其他价值更容易些(Domingo，2008)。

然而，尽管出现了新的价值观，传统新闻媒体对数字环境的即时性、互动性和参与性潜力的探索取得的成功仍然有限，尤其是在经济可行性方面。根据Picard的说法，传统媒体组织的商业模式是建立在高市场力量之上的分销平台、大众受众和大众广告这一基础上的，它在一个以新竞争对手、碎片化的受众以及销售渠道和广告收入下降为特征的数字新闻生态系统中无法再维持下去。鉴于数字转型(见第4章)和金融危机加速造成的经济条件变化，西方国家的传统新闻媒体的近期受众锐减、利润下降，以及出现大量的关闭、收购、合并和失业情况。尽管如此，Picard还是驳斥了因为记者和媒体正"适应新的条件，进行再生和更新，并寻求新的机会"而认为未来新闻业末日来临的观点。他与其他作者一致认为，新闻业正处于其历史上的一个关键时刻——"新黎明"，它的实践、角色和价值观将被"重组""淘汰"和"重新发明"(Usher，2014)。

一种商谈过程

把新闻编辑室的创新理解为一个具有不同动力、机制和协议的组织过程是有用的。大多数对新闻编辑室创新的研究都采用了这样一种有组织的、社会建构主义的观点，认为变革是一个关于战略和不同层次的新闻编辑室文化的持续商谈的过程，这一过程发生在媒介组织的不同行动者之间。

制订数字战略

自互联网兴起以来，传统媒体机构面临的最大挑战之一就是制订数字战略。一个主要原因是，任何关于数字未来的愿景由于技术发展固有的不确定性和不可预测性，不可避免地变得模糊不清。回顾网络报纸的演变，新闻专家、前报纸总编辑George Bnock承认，传统媒体机构对数字化对新闻业的影响认识不足，原因是缺乏体验和对技术和数字人才投资的传统。另一个重要因素是，尽管受众和广告收入不断下降，传统媒体仍然从"旧的"线下业务模式的收入中占据了最大的份额，这使得他们更不愿意拥抱数字未来。自从互联网出现以来，传统的媒体组织一直在与所谓的"创新者困境"作斗争(Christensen，1997)：只要旧的商业模式仍然有利可图，而新的模式不稳定，大多数管理者就会选择谨慎地实施防御性战略，而不是积极主动的战略。因此，编辑部的技术创新很少被计划或预期，似乎更多的是出于恐惧而不是热情(Nguyen，2008)。

这种普遍的对风险的厌恶以及新闻编辑室里的试验文化的缺乏，变成了对模仿和侥幸的高度依赖(Boczkowski，2010；Lowrey，2012)。对错失机会或落后的恐惧似乎使媒体机构更容易对来自外部的每一项技术创新作出迅速反应，主要通过设立小型临时项目来应对，主要目标是复制其他人正在做的新事情。这种"组织间模仿"或"羊群效应"——从组织社会学和经济管理学中借用的概念(Boczkowski，2010)——解释了围绕新工具和新实践的炒作，因为突然之间似乎每个人都开始做同样的事情。

协商文化变革

风险规避和羊群效应在一定程度上解释了传统媒体数字策略的保守性、防御性和偶然性。但从新闻编辑室内部来看，创新不仅是一个愿景和战略问题，也是一个文化、结构和机构问题。特别是在新闻编辑室融合的研究中(也就是重组新闻编辑室以便能够进行跨媒体生产和多平台发布新闻)，传媒学者在理论上从管理变革的文献基础出发，强调必须小心处理任何重组造成的紧张(Killebrew，2003)。

Peter Gade(2004)在这一领域的重要研究显示管理部门在新闻编辑室的变革举措通常会受到普通员工的怀疑和抵制。后来的研究证实商业和新闻人动机之间的调和对新闻编辑室接受创新的重要性(Quinn，2005；Tameling，Broersma，2013)。同时，对在线新闻编辑室的研究也清楚地表明接受组织变革需要对媒体组织中不同实体的工作文化中长期存在的、根深蒂固的惯例、价值观和规范进行深刻的重新配置。这些工作文化往往会对创新过程产生阻碍作用。

Gade关注的是管理层和普通员工之间的紧张关系，而其他研究人员则认为"文化冲突"也发生在普通员工之间，在以前分开的部门之间，每个部门都有自己的工作文化，他们突然不得不一起工作，使多平台的新闻发布成为可能。一些研究证实了报纸和广播电视团队之间的文化冲突和语言障碍，这些团队现在必须在综合编辑室进行合作(Singer，2004；Silcock，Keith，2006)，其他研究也观察到技术人员和新闻工作者之间的紧张关系(Paulussen，Uguille，2008)。为了更好地理解创新过程背后的紧张关系和文化冲突，本章的其余部分将讨论构成新闻专业和组织文化的不同要素，以及它们对新闻编辑室里的新工具和实践如何反应。

影响新闻编辑室创新的因素

大部分关于新闻编辑室采用创新的研究都是从"技术的社会塑造"(Social shaping of technological，SST)的角度进行的。与技术的线性和确定性假设相反，科学发展倾向于用前者对后者的"影响"来描述技术和社会之间的关系，SST传统中的研究人员认为技术与社会之间的关系是一种"相互关系"。因此，他们认为技术的社会效应取决于技术如何适应经济、组织和文化条件(Lievrouw，2006)。应用于新闻研究，这意味着技术创新的采用需要在记者塑造创新应用方式(或不应用)的专业和组织语境中进行审视。这一技术的社会建构思想一直是、现在仍然是大多数网络新闻和新闻编辑室变革研究的核心。

一些关于新闻技术创新的第一批研究借鉴了创新传播理论(Rogers，2003)，并将调查作为研究记者们采用新技术情况的一种方法(Garrison，2001；Singer，2004)。然而，受到Boczkowski开创性工作的启发，越来越多的研究者认识到这些变化的复杂性，新闻业研究需要一种更定性、更具解释性的方法。这导致了一股新闻编辑室民族志研究的浪潮，研究人员通过深入的访谈和文献分析，与参与者观察的方法结合在一起，从而更好地了解新闻编辑室文化在趋同背景下的深刻变化(Paterson，Domingo，2008；Domingo，Paterson，2011)。

总的来看，这些在线新闻编辑室的民族

志研究，已经就新闻编辑室创新相关因素得出共识。但有评论认为，还必须就这些因素进行解释。

首先，需要注意的是，创新过程中的原因和结果不易区分，尤其是技术和社会因素之间的相互影响。因此，研究人员倾向于强调，这些因素既形塑(限制、促进或改变)技术创新，也被技术创新形塑(受限制/被促进/被改变)的。

其次，不同的因素"通过复杂的因果链相互依赖"(Steensen，2009)，这一事实意味着不能孤立地理解这些因素。换句话说，即使Steensen认为存在一定的等级关系，也不能把一个因素作为形成创新过程的关键决定因素。

最后，Steensen指出，可以区分媒体组织的结构因素和"个人实践的实例"。根据这一建议，我首先讨论影响新闻编辑室变革过程的结构性因素，然后重点研究中介在塑造新闻创新中的作用。

结构因素

Boczkowski在一项关于在线新闻中互动性和多媒体整合的研究中，提出了一种分析模型，用于区分三种生产因素：组织结构、工作实践和用户表征。这个模型已经应用于许多其他在线新闻编辑室研究中，这有助于对它进一步完善和扩展。研究人员认为影响新闻编辑室创新过程的结构因素清单已经变得相当长，但从理论上讲，它们可以分为两类：一方面是组织管理和领导问题，另一方面是与专业新闻工作中的生产文化制度化有关的因素。

组织结构

如前所述，所有的传统新闻编辑室都经过了根本性的重组，以适应多平台新闻需求的供给。提高成本效益和提高生产力是这些重组努力的指导原则，其目的是整合线下和线上业务以及重新分配资源。

编辑室集成

在学术和专业文献中已经有许多关于在新闻编辑室中整合报纸和网络报道的文章。整合新闻编辑室结构将有助于协调开展跨媒体活动，促进报纸团队和网络团队之间的合作。然而，新闻编辑室整合的不同形式和模式是并存的。一些学者区分了垂直和水平的新闻融合模型(Tamling，Broersma，2013)，另一些则提出了一个收敛矩阵，以区分三种典型的新闻编辑室整合模式(García Avilés等，2014)。每种模式都反映了在市场战略、新闻编辑室设计、工作组织、变革管理支持以及记者与受众的关系等问题上所做的不同决策。

新闻编辑室整合的问题不仅与工作场所的物理设计有关，还与对新的组织层次和指挥系统的混乱有关。Singer用一位记者的话来说明这种困惑，他有过突然间有了"两个不同的老板"的经历。如果这些问题没有得到充分解决，可能会导致高度紧张，有时甚至迫使新闻编辑室的管理变革倒退。事实上，报纸和广播中已经观察到了一种"反融合"的趋势(Tamling，Broersma，2013；Van den Bulck，Tambaizer，2013)。

资源再分配

创新过程管理的一个关键方面是资源的再分配和投入。正如Quinn所讨论的那样，在商业观点之间存在着持续的紧张关系，在这种观点中，趋同只是一种节省成本的策略，而新闻业的观点则认为只有在新的投入支持下，融合才能带来更好的新闻报道。在许多网络新闻编辑室的民族志中都观察到这种紧张关系，指出缺乏资源是新闻编辑室创新过程的主要制约因素。其认为需要投入的领域包括以下几个方面。

- 技术基础设施：虽然到目前为止，在线新闻研究中，硬件和软件的作用还没有得到足够的重视，但一些民族志研究讨论了新技术，如新的内容管理系统(CMS)是如何应用的，它可能会因为新技术的(真实的和可感知的)错误造成技术人员和编辑人员之间的紧张关系(Paulussen，Ugille，200；Schmitz，

Domingo，2010）。

- 招聘：不同的研究者都讨论过这个问题。总体来看，大家都认为传统媒体应该在聘用数字人才方面投入更多资金，而不仅仅是为了填写新的职位简介(Kaltenbrunner，Meier，2013)，还应在新闻编辑室引入关于内容制作的新的和破坏性的想法(Ryfe，2012)。
- 培训：一些研究表明，工作人员共同关心的问题是，在工作中提供的指导和培训不够充分，无法获得掌握跨媒体数字新闻制作的新工具和实践所需的多种技能(Singer，2004；Kaltenbrunner，Meier)。
- 工作流程和时间管理：虽然时间一直是新闻工作中的稀缺资源，但时间的缺乏可能已经成为人们最常提及的阻碍新闻编辑室采用新工具和做法的结构性制约因素之一(García Avilés，Carvajal，2008)。工作流程和时间管理对于新闻编辑部工作人员适应新的全天候新闻生产模式已经变得至关重要(Lund，2012)。

在对与组织相关的结构因素进行回顾时，人们可能会注意那些对创新造成成功或失败的因素。受媒体管理理论的影响，这些因素确实经常被限定为单个新闻组织层面管理上的挑战(Lowrey，2012)。因此，隐含的建议是，只要恰当地解决这些结构性制约因素，创新就能取得成功。这种研究取向的问题是过于倾向于认为新闻编辑室的创新是由媒体管理和政策决策所控制和决定的，这是自上而下强加的，因而有可能低估记者的职业文化在创新过程中的作用。

专业文化

要了解专业文化是如何塑造新闻编辑室创新的，不妨思考一下"规范化"(normalization)这个社会学概念。规范化过程理论为理解和解释为什么"物质实践会在社会语境中变成人们个体或集体工作时的惯例"提出了一个框架。(May，Finch，2009)。

对在线新闻研究而言，规范化过程理论可以通过聚焦新闻业的专业文化中的惯例和规范来帮助理解新闻编辑室环境中技术的社会建构。Singer(2005)在关于j-blogging的研究中证明了这一点，她的结论是大多数记者将他们的博客"规范化"以适应已存在的信息控制和把关人的规范和实践。记者在使用Twitter时也观察到了"规范化"模式，尽管有轻微的调整迹象，旧习惯和传统角色观念往往会影响记者对微博平台的使用(Lasorsa等，2012)。

习惯

根据Ryfe(2012)的解释，新闻工作者的习惯往往阻碍着创新和变革。通过社会化，新进入者学习和采用新闻收集和生产的惯例和不成文的规则。这导致了一种普遍的信念："做事的方式就是应该做的事情"(Ryfe，2012)。例行公事深深地植根于日常工作实践中，隐蔽性很强，被认为是理所当然的，以至于记者们甚至很难想象其他从事新闻工作的方式。此外，例行公事也是一种"战略仪式"，因为按这种方式做事情会让他们感觉安全和舒适，减少了被批评的风险。研究文献提供了许多例行公事的例子，说明它如何抑制记者在日常工作中采用新工具和做法(Deuze，2008)。

为了说明习惯是很难打破的，Ryfe描述了一个美国地方报纸的编辑，他想改变记者报道新闻的方式。其中措施之一是记者将不再每天访问他们平常习惯采访的机构。实验失败了，因为记者们对他们不再依赖惯常的报道感到不安。这些惯例深深地植根于他们的职业身份之中，以至于新规则不仅被认为是适得其反的，而且还被认为直接威胁到记者的自我认同。因此，习惯最终导致记者拒绝新规则(Ryfe，2012)。

另一些研究则强调常规行为如何引导记者用传统的报纸逻辑来理解新媒体。特别是在网络新闻的早期，记者们与超文本、交互性和多媒体等对旧时代的文本内容生产模式构成的挑战作斗争。由于传统记者可能主要把自己视为新闻报道的"作者",因此在他们的故事中加入超链接、互动特写或视频素材根本不被认为是工作的一部分(Deuze,2004)。今天,记者必须具备多种技能的观点似乎得到了更广泛的接受,但仍然可以观察到报纸统治的痕迹。网络和报纸规程之间的冲突也普遍存在于传统新闻编辑室的工作节奏中,至少反映在两种"即时性"的讨论中。在《纽约时报》新闻编辑室民族志研究中,Usher描述道:

> 因此,两种动力都在发挥作用……既有旧世界的即时性,即突发新闻意味着明天的新闻,也有网络新闻新世界的即时性,即时性意味着"新鲜",持续更新,主页在6个小时后完全不一样(Usher,2014)。

角色感知

例行公事不仅植根于新闻惯例和报纸逻辑,也植根于记者对其把关人角色的看法(见第7章和第16章)。尤其是在关于参与式新闻的文献中,很多人聚焦于专业新闻编辑室,大体上倾向于从传统的角度来探讨用户生成的内容和公民新闻的现象(其他观点,见第12章)。研究一再发现,记者们急于强调,用户生成的新闻不能取代专业记者的工作,"记者认为他们的工作是审查和核实信息,然后将其公之于众"(Singer,2010)。通过维护和坚守自己的把关人角色,他们试图保持对新闻过程的控制。正如Singer所指出的,虽然这无疑是对行业危机充满焦虑的回应,但它也与公众信任和问责的专业标准有关。例如,专业记者一直在努力解决是否以及如何在法律和道德方面为用户贡献内容承担责任的问题(Singer等,2011)。

尽管职业规范在不断演化,记者们也越来越适应数字新闻生态系统,但很明显,专业控制和自主的规范会阻止创新。编辑自主权也涉及记者对用户的陈述。Boczkowski认为,与自主程度较低的新闻编辑室相比,具有更高自主权和决策能力的在线新闻编辑室更倾向于将用户视为具有技术头脑和多媒体思维的人。这与编辑独立不受商业影响类似。从公共服务的角度来看,记者倾向于将他们的"想象中的公众"视为具有特定信息需求的公民,但受制于商业动机的压力,他们可能会被迫将用户降低为"眼球"和"目标群体",这反过来又可能使他们不愿作出改变(Vujnovic等,2010)。

超越结构因素

到目前为止,我已经从制度的角度讨论科技在新闻编辑室里的社会建构。从这个角度来看,创新过程一方面被看作与组织战略、结构和资源有关的不同结构因素以及职业惯例的复杂互动,另一方面则受到已内化于新闻文化中的新闻惯例和规范的影响。虽然这些结构性因素对理解新闻编辑室的创新过程有很大帮助,但这是不够的,因为它低估了机构的作用。因此,一些研究者呼吁对创新过程采取一种更注重实践的方法,给予新闻机构内部的个人自主性更多的关注(Cotton,2007;Domingo,2008;Steensen,2009)。

将重点从结构转移到个人层面,不仅有助于更好地锚定组织内部的变革因素,还可以解释新闻编辑室的创新过程。不同的新闻机构倾向于对创新采取完全不同的方法和策略,这一事实确实说明了结构性障碍可以通过本地化和个人的行动加强和规避(如果新闻编辑室工作人员能够并准备改变)。因此,变革进程最终取决于如何将结构因素转化为(通过重新商谈)不同参与者为适应不断变化的物质环境而进行的日常实践(Domingo,2008)。

Schmitz Weiss和Domingo认为,除了"将社会参与者聚集为集体结构的宏观社会视角"之外,还需要"从微观角度关注特定社会群体的内部关系,其中每个人在创新过程中发挥关键作用"。他们认为至少有两个理论框架提供了这样的视角:第一个是实践社区(COP)框架,另一个是行动者网络理论(ANT)。这两个框架已被用于最近的新闻编辑室创新研究,有助于在在线新闻编辑室研究方面的"实践转向"(Steensen,2013)和"物质转向"(Boczkowski，2015)。

实践转向

回顾有关新闻编辑室创新的文献，Steensen提出了"个人实践是否被视为在线新闻编辑室创新的决定因素"的理论问题。Cottle呼吁从规范到实践的观念转变，更关注新闻机构在新闻编辑室变革过程中的作用。他描述了一家挪威媒体公司的案例，两名高级职员利用他们在编辑部的强势地位，成功地反对了该报纸成立的一个项目小组的计划。案例研究表明，编辑室中的少数几个关键成员的个人行动能够在指导创新过程中发挥决定性作用。这使Steensen认为新闻编辑室的创新似乎是随机的。Ryfe所讨论的案例也观察到了由于个人行为而产生的创新的杂乱无章的性质，在这个案例中，记者们不愿意改变他们的报道习惯的部分原因可能是他们与新闻编辑的糟糕关系。

Schmitz Weiss和Domingo使用"实践社区"(COP)的概念作为视角，分析个人在新闻编辑室里的共同实践和协商如何产生创新。COP理论最初是在教育学背景下发展起来的，目的是了解集体学习的动力机制(Wenger，1998)，但它已经被运用到了其他研究领域，包括传播研究。对于编辑室创新过程，Schmitz Weiss和Domingo的研究表明，COP方法有助于理解"记者们是如何通过相互接触和共同进取，相互学习适应新情况"，以及"新知识如何被快速纳入社区的共享领域"。与大多数新闻编辑室创新研究的其他方法不同，COP方法侧重于个人对新技术机会的经验和态度的共享，而不是对新技术带来的冲突和矛盾的看法(Schmitz Weiss，Domingo，2010)。

虽然大多数新闻编辑室的研究都把新闻工作者作为新闻编辑室变革的关键推动者，但研究在线新闻的学者意识到，新闻工作者不是在真空中工作的。要理解新闻业的变化，需要审视这一职业的界限及其与新闻机构内外其他"实践社区"的互动。在新闻编辑室里，似乎值得更多地关注经理和编辑部领导的作用，他们的"个人热情和承诺"可能是推动发展的关键(Singer等，2011)。此外，新闻编辑部的IT人员的实践需要更多的关注，特别是因为"技术人员"可以在新闻编辑室采用创新的第一阶段发挥关键作用(Nielsen，2012)。

Westlund和Lewis提出了一个重要观点，即"当前的文献在研究组织变革和媒体创新结合方式上似乎采取了一种相当狭隘的方法来界定和研究参与媒体创新活动的行动者"。研究人员的注意力主要集中在行动者，特别是在编辑室里的新闻工作者身上。为了扩大范围，作者提出了一个框架，研究编辑室内外的人和非人的机构(更详细的讨论，请见第23章)。该框架区分了三种"媒介创新机构"，即人类行动者(包括传统和在线记者、管理人员、营销人员、技术人员、积极参与新闻生产的用户)、受众(指能够通过参与内容生产为媒体创新做出贡献的公众)(Westlund，Lewis，2014)和技术参与者(例如算法、应用程序和内容管理系统)。将非人类技术作为媒体创新的代理人(或"行动者")来考虑，体现了对新闻工作中物质性参与更加重视的研究趋势。

物质转向

研究技术和社会的相互塑造意味着，除了社会因素和行动者之外，还必须考虑技术在创新过程中的作用。这可能听起来显而易见，但在线新闻研究通常很少关注技术在创新中发挥积极作用的方式。一些在线新闻编辑室的研究专家承认，技术和物质方面的考虑会影响员工对创新的态度(见上文)，但这些研究很少将技术本身视为重要的改变因素。然而，随着越来越多的网络新闻学者接受行动者网络理论(ANT)，这种情况正在慢慢改变。

行动者网络理论被其支持者称赞是因为它为分析与新闻工作相关的技术提供了一种真正全面的方法(Hemmingway，2008)，Plesner将行动者网络理论的优点(见第27章)总结如下："相比在(例如)一种机构、一种讨论、一种人际关系或一种技术上的焦点中进行选择，行动者网络理论聚焦于各种(人类的和非人类的)行动者在媒介文本生产中的不同作用。"这里特别关注的有两个方面：第一，行动者网络理论拒绝社会学的主张，不着眼于人类和非人类行动者之间的关联；第二，由于它的整体性视角，行动者网络理论不对行动者之间的关系作出任何假设，换句话说，它"既不赋予人以主导地位，也不赋予技术以主导地位"(Plesner，2009)。相反，它试图寻找人类和非人类行动者在行动者网络中(比如新闻编辑室中)的权力关系(以及他们是如何进化的)(参见Hemmingway，2008)。

Micó等人展示了行动者网络理论的方法如何能够更好地理解创新过程的复杂性和偶然性，因为它将创新过程视为新闻工作者在媒体环境中与技术和其他行动者互动的结果。然而，由于这项研究是基于对新闻工作者访谈的方法上的，所以它可能过分强调了新闻工作者的作用。如果我们看一看最近基于创新过程中积极的角色与技术的互动的新方法的研究，这一点就会变得更加清晰。创新的过程，不仅是通过人类行动者的实践，而且也是以一种更直接的方式。

例如，Rodgers介绍了一家加拿大在线报纸的内部网络内容管理系统的运用情况，在该系统中，他特别关注软件的"复杂本体论"。他认为软件应该被作为新闻业的重要对象，这意味考虑软件的无限变异能力和"计算思维"的分析能力，承认其应拥有不受人类使用或授权的部分自主权(Rodgers，2015)。另一项承认技术"部分自主"的研究是由Aitamurto和Lewis提出的，他们揭示了现在的开放API可以积极地刺激和促进新闻编辑室内的研究发展，从而成为开放创新的加速器。这些行动者网络理论激发的媒体创新研究听起来可能有点异想天开，并且局限于所描述的案例的具体背景，但是，通过将物质性(技术)更多地放在关注的中心，这一系列的研究开辟了进一步探讨新闻业创新过程的复杂机制和动力途径的新领域。

结 论

自从互联网出现以来，媒体和新闻学者越来越多地参与到关于新闻创新的争论中来。从不同的学科角度来看，它植根于(媒体)管理、社会学甚至计算机科学等领域，并通过不同的方法，以新闻编辑室民族志为主要研究方法，研究者们为我们理解新闻编辑室创新作出了很多贡献。在本章中，我试图讨论这些研究所采用的不同理论和方法的优点和缺点。我主要从结构主义的角度描述了研究的演变过程，并以新的研究视角关注人类和非人类机构在创新过程中的作用。在这一章的结尾，我将简要地总结一下本课题未来的研究方向。

首先，我想提及Boczkowski的建议，即在线新闻研究尚未对有关创新和组织变革的理论的下一步发展做出重大贡献。从今天的文献来看，新闻学者似乎仍然犹豫不决，不愿探索新的理论，也不愿根据自己的发现建立新的理论。相反，他们似乎借鉴了其他领域的概念和框架，并使它们适合自己的研究设计。正如本章所指出的，网络新闻学者已经从基于模仿理论的管理创新和社会实践的规范过程理论到行动者网络理论的文献中得到了启发。所使用的理论框架的多样性导致了丰富但碎片化的研究成果，但这些文献更多的是对相关理论的延伸而非发展贡献。

然而，对这些文献的回顾为我们提供了对结构和个人、人类和非人类因素以及新闻业创新过程中行动者之间复杂的相互作用的细微理解。同时，我们也很难把握每一个因素相对于其他因素的相对自主性。例如，如果我们接受技术是一种独立的、部分自主的变革行动，在陷入技术决定论之前，我们应该给予它多少权重(Domingo，2015)？还有新闻工作者个人是否真的在经济、组织、文化和技术条件所界定的结构背景下有足够的自主性进行创新和实验？

如上所述，新闻编辑室内的结构条件可以成为阻碍变革的因素，但也是变革的推动者。然而，可以公平地说，研究往往强调阻碍效应。大多数研究集中在整个新闻编辑室，这可能导致在内部动态和工作人员之间或特定团队内部差异方面存在认识不足的问题。因此，似乎应该更密切地关注那些新闻编辑室——以及新闻编辑室内的部门——这些新闻编辑室制订探索和发展新的新闻工作方式的策略。上文"实践转向"的研究已经做了这方面的讨论。

考虑到新闻创新研究的新机遇，学者们似乎也将继续进行对新闻工作中的物质性(技术)作用的研究。这与Anderson关于扩大现有的经济、政治、文化等新闻社会学视角与技术视角的联系的研究建议有关。在理论上，行动者网络理论可能提供了最有趣的视角来更好地理解创新过程中物质性的作用。然而，行动者网络理论的使用也需要方法上的更新，对计算机代码和算法有一定的背景知识的精通技术的媒体学者应用这种方法可能具有竞争优势(Lewis, Usher, 2013)。

最后，读者可能已经意识到，本章几乎完全集中在对传统媒体组织的新闻编辑室内部创新过程的研究上。然而，部分由于传统媒体的防御性创新策略，许多新闻业的创新都是在新闻编辑室之外形成的(见第10章)。因此，超越新闻编辑室和专业新闻业的视野，对更好地把握新闻制作和传播方面的创新是如何产生和发展的会更有成效(Anderson, 2013b)。从新闻编辑室内部的研究中获得的知识可以促进并进一步发展那些在新闻融合和网络媒体生态系统中的新闻创新的研究(见第28章)。

第14章

外包新闻工作

Henrik Örnebring和Raul Ferrer Conill

引言

外包是指把以前的内部业务流程外包给第三方(Grossman，Helpman，2005；Hatonen，Eriksson，2009)。这种做法在许多业务部门是很常见的，将一个特定的业务流程外包给当地合作伙伴，或将几个业务流程外包到远离核心业务的国家(即所谓的离岸外包或离岸)(Grossman，Rossi-Hansberg，2011)。在商业文献中，外包通常是从积极的角度来看待的，因为它允许公司专注于他们的核心活动(Barrar，Gervais，2006；Gilley，Rasheed，2000)，但在应用商业领域之外也有广泛的文献对外包采取了批判的观点(Kalleberg，2009；Klein，2000；Standing，2011)。外包与规避劳动法规(Benner，2002；Burkholder，2006)、剥削和工资不平等(Feenstra，Hanson，1996)、糟糕的安全条件有关(Mayhew，Quinlan，1999；Quinlan，Bohle，2008)，比如，反工会行为(Noronha，D'Cruz，2006)。

在21世纪的前十年里，新闻业务外包的几个案例引起了公众的广泛关注。在这种情况下，被认为有争议的事情不是安全条件或新闻工作者的低工资，而是事实上整个新闻业已经开始被外包了。路透社在2004年将他们的IT数据库工作外包给印度，然后又将纽约证券交易所的部分报道外包给班加罗尔(Jeffery，2006；Ramesh，2004；Schiffere，2007)。2007年，加州的地方新闻网站"帕萨迪纳现在报道"(Pasadena Now)将市议会会议的报道外包给印度(Ehrenreich，2007；Maderazo，2007)；这是可能的，因为当时的帕萨迪纳市议会会议是在网上直播的。批评性报道记者Jennifer Maderazo的头条预言("由阿尔法·迈特工作组报道，但不再报道本地新闻")被事实证明是错误的，因为"帕萨迪纳现在报道"的创始人James Macpherson在2012年宣布，他已经开发了一个平台，以帮助其他地方新闻机构将他们的地方新闻外包出去(Sheffield，2012)。就在这一消息发布前一个月，美国新闻报集团将《芝加哥三角报》和《休斯顿纪事报》等报纸的本地报道外包给了菲律宾(Tarkov，2012)。然而，新闻研究中对外包概念的关注仍然很少。研究知识和文化工作外包的Mosco指出，虽然所谓的"知识工作"的外包越来越重要(主要是由软件工业驱动)，但很多媒体和新闻工作外包的事实都被视为奇谈怪论(Mosco，2006)。

根据Mosco的批判性观察，我们不认为通过前面描述的极端例子可以很好地分析或理解新闻外包。这种外包方式显然不符合行业规范。关注这些案例忽略了这样一个事实，即不同形式的外包一直是新闻业务的一部分。大多数报纸把国际报道的一部分或全部外包给通讯社已经超过150年了。19世纪大型跨国通讯社的成立与新闻的产业化及新闻业内部分工的出现有着密切的联系(Rantanen，2009)，而国家通讯社将外包的做法应用到国内新闻(Boyd-Barrett，Rantanen，2000)。同样，在大众报刊的早期历史中(即19世纪后半叶至20世纪头几十年)，"自由职业者"，尽管当时并不是那么称呼的，在新闻业中是常态，长期雇用合同是例外(Örnebring，2013)。很大程度上，几乎所有新闻文本的制作都外包给了新闻编辑室外的临时雇员。

本章梳理了现有的文献并访谈了10人；参与的访谈者包括高级编辑/管理人员和特约嘉宾，他们代表着各个国家的和跨国的媒体机构，如路透社和瑞典国家通讯社TT；以及像瑞典《每日新闻》(*Dagens Nyheter*)这样的报纸和国家公共服务广播公司，如BBC(英国)、SVT(瑞典)和TVE(西班牙)。访谈者还包括当地一家通讯社的新闻制作人和4位特约嘉宾，他们是当地的自由职业者，他们可能把新闻作为主要收入来源。对不同角色和不同媒体机构进行访谈，其目的是收集描述性数据，验证和核实所描述的做法，说明哪些行业实践与外包相关，以及它们的范围有多广。

外包：划定界限

在新闻和新闻制作方面，有许多当前的做法可以被比喻为外包，但由于外包者与"外包方"之间不存在正式的合同关系，所以在严格的定义上，其不一定是外包。另一方面，这种严格意义上的外包显然是新闻业更广泛的趋势的一部分。

例如，今天大多数新闻机构都会广泛使用用户生产内容，特别是在报道重大突发新闻事件时。2005年英国广播公司对伦敦爆炸案的报道可视为大规模使用公众生产内容的典型案例：英国广播公司在其网站上收录了幸存者和目击者在隧道内录制和提供的大量原始视频、照片和信息(Sambrook, 2005)。与用户生成内容相关的外包是显而易见的，比如当英国广播公司等新闻机构向用户生产内容付费时，应被认为是为特别重要或独特的内容与生产者建立合同关系(Conlan, 2006；Robinson, 2007)。不过，这种做法并不要求与特定内容提供商建立长期合同关系；由于这一现象在本部分第15章和第18章中有所涉及，我们将在此重点讨论更长期的合同化外包。

隐喻外包的一个更明显的例子是，越来越多的公关材料变成了很少或根本不编辑的新闻(Lewis等, 2008)，也被称为"有闻必录"(churnalism)(Davis, 2008)。这种做法肯定是现成新闻的重要外部来源，但并不取决于与另一家公司建立合同关系的积极的、正式的商业决定。这种由新闻编辑室/新闻机构以外的行动者制作新闻内容，通过媒体曝光以减少新闻编辑的趋势日益增加。不过，当新闻机构发布来自新闻稿的内容时，重新使用的内容将与外包实践研究相关。如Johnston和Forde(2011)所说，新闻出版商采用某家通讯社的新闻时，他们认为内容是可信的和更高质量的，而不仅仅这是由其他记者生产的新闻稿。在这种情况下，新闻内容的增值只是象征性的，它存在质量、自主性和透明度的问题，我们将在本章后面讨论这些问题。

因此，虽然我们认为新闻外包是生产需求增加和资源减少这一大趋势的一部分(见第4章)，但我们认为对与专业新闻工作相关的术语做更多的辨析工作是有用的。在隐喻意义上使用外包在某种程度上削弱了这个术语，并且在事实上已经过时，也造成了对创新的偏见。因为一百多年来，它一直是新闻业的基石。从历史上看，很明显，通讯社一直是这一外包的关键参与者，这也是为什么它们仍然是本章的研究重点(尽管其他形式的外包也将被涵盖)。我们还希望将外包作为一个"数字新闻"的概念，纳入对技术以各种方式重塑新闻工作的更广泛的讨论中(例如，见Anderson, 2011; Bromley, 1997; Örnebring, 2010; Parasie, Dagiral, 2013; Power, 2012)。到目前为止，对技术和新闻工作的研究仍然聚焦于新闻编辑室的技术和实践(见第13章)。我们希望能聚焦于技术在新闻编辑室之外协调和控制新闻工作方面的作用。根据我们的目标，我们将继续讨论外包如何与更广泛的新闻产业结构相适应，以及它与新闻业的劳动条件变化的关系。然后，我们将讨论关于外包如何影响新闻实践，特别是新闻编辑室内外的行动者之间的互动。最后，在我们讨论现有外包实践的规范以及未来可能的影响之前，我们要讨论一下(数字)技术与外包之间的关系。

外包：产业结构和劳动条件

长期以来，新闻机构将许多与新闻内容本身没有直接关系的业务流程外包出去，例如发行(van Weezel, 2009)、印刷(Bakker, 2002)、排版、设计和信息图形制作(Bekhit, 2009)以及广告销售/制作(MacInnes, Adam, 2006)。近年来，用户生成内容的处理也被外包，特别是对在线评论的处理(Braun, Gillespie, 2011; Domingo, 2011)。所有这些形式的外包一般都不被认为是有争议的，而且它们表明外包在整个行业中是普遍存在的，对外包没有明显或特别的阻力。但是，围绕外包规范的担忧一般集中在新闻内容制作的外包上。将这种外包纳入行业结构主要有三种方式：通讯社作为外包经纪人进行工作，在新闻工作的许多领域使用自由职业者，以及签订所谓的内容共享协议。在对外包如何适应新闻业劳动条件和就业战略的总体转变的讨论后，我们将依次对这些内容进行讨论。

新闻机构在整个行业的劳动分工中发挥着至关重要的作用，随着时间的推移，这一作用更加强化(Boyd-Barrett, 1980; Boyd-Barrett, Rantanen, 2000, 2004; Fenby, 1986; Paterson, 1999, 2010, 2011; Rantanen, 1998)。当代新闻机构如何融入新闻外包的整体产业结构的最佳例证是举例说明一家现代通讯社是如何运作的，特别是说明新闻机构扩大其提供的外包服务的范围和程度。我们的例子是TT，它是瑞典最大的国家通讯社，以下信息来自我们的一位受访者、公开信息来源以及Czarniawska关于TT的研究。

这家通讯社目前为主要的瑞典新闻媒体和集团制作和/或编辑内容，如报纸 *Svenska Dagbladet*(《瑞典每日新闻》)、报纸集团"本地邮报"(包括8家瑞典本地日报和9家当地免费报纸)、*Metro* 和 *Talentum*(一家杂志出版商，专门从事技术、商业、市场营销和法律等领域报道的专业/行业杂志)。多年来，TT已经整合了过去由客户在其机构内部进行管理的业务流程，例如次编辑(subediting)/再编辑(copyediting)和设计/排版。随着数字技术的引入，外包服务的数量有所增加。随着TT变得越来越重要，它也精简了业务流程，以便聚焦于做媒体市场上的新闻交易渠道，TT现在将自己的几个流程外包给自由职业者和其他公司。新闻内容(如需要专业报道能力的特写、大量的外国报道以及其他专业服务)交给自由职业者或其他媒体专门机构处理。TT的瑞士合作伙伴Six Telekurs就是一个这样的例子，该公司专业提供财务信息和数据服务。TT还与美联社、路透社、法新社及其他北欧通讯社等主要国际通讯社签订了文本和图像内容协议。大容量的技术基础设施使得TT能够成为实时信息传输的外包经纪人：新闻媒体从TT购买内容，TT则从其他专业公司购买这些内容的要素。这代表了两层或有时是多层的外包，这明显降低了原始信息源对新闻消费者的透明度。跨国新闻机构使用类似的流程和程序，但在国际市场而不是一个全国市场层面进行外包；他们在提供特定形式的内容(主要是国外报道)方面占据垄断地位，以至于Paterson认为，现在备受诟病的术语"媒体帝国主义"依然存在(Paterson, 2011)。这里的关键点是，通讯社已经完全融入了新闻业，而且大多数新闻机构发现很难在没有这些外包服务的情况下运作；而且，这些服务很大程度上被视为是理所当然的，是行业内的"自然"存在。

自由职业者或中介的使用同样也是新闻业内一种自然的、长久存在的外包形式。这可以归结为新闻业内部存在的历史惯例的连续，正如前面所指出的，自由职业者很长时间以来是新闻业的常态，而不是例外。到目前为止，对新闻自由撰稿人的研究主要集中在工作条件和劳动力市场的结构性变化方面(例如，见Baines, 1999, 2002; Dex等, 2000; Ekinsmyth, 1999; Storey等, 2005)。一个关键的问题是自由职业者是一种自主选择，还是由裁员和削减公司规模造成的。到目前为止，证据好坏参半：一方面，许多自由职业者报告工作满意度很高，但同时有些人失去了长期工作(Edstrom, Ladendorf, 2012; Massey, Elmore,

2011；Nies，Pedersini，2003)。像皮尤研究中心这样的组织会追踪新闻业长期全职工作的消失情况(例如，2012年美国报业长期全职工作减少了6.5%)，但我们不知道失去工作的人是成为自由职业者，还是去其他类型的媒体机构，还是彻底离开新闻业？有证据表明，自由职业者和其他类型的临时雇员在网络新闻业比其他行业更普遍(Deuze，Fortunati，2011)。与外包相关的工资不平等和工作条件不稳定的诉讼也一般出现在自由职业者新闻业中(D'Amour，Legault，2013；Gynnild，2005)。一些研究临时新闻工作者的学者对此持非常批判的立场，并强调外包削弱了记者的职业认同，使工作场所内的培养变得更加困难，而且随着时间的推移，记者更难与消息来源建立关系(Gollmitzer，2014；Lee-Wright，2012)。Cohen(2012)还强调自由职业记者的知识产权保护意识特别薄弱，雇主往往比合同中规定的更广泛地使用他们生产的内容。关于自由职业新闻作为一种外包形式的研究表明，这一现象正在增加，先前的研究一般认为就业保障对维护记者专业实践、价值观和身份认同起着至关重要的作用。

新闻行业的第三种也是最后一种行之有效的外包形式是内容共享协议，或称共享服务协议。这是一种由某个组织将收集和汇编的内容提供给网络的所有成员的合同安排(一般包括商业和公共服务新闻组织)。这些协议是互惠的，虽然合同中可能包括费用，但内容的分发是免费的。这方面的一个例子是欧洲电视交换新闻网(EVN)，它向其所有成员分发和分享内容，目的是"以国际广播联盟的形式分配成本和利益"(Kressley，1978)。EVN成立于60年前，现在它从100多个来源为全球新闻报道提供数字内容。制片人、编辑和新闻播音员只需使用EVN的框架来选择他们想要的新闻，这些新闻已经格式化并包含在其生产管道中。在美国，本地广播机构之间类似的共享服务或联合服务协议被批评为规避所有权集中立法的一种方式(Potter，Matsa，2014；Powell，2014；Stearns，Wright，2011)，并与内容同质化有关(Stelter，2012)。在关于这个主题的报告中，Stearns和Wright发现，大多数共享服务协议的最终结果是观众在竞争性本地广播电视台中看到相同的内容——非常明显的内容同质化。

外包和工作实践

之前讨论过的外包增长导致劳工条件的结构性转变——长期全职工作的减少和临时雇佣的增加——可能会影响工作实践。然而，尽管新闻学研究对工作实践有着长期的兴趣，但其研究一般都是基于长期全职雇员的新闻实践(Gollmitzer，2014)。因此，新闻研究中的"工作实践"通常指的是在新闻编辑室的工作实践，但许多早期关于这个话题的研究都讨论了严格区分"内部"和"外部"的困难，即使在互联网时代之前也是如此。Tuchman的工作是非常引人注目的，尤其是在研究地域分散的新闻工作者如何协作方面(Tuchman，1978)——尽管她并没有将外包作为她研究的新闻类型的核心特征。类似地，White关于把关人的经典研究处理围绕新闻工作外包(选择)的工作实践，但不把使用电讯服务本身视为一个研究问题。例如，White之后的把关人研究主要集中在选择标准上，而没有将电讯编辑看作专门管理和处理外包新闻工作的人。

有许多关于外包增长和专门针对自由记者的研究表明，工作实践会发生变化。这些研究很少将这种变化和具体情况置于临时雇佣和外包使用总体增长的背景下，除了Gollmitzer最近的研究(另见Deuze，2007)。例如，在对所谓的创业型新闻工作的批判性讨论中，关于外包和临时雇佣的研究很明显是缺席的，因为研究者们忽略了这样一个事实：在很大程度上，要成为"创业型的"和"灵活的"，取决于从雇主到雇员所面临的转型风险(Baines，Kennedy，2010；Briggs，2011；Hunter，Nel，2011)。在一项对瑞典新闻记者的社交媒体使用与态度的研究中，Hedman和Djerf-Pierre发现，自由职业记者通常更频繁地使用社交媒体，并且对社交媒体的态度更积极,特别是因为自由记者不得不使用这些社会媒体服务于打造个人品牌和网络的目标(Hedman,Djerf-Pierre,2013)。

Gollmitzer的研究揭示了在临时雇佣和新闻外包增长后,新闻工作的内部开始分层(另见Klinenberg,2005),长期正式员工越来越多地从事管理预算和行政工作,而越来越多的自由职业者和实习生从事"实际"的新闻工作,包括话题研究和调查,与新闻来源互动,以及新闻文本的创建(Gollmitzer,2014)。正如传统新闻机构通常对其主流媒体和数字媒体有不同的预算,每家媒体的费用也可能变化很大。由于网站文章收费较低,数字出版物激增使得可以发布非排他性内容的媒体增长了,为小众和本地撰稿人打开大门(Deuze,2009;Lewis等,2010),但也建构了一个在线新闻制作往往几乎没有报酬的环境(Bakker,2012)。Gynnhild还指出,自由职业新闻领域存在着明显的分层现象。在这里,少数"超级明星"可以收取高额费用,并享有很大程度的自治权,但大多数自由职业记者的工作条件是低安全度的,自治权有限。Brown在其对英国自由职业记者的采访中发现,即使是一些资深自由记者也害怕度假,因为他们不确定等他们回来,是否能获得新的工作任务(Brown,2010)。对稳定收入的需求使得自由职业记者的工作条件在实践中变得更像自由撰稿人,今天写新闻,明天写公关材料(Cohen,2012;Krasovec,Zagar,2009),这当然也促进了新闻工作的内部分层。此外,这种分层体现在性别差异上,女性比男性更可能从事自由撰稿人的新闻工作,女性做自由职业记者的时间也更长(Bastin,2012;Massey,Elmore,2011)。

与制作国外新闻(特别是来自冲突地区的新闻)有关的自由职业者,即特约记者,通常是当地记者或中介人,引起了越来越多的批判性研究。这些特约记者往往没有保险——这大大节省了外包媒体机构的成本——由于这些记者往往面临受伤或死亡的高风险,这引起了更多的关于新闻伦理的批评(Bishara,2006;Pendry,2011;Seo,2014)。关于这一主题的其他研究强调了(西方)新闻机构(并延伸为一般西方新闻媒体)对当地特派记者的依赖,他们的工作条件往往比西方同事艰苦,工作风险也大得多(Bunce,2011;Paterson等,2011)。研究还表明,与使用当地雇员有关的行业实践(实际上是一种外包)非常复杂,而且很大程度上对受众不透明(Murrell,2010;Paterson等,2011)。

自由职业者、新闻机构和媒体之间的互动模式是高度分散的。从特派记者的角度来看,每家新闻机构的技术平台和要求也是不同的。因此,在新闻编辑室内部的多技能需求(Domingo等,2007;Huang,2006;Singer等,2011)也适用于新闻编辑室以外的领域,自由职业记者也需要使其新闻生产适应雇主的技术要求。这些模式往往是由参与程度和自由职业者与雇主之间的信任等因素塑造的,因为从新闻机构的角度来看,每个自由职业记者的经验和可信任程度决定了其个人是否可以与公司合作。一名特派记者必须获得与该机构紧密合作的资格证书。随着能力和信任度的建立,自由职业记者可能被允许进入编辑系统(Johnston,Forde,2011;Paterson,2011)。根据我们的大多数嘉宾的回答,这一过程加强了双方的关系。它降低了两者的风险:通讯社采用未经核实的错误信息的风险较小,同时自由职业记者失业的风险较小。这与很多有关自由职业记者试图与有限数量的客户建立长期关系的研究一致(Baines,1999)。如果通讯社和自由职业记者一直提供可靠和准确的新闻,新闻媒体(从通讯社购买外包服务)倾向于放弃核查事实和新闻来源。

基于网络模式的经纪业务和服务是当代新闻外包的核心。像路透社这样的通讯社在他们的员工手册中有一整章是专门关于如何与临时记者打交道的。这篇专门的"专业指导"对雇佣临时记者的建议是保持谨慎的怀疑态度。涉及与外部撰稿人打交道的信任问题时,充满了像"当心""小心"和"测试一下"这样的词汇(路透社,n.d.)。另一方面,有许多案例表明，通过整合技术创新和使用临时记者(而不是试图减少)，新闻工作过程日益自动化和流程简化。像"寻找特派记者"(Find Stringers)这样的网站(www.findstringers.com)为新闻机构提供了雇用自由职业记者的简化流程服务。

外包与技术

人们普遍认为，各种形式的信息和通信技术(ICT)在外包的扩散中发挥了重要作用(Abramovsky, Griffith, 2006；Orlikowski, Barley, 2001；Stanworth, 1998)，它使得新形式的"远程工作"成为可能，尤其是在媒体部门(Baines, 2002；Deuze, 2007)。数字通信网络和工具使得将某些工作任务和工作区域转移到地理位置较远的地方更容易，也更可行。就新闻学和新闻业而言，我们可以找到更多有关技术驱动外包的例子：正是全球电报网络使得将外国新闻报道外包给通讯社成为可能。技术和外包是联系在一起的。和以前一样，我们认为通讯社在历史上处于新闻外包的前沿，因此它们仍然是我们讨论的焦点。

正如Czarniawska在她的有关新闻通讯社的民族志研究中所反映的那样，新闻生产的网络化——通过人类与非人类行动者的结合与互动来优化新闻生产流程——导致技术内化于程序中，这些技术依赖监视、编码和过滤操作来解决信息溢出的问题。这个信息溢出问题是一个源于技术进步和创新的问题，也是一种可以通过技术过程解决的问题。新闻专业控制自动化程度的提高使新闻机构与自由职业记者之间以及与其购买外包服务的通讯社之间的关系合理化。这一现象的另一个例子是元数据的自动化和使用算法为用户推荐合适的内容(Fernández等, 2006)。这是Czarniawska所说的由技术协助的双重外包的一个例子：新闻机构从通讯社购买材料和内容(这需要分类和制作)，通讯社又将大部分新闻收集和制作工作外包给了自由职业记者(他们必须对其内容进行索引和分类)。简化生产和转换的技术工具扩大了投稿人的范围，

减少了对个别外包内容支付的费用，特别是对数字媒体而言，提高了生产效率、降低了生产成本(Marjoribanks, 2000a, 2000b；Ornebring, 2010)。

随着新闻过程的数字化，数字内容需要重新配置(Boczkowski, 2010)。考虑到产生、处理和转移的数据量以及复杂的内容流的完整性和多层性，嵌入在业务流程中的技术解决方案正迅速成为现代新闻编辑室的基石。在新闻机构内部，技术人员正变得越来越多，越来越有影响力(Westlund, 2011)——有趣的是，他们似乎很少是临时员工或签订临时合同，他们都是全职员工(Parasie, Dagiral, 2013)。内容管理系统是今天的新闻生产过程的核心，在那里，外部撰稿人整合他们的内容，或者客户通过连接到平台自己检索内容。这方面的一个例子是路透社CMS平台"路透社连接"，它包含所有媒体类型，用NewsML-G2标准元数据充实它们，并通过5个渠道向客户提供这些元数据：网站服务(通过能够适应客户平台的API)，内容下载器(通过特定的监控软件)，推送方法(通过CDN)，RSS(通过网络地址聚合器)，媒体快递(通过路透社服务器上的网站解决方案服务)。这里外包的不仅仅是内容生产，还包括新闻制作的工作流程和生产程序。因此，新闻生产的数字化转型使技术/网络辅助生产流程分解和分散，并重新组织新闻输出。就过程而言，内容的每个"部分"是如何生产或由谁生产越来越不相关了。

规范影响和结论

在总结本文的研究成果时，学者和从业者似乎都同意，新闻内容生产外包的增长是由两个相互关联的趋势驱动的。一是因为传统新闻机构面临的危机迫使他们限制预算，减少内部报道，进而影响员工的工作条件(Bakker, 2012；McChesney, 2003)。二是已纳入新闻编辑室的技术创新激增，主要用于创造更快、更低成本以及更容易的相互联系，一方面取代了记者和其他内容提供商，另一方面使新闻编辑

第14章 外包新闻工作

"家庭化"。换句话说，技术的使用巩固和加速了外包实践，也促进和简化了业务流程。这个过程也从根本上改变了数字新闻制作中对新闻工作者不同技能的要求(Deuze, 2008)。

技术和经济显然是相互关联的，我们要提醒大家不要把技术系统和发展看成是"不可避免的"或"自然的力量"(参见Örnebring, 2010)：本书一再指出，技术被嵌入社会、文化，特别是经济环境中。令人惊讶的是，我们在这里描述的大多数外包实践的目的并不是提高新闻的质量，包括新闻中更多样化的声音，也不是培养新的、创造性的新闻呈现方式，而是非常明确地精简机构、降低成本，将风险转移给临时雇员，并在某种程度上统一新闻工作流程。如前所述，在新闻机构内部，非编辑形式的工作外包并没有引起争议；而内容制作本身的外包则违背了关于新闻自治和民主作用的现行规范。继Lee-Wright之后，很明显，先前的研究没有充分强调稳定的工作条件和经济稳定的制度对维护专业价值和标准的重要性。研究表明，外包正在推动新闻业的发展。从本质上看，它与任何其他内容制作并没有什么不同，而且生产者是可以转换的，除了纯技术的技能以外，不需要任何特定的技能(例如使用不同的内容管理系统，能够制作出像样的高质量电影和静止镜头)。

关于新闻外包现象的学术讨论的批评基调也很容易在导言中引用的大多数文章中发现：本地新闻为何可由千里之外的人来生产，哪怕议会和委员会的会议在网上直播？美国新闻报的案例也引发争议，因为该公司确实试图隐瞒他们所做的一切，导致了Tarkov认为外包存在无可置疑的风险。

回顾我们对当前新闻实践的研究，有许多引人注目的案例，如"帕萨迪纳现在报道"，其将当地新闻制作外包给印度或菲律宾的通讯社。在我们看来，关于这些例子的唯一不寻常的事实是，它们是公开的：事实上，新闻媒体定期发布的内容是由母公司和消费者无法知晓的来源生产的，并通过了两个或两个以上的外包步骤。这里有两个不同之处：第一，现在的帕萨迪纳和"新闻报"是市场上的新行动者，因此对他们的审查比那些实际上是推动新闻行业的大部分外包过程的旧行动者(新闻机构)更加严格。第二，与通讯社工作有关的外包过程的目的是将国外新闻带给国内受众(对大多数人来说)。而"帕萨迪纳现在报道"则使外包逻辑转到相反的方向：从地理位置遥远的地方为国内受众组织本地报道。正如我们已经论证的，第一种外包战略在新闻业有着悠久的历史先例，它是产业结构的一个完全归化的部分，而第二个则是新的、与主流新闻标准背道而驰的做法，尽管这些机制和总体经济逻辑是吻合的。事实上，可以很容易地看到反对将本地报道外包到遥远地点的观点，与反对将国外报道外包给通讯社一样，都没什么用。所谓受众决定谁来生产内容是不可能的，大部分工作都是由工作不稳定甚至接受剥削性合同的人完成的，在不准确报道的风险增长的过程中按多个步骤去生产新闻产品。然而，在行业内建立的外包实践是被接受的(通常仅仅是因为已经建立起来了)，而且它是新的在规范上可疑的外包实践(尤其是那些涉及"他们"而非"我们"的外包实践)。

事实上，我们认为当今大多数主要的新闻编辑部的结构都是以某种方式围绕外包的(包括用户生成的内容，利用通讯社的内容，管理越来越多的临时雇员)。新闻业越来越多地被仅仅视为一桩生意(Gynnild, 2005)——特别是在在线新闻环境中——记者们"……为(项目化的、一次性的、按件计酬的)工作而竞争"远比雇主竞争(最优秀、最聪明、最有才华的)雇员更加激烈(Deuze, 2009)。即使是传统新闻机构，虽然仍然雇用了大量在中央新闻编辑室工作的记者，但对项目化的新闻内容的采购和生产也越来越普遍。新闻外包绝不是特例，而是今天的商业新闻收集、制作和传播机构的核心工作。

这一核心工作也表明，研究外包的各个方面是新闻研究的紧迫任务。然而，研究外包新闻工作面临两个主要挑战：一个是概念上的，另一个是方法论的。概念上的挑战是，新闻研究(从调查研究到20世纪七八十年代的"经典"新闻编辑室民族志)的前提是，新闻工作是大型的、资源丰富的新闻机构在稳定的、长期的就业条件下进行的。概念和理论基本上是建立在不同的经验现实基础上的，因此很难捕捉到外包所涉及的新闻工作的组织边界不稳定的、灵活的和变化的现象。方法上的挑战在于媒体组织的机密性和隐蔽性的提高，就像美国新闻报的情况。新闻机构倾向于使他们的外包实践不被研究，甚至不为更多的受众所了解，而这一直是民族志研究的一个关键问题，这使得学者们的研究很可能是非常困难的。这些挑战并不意味着新闻学者应该回避这一任务：相反，外包研究的挑战表明，根据新的工作实践和工作流程、新的组织框架以及新的技术和经济结构重新概念化新闻工作是十分必要的。

第15章

半专业记者

Jérémie Nicey

本章旨在超越专业新闻记者与所谓的"业余记者"之间的明显区别,探讨有关生产新闻内容的终端用户的多方面立场、情况、动机和实践。我们将从商业和社会经济等方面讨论专业主义。本章还将特别讨论近年备受关注的非专业内容生产现象研究中的争议并将之结构化。

关于新闻及其职业地位的问题涉及一些内在紧张因素:对媒体偏见和媒体影响力的持续抱怨(自20世纪中叶以来),因其他部门引发的传媒业的财务危机(特别是自20世纪初以来),与数字转型相关的行业退步,以及对记者实践和合法性的深刻批判。

这些危机有利于用户生产内容(UGC),因为对新闻编辑部来说,这是一种低成本(如果不是免费的话)的制作故事的方式。因此,一些人预言传统媒体的衰落伴随着新闻专业主义的终结(Deuze,2005;Allan,2010;Roumen,2014)。不过,人们对参与式新闻的期待似乎更加复杂:制作新闻内容的终端用户并不是取代记者,而是作为补充,甚至是"有益的补充"(Reich,2008)。主流媒体的编辑部鼓励用户生产内容并利用它,有时还支付报酬,特别是如果用户生产内容是定期的、相关的和准确的。在这些情况下,用户就从外行人变成所谓的"智识用户(enlightened user)"。

本章探讨UGC(用户生产内容)在多大程度上向专业化发展,以及这些参与者的市场如何。要想回答这些问题,需要考察多种规范:通过界定后者来确认记者和用户生产者的身份,非专业记者的活动和创造力,他们作为有用的资源的反应,数字工具和UGC专用平台的交互性,以及将社区作为一种商品。

认同危机:命名参与性

与其他行业一样,在新闻生产中,专业人士与"业余人士"的对立主要建立在符号表征和社会话语结构上(Eldridge,2013)。直到2005年左右,"公民新闻"和"参与性新闻"主要指博客或数字另类媒体(如1999年推出的Indymedia,Platon,Deuze,2003)。正如Allan和Thorsen(2009)所回顾的那样,这些术语的使用在专业记者中最初是有争议的。不过,这些术语在2000年创建的韩国网站Ohmynews.com中得到了宣传和强化(Kim,Hamilton,2006)。后来,随着宽带技术发展,在线出版的机会越来越多(Allan,2007)。随着这种趋势的发展,UGC提高了主流媒体报道事件的效率(如"9·11"双子塔的图片,2004年东南亚的海啸,对波士顿马拉松爆炸案凶手的追查),提供了事件参与者的视角(2011年和2012年"占领运动"对全球金融公司的即时报道)。

虽然在新闻产品中包含最终用户制作的内容由来已久,但它仅限于罕见的和特殊的情况(如Abrahm Zapruder在1963年肯尼迪遇刺事件中拍摄的视频片段)。然而,这类贡献者的生产无疑是积极的,而且在不断增加。在21世纪前十年,用户——至少部分拥有技术、认知和社交技能的用户——不仅数量上激增,即他们明白可以用自己的内容来提高既有媒体的兴趣,甚至可以通过自己的方式传播(Deuze,2006)。这一转变导致了一种高质量新闻贡献者的称谓——他们"以前被称为受众"(Rosen,2006)。

对UGC概念化的讨论揭示了有趣的方面。首先也是最重要的是，形容词"业余"这个词仍然是贬义的和轻蔑的。在媒体和文化产业中，这种称谓还是很常见的。这个词后来出现在英语和法语中，指的是那些对艺术有热情而没有实践经验的人——奉献者或狂热者，换句话说，这样的定义，严格说来是模仿爱好者，而不适合用户内容生产者。后者超越了他们的热情，许多人把它变成了一种"严肃的休闲"(Stebbins, 1992)。此外，我们这里讨论的用户，他们有一个显著的共同特点：他们制作的材料集中在新闻上，是公众感兴趣的，这使他们有别于其他分享自己私人内容的网络用户，后者通常被认为是低价值的(Carr, 2005; Keen, 2007)。

多样化的参与，多样性的命名

因为存在极其多样的实践，所以界定参与者是很复杂的(见第12章和第21章)。虽然限定语"新闻内容贡献者"具有相对中立性和清晰性的优点，但它并不能揭示参与的本质。体现参与性的名称有评论员、传播者或替身(relays)，在生产层面则是新闻见证人、信息经纪人、新闻采集者或新闻片段收集者。最后一组组合具有真正的附加价值——如果说不是必要条件的话——它能使UGC对新闻媒体产生吸引力。在参与范畴的另一端是经常出现在网上新闻报道后的评论、回复，它们通常被认为既不属于制作过程，也不属于创造性生产：他们的作者因此不能指望有报酬，他们的评论应该是免费的……在任何意义上。此外，还有关于行动者或另类媒体具体地位的相关研究(见第17章)。

一些从业者享有"公民记者"或者"街头记者"的特权(Witschge, 2009)，他们改变了自己在其领域的地位。但是后面的这些命名让许多专业记者感到厌烦，其中一些人感受到范式转变的威胁(Robinson, 2007; Deuze, 2008)，尽管他们承认越来越多地与UGC合作，尽管两者相近，但"公民新闻"不应与"合作新闻"相混淆，后者指的是专业人员和所谓的"业余者"之间的合作实践，由此导致"pro-am"概念的广泛传播。因此，随着时间的推移，专业人士对UGC的态度一直很复杂，他们的抵抗有所减少，但优越感仍然突出(Heinonen, 2011; Ornebring, 2013)。我们仍然认为应把重点放在作为信息收集者和内容生产者的贡献者身上，讨论他们的生产为何和如何实现专业主义，以及他们怎样让自己专业化。

记者的合法性与"信息提供者"的挑战

讨论专业人员和非专业人员之间的区别是必要的。专业记者的定义——含蓄地排除了非专业人士——经常提到质量和遵守规范(Aldridge, Evetts, 2003)。然而，如果学徒制被认为是一个重要的标准，那么应该记住，并不是所有的记者都接受过基本的媒体教育或获得了文凭。此外，有三项指标支持这一例外：(1)新闻领域以其强大的自主性而闻名；(2)研究表明，30个最自主和最有影响力的博主比美国报业30位最有权势的记者拥有更高的高等教育学历(Hindman, 2009)；(3)针对最活跃的最终用户的研究表明他们往往是同质的，是社会经济精英的一部分(Brabham, 2008; Aubert, Nicey, 2015)。换句话说，资格论证似乎不再适用于区分是否是专业记者。

因此，如果不是无效的话，通过认证培训的概念来区分是否是专业记者似乎是不够的。因此，记者和活跃的终端用户都可以被称为"媒体工作者"。此外，关于新闻本身作为一种职业的争论是历史悠久又悬而未决的(Ruellan, 2007)；在19世纪，媒体所有者和观众讨论记者职业的合法性时不愿意支付金钱，特别是与作家相比时。研究还显示，对参与性新闻的批评经常引用其三个主要的不足：深刻的主观性、缺乏监管、生产缺乏规律性/固定频率——在这三个方面，专业记者做得更好(Örnebring, 2013)。前两个问题将在后面的章节讨论，第三个问题应该说是许多专业记者也有的一种状态，或至少是一种局限，特别是那些工作条件不稳定的记者(见第14章)。总的来说，UGC挑战了记者的身份(Aldridge, Evetts, 2003; Deuze, 2005)；经过10年的对抗，关注不同的新闻行动者的融合可能更有意义。"生产消费者"(prosumers)(Toffler，1980；García-Galera，Valdivia，2014)或"生产使用者"(produsers)(Bruns，2008a)这样的术语反映了这一点。我们提出并推荐更简单、更清晰的术语"信息提供者"(informants)。这样的标签强调他们的行动和工作性质，相关的正式和非正式的要素将在后面的章节中分析。

活动和创造力：实践和动机并行

要评估UGC，对惯例和实践的研究是非常必要的。在这方面，信息提供者和专业记者并没有很大的不同，除了他们可以调动的资源(Reich，2008)。无论是为他人收集新闻素材，还是自己报道新闻，或打算扩展现有的报道，信息提供者都以类似于已建立的新闻编辑室的方式进行。首先，应强调视听内容的首要地位：事件的日益媒体化导致从更直观的角度进行报道，以吸引人们的注意。使用非专业图像并不是新鲜事，它更加泛化和系统化，对地方、国内和国际事件的报道都是如此。例如，自2011年以来，叙利亚的公民记者获得了声誉和大量受众——尽管媒体活动分子的性质和对他们的公正性有待讨论。

尽管如此，信息提供者无论是制作完全成熟的新闻故事，还是只为新闻编辑室提供有用的原材料，他们的制作环境都类似于专业记者。例如，他们用来报道事件的设备和专业记者使用的设备一样好，如果不是更好的话。因此，信息提供者能够生产严肃的新闻素材，甚至"在某些情况下，比专业记者做得更好"(Gillmor，2004)。除了相机外，用户还可以从数字出版系统中获益——免费或无障碍使用——使他们在报道中具有了反应性和互动性(Allan，2007)。

新闻贡献者的活动和创造力往往与专业惯例相对应：新行动者会采用专业标准(Flichy，2010)。这样的模仿证明专业新闻机构既没有失去专门知识，也没有失去权威(Sjovaag，2011；Deuze，2005；Hermida，Thurman，2008)。但是这种平行实践的现象走得更远了。通过对专业法则的模仿和整合，UGC会强化对专业新闻业的质疑趋势，如极端的即时性或日益增加的与名人打交道的内容。总的来说，虽然新闻贡献者最初的动机是为了抗议，但他们最终倾向于强化共识(Ross，2011)，特别是当他们使用与专业记者类似的设备时，他们很少像专业记者那样选择另类的新闻事件来报道。这是一个可以证明主流媒体更倾向于使用UGC平台的图片和视频的有趣观点；对新闻编辑室来说，这是一个以低成本或无成本地讲述故事的简单方式。

类型与动机：从简单分享到提供成熟的、有报酬的素材

在用户方面，类型是多种多样的，技能也是随着时间的推移而发展的。然而，第一批博客的创建表明，博客作者的写作风格和故事内容比记者的更具话题性，也更长(Andrews，2003)，最严肃的博客不久就采用了新闻风格和格式(Lowrey，2006；Gil de Zúñiga等，2011)。最初，UGC往往是少数人的社会领地——尽管并非不重要(Rebillard，2007)，他们的特点是：知识分子，通常是高学历的，有舒适的经济地位，熟悉沟通技巧。随着媒体越来越促进受众参与，更多的人开始使用新闻写作工具，他们以新闻为参考框架，这增加了他们对事件进行专业报道的机会。例如，本土话题或公民泄密现在比主流媒体的普通文章获得更多的受众和更高的声誉。本着同样的精神，非专业人士的拍摄制作在质量和新闻价值方面都有所提高(见第18章)；因此，这些图像已经获得了经济价值，特别是如果它们是独家新闻的话。在这方面，他们的工作与专业记者并没有根本上的区别。

非专业行动者的目的和动机越高，他们的新闻报道质量就越高。不过，现有研究主要集中在新闻媒体促进参与性新闻的行为动机上，并得出结论，即他们的主要动机是经济因素(Vujnovic，2011)。很少有研究试图了解参与者自己的期望。原因之一是因为动机随语境、内

容和参与者的不同而产生变化,即便是同一个参与者,动机也可能是混合的。但是,在图片制作这样的特定领域,我们找到了一些答案。例如,对照片网站iStock相册上的一项研究表明,想赚钱、发展个人技能和乐趣是参与的最强大的动力(Brabham,2008)。此外,最近对法国UGC机构"公民立场"(Citizenside)的成员(公民目击人和摄影师)的研究发现,其中一些人在媒体发表时是为了获得报酬。研究表明:

他们的参与动机有两个方面:分享的愿望和像专业人士一样拍照片来挑战自我。在调查问卷中,有25人(37.3%)说他们的主要动机是"从他们的图片中赚点钱"。研究也揭示大多数人有不同的动机(共有42名参与者,占62.7%)。[……]"公民立场"的成员经常提到把他们的作品出售后获得奖金的想法——许多人承认这是引起他们关注并促使他们开设账户的首要原因(Aubert,Nicey,2015)。

这些因素导致了不同的照片提供者的类型:学生(20岁左右)希望成为记者或形象专业人士,年岁大些的成年人(40多岁)想做职业转型,自由职业摄影师希望使其活动多样化,如摄影爱好者、活动家、完全业余/偶然的目击者(Aubert,Nicey,2015)。最后一类的人最少,这与大众的想象相反:"有必要解构甚至否定关于参与性新闻的一些成见,以为它是普通市民碰巧用手头的任何工具(通常是智能手机)捕捉到一件非常不完美的事件图像。"相反,许多信息提供者都是技术精湛、装备精良的,并能预期事件。

此外,对信息提供者的采访表明,他们希望得到报酬或象征性的补偿(被公布或可能被发现的声誉),意识到受众的商品化(Jennes等,2014)和新闻编辑室从其低成本内容中获利的过程是有利可图的。被访者也有公民责任层面和传播各种观点或促进多元新闻传播的动机。长期来看,新闻编辑室将活跃的受众有时视为新闻来源,有时作为新闻资源,甚至作为合作者(Canter,2013)。这三个概念是有帮助的,现在需要一个接一个地讨论,以便更好地理解信息提供者的立场。

反应性:信息提供者,从消息来源到新闻资源

各种各样的信息提供者不仅在新闻产品中活跃,而且他们经常像记者们一样对事件作出反应。第一,互联网(20世纪90年代)和移动设备(21世纪前十年)使他们链接到新闻和新闻编辑室。那些接受地理定位的人,如果他们位于新闻事件发生地附近,就会从专业的新闻编辑室收到提醒,要求对此进行报道(Aubert,Nicey,2015)。相反方向的沟通是广泛存在的:市民可以随时提醒新闻编辑室他们正在目睹的事件。在这方面,积极的信息提供者应被视为"辅助记者"或"同事"(Heinonen,2011),因为他们帮助专业媒体实现无处不在的梦想——这一直以来只是新闻界的幻想,因为并不是每一个地方或每个事件都会被拍摄下来。

新闻生产是一个时间和事件驱动的市场。在这种背景下,受众的数字实践揭示了一种强烈的价值:即时性。因此,与其与那些被证明在专业摄影记者到来之前能够高效地捕捉事件的公民记者做徒劳无益的斗争,那些全球知名的图片新闻公司更愿意与参与式图片网站合作,对它投资,甚至购买它。对非专业记者的批评主要强调生产的低频率。换句话说,他们的新闻收集的特征既是优点也是弱点。然而,这个问题可以从相反的角度去看:主流媒体不定期、不经常和机会主义地使用UGC不太可能促进最终用户的参与,使最有效率、最有组织、最热情的人望而却步。在新闻摄影领域,活跃的视频拍摄者采用彻底的和快速的专业习惯。他们并非偶然捕捉事件;相反,他们进行长期的准备和等待。一旦到了现场,他们可能要等上几个小时才能拍摄到他们所期待的最精彩的事件。他们的热情程度和他们设法与自己的主要工作或职业结合在一起的程度——"把他们的个人生活搁置几个小时"(Aubert,Nicey,2015)。然而,这种参与往往是徒劳无功的:UGC的销售仍然很少,许多新闻编辑坚持认为它是"业余的"或"自愿的"劳动——

这些称呼是与上述关于信息提供者的动机相矛盾的。

将真实性和接近性作为市场价值

受众，其中包括贡献者，具有另一种价值：他们在现场和有经验。如前所述，他们的位置很好，可以提醒记者注意发生在本地环境中的故事和新闻。这一趋势证实了长期坚持的新闻原则之一：在这一领域新闻"采集者"(我们建议称为信息提供者)和新闻办公桌上的"处理者"之间存在区别(Tunstore, 1971)。此外，这也呼应了这样一个事实，即每个公民都有提供新闻的能力，并且应该利用这一能力，以便为公共议题和讨论带来多样性(Lippman, 1922)。本着这种精神，来自非专业人士的新闻报道比传统新闻编辑室的新闻报道更难以预测，也更不传统，他们带来了真实性和接近性。

然而，信息提供者的地位有一个不足——他们在报道某些限制性事件时存在机会有限的问题，这些限制性事件包括机关、文化、警察/安全事件，或国内和国际政治(Reich, 2008)。由于显而易见的原因，大多数非专业人士都被迫专注于向公众开放的活动 (Aubert, Schmitt, 2014)。这个问题在一定程度上可以通过申请认证、通行证或许可来解决，但在这种情况下，正如一些实践者自己所说，"认证意味着没有业余人士(Aubert, Nicey, 2015)。"说到限制，专业记者对非专业人士的普遍看法应该提及，他们倾向于保持信息提供者和专业记者之间的界限。这种观点认为，公民新闻没有充分考虑专业记者的核心要求，如职业道德、客观性、拒绝诽谤、准确性和新闻真实性。然而，实践表明，活跃的最终用户很可能是负责任的、遵守新闻报道规则的，尤其是在使用新闻工具和UGC专用平台时。

互动性：接入、工具和UGC专业平台

如前所述，在20世纪90年代和21世纪前十年，用于制作新闻的数字设备在经济上可供普通用户使用；使用的简化(Caple, 2014)和数码相机、电话、电脑和互联网连接成本的低廉与单一媒体系统的高门槛高成本相反，形成了"大规模自主传播"的趋势(Castells, 2007；Allan, 2007)。参与新闻生产的第一步是通过使用简单的软件工具进行的。在20世纪后半期，宽带和移动设备带来了直观性和同步性，增强了个人即时传播的能力。工具很多，但最重要的是，开放源码软件大大降低了成本。事实上，在许多情况下，专业人士和信息提供者使用相同的工具来制作和传播他们的内容(博客软件如WordPress，社交媒体平台如Twitter)，许多实践是共享的。事实上，一些信息提供者非常清楚他们所提供的新闻材料对专业记者的价值，因此，他们给自己制作的图像打上水印来保护知识产权。此外，教程或技术包(例如移动新闻技术包)提升了实践能力，也表明许多专业的网络行动者渴望创造专门的环境来增加和收集用户生成的内容。

UGC专业平台：几种模式及成就

随着时间的推移，根据参与式新闻模式的不同成功程度，UGC网络领域已经构建起来了——尽管一些网站的内容仍然参差不齐。分析平台的不同模式是很有趣的，因为它们利用最终用户生产的内容。然而，目前的分类并不详尽，因为各种类型的网站此消彼长、互融共生。UGC专业平台大致分为：

1. UGC新闻(图片)机构

这些基于网络的机构收集UGC(主要是图片)，并代表作者将其出售给专业人士，与他们分享利益(平均50%)。这一类别包括Demotix(英国，2012年由Corbis图片公司收购)和Citizenside/Newzulu(法国/澳大利亚；见Nicey, 2013a)。

2. 主流媒体的UGC中心

媒体机构设计自己的UGC工具(无论是通过内部资源还是通过外包，例如与专家机构合作)，并分配一些记者来管理和编辑收到的内容。这类机构主要有BBC中心(Williams

等，2011)，CNN平台iReport(Kperogi，2011；Palmer，2014)，以及"卫报目击"中心(由《卫报》于2013年推出)，该平台因冲击自由职业记者市场和免费普及UGC使用而受到批评(Turvill，2013)。

3. (国际)国家独立UGC网站

这些网站把提供全球新闻作为目标，不过实际上他们主要还是做本地新闻("全球之声在线"除外)。他们通常包括专业人士、活跃的信息提供者和普通的终端用户。属于这种类型的有：大明新闻先驱(韩国，创建于2000年：见Chang，2009)，BlastingNews(有不同的总部)，以及AgoraVox，Rue 89和Obiwi(法国)，Blottr——每千页浏览量为作者支付1英镑，Streetreporter(英国)、AllVoice、OurMedia和Newsmeback(美国)、Typeboard(澳大利亚)、Merinews(印度)、Jasmine News和Vikalpa(斯里兰卡)、7iber(约旦)、YouReporter(意大利)、Nyhetsverket(瑞典)(Platon，Deuze，2003)。

4. 本地或跨地域的UGC网站/百科类

这类平台报道本地或跨地域的新闻，通常以公民或社区服务为主。其中包括My Missourian, Akronist, Mytown, Baristanet, 以及Chicago Talks(美国)、Cambridge Day(英国)、myHeimat(德国)、Ketnet(比利时)、iBelarus(白俄罗斯)、BaleBangong(印度尼西亚)，另见第19章。

5. 新闻点播小众平台

这些网站，像Demand Media，提供主要由专业记者制作的量身定做的内容，但有些报道是由某专业领域专家这样的终端用户管理和报道的，有些用户则是按1~2美元一个主题而重组素材。

6. 非新闻的专业网站

这类网站包括博客——最古老的类型——以及主要处理图像和聚焦娱乐或个人分享的平台。他们提供了上传和交易新闻内容的服务，但它们不是专门的新闻网站。主要参与者包括，图片网站，如FlickR、iStockphoto(见Brabham，2008)、Picasa、Fotolia、Fotolog、Scoopshot、MyPhotoAgency、Shutterstock、

ImageShack和Mizozo；视频网站，如YouTube、Vimeo和DailyMotion；其他平台也在不断涌现，如Vine(6秒视频应用程序)和Periscope(实时视频流)。这些服务中有一些为提供信息者支付报酬或分享广告收入。

除了专门的视听内容平台，UGC在社交媒体中快速和广泛地传播，即使没有报酬。无论是Twitter和Facebook，还是Instagram和WhatsApp，社交网络巨头都需要移动应用程序。用户生成的新闻照片的发行量也在增加，正如其他应用，如Snapchat，Fizwoz，Meporter，Rawporter，Newsflare。

这些类型告诉我们什么？它们的成员是多元的，他们的实践和意图也是多元的。UGC平台致力于为最终用户寻求薪酬，甚至专业化，其既是杠杆，又是限制器，有助于建构、推动、销售用户生产内容。同时，作为经济中介，其也分享收入。因此，信息提供者的报酬往往很低，除了满足参与者胃口的稀有独家新闻，就像彩票一样。最终，这些平台似乎对信息提供者很有帮助，为他们带来了名声或者至少是能见度，这对这些人来说是至关重要的：它确实将他们定位为准专业记者或半专业记者，这些人后来可能会被认可为成熟媒体的雇佣人员(Aubert，Nicey，2015)。这个现象很明显。以Demotix为例，自2012年以来，其已经改变了自己的社区，现在的目标是专业的自由职业者，整合广告，并将80%的收入分配给其排名前100名的信息提供者。

另一方面，大部分传统的新闻编辑室，虽然有兴趣，但并没有把每日购买UGC材料纳入新闻生产工作中。因此，有些UGC网站失败了。例如，NowPublic平台于2013年关闭，尽管该平台自2005年以来声名鹊起，并与知名机构美联社签订了内容共享协议；该平台已被记者驱动和支持的网站取代。然而，对于信息提供者来说，最不便言说的是就业：通过实行机会主义外包(见第14章)，新闻编辑部喜欢他们所谓的"业余爱好者"的有偿工作，而不是增加稳定的工作岗位，从而促进廉价劳动力的使用

(Deuze，2008)。一些专家还列举了其他商业模式，比如UGC突发新闻故事或图片的"实时拍卖"(Gillmor，2009)。无论如何，似乎有必要深化对主流媒体推动新闻参与的经济动机的讨论。

社区商品

为了全面了解如何以及为何使用信息提供者造成的专业和财务影响，我们应聚焦于他们所属及为之生产的社区。不过，应避免混淆与专业记者实践相关的"社区新闻"和"公民新闻"。通过聚焦他们的同龄人——他们的社区——以及生产新闻故事，人们可以观察到，一些积极的信息提供者即使不是有效率的"意见领袖"，也是很好的讲述者。人们很早就用三个主要因素来描述他们(Katz，Lazarsfeld，1955)：他们对价值的表达；他们的专业能力和社交网络的性质。

换句话说，他们可能是真正有影响力的人(Song等，2007)、社交媒体(主要是Facebook、Twitter、YouTube和Amazon)的高级用户，当推广社会推荐系统时人们完全理解他们。在媒体的商业功能中，信息提供者确实扮演着决定性的角色——在为广告商和品牌利益，为更广泛的受众和目标客户提供服务时，他们可以即时抵达。例如，在有关YouTube或Twitter的研究中，用户生成内容的劳动被强调了(Andrejevic，2009；Hirst，2013)。因此，对"社区"的反复辩护实际上为合作网络的经济行为者提供服务，他们将其作为一个生产价值的神话重新分配给社区成员自己(Bouquillion, Matthews, 2010)。当专业记者对信息提供者持矛盾的立场时，新闻媒体的商业理性使之更欢迎信息提供者：认为他们的言论和观点具有很高的经济价值(Fuchs，2012)。

呼吁参与：终端用户的价值

最近的趋势表明，大多数媒体都试图扩大受众参与和参与积极性。事实上，这种机会与其说由公众的期望所驱动的，不如说是因为终端用户拥有内在的价值，媒体就是这样看的。专业媒体内容的必需性最近发生了转变：基于向公众单向传播的内容已经失去了它的首要地位(Hermida，2011)。此后，传媒业及其合作伙伴重视并优先考虑的是终端用户的传播和扩散(Domingo等，2008)。因此，媒体平台的目标是更新内容，扩大受众。此外，消费和网络趋向更加多变，整个传媒业——包括手机部门和互联网服务提供商——都在不断调整其业务模式。在这种情况下，社区内领导人的参与对媒体而言是具有成本效益的。然而，研究也往往提醒人们高估最终用户是有风险的：就像收视率已经证明了它的局限性一样。过度使用受众数据来确定媒体内容可能会让广告商和品牌满意，但它可能无法改善新闻业本身(Noblet，Pignard-Cheynel，2010)。

UGC的失衡与矛盾

虽然用户生产内容和参与新闻制作对信息提供者和新闻业本身都是一个机会，但仍然处于危机中的就业市场还没有准备好吸收新的行动者，除非他们是低成本的或无成本的。为了吸引新闻编辑部和招聘人员，信息提供者事实上不断练习和模仿专业守则和惯例：他们使用类似的工具，专注于有新闻价值的故事，预先确定地点，有不同的角度，尽可能快速地制作和传播。所有这一切都强调了一个事实：记者们没有失去他们的专业知识，新闻业的基本规范也仍然适用。如果信息提供者有足够的技能、设备和准备，有能力见证突发新闻事件，是高效率的UGC专业平台的成员，就可以获得收入。大多数信息提供者的工作是很积极主动的，但他们仍然不被认为是专业记者，因为他们从生产中获得的收入很低或根本没有，当然也有例外。因此，许多信息提供者在一段时间内是专业记者，或者至少是半专业记者；从某种意义上说，用准专业人士来称呼信息提供者或许更适合其地位和实践。因此，我们看到了一种扭曲的效果——UGC的专业化幻象。

所以，说终端用户的参与主要是为了媒体组织自身的利益是合理的。因此，关于合理使用UGC(包括版权)的讨论似乎难以预料；尽管信息提供者作为严肃的协同生产者出现，但是媒体组织的危机增强了其灵活性，它们很少与信息提供者签订合同。

新闻领域的参与包括广泛的活动：在底层，不为已有新闻报道的单纯评论员或解释者提供报酬是一种公认的做法，虽然在传统媒体中新闻评伦(资深编辑、编年史作家)仍然有着很高的个人职位和收入。因此，UGC凸显了传媒生产的深刻不平等，以及公民与市场逻辑的对立，其中没有一样是新的：信息提供者类似于已经存在的自由职业记者，甚至劳动条件更极端。例如，除了他们的低工资外，他们与自由职业者的显著区别是，信息提供者不与媒体签订合同，因此没有有保障的报酬。因此，自由摄影记者的类别可能会扩大，变得更加复杂，甚至更加不稳定。有关变革和创新的讨论证明，新闻记者的活动和限制主要是促进连续性，包括自由职业记者的存在(Nicey, 2013b)。更有趣的是，应该注意到在媒体生产中促进最终用户的无报酬的参与，从而创造出一种"无产阶级"——一个在互联网上行使权利的无产阶级，一个在数字网络上生产内容的新用户阶层(de Rosnay, Revelli, 2006)。这种参与确保媒体品牌的合作伙伴，特别是广告商，具有真正的附加值：他们的社区参与。它强调媒体组织政治经济话语的有效性可能会改变公民原有的新闻报道逻辑和用户生成内容的品牌化。

专业人士仍然统治着新闻事业，保护他们自己的利益：他们的媒体机构、他们的公司和他们自己的事业。同样，公民记者有时也希望保护他们的社区以及保障他们事业的提升，但他们在很大程度上依赖于编辑部专业人士的选择或把关(Bruns, 2008b)。通往大众传播渠道的最佳途径仍然是满足编辑对特定故事的渴望：在这方面，《卫报》曾试图公开报道项目(2011年组建了"开放新闻"部门)，虽然项目最终终止了，在吸收建议方面并没有取得真正的成功。回到对"准专业人员"的描述，一些信息提供者可能被用作爆料人，就像向警察部门提供至关重要的信息。通过向成熟的新闻专业记者提供原材料来建立新闻专业性，后者转变为控制员(Robinson, 2007)，也被一些学者称为"掠夺者"(Wilson等, 2008)，或更著名的"社区管理者"，其"策划和指导"等任务具有决定性意义(Domingo, 2011)。

最后，水平社区在UGC内部是有限的：具有讽刺意味的是，它仍然对纵向逻辑作出反应，而且仍然存在"专业控制"(Williams等，2011; Lewis, 2012)。与博客或本地公民平台相对应，目前的模式在这里被建构为UGC(Rebillard, 2011)。所有这一切都有社会影响：新闻业仍然主要向体制内的个人行动者(接受培训和获得学位)，而不是向信息提供者(主动和定期的新闻消费者)提供合法性和支付报酬。主流媒体使用UGC的经济策略实际上也凸显出新闻行业早已存在的不平衡和不稳定的特点，以及将像信息这样有着免费分享属性的货币化策略。最后，信息提供者似乎是"市场秩序"的代理人，而不是公民模式的代理人，这与20世纪70年代NWICO辩论期间争论的情况相一致(Savio, 2012)。不过，我们可以做如下假设：用户在从事媒体生产时可能会感觉是一种公民参与，比如，当他们被认为是半专业的或专业的信息提供者时。因此，进一步的研究应该探讨主流媒体机构是如何发展受众战略的：除了讨论公民表达和公民参与的动机之外，信息提供者可能与未来的新闻受众的利益相关——无论是公共的民主的利益，还是私人的财务的利益。

第16章

作为新闻生产者的消息来源

Matt Carlson

Maya Arulpragasam很不高兴。这位英国—斯里兰卡音乐艺术家以艺名M.I.A.而闻名，她刚刚在《纽约时报杂志》(*New York Times Magazine*)的封面故事中被描述为"M.I.A.激进分子"。她被诬陷为泰米尔暴力分离主义的支持者(Hirschberg, 2010)。当然，封面人物被惹恼的话题并不新鲜，这是成名的代价。但Arulpragasam引人注目的是她的反应。她公开反击《纽约时报杂志》，在Twitter上挑战文章的内容，甚至发送文章作者的电话号码。Arulpragasam后来通过她的网站发布了自己的采访录音，提供了关于该事件的她的版本。《纽约时报杂志》对此作了回应，为最初的报道添加了一个冗长的更正，解释其中的几个引文有点混乱，使得文章显得比较挑衅。

Arulpragasam与《纽约时报杂志》的不和揭示了一些更新颖的东西。因为大量数字媒体的存在，Arulpragasam的名气让她可以绕过传统媒体渠道直接与公众对话。通过Twitter和上传到她的网站上的数字录音，Arulpragasam能够挑战世界上最受尊敬和读者最广泛的新闻媒体之一为她建构的形象。此外，她的申诉还引发了《每日野兽》(*Daily Beast*)和《赫芬顿邮报》(*Huffington Post*)等数字新闻网站上的大量文章，这些文章进一步扩大了她的受众面。总而言之，这一事件揭示了数字媒体环境中新闻来源—记者关系背后的许多断层线。

几十年来富有价值的新闻研究揭示的新闻生产背后的记者—新闻来源关系，很大部分是建立在媒体稀缺的模式之上。记者在一定程度上通过他们对新闻的选择、创作和向广大观众传播来控制广播和报纸渠道。成为一个新闻来源就意味着可以在媒介空间中言说；而被排除在新闻来源之外则意味着沉默。然而，这些假设现在已经过时，因为数字媒体大大扩大了媒介传播的范围。本章认为，在媒体极大丰富的时代，媒体环境的变化需要对新闻来源进行彻底的重新评估。最值得注意的是，记者和"精英"新闻来源——拥有独立吸引公众注意力的声誉和受众的个人或组织——的关系已经被数字媒体技术改变了，新闻来源拥有了传统新闻渠道之外的第二次传播渠道(见第15、17和18章关于公民和作为新闻生产者的行动者的发展)。

虽然很容易认识到传播环境的改变，但这对新闻业意味着什么就没有那么容易理解了。记者们现在在行使把关人权力的时候，必须与可以直接和公众说话的新闻来源竞争。新闻发言人和公关专业人士越来越善于寻找新媒体渠道，甚至完全避开专业新闻媒体。此外，消息来源还可以利用这些渠道来质疑他们在新闻报道中的呈现或塑造新闻议程。这些事态的发展提出了一系列问题：这是新闻责任新纪元的开始吗？还是它构成了一个新的时代，强大的消息来源能够绕过媒体的批评之眼？唯一清晰的是，有必要从数字媒体的角度对记者—新闻来源关系进行分析。

后面的章节在新兴数字媒体环境下重新审视这些问题之前先回顾以传播渠道稀缺为标志的大众媒体时代的新闻来源—记者关系，然后讨论公关行业的战略转变及自视为公共传播者的公关人士的能力提升。记者们也必须调整他们的做法，把社交媒体作为他们的报道来源。本章最后讨论这些变化对新闻业和公共领域意味着什么？

大众传媒时代的消息来源

要了解新闻来源的作用,首先要更广泛地考虑两个关键因素。第一,记者希望把自己的工作描述成对世界的合法描述,转而将客观性作为一项总体规范,即使客观性的可行性面临不断的——而且在许多方面都是正确的——批评。它是西方新闻事业的坚定支柱(Ward,2004)。第二,新闻来源是由新闻业在向广泛的公众提供公共信息方面的近乎垄断地位塑造的。独立于政府之外的公共事务信息传播一直是民主理论的基石(Habermas,1991)。然而,从结构上来说,传播网络仍然仅限于那些通过国家补贴或市场力量来到达大众受众的组织。消息来源必须依靠记者才能进入媒体,或说是进入公共领域。这两个因素深刻地影响了新闻来源的形象。

新闻来源与新闻客观性

最近对新闻的关注主要集中在差异上。然而,即使面对新技术和挑战,新闻业的新闻采集实践和模式仍然是持续的(Reich,2009)。要理解这种持续性,首先要追溯新闻来源实践的起源,直到将客观性作为西方新闻业的核心规范(Schudson,1978;Maras,2013)。随着新闻事业在19世纪末和20世纪初逐渐摆脱其文学和党派根源,伴随着保持距离和公正的报道是对客观性的强调。作为一项规范性承诺,客观性强调对正在报道的事件摒弃个人或组织偏见。其重点转向认为任何情况的真相都可以被揭示的一种泛化的知识观点。对新闻客观性的信念需要一套旨在实现这一承诺的相应做法,所有这些都是为了追求专业精神。既是一种文化象征,也是一种具体的组织重组,随着新闻学院和专业组织的兴起,新闻专业主义在美国应运而生(Waisbord,2013)。客观的记者变成了专业记者有其可以立足的认识论根据。通过叙述目击事件,目击者得以保持其权威性(Zelizer,2007),但新闻来源的主要任务是将信息清晰地告诉记者。

在任何新闻报道中,导论或简介之后,就需要解释事情发生的原因。这种风格是如此普遍,以至于其后果被忽视了。正如Sigal所言:"新闻不是现实,而是作为新闻机构中介的新闻来源对现实的描述。"随着客观性规范的发展,这一策略的双重本质显露出来。在某种程度上,频繁的归因只是证据显示过程,记者们通过几个行为人的讲述拼凑收集的证据,并清楚地列出它们的来源让大家看到。消息来源与理念或事实之间的这种联系让记者推卸关于事件声明的责任,无论是来自国家元首,还是街上的某个人。新闻来源是一种认知实践,通过它构建和传播世界知识(Ericson,1998)。Tuchman认为,将声明从记者转到消息来源有助于保护记者,减少他们在言论出现错误或有争议时的责任。

除了提供证据外,频繁归因也与权威性有关。某些新闻来源被要求发表看法,或使他们的看法优先于其他人。同样,这个层次结构是非常常见的,以至于作为一种被建构的惯例,它可能不会引起我们的注意。研究表明,任何时期任何媒体都对官方消息来源有明确的偏好(Sigal,1973;Berkowitz,1987;Soloski,1989;Hallin等,1993)。这些发现很重要,因为新闻来源的模式仪式地再现了"社会的权威机构"(Ericson等,1989)。对消息来源的选择不仅仅是关于信息的,而且赋予特定社会中谁有权威的文化意义(Berkowitz,2009)。不足为奇,消息来源和记者之间的相互依赖在过去半个多世纪里一直很盛行(Gieber,Johnson,1961)。

对新闻来源的依赖让我们需要思考其一系列后果。第一个问题是消息来源和记者之间的关系是如何影响信息传递给公众的。研究新闻来源的核心是来源的选择如何导致特定观点或事实的选择(Soloski,1989)。当记者们把自己的声音与对客观性的承诺分开时,消息来源在定义现实方面有了更大的权力。这个公式是Hall和他的同事将精英新闻来源贴上"首要定义者"的标签的根据(Hall等,1978),他们不仅提供信息,更重要的是,确定事件的意义。他们的研究追踪了20世纪70年代英国一连串的抢劫案是如何演变成道德恐慌的。研究显示，某些消息来源在定义正在发生的事情方面有很大的优势，尽管他们的说法很可疑。尽管如此，基于新闻规范，记者除了依靠这些消息来源之外别无选择。多年来，学者们一直在挑战"首要定义者"模型，认为它过于简单化，掩盖了诸如精英间的分歧这样的问题(Schlesinger, 1990; Schlesinger和Tumber, 1994; Cotton, 2000)。然而，更重要的是，新闻来源的作用不仅仅是向记者提供消息，还设置议程(格拉斯哥大学媒体集团, 1976; Gitlin, 1980; Entman, 1993)。记者倾向于默许他们的消息来源——只有当精英来源公开分享相互矛盾的意见时才报道冲突(Hallin, 1986; Bennett, 1990)。这种研究观点并不是断言消息来源是某种程度的说谎者；记者通常会核实消息来源。但重要的是，信息是不能脱离消息来源的意图的。事件在不同的人看来是不同的；被采访者塑造了被报道的事实。正如我们将看到的，数字媒体环境使这一理念变得更加复杂。

新闻来源与媒体稀缺

回顾Hallin(1994)所称的冷战时期"美国新闻业的高度现代主义"，从今天的标准来看，新闻报道的总量显得微不足道。在美国，本地报纸、新闻杂志以及网络和地方电视新闻一起构成了新闻体量。英国提供了一个更加多样化的报纸市场，英国广播公司(BBC)垄断了电视新闻。这种公共服务广播和竞争性报纸的模式在其他国家也依然存在。选择的缺乏——新闻和娱乐方面都是如此——巩固了新闻受众市场(Prior, 2007)。对老一辈人来说，报纸不仅提供了信息，还提供了人们经常需要的故事，这往往是因为它是可以获得的(Berelson, 1948)。大众传播时代有少量的媒体生产者和大量的媒体消费者，无论是好是坏，都是集团化的。

在这个媒体匮乏的时代，记者的能力是将某些信息放在观众面前——相反地，他们也有隐瞒其他信息的能力——这就是把关人理论的喻指(White, 1950; Shoemaker, Vos, 2009)。记者被视为把关人，被定位为中介机构，利用他们所受的训练和专门知识，引导信息流向对大众传播渠道之外的新闻几乎没有任何选择的受众。记者充当筛子，允许某些信息通过和报道，而排除其他信息和报道。在这个复述的时代，记者的权威与他们对哪些事件应该摆在受众面前以及应该强调什么的判断密切相关(Carlson, 2007)。记者的权力来源于控制大门。难怪议程设置成为大众传播研究的一个流行理论(McCombs, Shaw, 1972)。记者可以控制公众的观念——也许这不是他们实际所想的——最能体现把关人的政治和文化力量的传播效果。

到目前为止，这是一个熟悉的故事，但需要重新审视的是，这种媒体稀缺的模式是如何影响新闻来源的。由于获得宣传的渠道有限，新闻来源需要媒体将消息传达给大众。这种结构性的依赖导致了新闻来源与记者的关系特点是合作和竞争的混合，合作使新闻工作成为可能，而竞争则可看作消息来源抵抗记者的描述来捍卫他们的陈述(Gans, 1979)。简而言之，由于消息来源几乎没有什么可行的选择来接触公众，他们不得不冒着放弃对信息控制的风险，记者塑造了最后的故事，在面对不令人喜欢的描述时，新闻来源的修正手段有限。从制度的角度来看，新闻来源通过投入资源以尽力传播来应对这种环境(Davis, 2002)，积极产生"信息补贴"(Gandy, 1981)，并开发有利于精英的互助系统(Fishman, 1980)。只有在一个既有利于消息来源又有利于新闻工作者、合作双方都能获得权威性的系统中，消息来源才能学会如何管理记者，以增加他们将信息发布到新闻中的机会(Ericson等, 1989)。

随着媒体渠道的匮乏开始让位于媒体渠道的极大丰富——首先是随着世界各地有线电视的兴起(Buffer, Lewis, 2010)和互联网的发展(Peer, Ksiazek, 2011)——作为守门人的记者模式变得不那么站得住脚(Williams, Delli Carpini, 2011, 另见第7章)。更多的新闻网站意味着媒体受众在多个网站上的分裂，这两种方式都削弱了任何一个新闻网站的影响力，同时也为公众提供了新的选择。最近许多新闻报道聚焦于传统新闻业务的衰落和多种数字新闻形式的兴起

(Chyi, Lewis, Zheng, 2012; Carlson, 2015b)。但这种对新兴媒体环境的看法需要通过对公共传播流程的理解而得到加强,而公共传播流程与新闻一度被垄断的渠道控制是并行的。参与感深深植根于网络文化中(Streeter, 2011),"Web2.0"一词中包含的表达形式的激增促进了共享的进一步发展。本章避免涉及这种转变本身是否导致民主化的争论,虽然很难找到从根本上改变公众沟通的证据(Hindman, 2008)。本章重点在于个人和组织层面的精英资源如何利用这一技术直接与公众沟通,以及它如何重塑他们和记者的关系。

重思数字媒体时代的新闻来源

尽管新闻生产的节奏一直以来是快速而无情的,但向数字平台的转变意味着从记者霸权转向满足受众需求。这种转变的结果是永远需要产生新的内容和避免陈腐的故事(Boczkowski, 2010; Boyer, 2013)。然而,尽管有新技术提供的机会,面对需要不断发布新闻、新闻资源减少以及广告收入减少的压力,我们仿佛只能延续传统的新闻采集模式(Phillips, 2010)。Reich(2009)指出,尽管依托数字技术能更容易、更低成本地获取更多的公共关系材料,但记者仍然受到时间和空间限制。最后,即使数字媒体改变了整个新闻行业的生产和传播方式,新闻故事制作的实际做法是持久的(Ryfe, 2013)。与此同时,新闻初创公司提出了新的新闻工作方式,但这将如何影响新闻来源实践还有待观察(见第10章)。

在新闻来源方面,精英消息来源一直利用新闻以外的媒体渠道,从写书到出现在脱口秀上。就后者而言,政客们对"奥普拉效应"非常在意(Jamison, Baum, 2011)——他们在喜剧节目和脱口秀等非新闻电视节目中获得积极的结果。不过这种影响很难衡量,虽然有证据支持采用这种方法的候选人取得了积极的成果(Taniguchi, 2011)。在数字媒体中,精英消息来源对非新闻媒体的追捧更加积极,凭借丰富的网站和通讯工具,这些消息来源可以接触到那些不看新闻的受众。对于那些试图使他们的竞选或政策获得支持的政治家来说,这一点尤为重要。例如,美国总统奥巴马在Zach Galifianakis在线荒诞采访节目"两个蕨类植物之间"(*Between Two Ferns*)上推动一项新的医疗保健法案,这个节目由幽默网站的Funny Ordie主持(Stanley, 2014)。有人批评奥巴马政府的愚蠢行为损害了总统的尊严,但奥巴马政府对此行为表示赞赏,认为它是接触符合新法资格的年轻选民的地方。这段视频在网站上的浏览量为2400万次,其中YouTube上的浏览量为700万次。消息来源寻求这些非新闻网站的另一个原因是为了避免被记者拷问。为了上Funny Ordie视频节目,奥巴马和Galifianakis做了交易,虽然大大扩大了他的政策的知晓度,但基本上没有实质性地表达他的政策主张。

如果超越这个案例,就会发现一个复杂的媒体景观,众多的网站为消息来源抵达公众提供渠道。奥巴马在"两个蕨类植物之间"的露面不是一种反常现象,而是一种以媒体渠道多样化为特征的媒体系统的产物。精英消息来源,从名人到政治家再到组织,强调他们在社交媒体和在线网络上的存在,使用各种手段直接接触公众,而不是通过专业新闻媒体。后面的章节将探索把技术变革纳入对新闻来源的重思中,重点主要放在公共关系的变化和精英新闻来源利用社交媒体直接接触公众上。

公共关系与非中介化

关于数字媒体的破坏性潜力的讨论大多侧重于去中介化,或对连接创作和传播的行为者或步骤的去除。其中包括新闻业(Bardoel, Deuze, 2001),其将自己定位为传播中介,可对世界上发生的有新闻价值的事件进行报道,受众可以从新闻中方便地获取此方面的信息。如上文所述,这一职能历来与媒体结构有关,因为管制政策和费用限制了大众传播者的人数。记者成了那些将信息传播到大量受众的工具,以及新闻来源和广告商的必要渠道。新闻业除了在信息交流中的地位,其文化地位还得益于以新闻神话为社会中心,承担以前被公共机构占据的职能(Couldry, 2003)。

鉴于新闻业的社会地位，公共关系行业传统上一直致力于影响新闻报道。新闻业与公共关系的复杂关系一直以对抗和共生为特征(Macnamara, 2014)。在规范上，记者认为自己离公关很远，新闻业的身份在一定程度上是从公关以付费促销的做法的对立中显现出来的。在实践中，对新闻内容的研究始终表明，来自公关稿的新闻报道比例很高(Lewis等, 2008)。公共关系和新闻间的亲密关系已经在新闻发布形式中被仪式化，它模仿普通的新闻写作，尽可能地促进从付费演讲到新闻的简单过渡。除了寻求关注，新闻发布会希望通过虚构的客观新闻来消除伴随付费演讲带来的公众质疑。然而，只有这么多的记者和这么多的内容空间，这增加了获得新闻媒体报道的竞争。因此，公共关系人员大量增加，以增加追逐记者所需的资源(Davis, 2002)。这些公共关系从业者中有许多都是从新闻业起步的，后来又被更高的薪水和更稳定的就业所吸引。总之，大众传播时代与整个公共关系机构的发展相对应，这些机构致力于创建或塑造新闻内容，从生产故事到让客户接触危机管理。所有这些都是建立在新闻业对公共传播近乎垄断的基础上的。

数字媒体的兴起改变了这一平衡，为公共关系从业人员提供了接触公众的新途径。这种不断演变的思维方式被一本关于营销和传播业转型的普通商业书概括为：

> 公共关系工作发生了变化。公关不再仅仅是一种专门教人花费大量的精力与少数记者进行沟通，然后由他们来讲述公司的故事，为公关人员制作一个短片，让他们向老板展示的深奥学问。现在，伟大的公关工作包括直接接触买家的项目。互联网允许用户直接访问有关产品的信息，聪明的公司理解并利用这一惊人的资源来获得极大的优势(Scott, 2010)。

在许多方面，这是一种彻底的转变，在这种转变中，公共关系抓住了去中介化的机会，从而能够通过数字媒体平台在没有记者过滤的情况下接触受众。一位驻伦敦的公关从业者告诉Macnamara，"通过直接找人，你可以直播自己。我们在这里做的很多事情都是直接向人们广播……我们现在正在绕过传统的渠道，直接接触受众。"同时，Macnamara发现，记者对公关人员自主权的增加很敏感，他们担心被绕过，从而导致错误的信息传播以及败坏公共领域的宣传。在这里，我们看到了一种动态，在这种动态中，公关人员发现了新的传播渠道，而记者则警告那些未经专业记者证实的公共信息可能造成严重后果。下文将更详细地探讨这一情绪。

在公共关系内部，社交媒体和非传统的传播形式已经从边缘成了中心(Sapienza, 2007)。例如，关于危机传播的文献包含了思考如何努力争取最好地通过新闻媒体之外的渠道接触公众(Schultz等, 2011)。另一项研究发现，企业领导人可以利用Twitter创建个人品牌，并在不需要通过新闻的情况下接触年轻消费者(Hwang, 2012)。另一些人提出了一种新的"捕捉媒体"的方式，让记者寻找公关而不是相反(Waters等, 2010)。记者们在公共网站上搜索故事已经成为可能。

公关从业人员也在寻找进入数字新闻内容的新途径。相比通过新闻发布的后门，他们现在越来越多地通过赞助内容或本土广告进入前门——在新闻网站上出现的故事与新闻报道相同，却是由付费公司或为付费公司创造的(Carlson, 2015a)。虽然这些故事的标签与新闻内容不同，但对它们的处置表明公共关系、市场营销和数字出版之间的新关系打破了传统上将这些活动分开的界限(Coddington, 2015)。这些努力引起了对侵犯新闻空间内部的商业利益的关注(见Carlson, 2015a; Couldry, Turow, 2014)。

总之，公关行业正在探索新闻以外的宣传维度。公关不再需要与记者合作来确保消息来源被听到；消息来源现在可以直接向公众说话。但这并不意味着新闻业已经变得不重要；

传播活动仍然主要针对新闻，而且随着时间的推移，新闻采集的做法在很大程度上仍与以前一致。但新闻和非新闻直接沟通之间的平衡的演变表明后者日益重要了。

另一个需要考虑的调查领域是新闻来源的转型——精英新闻资源是如何成为精英传播者的。正如上述有关新闻来源的文献提醒我们的那样，消息来源对世界的描述遵循等级模式。这样，新闻既反映了现有的社会等级，又通过他们的新闻采集实践延续了这种社会等级的权威性(Ericson等，1989)。例如，国家元首和其他高级官员很容易进入新闻，并经常受到关注，而其他消息来源从新闻中漏掉了。在许多方面，这一与精英势力的关系的愿景，在很大程度上推动了围绕数字媒体的民主化讨论，以及无限开放公共传播的潜力。无论数字媒体对公共信息的健康流动多么有希望，我们也必须研究那些能够提供信息的消息来源是如何从争取记者的注意转向作为直接的传播者争取公众的注意。在这里，数字去中介化的力量再次使先前对公共传播的理解复杂化了。

数字媒体允许许多表现性技术——网站、博客、视频和社交媒体——对任何具有基本计算技能和技术访问能力的人开放。然而，精英来源大多源自现有的认同优势，要么通过机构关系(如政治职位)，要么通过个人声誉(如名人)(见第7章)。精英们正在学习如何与公众直接沟通，并已通过社交媒体渠道取得了一定的成功。例如，在2015年7月撰写本报告时，美国总统巴拉克·奥巴马在没有记者介入的情况下，在Twitter上拥有了6200万粉丝(奥巴马仍然落后于歌手Katy Perry和Justin Beiber，这两位歌手分别有7200万和6500万粉丝)。尽管Twitter的关注者并不会自动等同于任何特定推文的受众，但他们的社交媒体用户规模远超活跃的Twitter用户的61个粉丝的平均水平(Bruner，2013)。Twitter追随者表现出"长尾"行为(Anderson，2006)，少数精英占有更多的追随者。Twitter的体系结构强调通过诸如主题标签或转发这样的机制进行共享，使得某些用户能够迅速聚集更多的追随者(Page，2012)。

另一个监测精英来源如何规避新闻的领域是政治竞选。竞选活动总是率先采用复杂的沟通策略，通过虚假事件(Boorstin，1961)与选民接触，这些事件通过新闻和商业信息的报道接触选民。最近，政治竞选也把重点放在通过数字媒体绕过传统新闻渠道。在美国，奥巴马的竞选活动站在了最前沿，他们在报道新闻和发布电视广告时高度依赖技术创新、新媒体渠道和基层组织的复杂方法(Kreiss，2012)。

虽然竞选政治职务的候选人的动机是努力说服选民，并加强对他们当选的支持，但政府官员也面临着同样的问题，即能否当选。以新闻以外的新方式接触他们的选民这一愿望可以体现在"政府2.0"的理念中，它强调增加透明度和通过数字媒体沟通(Chun等，2010；Bonsón等，2012)。这些制度的发展源于对官僚主义的失望和认为更多的信息等同于更好的治理。这些都是值得称赞的目标，从这个角度出发，本章将进一步倡导传统新闻渠道之外的公共传播，重新界定新闻在民主治理中的作用。

许多新闻研究文献将精英消息来源的范围局限于政府、机构和经济精英。然而，正如我们在前面看到的Katy Perry和Justin Beiber的Twitter粉丝统计，名人也应该被列为精英消息来源。就像政客一样，那些依靠媒体与粉丝沟通的名人现在直接通过社交媒体联系公众。需要注意的是，这种直接接触如何改变名人和粉丝之间的关系。Marwick和Boyd(2011)将名人使用Twitter的行为描述为后台访问(Goffman，1959)，减少中介，只有名人个人和受众的接触。虽然这些交流有人际交往的因素，但它强化了权力关系，使名人享有优越的特权。运动员和音乐家也已经开始使用社交媒体取代过去围绕传统的新闻来源进行工作(Peporaro，2010；Sanderson, Kassing，2011；Baym，2012)。对名人来说，声誉管理要求与公众接触，以保持知名度，并应对潜在的丑闻。它越来越多的是直接与公众接触，而不是通过新闻媒体。

社交媒体和新闻来源的实践

无论社交媒体如何将新的声音扩展入公众传播领域，显而易见的是，它们允许精英新闻来源成为能够绕过新闻业、直接接触公众的精英传播者。再加上公共关系从业者的新的沟通能力，这些发展需要我们重新审视社交媒体领域消息来源和记者之间的动态关系。一些学者研究了新的公共传播领域如何改变记者与消息来源的互动。新闻来源通过社交媒体直接向公众展示他们的信息，而不是通过记者，当这些信息被当作新闻故事的来源时，这些信息就会被反馈到新闻话语中（Broersma，Graham，2012，2013；Moon，Hadley，2014）。对于资源紧张的新闻机构，社交媒体信息提供了廉价的内容供应（Broersma，Graham，2012）。

我们应该避免把通过社交媒体收集到的材料与通过采访或新闻稿获得的信息等同起来。社交媒体提供自己的传播渠道，对于这类信息如何影响新闻来源的研究还在发展中。Ekman和Widholm（2015）认为，记者依赖社交媒体获取信息的一个负面后果可能是政治报道的"名人化"。对政治家个人生活的关注胜过更实质性的问题。除精英以外，Paulussen和Hard（2014）发现，越来越多地使用社交媒体来收集新闻来源带来了更多非精英的声音。这一发现与美国国家公共广播电台（NPR）前制片人AndyCarvin的实践相吻合。记者在报道危机事件时，若无法及时赶到现场或捕捉到更大的画面，可以通过Twitter获得现场目击者的消息来组织新闻报道（Hermida等，2014）。

尽管实践各不相同，但精英和非精英的社交媒体信息泛滥迫使记者们将这些网站作为充满新闻价值的公共传播来源。这些事态的发展促使记者重新考虑他们的新闻来源，同时推动对新数字技能的投入（Bakker，2014）和开发新的事实核实工具（Diakopouloset等，2012）。但是他们也改变了新闻工作者从事公共讨论的领域。社交媒体为记者提供了定位新闻来源的空间，也为新闻来源批评记者提供了空间。本章的Maya Arulpragasam案例显示了对新闻报道不满的消息来源如何公开地反驳记者，并为自己辩护。新闻来源一直忧虑他们会如何被报道（见Palmer，2013），但他们的疑虑很少被纳入公众视野（例外情况见Fakazis，2006）。社交媒体让新闻来源提供了公开表达抱怨和为自己辩护的机会。记者必须预期到可能受到公开指责，在某些情况下必须维护其报道的准确性。这对新闻来源有何影响，值得进一步研究。

是多元公共领域，还是基本认同的新时代

这一章追踪了数字媒体环境下新闻来源如何直接向公众言说而很少只告诉媒体。为什么这种现象重要呢？关于新闻来源利用这种没有记者作为中介的环境的研究表明了两种可能性。乐观地说，它是一个多元化的公共领域，为比在有限的新闻空间中看到更多的行为者提供了便利（见第10章）。相反的悲观观点认为，这种媒体景观包含了自私自利的传播者的喧闹而没有任何责任感。虽然现实可能在这两个极端之间，但对这些场景的质疑形成了需要对这种媒体环境进行规范的观点。在第一种情况下，公共传播的民主化继续为言论开辟新的渠道，增加了公众的多元性。这一愿景包含了对新闻业的批评，因为它不足以满足人们对它的期望，因为它是民主规范理论中的主要信息来源。以上所述新闻来源的真实性包含了对新闻实践的一贯批评，认为它们倾向于偏向精英来源及其框架。例如，Gitlin将越南战争时期的美国反战运动看成是新闻来源与媒体霸权运作模式连接的结果。即使有各种各样的新闻媒体，记者们也倾向于用新闻来源来展示"新闻"，让任何一个给定的故事在特定的框架周围生长（Crouse，1972）。但是，将精英消息来源和记者视为同盟是过于简单化的。相反，两者的关系特点是Eason所说的"不服从的依赖"——在这种关系中，记者们依赖他们的消息来源，同时也宣布他们之间的距离。这并不意味着记者是无能为力的，他们仍然根据新闻价值的观点来

选择。然而,随着时间的推移,调查显示出公众对新闻价值表现的积极看法已经下降。乐观地说,消息来源直接对公众说话的能力可以缓解记者权力过大的问题,即记者作为信息过滤者的角色。另一方面,公众可以直接从信息来源处收集信息,形成意见。

还有一种情况是反乌托邦式的,它呈现的是一种公众传播环境,这种环境由秉持自我利益的行动者利用新的交流手段来施展历史上由记者提供的审查信息的权力。这一观点保持新闻业不仅仅是信息渠道,而且是一个用于验证信息、挖掘背景和消除错误的系统的理念(见Kovach,Rosenstiel,2001)。反之,缺乏审慎思考能力将导致煽动性和捏造事实的发展,或造成媒体环境支离破碎,甚至功能失调。另一种批判是针对数字媒体的核心假设。尽管在关于数字媒体的讨论中,大家认为其言论环境具有包容性的观点,但网络架构往往奖励那些已经声名显赫的行为者,同时惩罚那些处于边缘的用户(Hindman,2008;Halavais,2009)。网络倾向于那些有着良好人际关系的行动者,强化了精英消息来源的传播权力。在这种环境下,精英阶层被认为是主要的定义者,并不是因为他们对新闻文本有特权,而是因为他们与公众的直接交流具有巨大的影响。

结论:构想新闻文本之外的新闻来源

精英消息来源绕过新闻媒体是导致多元化,还是民主的贫困?这种分歧将有助于推动新的新闻来源研究,这些研究将超越记者—新闻来源互动或新闻文本的范围。考虑到更广泛的公共传播生态,记者只是其中的一部分(Anderson,2013;Domingo,Le Cam,2015)。在很大程度上,新闻来源的研究倾向于研究新闻文本,询问谁会说话,谁不说话。其他的民族志研究也研究记者和消息来源之间的互动,包括新闻发布会或采访等制度化实践。但本章指出,有必要超越这些实践向前看。在许多类型的公共信息流动中,新闻只是一个渠道。

未来的新闻来源研究应跟踪新闻文本内外的信息流,仔细观察这些流动是如何汇合和发散的。我们尤其需要更多关于精英如何利用数字媒体工具对新闻框架进行竞争以塑造新闻的研究。此外,我们还需要开展更多对新闻来源如何完全避开新闻业以寻求与公众直接沟通的渠道的研究。无论如何,研究应该对新闻生产实践和技术方面的创新保持敏感。

这种超越新闻文本的研究取向可能会让一些习惯于固守封闭的学术领域的新闻研究人员感到不舒服。Schlesinger曾批评这种研究取向为"媒体中心主义"。然而,数字媒体的传播越来越明显地表明,若只检查新闻文本,我们将无法解释公共信息总体的流动。我们需要采用创新的方法来研究消息来源如何被新闻利用和如何绕过它(见第27章)。仅仅有创新的研究设计是不够的,我们还必须思考这些信息流动对民主社会的影响。一代又一代的学者警告我们,对精英新闻来源的依赖是有害的,我们现在需要思考什么正在改变,以及这些改变意味着什么。

第17章

作为新闻生产者的行动者

Yana Breindl

行动者与主流媒体保持着矛盾的关系，在希望摆脱主流媒体在公共辩论中的主导地位和依赖其之间摇摆不定，他需要依赖主流媒体接触到足够广泛的公众，以带来变革。抗议人士批评专业媒体为精英传播声音提供特权，并提供了一个关于现实的不准确的画面。他们可以绕过大众媒体系统。尤其是利基议题，这些议题要么是禁忌的，要么被排除在公众辩论之外，例如极端主义言论和/或只代表少数人利益的话题，因此不太可能由主流媒体发布。然而，行动者的最终目标是改变社会或政治中的某一特定政权，这通常(但并非总是如此)意味着需要接触足够广泛的受众，即那些批评现状的大众，并对社会产生深远的影响。

接触大众媒体被认为对民主国家的所有政治行动者都是至关重要的，对抗议人士来说更是如此，因为他们的"局外人"性质而被认为缺乏知名度，被排除在制度化政治之外(Rucht，2004)。政治宣传旨在提高认知度、公信力，并带来变革(Baringhorst，2009)，无论他们为何而战，他们必须提高媒体能见度(Cammaerts等，2013)。政治辩论主要通过媒体进行，这使记者成为行动者传播依赖的优先目标。正如Hindman(2008)的研究所显示的，主流媒体在"网络公共领域"(Benkler，2013，另见第10章)中保持了主导地位，吸引了大部分注意力。互联网倾向于"长尾"现象(Andersen，2006)，少数几个高知名度网站得到了大多数的关注，而大多数其他网站只有少数用户。

行动者们正在使他们的传播策略多样化，他们不仅试图接触主流媒体和另类媒体，也在线和离线发布自己的信息(Rucht，2004；Cammaerts，2005；McCurdy，2008，2010，2012；Mattoni，2012)。行动者的声音传播渠道的多元化导致了"离心型多样化"，这与以国家公共电视广播频道为主的时代相反，媒介受众有更多的媒体选择。因此，政治竞选必须更多地根据多元化媒体系统，针对高度分散的受众量身定做(Baringhorst，2009)。"议题竞选"的兴起，聚焦于狭隘的政治议题而非广泛的社会问题，越来越多的个人和组织在公共领域中推动自己的议题或反对他人的议题，使得竞争变得很激烈(Koopmans，2004)。

研究表明，媒体对抗议活动的关注越多，抗议者就越能成功地实现其目标，但媒体关注也会影响到抗议活动的结构(Gitlin，1980)。然而，社会运动研究很少明确关注行动者与媒体之间的关系。相反，它主要评估抗议运动的组织和机会结构及其框架进程(McAdam等，1996；Garrett，2006)。它试图解释人们为什么参与抗议行动和为什么一些运动比其他的更成功。聚焦信息和传播实践的研究仍然缺乏(见Cammaerts等，2013)。相反，研究着眼于识别结构(组织和网络)和集体行动中个人和组织的支持(McCarthy，1996)以及体制和政治因素对政治动员的有利和不利因素(McAdam等，1996)。社会运动研究文献的另一个层面是分析框架实践，即围绕着一场运动和一场特殊斗争的叙事的塑造策略(Zald，1996)。抗议团体的主要目标之一是对某一特定议题或政策的辩论进行建构或重构，以达到影响公众和决策者立场的目的(Benford，Snow，2000)。框架允许参与"象征政治"，使用"符号、行动或故事"来了解陌生受众的感知情境(Keck，Sikkink，1998：16)。

虽然框架在本质上是一种交往实践，但研究的重点是确定框架的类型，而不是如何确定和传播这些框架的做法。

本章以丰富而充满活力的研究为基础，不仅关注社会运动，而且关注更广泛的在线政治行动以及利益代表，努力弥合其与信息和传播，特别是新闻研究之间的距离。行动者们被概念化为新闻生产者，他们把注意力集中在个人以信息触发政治变革的方式上。本章分析了行动者如何使用数字媒体在互联网公共领域中监测、选择、编辑、解释和传播与政治有关的信息。信息被广义地定义为从特定政治议题中获得或传播的任何类型的事实、意见或评论。首先，我们将讨论互联网的增强和动员能力，特别侧重于网络政治活动所经历的主要变化以及抗议渠道如何被行动者用来传播他们的信息。第二，我们将讨论行动者在监测和披露信息领域的新闻生产实践，随着信息渠道的增多而出现的激进主张增加的现象，以及行动者与记者之间的关系。在本章的结束语中，我们将讨论本章的主要发现并提出新的研究方向。

在线动员与权力结构的强化

和以前的技术一样，互联网引发了关于它的动员或强化潜力的问题，即它是否促进了新的行动者的出现和参与，还是只是强化了现有精英的力量。越来越多的证据表明，数字技术可以加强和挑战现有的结构，这取决于它们是怎样被使用的(Dutton, 2008)。

数字媒体渠道"只有部分融入全球商业系统"成为"跨国媒体帝国"的一部分，因此，它可以传播另类信息，并成为反霸权主义运动组织的传声筒(Bennett, 2004)。Bennett认为，随着全球通信基础设施的迅速采用，全球通信基础设施发生了变化。20世纪90年代的互联网允许"普通民众"生产可供选择的"高质量内容"，并将其传播到国界之外，创建由这些内容和各种媒介连接起来的大型网络并实现增长。对Benkler来说，网络公共领域可以被描述为"一个不那么受大型媒体机构支配、更少受政府支配的舞台"（另见第10章）。正如Chadwick所说，"互联网[……]有助于形成更加多样化和多元化的媒体格局。"然而，实证研究表明，网络公共领域的民主化效应，即任何新闻撰稿人都应获得与其他新闻撰稿人平等传播权利的情况，并不总是事实。特别是Hindman的研究显示，存在一个强大的权力—法律在线连接传播模式。虽然有各种各样的新闻来源，但只有少数——通常是传统媒体——处于注意力经济的中心。在受众规模方面，另类新闻网站根本无法与现有媒体机构竞争。研究者如Benkler认为，除非对特殊利益群体作出贡献，局外人才可以通过在集群和社区中逐步获得信赖，成为主流媒体关注的中心。博客作者也被证明能够影响主流媒体的讨论(Drezner, Farrell, 2008)，但他们通常是类似大众媒体系统的精英的一部分(Hindman, 2008; Wallsten, 2007)。因此，网络化的公共领域并没有从根本上改变权力—法律的自动系统。然而，它提供了与志同道合的个人分享信息的新机会，并最终接触到更广泛的受众。

此外，内容生产仍然是通过设计支持它的技术基础结构来实现的。计算机代码对社会行为具有内在的调节功能(Lessig, 1999)。它对可以导致网络协作的新实践，例如维基百科的开放编辑过程或免费创建或开源软件提供了新的支持。参与可以是开放的和多重的，以分散的和异步的方式实现弱连接的合作关系。每个参与者都可以选择自己的参与度和自主行动(Fuster Morell, 2009)。然而，仅仅创建一个开放的协作创建平台是不够的。例如，成功取决于创造的协同，即它是否可以分为较小的模块，并使用低成本集成机制，包括质量控制以及参与规则和模式(Benkler, Nissenbaum, 2006)。系统的基础设施和使用方式都很重要。

计算机算法塑造我们访问和推荐的信息类型，并自动过滤我们放置在社交媒体网站上的内容，形成我们与他人的互动(Gillespy, 2013)。Web2.0或社交媒体平台的主要进展是它降低了个人创建在线内容的门槛，但是哪些内容被显示和共享在很大程度上掌握在公司实体手中，即MacKinnon所说的"新主权实体"。她补充道："如今，美国和许多其他民主国家的政治言论越来越依赖于私人所有和运行的数字多媒体。不受欢迎的、有争议的和相互竞争的言论是否有权在这些平台上存在，由未经选举产生的公司高管决定，他们没有获得法律授权来做这些决定。"Deibert进一步指出，对代码(互联网的底层基础设施)的控制之战主要发生在幕后，缺乏公共问责和独立监督机制。互联网的开放性和分散性也使得它容易受到来自网络罪犯的威胁，以及美国国家安全局和公司对公民基本权力的大规模监视(Deibert，2013)。

此外，个人可以从不断增长和高度定制的供应者中选择他们的信息来源。这一事态发展导致了对公共领域的割据和碎片化为已有的思想和信仰的回声室(Sunstein，2002，2009；Pariser，2012)。这种极化现象在美国的共和党和民主党博客圈(AdamamandGlance，2005)和Twitter(Smith等，2014年)中都有明显表现(Hargittai等，2008)。

我们见证了在传统新闻业和另类媒体网站内对信息生产的重新定义。新型信息生产、控制和传播出现了，例如，记录和调查的专业化或非常主观的表达和报道形式。Cardon和Granjon认为，"它们仍处于婴儿期，信息融合生产的新空间已经出现，带来了专业人士、行动者和业余人士的接触，允许信息、复述、批评、个人化和主观化的不同表达形式(另见第11章)。"记者不再是唯一能够获取、转换和传播信息的人。数字媒体削弱了他们的把关人作用(Hermida，2011)。同时，"参与式新闻""公民新闻"和"用户生成内容"的出现在最近的文献中得到了较好的探讨，但关于行动者在主流媒体之外和另类媒体网站中的新闻实践角色的研究仍在探索之中。接下来的章节将回顾网上激进主义在转向使用不同的媒体渠道时所经历的主要变化。

连接型行动的兴起

20世纪90年代初，随着互联网向广大公众开放，以及社交媒体或Web2.0平台的出现，越来越多的公众开始使用互联网，所有类型的行动小组都采取了以下措施：利用数字领域来表达他们的观点和传播他们的政治主张，并参与以政治为导向的网络合作。有大量的研究聚焦于各种形式的在线集体行动(Garrett，2006；Van Laer，Van Aelst，2009；Earl，Kimport，2011)。

Bennett和Segerberg描述了自20世纪90年代初以来数字网络抗议运动的兴起，这是与Olson的"集体行动逻辑"相反的"连接型行动"的出现，它允许各组织利用必要的资源来协调政治行动。连接型行动通过个人传播形成自组织网络。组织成本降低到不再需要组织来维持抗议的程度。Bimber、Flanagin、Stohl和Shirky描述了类似的转变从正式的、分级的组织转向更加灵活、个人化的结构。个人模因(如"我们是99%"在#占领华尔街运动中的使用，Bennett，Segerberg，2012)更容易通过社交媒体而非组织定义的框架来迅速适应新的政治环境。因此，网络运动是由自主的个人组成的网络针对共同的议题开展的运动。抗议运动与数字通信网络密不可分(Castells，2012)。

然而，各个组织并没有完全消失，它们仍然构成了许多形式的集体行动。新的组织，如美国的MoveOn(Karpf，2012)或国际领域的Avaaz(Kavada，2012)已经出现。这些组织利用社交媒体培养一种共同认同感，并动员人们参加有针对性的运动。其允许个人与组织沟通并向其网络传播信息，引导个人通过行动来实现组织的目标。互联网提供的功能越多，如降低组织和参与成本，或减少在物理上的共存需求等，在线集体行动方式的变化就越具有变革性(Earl，Kimport，2011)。Bennett和Segerberg(2012)审查了美国和德国案例研究的证据，显示建立在提供领导、框架、动员资源基础上的传统形式的集体行动正与新的集体行动形式相互补充，使各组织可以以经纪中介的方式，不用自己参与，而是将抗议或行动付诸分散的团体中进行，例如在"占领华尔街"运动期间。

传播是所有形式的集体和集体行动的核心。要实现政治变革，行动者需要监测、制作和分发政治信息，而这些信息往往是被传统媒体忽视的。他们可以利用各种抗议渠道来做这些事情。

抗议渠道

行动者需要说服那些有能力改变的人(Baringhorst等，2009)。在实践中，这些人通常是政治决策者，但也可能是基于运动目标的公民或公司，无论其是改变社会行为还是改变商业行为。研究利益集团的文献聚焦于利益群体如何在政治决策过程中代表他们的利益，区分接触渠道和话语渠道(Keim，Zeihalm，1986；Attarca，2007)，后者特别为公共利益集团所用，如非政府组织和其他抗议行动者。接触渠道指的是与决策者的正式或非正式接触，因为它是通过利益代表和游说来实现的。接触不等于影响力，但它是施加影响之前的必要阶段(Dür, De Bièvre，2007；Dür，2009；Klüver，2009)。接触通常是用来交换利益集团的资源的(Mazey, Richardson，1999/2001)，诸如合法性、政治支持、知识或专门知识(Dür，2008)。公民利益集团，其特征是"分散的"和较少集中的合作。相比有等级组织的商业利益集团，他们往往被剥夺了媒体传播权，或者被剥夺了媒体接触权，没有能力影响决策者。因此，话语渠道包括政治动员、"选区"建设和"基层游说"，它们可以直接针对公民(如现在通过互联网)或间接(通过媒体)接触到公民和决策者的可能性越来越大。合法性和可信度是通过提供专门知识和代表性主张(例如通过公民动员或媒体共鸣)以及植入新的观念而逐渐发展起来的。行动者——尤其是在网上运作时——无法像私人利益集团那样从会员或经济利益中获得合法性。他们代表了公众利益的一种具体观点。除了推进他们的政治目标，行动者还需要维护他们的合法性和可信度(Breindl，2012b)。

话语渠道包括通常被归类为主流媒体、另类媒体和自我出版实践的内容。但是，主流和另类媒体或社区与激进媒体的区别显示，不同的实践经验实际上是以融合为特征的(见第11章)。什么是"另类"或"核心"媒体总是由语境决定的，"主流"新闻业的界限仍然存在漏洞。尽管如此，将另类媒体和主流媒体视为两种理想类型的新闻仍然是研究另类媒体的文献的主导观点。它被描述为在新闻制作的所有主要阶段都存在二分法：新闻生产者分为专业人士与业余者，草根和分散组织结构的媒体机构与精英偏见或现有权力中心的媒体机构。而这些理想类型在实践中的特点可能是融合实践，主流媒体和另类媒体之间的界限起伏不定。另类媒体往往是由行动者生产的，他们很难接近主流媒体，对受众关注的竞争也越来越激烈。

所有政治派别的积极分子迅速抢占互联网，这并不令人惊讶，因为科技，特别是媒体，在抗议行动中发挥了至关重要的作用。印刷机的发明和发展使自古以来主要通过口头或手稿传播的知识可以标准化和保存起来。它还促进了对立观点的传播和对权威的批判(Briggs, Burke，2010)。新的社会实践和交流出现了，其中许多现在被称为"主流媒体"。报纸在沙龙里被讨论，并导致了各种公共领域或"公众舆论"的出现。随着社区媒体在20世纪70年代的出现，妇女、环保人士和其他团体创办了另类的广播和电视频道来传播他们的信息，允许公民参与新闻的生产。其理念是以协作方式生产信息，以增进平等、社区联系和增强边缘化群体的权能(Cardon, Granjon，2010)。

与专业新闻业声称的"客观性"相反，抗议团体总是以一种刻意批评的姿态从事新闻生产。在整个20世纪60年代，新的社会运动试图通过批评大众媒体的"公共领域"来创造"替代公共领域"，大众媒体公共领域被认为是被精英操纵的(Baringhorst，2009)。另类或激进媒体与其说是针对主流媒体的，不如说是针对更全球化的社会制度的，大众媒体只是其中的一个组成部分(Cardon, Granjon，2010)。媒体所有权的商业化和集中在少数跨国集团手中，导致可获得的政治内容数量减少。以至于媒体中的政治沦为丑闻、犯罪和个人化信息(Bennett, 2003)。另类媒体的目的是向参与方提供更直接的和真实的信息以讨论经常被忽视的政治问题。

然而，正如前面所讨论的，为了接触到广大公众，行动者需要接触主流媒体。因此，抗议运动越来越多地调整他们的媒体策略以适应商业媒体的逻辑，并将其宣传活动作为"媒体奇观"(Baringhorst, 2009)和表演行动(Cammaerts, 2012)。由于对个人和集体的自我表达代价高昂，对大众的说服变成了传播最重要的维度(Baringhorst, 2009)。数字媒体带来了新的机遇。行动者对主流声音进行批判，并通过提供他们对某一主题的观点来补充新闻。以社会变革为目标，行动者通过各种传播行为来让人们关注他们的事业。除了以主流媒体为目标，或者通过社区所有的媒体进行出版之外，任何个人现在都可以通过社交媒体、网站进行自我出版，电子邮件列表、论坛、聊天、博客等引发了Castells所定义的"大众自传播"。随着互联网在西方世界的普及，行动者使他们的信息实践适应媒体，它们比以往任何时候都符合许多抗议运动的分散性质。同时，在公民新闻方面的研究表明，用户生成的内容或参与式新闻主要关注个人(通常称为"业余者")如何为新的专业生产的各个阶段做出贡献(见第15章)，本章将目光从制度化的新闻渠道转向另类媒体和激进新闻生产领域。以下各节将显示行动者基于批判视角参与多样化的新闻生产阶段。

数字监督：监测和披露政治信息

尽管大众媒体危机引发了关于媒体"第四权"功能被侵蚀的争论，但活跃的新闻生产者正越来越多地履行原本由各机构和其他权力部门承担的政治监督角色。联网的个人承担了一种类似于专业新闻工作的看门狗职能，被认为是"第五权"(Dutton, 2008)或"互联网公共领域"(Benkler, 2013)。对这些研究者来说，人们使用数字技术共享信息、组织和动员的联合行动通过赋予主流媒体"更大的社会责任"(Dutton, 2008)来扩大制度化领域，而不仅是政治。在混合媒体环境中，当传统新闻业未能提醒公众注意公司或政府的不当行为时，普通公民、行动者或独立记者将行使新闻责任(见第10章)。

这一发展可以从更广泛的"监督民主"的出现来审视(Keane, 2009)，这是对传统代议制民主制度政府、独立机构和公民监督的有益补充。公众监督是新公民监督形式的一个基本组成部分，其特征是"监督型公民"的出现(Schudson, 1998)。公民监督包括通过监督权力中心、谴责滥用职权和不良做法、提取和过滤信息以促进更大的透明度、出现比主流媒体更广泛的话题，以及动员网络公民(Feenstra, Casero-Ripolés, 2014)。

在新出现的网络公共领域内，行动者信息监督和披露正在发挥重要作用，特别是在尚未被主流媒体报道(或未显著被关注)的议题方面，因为它们看上去过于专业化，无法被广泛的受众所接受。此外，还有关于知识产权的新闻，包括版权和专利。长期以来，它们一直被认为是一个晦涩的知识领域(May, Sell, 2006)，专门为律师和知识产权人士保留，社会的数字化导致了一场关于信息应该如何监管的深刻斗争和关注兴趣。在以软件专利、版权和网络中立性等技术问题为重点的各种数字版权运动中，直到最近还是欧盟和法国的专家们的保留地，Bredl和Briatte(2012)观察到活动人士使用的信息披露战略如何直接进入决策过程。活动人士直接联系了那些自称是互联网技术专家和公民代表的决策者，这让他们获得了与政治有关的信息。然后，他们通过频繁的新闻发布会直接向公民和媒体通报情况，成为政策过程中具体议题讨论的主要信息来源。关于政策和游说过程的信息披露是所有运动的主要目标。

例如，非营利的自由信息基础设施基金会(FFII)从1998年开始发布有关软件专利的新闻稿，使越来越多的反对者联合起来针对计算机代码的专利申请，这大大推动了2005年7月欧洲议会历史性地拒绝关于计算机创新指令的实施，它本来可以使软件专利合法化(Bretdl, 2012a; Müller, 2006)。通过建立一个包括专利数据库在内的大型数据库，FFII的网站成为其他行动者组织的主要指南。今天，搜索引擎在搜索"软件专利"时仍会在搜索结果中显示FFII网站。维基(wiki)被描述为"世界上最新的和最广泛的软件专利的新闻来源。"新闻稿将链接到记者的文件和声明、背景资料和联系数据。作为非营利机构，FFII受自由软件理念的激励，允许任何人使用其材料并鼓励其分发。

通过数字媒体，获得政治材料变得更加民主化了。例如，在欧盟，有关政策进程的官方文件在20世纪90年代需要购买，但现在在Europa网络平台上可供任何人免费接入，它是"世界上最大的信息库之一"(欧洲联盟委员会, 2007)。当政治机构参与信息透明过程时，如欧盟自20世纪90年代中期以来所做的那样，普通公民，无论地理位置如何，都可以获取过去为记者保留的信息，成为资源充足的游说者。通过直接接触决策者(类似于记者)，他们在非常早期就能获得有关政策进程的消息，并直接将其传递给他们的追随者，让自己成为新闻来源。

此外，即使政治机构拒绝披露特定类型的信息，数字媒体也使他们更容易受到大规模数据泄露尤其是敏感信息的影响(见第10章)。正如McCurdy所指出的，数字媒体已经深刻地改变了信息泄漏的实践，"重塑了谁成为泄密者和如何泄密的实践"。与模拟信息相比，数字化信息更容易获取、复制、存储和共享。特别是在不遵守安全准则的情况下，如"曼宁泄密案"那样，任何具备网络接入和信息技术技能的人都可以获得这些信息，并向更广泛的公众披露这些信息。然而，泄密者在结构上仍然依赖于商业技术公司，诸如EveryDNS、Apple、Mastercard、Visa、PayPal和美国银行(Bank of America)等私营公司决定停止托管维基解密的域名、数据和提供给支持者的金融交易，这实际上阻碍了该平台维持和扩大其业务(Benkler, 2011)。敏感信息显示，为了提高泄密信息的可信度，保护自己免受政治反弹，泄密者选择与主流媒体合作来过滤和解释大量可用的信息。维基解密在之前的泄密实践中决定与5家优质报纸(《世界报》《厄尔派斯报》《蜘蛛报》《卫报》《纽约时报》)合作，发布经审查的外交电报版本。Snowden直接联系了《华盛顿邮报》记者兼电影制片人Laura Poitras和《卫报》记者Glen Greenwald，分享他从美国国家安全局内部收集到的大量机密文件。

更广泛地说，行动者通常掌握专业知识，熟悉法律制度和他们所涉及的政治问题。他们成为媒体专业人士感兴趣的来源，促进记者和行动者之间的各种形式的合作。

媒介接触的终极解释

政治总是植根于文化。它植根于"日常生活的经验领域"(Dahlgren, 2009)。这意味着抗议形式是多重的，它们取决于文化。这里选择的信息披露的案例是特殊的，因为它们不仅利用数字媒体传播政治敏感的信息。它们是递归的(Kelty, 2008)，因为他们致力于捍卫网络领域作为一个自由和开放的空间，并倡导对言论自由的绝对定义以及对信息的访问和共享。它们都受到一种开放和自由的思想的影响，这种思想可以追溯到电脑爱好者和黑客，他们在从1960年到20世纪80年代的互联网和个人电脑发展方面起了重要作用。Levy所确定的"黑客伦理"的核心原则之一是对访问和自由的绝对理解，正如前两个原则所证明的那样：

> 1. 访问计算机——以及任何可能教你关于世界运作方式的东西——都应该是无限的和全部的。一直由双手创造！
> 2. 所有信息应免费提供。(Levy, 1984)

你认为值得分享的一切在如下运动中可见：在随后的自由和开放源码软件运动及开放访问运动中，以及从匿名到维基解密、再到海盗党、版权改革和公关等团体的网络中立运动中(Bredl, 2014; Kelty, 2008; Coleman, 2009)。在自由和开放源码的软件群体中，"自由首先被理解为是关于个人控制和自主生产的",Gabriella Coleman认为,重要的是"亲自操作命令",即个人获取和修改数据,这对任何形式的等级结构都提出了质疑。

连续不断的监管浪潮所体现的企业和国家权力在获取、转换和传播信息方面的出现,导致了黑客、自由和开放源码软件倡导者和互联网爱好者的政治化。其结果不仅是大规模地分享政治信息,而且是将这种实践本身作为一种政治主张。维基解密、匿名和草根技术团体(Hintz,Melan,2009)站在这场运动的前列,该运动希望使所有信息公开,并使大多数人都能获得信息,因此,也质疑新闻把关人实践。

此外,行动者利用数字技术帮助其他人理解关于某一特定主题的大量可用信息。监控通常是由专业的用于导航越来越多的信息的信息检索和管理工具来支持的。因此,这个想法并不是简单地给已经成倍增长的数字信息添加新的材料,而是帮助用户导航和理解这些信息。IT和分析技能变得越来越重要(Bredl,2014;另见第10章Russell关于数据驱动实践的论述)。正如McCurdy所指出的,"虽然泄密者可能帮助将信息传递给公众,但可能需要专门的数字技能来解读和/或强调这些信息的公共价值。"

激进主义与新闻的多步骤模型

大量可用的信息对如何处理和从现有的大量信息中检索相关信息提出了新的挑战,这对行动者和记者来说都是一个挑战。行动者不仅不能单方面依赖主流媒体,还需要平等地将自己定位为决策过程和网络受众之间的桥梁或翻译家。在接入和话语渠道方面,行动者将自己定位为公民和权力中心之间的中间人,这与记者的角色类似。

信息传播已经成为一个多步骤的过程,它以分散的方式,包括个人的自我出版实践、社区或另类媒体层次的政治信息整合、主流媒体间的互动。在最近动员起来反对美国两项知识产权条例的运动期间,Benkler讨论了"小型商业技术媒体、非媒体非政府组织和个人的网络——他们的工作随后被传统媒体放大——如何完成第四权的功能,成功建构关于是否支持这项立法的政治辩论。最值得注意的是,Benkler见证了一种"注意力支柱,在这种情况下,更多的网站放大了关于特定主题的微弱的个人、专家或非专业人士的声音;例如,Reddit的一个用户的想法(2011年12月的"走开,爸爸"抵制运动)引发了一场动员运动,结果导致了巨大的政治影响力"(Benkler等,2013)。

同样,数字权利运动被描述为由不同的参与圈子组成:核心运动人士、分析人员/专家和偶尔的贡献者(Bredl和Gustafsson,2011;Bredl,2012a)。核心运动人士是积极的活动家,一般经历过以前的战斗,并与决策者和更广泛的活动家社区有很好的联系。分析员和专家一般都是自愿的。他们花费时间和精力分析修正方案,撰写备忘录,并交流有关这一过程的知识。他们一般在远处、在家里或在办公室里操作,但对核心运动人士的需求作出极其积极的响应。例如,如果核心运动人士与要求提供更多信息的决策者交谈,就可以与分析人员联系。他们将非常迅速地查找和发送信息,给人以非常有效率的印象。最后,外层由偶尔的贡献者组成,他们根据时间允许情况参与运动并传播信息。追随者则接收并最终传播由核心运动人士发布出来的新闻。圈子是可渗透的,根据时间和资源的实际情况而变化。

所有的圈层对传播行动者的信息都很重要,特别是外部圈子,他们会在网上传播由内部圈子生产的新闻稿和行动警报,聚焦于这些接触渠道,直接联系决策者。他们使用诸如维基之类的协作在线工具来协调活动,选择这些工具能让他们根据自己的时间和兴趣灵活地参与行动。偶尔的贡献者和追随者对提高整体运动的可见度至关重要——这一运动通常只有少数几个人在运作。他们会在网上传播信息,有时会产生"病毒"式传播效应。核心运动人士非常了解这一影响,并定期要求追随者传播他们的信息或发布关于他们活动的博客,例如,在搜索相关议题时提升他们网站的排名。

图17.1说明了当前抗议活动的各个沟通层

面。行动者要么直接联系决策者，要么通过动员他们的支持者和将他们的信息传递给另类和主流媒体来引起决策者的注意。需要重视的是包括活动家、媒体和决策者组成的各个领域内部和之间的双向交流。行动者需要媒体来动员支持者，并最终接触决策者。媒体需要行动者作为他们的消息来源和新闻线人。决策者需要行动者为他们提供合法性和专业知识，行动者的目的是让决策者相信他们的政治目标。数字工具为所有这些群体之间的直接沟通提供新的机会。

讨论和结束语

行动者是新闻生产者。行动者在这一领域扮演着各种各样的角色，这是对传统新闻的补充，而不是试图复制传统新闻。他们使特定的议题专业化，利用在线工具使他们能与有相同理念的个人建立联系，来监督从国家、超国家到国际层面的决策过程的演进。行动者在网络公共领域中处于核心地位，他们作为决策者和公民之间的中间人或桥梁，类似于民主国家中媒体所坚持的立场。因为他们的专业兴趣、技能和监督工作，他们扮演了决策者和记者依赖的专家和合法信息来源，通过这种交易，他们进入政策和媒体系统以换取信息和公众支持。

通过为公民提供专业议题的持续信息，行动者可以得到公民的支持，从而建立他们的合法性，得到决策者和记者的认可。互联网工具在让行动者与公民和决策者直接互动方面发挥着核心作用。尽管如此，对行动者来说，如果他们希望实现具体的改变，接触主流媒体仍然是至关重要的。互联网可能减少他们对主流媒体的依赖，但是并没有摒弃它。

未来研究的一个方向是研究"非专业新闻生产者"、专业记者和其他政治行动者在建构议题和设置议程时的相互关系、交流和相互依存的网络。研究需要调查行动者和编辑部以外的其他行动者所从事的实践，以及基于这些实践的相互依存关系和角色。

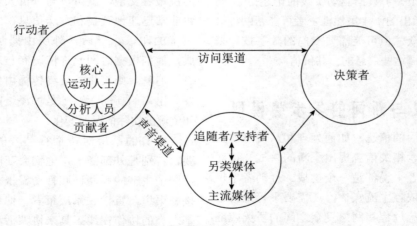

图17.1　传播渠道和活动中的人员

第18章

公民目击

Stuart Allan

引言

近几年来,第一时间在危机事件现场用摄影设备进行拍摄的人往往是普通公民。由于各种原因、优先性和动机,所谓的"随机摄影记者"——无论是幸存者、旁观者、第一反应者、官员、执法人员、战斗人员、活动分子,还是其他类似的人——都感到被迫作为目击者承担个人风险(Allan, 2013; Mortensen, 2015; Ritchin, 2013)。这里的关键是越来越普遍的更便宜的、更容易处理的数字设备,以及图像很容易上传和通过社交媒体分享,比如Twitter、Facebook、Path、Flickr、Instagram、Tumblr、Reddit或YouTube等社交网站。新闻机构已经发展出了复杂的战略来管理这些自发的公民记者,特别是当突发事件正在发生时,尽管这种临时的伙伴关系往往伴随着不安和关系紧张。《卫报》摄影记者Richard Gray(2012)说,"传统摄影记者最害怕移动手机摄影者,如果街上发生了什么戏剧性的事情,……对不起,有人已经在那里给它拍照了。"作为一名专业新闻摄影记者,他强调了亲历的重要性:"普通公民摄影记者不会像专业记者那样创作,但是他们可以在现场捕捉到事件发生的时刻,并能够立即发表。"

本章通过探讨摄影目击的发展动态,有助于更广泛地讨论数字新闻研究面临的挑战。从新闻媒体的视角看,新闻摄影记者的能力——无论是专业的还是业余的——体现了作为第一手报道的可信的、可靠的目击者的合法性。然而,有些自相矛盾的是,公民摄影记者对人们参与的激励,一次次让有关新闻公正的信念遭遇审视(另见Allan, 2013, 2014; Becker, 2013; Langton, 2008; Mortensen, 2014)。新闻工作者所宣称在其职权范围内的能力——客观的、独立的和冷静的职业精神,在数字媒体压力下需要重新审视(见Blaagaard, 2013; Caple, 2014; Ellis, 2012; Klein-Avraham, Reich, 2014; Sheller, 2015; Waisbord, 2013; Yaschur, 2012)。然而,"在场"作为视觉时代第一时间捕捉危机事件的术语,其内在价值在早期摄影新闻时代已被珍视,它并非由最近的技术带来的一种新现象。

因此,为了研究摄影目击的几个论题,本章首先考虑目击者的地位,以及思考几个世纪以来它是如何在新闻业规范术语上被理念化的。接下来,我们的注意力转向对相关研究的评价,将注意力转向媒体目击,特别关注以视觉表现在遥远的地方发生的痛苦事件的道德问题。在此背景下,我们对公民目击者的形象进行权衡,从而为进一步阐明对作为图像生产者的公民目击者的道德要求提供依据。在评估危机情况下影响视觉文档具体化形式的因素的研究中,本章致力于论证数字摄影新闻是如何在重塑专业记者与公民记者关系的压力下发展的。

作为专业理念的目击

面对危机事件,记者"眼见为实"的内在信念是报道实践的指导原则。在规范上,这一原则不只是在编辑指南、类型手册、培训手册、教科书等中反复得到维护。这种类型的第一人称文档常常为受众提供生动的、个性化的见解("我在那里,这就是在我镜头前发生的事情"),这种(报道时的)浓郁情感在常规的新闻报道中是很难表现出来的。当记者被问到的时候,他们会承认这些危险,但他们通常会坚持在自己不那么坚决地去寻找真相时,有义务作为观众的眼睛来目击事件。目击,很少有人质疑它是良好报道的关键。"摄影记者意味着很多东西——历史学家、剧作家、艺术家,以及人道主义者",摄影记者James Nachtwey观察到,"作为记者,他们的任务之一是揭露社会不公平的和不可接受的事情,他们的图像是社会变化过程的一部分。""通过这种方式,"他补充说,"摄影给沉默者一个声音,一个行动的号召。"

作为"人民目击者"的记者,坚定地忠于自己所经历的一切,当"向那些不能做到的人提供人类现实的见证"时,他将不会动摇(Inglis,2002)。尽管存在哲学上的细微差别,但真理、事实和验证原则长期以来一直是新闻报道的指导原则。在突出显示"眼见为实"是新闻业的一种职业理想时,重要的是不能忽视日常的、务实的(甚至是防御性的)策略。新闻业与其他类型的话语——特别是法律话语——有共同之处,其中最重要的是验证原则(Pantti,Sirén,2015;Schwalbe等,2015)。新闻业对这种默认规则的尊重在处理随机的证据时通常是可见的,除非它们被违反了;也就是说,当目击行为被揭露为损害了其公开宣称的透明度时,它会以一种特别的方式推进特定的议程。换句话说,那句老生常谈的格言"相机永远不会说谎",忽视了持有相机的人的动机。在新闻摄影情境下,摄影记者拍摄的图像是对现实的忠实再现。但是,目击是一个复杂的媒介化过程,并不像新闻用语中常说的"照片会自己说话"这么简单。

在这里,新闻摄影需要立足于更广泛的话语,更广泛地肯定新闻目击者的权威。Barbie Zelizer对摄影新闻学的研究表明目击最显著的特征——即"具有以一种看似未经媒介化的方式使公众相信遥远地方发生的事件的能力"——

成为其新闻收集的核心。在追踪"眼见为实"作为美国新闻实践的关键词的演变过程中,她梳理了其发展的4个阶段,作为一种手段,证明新闻界普遍认同的事实核查中的某些优先准则是适当的(另见Zelizer,2012)。在第一个阶段,Zelizer认为目击似乎是表达个人对公共事件的经历的一种手段,这是与几个世纪前新闻业出现的情形相契合的。通常情况下,这类报道都是由"非新闻工作者"提供的,他们的个人描述倾向于强调"浪漫化、明显的主观化和风格化"。与当时大多数编年史高度情绪化、色彩丰富的特征保持一致。第二个时期是在19世纪中期开始的,标志着这一角色的扩大将包括越来越多的参与者,尤其是记者自己,自觉地充当目击者。Zelizer认为,他们报告的风格"变得更加具体和现实"。也就是说,为了回应公众对他们可信赖性的怀疑,他们对事实的陈述更加可靠。

"眼见为实"与现实的密切联系并非没有问题,但越来越多的人认为它在其自身的新闻照片中暗示了真实性作为一种价值的意义——新闻摄影,尤其提供了"一种替代的方式来声称目击者的身份,以消除口头叙述的局限性"。20世纪初技术的发展是第三个时期的特征,当另一种"眼见为实"的方式成为可能时,就可以借助记者在现场的透明度的增强,使报道具有可信度和真实性。Zelizer认为,到第二次世界大战结束时,"眼见为实"已成为良好报道的默认背景,用新闻媒体的话说,"就像它有一个几乎神话般的地位"。第四阶段,即当前的阶段,是记者缺席,他或她常被技术化的目击者取代(这种"无人"的实况报道的形式具有"移动风格、主观性和个人视角,是未经编辑的"),在另一方面,其由"非传统"记者从事"眼见为实"的工作。与此相对应的是对可靠性、准确性、可验证性、甚至过度图像化等问题的关注。在某种程度上,目击正在被"外包"(见第14章)。Zelizer担心,它有可能破坏新闻在公共生活中的文化权威(另见Azoulay,2008;Hill,Schwartz,2015;Kennedy,

Patrick，2014；Leavy，2007；Linfield，2010）。

虽然毫无疑问分期的每一个阶段都会受到更加挑剔的批评，但分期以一种对历史特性敏感的方式，强调了目击对社会的不断演化和整合的重要性。深入研究这些问题，很快就会引发关于目击过程究竟是什么的问题。特别是当涉及视觉新闻的类型时，需要重新思考那些在讨论影响远距离读者、听众和观众的看法和感知的新闻意象时通常会用到的概念词汇。

媒体目击

近年来，"媒体目击"一词出现在相关学术领域，用来描述数字技术如何改变这种鼓励许多人从事新闻生产的目击能力。定义往往因学科优先次序的不同而不同，但就最一般的意义而言，正如Paul Frosh和Amit Pinchevski所指出的，"媒体目击"这一术语指的是"在媒体上、由媒体和通过媒体进行的目击。它是指向广大受众系统和持续地报道远方的人的经历和现实情况"。他们进一步明确该术语的范围，包括"媒体报道中出现的目击者、媒体本身的目击以及将媒体受众定位为描述事件的目击者"。例如，在电视新闻报道中，它可能是描述"事件的目击者，目击该事件，或观众作为目击者"。这三者的区分值得进一步研究，原因我将在下面探讨，但在这里，我们注意到它所强调的与新闻有关的问题为研究提供了动力，使其超越了用于分析媒体有效性的更传统概念的范围。

以媒体为中心的研究方法引发了更多关于目击方式及新闻业所持规范的问题。在《目击：不确定时代的电视》中，John Ellis以与我们的目的相吻合的方式，将目击的概念置于持续、深思熟虑的审视之下。他认为，20世纪是目击的世纪，这是一种深刻的改变，即我们看待世界的方式已经超越了我们眼前的世界。正如他所解释的：

> 在这个世纪里，工业社会为公民提供了越来越多的与我们自己的生活没有直接关系的事件的信息。仅仅因为它们的陈述和我们对它们的目击，就对我们产生了情感上的影响。事实上，新闻的陈述必然是跳跃和不充分的，对活生生的事件进行取舍，使我们作为目击者的角色变得更加困难。这些事件不可能直击心扉，因为它们根本不完整：当我们看到它们的时候，它们几乎正在发生。它们需要被解释，激发好奇心、厌恶和沮丧或短暂的行动欲望。换句话说，我们需要经历它们。

这个弗洛伊德意义上的"经历"对Ellis来说很重要，因为它有助于突出媒体视觉证据的过程形式——有效地让人们担心事件，直到它们结束——当努力去完整解释这个可视的世界时。他写道，电视尤其"作为目击者，为观众创造了新的素材"。它"试图定义，尝试解释，生产叙事，讨论，使人理解，试图边缘化，利用推测，努力使人适应，以及偶尔会被诅咒"。因此，对Ellis来说，这是媒介化过程中一个关键的、但在很大程度上未被探索的维度，其中只有一部分被"眼见为实"这种俗语用来描述这种知觉动态。

媒体图像正把我们引向目击者的地位，在摄像机前呈现出来的东西是不可否认的。"我们生活在一个信息时代，"Ellis继续说，"摄影、电影和电视给我们带来了视觉证据。他们对特定地点、特定时刻的准物理纪录让我们与我们这个时代的普通事件、恐怖的和偶然的残酷事件、伟大事件面对面"，这使我们无法声称自己对它们一无所知。根据这个逻辑，我们必然在这些事件中被牵连为"共犯"，也就是因为我们已经看到了媒体报道中所发生的事情（或者更典型的是，它们的痛苦后果）。Ellis认为，共谋是由这种与所见事物的关系而产生的，因为对某一事件的了解意味着一定程度上的同意。即使我们是在另一个时间或地方目击，事件仍然无声地呼唤我们的良心："你不能说你不知道"。不过，他警告说，视觉上目击事件并不意味着在现场，"它缺失了太多东西，不管是感官证据(没有嗅觉，没有触觉)，还是社会参与"。Ellis认为,最关键的是,视听作为一种目击形式,提供了他所说的"一种独特的、新的体验方式"。这种目击的感觉可能是一种分离的和无能为力的状态(无论事件发生与否),也可能相反:"它使观众能够忽略事件,从更多的角度来看待事件,比身在现场有更多的可能性:从更多、更近、更远的角度,以缓慢及快速的运动,重复和精简地观看"。电视新闻,某种程度上提供了一种与事件共在的感觉,将目击行为转化为在私人家中的日常亲密行为。

在《目击》出版后的几年里,一些理论家试图进一步阐述类似的研究思路。John Durham Peters(2001)从Ellis那里得到启示,认为目击是"一种复杂的实践,它提出了真理和经验、存在和缺席、死亡和痛苦、看到和言说的问题,以及可信赖性问题。简而言之,目击是一个有关传播的基本问题"(另见Hanusch,2010)。Peters虽然大体上同意Ellis的观点,但他更强调的是突出"目击这个常见但很少被检视的术语"在三个不同的领域的积极方面——法律("审判室的程序")、神学("殉道者的痛苦")和暴行("幸存者的呐喊")——赋予它"非凡的道德和文化力量"。他指出,在需要弄清问题时,在新闻工作中,"目击是一个观察者或消息来源享有的(原始的、真实的)接近事实的优先权利",这是它与法律、文学和历史共同承担的义务。"目击者,"他写道,"可以是行动者(作证的人),也可以是行为(作出一种特殊类型的陈述)、该行为的符号形式(作为文本的陈述)或授权陈述的内在经验(某一事件的见证)。"作为动词,他补充说,"目击"意味着一种双重性质:它可以是一种感官体验,包括自己的眼睛和耳朵在事件的目击中的感受,也可以是一种话语行为,为其他地方的听众讲述某人的经历。在后一种情况下,"目击作为缺席者的感觉器官存在"。尽管如此,他还是欣然承认,这个所谓的"一段距离"充满了困难,需要比平常投入更多的关注。"在媒体事件中,"他写道,"媒体借来的眼睛和耳朵,无论是暂时的还是危险的,都变成了自己的东西。死亡、距离和不信任都因善恶而暂停(另见Peters,2009)。"

因此,Ellis和Peters之间的连续统一体是显而易见的。Ellis强调的是通过电视进行目击的平凡,甚至是平淡的日常生活,而Peters则强调了它的非凡性,包括"时间上的不朽身体"正处于"珍稀而危险"之中。Tamar Ashuri和Amit Pinchevski都赞同Peters采取的普遍立场,但也有不同的关注重心。他们认为,不同的事件"会产生不同的目击方式",因为"目击的本体论取决于其背景"。因此,作为目击者,"必须不断斗争,而不是享受特权;这是要完成的事情,而不是简单的给予"。从理论上说,目击是一种"卷入了冲突和权力"的实践,他们强调以一种使理性主义的、基于理性模式的复杂化方式去处理"经验的争议"的重要性。Carrie Rentschler同样强调需要思考经验问题,坚持认为"目击"不仅仅是"观察"或"看";"它也是人们看到和记录的一种身体和政治参与形式,往往被人们与事件之间的距离所掩盖"。作为一种必然牵涉他人痛苦或烦恼的参与形式,她从媒介的概念中引申出由Ellis提出的与共犯高度相关的关系。她说,目击需要成为更大规模的政治和道德动员的一部分,以消除暴力,这将需要一种"不同类型的"媒体文本,可以通过目击者的行为帮助人们作为负责任的公民行事,并致力于社会正义(另见Duganne,2015;Ellis,2012)。

作为远距离苦难的视觉表征

很少有人会质疑媒体全球化对这个议题是至关重要的,即便是公共领域的参与方面,正如John Keane在《全球公民社会?》中所指出的,"媒体全球化仍然是由议题驱动的,讨论其影响比探讨行动者的意图和事件的结构性原因更有效(另见Chouliaraki,2012;Papacharissi,2010)。"在Rentschler关于公民教育观点的基础上,Keane指出,全球观众经常被教授"灵活的

第18章 公民目击

公民身份"课程，"本地人"和"外国人"之间的界限模糊不清，就像某种民族情感与世界公民情感融合在一起。用他的话说：

> 通过在远处目击他人的痛苦经历，数百万人受到惊吓和感到不安，甚至准备与他人讨论、捐钱或付出时间，或支持人道主义干预的权利这种普遍原则——如援助处于危险中的人的义务——可以而且应该超越关于平等权利的旧有观念模式。

与"遥远距离的苦难"相关的议题是相关学术研究中反复出现的一个主题，当考虑到新闻媒体如何将目击媒介化以促进(以及抑制或阻止)悲伤感的共享时，这些问题就显得更加复杂了——"怜悯的政治"，如汉娜·阿伦特所描述的，或"充满泪水和创伤"的新闻，如Carolyn Kitch所说——存在于那些从远处观看的人中。

"把不幸的景象传达给目击者，这一目击行为将变成传达不幸，"Luc Boltanski注意到，"但是传达表征的工具和传达行动的工具是不同的。"舆论会在这种影响变化时面临危机，这将凸显媒体的角色，即从提供图像到抵达现实时的中介作用(对观众来说很重要，特别是当他或她无法充分理解，更不用说质询传播那些不幸时的意图时)。"观众可以接受媒体的引导，当看到孩子们泪流满面地被武装士兵驱赶时感到愤慨；受众被媒体感动，他们出手援助饥饿的人，或者支持处决有罪的叛逆者，他们感受到黑色的绝望。他们也可以拒绝或反对媒体的导向。具有关键意义的是信任的条件，这些条件使抽象的媒介化更具体 (另见Couldry, 2012；Tait, 2011；Tester, 2001)。

正如Roger Silverstone提醒我们的那样，"信任是一件棘手的事情；它总是有条件的，需要不断维护和履行的证据。"在世界范围内(Mitchell, 2011)，电视新闻以一种反复确认或作为先驱者的即时性方式，提升了目击作为可信赖的视觉证据的仲裁者的地位(另见Huxford, 2004；Pantti等, 2012)。Eric Taubert说：

> 现代观众已经走得太远了——他们现在不能回头了。他们想要的不仅仅是那些与平淡无奇的灰烬画面。他们想了解那些目睹新闻事件发展的人们所经历的。他们想通过那些看到它的人的眼睛来看看突发新闻是什么样子。他们想通过像素看实况直播。他们希望全方位地了解这个故事。

看起来，"我们"现在就想要它。Lilie Chouliaraki指出，"现场镜头是非常出色的目击风格。"她说，摄像机在现场的几乎瞬间的存在可以声称是现场事件的事实真相，将事件完整地、原生态地"带回家"。然而，这个"机械目击者"需要与关于原始事件和将"他者"本土化的口头叙述相结合，从而解释正在发生的事情，同时保护观众不受目击行为伤害的风险的影响。在"认知上可理解的"和"情感上可控的"的原则下，现场镜头将悲剧场景转化为电视节目。Chouliaraki认为，目击文本在这一点上是一种规制经济——也就是说，它以这样的方式来管理品味、体面和展示的界限。将图像赋予"真实证词的力量"，几乎没有空间让报道事件的"真相"受到质疑。她认为，在没有明显的政治色彩的情况下，"公关"主要依靠美化或升华苦难，从而战略性地参与想象社区的政治项目。这个社区使命很可能在观众之间创造一种共同的团结感，但是这样做隐藏着一种危险，那就是痛苦将以一种超越理解的方式表达出来，或者根本就是作为一种与直接行动无关的反应。

Chouliaraki强调，在规制经济中，当评价新闻报道真实性(或不真实性，视情况而定)时，应优先考虑目击，即要求以富有成效的方式记录(目击)和评价现实。她引用了BBC新闻学院的一份声明——好的新闻工作就是要目击一些其他人可能希望隐藏或忽视的事件，或者那些根本看不见的、大多数人根本不在乎的事件——就清楚地说明了这一点。应假设事件报道与观众关心能力之间的虚拟联系(引自Chouliaraki, 2010)。这对新闻媒体意味着什么直到现在才逐渐变得清晰。她指出，BBC在自己的"世界主义视野"中采用了公民新闻观念,对"普通人"的声音越来越开放,从而鼓励了更多的新闻合作(另见Silverstone,2006)。她坚持认为,新闻目击的性质正在发生变化,"普通"一词意味着"公关"。简洁地说,这打破了职业目击的垄断,赞成将"街上的人"作为讲述苦难故事的最合适的声音。除了扩大叙事范围,使其更具包容性外,这种策略使一种认识论成为可能。除此之外,它的工作是"把事实的经验主义与情感的经验主义并排放在电视新闻中"。专业新闻和公民新闻之间的等级界限正在变得模糊,因此,经验的直接性重新定义了什么是新闻——在这样做的过程中,赋予了新闻一种新的道德力量(见Carlson,Lewis,2015;Cotton,2013;Hariman,Lucaites,2007;Mirzoeff,2005)。

相比悲观主义对新闻业在世界各地遥远民族之间形成团结的潜力和对帮助形成全球公共领域的对话和辩论的漠视的批评,更为乐观的评估发现,商业媒体霸权在表面上已经出现了裂痕。尽管如此,Chouliaraki警告说,对于在不同新闻平台上目击行为如何演变,我们还需要做更多的研究。

专业目击与公民目击

越来越多的记者担心他们作为事件的第一个目击者的地位正处于明显衰落的状态,因为新数字技术提供的持续不断的速度和接入要求让他们力不从心。一些研究聚焦于新闻产业的经济结构调整,声称新兴的新闻和信息地缘政治可能会损害国外新闻的范围和质量。新闻资源的减少加剧了长期的供给困难,转化为对报道世界各麻烦地区的匮乏——有些危机没有得到报道,其他的则完全被忽视。另一些人指出,新闻采集团队越来越随意,即将责任从专业的新闻通讯员转移给当地不得不从事新闻服务的公民。这种国外新闻的低质很少被认为是财务预算决定的结果,新闻机构倾向于根据他们在国外的雇员所感受到的安全风险确定报道的优先次序来为自己辩护。

令人遗憾的是,事实证明,这往往是一个十分紧迫的问题。近年来,对于在冲突和危机地区做报道的记者,其死亡人数表明,军事当局并不总是赞同他们作为冷静的观察员的作用。越来越多的证据表明,越来越多的记者成为士兵蓄意攻击的目标。他们阻止记者在现场目击或随后在委员会和法院作证(Cottle,2009;Hoskins,O'Loughlin,2010;Kennedy,2009;Seib,2010;Sontag,2003;Tumber,2010)。面对这一限制,记者可以适当地选择使自己成为媒体的成员,或努力融入旁观人群。在后一种情况下,便携式新闻采集技术(iPhone、手持摄像头、倒装相机、BGAN卫星终端和类似的移动设备)比标准尺寸的设备更实用。

与此同时,人们越来越重视从战斗人员到非政府组织活动分子再到流离失所的难民,以及卷入战争、冲突和区域危机漩涡混乱中的不同群体对新闻生产的贡献(Alper,2014;Harkin等,2012;Matheson,Allan,2009;Panti,Sirén,2015;Stallabrass,2013;Rodríguez,2011;Wall El Zahed,2014;Wardle,2014)。

使用这些不同形式的可见证据,通常被描述为"业余"或"用户生成内容"。坚决否认其新闻质量,已经成为新闻官僚主义的规则,这几乎成了新闻采集的常规特征。尽管在核实和授权方面持续存在困难,但处理这些新闻素材相对来说是负担得起的,而且它对观众的吸引力是显而易见的——这些因素对那些将新闻视野建立在利润最大化基础上的人来说几乎是无法抗拒的(另见Vujnovic等,2010;Fenton,2011;Williams等,2011)。对于摄影记者来,他们敏锐地意识到为维持生计完成定期任务,不得不使用非专业或半专业图像"加强"或"补充"他们的工作,这可能会摧毁他们在新闻业中扮演的角色。界限的模糊引发了一些令人尴尬的问题,即对专业从业者来说什么是"真正的摄影新闻",然而对观众来说,他们期待同时看到业余爱好者的即兴贡献和专业人士的作品(另见Allan,Peters,2015;Waisbord,2013)。阅读新闻网页上的反馈评论已很普遍,例如,市民拍摄的图像因其坚实的真实性而备受赞扬,虽然它破坏了默认的剪辑、构图规则,但技术本身被认为是道德的。然而,批评人士认为,就摄影新闻的职业化程度而言,受众越来越容易受到虚假陈述(故意或以其他方式)的视觉图像的影响,人们习惯的公正原则已被那些意图推进个人的,通常是非新闻的优先事项的人改写。

公民在危机事件中拍摄的大量图像,极大地缓解了新闻机构试图叙述相互冲突的真相的困难,虽然事件媒介化的成功在一定程度上是基于对新闻摄影师的专业知识的要求。公民感到被迫生产第一手的、具象化的视觉报道——如在社交网络上共享的手机或移动电话图像、数码照片或摄录机视频片段——产生了对搜索专业规范、价值和原则的需求(Allan,2014;Liu等,2009;Meikle,2014;Schwalbe等,2015)。然而,很少有人会质疑,如果把数量和质量混为一谈,新闻业的标准将受到威胁。换句话说,作为目击者的普通公民与"公民摄影记者"之间的对等关系通常是存在的,但这个术语掩盖了随之而来的阐释其意义的复杂性。它不仅仅是语义学上的问题,还倾向于自我认同为一名新闻工作者——也许是一名独立的新闻摄影师或摄影师——当一件可能有新闻价值的事件发生时,他恰好就在附近(见Bock,2014;Borges-Rey,2015;Gillmor,2006;Mast,Hanegreves,2015)。当有意识地举起相机装备,例如拿起手机捕捉现场时,在这种情况下,其很可能是一项值得称赞的成就,但这代表着不同程度的参与。

众包分析师Eric Taubert(2012)说:"让我们面对现实吧,大多数捕捉到这些图像的人都有工作要做,有跑腿的事,有房子要维护,有家庭要照顾。""如果被问到时,他们并不认为自己是公民记者。"他补充道,尽管他们乐意让更多的观众分享他们的图像。"由手持智能手机的公民拍摄的伟大图像可能因没有人看到而胎死腹中,"他补充说,"除非这些内容落入那些知道如何围绕图像讲述故事的记者手中,核实事实并将它发送到传播链中。"换句话说,除非有关公民愿意自己承担这一责任——这在数字媒体时代变得更加容易——他们可能会求助于一个新闻机构来替他们做这件事。

在努力找出形成另一种观点的概念基础时,我最近大部分工作的一个主要目的是有助于通过新闻媒体对目击的媒介化进行思考,目的是反过来评估对普通公民即兴卷入和参与的某些更广泛的影响的研究。更具体地说,我已经详细阐述了"公民目击"作为一个概念在新闻业发展中是否会推动更多的公众参与新闻生产(见Allan,2013)。我认为,在迎接创新挑战以促进新形式的连接的过程中,新闻业将受益于获得以更透明和更负责任的方式与受众联系的机会,同时鼓励更加公开包容的新闻文化,致力于更大程度的对话、讨论和辩论。在我看来,这个连接性问题必然强调了普通个人所做的贡献,他们发现自己——非常出乎意料,更常见的是习以为常——表现出强烈的公民干预冲动。在一定程度上,公民目击是Cottle(2013)所说的人们尝试,甚至在危险的环境下分享他们的经历的"关注的连接"。个人把自己置于危险之中的原因常常不被关注。需要找出一个单一的、理性的解释来超越任何被要求事后解释自己所为的主观情感化的表达。

为了进一步发展我所称的"公民目击"的概念,有必要打破人们关于专业与业余的熟悉的二元对立概念(见第15章)。目击行为是一种有意识的选择——对于是否目击,这是一种自我选择——它可能跟社会强制一致,如果不是基于公民身份或公共服务的原因的话。尽管如此,重要的是不要夸大这一行为本质上的意向性关系,因为与自称公民记者形成对比是很重要的。公民目击者以特定的目的或目标来进行新闻生产,公民目击者通常是为了应付紧急情况而暂时处于这个地位(另见Ibrahim,2010;Liu等,2009;Reading,2009;Ritchin,2013)。作为目击者的公民总是抓住机会来确认他们的图像是否符合真相要求,其理由可能是或不是对自己或对其他人为那里或那时作证。虽然有可能是基于诚实或真诚而自我批评——与新闻的准确性、可信度或实证性的标准相比——其动机不能简单地在照片报道中被解读出来。

结 论

本章试图对数字新闻中危机事件的图像生态的各个方面进行研究,阐明专业新闻摄影的变化与公民生产的替代物之间不断演变的、偶然的关系。也就是说,以学术评论的为目的,我一直在努力说明在数字时代摄影新闻的默认规范、价值观念和惯例遇到的争议。已有的研究提供了在人类危机中的图像如何代表摄影新闻业中与记录冲突真相的社会责任相关的公民价值。

今后对图像目击的研究将得益于对不同报道背景下各种连续变化的理解。我们可以问,目击者的习惯观念在多大程度上是可以重新思考的,特别是在考虑视觉媒体的数字需求时?在这里,我们认识到,与普通人在正确的时间或在错误的地点进行的"偶然摄影新闻"形成对比的是,专业人士主动把自己置于危险的环境中去拍摄图像,以帮助传播暴力故事的可怕和复杂性。然而,正如我们在上面所看到的,相关的研究提供了在没有专业人士在场的情况下,公民感到有义务亲自目击并进行自己的视觉报道。他们能即兴运用手边的数字技术。虽然他们对新闻投入的意图可能是犹豫不决的或具有试探性的,也许是被迫记录和分享。与远方的人们联系在一起是一种更强烈的动机,他们一次又一次地以"原始"的直接性仓促地捕获证据,这一创伤性经历因其真诚而受到赞扬。媒体研究的目的是如何更好地重构数字摄影新闻,充分利用这一潜力在专业记者和公民之间建立合作关系,这是一个亟待进一步研究的问题。

第19章

超本地新闻

Andy William，David Harte

对高度发达的媒体市场上的本地商业新闻的普遍衰落的研究已经做得很好了。互联网使新一代面向社区的地方新闻媒体成为可能，它通常被称为超本地新闻，许多人看到它(至少部分地)填补了主流新闻提供的空白，满足了对地方新闻的明显需求或渴望(Kurpius等，2010；Metzgar等，2011)。在美国，早在2007年，Schaffer就对500个超级本地公民媒体网站进行了调查研究，发现这种新闻渠道是"'桥'媒体的一种形式，将传统新闻形式与传统公民参与联系起来"(Schaffer，2007)。到了2009年，杰出的评论员已经接受了这样的社区新闻扮演维护美国民主的角色(Downie，Schudson，2009)。欧洲超本土媒体也吸引了研究人员的注意。Fröhlich、Quirling和Engesser，Bruns(2011)，研究了大型德国社区新闻网络MyHeimat。2010年，Fröhlich的团队发现了一个由37 000名公民记者组成的全国网络与一些直接向超本地的受众发布新闻的区域新闻组织合作(Fröhlich等，2012)。在荷兰，Kerkhoven和Bakker发现了123个超级本地新闻网站使用一系列业务模型进行数据交换。

本章将主要关注最近在英国和美国对超本地新闻的研究，这是一个新兴的研究领域。我们先看看主要的评论员和研究人员对超本地新闻的定义。接下来，更实质性地讨论对这种新兴文化形式的了解：是谁生产的，什么激发了他们；他们报道的新闻种类和主题是什么；它的参与性和互动性如何；以及附属大型媒体公司的特许经营机构和较小的独立本地新闻提供者之间正在出现的不同之处。超本地新闻通常具有很高的公民价值和社区价值，但在经济价值方面却很低，因此接下来我们将围绕其经济和财务安全问题进行讨论。其后是一个关于理论框架的章节，这些理论框架已经被研究人员所采用，而且在将来也可能有用，在对超本地新闻媒体的未来研究得出结论前，在新闻的非职业化和非制度化背景下，这个理论框架是很有用的。

定义超本地新闻

任何围绕超本地新闻的学术讨论都必须考虑其定义范围、关键定义特征。"超本地新闻"这个词根据Pavlik的说法，首先出现在1991年，用以指称在美国24小时新闻频道中播出的本地制作的电视新闻。然而，从大约2005年开始，它被大西洋两岸的从业者普遍接受，用来指生产本地新闻(主要是在线新闻)的新方法。

本地新闻如何成为超本地新闻

Radcliffe在他为英国创新型慈善机构NESTA撰写的报告中，将这种形式的社区新闻定义为："与城镇、村庄、单个邮区或其他小的、地理上界定的社区相关的在线新闻或内容服务"(Radcliffe，2012)。这一定义提醒人们注意"超本地新闻"与以下内容的关系：如主导性的传播平台(数字的、在线的)，地理化的空间和当地化的受众(这里指单个街道和城镇之间的范围)，以及制作者提供新闻的事实(不是那么限定在地方的"信息")。值得注意的是，在不同的社区和国家语境中，"本地"这个词所指的含义有很大的不同。例如，在美国，超本地新闻所定位的目标受众的规模大小不一，一些目标受众数量非常少(例如几个街区),还有一些目标是城镇、城市,甚至整个州(Hickman,2012)。但在英国,相似变量所涉及的受众规模往往更小。

填补报道空白

美国联邦通信委员会(FCC)为我们对超本地新闻的理解增加了一个比较因素,它一直致力于解决传统新闻供给中的赤字问题(FCC,2011)。同样,当时的英国工党政府在其2009年"数字英国报告"(*Digital British Report*)中引用了"在线超本地新闻的中期潜力",以弥补报告中关于新旧新闻媒体内容的差距(文化、媒体和体育部,2009)。正是考虑到本地商业新闻的衰落,需要Ofcom或其他生产超本地新闻的英国媒体来填补这种真实的或预感的"差距"(Ofcom,2012)。Metzgar等人在撰写以美国为背景的关于互联网为新形式的新闻参与提供了便利的文章时,认为超本地新闻可以"填补对某一问题或地区报道的空白,并促进公民参与"。Parasie和Cointt(Siles, Boczkowski, 2012)也认为,超本地新闻是小规模社区的读者重新获得一些与他们相关的地方议题报道的一种途径。

然而,一些来自美国的证据表明,其中一些说法可能带有一厢情愿的成分。Metzgar等人的乐观情绪是通过这样一个事实来衡量的:许多超本地新闻努力填补当地新闻媒体衰落留下的公共事务报道方面的空白,但许多超本地新闻并未做到这一点。同样,Horning在与其博士论文主题相关的大范围研究中得出结论,美国的数据"不支持大多数超本地网站提供了主流媒体经常忽视的领域的报道"这一说法。即使如此,这样的论调并不会贬低超本地新闻对媒体多元化的现有的和潜在的贡献,特别是在传统新闻出版商最近的报道减少和削减的情况下。正如英国学者Barnett和Townend指出的那样,"当前超本地新闻网站的行动者和追随者表明,在补偿传统地方媒体的衰落和对当地多元化作出真正贡献方面,超本地新闻可能发挥着重大作用。英国超本地新闻生产者普遍认为,本地主流媒体忽视地理上偏远的社区,过于偏重本地精英,以及报道耸人听闻和消极的资讯(Williams等,2015)。

参与式网络超本地新闻

正如Radcliffe上述的定义所表明的,把在线属性作为超级本地新闻的决定性特征是非常普遍的。但是,仅仅聚焦于网络数字传播可能会使那些喜欢其他平台的社区新闻提供者边缘化,比如越来越多的人转向报纸或杂志(主要是免费的)来提高广告收入(Williams等,2014)。这种窄聚焦还可能排除较老的、更传统的社区新闻提供者,如社区广播部门的新闻提供者或制作人。教育部门提供的纸质社区新闻早在网络出现之前就有了(例如由58张社区新闻纸组成,被称为*Papurau Bro*的威尔士语新闻网络,它已经存在很长时间了。据估计,读者总数为280 000人,每张新闻纸得到39个志愿者网络的支持)(Thomas,2006)。许多新近的研究文献和评论也表明,很多超本地新闻提供商在不同程度上采取了一种开放和协作的方式,与受众合作,以获取用户生成或共同制作的新闻内容(Baines 2010,2012;Thurman等,2012)。Mellissa Wall认为,这种向用户参与的转变反映了"由横跨社会许多领域的更多未经训练的人参与的更广泛的范式转变"。

超本地新闻的有效定义

我们认为超本地新闻最有用的定义来自Metzgar和他的同事,他们认为这类操作"以地理为基础,以社区为导向,向互联网提供原初新闻报道,目的是弥补主流媒体对某些议题或地方报道的不足,推动公民参与"(Metzgar等,2011)。这一定义的优点是:(a)保持网站的地域特殊性;(b)注重社区导向和关注公民价值(我们发现所有定义都谈到这一点);(c)指出原始新闻或信息报道的重要性(可由新闻专业人员、公民制作,也可由他们合作产生);(d)允许将网络和数字新闻活动置于中心位置,虽然我们建议保持对多个新闻平台的关注;(e)注意"大多数社区新闻制作者渴望填补主流媒体报道空白"这一事实;(f)使许多超本地新闻共同关注促进和塑造公民参与。重要的是,作者还强调了这些定义特征的临时性质,以及它们应如何随着领域的变化和学术研究的多元化而被修改、加深、扩大。我们认为,这些特征可以作为规范性和描述性的基准加以适当和有益的利用,以衡量和评估超本地新闻制作者的实践和内容。

我们对超本地新闻的了解

到目前为止,几乎没有关于哪些人在生产超本地新闻的研究。但最近一项来自美国和另一项来自英国的研究提供了有价值的启示。即使是这些研究,也只是把它列入"自下而上"的草根新闻(Cushion, 2012),或McNair所谓的"新闻生产分散化"的一部分,而他们所认为的超本地新闻纯粹是公民记者的专利的观点是错误的。Williams等人发现大约一半的英国超本地新闻生产者有一些新闻工作者经历(在区域、国家或专业新闻媒体方面)或培训(作为大学学位的一部分或受雇于媒体专业人员),而另一半则没有经验。他们还要求参与者从反映他们实践的描述列表中选择:最大的群体(70%)将他们所做的事情描述为"社区参与"的一种形式,57%赞成是"地方新闻",其次是55%认同"积极公民"一词。事实上,最不受欢迎的描述是"公民新闻",只有43%的答复者选择了它。同样比例的美国超本地新闻工作者获得了新闻或传播领域的大学学位,但没有关于超本地新闻生产者以前的专业媒体经验的数据(Horning, 2012)。

到目前为止,关于这些社区新闻生产者做他们所做的事情的证据有限,但是新近的研究描述了他们的一些动机。例如,Dovey等人找出了超本地新闻作品背后的各种紧密重叠的动机,这些动机结合了个人原因(通常与获得技能和自我实现相一致),而其他的动机有更多的社会取向(与创造更广泛的公民和社区福利联系在一起)。个人动机包括与人见面和扩大社交网络的愿望,了解某一领域,希望学习或实践专业新闻技能,并渴望尝试新技术。然而,在采访中,这些总是伴随着更多的利他理由,例如:使当地人民能够作出更知情的决定;让人们知道他们住在哪里;支持或发起地方运动;追究当局的责任;使社区团结起来,促进社区行动和凝聚力;纠正现有地方新闻媒体的不足或缺乏,尤其是以更积极的形象代表社区(代表自己和外部世界)。

什么会被报道

在少数几项详细研究超本地新闻内容的研究中,有一项令人震惊的发现重复出现,即强调了新闻生产对地方政治和公民社会的共同取向。这与传统的商业本地新闻供应商对政治和公民生活报道量下降的情况形成对比。Metzgar等人发现了许多超本地新闻致力于报道传统媒体不报道的地方政治生活和公民领域的新闻,他们所有的案例研究都涵盖了加强民主潜力的新闻报道,即使有时以不均衡的方式进行报道(Metzgar等, 2011)。Horning对超过300个美国超本地新闻机构的新闻内容的系统分析,和对90多家超本地新闻生产商的大型调查,都证实了这一点。他写道,"超本地新闻"为当地市民提供了一个令人兴奋的新场所来了解对他们影响最大的政治事项,仅仅这个原因,就对地方民主作出了宝贵的贡献(Horning, 2012)。

Flouch和Harris在他们对伦敦"公民主导的本地在线生态系统"的研究中提供了对英国超本地新闻的有价值的见解。其研究中的超本地新闻包括强调让人们参与本地公民生活的网站,包括"地方行动小组"(其网站归属于租户协会或其他获取社区关注问题信息的团体)和地方博客(由单个作者建立的公民新闻网站,以发布有关其所在地区的新闻为主),这些信息往往是以促进公民参与的动机驱动的。他们还发现了一些不太明确是否致力于以公民社会为导向的网站,不过这些网站还是以有价值的方式加强了当地的信息系统。

Williams等人利用内容分析、访谈和对超级本地新闻制作者的调查,了解这类新闻的公民价值。他们在10天内通过对300多个超本地新闻网站近2000篇新闻内容的分析，发现了大量关于社区活动、地方政治、公民生活和商业的新闻。他们还发现，超本地新闻是本土导向的新闻，90%的新闻来源谈论的是本地话题，而几乎所有的文章都是因为某种本地因素而刊发的。他们确定的最大新闻类别涉及社区活动(13%)，如当地俱乐部和社团组织的活动；其次是有关地方政府的报道(12%)。他们还发现，尽管官方新闻来源(地方政治家、商界代表、警察)仍然有很强的发言权，但公众(当地公民、社区团体的成员)获得的发言机会比当地主流报纸的更多。

这项研究还提供了一些(有限的)对超本地新闻实践的洞察。与传统的地方报纸研究相比，其样本中引用的资料来源的数量总体上是相当少的。而且几乎没有证据表明，受众在有争议的问题上受到多种竞争性意见的影响(Williams等，2015)。利用他们的采访资料，研究者解释说，尽管在传统意义上几乎没有均衡的报道，但许多社区记者已经制订了其他策略来促进和宣传围绕有争议的地方议题的多元辩论。这些策略包括原则上拒绝给予(有时是不妥协或阻止)官方新闻来源回答问题的特权，以及直接传播相互竞争的观点而不是传统报道中所用"他说，她说"这样的在单个新闻报道中平衡消息来源的做法。调查与访谈数据还显示，大多数超本地新闻生产者报道社区运动(通常是成功的)，且有相当一部分人发起了自己的活动。他们还发现公众感兴趣的关键调查报道是由"数量惊人的社区新闻制作人"来进行的，因而在公共利益方面拥有密集的资源和能够挑战本地权力精英。其报道和宣传的议题，从地方规划问题和改善设施，到更严重的话题，如当地政府的腐败。

尽管取得了这些积极的进展，研究人员担心，公民新闻网站的杂乱无章的新闻服务，也许只能讲述本社区的一部分故事，而公民和社区生活的其他领域将被忽视，或者至少报道不足(Metzgar等，2011)。例如，有人担心，尽管这些新闻对社区进行了许多有用的额外报道，但某些处境不利的社区可能仍然无法获得充分的

服务，因为许多当地人可能缺乏建立和维持这类新闻社区的"技能和资源"。英国的超本地新闻在向全体民众提供的报道上也有些零碎和不一致(Harte，2013)。例如，最近一份关于媒体的报告指出，这类网站"可能成为未来维护公共当局问责制的核心"(Moore，2014)，但它们的产出的发送、规格、区域、类型和规则差异都很大，因此，"英国各地站点分布存在巨大差异"。

活跃的受众

有越来越多的研究工作帮助我们理解超本地新闻是如何与受众互动的，以及其参与式新闻实践的力量。Metzgar等人发现他们的案例让读者有机会与生产者互动，评论文章，并以不同的方式共同创建内容。Horning同样指出，大多数美国超本地网站都包括受众参与空间，包括有关读者和公民的公民机会的报道。但谈到许多超本地新闻生产者目标，他写道，"说超本地新闻网站普遍聚焦公民新闻并非不争的事实"。当涉及许多美国超本地新闻制作者使用参与式工具来鼓励互动时，就受众而言，大多数生产者在这方面的做法非常简单，类似于本地的主流媒体记者。但是，应该指出的是，许多地方的超本地新闻不再由许多(或任何)当地记者提供任何新闻，无论他们是否具有创新性和合作性。

Zmenopoulos等人发现，在英国，虽然制作超本地新闻的责任主要在于个人生产者，但应该注意到许多新闻社区也发布合作生产的素材。活跃的贡献者网络就感兴趣的问题写帖子或定期专栏(例如，没有被更大媒体报道的当地运动队的报道)；写一些他们有专门知识的事情(例如本地中心公园的所有者写公园专栏，本地议员写政治专栏)；或愿意通过提交关于特定电话的材料参与群众采购活动。Dovey等人指出，除了向人们提供可以帮助他们导航当地生活的信息之外，许多英国超本地新闻还经常向读者提供工具，如My society的FixMyStreet.com，通过促进公民与地方政府之间的直接沟通，使他们能够直接参与政治和社区生活。英国最近的

其他研究也证实了超本地新闻采纳社区成员观点的趋势。1/5的超本地新闻用户曾经通过发表评论或上传照片来为他们的本地媒体做贡献。10%的人"从零开始"创造了更多的实质性新闻内容(Nesta,Kantar Media,2013)。

在对英国超本地新闻的内容分析中,Williams发现,大多数新闻片段都启用了评论,并且有在各种社交媒体平台上分享内容的邀请。尽管绝大多数文章允许评论,但观众利用的机会不到1/3。附在博客文章后的评论中,大约1/10的字符涉及观众对文章的反应,但没有进一步的对话,而且大致相同。帖子的发布促进了受众成员之间或受众成员与超本地新闻出版商之间的对话(Williams,2013)。除了在线互动的机会外,还有很多活动。许多超本地新闻生产者在接受采访时报告说,他们在社交媒体上做了大量的受众参与工作。一项补充调查显示,9/10的生产者使用Twitter,而8/10的人使用Twitter和Facebook作为其超本地新闻活动的一部分(Williams等,2014)。他们还注意到,虽然受时间限制,许多生产者仍然强烈希望更多地与受众接触。当被问及他们希望在自己的网站上添加什么样的内容时,最常被引用的回复之一是希望"鼓励更多的受众提交信息",当被问及更广泛的改进时,许多人还写到"希望开展更多的社区参与活动"。

从这些新近的研究中可以清楚地看到,在吸引新闻受众的过程中,英国和美国的超本地新闻都为当地社区和公民参与带来了潜在的好处,特别是考虑到两国传统商业新闻媒体的不断撤退。Metzgar等人认为,"这些网站使用的互动媒体并没有创造出完美的Habermas式公共领域,但他们已经推动现状走向一个比以前更理想的环境。"

超本地新闻的可持续性:公司专营与独立经营

可以理解的是,超本地新闻的可持续性和经济可行性的问题激发了许多研究人员的积极性。英国和美国的本地主流商业报纸市场的经济危机是解释这些研究的重要背景(见第4章)。全国性的媒体和科技公司也在探索发展超本地新闻市场的商机。

虽然英国现有的本地新闻机构并没有普遍或广泛地进入超本地新闻领域,但一些出版商已经涉足超本地新闻,其中一些已投入大量资源。例如,2010年,卫报传媒集团在英国城市推出了三个短暂存在但广受欢迎的"超本地博客"(Pickard,2011)。Baines分析了一家主要的地区性新闻出版商对超本地新闻领域的不太成功的探索。他发现用户没有有效地参与到英格兰北部的一个超本地新闻网站,因为它是为了满足公司而不是社区的需要而设计的,也是因为社区用户没有充分参与网站的运行。英国出版商经营的最大超本土新闻机构是"当地世界"(正式名称为诺斯克里夫媒体)的"当地人民"网。该网络于2009年推出,有40个站点,到2012年已增至154个(Thurman等,2012)。对其中4个网站的内容分析发现,尽管这些网站渴望产生自下而上的参与性地方新闻,但这些网站在很大程度上是不成功的。例如,大部分的故事不是由读者社区编写的,而是由付费的专业"策划人"编写的。同样,新闻后的评论数量很少,这往往是社区参与的一个重要指标。

在美国,许多争议聚焦于由美国在线拥有的Patch网站上的大规模超本地新闻试验(Auletta,2011;Pavlik,2013;Wilhelm,2013)。2011年,该公司在22个州的850个社区雇用了800名记者(Auletta,2011),但经过三年的离职和裁员,美国在线出售了被《纽约时报》称为"陷入困境的超本地新闻部门"的多数股权(Kaufman,2014)。St. John等人(2014年)注意到Patch网具有为构建互惠、互利和通信一体化的社区提供信息的潜能。但他们对90个网站345篇故事内容的分析发现,这种可能性受到模仿"传统报道惯例"的现行做法的限制,而不是"社区新闻"。他们发现,报道引用的官方新闻来源占主导地位,而公民的声音被引用相对较少;与读者的互动有限,包含评论的帖子比例较低;Patch的编辑不鼓励活动;这种有限的外部联系做法限制了读者了解其社区的更广泛视角和信息。

美国和英国的研究者对这类公司专营的超本土新闻机构的研究结果与Williams等人的研究结果进行了有益的比较,后者更侧重于由独立的媒体制作人员负责,并定位于对政治和公民生活的报道给予更多的关注,并为公众提供更大的发言权。另一方面,Thurman等人更加关注他们所说的公司所有的"软新闻"网站。研究者将这种(内容)不匹配部分地归因于建立超本地新闻网站的动机差异。他们的研究表明,许多独立运营的网站创建时都考虑到了特定的以行动为导向的公民目标,而不是"为了写而写的意图",或为了吸引广告商。这与Dovey等人的关于超本土新闻具有强烈的公民动机的发现很吻合。正如Barnett和Townend所言:"总的来说,最成功的超本地新闻企业都是独立的。"几乎没有证据表明媒体公司推出的超本地新闻网站的尝试取得了成功。他们引用了科技记者Mathew Ingram的话,超本地新闻如果采用"手工作坊"生产可能会比"大规模生产"更成功,如果它是建立在与本地受众的密切关系基础上,由社区成员自己,而不是由一个"饼干切割模式的工业生产线"来生产,它会更成功(Ingram,2013)。英国和美国新出现的证据表明,媒体公司专营的超本地新闻的内容对社区公民的价值和社区价值可能不如由较小的独立内容供应商生产的。同样,许多独立的超本地新闻供应商比主流媒体拥有的超本地媒体更愿意制订一种更开放和参与性更强的方法来让社区成员参与进来。

虽然媒体公司专营的网络项目命运不佳,以及社区新闻初创公司面临经济挑战,但最近有一些迹象表明,较小的地方新闻出版商可能会比他们更成熟的对手更好地经受住风暴的侵袭。皮尤研究中心最近发现438个定期制作原创新闻的数字新闻组织,其中大多数是本地导向的,并发现这些规模较小、往往非营利的新闻网站是美国数字新闻行业不断壮大的最大组成部分(Jurkowitz,2014)。Kurpius等人中的一份对美国商业模式最详细的描述,也呼应了这种适度的乐观情绪,暗示美国独立的超本地新闻市场"至少有发展潜力"。较低的进入成本和有限的进入壁垒有利于它的发展。然而,他们看到了许多现有的超本地新闻的收入来源从长期来看是不稳定的:私人投资者是一种从短期到中期的选择,因为他们只会在未来可能获得回报的情况下继续投资;生产者自己的个人资金是有限的;基金通常在短期(1~5年)内发放,并取决于正在成长和测试的新业务模式。虽然所有新闻媒体的目标都是从广告销售中获得收入,但这对任何一家公司来说都不是主要的资本来源。

他们认为,广告模式应用的成功受到了阻碍,原因是其受众基数小,社区缺乏知名度。因为其依赖基本免费的分析软件和强调静态和低价值的横幅广告,而不是更具创新性的交互式广告,所以对广告受众的情况缺乏详细了解(Kurpius等,2010)。Horning(2012)在他更全面的对美国超本地新闻的研究中指出了一种不那么多样化的融资模式。该研究发现,本地广告是该行业的主导融资模式。他认为,许多超本地新闻媒体能获得当地广告收入(在某些情况下足以支付一个小型新闻团队的工资),这是"令人鼓舞的"。但两项研究都认为应鼓励更多元化的商业模式,以便在某项或全部收入来源减少时它还能维持下去(Horning,2012;Kurpius等,2010)。

英国最近的研究表明,英国的超本地新闻市场虽然不太发达,但也存在许多类似的问题。一项对183位超本地新闻制作人的调查得出结论,绝大多数这些网站的受众相对较少,而且赚的钱很少(如果有的话)(Williams等,2014)。略多于1/3的调查参与者获得了收入,大部分数额不大。63%的人赚不到钱,并支付网站本身的运营成本。广告是目前最主要的创收方式,但其也采用了许多其他方法(包括赞助、自愿捐款、订阅、慈善机构及基金会的拨款,以及特别是免费印制报纸以吸引更多读者零售给广告商)。

与Radcliffe的研究及美国的情况一样,这些研究人员发现,英国超本地新闻生产商在其社区中的能见度相对较低(Williams等,2014)。这可能会影响通过吸引广告使网站货币化的努力。研究强调,其需要更多样化的资金来源。这也是为什么在英国很少有地方组织在超本地新闻网站上做广告。在"面向消费者的小企业"花在网络广告上的7.31亿英镑中,只有2300万英镑花在了超本地新闻网站上(Oliver, Ohlbaum Associates Ltd, 2013)。总的来说,这些研究发现,一小部分(他们自身规模很小)经济上可行的社区新闻服务机构,一些之前只是出于兴趣的超本地新闻生产者现在正努力使他们的网站专业化和货币化(另见第15章);而大部分超本地新闻媒体还是由志愿者主导的。

超本地新闻理论

大部分广泛传播的有理论影响的超本地新闻研究文献主要集中在传统的新闻民主角色观念与有关公民权和公共领域的理性主义观念上。例如,Barnett和Townend引用和改造了Curran的"经典新闻自由主义理论"中有关"信息、表征、运动、审讯"的关键部分,以评估超本地新闻内容的民主角色。同样,Williams和他的同事调整了可比较的一套新闻规范,他们认为,包括超本地新闻在内的新闻应该"作为公民准确信息的来源;作为看门狗/第四权;作为一种媒介和/或社区的代表(有助于提高社区凝聚力);以及作为公众在运动中的倡导者"(Williams等,2015,借鉴McNair,2009)。Baines(2010)借鉴了Habermas的观点,发现当他所研究的超本地新闻机构违背公共领域的理想理念时,将无法满足公民"监督"和参与的需要(Baines,2010)。引用这些广泛确立的用于建构健康的媒体的理论规范,其作用是显而易见的:它能让学者们比较与之前消失的正出现的文化形式相关的实践、内容和价值,以及地方主流媒体中正在消失的东西。这项工作应继续开展下去。然而,过度依赖这些理论框架也是危险的,例如,当将类似理论应用于新的数字媒体时,可能忽视或低估新出现的价值或问题。

从领域到场域

许多研究者利用布迪厄(Bourdieu)的场域理论来研究形成新闻领域的"权力和认知的无形结构"(Willig,2013;另见第26章)。这项工作有助于改变新闻学研究中以编辑室为研究中心的现象,以及方法论上的假设,即认为新闻业只发生在特定的场域(如新闻编辑室),而不是其他领域(如家庭)。他们注意到,尽管人类学经历了"反思转向",但新闻人类学对新闻和信息的非制度化和非专业化的反应这一过程,才刚刚开始(Wahl-Jorgensen,Bird,2009)。

Postill认为,引用Bourdieu关于场域的概念的一个优点是:"它是一个中性的、技术性的术语,缺乏公共领域和社区的理想主义规范"。他特别关注"人、技术和其他文化产品以不可预测的方式共同生产新形式的社会性"的方式。他对吉隆坡苏邦贾亚市的研究表明,这是一个"充满活力的互联网场域",有助于居民就本地特定事件形成积极的参与文化。最后,那些将公共领域作为研究对象的学者们缺乏对日常的互联网技术运用可能支持地方变革的关注,Postill对此感到沮丧。他声称,研究地方的"日常行动"具有很大的价值,即"对交通堵塞、废物处理和轻微罪行等看似平常问题的积极行动"。我们相信,考虑到许多超本地新闻关注平常的、每日的议题,以及它在媒体制作过程中与社区成员共同创造和合作的倾向,这些理论观点可以为今后的研究工作提供有用的视角。

公民意识与日常生活

考虑到智能手机等数字捕捉设备和出版设备已接近饱和,而且越来越多的人能够接触到在线数字出版平台,普通民众更倾向于使用这样的数字出版平台,专业的记者捕捉、策划和出版"日常"新闻已成为许多学者感兴趣的研究对象。Pink的研究(2012)受Lefebvre的影响，主要集中在日常生活如何揭示社会中的存在状态。Pink研究数字媒体的方法是有价值的，尤其是对研究本地媒体特别有用，因为它强调地域。她要求我们重新思考"通过场域理论研究数字媒体"，并认为人们的"场域生产"通过主流媒体和使用在线社交技术方式是相同的(见第24章)。重要的是，作为一名人类学家，Pink希望我们看到这些场域生产是在线实践与离线接触同时进行的。通过思考日常的、非新闻的、媒体创造和生产的行为，学者们有可能考虑以新的方法来构建超本地化的新闻实践，超越传统的有关信息和新闻的专业规范的社会理念。

Hartley主张在他认为从单向"只读"的时代转向双向读写的背景下，关注"日常"的公民媒体表达权。他在大部分关于媒体受众的研究中侧重于关注媒介消费实践和公民身份的媒介化方式(Hartley，1987)。他尤其关注公民在政治主权和消费者主权之间的固有的紧张关系的辩论(Hartley，2002a)。他拒绝对两者的两分法，认为无论是生产还是消费，都是理解公民生活的一个重要概念："我们的文化消费，特别是我们的媒体消费，让我们了解我们身处的社会"。

我们认为，这种理论见解在描述超本地新闻内容的公民和社区价值方面可能特别重要，这些内容属于传统的公共领域或民主理论之外或至少是边缘。正如Hess和Waller所指出的，学者们需要更多地关注新闻的社会和文化层面，正如其在经济和政治方面的重要性。这种转变可能进一步使学者们有能力从理论上证明由专业和非专业社会行动者生产的超本地新闻的生产性行为的价值(另见第27章和第28章)。

结 论

从全国范围看，许多超本地新闻业务在经济上是不稳定的。未来的研究可以从理论和方法两方面关注非制度化和非专业化的超本地新闻的经济稳定问题。在英国，志愿者的广泛存在可能足以在短期内维持社区新闻，就像在公共生活的其他领域一样(例如地方司法系统、地方和社区政治或学校管理)，但这毫无意义。我们还需要对应对本地新闻市场下降的超本地新闻的范围和规模做进一步的研究。我们需要准确地评估超本地新闻填补当地报纸和出版业衰落造成的信息提供方面的诸多空白的能力，我们需要知道，例如，有多少社区记者取代了近年被解雇的大批专业记者。

这种对经济学的关注是必要的，因为人们有非常充足的理由担心，如果没有收入，更重要的是，没有新闻制作人所需的足够利润回报，长期来看，超本地新闻部门将岌岌可危，无法维持以前的那种主流媒体机构强大的、独立的、(有时)批评性的维护公共利益的地方新闻所需的必要先决条件(McChesney，Nichols：2010)。上述鼓励公民参与新闻的理论立场，我们认为，应该与密切关注"网络公共领域"的新闻生产行为的制度和经济背景结合起来(见第10章)。Benkler正确地观察到"新闻的生产模式正在从工业模式[……]转变为网络模式，从而将更广泛的实践纳入生产系统"。但是，我们不太认同他和其他人的研究中对支持新闻生产的资源的忽视。从Benkler的论文可知，重要的是网上新闻比在更成熟的平台上制作新闻所需要的钱要少得多，除了在人力资源方面。这显然是正确的。上面提到的许多研究文献非常清楚地说明了大多数超本地新闻在财务方面具有长期不稳定性，这可能会带来真正的问题。

令人难以置信的是，如此多的人正在生产各种各样的、重要的、必要的公共利益新闻，往往没有以前的本地知名报纸一样的法律和体制支持。但是，对超本地新闻的经济学研究的综合结果提醒我们，缺乏财务安全是严重影响这些新闻媒体的中长期生存能力的潜在威胁，也可能影响整个超本地新闻出版的安全性、独立性和可持续性。正如Radcliffe所说，"这一新兴部门面临着许多结构性的挑战，包括资金、发现新闻的能力、可持续性和可见性"。我们会关注相关的有潜力和真正有影响力的业余人士，资金不足的专业人士，如何进行与核心公共性相关的新闻工作而没有多少制度上的支持(见第15章)。随着这一研究领域的成熟，我们认为应该更加持续地关注超本地新闻的新闻生产者的经济背景；目前，很少有研究试图详细了解超本地新闻工作者的新闻制作方式。最有用的和严格的研究是深入现实世界和网络环境中的民族志研究。我们从媒体民族志的经典著作中可知，在20世纪七八十年代，决定记者工作的性质和内容的体制和经济背景被界定为新闻学研究的一个领域。现在，我们需要对目前在主流新闻编辑室之外出现的碎片化的新闻和信息系统，包括超本地新闻，有类似的洞察力。

第III部分

新闻业的概念化

C. W. Anderson

这部分内容探寻新闻学研究的两种方法之间的紧张关系。这部分的各个章节有一个共同的前提，即新闻生产和消费的世界越来越分散和混杂(正如第Ⅰ部分和第Ⅱ部分里的作者所展示的那样)，但是它们也呈现了不同的视角，这些视角关乎一个问题：过滤这种复杂性最好是通过"旧"理论、"新"理论，还是这二者的某种组合？或者正是因为这种复杂性和混合性以及它们导致的紧张关系，这部分的作者们利用了各种各样的隐喻，旨在对新闻业进行概念化(或者再概念化)。

第III部分的章节分为两组。前4章讨论的是数字时代里新闻业的重要概念模型，从规范性理论到人类、技术与新闻之间的关系。接下来的6个章节也考虑了新闻制作和新闻实践的不同概念化，但使用的框架是以某种方式与空间相连接，在这里，空间是一个关于新闻生产社会组织的隐喻。

Danid Kreiss和J. Scott Brennen(第20章)用一个强有力的论点开启了第III部分：通过强调参与、去制度化、创新和企业家精神的重要性，很多数字新闻规范性的理论家们已经放弃了一套较旧的、传统的、指导性的新闻业使命。较早期的使命包括这样一些观念：机构和官僚组织带有民主的潜能，以及创新既是一种意识形态又是一个基于经济逻辑的论点。在这一章里，Kreiss和Brennen认为存在一个问题，就是常常对新理论框架不加批判的调用。他们不是为了挑起争端，而是要提醒学者们，与新闻业有关的规范性要求不是新事物，而是具有很长的历史；他们还指向一个更清晰的视角所带来的种种好处，这个视角关乎较早期的新闻业使命如何随着时间的推移而发生变化。

在第21章里，Laura Ahvm和Heikki Heikkilä对受众、大众和公众的讨论，是从20世纪早期芝加哥学派的学者们发展出的受众文化研究和符号互动主义当中获得启发的。他们指出，数字化已经改变了用户实践，但如果把所有用户类别都归纳为一个单一的同质性群体，这种做法是不正确的，即使不同类型的媒体消费之间的界限已经变得模糊，也不能认为所有的用户都是一样的。Ahva和Heikkilä还指出，对于学者而言，如果他们要提出数字时代里媒体使用和影响的规范性要求，就要保持"大众""受众"和"公众"之间的种种差异。

在第22章里，Bart Cammaerts和Nick Couldry并没有明确地利用传统理论来理解数字新闻，而是将媒体实践理论运用于新闻分享行为。这一章增加了一个还未被充分探究的新闻概念的知识，并且展示了这本书的使用方法。"分享"，在社交媒体上或其他地方，是一种被共同地唤起的行为，学者们或许希望更深入地研究它，但实际上迄今为止一直事与愿违。尝试把这种行为置于一个更大的媒体实践概念当中，这种做法提供了一个有用的理论"挂钩"，可以把"分享"行为与其他使用媒体以及与媒体互动的方法联系起来。

Seth Lewis和Oscar Westlund(第23章)沿着更为激进的方向继续推进对新闻的理论化。他们宣称，数字媒体生产的新兴领域，需要学者们去思考技术行动元、人类行动者和受众的运作，以及把这些行动元、行动者和受众"捆绑"在一起的种种行动。该视角利用了科学与技术研究(Science and Technology Studies，STS)的新近成果。Lewis和Westlund使用"行动元"这一概念,旨在提供一个视角,该视角把技术整合在数字新闻生产分析当中,但并不是赋予技术以特权。这个视角有助于学者们把握技术在新闻生产中的作用。

接下来的6个章节利用了各种各样的空间隐喻来理解新闻。Chris Peters(第24章)开启了这一空间转向,他也着眼于受众,但是很少从实践的视角,而更多地从新闻受众行动的空间和地点这个观点出发。他先讨论了作为一种理论建构的时空性,并且回顾了数字新闻消费的当前环境。他进而主张,实践将会以不同的方式展开,这取决于实践发生在哪里。在我们的以分散化的习惯为特征的时代里,这一理论见解格外有用。

在第25章和第26章中,David Ryfe和Tim Vos利用了在新闻学研究中已经被建立的理论框架,旨在解决一个问题:数字媒体图景如何被理论化?Ryfe(第25章)不仅分析了作为一系列制度的新闻业,这些制度以重要的方式与其他社会制度发生重叠,还提出一个令人兴奋的论点,即新闻变革与现代社会中其他重要社会制度(例如政治和市场)的变化之间的密切联系。他认为,这些社会制度以一种相关的方式,部分地赋予了新闻业以合法性,不过它们没有发生太大的变化,所以束缚了新闻业的总体变革。Ryfe作出一个明确的、引人深思的论断:确定无疑的是,西方现代社会还没有进入新闻业的新时代,并且这一转变若要发生,新闻专业主义文化必须也要改变,新闻业运作于其中的更大的政治环境也必须改变。

Vos(第26章)让"新闻领域"这个概念变得复杂化,他引用的是Pierre Bourdieu和Rodney Benson的研究,但也引用了Kurt Lewin的研究,Lewin在"场域"这一隐喻中明确参考了物理学中的相关概念。Vos在本章结尾处展示了"场域"这一概念如何帮助我们理解重大时事的新闻报道。

David Domingo和Victor Wiard(第27章)讨论了行动者网络理论(actor-network theory,ANT)在认识论上和本体论上的原则,展示了这些概念如何能被富有成果地运用于新闻研究,并且回顾了已经使用ANT来研究新闻业的日益增多的实证研究。尽管在社会科学中ANT引起了一些争议,但Domingo和Wiard却展示了该理论如何能提供一个重要的手段,用来把握当今新闻业和新闻生产的日益复杂和混合的本质。

在我撰写的第28章里,我讨论了新闻学者们理解"新闻生态系统"这一隐喻的两种不同的方法。根据其中一种视角,学者们把新闻作为一个"生态系统"来讨论,它是一个动态的、活生生的有机系统,在其中,该系统的不同方面(博客、电视台、报纸、社交媒体等)促成了整个系统的全面健康。第二种视角更多地得益于Domingo和Wiard在前一章里讨论的行动者网络理论,该视角概念化了新闻扩散的复杂脉络,在其中,讯息穿越新闻网络,并且在移动的过程中发生转变。关于新闻生态系统的这些不同观点,它们相互关联,并且它们中的每一个所引发的是不同的理论假设。在这一章里,我展示了这两种不同观点如何赋予不同实证研究项目以特权。明确这一概念,有助于研究者们更好地概述他们的新闻生态系统研究应该带来什么。

在第Ⅲ部分的最后一章里,Anu Kantola(第29章)借用了Zygmunt Bauman的理论研究和他的"流动的现代性"的观念,并表明"流动的现代性"是用于理解当今新闻业的最佳隐喻。这与Ryfe和Vos在前面章节里强调的新闻制度与场域的相对结构与稳定性形成了鲜明对比。新闻的流动性本质,对于新闻职业(一种职业,KantoLa认为,到20世纪中期,其似乎已经达到了某种程度的稳定性和制度性权力)和新闻工作组织来说,都具有重要意义。

比起第Ⅲ部分的前面章节,最后这三章在论述新闻业时所采用的术语,更少地受制于界限,而更多地具有流动性。它们中的每一章,以不同的方式主张一种"网络"敏感性,比起强调有边界的空间(例如场域和制度)的观点,会更好地服务于针对新闻业和新闻的理论视角。

它们一起展示了关于研究数字新闻的"最佳"理论，或者关于概念化新闻业的最有成效的方式，并未达成一致意见。单独来看，它们中的每一章都非常具有说服力，并且各自提出一套独特的、原创的理论见解，这些见解有助于学者们把握当今新闻业的复杂本质。但是将这些章节放在一起阅读的读者们会注意到，它们并不一定互相补充。读者们会发现，在这些章节里被提出来的一些观点和视角，是互相矛盾的。对我们而言，这正是第Ⅲ部分的主要长处之一。合起来，第Ⅲ部分的所有章节指向新闻学研究领域作为一个整体所具有的活力，以及存在于该领域中的理论多样性。

第20章

数字新闻的规范性模型

Danid Kveiss, J. Scott Brennen

引言

基于过去20年来有关数字新闻的大量学术研究,本章提供了一个关于规范性论证的纵览。我们认为,4种普遍存在的广泛价值观贯穿于所有文献中,这是数字新闻理论的独特之处。我们还注意到,这些规范性主张通常与许多有关数字新闻实际运作方式的经验主义文献相矛盾,也与本书讨论的许多发现相矛盾。不过这种矛盾使得对这些规范的坚持更有趣。

首先,也是最普遍的观点,鉴于数字媒体和社交媒体的功能可见性,以及被学者们称为被动的新闻消费行为所隐含的规范、价值、期望与知识,学者们认为新闻业应该具有可参与性。第二点,也是相关的,学者们认为新闻业应该被去机构化,这需要分解专业权限,削弱传统媒体的把关权力,挑战组织等级以及生产者与消费者之间的区别,或者分解和分散新闻业的生产过程与产品。第三,学者们认为新闻业应该具有创新性,旨在紧跟技术变化的脚步,网络公众不断进化的期望,以及不确定和高度不稳定的媒体商业环境。最后,学者们认为新闻工作者应该具有企业家精神,这意味着他们必须能够开创自我,建立自己的受众群体,筹集他们自己的资金,在社交媒体时代打造自己的品牌。虽然学者们并不总是明确地表达其潜在的规范立场,并且很少有人会接受数字新闻所有的这4个基本价值观,但这些主张在全部文献中广泛存在。

为了论证关于数字新闻的一套新主张,我们主要在大众媒介的背景下将这一学术研究与相对较旧的研究进行对比论证。正如我们在下文所探究的那样,与数字新闻有关的规范化理论尚未完全克服这样一个问题,即上述的参与、去机构化、创新和企业家精神会以种种方式破坏其他有价值的新闻角色。这些有价值的新闻角色包括这样一些观念:新闻应当向公众提供准确可靠的信息和多元的观点,监督国家和社会上其他的强势利益体,代表公众面向精英并充当舆论的代表,促进治理,在精英与公众之间以及在精英群体内部充当制度性渠道,并为公共问题的争论和探讨提供公共讨论场。当然,这篇文章所讨论的规范性功能都不是经验主义式的要求。传统媒体通常无法实现这些理想化的设想。但是,就像Nerone所指出的,西方新闻业的规范可以很有启发性,如果人们不视其为高高在上的话。当新闻业没有达到这些理想时,至少这些理想还提供了一种批评的语言。

本章还指出,许多数字新闻的文献在规范性上都指向公共传播中的"公民参与"(Christians等,2009)传统。但这在某些方面很大程度上让它失掉了临界边缘并且深入地与市场逻辑相兼容。在公民参与的传统中,合法性的基础是"媒介是属于人民的,这一观念具有解放性、表达性和批判性目的"(Christians等,2009)。Christions等人认为,从历史的角度上看,公民参与的传统一直聚焦于公民的参与度,但会特别强调在公共传播中被边缘化的群体,例如,贫民、女性、移民群体和有色人种等(也见Downing,2000;Gans,2004)。

然而在数字新闻的文献中,参与被理解为自由主义者在强调个体的表达自由和来自国家的自由时所使用的术语(Christians等,2009)。这一传统以只以个人为前提的假设作为其理论起点。在数字新闻的文献中，被提及的一个通常做法是，通过把参与和自由主义结合起来，从而推举出一个"不受限制的，去种族的，去阶级的，去性别的"模范新闻公民(Weis, 2008)。在这样的过程中，数字新闻的文献倾向于忽略这样一个事实：某些群体在社会结构中占据着不同的位置，这意味着人们无法平等地获得参与民主生活所需要的材料以及社会和文化资源。这恰恰是大众媒介批判性学术研究的关注点，它主张采取积极形式的国家补助来促进参与性的平等。

实际上，上一代的批判与文化学者将说的权利与听的权利相比较，同时阐明了对社会负责和专业化的新闻业的需求与价值。他们认为新闻工作者需要来自国家和市场的自主权，并论证了市场机制和自愿性机制在公共传播中不会带来民主需求的包容性和多元性。

最后，本章认为，对参与、去机构化、创新和企业家精神的重视，可能并不像许多学者隐含或明确暗示的那样民主化。而且，我们的分析表明，在新闻系统迥异的国家，人们对新闻和民主的思考明显趋同。甚至在国际新闻界中普遍缺乏"美国化"(见R. K. Nielsen, 2013)，并且在过去10年里跨国新闻机构的命运有着显著差异的情况下(Levy, Nielsen, 2010)，这样的趋同趋势还是发生了。这表明，尽管各国之间的媒介系统和实践发展存在差异，但学术界普遍存在着一些令人振奋的理念，这些理念已经围绕数字技术进行了明确的阐述，并为规范性评估提供了总体的框架(Waisbord, 2013)。

参与性

参与性新闻的思想有着多种起源，它早于数字媒体出现。C. W. Anderson认为，在过去的半个世纪里，新闻工作者对自己的职业和对受众的理解发生了理想化的典型转变。其中包括从历史上的侧重于专业的价值观和自主权最终要为受众负责，转变为20世纪90年代中期出现的公共新闻运动所主张的诉求，即把更具对话性但仍被专业性所召集的新闻与公民的关系

置于规范化模型的中心。Anderson认为，到了21世纪，公共新闻的理想与实践迁移到了数字新闻业。当Joy Rosen这样的公共新闻改革者将注意力转向数字新闻时，规范性的理想就巧妙地重新导向了对"自上而下""单向"以及等级制和传播的产业形式的批评，这种批评继而在科技新闻和商业文章中蔓延开来(Levine等, 2009; Turner, 2006)。为了克服新闻和文化的产业化生产，改革者们将参与度的提高作为主要的民主价值。

例如，在他们对119篇数字新闻文章的系统分析中，Borger等人论证了"参与式新闻"这个规范性观念是如何在2003年以后开始兴起的，这表明学者们和公共知识分子在多大程度上受到与Web 2.0有关的技术乐观主义和消费者赋权言论的影响；这类观念，即使不是很精准，也能很好地与关于公共新闻运动的观点相契合。这些作者也揭示了一群学者和公共知识分子是如何成为他们所谓的参与式新闻的"奠基之父"的，而参与式新闻则随即成为被分析的对象和学者们遵循的规范基准。数字技术不仅使人们对参与式新闻产生了这种新的规范兴趣，还"被表述成一种观念，即数字技术让受众能够参与新闻的制作与传播"。Borger等人将记者Gan Gillmor，公共知识分子和新闻学教授Jeff Jarvis、Joy Rosen，媒介理论家Clay Shirky，以及媒介研究教授Axel Bruns、Henry Jenkins，统称为参与式新闻的"奠基之父"，并认为这些人拥护着"一个强大的信念，即数字技术蕴含着民主化潜能"。

Borger等人指出，学者们对新闻的规范性理解有4个维度，这些维度同时影响了他们提出的问题和他们对数字新闻的分析。首先，学者们对于数字技术的民主化潜力抱有广泛的热情；其次，学者们普遍对专业新闻拒绝作出改变而感到沮丧；再次，学者们为专业记者的商业化而感到失望，因为商业化与促进参与式形式的民主动机相违背；最后，令人失望的是公民自身对参与式新闻的形式缺乏兴趣。

Borger等人的研究揭示了在文献中的一个显著共识，即新媒体技术具有民主化的潜力(有

关"参与式新闻"的全面规范和经验概述，见Lewis，2012；Singer等，2011)。Peters和Witschge认为，这些文献的特征是，对"参与"的概念化相当薄弱和松散。这些作者指出，尽管许多学者对民主有很高深的论述，但实际上其在文献中所论述的视野范围非常狭隘："与其说是公民的参与，不如说是受众或用户的互动。"这些文献的重点"更加侧重于新闻业/受众之间的互动，而不是围绕新闻业对社会公民的民主作用进行更广泛的论证"。学者们将"参与"概念化为一种完美的行为，而没有明确界定什么形式的参与是重要的，以及参与的目的是什么。更重要的是，数字新闻文献中的参与通常是根据个人为框架的，而不是以其他新闻规范理论提供的集合为框架的。Peters和Witschge也在质疑"参与性"是否应该首先成为新闻业最终的规范价值。事实上，Shudson认为，从受众的角度来看，传统新闻力量的强大之处可能在于它缺乏对"参与"的要求，甚至新闻从业者们自己从质量的角度出发也仍然要对参与性持怀疑态度(Nielsen，2013；Singer，2010)。

许多学术研究对参与性的价值判断都包含着言论的市场模型。早期的批判学者认为这种模型在民主的基础上存在很大的问题。例如，许多关于参与式新闻文献的中心论点是，只有记者放弃控制权，"这些以前被称为受众的人"(Rosen，2006)才能被赋予权力，互联网将会提供一个理想化的民主公共领域(也见Deuze等，2007；Domingo等，2008；Lewis等，2010)。然而正如Matt Hindman论证的那样，尽管生产和分发数字新闻的成本降低了，但很少有经验证据表明，互联网已经将表达权力的平衡转移到了以前被剥夺权力的地方(也见Pew，2015)。参与式新闻的文献中存在一种趋势：把未分化的和以前被剥夺权力的大众推崇为"用户"和被赋权的"受众"。但这样忽略了公开市场上针对言论的结构性约束。

事实上，存在历史的和结构性的条件使得那些善于组织、生活富裕的社会群体和利益群体享有使用媒介和被听到的特权(Baker，2002；Fiss，2009；Young，2000)。具有共同身份的"社区"和具有共同利益的"群体"的观念在数字新闻文献中逐渐被个体的语言所取代。就数字新闻学的学者们对社会结构讨论的程度而言，数字新闻被概念化的根据是网络化社会联系的扩散与去中心化形式，这些网络化社会联系是由个体来实现的，是基于身份的依附和从属性的依附的自愿形式(见Benkler，2006；Castells，2011)。

尽管这使得许多人将"网络公共领域"视为文化和身份多元化的场所，但在有关规范性讨论的数字新闻文献中，个体公民参与(或未参与)的社会位置是缺失的。然而，这些关注使得研究变得活跃，这些研究包含了一种以社会团结为前提的"社群主义"伦理，旨在最终通过伦理话语的实践来促进平等。正如Christians等总结的有关新闻媒体规范作用的一系列研究中所讲到的，这些新闻媒体是为实现民主包容而进行积极争辩的推动者：

> 新闻业对促进和提高公共生活的质量很感兴趣，他们通过"深思熟虑的推论而不仅仅是显得消息灵通，以及通过表现得足够包容和理解"来显示他们的这种兴趣(Baker，2002)。但是包容不意味着顺从那些无知且漠不关心但依然选择留在参与式民主外围的个体。它意味着适应不同的声音，不同的观点，甚至不同的表达形式。

同时，数字新闻文献呼应了长期以来的自由主义传统，即以负面的术语将自由定义为摆脱国家的自由，而平等是从个体机会的角度来被概念化的(与促进多样性的条件相反)(见Balkin，2004)。更重要的是，在许多数字新闻的文献中，国家在促进商业竞争中的作用有限，并不一定要纠正结构性的不平等，这种结构性的不平等使得一些群体的声音更能被优先听到。

相比之下，其他学者则主张对第一修正案进行积极的解读，让国家承担责任，以保证每个观点都有机会被听到，这并不是说每个人都有发声的机会。例如，Napoli认为，在诸如公平原则和公众对使用权的要求等政策中所确立的使用媒介的权利，就是为了让每一位个体发声者可以积极自由地发表自己的观点。在数字新闻的背景下，Ananny提供了一种观点，这种观点与规范理论的主流观点相冲突，她认为应该让听的权利成为新闻规范性价值的试金石，而非说的权力(也见Pickard，2010)。鉴于人们普遍认为使用数字媒介能让民主化以内容散布的方式成为必需，我们当今这个时代的一个关键议题，即"被听到的权利"，已经被完全忽略了。

去机构化

去机构化是在数字新闻文献中出现的一个与数字新闻相关的价值理念。根据组织研究的相关文献所述，去机构化是指"一个机构化组织的活动或实践的流失或间断"(Oliver，1992)。"去机构化"是一个广义的术语，包括机构的合法性丧失，机构执行行动能力日渐薄弱，以及该机构周围的社会共识的流失。去机构化意味着去专业化，但后者专指专业化自治、管辖权和公共合法性的流失。尽管去机构化和去专业化发生的程度尚有争议，但数字新闻文献在规范性民主的基础上对二者的赞扬呈现出明显的脉络。如上所述，公共新闻运动认为机构化的新闻和担任公众召集人与促进者的专业人士可以保证民主对话的规范性。学者们呼吁通过非市场手段来确保机构获取更多的资源，这样才能够支持专业记者的公共性工作(Glasser，1999)。然而，即使数字新闻学的学者和公共知识分子避免或隐晦地表达对新闻机构和专业主义的批评，或接纳更多的专业和业余混合合作的模式，他们也通常会强调如下方面的民主性优点：去机构化的、非专业形式的"生产型使用"与"参与式文化"(Bruns，2008)，"公民新闻"(Allan，Thorsen，2008)，"自媒体"(Bowman，Willis，2003；Gillmor，2006)，"弥散新闻"(Hermida，2010)，以及"公共传播"媒介(Raetzsch，2014)。

特别对于那些将参与作为主要民主价值的学者们来说，现存的新闻专业机构经常被视作公民通过参与式表达来获得权利的障碍。在许多文献中都存在着一种隐性的或显性的思想暗流，它将数字媒介本身假定为一种固有的民主性存在，是互动的、双向的和开放的。同时，相较于新闻机构看似静止的、单向的和封闭的知识生产系统，数字技术被学者们假定具有感官上的特征。正如Flew所论证的，现实当然比这些简单的二进制要复杂得多，相关文献也因为有着各种各样的观点而显得错综复杂。许多数字新闻学者们已经接受了一个事实，即新闻机构的合法性在流失，新闻机构对新闻过程与新闻产品的控制权也在流失，尤其是新闻机构的传统把关功能、议程设置功能和框架功能同样在流失(Pavlik，2001；Russell，2001)。更复杂的理论模型表明，去机构化现在已经成为一个传播的议题，正如它是一个关于"公开性"的议题一样，这些理论模型来自这样的学者，他们普遍认同"二级把关"，或者让公众来控制社交媒体上被分享的内容的可见性(Singer，2014)，以及通过博主和公民的公开批评让专业新闻业负责任(Singer，2007)。同时，有关"网络把关"的文献表明，在新媒体环境下，制度性机构会行使在形式上更加微妙的控制与权力(Coddington和Holton，2014)。

对许多学者而言，新闻业的去机构化最终会比其他选择更民主化，无论它是否意味着专业控制权的开放，对管辖权和自治权的挑战，新的新闻类型和新闻规范的涌现，受众的期待，这个领域的更具流动性的边界，以及有新玩家进入这个行业(见Ryfe，2013)。在关于"规范化"的大量文献中我们可以清楚地看到，去机构化是有价值的，学者们在诸如超链接(Coddington，2014)和Twitter(Lasora等，2012)等不同领域进行了相关分析。这些研究将互联网看似"开放"的价值理念与封闭的新闻机构进行对比，批评了专业人士是如何对数字媒体重申控制权的。

然而，其他学者对去机构化持更加怀疑的态度。在一篇较早的文章中，Williams和Carpini指出，精英把关人的瓦解为公民们提供了挑战精英的新机会，并且使有政治力量且善于组织的群体能够战略性地开展公共讨论，即使记者们发现很难将公众的注意力聚焦在事件的结果上。Williams和Carpini认为，新闻业的去机构化并不一定意味着削弱其他社会群体的力量。事实上，可能的情况是，相较于去机构化的新闻业，那些善于组织的社会和政治团体会变得更有力量。这是数字新闻学的学者们在引用公众模型时没有提及的，在他们眼里，公众是由独立的、自由的和广泛兴起的公民构成的，而不是由组织团体(比如运动组织或政党的成员)构成的。

与Williams和Carpini的洞见相一致的是，尽管许多数字新闻学的学者们认为去机构化是具有规范性价值的，但新闻业拥有的国家和商业机构所没有的资源和力量才是值得被重点考虑的。Fico等人分析了公民新闻如何在很大程度上未能提供关于地方政府的充足报道，以至于无法弥补专业报道的不足。在针对信息收集与提供的去机构化形式逐渐消失的研究中，JuLian Assange的维基解密是常被引用的经典案例。Benkler转而思考，在多大程度上，"网络个体和合作联盟"面对国家时常常是无能为力的，以及思考"网络个体和合作联盟"对互联网基础设施供应商的影响力。正如Beckett和Ball所指出的那样，维基解密建立在不稳定的组织形式之上，所以不足以控制专业新闻组织仍紧握不放的资源、受众与合法性，正是出于这些原因，维基解密一直在积极寻求与传统媒体的合作。同时，斯诺登(Snowden)事件揭示出，新闻媒体作为一个机构仍然掌握着庞大的基础设施，从法律资源和法院赋予的合法性，到给Snowden泄密提供保障的记者资源和技术资源。

许多有关数字新闻的文献都提到一个令人困扰的问题，即有哪些资源可用于常规的和可靠的公共信息供应。有时，学者们主张去机构化是对资源问题的一种纠正，一种新闻和信息集合并行生产的新模型可以完全在正式市场系统之外运行，并弥补正规新闻机构掌握的资源的日渐减少(Benkler，2006)。然而最终留给我们的，是Dean Starkman(2013)的观点："残酷的现实是，在新兴的网络新闻环境中，记者们的权力被空前地剥夺，与在以前的垄断体制下相比，现在是在更大的压力下，以更少的自主权，写更多更琐碎的事情。"他对其称之为"新闻专家的未来"的反机构化给予了尖锐的批评。

公共话语和新闻业的官僚主义与制度化形式终将可能为民主生活提供诸多条件。正如Schudsen在他具有先见之明的文章中所论证的那样，恰恰是要求公众和公共领域变得制度化的那些制度化形式，构成了民主生活的基础(Schudsen，1994)。国家不仅在履行这些职能，还常常为机构化的新闻业创造条件。例如，致力于研究数字新闻规范化共识之外的有关情况的一些学者普遍认同这样一种观点，即去机构化不一定比传统新闻系统更具民主性，更常见的情况是，国家在确保公共领域的稳健性中发挥着积极的作用。例如，Napoli试图引起人们注意那些支持民主理想的新闻实践(包括具体的媒介或现存组织)背后的根本经济背景。这里的新闻实践包括培训、寻找新闻来源、新闻价值和调查报道。正如那波利表明的，新闻产品、受众和广告的去机构化与解裂，正在破坏那些在民主上可取的传统机构实践(见Ananny，Kreiss，2011)。

同时，数字新闻学的学者们经常认为新闻专业化是反民主的。新闻自主性、管辖权和合法性在相关研究和文化实践中被不断地定义，这些研究和实践决定了新闻机构是如何与其他活动领域牵连在一起的(见Schudson，Anderson，2009)。令人惊讶的是，数字新闻学的学者们通常没有考虑"去专业化"的各个方面如何影响其他相邻领域的行动者实践(见Bension，Neveu，2005；Cook，1998)。这引发了重大问题，即关于学者们常赞扬的去专业化过程的民主价值。专业主义可以使人们关注如下方面，即新闻领域的新进入者、不稳定的经济模式和象征性的合法化如何重塑机构化的民主进程。回答这个问题时应该考虑，当选官员、民间社会组织、司法部门和行政机构等的发展都与机构化和专业化的新闻规范、新闻传统有关(Cook，1998；关于媒体碎片化的复杂因素的讨论，见Mancini，2013；有关超民主和规范化民主的思考，见Welch，2013)。

例如，一个合乎逻辑的专业化意识形态有助于记者们把他们的工作想象为一种公共服务，将新闻业视为客观的和可信的，以及重视自主性、即时性和伦理性(Deuze，2005)。然而从很多方面来看，这种意识形态的丧失在民主上或许是不可取的。职业价值观(例如对公共服务的承诺、客观性和道德性)提供了一些标准，通过这些标准，公众、其他领域的行动者们、新闻领域内的行动者们，以及存在于该领域的有渗透性且模糊的边界上的行动者们，能够相互评估，相互问责，有时从策略上讲是为了谋利(见Schudson，Anderson，2009)。去机构化的信息生产者不太可能与私人利益方向不一致，而与公共利益方向一致，而且没有文化上合法的方式来追究他们责任。当然，历史学家们已经记录了新闻客观性(Schudson，1981)和公共服务(Kaplan，2002)在历史上如何偶然地通过不同行动者和领域之间的斗争而实现。然而，这些价值理念为如下事宜提供了起点：为公众和类似记者的人士开展新闻实践评估，以及在规范性基础上争论什么是合法的和什么是不合法的。这些价值理念反过来又被这种争论所影响。

创新

数字新闻文献呼应了一个更加广泛的趋势，即文塞尔(Vinsel)在过去的半个世纪里从不同的学科中所观察到的：聚焦"创新"，将其作为社会救助的途径。Vinsel(2014)认为"在新闻业中'创新话语'无处不在。奈特社区信息需求委员会(The Knight Commission on the Information Needs of Communities，2009)的建议始于这样一个呼吁："将媒介政策导向创新、竞争和对商业模式的支持，旨在为优质新闻提供市场激励措施。"其指出，媒介政策的宗旨应该是"创新和竞争"，市场机制不是提升创新价值的唯一方式。Downie和Schudson的报告指出，新闻创新为新闻报道、博客与专业新闻机构之间的合作关系开辟了新的渠道。在这两位作者的规范性的建议中，他们列举了大学的例子：相对不受经济力量干扰的大学，其应该是"在新闻及信息的收集和共享中进行数字创新的实验室"。

像下面所讨论的企业家精神一样，创新通常作为一个笼统的术语被使用，它涵盖了新型商业模式、协作、技术、实践，以及内容的开发。在数字新闻的文献中，尽管学者们在广泛地使用"创新"，但"创新"通常是未被定义的。在这里，我们关注的不是对"创新"概念的解释(关于创新、制度导向、模仿和合法性的追求，见Lowrey，2012；Boczkowski，2005)，而是学者和公共知识分子将创新视为规范性价值的方式。创新本身并没有问题。正如Vinsel主张的那样，学术界对"创新"的狭隘的接纳常常会导致这样一个问题：不仅这个概念本身定义不清楚，而且人们还呼吁对它做过多的研究，和给予不加批判的赞扬。同时，创新通常会使那些已经在社会生活中享有特权的人受益，并可能破坏许多有价值的机构。Vinsel还认为，"创新话语"影响了学者们如何就一种现象提出问题，这种现象是：人们的注意力被集中在创新的失败上，而不是结构性经济条件上。就像Vinsel所论述的：

> 如果在社会科学的广阔范围内，我们要问是什么因素让创新变得非常有限，在我们诸多社会问题的背景下，这个问题是目光短浅的。作为一个社会，我们已经开始将创新作为一种核心价值来讨论，就像爱情、博爱、勇气、美丽、尊严、责任等你能说出的那些价值。对创新话语的崇拜处在变革的神坛上，但人们很少会问及这些变化对谁是有利的。创新在起作用，就好像变化本身是令人满意的。通常，当创新要把视角考虑在内的时候，它要么从经理或股东的角度着手，即从对利润感兴趣的人的角度着手，要么从对廉价商品感兴趣的消费者的角度着手。其他社会角色大都不在分析之列。

作为一种观念和一种价值，"创新"通常被学者和公共知识分子在文献中引用，旨在鼓励实践中的变革，证明和推广新的商业模式，以及放松对新闻和信息的专业控制。新闻工作中最成熟的路线是在Lewis和Usher所说的"以技术为中心的新闻创新方法"的领域内。Lewis和Usher认为，实践、价值观和技术人员工具的转变都在加剧，特别是从开放资源社区到新闻业。在这些学者的研究中，创新被认为让创造新闻新形式成为一种需要，这里的新闻新形式围绕着规范性价值而被重新定位，这些规范性价值让开放资源技术生产模式变得生机勃勃，例如把新闻实践思考为合作性地编写代码和进行去中心化的知识管理。Lewis和Usher观察到这些价值观是如何通过如下方式被带入传统新闻业的：雇用来自技术产业的工人(也见Agarwal，Barthel，2013；Ananny，Crawford，2014)，资助机构的工作，例如奈特基金会(Lewis，2011)，从开源运动迁移到新闻业的规范性实践，以及关于新闻职业未来的"元新闻"话语所带来的更广泛的文化效用(见Carlson，2006)。

在许多文献中，创新以多种方式同时发挥效用：一个规范性典范，一套实验性实践，以及竞争性的经济策略。学者们通常将创新与参与同去机构化的规范理想联系起来。在技术层面上，新闻机构会邀请外部的开发者围绕新闻产品进行创新，如APIs(应用程序编程接口)，学者们认为这进而开放了新闻组织，削弱了专业控制的更广泛的意识形态。正如Aitamurto和Lewis所说："新闻机构已经意识到了，仅用专业知识，无论是在新闻业、商业，还是在网站开发中，都不足以在新闻价值生态系统中取得成功。"同时，一些学者认为创新被专业文化所牵制，这些文化仅指示记者们采用新技术去完成他们的传统工作，而不是进入下一阶段，这个阶段建立在一个更加坚定不移的承诺的基础之上，即要对数字媒介的社会化技术潜能进行资本化(Spyridou等，2013)。这些对创新的规范性呼吁通常是在较早的专业新闻批评背景下被隐含地表达出来。例如，长期以来新闻生产的专业化惯例被视为巩固了精英的权力、记者的权威和目前的工作方式，同时屏蔽了其他的声音或权威的其他来源(见Shoemaker，Vos，2009)。

同时，学者们常常宣称的是，从新闻的角度看，这是好的，从经济的角度看，这也是好的。数字新闻学者们认为，文化上的挑战正在促使新闻机构超越"封闭式"商业模型，从而接纳创新性的"开放"，如Aitamurto和Lewis注意到的，这种创新性的开放也可以是一种控制的策略性工具。创新的失败最终被摆在新闻机构面前和新闻工作者的圈子当中。事实上，数字新闻学的学者们常常将专业文化、价值观实践和怀旧视为新闻业经济困境和创新失败的主要根源。在对被解雇和被买断的记者们的告别语的研究中，Usher总结道：

> 进一步看，这些文本展示出这些记者们的特点是：在对工作的思考中缺乏自我反省的能力，以及缺乏一个新的媒体世界的理想。他们没有看到扩展其公共服务理想的机会，扩展客观性的机会，以及教育公众如何适应一个新媒体世界的机会。类似地，他们对生产的新模式感到不适应，对新技术意味着什么也感到不适应，这表明专业新闻界需要开展重要的文化工作，旨在让新闻工作者顺利过渡到新媒体编辑室。新媒体并不意味着专业新闻业的终结，但是专业记者必须以颠覆现存的新闻制作一对多模式的方式更加包容社群参与和社群生产。"

Usher将许多数字新闻文献中的规范理念联系在一起，前提是对专业主义进行批判，对参与给予赞扬，以及呼吁在一个新的数字化世界里开放专业限制和进行创新，为的是在商业社会生存下去，维持民主的健康。

需要重审的是，这并不是说创新是糟糕的，只是这一观念被呼吁要产生太多的功效，以及它以特别狭义的方式框定学术分析。新媒体世界中的创新失败无法解释新闻工作者被解雇的深层次的、复杂的经济原因，包括新闻行业的整合，数字媒体生态系统中日益激烈的注意力竞争，相对较低的数字广告率，提供新闻的新兴中介机构，以及免费分类广告的发展。即使是最具创新性的数字新闻编辑室采用新技术，制定新的生产方法并邀请合作，也面临着相同的经济背景，媒介的激增以及新的中介机构的崛起，这些都塑造了新闻行业的命运。

企业家精神

最后要说的是，新闻学研究中隐含的第四个规范性价值，即企业家精神。学者们关注的创新主要体现在新闻实践、技术实验和商业市场这几个方面，企业家精神体现的是对一种特定思想状态的规范性采纳，这种思想状态具体是指愿意在不稳定的条件下工作，以及采用灵活工作的新模式。Anderson在借鉴了Caitlin Petre和Max Besberis对新闻学院专业人士的研究发现的基础上提出，"企业家精神"的概念需要三个不同的主张，即新闻工作者需要：①通过企业家的行为来创造自己的工作，例如开办自己的公司；②进行自我宣传和品牌塑造以在市场上取得成功；③在不稳定的条件下灵活开展工作(有关新闻教育工作者想法的综述，见Ferrier，2013)。更重要的是，企业家精神最终在许多数字新闻文献中得以保留，这将拯救新闻业。如果新闻工作者们愿意在技术持续干扰的状态下体验新经济模式，那么某些事情将会奏效，新闻业将被拯救。在发表在《企业家新闻》杂志上的某篇文章中，纽约城市大学是这样描述它的文学硕士课程的：

> "我们的目标是帮助优质的新闻业创造一个可持续发展的未来。我们相信这个未来是被企业家精神所形塑的。这一精神发展出新的商业模式和创新性的前景——记者们既可以和初创公司一起自主工作，也可以在传统媒体公司里工作(City University of New York，2014a)。

具有企业家精神的新闻业的核心是指对一种观念模式和一套商业技能的打磨，以帮助记者们不仅能经受得住媒体产业的"分裂"，还能最终，如纽约城市大学的硕士项目所声明的，创造出一个"优质新闻的可持续未来"，这个未来基于市场的运作，而不是国家的支持(有关后者的讨论，见McChesney，Pickard，2011)。根据纽约城市大学的文学硕士项目介绍(City University of New York，2014b)，具有企业家精神的记者除了理解"颠覆者和被颠覆者"的概念，还应该对商业模式和管理技能有所了解。而且，具有企业家精神的记者也应该学习新闻业的"技巧"和道德操守，获得现实世界的经验，并且知道如何在其业务技能和商务方面进行合作。在这些表述中，虽然记者们被期望能够考虑到伦理问题，但规范性价值在于瓦解新闻业和它的商务方面之间的严格区分，对现存行业的颠覆被认为是一种规范性的好处。如Jeff Jarvis的"新闻的新商业模式"教学大纲(纽约城市大学硕士项目的组成部分)中所明确指出的那样，考虑到互联网的存在，这种干扰不仅是一种技术上的必然性，而且具有良好企业家精神的记者们会去寻求这种干扰的潜能。这份教学大纲表明，颠覆最终是一件好事(它会带来一个更好的新闻业，这类似于Jarvis说的"古登堡创造出了一个更好的社会")，而且培养具有企业家精神的思维和技能习惯会创造出更好的记者。据说，Jarvis的教学大纲受启发于早期硅谷商界提出的为"线车宣言"做准备的呼吁(Levine等，2009)，这个呼吁与企业家精神、民主和技术乌托邦主义密切相关——在企业家精神的意识形态上，"新闻"和其他任何一个行业都是类似的。

正如Anderson所说，在新闻业中采用企业家精神的价值理念，最终是对新闻行业里更广泛的危机的一种回应(有关评论见Levy，Nielsen，2010；Siles，Boczkowsi，2012)，而不是造成颠覆的原因。Anderson甚至指出：

> 新闻学院的教育者和管理人员的回应——"教学医院"的想法和采用具有企业家精神的思维方式——都存在一种风险，即简单粗暴地把新闻学院进行调整，以适应新的、剥削性的种种现实，正是这些现实在主导着新闻产业。

当然，对"危机"的认知是从规范化模型和特定的经济学观点出发的。对企业家来说，"危机"就是"机会"。在许多数字新闻的文献中，学者们都在赞扬这样的劳动力：具有企业家精神，敢于承担风险，并且不断地自我改造(就像学者们倾向于赞扬完全发生在市场关系之外的那种无偿的、业余的"同行生产"新闻一样)。Deuze从更广义的角度来讲创造性产业,"文献中的主题是,作为自由代理者的媒体工作者们,不断地寻求新的挑战,和让他们具有创造自主性的更好保障"。然而,许多数字新闻文献中所缺少的恰恰是Deuze的观点,即企业家精神的结果是,即使大型工业组织仍然创建了大部分产业,但大多数的工作者还是经历了更加不稳定的、不可预测的和不保险的劳动,以及脆弱的项目制工作(见Deuze编纂的著作Managing Media Work)。许多学者都注意到了企业家精神给媒体工作者带来的种种压力。正如Hedman和Djerf-Pierre所说,"受众参与和对话"的工具(见Hermida,2009;Sheffer、Schultz,2009)迫使记者们成为"活跃的社交媒体用户",他们将企业品牌和个人品牌融合在一起。在新闻编辑室之外,记者们必须应对工作与私人生活之间,以及工作时间和下班时间之间的模糊界限,这是由社交媒体几乎不间断的信息更新所带来的结果(Boczkowski,2005,2010;Lasorsa等,2012;Williams等,2011)。同时,明确呼吁要把新闻业进行清晰的概念化的那些学术思考已经被边缘化(见Clark、Aufderheide,2009;Goodman,2008;Pickard、Williams,2013)。

结 论

鉴于许多数字新闻文献都是在免于受到市场影响的大学范围内产生的,其中学者们提出企业家精神就显得具有讽刺意味。事实上,大学提供保护以免受破坏性经济力量的打击,而这些经济力量却打击了新闻业,并助长了新闻工作者们并不乐于从事的知识生产活动。更重要的是,大学赋予学者们以体制化和象征性的权力,以及拥有象征性的和政治的资本(Lweis,2011),而不是接触逐渐去机构化的新闻领域。迄今为止,围绕数字新闻业的规范性讨论过于单一。对参与、去机构化、创新和企业家精神的普遍不加批判的采纳造成的结果是,与新闻业的对话未能考虑这些因素如何破坏了新闻业的其他价值和作用。这包括可以确保参与性平等的制度化的新闻界,具有追究权势者责任的资源和象征性权力,以及可以不求投资回报而坚持公共服务标准的行业。

事实上,学者们针对数字新闻提出规范化主张,并且考虑促进民主化理想实践的制度与法规环境,而且还改写了早期学术传统中对规范性进行论证的关键术语。他们拥护这样一种信念:只有个人而不是团体被差异化地定位,依据的是有利于新闻参与和民众生活的种种资源。这样的信念使得"公民参与"传统的临界边缘被弱化。而且,为了建立一个强大的公共领域,当代数字新闻的规范化理论已经转移了国家、职业或新闻机构的角色与责任。在此过程中,许多数字新闻学的学者和公共知识分子都没有考虑到"被听见的权利"具有的价值,一个具有社会责任感和体制影响力的新闻界的价值,以及具有包容性和多样化的公共传播的价值。

第21章

大众、受众和公众

Laura Ahva，Heikki Heikkilä

引言

数字化使我们越来越远离大众传播的时代。这引发了一种假设，即我们用来理解报纸、广播和电视的关键概念正在过时。这种假设似乎特别适用于受众的概念。我们过去所熟知的"受众"似乎正在消失，这是因为记者与新闻读者之间旧有的结构上和技术上的空隙正在消失(Schlesinger, 1992)。因此，接收者能够成为生产者，如果他们选择这样做的话。除此以外，在数字环境中，人们还用不同的方式"消费"着新闻。据报道，他们现在不仅仅读新闻、看新闻或听新闻，还参与许多其他活动，如链接、分享、推荐和评论新闻(Meijer, Kormelink, 2014)。这其中的许多活动——关于消费和生产新闻——是在大众传播时代难以被实现的甚至是难以被想象的。

由于数字化环境中的这些变化，通用术语"受众"通常被"用户"这一常用概念所取代(van Dijck, 2009)。这种话语上的转变通常带有乐观主义的标签，因为它使得更积极的、更善于对话的记者与用户的新形式成为必需。它还使得在数字化新闻流程的所有阶段，即信息收集、把关、处理和编辑、分发和解释中，编辑室和用户之间能够进行被预想的那种协作(Domingo等, 2008)。

然而，根据经验来看，这种转变还没有完全完成。最近的一项跨国调查表明，记者在理论上是认可与用户的互动的，但他们并不愿意将互动纳入自己的实际工作，特别是在处理和编辑新闻的阶段(Fengler等, 2014)。此外，Napoli认为，由于"长尾效应"(C. Anderson, 2006)的存在，在高速网络上的用户的移动倾向于被数量有限的新闻服务所吸引。在Napoli看来，这导致了"互联网的大众化"。

"用户"的含义的不一致表明，这至少不是一个很有分析性的概念。本章建立在一个论点上，即对分析数字新闻的发展来说，"受众"是一个比"用户"更有用的概念，因为"受众"与理论和实证媒介研究的长期传统相联系。此外，我们还提出了一个更广泛的框架，而不只是处理一个笼统的概念。这个框架由三个平行但不同的概念组成，我们称之为"受众""公众"和"大众"。应当被强调的是，尽管这些概念具有很强的规范性或贬义性内涵，但它们在这里仅被用作分析的范畴。

这一概念从文化受众研究中普遍认同的观念出发：受众不是未知的社会存在，而是可以认知的人(Ang, 1991)。我们的目标不是关注谁可能是受众，而是研究人们对新闻的反应。这种对于实践的强调将新闻使用置于日常经验的社会化世界中。Blumer是符号互动理论的主要支持者之一，他认为日常经验分析应该针对令人敏感的概念，而不是决定性的概念。对我们来说，这意味着我们不需要对固定的受众或用户定义进行分析，也不需要对如何将他们整合为群体进行分析，而是要把重点放在人们如何使用媒介和新闻的独特特性上。这样我们才有可能将"受众"视为一个不同于其他两个概念(公众和大众)的分析范畴。

20世纪上半叶，Blumer和芝加哥学派的其他学者致力于研究"大众""群众"和"公众"这三个敏感概念(见Blumer, 1946[1939];

Park，1972[1904]；Dewey，1991 [1927])。在这些传统研究中，三个分析类别主要是根据成员之间社会互动的范围和密度来划分的。在"大众"这一类别中，参与者之间的互动很少或根本不存在。与此相反，"公众"是由活跃的社会互动构成的，这使得公众更广泛地关注当下正在讨论的议题。作为分析范畴，"大众"和"公众"倾向于代表被动—主动连续体的两端。这就为"受众"留下了作为中间概念的空间。在这一类别中，社会互动发生在人们消费新闻和(大众)媒介的内部环境中(见Morley，1986)。

接下来，我们将展示上面的分析解读是如何帮助我们理解当今的新闻使用的。我们的研究受到符号互动理论传统的启发，而且还涉及我们于2009—2012年在芬兰完成的实证受众研究项目。由于数字环境的快速变化，我们发现某些研究在经验上可能已经过时了，我们试图详细展示这些年的发展变化如何重塑了环境。在这一过程中，我们特别强调与数字环境中的共享相关的实践(见Cammaerts，Couldry，在本书中)。这种关注源于新闻共享的盛行，例如，在美国，据报道，高达75%的线上新闻是通过电子邮件或社交网站转发给终端用户的(Purcell等，2010)。《纽约时报》的一份内部创新报告(Sulzberger等，2014)显示，该新闻网站1/5的互联网流量是Facebook带来的。

根据这些数据，我们似乎有理由认为，在数字化网络中，与新闻相关的共享是一种新形式的"文化资本"(Hermida等，2012)，另外，人们对理解共享如何影响用户和媒介组织产生了广泛的兴趣。然而，在承认数字共享重要性的同时，需要注意的是，如果没有一个更可靠的理论来解释用户对新闻的实际操作，那么关于共享实践的广度的定量数据，在本质上就仅仅是指示性的。与其假设数字化共享完全独立于人们通常对新闻所做的(或过去常常做的)事情，还不如就像我们所认为的，把分享框架作为新闻使用框架来分析是有帮助的。这一背景如下所述，我们将对文化受众研究进行简要概述。

文化受众研究和新闻

从20世纪80年代后期到20世纪末，文化受众研究的重点主要是电视和流行文化，而不是新闻和新闻业。研究受众的学者们对研究新闻的兴趣是在21世纪初重新觉醒的，因为人们意识到新闻在继续为公民们提供共同参照，在媒介多元化的情况下更是如此(Madianou，2009；Couldry，2003)。基于这一观察，一些受众研究分析了人们是否以及如何通过新闻与公共世界相联系，以及新闻使用如何与他们其他的日常实践相联系(Schrøder，Phillips，2007；Couldry等，2007；Bird，2011)。

当代文化受众研究的另一个共同目标是试图超越固有的对"接收"(被动的受众)的重视：阅读、观看或点击的特定行为，强调受众的主动性(Alasuutari，1999；Spitulnik，2010)。这就更加强调了社交网络作为媒介使用背景在线上和线下所发挥的作用。如今，正如Living stone所说，社交网络在受众研究中的重要性是"它是一个起点，而不是一个发现"。这一认识意味着当代媒体的"可传播性"正在逐渐增加(Green，Jenkins，2011)，且新闻的使用进入了包括其他人在内的许多社会过程(Bird，2011)。在日常生活的层面上，个人可以让与媒介使用相关的并行过程对自己产生意义，且无须进行严格的分析，但从事媒体工作或研究媒体的人则需要一个更系统的探究。因此，我们认为有必要深入挖掘"公众""受众"和"大众"这三个敏感概念。

我们的实证受众研究聚焦于是什么使得新闻与人相关，是什么让人觉得新闻有趣。我们分析了共计74位来自芬兰的参与者在一年的时间内(2009—2010年)与新闻和新闻业的各种关系，他们不代表任何特定的人口群体(青年/老年，女性/男性等)。他们被更广泛地视为从各种媒介相关的话语实践中获取信息的人，在这些实践中新闻和媒体(传统的和数字的)成了人们日常生活的一部分。因此，实证的重点不在于群体之间的差异，而在于新闻通过共享的方式变得与人有关。该项目使用的主要方法工具是焦点小组讨论(N=76)，在讨论中参与者通过不同的视角处理新闻和实事。以录像来记录整个讨论过程,对个人进行采访,以及收集他们的媒体日记,这些方法为我们提供了丰富的实证证据,表明参与者与新闻和公共世界之间的种种关系。

我们的实证分析[1]说明了这些参与者是媒介的策略使用者:不受年龄、性别和社会地位的影响,他们的日常媒体菜单包括各种印刷媒体、电视、广播和线上内容(新闻的和非新闻的)。他们的媒介消费最突出的共同点不是任何的特定媒体,而是新闻的显著性。新闻输出不仅构成一个新信息的来源,还是社交网络上人际讨论的一个核心参照点。参与者们说,有关结构和社会问题的这类谈话,例如经济不平等问题,会让他们觉得最有意义也最享受。因此,参与者们强调,新闻有助于他们理解与当今世界有关的重大事件。

除了这些结果之外,我们还发现了新闻消费的重叠性和波动性的本质。首先,人们似乎对新闻做了许多不同的事情,其中有些是主动的,有些是被动的。其次,新闻的意义往往取决于与阅读、收听或观看新闻的互动模式。在我们的框架中,对"公众""受众"和"大众"这三个概念的利用,让我们的分析对媒介使用中的独特动态更加敏感。

公众

作为一种社会形态,"公众"是与议题相关的,而非与文本、媒介机构或平台相关。对Dewey而言,公众包括那些能发现问题、受到问题影响且认为这些问题有必要得到解决的人。这将意味着机构的决策者需要以某种方式来回应公众作出的对解决办法的呼吁。Park强调了一种观点,即作为公众,人们的互动是互惠互利的。尽管对如何解决手头上的问题存在分歧,但公众的成员们还是会互相回应,或者特别是因为存在分歧,所以他们才会互相回应。最后,Blumer也强调,公众不是一个固定的群体;公众因为眼下的不同问题而不断地产生和消散。根据上述概念的描述,我们可以想象出,公众的出现与新闻业没有任何联系。然而,现今这种假设并不完全可信,因为媒介与我们的自然和文化环境的联系非常紧密,以至于它们可能都不再被视为媒介(Jensen, 2010)。相反,似乎很明显的情况是,大多数需要得到更广泛的关注的问题,都是通过媒介来引起我们的注意的。因此,新闻业在揭露问题和报道问题方面发挥着核心作用。但这并不是说媒介曝光和公众的出现之间有直接的联系。

在我们的研究中,许多参与者的"雷达"上都有一小部分特定的议题。每次当新闻报道这些议题时,参与者们就会把自己列为公众,例如,当他们发现自己是当地城市规划或失业救济争论的相关利益者时。他们对这些议题本身的讨论往往比这些议题的新闻报道更频繁。这表明,"公众"在某种程度上是独立于媒介的。当我们询问参与者们是否倾向于和媒体谈论那些对他们重要的议题时,这种距离就变得更加明显。在大多数情况下,答案是否定的。传统媒体和数字平台都不被视为采取公共行动的适当途径。这指出了政治系统中的一个普遍问题:缺乏能够让公民产生影响的有效"行动环境"。Couldry等人(2007)指出,这种缺陷不是一个关乎话语限制的问题,而是一个关乎政治参与缺乏实践平台的问题。

似乎让公众的出现具有更多不确定性的是,对社会议题的讨论调用了参与者的"深层公民权"(Eliasoph, 2000)。在Eliasoph的研究中,这一概念涉及一个发现,是关于人们如何避免在公共场合发言,实际上他们更喜欢在非正式的场合讨论政治,例如在周日的午餐时间,在酒吧里,甚至在办公室的饮水机旁边(也见 Bird, 2003)。这种回避的部分原因是讨论的基调。我们研究中的参与者们把这样的讨论当作对世界现状进行相互分析的活动。由于这些对话有助于他们进行自我反省,因此他们得出的结论被证明是过于宽泛的和复杂的,以至于无法与新闻中的报道和讨论相匹配。

数字化平台,特别是社交网站,似乎增加了公民们相互讨论政治的机会。在我们的研究中,大约有一半的参与者表示他们在Facebook上很活跃。尽管如此,他们所有人都非常强调更喜欢在线下环境中讨论时事。与我们的研究相关的一个调查也得出了一样的结果,该调查发现,不少于69%的受访者(N=455)会定期地与他人面对面讨论时事,只有2%的受访者倾向于在社交网站或线上讨论区讨论时事[2]。

新闻是一种地位重要的可信的公共话语,我们研究中的参与者们把新闻传播给了其他人。然而,作为实践的共享呈现出非常传统的形式,例如制作剪报,将有趣的故事口头推荐给其他人。自2010年以来,大多数线上新闻服务在他们发布的每一条新闻中都加入嵌入式的分享和推荐按钮(van Dijck,2013),而且很有可能的情况是,许多人利用这些机会把其他人的注意力引向大家都感兴趣的议题上。与朋友之间简单分享剪报不同,数字化共享可以轻易越过物理障碍,并扩大政治动员的效果。遵循这一理念,数字化共享可以被视为"连接行动"逻辑中的一个基本工具,它或许可以通过碎片化的方式,将政治行动主义的形式转化为利用个性化内容共享的无等级网络(Bennett,Segerberg,2013)。

数字化共享的实践可以对公共机构和政治参与起到重要作用,公众会出现在数字化共享中,并成为公认的具有政治影响力的行动者。这些案例可能会鼓励其他人模仿这种模式,并催生出共享的政治用途。同时,我们应该考虑有限的行动环境的问题。尽管关注相关议题的公民群体能够动员他人给以支持,激活关于涉及他们自己的政治问题的讨论,但这并不意味着这些主动的行动会引发制度性政治的即刻反应。此外,我们也应该意识到,政治行动主义并不是人们在互联网上所做的一切。"公众"是人们可以扮演的、与媒体有关的、众多角色中的一个。

受众

比起公众,媒介的接收者往往更多地被视为受众。在这一语境下,媒介意味着是被接收、选择和理解的文本(Silverstone,1994)。换言之,"受众"的类别是在解释的领域中。"受众"的解释性资源可以在身份和品味文化的形成过程中发挥作用(Bolin,2012)。从结构上讲,"受众"被锁定在新闻生产的接收端(Ridell,2006)。在大众传播的时代,几乎没有什么方法来抵抗这种情况,但在数字环境中,接收者可以很轻易地变为生产者。尽管如此,人们还是可以选择留在接收端。

然而,从社会组织的方面来看,受众的类别是难以捉摸的。正如收视率分析师们为之感到遗憾的那样,受众"分散在广阔的地理区域中,他们隐藏在家里、公司里和汽车上,而那些试图了解和管理他们的人却看不到他们"(Webster等,2006)。在"受众"这一类别中,人们通常会在接收的时刻,与身体在场的其他人进行互动,但数字化传播明显地增强了在内部环境之外与他人交谈的可能性。

这里"受众"的定义来自于批判文化研究,它突出了Hall著名的编码/解码模型中研究媒介的符号学方法。这一模型的设计旨在描述文化和符号资源在解释的过程中是如何被调用的,以及这些过程如何与社会结构联系起来(Morley,1992)。根据Morley的说法,受众的成员们从他们特定的社会、经济和文化背景中汲取资源来进行解读。这一前提在他著名的全国性受众研究中找到了实证的共鸣,其中有三种典型的解读类型——主导型、对立型和协商型——并发现这三种解读方式与实际存在的受众群体的社会经济地位相匹配(Morley,1980)。

在我们的研究中,受众这一类别的基本特征在分析中变得明确。我们发现参与者们对其受众地位面对的结构性限制并没有感到太大压力。尽管他们一再地批评新闻和媒体为他们提供服务的方式,但他们大多满足于自己作为接收者的角色。此外,参与者们还生动地展示了媒介产品——特别是那些与电视、名人和流行媒介相关的媒介产品——是如何有助于关乎特定品味文化的文化协商的。对参与者而言,他们通常借助于对特定的媒介产品或类型的提及来表明自己的身份。

一个要求参与者阅读并讨论指定新闻的研究案例凸显了解释的符号学本质。这条新闻被发表在芬兰发行量最大的报纸*Helsingin Sanomat*

《赫尔辛基日报》上,它主要关注的是退休人员重返工作的机会和经历。在整个讨论过程中,每个小组都不认为新闻报道只是在传递新的信息。更重要的是,他们认为新闻是政治话语的一种形式,因此与当代公共辩论中的意义之争有关。

焦点小组成员对这条新闻的解释,引发了种种政治上的主观性,这些主观性倾向于是莫利提出的理想—典型类别。对一些群体来说,这条被讨论的新闻用实证的证据证明了(新)自由主义政策的合理性,而在其他一些群体中,同一条新闻被解读为对福利国家和员工权利的一次变相攻击。事实证明,这两种解释类型比新闻中看似中性语气的暗示有更明确的政治性。第三种类型,协商性解读,也出现在讨论中。虽然这种解释类型不那么政治化,但利用协商型解读方式的人们也认为新闻报道并不那么吸引人。在他们看来,新闻报道既没有带来帮助,也没有意思,因为这个新闻没有提供实质的内容,也没有回答他们的疑问。

新闻的接收也引发了针对媒体组织的批评。新闻编辑部和个别新闻工作者被发现在选择消息来源和撰写新闻陈述时不恰当地行使权力。此外,批评的矛头直指反复出现的报道惯例,这些惯例对参与者而言是功能失调的或特殊的。其中一个惯例与"在新闻中过度尝试为普通公民发声"有关(De Keyser, Raeymaekers, 2012)。许多参与者还表示,他们会刻意在新闻中筛选出一些滑稽的错误,例如无意中的双关语。这表明"受众"的解释性工作是被趣味和批评所推动的。

所有的这些受众活动都为编码过程和解码过程之间存在的符号学上的张力提供了实证证据。除此之外,受众对新闻编辑部所采取的新闻政策有不确定感,这表明新闻生产者和接收者之间仍存在结构性差距。因此,受众的类别依然是很牢固的。

我们的研究发现表明,政治世界观和批判性观点在对新闻的解释中至关重要。我们相信这一情况也适用于网络环境;因此,它与人们如何以及为何分享新闻有关。在受众这一类别中,共享的目的是与属于同一"解释性群体"的其他人沟通(Zelizer, 1997),也就是那些分享相同世界观、兴趣和幽默感的人们。鉴于解释是该类别的核心,很显然,作为受众,人们不仅会分享新闻,还会分享如何解读新闻的线索。这或许可以解释Bastos的发现,即为什么评论文章是社交媒体中最受欢迎的新闻文章类型之一。固执己见的新闻业向共享敞开怀抱,因为它们可以被贴上一个批判的、政治的或幽默的观点标签,同时毫无麻烦地生产任何原创内容。

如果认为受众的分享行为完全是关于新闻的和政治的,那就错了。分享似乎有助于在其他类型的媒介文化产品(例如电视剧,才艺秀)和名人周围建立起解释性的纽带。这仅仅是因为这些话题更容易产生观点,且容易在解释性社群中引起积极的回应。

大众

在"大众"这一类别中,人们在物质和具体意义上都与媒介有关(Silverstone, 1994)。媒介构成了人们自我定位的信息平台、渠道或来源。根据社会互动理论,大众需要一个共同关注的对象出现(Blumer, 1946 [1939])。目前,无处不在的媒体提供了关注的多个对象,这让"大众"的定位很容易被获得。人们可以通过打开或点击媒体的方式来获得"大众"的身份,且人们或许一遍又一遍地这样做。"大众"是通过惯例而产生的,正是惯例把秩序和结构带入日常生活。

在"大众"这一角色中,媒体的使用通常与其他像工作或照顾家庭之类的活动没有区别。此外,即使浏览报纸或查看新闻是人们的个人行为,这些行为也时刻被伴随着一种隐含的认识,即其他许多人也在同一时间面向同一媒体。尽管如此,在这一类别中,人们很少或根本不与他人互动(Blumer, 1946 [1939])。作为"大众",人们仍然处于原子式的关系当中:他们是众多媒体消费者中的一部分,但他们是以匿名的方式消费媒体的。

我们的研究产生了关于亲大众的媒体惯例 (mass-like media routines)的丰富的实证材料。由于新交流界面的引入,事实上无差别的、接近自动化的媒介使用已经被强化。如上所述,我们研究中的参与者是策略性的媒体使用者,他们的媒体使用惯例的一个共同点是新闻监控的实践(通过新闻来了解外部环境中发生了什么事)。在这一惯例中,获取连续的信息流变得比获取作为文本或议题的新闻更重要。像新闻监控这样的常规方式是观察"发生了什么"的有效手段。参与者们没有选择一两家新闻机构来获取新闻,而是选择与各种新闻来源建立联系。总的来说,与"大众"定位相关的实践有助于接收者与整个公共世界联系起来,但接收者之间不会相互联系。

考虑到基于惯例的新闻监控很少会让用户将他们自己沉浸在新闻主体当中,他们会利用任何可用的来源。在这方面,选择的标准被证实是非常灵活的。作为"大众"的参与者们,并不总是会寻找最新的可用信息,或寻找他们能找到的最高质量的新闻。相反,他们说如果可以的话,他们很乐意在餐厅浏览周刊,甚至深挖一周前报纸上的议题。

参与者们谈论媒体惯例的方式揭示出一个悖论,这可以被描述为对某种无知的掩饰。一方面,他们强调自己的媒体习惯大体上是有益的,他们很好地掌握了自己在媒介上所做的事情。另一方面,许多人对其他人是否也有同样的行为表示关注。关于想象中的其他人,许多人也表达了焦虑,这些"其他人"可能被娱乐所吸引或变得沉迷于网络。"有道德的自己"和"不稳定的他人"之间的反差,常常出现在受众研究中,且有时被当作受众的媒介话语如何受到双重标准困扰的证据(Alasuutari, 1992)。面对我们的分析,我们认为这种反差是嵌入在"大众"这一概念当中的。当我们在不与他人互动时,我们几乎没有方式去知道别人在做什么。

共享的概念似乎不适合"大众"这一类别,即使新闻的大众化使用看起来像以前一样广泛和流行。我们甚至可以说,在大众这个类别中,人们不会共享,因为共享是一种以目标为导向的实践:需要有一个收信人,即"公众"中的其他利益相关者或"受众"中的解释性社群,来与之分享新闻。因为大众的运作是非连贯性的,没有与他人的互动,所以没有特别的人来作为收信者。因此,在这一类别中,共享显得毫无意义,或者充其量只是一种"转播"。

尽管大众不会共享,但它的确成了共享流的对象。如前所述,在新闻监控的实践中,新闻的来源并不那么重要。这意味着,即使人们不是刻意想要知道发生了什么,他们也会获得消息,特别是通过社交网站(Hermida, 2014)。

结 论

在这一章中,我们对"用户"这个概念的一般使用提出质疑,认为它对分析人们如何消费新闻毫无帮助。作为这种情况的一个替代选择,我们提出了一个概念框架,这一框架也重申了三个敏感概念在分析上的相关性:"公众""受众"和"大众"。可能会令人惊讶的是,这个概念框架借鉴了网络化数字时代出现之前就被提出的理论。"公众"和"大众"的概念起源于一个大众社会及其媒介系统刚刚出现的时代。随后,"受众"这一概念在大众媒介发展的高峰期形成相关理论。

这个框架反对受众或用户是社会性存在的观点。相反,它引导我们关注人们拿新闻来做什么。我们的实证分析揭示了一组突出不同特征的实践,人们试图通过这些特征建立与新闻的联系。"公众"涉及以议题为导向的新闻使用,这是一种以目标为导向且积极的新闻使用方式。从"受众"的角度而言,他们积极地,且往往是批判性地、政治性地、幽默地来解读新闻。而大众在面对丰富的媒体信息时,会被想要紧跟时事的渴望所驱使。在这个概念框架中,很重要的一点是,它允许人们根据情况从一个类别切换到另一个类别。在今天快速变化的媒体图景中,这个框架被证明是有效的,因为它的目的不是对人或技术平台进行分类以理解新闻。相反，它提供的概念有助于将机构和互动进行分类，人们通过这些机构和互动变得依附于新闻。

因此，我们提出的理解数字新闻"用户"的观点，与目前在新闻机构中占主导地位的观点截然不同，后者倾向于将用户描述为可量化的消费集合体(Anderson，2011)。从我们的观点来看，互联网流量的量化证据及其数字化共享的模式只不过是表明人们利用新闻在做什么。想要得到更详尽的理解，需要一个关于媒体相关实践的可靠理论。考虑到当前的媒体图景比我们在大众传播时代所熟悉的媒体图景更丰富、更具流动性，即使有可能，也很难找到一个统一的、一致的用户理论。因此，我们努力将符号互动理论和文化受众研究的要素结合起来。

除了这些组成部分，还有另一个理论见解可以被加入这一框架。本文提出的另一个论点是，对那些消费新闻的人而言，他们与新闻业的相关性取决于新闻如何与人们的社会性联系起来，也就是说，取决于他们之间的互动方式(也见 Heikkilä，Ahva，2015)。特别是"受众"和"公众"这两个类别，阐明了新闻及其意义通过各种社交网络进行传播的动态，以及新闻在这些社会化过程中获得更多相关性的方式。通过数据分析就可以追踪到这些传播过程，即使从点击、分享和推荐中筛选出的大数据能够洞察人们作为线上新闻消费者所做的事情，仅仅靠这些数据也是不够的。利用现有的测量技术，很难观察到社交网络中除了点击还发生了什么。因此，在数字新闻的研究中，有必要将时间加入到量化以外的研究策略中。

注释

1. 我们已经使用芬兰语全面地汇报了这一研究(Heikkila等，2012)，并用英语汇报了更多特定范围的研究(见Ahva等，2014；Heikkilä，Ahva，2015)。

2. 这是一项于2010年9月进行的调查。该调查包含来自芬兰3个不同区域的455位调查对象。这些代表性样本是从订阅本地最大规模报纸的订阅者中抽取出来的。时间背景和样本范围(忠实的报纸读者)都部分地解释了为什么讨论线下和线上的使用有如此明显的反差。

第 22 章

作为实践的数字新闻

Bart Cammaerts，Nick Couldry

引言

分享可以是一种有趣的事情，尽管它是平庸无奇的。当新类型的事物变得可分享时，分享作为社会创造力会变得更加有趣。分享使得人们能够将首次掌握的新型资源被集体共同持有，而不是仅仅被个人或机构所占有(Belk，2007)。新的分享行为扩大了可能的行动范围。我们的历史悠久的媒体基础设施起源于几个世纪前的新的分享行为：新故事的生产和传播即为"新闻"(Rantanen，2009)。数字平台使得新的分享类型成为可能，以及可能的是，使得新型的数字新闻形式成为可能。在"分享"一词已经成为我们这个时代的主导性隐喻的时候，本章将探索这种可能性(John，2013)。

为此，我们将借鉴"实践理论"(来自更广泛的社会理论)的研究，这一理论在过去的10年中使得媒体学者们能够认识到，我们使用数字媒体所做的许多新事物的多样性、重要性和复杂性。本章将对实践理论进行一般性的简要探讨。

2000—2005年，"实践"的概念出现在了受众和媒介人类学的研究中(Couldry，2004；Bräuchler，Postill，2010)，它的出现出于一种需求，即澄清它的进行方向。到20世纪90年代中期，受众研究已经远远超出其早期形成的范围，即研究受众如何解码特定的媒介文本，然后寻找其与更广泛的社会结果或潜在的社会变量之间的相关性。我们已经处于迈向"第三代受众研究"的路上(Alasuutari，1999)，也就是说，研究不涉及受众对文本的解释，甚至不涉及围绕媒介建构的大量次要文本的解释；而是关注，例如围绕文本的身份形成的开放式过程，其更广泛的目标是"从整体上把握我们当代的'媒介文化'"。然而这种受众研究关注点的扩展引发了一些对于其作为长期研究议程的可行性的重大疑虑。对Ang而言，捕捉到她所谓的"受众研究中的危机感"是很重要的。Ang(1996)认为受众越来越难以被研究，因为受众已经变得"不可判定"。对Ang而言，受众行为的背景，现在以一种复杂的方式被理解，我们甚至无法想象出一幅当代文化形态的"完整而全面的画像"。正如Ang所预测的那样，问题是"媒体越来越无处不在，但不是以同样的方式无处不在"。这清晰地反映出新闻业在21世纪初超越传统界限而扩展的根源。

作为回应，其中一位作者提出了"建立媒介实践理论"的想法，作为一种更好的捕捉日常媒介实践中行动多样性的方法，在这个实践中，人们正在被卷入将互联网应用视为理所当然的时代(这种需求在Web2.0和"用户生成内容"时代才有所增加)。在下一部分中，我们将总结实践理论应用于媒体领域的基本步骤，然后从这个角度探讨"分享"这一重要的新实践。本章后半部分将更详细地探讨这种可能性，并思考其对数字新闻和数字政治的更广泛发展所带来影响。

实践理论

有一些关于媒介实践方法的提问：在各种情况和背景下，人们(个人、团体、行业、机构)做着哪些与媒体相关的事情？人们的媒体相关实践，反过来，又如何与他们更广泛的能动性(agency)相关？这也许涉及了特定文本的生产和接收，但通常情况下是不会的。通过不再首要考虑文本，实践的转向大大扩展了我们对用户或者受众感到有趣的地方。正如我们在本章中所讨论的，这种实践的转向也大大扩展了我们在新闻和信息生产者这个层面上的兴趣。这一改变(不再首要考虑文本)对于把握"新闻实践"这一主题下的行动多样性至关重要。

源起

实践的方法对媒介的定义是广泛的，想想媒介的使用者：基本上，任何种类的内容，在所有移动或固定的平台上，都是可获取的，或者是可传播的。

为了理解这一转变，让我们回顾一下媒介研究史上的一条早期线索。这个基础的问题，即：人们用媒介做什么？其最初是由Katz(卡茨)在1959年提出的，但这个问题引出的"使用与满足"方法，关注的是被称为"媒介"的有界对象的个体化使用。本文所讨论的针对媒介的实践方法在其对社会性的强调和对关系的强调上有所不同，不限于离散技术的使用；这种方法已经在20世纪80年代和90年代的媒介研究中有所预示。在那时候，希尔佛斯通等学者探索通信技术在家庭中的应用。随着时间的推移，研究者们渐渐远离媒介消费的特定背景：Ang提出这样一个问题："生活在一个媒介饱和的世界里意味着什么？"Couldry则问道："生活在一个由大型媒介机构主导的社会中意味着什么？"

到了20世纪90年代初期，在人类学领域，Ginsbury明确地使用了一种独特的人类学方法来研究"大众媒介"，Ginsbury对这一方法的表述读起来像是一个关于整个媒介研究领域的发展方向的预测。Ginsbury指出：

> 我们的研究的标志是，人和他们的社会关系的中心性，而不是媒介文本或者技术，也不是把媒介作为一种社会化形式的分析中被提出的经验的和技术的问题。

10年后，一个主攻媒介研究的人类学家Bird回应了Ang几年前的质疑，他写道，"我们不能真正地孤立媒介在文化中的作用，因为媒介牢牢地扎根于文化的网络当中，尽管被个人表达的方式有所不同，[……因为]受众无处不在却又无处可寻。"在受众研究的发展史中，存在实践方法的种种起源，也存在受众研究与当代新闻学不断扩展的空间之间的相关性。同样地，对另类媒介的研究把关乎媒介实践的生产和接收之间的分歧复杂化了(Bailey等，2008)。

原则

实践理论关注的是实践的社会化本质。在社会理论中朝向"实践"的新近转变背后，存在的是对Wittgenstein的后期语言哲学的兴趣。这种哲学涉及把语言理解为世界上的行动。这与一个老旧的观点形成鲜明对比，即把语言作为一种必须以某种方式与世界相"呼应"的意义进行表达。Wittgenstein认为语言是一个工具箱："想想工具箱中的工具：[……]词语的功能就像这些工具的功能一样，是多种多样的(1978)。"就像工具一样，对Wittgenstein来说，词语的用法是由社会性建立的，而不是由个人选择的。Wittgenstein对内在社会维度的表达是"生活形式"。

"生活形式"这个概念指的是人类日常做的且无须编纂的事情，是这样的实践：与生活本身的安排、我们在生活中的需求相关的一种秩序，以词语作为更广泛形式的生活中的工具。那么我们能否考虑把关乎媒介的实践，以及(尤其是)新闻工作者的实践，视作更广泛形式的生活中的工具，视为我们与媒介一起生存的方式，和借助于媒介而生存的方式呢？

这给我们提供了一种非常开放的方法，来理解在新闻领域中人们做的任何事情。当然我们需要很多更详细的知识才能全面地了解实践方法的潜力。在本章中，我们的目的不是详尽阐述这一更广泛的论点(详见Couldry，2012)。

超越"受众"实践

按照最初的构想，实践方法强烈地偏向于它在受众研究而非媒介生产者研究中的根基。但是，没有正当理由以这种方式去限制实践的方法。媒介的实践方法虽然与受众研究重叠，但也可以提供关于如下方面的见解,如过去所谓的生产研究,以及在生产和接收之间来回移动的实践(例如,非主流媒介)。

事实上,从一开始实践方法就鼓励我们去关注另一个关键领域:媒介在日常制度环境中的用途,包括将媒介用于各种工具性目的的工作环境,例如,"在教育中使用媒介资源的实践,在法律系统中和公共领域的工作实践中的媒介使用"(Couldry,2004)。这类实践的潜在重要性是从世界观出发的,与传统生产、分配和接收主流媒体内容的模式所隐含的含义不同,传统的模式主导了早期的媒介研究,并使得那些在制度上不参与大众传播中媒介内容生产与分发过程的人("媒介"外的人)仅仅充当基于休闲的媒介消费角色。早在2004年,对于人们与媒介打交道的可能性,尤其是他们与新闻业的接触,还没有足够的了解。随后出现的"生产型用户"(produser)的概念只是简单地重复了这一点(媒介实践),但这个概念所使用的相关术语依然反映出大众媒介时代的分裂。需要我们注意的是,使用和制作媒介的实践空间的开放,其目的可能与媒介行业无关,而是有助于建立或者维持其他机构。

正如Wernick在25年前预言性地指出的那样,在一个信息流通大规模加速和扩张的世界中,由于推广性文化的大幅膨胀,现在很多类型的工作实践都涉及媒介消耗、媒介评论、媒介内容整合,以及有时也涉及制作媒介用于某种形式的传播。例如,用Twitter来实现工作目的,包括活动推广和业务拓展,以及传播公众对这些活动和业务的反应。但许多这样的实践所具有的目的是纯粹的、直接的,以及制度性的,即表达特定的意思。然而存在一种对下述这类活动的兴趣,这类活动通过分享信息和资源,来实现一个更广泛的集体目标,这个目标不会明显地让任何特定的机构或个人从中受益。因为它们可能是新形式的开始,这些新形式是指把故事和信息变成一种公共资源,即"新闻"(Rantanen,2009)。我们通过发展出个人与集体的"共享"实践,走进这个话题。

引入作为实践的分享

我们通过新方式来和彼此分享新事物,这是因为数字平台的可获得性使得分享变得容易。已经被讨论过的一些实践形式暗含着分享:例如,"展示"——向某人发送一个网页链接,是同时展示和分享它;或是"自然流现"(presencing),这不可避免地涉及与一个"现存"的更广泛的群体分享许多东西。这些实践所带来的一个有趣且更笼统的问题是,我们现在是否正在以更多不同的方式来思考"分享",想象着分享事物的全新可能性,以及实际上将分享划定为一种独特的,也许是复杂的实践。

如果我们不把分享看作独立的实践,我们就会错过两种类型的行动。第一种是人们在网上上传资源,以便其可以成为公共资源。第二种是人们在这些共享资源的基础上协同进行工作,这在其他情况下是不可能的,例如,以分散式的方式进行新闻工作,在这种情况下就很难分享。所谓"分享",指的是一种活动,这种活动不仅仅涉及像与他人连接这样的基本行为。也就是说,存在一个更加普遍的意图,为集体使用而分享资源,或者分享一种经验,为的是让这种经验不再局限于是一种纯粹的个人化"经验"。数字时代里分享事物的大量机会意味着,我们将只会逐渐习惯于新的可能性,即把过去是个人化的行动分享出来的可能性:"分享"必然会成为一个新兴实践。比如新形式的政治行动主义,越来越多的社会运动使用社交媒体来进行动员活动,以及/或者散布警察暴力的证据;或者,事实上,出现这样的情况,即普通人发帖,上传,或仅仅在Twitter上发布材料,以此希望有人能够利用这些材料,并在这种"分享"的实践过程中揭露不公。

并非所有的分享都是自愿的,或抱有希望的。正如Dave Eggers在他近期的寓言小说《圆环》(2013)中所分析的那样,社交媒体平台现在依赖于一种商业模式,甚至是一种社会愿景,这种模式基于与平台所有者的强制性共享:要求(或是强烈地鼓励)用户不仅分享他们的评论、想法和经验,还分享他们在网络上留下的全部踪迹,因此他们可以通过贩卖或分析数据来从中获取经济价值。我们可以称其为"被动分享"——在我们使用社交媒体或其他线上平台时,我们被假定已经完成了分享,但实际上我们并没有明确许可我们的分享被交换——这种"被动分享"可以具有活跃的变体,例如,健康的人被说服通过他们的手机或平板电脑上的应用程序来"分享"他们健康的常规数据(健康类应用程序在日益拥挤的应用程序市场中是主要增长领域之一,见Bradshaw,2014)。"分享"促使我们面对我们这个时代一个关键的道德性的和潜在的政治性的问题:经济能否成功地依靠如此广泛和重要的过程,对这些过程而言,"一致"是如此地不完整和不确定(Cohen,2012;Crary,2013;Mejias,2013)。在本书中,Danied Kreiss和Scott Brenner在一定程度上应对了这些议题。但是,在本章中我们回避这些更广泛的议题,为的是批判性地聚焦于,自愿地和通常是"主动"地分享对新闻领域的扩展意味着什么。

Twitter从一开始就关注分享,这是当代新闻业一个重要的输入(和输出)口,它为我们为什么需要实践方法来捕捉分享的多样性提供了一个很好的例子。实践方法会自动寻找它正在关心的任何一组潜在实践的多样性:它会避免假设Twitter用户只在做一件事情。Twitter这一微型博客平台成立于2006年,它支持许多不同的实践活动。作为生活形式,我们必须要对这些实践加以区分。举三个例子:第一个,间接使用官方媒体的个人,可以使用Twitter作为未经授权的评论的发布平台(例如足球运动员在官方俱乐部宣布之前在Twitter上发布新球员到来的消息);第二个,具有较高媒介地位的个人(名人),可以利用Twitter来保持一个持续的在线状态,其非正式性旨在建立粉丝基础;第三个,团体可以围绕一个特定的Twitter地址或标签而凝聚在一起,评论或其他信息可以被发送到这些地址或者标签上,如果成功,这会成为一种建群的形式,无须以往的身份或象征性资本。

我们只是以这三种不同的实践作为开始,它们呈现的是更广泛的模式:第一种是(看起来根本不像是众多受众的行为)Twitter上的专家网络,比如在伦敦或很多其他地方的政治评论或政策辩论社区中,每个人既是生产者,也是受众成员;第二种看起来很像是传统的大量受众的情形,关注某个名人的Twitter账号的大量用户通常自己不会发推文。因此,很明显,Twitter作为平台融入人们广泛的日常实践中的程度,在很大程度上取决于Twitter使用我们所讨论的哪种实践:第一种模式可能与政策或政治社群中的人们的工作和生活紧密结合,而第二种模式对用户的日常实践来说可能不是那么重要(只是一种暂时的愉悦)。

Twitter:一个分享信息、新闻与评论的平台

在本节中我们旨在提供一些示例来说明,信息和新闻的共享是如何改变新闻领域,并产生出新的、走向成熟的媒介实践的,其中一些实践被认为是充满希望的,而另一些则被认为是有问题的。可以说,新闻业在传统上并不是关于即刻的分享——考虑到"独家新闻"在建立新闻工作者和媒体组织的声誉方面的重要作用。现如今,滚动地分享新闻、趣闻和评论,是21世纪网络化或分散的新闻工作者的主要特征之一(Beckett,2008;Anderson,2011)。传统新闻业中的分享实践不仅发生在记者个体的层面上,也发生在他们所组成的媒体组织和文化的层面上。用Bourdieusian的话说就是他们的"惯习"(habitus)。

在媒体组织和文化的层面上,分享实践的变化,与新闻生产的时间维度和新闻领域的变化,是密切相关的。最后期限的秒表文化(Schlesinger,1987)和独家新闻的重要性尚未完全消失,但如今的新闻周期是动态的、持续的(24/7),而不像过去那样是不定期的(Crary,2013)。就在不久前,一天中向受众传递新闻的关键时刻有两到三个:早晨报纸的出版,中午和/或晚间通过电视传递新闻。广播使新闻传播具有更大的灵活性,但也往往局限于每小时一次的公告。卫星广播,24/7(每周7天,每天24小时播出实时新闻)新闻频道的出现,尤其是互联

网在人们日常生活中日益突出的地位,不仅从根本上改变了新闻的时间性,也改变了新闻的空间性(Rantanen,2005)。如今,新闻和信息的供给可以被视作我们在各种媒介和平台上"共享"的永久传播流。这些媒介和平台不仅包括印刷和广播等传统媒体,也包括博客,尤其是社交媒体。

Twitter在许多方面已经成为各种演员,记者和其他媒介专业人士,政治和文化精英,政治激进分子,以及普通百姓的最佳媒介选择[1]。它开启了一系列新的媒介实践,并取代了旧的媒介实践(Murthy,2011;Hermida,2013)。可以说,精英、激进分子和受众,都在使用Twitter这一微型博客平台"进行广播",即他们在与同行、粉丝、普通公众和新闻工作者分享信息。因此,它是"呈现"策略的一种工具。例如,将一条私人信息作为一种公共资源,旨在建立社会资本或者将其用于个人或组织品牌推广。

除此之外,Twitter和社交媒体也越来越普遍地成为新闻制作的平台。政治和文化精英们利用它们来独立地进行传播,接着被新闻记者和媒体组织扩散,也被普通民众通过转发而扩散。同时,普通民众和激进分子们都在使用Twitter分享信息和评论,或使他们的集体斗争被注意到。最后,Twitter也越来越多地被媒体精英们用作一个通用术语,这个术语逐渐取代了"公众舆论"的提法。

精英们的Twitter实践

政治活动家或名人之类的精英人士把Twitter作为他们自己生产新闻、树立自己的品牌,并与他们的选民/粉丝建立联系的工具。归根结底,精英人士的这些做法应被视为企图对新闻议程给予控制和引导。例如,英国王室首先在Twitter上宣布了威廉王子和Kate Middleton(凯特·米德尔顿)的英国皇室婚礼(@ClarenceHouse,2010.11.16)。很多例子能表明精英们出现在Twitte上的必要性。希拉里·克林顿(Hillary Clinton)于2013年6月加入Twitter。希拉里的Twitter巧妙地将个人与政治结合在一起,也表明个人具有复杂的政治性。

同时,从政治和文化精英的推文中做筛选,显然已经成为新闻工作者获取信息的主要来源。其中一些推文本身就是主要新闻,例如希拉里·克林顿和Bill Clintonc(比尔·克林顿)在宣布其女儿切尔西(Chelsea)怀孕时,就是通过Twitter(见@HillaryClinton 和@BillClinton,2014.4.18)。

Twitter对于政治和文化精英的另一个重要用途是,对大事件、其他公众人物的死亡或一篇新闻报道发表评论。而这又进而常常被主流新闻记者拿来当作新闻进行报道,因为它常常涉及精英人士对已经在新闻中的故事或事件的意见或评论,所以它与许多新闻价值有关(见Galtung,Ruge,1973)。其尤其适合作为在公共领域创建"存在"的一种方式。

前英国首相玛格丽特·撒切尔(Margaret Thatcher)在2013年4月去世,她的去世导致Twitter上的文化的、经济的和政治的精英们蜂拥而至地针对该事件发表推文。以下是Twitter上相关评论的示例:

- 现英国首相 David Cameron(戴维·卡梅隆)
  - 得知撒切尔夫人去世的消息我感到非常的悲伤。我们失去了一位伟大的领导人,一位伟大的总理,一位伟大的英国人。(@David_Cameron,2013.4.8)
- 企业家和上议院议员 Alan Suger(艾伦·舒格)
  - 玛格丽特·撒切尔今天去世了。一位改变了英国政治面貌的伟大女士,为所有人都创造了在英国取得成功的机会。安息。(@Lord_Sugar,2013.4.8)
- 议会左翼成员 Creorge Gralloway(乔治·加洛韦)
  - "把土踏平(Tramp the dirt down)。"(@georgegalloway,2013.4.8)
- 喜剧演员 Sarah Millican(莎拉·米利坎)
  - 很多矿工发现他们今天可以跳舞了。(@SarahMillican75,2013.4.8)

在类似这样的事件发生之后,Twitter往往会变得非常活跃,撒切尔去世后的Twitter也是如此。不出所料的是,那些负面评价激起了英国前主流右翼媒体的极大愤怒。

政治激进分子的Twitter实践

就像希拉里·克林顿必须出现在Twitter上一样，近年来的社会运动也常常借助于Twitter。参照Foucault(1997)的说法，激进分子利用社交媒体作为自我调解的技术：(1)进行披露，旨在传播反霸权话语，或进行行动动员；(2)进行考察和反思，为的是协调和调整策略；(3)通过捕获、存档和分享标语、图像等来引起回忆(Cammaerts, 2015)。由于社交媒体拥有与这三个层面都相关的功能，近年来抗议者们使用社交媒体的现象变得非常突出且引人注目。这里与前面提到的"展示""出现""筛选"和"归档"等更广泛的实践有着明显的重叠。

我们可以在这里提及社交媒体的重要作用，例如在针对银行和资本主义制度的抗议中，以及针对2008年拯救金融系统浪潮中被实施的紧缩政策的抗议中(例如西班牙愤怒者运动、占领运动)，社交媒体都发挥了重要作用。占领运动可以说是在加拿大反消费主义组织(Adbusters.org)于Twitter上发布了以下信息之后诞生的："亲爱的美国人，今年7月4日梦想反抗企业统治的起义，http://bit.ly/kejAUy #occupywallstreet"(@Adbusters, 2011.7.4)。紧接着，关于两个月后华尔街游行的具体计划也被制订和公布。关于占领运动，Yochai Benkler把互联网和社交媒体的作用表示为是"关键的"，特别是因为互联网和社交媒体的"传输视频流，捕捉图像，生成牺牲与抵抗的记录和叙述的能力"，这可以与"存档"实践相关联(Preston, 2011)。

社交媒体也可以成为抵抗力量的组成部分，而不仅仅是工具性的或促进性的。Margaret Thatcher去世后，Twitter和其他社交媒体平台变成了争斗和抗争的空间，他们在庆祝而不是哀悼她的去世。正如本章在前面引用的George Galloway的推文所显示的那样，音乐和抗议歌曲在这场极具象征意义的网络抗争中发挥了重要作用，甚至播放列表都被编辑成分享20世纪80年代的反撒切尔歌曲。

除此之外，一场社交媒体运动被发起，为的是让Judy Garland为电影《绿野仙踪》唱的一首插曲"叮咚，巫婆完蛋了"登上排行榜首位。最终，这首歌的唱片卖出52 605份，排名第二。BBC被迫播放了这首歌，但只播放了这首时长为51秒的歌曲中的5秒。BBC电台负责人Cooper(2003)用一种颇为自大的语气解释道：

> 我们应该把这首歌的兴起看作一个新闻故事，因为它是以诋毁关于撒切尔夫人的政治运动为基础的。因此，我们将在节目期间播放一段简短的新闻报道，向听众们解释为什么一首70岁的老歌会在排行榜上名列前茅。听众中的大多数人还太年轻，以至于不记得撒切尔夫人，还有许多人会被《绿野仙踪》中芒奇金人的声音所迷惑。

在这个例子中，我们看到了分享实践的一种"指令系统"，针对的是流行音乐产业的标准量度，但其明确的意图是生产政治新闻。

新闻工作者的Twitter实践

当今的新闻在突发的时候，通常首先会借助于Twitter。谣言和不具名的消息来源往往在这方面发挥着重要作用。2009年，好莱坞娱乐网站TMZ击败了所有主要的新闻机构，通过Twitter和他们的网站宣布了迈克尔·杰克逊(Michael Jackson)去世的消息。[3]利用Twitter作为一种广播工具与全世界分享这一惊人的消息，使得这个影响力相对较小的"玩家"在这一特定新闻事件中领先于所有主要新闻网。

在迈克尔·杰克逊被宣布死亡的18分钟后，以及验尸官办公室被通知的大约6分钟前，TMZ爆出了杰克逊死亡的消息(Stelter, 2009)。与TMZ不同的是，像CNN这样的主流新闻机构(矛盾的是，CNN与TMZ同属一家公司，即美国在线—时代华纳集团)都在等待官方的确认，结果他们花了将近两个小时才得出相同的结论。这次事件让TMZ获得了无数的线上访问，也增加了它的线下声望。TMZ的执行编辑Harvey Levin对竞争对手称其缺乏信用的说法作出了回应:"无论他们说什么,人们都知道是我们爆出了这则消息"(Collins,Braxton,2009)。有人估计,TMZ宣布迈克尔·杰克逊死亡后的约一小时内,Twitter上的所有信息中有30%与杰克逊和杰克逊的死亡有关;Twitter甚至无法处理这么大量的讯息(Cashmore,2009)。

然而,如上所述,Twitter不仅是发布新闻的平台,也是收集新闻的平台。一个有趣的新现象是,随着事件的展开和新闻的突发而出现的实时在线聚合页面。这可以说是一种超越受众的实践,靠着精英和普通人分享的大量信息和评论而蓬勃发展。当一个媒介事件或突发新闻发生时,报社和广播电视公司的网站越来越多地拥有社交媒体团队,他们会监控线上空间,并对线上空间进行筛选,以便链接到其他网站、推文、Facebook讯息、照片或视频片段。然后将其全部发布到实时更新的页面上,在许多方面这都类似于以前的实时新闻专线,如今我们所有人都可以访问,而不只是记者的特权。

因此,尽管公民、社会运动、激进分子和抗议者的自我协调的做法往往是对某一事件给予个体化的描述,但从集体的角度来看,这些描述能潜在地成为该事件强有力的,基于公民或激进分子的另类叙述,随后,记者们可以利用这些叙述,并强化它们。当时英国《电讯报》的社交媒体和参与编辑Kate Day(2009)在报道2009年伦敦G20抗议活动时对Twitter日益重要的作用作出了如下评价:

> 最终,Twitter已经从一个故事变成了讲述故事的工具……坐在我的办公桌前,密切注视着来自伦敦市中心的人们和远方正在关注的人们的各种观察、图片和视频,这种感觉真是太棒了。

在新闻采集方面,普通人的媒介使用也可能通过超越受众的实践而成为新闻实践。与此相关,来自巴基斯坦的阿伯塔巴德市的IT顾问Sohaib Athar的推文就是一个很好的例子,这个例子也指出了空间维度上的复杂性。他在推文中写道:"直升机在凌晨一点徘徊在阿伯塔巴德上空(这是很罕见的事件)(@ReallyVirtual,2011.5.1)。"事实证明,他无意中成了报道由美国海军海豹突击队领导的消灭本拉登军事行动的第一人。在如地震等自然灾害或如飞机失事等事件中,普通市民也经常使用Twitter和其他社交媒体,这就是为什么在这种情况下,社交媒体会成为新闻工作者进行集群式新闻采集的主阵地。这是一种具有潜在长期意义的新收视(audiencing)方式。在相似的主题下提供#标签分组推文在这里至关重要,正是因为#标签和对Twitter上趋势的密切监控,才使得Twitter作为一个新闻收集工具如此强大,同时也是一种构建交流空间的方式。最后,由于精英阶层、普通民众和新闻工作者都大量地使用Twitter,社交媒体越来越多地被一些人定位为衡量公众舆论的方式。很容易想象得到,有一位政治战略家会这么问:"那么,今天Twitter上的情绪如何?"美国当地警方在密苏里州的弗格森市射杀了一名非裔美国青年Michael Brown,该事件引发了大规模的抗议。《华盛顿邮报》的两名记者写下了一篇标题为"Twitter开始怀疑希拉里·克林顿为何不就弗格森事件发表讲话"的文章(Williams,Butler,2014)。因此,Twitter和社交媒体越来越多地被视为好似有着共同意愿的一个主体,或者是对公众舆论的一个映像。

对营销和公关公司而言,挖掘社交媒体并为他们的客户生产"情感的"数据,这并不罕见。这些"情感的"数据是关于他们如何被感知的,以及与某一故事、某一事件或某一个人相关的情绪有哪些。玛格丽特·撒切尔去世后,营销公司Meltwater对Twitter上12个小时内被发布的所有关于撒切尔的推文进行了分析,他们得出的结论是:有43%的推文是消极的,19%的是积极的,29%的是中立的(Meltwater,2013)。通过生成这样的数据,并通过主流媒体平台和社交媒体的随后的调和,在某种程度上,这意味着,Twitter上的意见实际上与公众意见是一致的。

紧张和矛盾

如上所述,各种行动者的实践并非没有导致种种紧张关系,以及可能被视为带来麻烦和值得批评的问题。我们不会在这里发展出一种更广泛的批判，针对的是通过"社交"媒体构建了社会性的这种话语（见 Couldry，Van Dijck，2015）。即便如此，重要的是，在涉及这些"分享"实践时，要避免对其无限制夸赞的陷阱。不可否认的是，信息和新闻的越来越多的分享为各种行动者和新闻工作带来很多机会，但也存在着令人担忧的严重问题。

精英

主流媒体对政治、文化和经济名人的痴迷，24/7新闻周期需要的丰富的内容，以及粉丝、追随者和支持者的转发行为，这些都使得Twitter成为精英们完善他们的现身和建立自我品牌的策略与实践的理想工具。这没什么好意外的：精英们总是利用一切可能利用的媒介来传播他们的观点，维护他们的利益，并巩固他们的权利。鉴于我们中的许多人生活在一个有名人崇拜的社会中，媒体和新闻工作者会大量复制通过Twitter传播的精英言论也是意料之中的。

然而，这些"现身"的实践确实引发了一系列的紧张关系和矛盾，这值得我们结合它们为精英们提供的种种机会来加以思考。精英们的"现身"实践也会引起强烈的反应。在网上发表被认为是有争议或新奇的观点时，总会得到很激烈的回应，而这些回应很容易变得令人不愉快。每周我们都会面对名人引发舆论攻击的新闻，该名人随后不得不应付其推文带来的不良后果。《时代》杂志以及其他媒体组织甚至每年都会公布Twitter上最具争议推文的榜单。由于"存档"实践的存在，以及"(观者社会)"(Mathiesen，1997)的特征，一旦精英们在Twitter上发出违反道德准则的言论，这些言论就不可能完全被删除和控制。尤其在表达明显的或隐含的种族歧视和性别歧视的观点时，似乎很容易引起争议。一个例子是英国广播公司的节目《疯狂汽车秀》(Top Gear)的前主持人Geremy Clarkson在Twitter上发布了一张小黑狗的照片，还配有一句话："这是这群狗中最新来的一只，他叫迪迪埃·多戈巴(@JeremyClarkson，2014.4.21)。"这是在暗指当时在切尔西俱乐部

效力的一名来自科特迪瓦的足球运动员。

所有这些所揭示的是，关于线上言论自由和线下言论自由是否不同，尚存在有异议的辩论。因此，在法律层面上，当涉及通过立法来防止煽动种族仇恨和歧视以及诽谤和诋毁的言论的出现，或者对媒体下达阻止其报道某事件的法律限制令时，这也具有某种暗示。

激进分子

在激进分子和社会运动对社交媒体的使用这方面，出现了一系列不同的张力与矛盾。除了强调互联网在动员和传播占领运动中的重要作用之外，Preston(2011)还指出，真正的变革"将取决于实际的、脚踏实地的、面对面的行动，为你的原则献身，让自己有能力去捕捉图像，并把它们投射到世界中去"。网上对于某一特定事件的热情所存在的问题是，它往往是相当短暂的和肤浅的，Morozov(2009)在对"鼠标点击主义"，实际上是"懒人行动主义"的批判中，强调了这一点。在对Twitter上25 000名"占领"标签使用者的随机样本进行分析后，Conover等人得出了类似的悲观结论。他们称，Twitter上使用"#占领"标签的大多数用户在动员发生前已经联系在一起，而且在政治方面是很积极的，并且：

> 尽管在紧随运动诞生后的几个月里他们的呼声很高，但似乎在剩余的研究阶段中(该研究前后持续了15个月)，他们对与占领运动相关的交流失去了兴趣，并且展现出在注意力分配习惯和社会连接性这些方面的非常细微的变化。尽管这些变化是参与运动带来的结果，但是它们确实是太细微了。

同样，尽管撒切尔去世后出现的抵制活动，有助于沮丧情绪的发泄，以及对其政策和思想的分裂本质的揭露，但这一切对当今社会的实际结构性权力关系来说，仍然仅仅是象征性的和无关紧要的。可以说，这种权力关系比以往任何时候都更加不对称和不平等。正如抗议歌手Billy Bragg在他的Facebook页面上写到的："举杯庆祝一位病弱老太太的死亡不会对这造成任何改变。犬儒主义唯一真正的解

药是激进主义。不要庆祝，组织起来吧！(@BillyBragg，2013.4.8)"

对激进分子和抗议者的社交媒体活动的强调，存在一种风险：迷惑我们自己去为了一个理由而生成网络上声势浩大的狂热，结果是把狂热付诸短期的新闻议程，而只有到那时，为了社会或政治变革(以及对新闻业未来的潜在长期影响)的真正的斗争才刚开始。

结论：共享和新闻业的未来

围绕着由精英、激进分子和受众所制定的社交媒体的媒介实践，已经对新闻的生产方式和更普遍的新闻实践产生了重大的影响。这些影响也引发了规范和伦理的问题，即有关新闻业在社交媒体时代和信息与传播饱和的民主社会中所起的作用，什么构成了今天的新闻，以及新闻、谣言和暗示之间的界限在哪里的问题。

我们有可能会被犯下严重的错误，也会给真实的人们带来真实的后果。然而，可悲的是，实际的Twitter争议本身也变成了一条新闻。这种对"当下"的、"这里"的关注，对任何给定时刻里精英们的抱怨和评论的关注，都减少了更深度的分析，以及资源充足的调查报道的迫切需求(Houston，2010)。

Twitter可能带给我们的媒体的巨大影响，在超地方(hyperlocal)的层面上，但也同样在全球的层面上，以及在Twitter上大规模的放大机制的功能可见性层面上，已经被政治行动者们注意到了，他们是一场冲突中的交战派系，政客，或者抗议运动。这使得媒体和新闻工作者们倾向于使用欺骗和操控的策略，但也容易展开关于对立话语和利益的意识形态上的立场之争。

据我们所知，迄今为止所缺乏的，在起义或激烈的政治动荡时刻之外的，是跨社交媒体的持续性协作的例子，这类协作的目的是改变新闻议程和新闻实践规范。所有我们已经考虑到的例子仍然依赖于主流新闻业的框架，这类框架通常为我们"筛选"信息，或参考在其边缘的象征性抗议。"分享"还没有成为一种方法，例如，作为重新展开关于不平等的大范围争论的方法(见Piketty，2014)，或作为巩固工会在维持政治团结方面的作用的方法(见Dardenne兄弟的电影《两天一夜》，2014)。正如迄今为止最深思熟虑的关于网络化或"连接的"行动主义的评论所总结的那样，我们仍然不知道"一场成功的转变(朝向一个不同的政治，借助于社交媒体)是什么样的"(Bennett，Segerberg，2013：214)。

我们认为，造成上述情况的原因是，通向一个新的、基于社交媒体的新闻业(或者一个新的政治)的道路——或许和围绕着20世纪60年代的反文化而出现的新闻业是相同的——还没有出现。这些道路仍然模糊不清的原因在于，借助于社交媒体的分享是一类实践的组成部分，这类实践旨在复制新闻业和传统权力结构的现有模式。除此之外，关于分享的主流话语，以及具体的分享实践，在重新强化精英内部关系，以及利己主义的资本主义价值系统这些方面，也是高度制度化的(John，2013)；它是"我"分享，而不是"我们"分享。

然而，与此同时，更多集体形式和公共利益形式的信息与知识分享在涌现(见维基百科和Greenwald的*The Intercept*)，虽然这些形式在结构层面上可能更具扰乱性，但它们也被嵌入了一系列超越利益和/或个人所得的价值观，并倾向于注重多数人的利益而不是少数人的利益。正是通过利用这些新近出现的、具有非主流形式和原则的集体分享，公共新闻业或许才能在数字时代里被真正地复兴。

注释

1. 在这方面需要注意的是，Twitter在大多数普通人的日常生活中的渗透程度远低于Facebook。某些类型的人比其他类型的人更有可能拥有Twitter账户。美国的研究表明，男性、富人、城市居民和年轻群体中的Twitter用户人数明显多于其他群体(Duggan，Smith 2013)。同时，因为新闻工作者和媒体组织非常热衷于加入社交媒体，尤其是Twitter，这一微型博客平台影响了呈现给我们的"现实"，不管它是否接近我们的真实的现实。

第 23 章

描绘新闻业中的人机差异

Seth C. Lewis, Oscar Westlund

引言

到目前为止，人们对当代新闻业的谈论似乎离不开对技术的谈论，因为这两者已经以复杂多样的形式深深地联系在一起(见Anderson等，2012；Lewis，Westlund，2015a)。现在流行一种说法，将技术描述为一种正在"改变"新闻业的不可抵挡之力，不过这种说法忽视了至少三个重要的事实。第一，从电报到打字机，技术一直与新闻的制作和发行联系在一起(Örnebring，2010；Pavlik，2000)。第二，许多人认为，与在社会其他领域中一样，新闻业中的技术更多地是由社会塑造的而非物质决定的(其中最主要的是Boczkowski，2004；另见Anderson，2013a；Deuze，2007)。第三，确定"技术"的统一概念及其对新闻业的影响是困难的，因为其涉及的想法和实践是非常广泛的：从内容管理系统(Rodgers，2015)到计算机新闻(Stavelin，2014)，以及从算法(Diakopoulos，2015)到受众分析(Tandoc，2014)，这里仅列举一些在新闻业中日益显著的计算和量化元素(Anderson，2013b；Coddington，2015；Gynnild，2014；Lewis，2015；Lewis，Westlund，2015b)。事实上，说到多样性，这整本书都在致力于解构新闻业的数字化[1]。那么，我们要对这个叫作技术的东西和它与这个叫作新闻业的东西之间的关系做些什么呢？

Bruno Latour在1988年对闭门器的社会学分析中，阐述了人类和非人类之间的相互作用，他说："每当你想知道一个非人类做了什么的时候，只要简单地想象一下当这个角色不存在时，其他人类或其他非人类会做什么。这个假想的替代情况，精确地确定了这个小角色的作用或功能的大小。"在这一章中，我们旨在用某种方式来"衡量"技术在新闻业中的作用，这种方式就是把如下内容进行概念化，即各种形式的新闻对各种形式的技术的相对依赖。这一概念化的问题部分地源于Emerson(1962)爱默生，的权力依赖理论，本质上是引导我们去问：所有事物都是平等的，那么X形式的新闻在多大程度上会依赖于Y形式的数字技术？也就是说，不同类型的新闻制作与传播(以及它们背后的人类行动者)如何或多或少地依赖非人类的技术行动元(见Lewis，Westlund，2015a)？这些问题不仅是对数字新闻及其工作实践的描述性关注；而且，解答这些关于依赖性的问题，能够使我们更全面地对新闻工作中的社会行动者和技术行动元之间的相互作用进行概念化和理论化。

本章回顾了与新闻和技术相关的文献，始于对新闻业中人机关系的更广泛的概念化。我们承认新闻媒体机构中有两个特定的社会角色(即技术人员和新闻工作者)，除此之外，还发展出了一种更为复杂的技术行动元的表现形式——人类给予这些行动元以题词，以及它们在网络化布置中的相应的影响。然后，除了把视线拉远以适应"广角"的看法，我们还将视线推进到新闻制作和分发的特定情况上。借鉴权力依赖理论(Emerson，1962)，本章最后简要概括了4个方面，以说明新闻业是如何成为"在技术上是特殊的"(Powers，2012)，也就是说新闻业如何通过技术的特殊结构特征和社会文化特征来被定义、嵌入和理解的。我们提出的4个方面包括：(1)以人为中心的新闻业；(2)受技术支持的新闻业；(3)受技术灌注的新闻业；(4)以技术为导向的新闻业。这4个方面有助于使人们聚焦于在不同形式的新闻中明显存在的对技术的相对依赖，以及这种依赖对理论和实践的影响。

人类—技术维度的概念化

虽然技术在新闻业的发展和传播中有着悠久的历史(Örnebring，2010；Pavlik，2000)，但信息通信技术(ITCs)的兴起，特别是20世纪90年代的万维网，见证了数字新闻制作和发布的早期试验，以及与新闻"数字化"相对应的学术兴趣的形成(Boczkowski，2004；另见Deuze，2001；2003；Mitchelstein，Boczkowski，2009；Singer，1998)。在过去的15年里，新闻研究作为一个独特的传播学分支领域，经历了飞速的发展。要特别强调的是，根据技术来研究新闻实践也得到了显著的发展，例如，业内评论期刊《新闻实践》(Journalism Practice)(2007)和《数字新闻》(Digital Journalism)(2013)的推出，以及哥伦比亚大学Tow数字新闻中心的成立(2010)。许多研究分析数字媒介技术在新闻业各个相关领域中的作用，这些研究包括：日常实践和新闻编辑室的配置(Domingo，Paterson，2011；Hermida，2013；Hermida等，2014；Reich，2013；Robinson，2011a；Usher，2014)，职业意识形态和职业文化(Deuze，2007；Lewis，2012；O'Sullivan，Heinonen，2008；Singer，2007；Steensen，2011)，组织和机构(Anderson，2013a；Hemmingway，2008；Lowrey，2012；Ryfe，2012；Westlund，2011)。一些研究人员还研究了数字新闻分发和消费的模式(Hille，Bakker，2013；Mitchelstein，Boczkowski，2010；Robinson，2014；Singer，2014)，这其中包括社交媒体重要性的增加(Nielsen，Schrøder，2014)和移动设备(Westlund，Färdigh，2015)。

许多研究展示了记者和新闻机构是如何利用或抵制新兴媒介技术的(Hermida，Thurman，2008；Lasorsa等，2012；Reich，2014；Singer，2005；Tameling，Broersma，2013)。当新闻工作者们努力与受众协商他们之间的关系时(Lewis等，2014；Peters，Witschge，2014；Robinson，2011b；Singer等，2011)，"利用"就非常明显；而当他们试图在有利于开放、参与的数字媒介环境中维持专业的控制权时(Lewis，2012)，"抵制"就变得很明显。这一系列的研究很自然地聚焦于人类新闻工作者，无论是在社会心理角色概念的个人层面(例如，Cassidy，2005；Hanitzsch，2011；Tandoc，Takahashi，2014)，还是在规则与惯例的社会层面、制度层面(Ryfe，2006；Shoemaker，Reese，2014)。不足为奇的是，研究新闻学的学者们很少关注新媒体机构中处于新闻编辑室之外的更广泛的参与者，比如新媒体机构中的业务人员和技术人员(例外情况见Ananny，2013；Nielsen，2012；Westlund，2011；Westlund，Krumsvik，2014)[2]。此外，在(数字)技术作为一个独特的研究对象，及对人类和技术之间出现的不断变化着的紧张关系这两个方面，学者们的重视程度是有限的(例外情况见Anderson，2013a；Boczkowski，2004；Lewis，Westlund，2015a)。

我们的基本观点是，如果把研究焦点主要地(如果不是唯一地)集中在新闻工作者及其工作和态度上，那么对新闻媒体机构的了解就会是不完全的，这就需要从更全面的角度来进行概念化。本章将更全面地介绍、整合和讨论新闻与技术之间的各种关系，聚焦于(人类)新闻工作者、技术人员和技术行动元。为了建立这个讨论，我们借鉴了我们在之前的研究中所概述的社会技术重点：4A的分析框架(Lewis，Westlund，2015a)和新闻业的模型(Westlund，2013)。

4A的方法解释了下述三个方面的各自角色与互相关联：人类行动者(如新闻工作者、技术专家和业务人员)，技术行动元(如算法、网络和内容管理系统)，受众(如不同于某些平台、设备或应用程序的受众集合)。这些行动者、行动元和受众可能通过不同的活动交织在一起，例如跨媒体的新闻工作(Lewi，Westlund，2015a)或媒体创新(Lewis，Westlund，2014)。简而言之，本章着重从人类行动者，特别是记者和技术人员以及他们与技术行动元之间关系的角度来探讨新闻活动。

Westlund(2013)的新闻学模型以一种相关的方式说明了人类和技术上的定位模式与媒体工作中特定类型的内容实践是如何相互关联的。该模型为2×2矩阵，具有两个相互交叉的轴：垂直的轴线表示活动为了用户化和更换目的而改变的程度，水平的轴线表示活动展现出的人为驱动或是技术驱动导向的程度。简而言之，我们在这里关注的是人类—技术这一连续体，它概念化了在新闻出版领域里，人类社会行动者相对于技术行动元而言所具有的相对吸引力。这一维度揭示出在执行新闻工作时，人类对(技术)行动元的相对依赖性。它也开放了相应的问题，关于这种"在技术上是特殊的"(Powers，2012)工作形式的相对价值。事实上这有助于我们理解与技术有关的一些关键张力，这些张力强调的是数字新闻环境中的新闻业及其制作与分发。

综上所述，4A视角和新闻业模型指向本章的一个关键贡献：通过新闻生产/分发活动的4个方面，将新闻业和技术之间的关系概念化，对人类社会行动者和技术行动元之间关系的一个更仔细的剖析让这一概念化变得可能。

新闻业及其社会行动者

在企业外部有几种行动者在塑造新闻媒体机构及其活动方面发挥着合理的作用——从信源提供者和广告商，到决策者、硬件/软件供应商，以及受众(Shoemaker，Reese，2014)。在新闻媒体机构内部，至少有三组对其运作起到关键作用的不同社会行动者：新闻工作者，技术人员和业务人员(Lewis，Westlund，2015a)。新闻工作者包括记者、编辑、制作人，以及其他通过精心地制作被认定为新闻的输出内容的人们。技术人员包括信息技术专家、系统设计师、项目经理、信息架构师、产品研发和其他编程技术人员。一些技术人员从事产品编辑工作，另一些从事商业活动工作，有些技术人员这两类工作都不做或者都做，这取决于他们的角色。业务人员包括营销人员、销售助理、客户关系经理、专门从事大数据和行为目标定位的分析师以及市场总监。由于本章的重点是新闻活动，更具体地说是新闻的制作和分发，所以我们在此强调的是新闻工作者和技术人员之间的关系，同时也承认，在评估新闻媒体机构中的跨媒介工作(Lewis，Westlund，2015a)、创新战略(Westlund，Lewis，2014)和业务端整合(Achtenhagen，Raviola，2009；Küng，2008；Nielsen，2012；Westlund，2011；2012)的综合动态时，会考虑更广泛的行动者的重要性。

如上所述，记者和新闻编辑室一直是新闻学研究领域中新闻媒体组织研究的主要焦点(很多时候是独有的焦点)(Domingo，Paterson，2011；Westlund，2011)。相比之下，技术人员受到的关注要少得多，部分原因是，直到最近，他们的人数和知名度才在新闻媒体机构和整个新闻领域中有所增加(Lewis，Usher，2013，2016)[3]。在某些情况下，曾经主要扮演"技术支持"角色和服务于新闻工作者的技术人员，已经发生了明显的转变，他们被要求在数字新闻产品的制作中扮演更有意义的、内容层面上的角色，如参与编辑会议，与新闻工作者更直接地合作，甚至建构独立的新闻应用程序(Parasie，Dagiral，2013；Weber，Rall，2013)。当然，"新闻工作者"和"技术人员"之间的界限可能是一些人为因素造成的；很多新闻技术人员接受了专门的记者培训，但后来又在数据处理和代码工作中获得了技术技能(Powers，2012)。尽管如此，这种区别还是很重要的，因为技术人员，特别是那些受过计算机科学和数据科学培训的技术人员，他们在进行搭建面向业务的产品和服务的工作时，往往会超出新闻编辑室的界限。这里的面向业务的产品和服务包括：订阅、广告和客户关系管理系统，以及有助于采集线上用户行为的受众信息系统(Hunter，2014)。

同时，其他技术人员也在研究内容管理系统和支持新闻生产与分发的其他技术基础设施。例如，技术人员通常在如下领域发挥作用：为移动设备开发应用软件(Westlund，

2011；2012)，配置算法、数据库，以及使大数据方法应用于新闻业的其他工具(Lewis，2015；Lewis，Westlund，2015b)。近年来，关于技术人员在编辑工作中的作用的额外研究已经初见成效，主要是在计算机新闻的研究中(Anderson，2013b；Coddington，2015；Diakopoulos，2012；Gynnild，2014；Karlsen，Stavelin，2014；Stavelin，2014；Young，Hermida，2015)，以及依赖于计算机程序员、web开发人员等的其他数据驱动形式的研究(Ananny，2013；Appelgren，Nygren，2014；Fink，Anderson，2014；Lewis，Usher，2014；Nielsen，2012；Parasie，Dagiral，2013)。

新闻业及其技术行动元

技术行动元存在于新闻媒体机构的内部和外部，涵盖广泛的工具、系统、设备、算法和有助于新闻生产与分发形式的其他应用程序——从内部的CMS(内容管理系统)，到外部的社交媒体平台，再到位于二者之间的应用程序界面(APIs)(Aitamurto，Lewis，2013；Ananny，2013)。鉴于数字新闻工作的核心重要性，这些行动元要求我们厘清以下术语："行动元"一词来源于被称为行动者网络理论(ANT，见27章)的社会学和方法论路径，拉图尔(Latourc)是该理论的奠基人。这一理论也激发了新闻研究中越来越多的对新闻和技术变革的研究(Anderson，2013a；Hemmingway，2008；Micó等，2013；Schmitz Weiss，Domingo 2010)。在不预设先验类别的前提下，ANT可以描绘出人类和非人类"行动元"之间的联系网络，从而归纳性地建构起关于社会和物质是如何交织在一起的知识(Plesner，2009)。ANT并没有消除人类和非人类之间的所有区别；社会或技术会通过相对"力量"来影响结果，而ANT也没有在阐明该相对"力量"时对人类和非人类进行排序。在借鉴ANT的基础上，我们先前认为，行动元可以被定义为物质对象，这些对象"因与人类行动者的联系而引人注意，也因为与人类行动者共同参与的活动而引人注意"(Lewis，Westlund，2015a)。

谈及我们对技术行动元的概念化，"技术的"一词的使用意味着，数字行动元的非人类的、机器界面的本质。它涉及一个问题，正如Latour(2005)所说，技术行动元(例如新闻机构的内容管理系统或数据库系统)是否与社会行动者的活动有所不同。技术行动元是由人类社会行动者撰写和指挥的；一些技术行动元是为了更普遍的目的而被编写的，而另一些则具有更为具体的意图(例如新闻应用程序界面和更普遍的应用程序界面，见Ananny，2013)。因此，有些技术行动元已经被开发出来，以适应当代新闻机构的新闻、技术和商业需求。例如Atex或Infomaker提供的编辑型内容管理系统技术，这些技术被赋予了新闻价值(见 Rodgers，2015)，与其他"新闻对象"一样，这些"新闻对象"是对新闻工作具有文化影响力的物质产物(Anderson，de Maeyer，2015)。这些技术行动元被指示去执行一些工作，比如为特定的新闻媒体和平台筛选、发布内容(Gynnild，2014；Schmitz Weiss，Domingo，2010；Westlund，2011)。

与ANT不同的是，我们认为有必要区分非人类和技术行动元与人类社会行动者。然而，与ANT的观点一致的是，我们也认为行动元和行动者都在网络中扮演着重要的角色。我们也同意Latour的观点，即行动者和行动元的所有的各自关系对于研究和理解我们的世界是必不可少的。人类社会行动者将自己的行为投射到各种技术行动元上。这一投射即为拟人化，本质上意味着"人类塑造了什么或什么塑造了人类"(Latour，1988)。因此，正如Latour所解释的那样，人类构建的对象(即行动元)可以被委托以代替人类的行为，而行动元也可以反过来指示或形塑人类的行为。这一关系和相互作用的特点是，人类行动者和技术行动元之间是相互依赖的。因此在本章中，以社会技术的方式认识到这种相互作用，有助于我们更好地认识和概念化各种技术带给新闻业和其社会行动者的重要性，以及社会行动者是如何塑造技术行动元的。从这个观点来看，社会行动者和技术行动元需要被视为不同但相互依存的影响因素(Lewis, Westlund, 2015a)。接下来我们将介绍新闻业的4个方面，这些方面有助于揭示在新闻生产/分发的活动中，技术行动元和社会行动者之间的相互关系。

技术依赖的概念化

作为首次尝试对新闻业中人类与机器之间相互关系的说明，我们提出了新闻业的4个方面：(1)以人为中心的新闻业；(2)受技术支持的新闻业；(3)受技术灌注的新闻业；(4)以技术为导向的新闻业。这些方面在分类上并不互相排斥，可以用来说明新闻工作是如何变成"在技术上是特殊的"(Powers, 2012)。也就是说，一个相关的问题是，新闻生产与分发的形式如何逐渐被技术行动元(和技术人员)所定义，以及如何逐渐对他们产生依赖。因此新闻业这4个方面的核心问题是依赖性。正如社会学家Richard Emerson(1962)在他的权力依赖理论中所说的：依赖是权力的基础，在某种程度上，X依赖于Y，是为了获得她(X)达到目的所需要的资源，X相对于Y而言处于权力劣势；相似地，X和Y之间的相互依赖与权力的平衡有关。Emerson的理论主要用于说明，在理性选择的框架中成本和收益之间的交换，但其关于网络中代理之间的不对称依赖的基础概念，对此讨论还是有用的。其强调，为什么人类新闻工作者对技术行动元的相对依赖，对我们理解数字时代新闻业发展的更大动力与张力是重要的。此外，虽然研究新闻业的学者们在关注自主、控制和权力的问题(Carlson, 2009；Lewis, 2012；Singer, 2007)，但他们没有把研究重点放在技术依赖上。

如前所述，人类社会行动者与技术行动元之间是相互依存的。正如Latour所指出的那样，"当人类被取代并失去技能时，非人类必须被升级并学习新技能"。类似地，当非人类的技能不熟练时，它们就需要更多技术熟练的人类用户的帮助。Latour(1998)认为，这种共享的相互依赖关系形成了一种平衡，我们认为这是人类社会行动者和技术行动元之间的妥协。因此，我们会问：在所有条件均等的情况下，新闻业的X形式会在多大程度上依赖数字技术的Y形式？在什么意义上，不同类型的新闻生产和分发(以及它们背后的人类新闻工作者)会或多或少地依赖于技术行动元(或反之亦然)？这些区别不仅仅能帮助我们定义和描述数字新闻的现状，还可以服务于一个相应的功能，即让未来的研究问题更显而易见。

以人为中心的新闻工作包括那些不依赖数字技术的新闻工作形式——它们可以在不借助数字中介的情况下被完成。从本质上讲，这一方面的特点是，人类行动者(X)在很大程度上是独立于数字媒介技术的，以及(Y)是其新闻活动的主要执行者。例如，这可能包括采访与写作，这些形式的工作一定是借由数字工具来提升效率的，但不完全依赖数字工具。以人为中心的新闻业的问题将研究者引向未来的研究问题，这些问题会促使我们仔细地审视过去(例如：在前数字时代，行动者和行动元之间的依赖关系是如何协调的)和现在(例如：为什么新闻工作者在某些特定的报道实践中对于技术的依赖会少于在其他报道中对技术的依赖)。

受技术支持的新闻业的主要标志是：人类是实践的引导者，但在新闻生产的过程中，新闻工作会受到数字技术的支持。它的特点是，人类行动者相对于技术行动元而言，在很大程度上是自主的，且新闻工作者并不依赖技术人员，即使后者在处理更复杂的技术系统方面是必需的。在这种情况下，技术行动元主要作为一种用户友好型工具，可以提高新闻工作者们的惯常工作效率，例如生产叙事型新闻报道的效率。因此，受技术支持的新闻业是现代新闻环境中的主要阶段：在这一阶段中，人类新闻工作者(和技术人员)在数字工具能够实现他们工作目标或提高他们工作效率的情况下，会依靠技术行动元来人工地开展他们的生产工作。在对这方面新闻业的研究中，学者们可以更加密切地讨论，行动者们如何决定行动元在何时且如何支持他们的工作。是逐渐融入，日益依赖技术，还是不断抵制和远离数字工具？

"技术注入型"新闻业指的是新闻工作者出于生产和分发的目的将技术制度化，其结果是，即使是新闻工作者赋予技术行动元以权力，他们也变得越来越依赖于技术行动元。可考虑的相关情况是其是媒体工作的一种关键形式(Fotopoulou，Couldry，2014)。尽管很多记者在某种程度上将社交媒体融入了他们的工作中(Hermida，2013)，但一些记者被指"把他们的耳朵贴在互联网上"(Anderson，2013c)，他们是社交媒体编辑和整合专家。技术对他们工作的支持程度并没有像他们对技术的依赖程度一样深：离开网络生态系统，他们的工作类型就没有实际的应用。在这一领域中，有待充分探索的是，这些"在技术上是特殊的"形式，在多大程度上会或多或少地与权威、信誉和价值联系在一起。

以技术为导向的新闻业进一步增加了技术的规范和重点。在这一方面，社会行动者和技术行动元在新闻机构中都是作为关键代理被建立起来的，他们各自从事与新闻生产和分发相关的工作。这是因为技术行动元们正在被编写出来，为的是具有更多的权力和能力，不仅是为了促进新闻的分发，也是为了管理新闻创作的过程。最终，以技术为导向的新闻业表明了一种共生关系，在这种关系中，这些代理——人类和机器——或多或少地和对方相互依赖。例如，无论是人类新闻工作者还是像自动新闻算法这类的行动元，都可以开展新闻工作，他们都受到技术人员的支持。从本质上来说，这一方面标志着，由技术支持的新闻工作形式达到了顶峰。未来的研究应该考虑的是，新闻业的这个方面是如何涉及逐渐复杂的算法和机器学习系统，从而导致人类劳动力同时在新闻分发(就像它已经做到的)和新闻生产(就像它可能通过自动化新闻业的发展而做到的，见Carlson，2015；Westlund，2013)中被取代。

结 论

数字技术似乎无处不在。同样，也不乏这样的研究，即关于它在新闻构成要素的转变中所起到的作用，和它如何在社会中传播。然而，尽管有大量关于数字新闻的研究，但在大多数新闻研究中，关于技术及其特定的导向，以及它对新闻工作的种种影响，都缺乏详细的解读。本章的目的是回顾技术和新闻的相关文献，并以两种主要的方式为它的未来发展做出研究上的贡献。

第一，我们对新闻业中的人类(社会行动者)和机器(技术行动元)提出了更广泛的概念，即承认新闻媒体机构中更广泛的行动者(例如，技术人员和新闻工作者)，以及行动元更复杂的表现形式——它们被人类编写，在新闻生产和分发的网络化部署方式中发挥相应的作用。这一观点的提出基于Latour关于人类与非人类关系的概念(但也与之背道而驰)，社会行动者、技术行动元和差异化的受众，所有这些通过媒体工作活动而相互联系在一起，这一观点展示出这种关系是如何通过对它们的概念化而被应用于新闻研究(Lewis，Westlund，2015a)和媒体创新研究(Westlund，Lewis，2014)中的。第二，在第一步的基础上，我们提出将新闻业中人与机器的相互作用理解为一个依赖性的问题，这体现在新闻业的4个方面，即以人为中心的新闻业、受技术支持的新闻业、受技术灌注的新闻业和以技术为导向的新闻业。我们在这一章里对这些方面进行简要的描述，这或许可以为将来的研究提供指导，包括概念化和实证研究。虽然这些方面既不相互排斥，也并非面面俱到，但它们表明新闻工作如何变成"在技术上是特殊的"(Powers，2012)——新闻生产和分发的形式如何越来越被技术行动元(以及技术人员行动者)所定义，对技术行动元越来越依赖。

对于行动者和行动元之间(Latour，1988)依赖程度的认识(Emerson，1962)，不仅对区分不同类型的数字新闻有着重要意义，也对更多概念驱动的问题的产生极其重要。在新闻工作中不断变化的技术背景下，这些问题应该集中于质疑，如权力的动态性、不对称与紧张关系。例如，"在技术上是特殊的"工作形式，最初被看作不太合法的新闻形式，对于专业人士对数据新闻、计算机新闻、社交媒体筛选和其他技术注入实践的反应，这意味着什么，对于与这些领域相关的发展，这又意味着什么？在这些领域里，新闻工作不是被技术支持，而是对技术有深入的依赖。或者，以技术导向的新闻业为例，随着新闻机构越来越依赖算法——例如，不仅是为了传播人类制作的新闻，也是为了生产由机器编写的新闻——什么样的协商会发生在相对"权力"周围，这个"权力"将被提供给相向而行的算法与人类新闻工作者，以及什么样的特定背景、问题和新闻实践会促成这种协商的出现？

我们已经介绍的新闻业的4个方面，值得在以后的研究中被进一步阐述和讨论，它们为突出技术特殊性的转变提供了一个起点，也呈现出相应的种种复杂性。随着技术依赖程度的提高，某些新闻形式的制度化越来越复杂。最终，新闻业中技术的嵌入和插入变得越来越明显，对于新闻的权威性和自主性，以及在历史上新闻业被定义为人工驱动而非机器引导的专业特征，这意味着什么？随着我们发展出对人类和机器的一个更好的概念化描绘，以及发展出关于行动者和行动元的一个更好的描绘，这些问题和其他类似的问题能够被更容易地表达清楚和被应用于研究当中。

注释

1. 我们强调"数字"是为了说明，模拟技术(例如在新闻业有着悠久历史的手动打字机)不在本文的分析范围之内。对于一本数字新闻的书来，其以数字技术作为本次讨论的主要前提，因此，除非另有注释，本书中所有被提到的"技术"都是指数字形式的技术。

2. 应当指出的是，媒介管理学者们一直在研究媒体公司的管理者和商业问题(见International Journal on Media Management)，包括对新闻广播公司的具体研究(Küng-Shankleman, 2000)和报纸的双重管理(Achtenhagen, Raviola, 2009)。然而，很少有研究将业务人员与新闻工作者和技术人员等其他社会行动者联系起来。

3. 本章对新闻媒体组织中技术人员角色的描述，部分基于作者对美国、英国和瑞典新闻媒体机构的实地调查。

第 24 章

新闻消费的空间和地点

Chris Peters

引言

许多关于数字媒体技术在当代新闻业中的崛起的成功故事,揭示了人们如何越来越容易地记录他们周围的世界,反过来又增加了在某些重要时刻看到某些地点的可能性。这些发展对新闻生产有着显著的含义,许多关于新闻数字化的文献聚焦于新媒体技术如何改变新闻组织和受众之间的既定关系和权力动态。尤其是在这种情况,当涉及明显改变游戏规则的创新[博客、用户生产内容(UGC)中心、众包、Facebook和Twitter]出现时,许多研究已经帮助扩展了我们对如下内容的理解:受众(通常以公民的角色)是如何越来越多地成为新闻内容的组成部分的(见Hermida, Thurman, 2008; Russell, 2011; Papacharissi, de Fatima Oliveria, 2012; Allan, 2013; Vis, 2013)。

近年来,人们越来越关注的不仅是人们提供给新闻媒体的内容,还包括可能由新闻业的数字"革命"所带来的受众实践的变化。学者们已经提出一个有点挑衅但又具有说服力的断言:在数字新闻研究中,受众或用户的"转向"是必要的;他们提出的一个相应的呼吁是,超越对改变使用模式的基本关注,转而考虑与新闻业相关的人的新颖意义与经验(见Madianou, 2009; Bird, 2011; Loosen, Schmidt, 2012; Costera Meijer, 2013; Groot Kormelink, Costera Meijer, 2014; Heikkilä, Ahva, 2014; Picone, Courtois, Paulussen, 2014)。本章旨在清晰表达这一视角对数字新闻研究的意义,特别关注空间在这一关系中所扮演的角色。它提出的中心论点是,思考新闻受众需要考虑到新闻消费的地点。它概述了在数字时代从"空间"角度思考新闻时所涉及的概念问题,并突出了未来研究的实际领域。

新闻受众消费实践的不断重塑是一个高度复杂、不均匀和偶然的过程,如果我们想要了解什么使新闻对人们有意义,重要的是不仅要强调他们消费什么、如何消费、何时消费,还要强调在哪里消费。简而言之,新闻消费的地点和空间对人们如何选择、解读和关注新闻是重要的,而且至关重要。更广泛地来看,我们可以说,由技术发展所驱使的媒介使用的时空结构的变化,趋向于改变信息的传播方式,而且经常与重大的社会文化转型相关(Meyrowitz, 1986; Silverstone, 1999)。在这个意义上,我们可以毫不夸张地说,随着新媒体技术的兴起,已有消费空间的改变和新的消费空间的出现改变了新闻是什么(Peters, 2012)。

本章概述了数字新闻研究中关于上述问题的逐渐清晰的认识(见 Nyre, 2012; Schmitz Weiss, 2014; Peters, 2015),并且着眼于突出相关的研究轨迹。它首先探索了当代媒体、传播和信息流的数字化地理信息,如何与各处"居住的"人的地理位置相交叉,以及随着我们从大众媒体消费时代转向数字化媒体实践,这种交叉关系是如何变化的。然后,它概述了围绕着新闻消费的空间政治的概念问题、地理尺度、移动新闻使用和日常生活实践的问题,并运用了学术界的"空间转向"的观点。考虑日常生活中的时空转换,可以为我们提供了一个有用的起点,去思考新闻获取产生变化的地方,本章的其余部分探讨了一些更突出的场所,即家庭、工作场所、公共场所和虚拟空间。通过这些不同的讨论，本章希望提高以下方面的意识：个性化消费实践如何与公众传播的集体空间相关；"新闻生产空间—消费空间—分布空间"如何与社会问题相关；技术的发展与新的使用方式的形成；通过某些习惯、地点和媒体消费模式构建日常生活。

从大众媒体消费到数字媒体实践

在过去的几十年里，数字化目击者的描述已经越来越成为新闻报道的实质部分，并且循环地改变着我们期待看到的东西，和我们如何理解新闻中出现的不同地方。在网络时代，数字技术把不熟悉的东西带回家，让遥远的东西变得触手可及(Castells，2011)。这一转变的确值得注意，数字新闻研究中有很多有价值的研究，都集中在新媒体技术如何让新闻组织从(取决于分析压力)不同地方的业余爱好者、用户、"制作人"或公民手中直接整理第一手经验(见Bruns，2005；Domingo等，2008；Williams等，2011；Kristensen，Mortensen，2013)。

对新媒体技术如何使得不同空间里的新闻被收集、分发和观看的学术讨论一直处于支配地位，但这种关系的另一面却很少受到关注。数字技术究竟如何帮助塑造新闻受众的空间？换句话说，数字技术的兴起使声音、视觉材料以及现场者的本能反应都能够被有效地传播，但新媒体的存在也从根本上改变了那些空间是什么，以及它们如何被体验(见Allan，Peters，2015)。当然，不仅仅是具有"新闻价值的"空间受到这类存在的影响，普通的设置(例如家庭和餐馆)也改变了我们通过与新技术互动来消费媒体的方式(在电影院"请关掉你的手机"的请求仅仅是无数的例子之一)。

更广泛地看，媒体研究中的基本辩论之一，是新媒体技术在不同(社会)空间的颠覆性潜力，以及变化的媒体环境如何影响信息传播的方式。其产生了共鸣，并具有广泛的感染力——从危言耸听者(Postman，1993；Putnam，2000)到庆祝者(Shirky，2008；Tapscott，2008)。然而，当我们倾向于考虑这些设备在新闻与受众关系方面的影响时，重点通常放在新闻业如何适应、利用和处理新媒体的潜力，以及这些实践带给受众的挑战，而不是反过来(见Chung，2007；Thurman，2008；Peters，2009；Anderson，2011；Witschge，2011；Lewis，2012，Tandoc，2014)。[1]当然，这并没有错，因为新闻媒体如何看待(和衡量)受众，对新闻制作的技艺和方式至关重要。然而，观众的经验——包括他们在新媒体环境中关乎新闻使用的时空和情境配置——被低估了。总而言之，人们普遍认为，数字技术改变了受众消费新闻的方式，这在新闻的经济、信息、叙事和经验现实方面产生了巨大的影响(另见Peters，Broesma，2013；Broersma，Peters，2014)。但是，现在有一种趋势，那就是更多地关注新闻是如何适应这些可能性的，而不是关注受众如何根据这些可能性采取行动。在这方面，学科的命名方式告诉我们：新闻研究的对象通常是新闻，而人们对媒体的使用，及其相关的现象学，往往是媒体研究或受众研究的事情。

这指向一个事实，我们目前在冒一种风险，这个风险来自于对如下问题的忽略：是什么构成新闻业的财务可行性和民主职能的基础。观众的在时空上情境化的消费实践一直很重要，但是他们在数字时代里具有的混杂的特点可能更为显著，在这个时代里，观众以前的习惯的"去仪式化"是如此明显(Broersma，Peters，2013)。有些事情无疑已经改变了，新闻业正在争相适应这些变化。虽然大众媒体消费时代和数字化媒体时代这二者之间确实存在显著的差异，但对新技术变革的诱人吸引力的强调，不应该以一个更广泛的概念要点为代价，本章提出了这个概念要点，它平等地涉及两个时代。简单地说，如果我们想要充分了解新闻消费经验，那么考虑时空背景、物质上的供给和社会规范之间的交织关系，这将是非常有益的。

一般来说，媒体的使用，尤其是新闻媒体的使用，是一种关系的实践，它使人类接触到非人类的技术，这些技术以我们的名义进行了相当出色的转化；他们把设计师(记者和编辑)认为我们可能想知道的所有信息都记录下来,并把这些信息刻在一个耐用的材料包里(报纸、广播节目、电视广播等)。作为受众,新闻的物质性规定了我们可能以何种方式去消费它(在车上听收音机很方便,但读报纸就不那么方便了),这与围绕这些实践所形成的社会规范进一步相关(见 Latour, 1988)[2]。例如,在赶去上班前的早餐时间看报纸,对一个家庭来说可能没有什么问题,但在你的老板想和你说话时拿起报纸看可能就有问题了。因此,尽管发生了许多变化,但新闻消费作为一种社会的、时空(即位置)的实践的基本性质仍然没有改变。Sheller对大众时代和数字时代之间的这种相互关系提出了一个有用的总结,他指出,在这方面,最近兴起的即时移动新闻可能并不像我们认为的那样新颖。

> 报纸对于理解我们现在所说的"移动界面"(如智能手机)的发展非常重要。[……]我们不应该忘记在运输"中介"时期阅读报纸的文化历史[……]大版面报纸(尤其是通俗报纸)本身就是一种移动对象,被设计成可以随身携带地穿过街道,并在火车、月台,或地铁上阅读,它不是孤立的,而是在相互联系的社会空间中。[……]因此,在更面向内部的关系与更面向外部的关系的交界面里存在着一种双重关系。读者与他们所访问的信息之间的关系更加面向内部,这种关系可能会发生在各种位置以及旅行过程中。配有移动设备的读者与周围的社会空间之间相互作用。

Sheller的论证指向一种需求,即在描述变化的时候需要具体化,尤其当涉及如下的问题时:受众如何理解那些用来获取新闻的变化着的设备与供给。她富有洞察力地指出,模拟报纸时代与在线和移动新闻实践之间的主要区别在于人们如何感知和感受时空:"新闻的广泛传播重新定位了我们对自己所处位置的理解,我们与谁联系在一起,以及我们目前的实际状态是什么。换句话说,新闻的当下性提供了一种新的当下感(Sheller, 2015)。"

新闻机构一直试图回应这些变化,将其转化为他们希望观众能从中获利的东西——更大的发言权和存在感,以及新闻的即时性。这些观察结果指出了新闻受众研究面对的挑战,以及数字时代里可能发生的转变,因为我们需要考虑的因素包括:消费的时空背景;与信息本身的互动(Hall (1980)的称其为"解码");通过文本参与而获得参与的情感体验(Peters, 2011; 2013);以及与媒体设备相关的更广泛的感受与偏好(Madianou, Miller, 2013)。概括地说,当我们从大众媒体消费向数字媒体实践转变时,我们可能会发现一些突出的差异,这些差异有助于概念化不断变化的受众,并提醒我们注意一些敏感的问题。

(1) 广告客户和媒体开发商越来越多地将受众视为个性化的目标,而不是一个大规模的群体(Turow, 2012)。

(2) 媒体行业和学术界的注意力越来越多地从"大众传播"转向"参与"范式,以概念化受众(Livingstone, 2013)。

(3) 新闻媒体相应地开始强调技术话语,强调受众或用户的互动,而不是公民的参与以及成为一个有知识的集体的一部分(Peters, Witschge, 2015)。

(4) 以前的新闻消费模式是相对稳定和可预测的,而且高度依赖于让新闻使用在空间和时间上成为可能的分发策略,现如今的新闻消费模式变得碎片化和更难预测(另见Napoli, 2011)。

(5) 对单个媒体或单个设备的忠诚度受到挑战;多平台新闻消费日益成为常态(Purcell等, 2010)。

(6) 新闻习惯会以不可预知的方式改变。观众的想法和他们所看重的东西不断地变化,并且高度相关。

基于有关新闻受众的现有文献,这些变化可以被进一步情境化,但是本节希望说明的是,在我们从大众媒体时代过渡到数字消费实践的过程中,理解新闻受众的空间和地点的重要性,也需要其他理论概念和方法论的支持(另见第3章、第12章、第21章、第35和第36章)。

对新闻受众的空间的概念化

关于新闻观众的空间，首先值得一提的是，数字时代被部分地定义为由技术变革带来的"时空压缩"的时代。Harvey指出，我们现在生活在过程中，这种过程彻底改变了时空的客观特性，以至于我们有时被迫以非常激进的方式改变我们如何把世界展现给自己的方式。就新闻受众而言，这表明加速时代可能会导致人们重新思考如下方面：他们想如何在何处体验信息，以及如何处理信息；他们如何结合传播信息的方式对信息进行解释；以及，他们如何评估在日常生活中的这些机会。因此，必须在平等的分析基础上将时空结合在一起，作为定义新闻使用"情况"的一部分。这与相关的一种学术研究原理背道而驰，在这种学术研究中，空间被视为死者、固定者和非辩证者。另一方面，时间是丰富的、富饶的、生活的、辩证法的(Foucault, 1980)。新闻研究不能幸免于这种趋势，因此从一开始就应该谨慎地指出，一种概念上的概述，基于对"新闻受众的空间"的文献综述，不夸张地讲，是非常不足的。但是，我们可以将空间思维"引入"许多研究数字新闻受众不断变化的实践的描述当中，并以此来重新解释它们。其重点仍然是，"如果我们想了解媒体对人有意义的很多事情，重要的是不仅要强调其日常性，还应强调其无处不在"(Peters, 2015)。

当然，这是具有挑战性的，因为"对研究人员来说，识别、定义和研究情境的释义，通常比普通公民驾驭它们要困难得多"(Meyrowitz, 1986)。在这方面，一个富有成效的出发点可能是，概述"空间转向"在学术上如何帮助我们更好地欣赏空间和地点的复杂性与共鸣。[3]Thrift指出：

> 就像"社会"和"自然"这样的术语一样，空间并不是与人类和社会行为不相关的常识性背景。相反，它是一系列高度有问题的临时定居点的结果，这些定居点将事物分割并连接成不同的集体，这些集体慢慢地获得了使它们持久和可持续的手段。

在上述定义的基础上，Lefebvre的有影响力的表达也值得一提，以便开始"空间思考"。列斐伏尔指出了把握空间的三个关键概念，试图概述空间的物理、心理和社会方面的交集。

(1) 个体在社会日常生活中的常规、运动和环境，并在社会中定位自己。

(2) 空间的表现形式：规划人员、工程师、技术官僚等对空间的概念和规划。

(3) 具象空间：我们对空间的想法和主意，与之相关的图像、想象与符号。

Lefebvre相当敏锐的观点是，为了充分理解空间，我们必须始终考虑这三个方面随时间的相互关系。

同样地，我认为，要认识到媒体对传播实践(包括新闻消费)的重要性，有必要考虑空间的多个方面。例如，要对技术发展(如互联网)如何影响新闻业有系统的了解，不仅需要评估其对新闻的收集和传播方式(以空间的形式表示)的影响，还要评估其如何改变受众的日常消费模式和新闻使用(空间实践)的情境取向，以及它如何改变我们想象不同的场所、区域和环境范围(表示空间)的可能方式。的确，Lefebvre和其他空间理论家的见解与Roger Silverstone的基础工作中的一些观察结果相吻合，这些发现有助于将媒体研究确立为一个学术领域。他指出，

> 我们观察、倾听、沉思和记忆的框架，部分取决于我们在世界上的位置，以及我们认为自己在哪里，当然，有时也取决于我们希望自己在哪里。媒体参与的空间和媒体体验的空间，既是真实的，也是象征性的。它们依赖于位置，以及依赖于定义我们在时间和空间中的位置的惯例(Silverstone, 1999)。

同样，David Morley关于电视在家庭中的家庭功能的开创性研究是对经验的高度空间化描述。然而，尽管这些和其他值得注意的研究都强调了空间对媒体受众/消费者的重要性，但从概念的角度来看，在(人类)地理学和媒体/传播研究之间架起桥梁的见解仍然相对落后(Adams, Jansson, 2012)。[4]

那么，我们面临的挑战是如何将这种"空

间思维"最好地应用于当代数字化新闻消费。一个出发点是提出问题,接受其复杂性,并从一开始就拒绝将新闻受众的空间概念化为"行动",如新闻消费,发生或经过的稳定场所。新闻消费的空间远不止这些:它们是政治性的,结合了多种地理尺度,既是移动的,又促进了流动性,有助于塑造日常生活体验。

政治和空间

从上面也许可以清楚看出,许多空间思考背后的想法在政治上都不是中立的。现有相关文献的重要基础是指出以下事实:"我们必须坚持认识到,空间如何被用来让我们看不到后果,权力和规训的关系如何被铭刻在表面上无害的社会生活空间中,以及人文地理学如何充满了政治和意识形态"(Soja,1989)。在更一般的意义上,这提倡关注空间的"为什么重要"这一方面。如果我们接受空间是社会化建构和居住的地方,那么按照定义,空间将是政治性的。这是Smith研究资本主义下的不均衡发展的核心——政治决策不仅具有一定的地理结果,而且地理环境有助于维持政治愿望和决策。从这个角度看,贫民窟和高档化的社区并不是不幸的意外,它们是按空间排序的生活方式,可以区分群体和资源。同样,观察世界的方式也会与这些政治化的空间方面产生共鸣。

那么,当涉及新闻受众空间时,我们该如何理解这一点呢?首先,我们可以想到新闻消费的社区。社区和空间一样,不仅是一种位置描述符,也是一种政治描述符。Banaji和Cammaert对欧洲青年的研究指出,来自弱势社区的人,当看到新闻中对本地或文化空间进行污蔑,通常也会对新闻持负面看法,不太可能消费新闻,并且与新闻产品经过的领域之间的物质互动较少。同样,Dickens、Couldry和Fotopoulou对英国免费社区记者的实践和动机的研究发现,对当地新闻报道的不满,促使他们中的许多人开始从事新闻业,通过新闻的实质性实践,以此来增强对当地地理环境的积极体验。我们可能会认为新闻消费所扮演的角色,是一个更广泛的"公共联系"的组成部分(见 Couldry等,2007;Swart等,2016),在这方面,一个人消费的一系列媒体被概念化,其依据的是它所代表的公共空间,以及它允许这个人进入的公民空间。无论我们谈论的是地方的、区域的、国家的还是全球的层面,情况都是如此。

规模和空间

一个相关的概念是规模概念,这是人文地理学中比较复杂但普遍存在的概念之一。规模有这些方面的特征,包括大小(例如行政区划,如县或省),级别(地方、区域、国家),以及这些方面之间在关系上的特质(包括城市和农村),这些方面是有形的和符号化的。这个概念强调了社会空间的重要性,因为"规模不一定是针对世界秩序预先设定的等级框架——本地、区域、国家和全球。相反,它是结构性力量与人类行为的实践之间的紧张关系的偶然结果(Marston,2000)。在这方面,上一节中提到的空间政治,与这里的规模问题密切相关。但是,在本章中,它们一直是分开的,因为规模涉及人类—空间配置和不同级别的关联中所存在的差异是如何被潜在地体验,以及它们如何在新闻被获取和消费的时刻相互叠加。除此之外,新媒体技术趋向于进一步创建本质上是空间性的划分。正如Norris指出的那样,差异存在于如下层面:全球性的数字鸿沟(工业化国家和发展中国家的访问权限),社会鸿沟(国家内部的信息富人和信息穷人之间),以及民主鸿沟(使用数字工具参与公民事务的人与那些不使用数字工具参与公民事务的人)。

在新闻学研究中,学者们对规模也有相应的兴趣,通常集中在全球化,以及全球化如何改变新闻生产过程。Cottle将这方面形成的鲜明对比总结为一种消极观点,认为这是大型(西方)跨国新闻媒体的文化帝国主义和全球统治地位,而不是一种看待全球公共领域扩散的更积极的、民主网络化的观点(Cottle,2009)。这两种强调都暗示了受众易受到规模的影响,无论是悲观的还是乐观的结局。如果我们不仅从全球化、技术能力、数字网络所有权及其可能产生的影响的角度出发，还从受众如何在实践中实现和体现这些不同的层次出发，我们可能会在这些观察结果的基础上更进一步。对规模的考虑指向同时期空间关联的多样性：媒体使用发生的直接"可绘制"位置，及其伴随的社会—空间特征；故事本身包含的等级和地理层次；传播结构中变化的空间水平；以及一个人对世界的总体了解。例如，Janssont和Lindell强调，地理规模的不同的宏观和微观方面，可能会在基于复杂的空间传播连结的同时，对人们进行不同的定位，以至于"能使媒体用户将他们的观点扩展到遥远的地方(如果他们有这样的野心)，或许把人们更紧密地联结在一起"(Jansson, Lindell, 2015)。因此，对规模的考虑相应地把我们指向空间思考的组合范围，这一范围受到传播的影响。移动通信的兴起使这一过程更加复杂。

移动性与空间

无线通信技术在全球传播的速度比以往任何一种通信技术都要快，这导致了诸多变化，其中包括：移动青年文化的出现；短信带来的语言的转变；社会—政治动员的转变，特别是在正式政治范围之外；以及时间和空间的不断变化着的实践与概念化(Castells等，2004)。随着个人对移动技术的迅速使用，学术界对围绕移动电话的引入与整合的早期实践的关注也相应增加。这导致学术界的"移动性转向"，聚焦于"全球范围内的人员、物体、资本和信息的大规模流动，以及更本地化的过程，包括日常运输，穿梭于公共空间的运动，和物质性事物在日常生活中的移动"(Hannam等，2006)。虽然早期的研究往往侧重于移动技术的工具性应用，但更多最近的移动理论扩展了研究范围，考虑到三个相关的"分析棱镜"，旨在了解移动技术在日常生活中的应用，这三个"分析棱镜"是："环境/地点；运动/实践；感知/感觉的具体体验"(Pink, Leder Mackley, 2013)。

在理解新闻受众的不同地方这方面，移动技术的相关性非常明显。移动技术创造了"混合空间"，其中"永远在线"连接的可能性意味着，构想不同的地方不仅要根据周围的环境，还要考虑由互联网支持的潜在的社会和信息连接，这种连接的作用是"在当前情境中包含远程情境"(de Souza e Silva, 2006)。移动性的思想指向媒体使用的流动和移动，这是我们空间社会关系重新配置的一个主要方面。在数字新闻研究方面，越来越多的研究将关注点放在移动设备为生产和基于公民的内容生产所带来的潜力与挑战。但是，当解决了受众对移动技术的使用问题时，迄今为止的研究往往只关注可感知的使用(获取有用的概述，见 Westlund, 2013)。在这方面，可以公平地说，到目前为止，我们只是从表面上了解了移动新闻消费实践的复杂性，通常依赖于基于调查的研究，这种研究更狭窄地关注人们使用移动电话来访问新闻的频率、人口统计特点，以及这与其他媒体的使用有何关联(见Mitchell, Rosenstiel, 2012)。此类统计数据只是整个情况的一部分，它们在帮助我们理解移动媒体的全部意义上是非常有限的，我们认为不仅要把移动媒体理解为运动，也要考虑移动媒体在地理—位置上的生产能力。Goggin、Martin和Dwyer敏锐地注意到，定位新闻：

> 无疑是一种组织、协调和理解地点的新方法；它在新种类的信息中得到证明，这些新种类的信息通过定位项目被创造出来；物体、技术和使用者在地点内和地点之间的移动也为这类新闻提供了证据。因此，我们理解的定位新闻研究超越了狭隘的技术视角，包括与我们的移动位置相关的重要认识论的、现象学的和社会的种种含义。

在这方面，新闻受众日益增多的移动机会可能会带来不同的行为方式、思维方式，以及将日常生活中的传播流、影响和空间语境进行概念化的不同方式。

日常生活与空间

对日常生活的讨论常常等同于基于日历的对习惯的观察，即我们在日常生活中反复做的事情。尽管日常生活的概念是这个等式的一部分，但是当我们超越这样一个线性的概念，去考虑我们与之相关的"每天"的价值时，关于日常生活的想法会产生更大的共鸣。正如Highmore所指出的，这个概念本身集中于无聊和神秘之间的紧张关系，以及合理化的过程是如何随着时间的推移将异常事物变得平凡的。这一概念中固有的悖论，让我们从以用户为中心的视角来思考新媒体带来的变化，这与Heinderyckx所称的技术的"数字魅力"是类似的。总而言之，当我们第一次接触数字技术时，它们有一种令人兴奋的魔力。然而，辛德瑞克提醒说，"魔法"也可以表示被什么东西迷住了。技术极大地加快了可用信息的速度和规模的增加，这往往会压倒一切，使我们忽视那些不立即相关的东西。换句话说，最初的新奇让位于控制策略，这是我们为自己创造的，也可能是我们被设计进了技术中(控制我们的Facebook新闻订阅，屏蔽某些Twitter关注者，等等)。这些认识表明，如果我们希望了解数字媒体的影响和特殊性，就有必要倾听用户对数字媒体基于价值的评估，以及他们如何围绕其实践构建社会规范。

在数字新闻研究的新兴领域中，当涉及受众时，大部分的重点都放在使用调查来研究数字技术的具体使用情况，因为它与人们每天和每周的被感知/被宣称的新闻使用有关。在极少数情况下，如果同时考虑空间因素(见Newman, Levy, 2014; Wolf, Schnauber, 2014)，则通常仅将其作为可能的相关因素。此类研究是一个有价值的起点，但确实倾向于描述性说明，并且可能会掩盖日常数字使用的主要的情境方面。Costera Meijer和Kormelink对荷兰新闻受众进行的长达10年的定量和定性研究的总结暗示了这种复杂性，他发现了"16种在功能、影响和节奏上不同的用户实践：阅读，观看，观察，收听，检查，吃零食，监视，扫描，搜索，单击，链接，共享，喜欢，推荐，评论和投票"。这种区别使我们意识到，对新闻受众空间的全面审视，几乎必须把重点放在与数字媒体的实时、物质整合相关的不稳定性上。与大多数"新"技术一样的是，在它们逐渐变得惯常且成为我们日常生活中的方便设备之前，我们倾向于在它们一开始最具扰乱性的时候来体验它们。

数字消费场所——家庭、工作、公共和虚拟空间

在概述了广泛的概念性关注点之后，在本章的剩余部分，根据未来的研究议程，我们简要地强调新闻受众的一些实际地点和关键问题，可能会有所帮助。克雷斯韦尔对一个关于地点的概念的描述可供我们参考，这个概念有着更为清晰的界限，而且由三部分构成：

> 地点是一个有意义的站点，它结合了位置、区域和场所感。位置是指空间中的一个绝对点，具有一组特定的坐标和与其他位置的可测量距离。位置指的是地点"在哪里"。区域是指社会关系的物质环境——一个地点的外观。区域包括建筑物、街道、公园和其他具有可见性的有形的地点。场所感是指与一个地点相关的更模糊的含义：一个地点唤起的感觉和情绪。

新媒体设备的绝对普遍性和个人接近性，越来越多地意味着对多个地方的同时的、持续的体验；目前尚不清楚这会在多大程度上影响我们对信息的感知和体验，我们的传播方式，我们在日常生活中穿越的地方以及整个世界。在这方面，有4个主要地点——家庭空间、工作空间、公共空间和虚拟空间——是数字新闻中要考虑的有用切入点。关注这些地点会引发一系列相关问题，例如：熟悉的地方，如办公室或家里，如何因新技术而发生变化？那么更抽象的但社会化的聚合空间呢，诸如社区或居民区(见Mersey, 2009)？这些变化是否与非关系性的"非地点"(Augé, 1995)一起发生变化，例如机场、通勤运输、高速公路、超级市场和购物中心？当我们在环境中移动时，新闻的普遍性是否会改变新闻的含义和/或我们的场所感？关于新闻媒体对受众的复杂整合，仍然存在很多有

趣的问题，无论是在用户还是公民的每天"到处的"生活中——尽管不一定同时存在(Peters, 2015)。

通常，从一种社会的思维方式来看，家庭和工作场所被视为几乎是二元对立的，确实存在实质性差异。在传统上，一个是私有的，一个是公开的。一个是亲密的，另一个则是非个人的。我们赋予这些区别的意义，对于日常生活中的情境化角色的期望、实践和表现，都至关重要(Goffman, 1959)。但是，人们常常指责电子媒体的使用模糊了这些界限。在这样的主张中，有时会暗示这种模糊意味着物理位置不再重要，这似乎是一种误导性的夸大陈述，这种陈述把我们置于一个不稳定的、信奉过度补偿性转变的立场，这里的过度补偿性转变指的是，从低估或忽略新闻消费空间，转向认为它们是虚拟性、相对的和低价值的。正如穆尔斯所指出的，仅仅因为电子通信已经打开了边界，并不一定意味着我们失去了场所感；相反，我们最好从增加空间和我们对空间之间互联的感知的角度，来思考数字媒体实践(Moores, 2004)。新闻受众实践会造成媒体设置覆盖实际位置的情况。从这个意义上说，家庭和工作场所中不断变化的消费模式确实具有一些共同的分析因素。首先，它们是经常与传统媒体的分配和消费模式相关联的站点(以及公共交通站点)。第二，直到最近，它们在配置和模式方面都被认为相对稳定——换句话说，尽管这些不变性正在改变，但这些地方的媒体使用通常发生在相对可预测的时空配置中。第三，这两种媒体使用的选择都大量增加了，而且这些领域现在经常重叠。最后，这些站点通常与新闻的社会功能相关联。我们可能会想，我们现在应该如何更新Jensen对电视新闻的研究。该研究发现，电视新闻在家庭中服务于情境化的，通常是性别化的使用，这导致熟悉的惯例为具有不同社会角色的观看者们提供一个连接的功能，并带来一种转移注意力的愉悦感。

Schroder最近研究了这类模式在数字时代是如何转变的，以及这些社交—情境的习惯和偏好是如何嵌入对观众而言"有价值"的新闻节目中的(Schroder, 2015)。这些研究有效地建立在西尔弗斯通(Silverstone, 1994)对一种范式的解构上，该范式概括了"媒体接收在其发生的社会环境中的动态"，强调了一种清晰的相互关系，即日常媒体习惯和惯例有助于对熟悉的空间进行排序，并提供一种连续感。这指向了新的模式——或新的连续性，如果你愿意这样认为的话——正涌现在数字新闻受众的面前。Dimmick等人已经证明，最初与拥有移动新闻技术相关的浪漫和兴奋的感觉，可能正在逐渐被矛盾心理和日常惯例所取代；他们发现，移动电话上的新闻消费往往发生在日常生活的"间隙"中。这些通常发生在公共场所和在路上(Westlund, 2008；Peters, 2012)，这表明新闻受众的消费实践越来越多，也越来越复杂。媒体的使用和可获得性越来越普遍，它是一个不断出现的"媒体空间"，既包括"由媒体创建的两种类型的空间，又包括现有空间布置在日常生活中对媒体形式的影响"。像网络空间一样，这种概念所定义的空间是一种不寻常的多维空间(Couldry, McCarthy, 2004)。

当涉及新闻受众及其实践时，网络空间和媒体空间之间的联系越来越紧密；由个人分享和广播的信息，由新闻机构重新分发的信息，以及由受众重新解释的信息，都不仅仅是用户生成的内容。虚拟领域中的有促进作用的实践，循环往复地再创造着"不同的地方是什么"。例如，Ushahidi率先采用的众包地图技术，可以使观众和新闻机构在有新闻价值的事件发生时，在实际上安全的环境中，将常常危险的空间进行可视化处理。这种可视化处理同时会影响新闻时间发生场景周围的人的行为和感知。这个切中要害的例子说明了虚拟空间如何覆盖"真实"的空间，以及这类规模因素如何影响出现的和没有出现的虚拟空间。Papacharissi讨论了类似的主题，他研究了新技术如何改变新闻观众的体验和空间感，还提出新技术可以再生产。

> 这些环境[可以]被理解为他处，代表着另类的观点、声音和故事。对公民来说，空间的阈限形式至关重要，因为它允许公民访问转变中的内容，并在故事中找到自己的位置，记者们在故事中也具有相应的位置，只不过他们的位置是被制度化的。

在讨论作为公民的Twitter用户的特质和弥散新闻的兴起时，Hermida触及了类似的主题。这些相关的观察指向与不同地方的新闻受众有关的讨论的复杂性。虽然该观点可能会明显夸张这种情况，但如果我们希望捕捉到观众从他们消费、参与和讨论的媒介化内容中创造出的各种含义、联系、结构和体验，那么探究不同的(虚拟的和物理的)地点如何重叠，以及探究新(新闻)媒体的不断变化着的时间、空间和交互特质所带来的相应的种种可能性，就是势在必行的。

结论

本章概述了围绕空间、地点和位置的概念性考量，指出了在数字新闻研究中针对新闻受众的时空、社会和实际情况进行更丰富的叙述的可能性。从这个意义上说，新闻使用时刻的意义和实践，在任何我们现在可以"获取"新闻的许多地方中，都是由数字技术和结构产生的可能性所塑造的，这些可能性将我们指尖上的多个地点联系在一起。当然，这种思维将地点概念化为由广泛意义上的社会互动、人为干预和技术扩展所创建的分层的、有纹理的环境，同时引出了一些严峻的问题：

作为一种不同于其他媒体使用的新闻使用，是如何适应这个更广泛的等式的？

如果新闻受众在社会、时空和物质条件方面被如此明显地情境化，那么我们如何取得分析上的收获？

即使我们不能轻松地回答这些问题，但媒体使用和各种媒体空间所带来的任何一种机遇，都促使一种与数字新闻研究有关的回应出现。正如Falkheimer和Jansson所说，

> 数字通信网络的实施和使用，不仅模糊了地理区域(家庭，城市等)之间和区域类型之间的边界(本地和全球，私有和公共等)，还模糊了构成区域本身的维度之间的边界——例如物质、符号和虚构空间。因此，当代媒体研究不仅要"应对"新的空间歧义。

按照这一思路，倡导新闻受众空间的重要性，并不意味着抛弃我们已经知道的一切。相反，它指出我们应更重视这一议题，尤其是在我们希望了解新闻和信息消费的流动、物质整合以及社会意义的情况下。在日益复杂的媒体图景中，"时空思考"有助于我们区分独特的与常规的，非凡的与平凡的，重要的与世俗的。

致谢

本章是由荷兰科学研究组织(NWO)和10家领先新闻机构资助的研究项目"新新闻消费者：基于用户的创新，旨在应对新闻使用和媒体习惯的范式变化"的一部分。

注释

1. 尽管如此，这些研究还是值得赞扬的，因为它们关注的是受众，而这些受众在新闻学研究中不具备应有的地位，其前提是：这些研究对新闻业中的话语主张、角色认知和财务维护方面而言是处于中心地位的。

2. 探究媒体设备的重要性及其与新闻受众空间的相互关系超出了本章的范围。然而，通过思考人类和非人类制品之间的联系，思考它们如何塑造当前的社会空间环境以及更广泛的交流文化，可能会带来丰硕的成果。

3. 概述人文地理学中的关键影响超出了本章的范围。Hubbard和Kitchin的讨论是一个有用的关于这个议题的介绍。

4. Adams和Jansson的概念框架在这方面具有指导意义，它为研究"传播地理"问题指出了4条相互关联的分析轨迹，即："表征"(传播中的地点)、"纹理"(地点中的传播)、"连接"(传播中的空间)和"结构"(空间中的传播)。

第 25 章

新闻制度

David M. Ryfe

制度主义是一种古老的传统,可以理解为对社会"身份和规则"的研究(March, Olsen, 2006)。它可以追溯到20世纪初的社会科学的最开始(Rutherford, 2011; Stinchecombe, 1997)。20世纪中期的社会科学家们拒绝这种方法,即倾向于更正式和更具预测性,但较少关注行为模式的历史性和文化性的方法。因此,制度主义失宠了。然而,在20世纪七八十年代,它看到了某种复兴,以"新制度主义"为标签回归(Beyme, 2008; Meyer, Scott, 1983; Powell, Dimaggio, 1991)。自那时以来,它的拥护者成倍增加,并且该理论的分支——理性的、历史的和社会学的——已经出现在整个社会科学领域(Rhodes 等, 2008)。这些学者中的一些人已经找到了研究新闻的方式。Cook和Sparrow是最先从制度主义的角度审视新闻业的学者,随后许多其他人也加入了他们(见Ryfe, 2006; Ryfe, Blach-Ørsten, 2011)。如今,制度主义已成为新闻学研究的公认方法。

作为组织行动的结构性理论,制度主义在强调身份及其规则的持续性方面享有盛誉。我认为这种声誉是完全可以赢得的。毕竟,制度的一个关键点是它相对抗拒变革。否则,它将不是一种制度。对社会制度的大多数研究都强调其持续性。在新闻制度的研究中,这确实是正确的(见Lowrey, 2011; Reich, 2014; Ryfe, 2012)。我在本章中要做的部分工作是解释为什么会这样,也就是说,为什么从制度的角度来看,即使在当前的新闻数字变革期间,与新闻生产相关的身份和规则仍然存在。

但是,如果要在数字新闻学的研究中占有一席之地,我们还必须展示其解释变革的能力(见Peters 等, 2005)。尽管新闻业的大部分情况确实是一样的,但数字技术至少正在改变新闻生产的某些方面,这也是事实。正如许多"第三波"制度主义者所坚持的那样(见Lowndes, Roberts, 2013),制度主义不仅仅是关于制度的持续性,还必须捕捉到挑战或废除旧制度和发明新制度的种种方式。

因此,我在本章中希望做到的另一部分就是证明这一点,即作为一种理论,制度主义不一定能预测持续性。实际上,制度主义可以为新闻身份和规则发生变化的方式和原因提供强有力的解释。在我看来,关键是要对规则有正确的理解——这是制度主义者分析的基本单位。在接下来的内容中,将主要关注制度规则的内部结构,而不是制度理论所讲的宏观故事,即路径依赖和制度体系,关键关口和标点均衡。也就是说,将关注社会规则的本质,将特别注意两种规则的区别和联系,即调节性规则和构成性规则。我认为,正是在这里,我们可以开始建立新闻业内部变革的制度理论。

本章分为三个部分:制度规则的阐述;论证为什么新闻规则在数字新闻时代仍然相对持久;讨论数字新闻业的变化,这种变化从何而来和意味着什么。

身份和规则

在研究过程中,我曾问过许多记者,新闻是什么,他们几乎总是以对记者行为的描述作为回应(Ryfe, 2012)。记者是做这一个、这一个和这一个的人。在某种程度上,"这个、这个和这个"是重复出现的行为方式,我们可以称

第25章 新闻制度

其为制度(March, Olsen, 1989)。制度无非就是一系列规则交织在一起的行为模式：生产新闻时，必须做到这一点，然后再做到这一点，然后再做到这一点……这个世界就是以这种方式被记者们预先塑造好，它被组织成行为模式(以及相应的规则)，这些行为模式已经被刻入了他们在从事新闻工作时经常面临的情况当中。

在这些情况下，隐含的是首选角色或身份。当笔者采用一种行为模式时，也会采用与该模式相关的身份。例如，当其他人看到笔者表现得像个记者时，他们自然会以为笔者实际上是一名记者。重要的是，笔者也开始以这种方式看待自己。例如，我曾以一名"初出茅庐"的记者的身份，每周工作两天(Ryfe, 2012)。早期，这种写作形式让我感觉很奇怪，并且我几乎没有新闻判断力。但是，到第六个月末，这些模式开始变得熟悉。随着我在行为上越来越像记者，记者的身份让我感到更加自在。身份认同与社会处境的规则齐头并进。这就是为什么当我问记者什么是新闻时，他们会很自然地向我描述记者是做什么的。我们将在关于数字新闻的讨论中回到这一点。这足以说明制度为个人提供了本体安全感。

我们可能会问为什么会出现这种行为模式？在某种程度上，这是鸡和鸡蛋的问题。人类将社会世界组织成易于识别的行为模式，这一事实是一个可观察的事实，没有明确的解释。它可能源于社会模式的生物学本能，或者源于对秩序和稳定的心理需求。为了我们的目的，让我们假设存在行为模式(例如，制度)，并将我们的讨论限制在为什么会出现新模式的问题上。

对制度主义者来说，这个问题的答案是一个由4个部分组成的故事。

(1) 个人面临一种情况，即先前的行为模式不再那么有效。这可能以几种方式之一发生(见Sanders, 2008)。社会可能以戏剧性的方式发生变化——发生战争，发生革命或发明新技术。制度主义者称这些时刻为"关键时刻"，因为它们是危机时刻，这时候旧的模式可能会突然消失。随着时间的流逝，随着几代人逐渐认为旧常规不再重要，旧模式可能会慢慢失去其意义。所谓的"社会企业家"也可能采取一种行为模式，这种行为模式在社会的一部分中很常见，然后将其引入社会的另一部分，从而有效地用社会的另一部分的规则来作用于一种社会状况。无论采取何种程序，都会出现新的情况，即削弱旧制度对人们的控制。

(2) 人们提出新的应对措施。他们调整旧模式；从看上去在其他社会环境中起作用的行为模式中获取借鉴；发明全新的行为模式。最终，出现了一种似乎非常适合新情况的行为模式。

(3) 人们模仿成功。如果行为模式似乎对其他人有用，那么对我可能也有用。

(4) 随着新模式席卷社会领域，围绕它的物质和象征性资源也在不断涌现。从地位或声望到实际资本，这可能意味着任何事情。随着这些资源的增加，制度领域可能会凝结为制度主义者所谓的"制度"，这是一套规则，可以在一段时间内保持活动的稳定。而且，人们可能会积聚制度周围的资源，并且会在这些行为模式上进行投入。随着时间的流逝，制度披上了常识的外衣。曾经看起来很奇怪和不合适的行为就因此变成了简单的行为。

现代新闻业构成了这样一种制度体系。从大约1920年开始，该新闻业由一系列基本稳定的制度规则组成。据我所知，没有人对所有这些制度进行分类。不过，它们当然包含了由Hoyer提出的作为"现代新闻范式"的要素：新闻被定义为收集与离散事件相关的事实；新闻价值的价值观念(时效性、即时性、影响力、接近度、相关性等)；倒金字塔的写作风格；采访；客观性。这些实践的某些版本，出现在已经在社会上获得立足之地的新闻业的任何地方。也存在其他版本，但是出于我们讨论的目的，这些要素就足够了。

思考一下记者如何学会以这种收集事实，确定事件的新闻价值，采用倒金字塔形的写作方式，等等。一位记者(有时在新闻编辑室中，有时在新闻学课堂中)展示了正确收集的事实和精心撰写的新闻段落。重要的是，我们的初出茅庐的记者没有被给予正式的规则："必须根据此规则写一段话！"之所以如此，有两个原因。首先，新闻规则从未被编纂、商定和正式化。当然存在教科书，但是教科书充满了例子，而不是正式的规则。其次，即使规则已被正式化，但可以应用的规则的数量远远超出了规则的范围。在这个混乱的世界，规则是不够的。任何一个特定的新闻工作者，可以将相同的规则应用于不同的情况，并且任何两个新闻工作者可以将不同的规则应用于相同的情况。这样，在规则与其应用之间就存在一个必然的差距。

在这个差距中隐含着一个观念，即我们可以从一个例子推广到其他实例。通过将一个社群中的其他人视为行为示例的方式，我们首先展示了如何采取适当行动的例子。然后我们出发去世界各地，从我们所展示的例子中概括出我们所面临的新情况。为了实现这个概括，我们不需要规则。就像语言用户在不知道语言使用规则的情况下学习说话一样，记者在不了解新闻生产规则的情况下学习报道新闻。因此，"在生产新闻时记者要遵循新闻生产的规则"这种说法是不正确的。

这就提出了一个问题：如果规则不能指导行为，那么它们有什么用呢？

回到我们初出茅庐的新闻记者那里，她被教导如何报道新闻。她知道什么样的事件具有新闻价值。她学会了如何收集有关这些事件的事实，如何将它们写成新闻故事，等等。就像细胞在复制一样，这位记者每天一次又一次地重复这些动作。她没有遵守规则，只是在做新闻。如果她是犯罪记者，则会制作"每日谋杀"故事。如果她是法庭记者，她会撰写有关最新审判的故事。而且就像细胞繁殖一样，她可能会犯错。"错误"一词可能很强烈。我的意思是，她可能会做一些不太平常、与众不同或超出常规的事情。例如，她可能无法收集足够的事实或收集错误的事实。请注意，所犯的错误更多的是"做了社区中的其他人可能不同意或不理解的事情"。她不知道自己犯了一个错误，直到有人要求她为自己的行为负责。

新闻规则是对这种行为进行解释的自然反应。例如，假设有人质疑记者收集的事实，他可能会说"这些不是事实"，"他们不过是意见"，记者可能会说"我所收集的信息是真实的，因为它已经由多个合法来源进行了核实"。这里有一个新闻业的"规则"："事实"被定义为由权威来源证实的一些信息。请记住，在通常情况下，我们的记者不需要规则。她只是按照自己被教导的那样来报道新闻。新闻规则，例如"事实是由权威来源证实的一些信息"，仅作为已采取行动的理由而发挥作用。

通常，记者被要求说明她如何报道新闻：她是否找到了正确的消息来源？她是否平衡了一个来源与其他不一致的来源？她是否将关键事实归因于适当的来源？这些行为受到的挑战，引出了我们可能称之为的调节性规则：关于如何进行新闻工作的规则。如果对她故事中的某项内容是否为"事实"提出质疑，我们的记者将以一条有关记者通常如何收集事实的规则作出回应。"我在这个地方检查了事实并以此方式写下来。"在我看来，这类挑战每天都会在新闻编辑室中发生。编辑、其他记者和读者一直要求新闻工作者解释他们的新闻决定。你为什么这样写导语？你为什么把这些信息放在首位？你为什么使用此来源？

记者很少遇到更基本的挑战。读者可能不会问"你为什么收集了这些事实"，而是问"你究竟为什么正在收集事实"。这样的挑战促使记者不考虑如何做新闻，而考虑新闻在根本上是什么。当然，对这样一个问题的恰当回应是，新闻工作者就是要收集关于事件的事实。在这里，我们看到了另一种规则，即构成性规则。构成性规则不会告诉我们如何去做。相反，它们定义东西是什么。新闻是人们收集事实的活动。每当我们遇到使用"是"这种陈述(例如，新闻"是"这样或那样)的记者时，我们要知道我们在应对关于什么是新闻的构成性规则。

我们可能会问记者如何知道新闻是人们收集事实的活动,唯一的良好回应是"因为他们说是的"。说到"他们",我是指社群成员,在这个社群里,新闻是一种公认的活动。这些人同意新闻工作者收集事实,也应该收集事实。他们在这项协议中做到了。在这里,我们看到制度最终只是关于理解社群内事物如何或应该是什么的主体间协议。Wittgenstein将这种协议称为一种生活形式。他的对话者问他:"所以您是在说,人类的协议决定了什么是正确的和什么是错误的?"他回应说:"这是人类所说的是非,并且在他们使用的语言上达成一致。那不是意见上的一致,而是生活形式上的一致。"如果有人真的要问我们的记者,为什么她必须收集事实来撰写新闻,她的回应很可能会以"新闻需要事实收集"而告终。如果进一步地问,她将只是重复说"这就是新闻"(而且这就是我要做的)。

我们可能会在此处附加一些内容。当质疑她为什么要收集事实时,我们的记者可能会回答:"新闻是人们收集事实的一种实践。"我们还可以想象她进一步地回答,比如说"新闻工作者收集事实,以便读者获得正确的信息"。如果她采取了此举,游戏可能会继续。为什么人们应该获得正确的信息以便他们可以对新闻中讨论的问题形成意见?为什么需要形成意见以便决策者知道公众希望他们做什么?为什么决策者需要知道公众想什么。因为在民主制度中,公共政策受到或应该受到公众舆论的引导。在这里,我们得出另一项构成性陈述("是"陈述)。民主是回应公众舆论的政治实践。我们已经到达了最后一个关键点:新闻的构成性规则不是实践的本体论底线。因为新闻业会牵涉自身更大的事情:公共生活的更广泛使命。这就是说新闻是一项公共活动。因为这是一项公共活动,所以新闻业的构成性规则通常在公共生活中与更广泛的社会规则纠缠在一起,关乎事物的立场是什么或应该是什么。我认为这是Carey的那段著名的陈述的含义,即"新闻这一神圣术语——最终的一切是公众,这是企业无法理解的术语。在新闻业扎根的范围之内,它扎根于公众之中"。对什么是新闻,以及为什么是新闻而不是其他东西的最终诉求,不是新闻本身,而是新闻所嵌入的公共生活形式的构成性使命。

现在,让我们将我们所学到的有关制度规则的知识应用于数字新闻事业的兴起。

持续性

正如Anderson等人为《后工业新闻学》这份报告撰写的引言标题所强调的,"新闻业的变革不可避免",但有人忘了告诉记者们这一事实。在过去10年中,大量研究追踪了新闻业中数字技术的兴起,几乎所有人都同意Quandt的观点,认为互联网上"没有发生"新闻的"革命"。即使在这场革命已经过去了10年或更长时间的今天,在主流新闻机构工作的记者们——或绝大多数在职的记者们——大多还是从同类型的人那里收集相同类型的信息,并且使用相同的公式将这些信息转变为相同的故事。如果有的话,互联网似乎只是增加了新闻的同质化水平(见Boczkowski,2010)。

制度主义很好地解释了这个奇怪的事实。我们可能会将新闻创新视为"错误"。它们偏离了新闻实践的正常、普通或传统方式。自然地,当面对不依惯例的行为时,记者们(和其他人)希望它们可以被证明是正当的:为什么我们要以这种方式来做新闻?没有一个好的答案,至少没有一个答案能提出一个令人信服的替代性形象:新闻是什么,新闻为了什么,以及当他们这样做时新闻工作者是谁。因此,至少在任何系统性的方式上,记者没有采用创新。

通过参考记者们已经面对的数字新闻实践的诸多新情况之一,可以简要描述这是如何发生的。当互联网在20世纪90年代中期首次出现时,报纸开始发布其日常内容的在线版本。但是,一旦数字版本发展起来,在线平台就有可能"窥探"报纸。也就是说,记者有可能在第二天早上的报纸刊登这些报道的前一晚,先在网上发布他们的报道。从表面上看,在读者付费购买的报纸到达他们门阶的几小时之前,可能已经免费阅读了在线版本。每个人都知道这讲不通,但是没有人为此做些什么。当我2004年在新闻编辑室开始做实地调查时,问题依然存在,而当我在2009年结束调查时,问题仍然没有得到解决。即使在今天,也没有常规方法来解决该问题(见O'Donovan,2014;Swisher,2014)。

长时间的新闻实践不适合解决此问题。例如,考虑在报纸上发布每日新闻的做法。许多新闻本能反应都适应这种运作方式。记者准确地知道每天的故事是什么样的,他们会以此为目的进行报道。他们收集每日故事所需的许多信息。他们只按照编辑告诉他们的需求来写相应长度的文章。他们在页面上组织信息时,会隐含地理解有人会在报纸上读到它。这些本能与数字新闻混在一起。新闻站点需要整天持续更新,而不是每天更新一次,其最新内容应该在上午8点显示,是大多数政府机构开放的几个小时之前,极少的新闻网站会生产具有新闻价值的信息。在数字新闻中,记者可以不用再在早上收集信息和下午花时间为第二天的报纸撰写新闻。

恰恰是这样的时刻——旧制度似乎没有抓住新形势内在的可能性——新制度趋于出现。

编辑已经在这个方向停下了脚步。一种反应是从报纸上分离报道行为。逻辑是这样的:如果记者做的是生产内容,为什么不让记者随意生产内容?最初,记者可能会在网页上或内容管理系统中发布内容。从那里,该内容可以被拉入适当的平台,无论是新闻网站、报纸、广播节目、社交媒体平台,还是电视节目。问题解决了!另一个是"数字优先",这意味着要求记者在知道信息后将其发布到网络上,白天在网上添加/删除/修改信息,全天连续地推送一些信息,然后跟进在第二天的报纸上刊登的"第二天"的故事。

这些新做法看似完全合理,但想想它们引出的问题。一个故事应该有多长?它应包含多少信息?谁编辑故事,这应该在什么时候做?记者花费整个上午的时间发布和推送内容,而不是进行其他报道时,如何写"第二天"的故事?甚至记者应该写"故事"吗?

这些问题早已淡出报纸新闻的背景。他们在数字新闻业中再次受到关注的事实表明,新实践是与众不同的,或不寻常的。它们是新闻文化中散布的"错误"。自然地,要求有人——在这种情况下是发起改变的编辑,对此负责。记者问:为什么我们要在无差别的内容流中生产新闻?我们为什么要"在知道时发布它"?据我们了解,要让记者在这些做法上进行投入,答案不得不与新闻有关。这就是说,至少对大多数记者而言,"因为它增加了公司的收益"并不是一个充分的理由。

新闻管理者们一直在努力为新实践辩护。一些人将该做法比作旧的电报报道服务风格。其他人则诉诸记者要首先获得一个故事的欲望。根据我的观察,大多数编辑不会真的相信这些类比。他们最终会说类似"这就是我们要做的事情"的话。

记者以这三种方式中的一种来回应这些失败的理由。他们经常报告说,新实践使他们感到"奇怪"或"怪异"。他们不再做记者照惯例做的事,而且越来越觉得不像记者。这些感觉与在新闻编辑室中酝酿的深深的不信任感结合在一起。在过去的20年中,新闻工作者针对他们认为的新闻商业化发动了低强度的抗争(见Fallows,1996;Kovach,Rosenstiel,2001;Roberts,Kunkel,2005)。尽管报纸已经尝试了他们能想到的一切方法来扭转其数十年来市场渗透率下降的情况,但这种情况还是发生了。缺乏信任,并且感到自己的职业身份受到威胁,许多记者从道德角度对新实践作出了反应。

新闻编辑室中的另一个常见反应是更具战略性和计算能力。当面对"当你知道时就发布"的制度时,许多记者认为这是对"好新闻"的轻微的违背。他们将这种想法与报纸仍然带来该组织90%以上的收入这一事实联系起来。这使他们相信,"当你知道时就发布",从编辑价值这个角度来看,是非常不明智的。为什么我们要花时间和精力进行众所周知的劣等做法,况且这些做法不会提高我们在记者中的地位，并且只会与该组织的底线存在可疑的关系？通常，他们的答案是不应该这样做，所以他们不这样做。这种不情愿并非源于身份认同的丧失，而是源于对利益的合理计算。

最后的一种反应更多地与想象有关，而不是投入。因为对新闻编辑室的缓慢转变感到沮丧，许多编辑人员作出了戏剧性的举动。他们创建了全新的流程，使新闻编辑室以"数字优先"。通常，这需要在新闻编辑室削减一些职位，发明其他职位，然后解雇员工并邀请他们重新申请新工作。我们可能会问，通过在新闻编辑室里解雇所有人来启动一项计划是否合理。在这里，我希望集中讨论接下来会发生什么，因为它阐明了新闻规则坚持的第三种方式。当编辑创建新职位时，通常对新职位的要求了解得很少。网络编辑或社交媒体经理要做些什么？

如果记者对这些新工作的需求了解得很少，那么对与他们互动的消息来源的了解就更少了。例如，假设这时你是当地市议会的成员。你已经学会如何与记者打交道。当社交媒体经理走近时，你可能会感到困惑。你应该如何与这个人互动？你能为他们讲故事吗？如果是，这些故事会出现在哪里？以什么形式？你可以相信一个社交媒体经理会尊重长期以来的原则吗——例如，尊重你"基于背景"或"不具名"传达某些信息的要求？如果记者不再是记者，那么你不再是消息来源？如果不是，那么你应该扮演什么角色？

在这些问题中，我们看到新闻制度为记者们设置了一个与其他居住在公共生活中的人们进行互动的环境。如果这些制度遭到破坏，人们很容易失去如何与他人互动的良好判断。但是，他们必须互动。众多公共关系专业人员的成功取决于他们"管理新闻"的能力。记者需要能向他们提供信息以转化成新闻的消息来源。

结果是，记者开始采用新角色，但随后便像他们一直以来做的那样，对决策者、公共信息办公室、企业传播专业人士和其他人员进行现场采访。在这些互动中，消息来源给他们讲故事；他们利用他们的新闻意识提出相关问题；他们对故事的新闻价值作出判断；然后，他们用几十年来的方式开始制作故事。这并非出于习惯或记者的投入，而是出于想象力的缺乏。记者和其他人可以被想象为一个社交媒体经理，他们只是无法被想象同时成为一个社交媒体经理和一个记者。

补充：注意在此示例中，新闻编辑室外的许多人(如城市官员、公关专业人员)都有助于重现新闻惯例。事实证明，记者无法独自改变新闻业。作为一项彻底的公共活动，新闻业被卷入像政治和经济这样的连续的社会领域当中。这些领域里的个人对新闻业进行了投入，这可能不利于以不同方式从事新闻业的努力。

习惯、投入和想象力，这三个过程在解释混乱时期新闻规则的持续性方面还有很长的路要走。

改变

就像癌细胞可能在体内繁殖得越来越快一样，越来越多的"错误"似乎从数字新闻中脱离出去了。想想过去几年中被引入的各种新闻创新：新闻作为编码、游戏、聚合、策展、博客、公民新闻、超地方新闻和"品牌"新闻等。新闻也越来越多地产生在新闻编辑室之外的许多地方，从企业到广告公司，从智囊团到非营利组织。迄今为止，这些"错误"很少一直持续下来，因此新闻业保持了其基本形态。有理由认为，随着"错误"数量的大大增加，新闻业可能以某种根本的方式发生变化的机会也随之增加。制度主义表明，这种变化可能以两种方式之一发生。它还会带来一种深刻的见解，关于新闻业已经"变化"的这种说法将意味着什么。

改变新闻业最明显的途径是通过危机。制度主义者经常争辩说，在没有强大的外部冲击的情况下，制度体系倾向于持续存在(见第5章)。这种外部冲击很少见，但是一旦发生，旧规则可能会迅速瓦解，而新规则就会形成。

例如，想一想19世纪的美国新闻业。在那个世纪，记者发明了许多新闻形式，从概括性导语到倒金字塔式的写作风格，从采访到客观性。然而，在那整段时间里，党报或多或少保持完整，新闻业保持了基本形态(见Kaplan，2002；Ryfe，Kemmelmeier，2010；Schudson，1998)。只是在危机之后，特别是在19世纪90年代后期第三党系崩溃之后，新闻业发生了显著的变化。到1920年，几十年前被发明的新闻形式融合在一起，新闻业成为"现代"新闻业。

许多观察家认为新闻业再次面临这种危机。实际上，Nielsen发现了三个相互关联的危机：经济危机与基于广告的新闻商业模式有关；专业危机与新闻业和其他工作种类的分离有关；新闻业中迅速衰减的公众信任导致了象征性危机。新闻业在不同的社会中以不同的方式经历着这些危机。例如，经济危机带给美国新闻业的痛苦要多于带给斯堪的纳维亚的新闻业的痛苦。但是，这三种危机加在一起，可能会对新闻业造成强烈的外部冲击，足以使新闻的旧规则瓦解，对美国新闻业尤其如此。对所有三个危机而言，美国新闻业代表了"零基础"。

这种危机还没有发生，即使在美国也是如此。过去的情况可能提供了有关线索。再想一想美国新闻业的最后一次巨大冲击——从19世纪的新闻业向20世纪的现代新闻业的转变。它不仅涉及新闻业的变化，还涉及广泛的社会动荡：在经济方面，第二次工业革命的到来；在政治方面，大规模民主国家的出现；在社会方面，职业的兴起；在技术方面，能够大量生产的印刷机的发明。作为一个公共机构，新闻业与连续的社会领域紧密相联，尤其是政治和经济，但也有艺术、公民社会和科技。这样，在其他社会领域中，如果没有更广泛的危机，新闻业就不会经历足以改变其基本形式的危机。

这就引出了一个问题，即社会是否正在经历着在规模上足以引起新闻业危机的一种转变。观察当前的情况，似乎只有一个竞争者，那就是"网络社会"的兴起(见Castells，2009；van Dijk，2012)。人文科学领域的学者们已经发现，社会从集中、同质和官僚的生活形式，向分散、多元、"后官僚"的形式转变。政治学家撰写新的网络政治组织的兴起(见Bimber，2003；Bimber等，2012；Howard，2005；Karpf，2012；Kreiss，2012；Nielsen，2012)。社会学家发现新的社会关系网络形式(见Baym，2010；Boyd，2014；Rainie，Wellman，2012)。经济学家追踪"网络经济学"的兴起(见Goyal，2009；Knoke，2012)。在任何地方，数字技术似乎都提供了连接我们自己与他人的新方法(见Brynjolfsson，McAfee，2014)。

综上所述，新技术带来的社会、政治、经济和公民变革似乎是非常显著的。然而，最深思熟虑的判断表明，各种变化更多地代表分层，而不是清扫旧的东西。在政治领域尤其如此，政治学家已经谨慎地指出，网络政治是对旧规则的补充而不是替代。在社会关系领域更是如此，年龄、阶级和教育程度不同，人们对技术影响的感受也不同。与"一切都在改变"的一些令人喘不过气的宣称相反(见Jarvis，2009；Shirky，2009)，事实证明，一切都没有变化。如果新的数字形式的经济、政治等代表增加而不是动荡，那么很有可能的是，新的新闻形式代表相同的东西。当然，实际情况可能会发生变化，但是截至2015年，新闻业并没有遭受可能消除其基本制度规则的那种大规模的危机。

这使我们想到了新闻业可能发生变化的第二种方式：渐进主义。从社会变革理论中汲取经验，制度主义者认为，内部力量和外部力量可能相互作用，以导致缓慢的制度变革的方式(见Pierson，2004；Scott，2008)。例如，想一想发生在上一代的新闻生产的深刻变化。学者们已经表明，所有平台(包括互联网)上的新闻都变得不再以事件为导向，而是更具解释性(见Barnhurst，2011；Barnhurst，Mutz，1997；Fink，Schudson，2014)。结果，新闻报道变得越来越长，越来越复杂，新闻记者也变得越来越积极主动地将他们自己更显著地插入新闻当中。这并没有立即全部发生，而是缓慢的——实际上如此之慢，以至于尽管有证据，许多记者仍然拒绝相信它(见Barnhurst，2011)。

这种变化是如何发生的？学者们追溯解释性新闻的发展，部分原因是该行业外部的动力，尤其是变得更具对抗性和促进性的政治文化。行业内部流程也发挥了作用。记者受到了更好的教育。他们获得了更多的数据访问权限，尤其是社会科学数据。面对更具促进性的公众文化，记者变得对公职人员更加怀疑，因此对他们的提问更具攻击性。这些外部和内部因素以这种方式相互作用，使得新闻生产缓慢变化。

在数字新闻时代，类似的故事可能正在发挥作用。传统的基于广告的新闻商业模式无法在网上很好地运作(Picard，2014)。区域性日报尤其如此，其已经受到由经济下滑带来的最严重打击，并且美国大多数的日报记者都受雇于区域性日报。此外，技术使新闻的生产和传播向更多的行动者开放(Annany，Crawford，2014)。我们可能认为这些经济和技术条件是新闻文化必须适应的外部力量。这些适应可能会慢慢发生，而且会适时开始。它们可能发生，而且若一旦发生，新闻业可能会随之发生显著的变化。

几种适应似乎已经很明显了。我来讨论两个。一种是数字新闻生产似乎更多的是以服务为导向，而不是以产品为导向。新闻业以工业化的方式生产故事(产品)，以供消费者阅读和观看。但是，数字新闻记者越来越多地聚集、策划、组织、评论其他人生产的内容。也就是说，数字新闻较少地强调内容生产，而更多地关注分发。因此，新闻组织雇用更少的记者，更多的程序员和网页设计师，他们是创建和维护分发平台的专家。这些程序员和设计人员正在采用新的行为模式，这将需要新的理由。

与这种新的服务模式保持一致的是，数字新闻变得较少地集中在大型的官僚式新闻编辑室中，而是在较小的组织中更加分散与协作(见Anderson，2013；Annany，2012)。现在有不同层次的新闻工作者，他们有时是新闻工作者，有时是想成为新闻工作者的人。今天生产新闻的许多人从未涉足新闻编辑室。专业新闻工作者经常发现他们自己在精心组织这群内容生产者，而不是他们自己生产内容。他们与一个碰巧拍摄了突发新闻事件照片的公民一起工作。他们与活动现场的自由职业者商谈。他们与专家协调合作，这些专家不是在新闻报道中提供引述，而是在个人博客上发表他们的观点。

这样的适应会改变新闻的意义吗？考虑一下，如果会改变，这意味着什么。假设一个数字新闻工作者聚合其他人生产的内容。有人让她解释：你为什么要聚合内容？我们的批评家声称，这不是新闻！为了新闻意义的改变，这位记者其称聚会信息不是为了人们提供信息，而是用这些信息来了解相关议题。新闻难道不是告知人们有关议题的信息以使他们构成自己想法的实践吗？这不是我们关于它对公共生活贡献的共识吗(见Schudson，1998)？这就是我说的，新闻业的变革最终局限在想象力中。

但是，不难想象的是，更加面向服务、更具分发性的新闻的趋势会越来越强，以至于出现新的实践。数字新闻工作者将创造出新的方式来做到这一点，然后再做这个，再做这个。这些行为将被纳入"数字新闻工作者要做的事"，但它们可能会与传统实践大相径庭。在这种情况下，新闻业的构成性规则可能会保持弹性。但是，调节性规则——记者要做这件、这件、还有这件事——可能会发生显著的变化。新的理由可能会遵循这些实践。所有这一切都可能发生，即使该领域的构成性图景保持不变。

结论

制度主义在强调社会实践的持续性方面赢得了广泛好评。但是，当我们关注社会规则如何运作时，就会发现分歧被建立在规则的再生产之中。之所以如此，是因为只有当我们被要求解释我们的行为时，我们才需要社会规则。

作为对已经采取的行为的辩护，社会规则考虑到许多创造力。行动者在任何情况下都可以做任何事情——只要他们可以作为一个实践的合法实例向其他人证明行为是合法的。但是，行动局限性在想象力中：作为一项活动的适当实例，可以做的事情是可识别的。

作为一种社会实践，新闻业的规则以类似的方式起作用。通常，新闻工作者只是做新闻。他们不需要规则，直到有人打电话要求他们解释自己的行为。他们将规则作为辩护的资源。如果今天我们目睹了记者的行为发生剧变，那么它必然涉及他们工作理由的改变。编码、聚合、管理等似乎成为新的、循环的行为模式。

制度主义为学者们可能如何研究这些新实践提供了一些线索：(1)认识到新闻工作者通常通过推断例子来学习新实践；(2)关注新闻工作者如何推断新情况，以及这些概括的结果；(3)特别注意当要求新闻工作者解释他们行为的时候。在这里，我们将发现新闻业的新规则，以及这些规则对新闻工作者和其他投资新闻实践的人的说服力如何。

从制度的观点来看，我们似乎没有目睹新闻业构成性规则的革命——它实际上是什么，为了什么。与迄今为止已经发生过的相比，这种革命导致了更加显著的制度剧变。这一论证暗示着一个关于新闻与变革研究的非常重要的观点。可能奇怪的是，检测新闻业内的大规模变化可能需要更多地关注新闻实践之外的社会领域，这些领域是怎样的以及如何变化，并且这对新闻业来说可能暗示着什么。在这里我想到的是政治和经济领域，这些领域历来为新闻业提供了稳定的基础，该基础已经发展出一定程度的自主权和稳定性。在调查新闻业的未来时，一个很自然的倾向是关注新闻业本身。新闻的构成性规则植根于公共生活的更广泛的构成性使命。正是在这些使命中，我们将找到新闻业的未来。

第 26 章

新闻场域

Tim P. Vos

引言

学者对用以谈论其研究现象的语言越发熟悉,以至于这些学者最终意识不到这些语言的重要性。例如,将人类称为受试者,这在研究中是普遍存在的,同时说明了研究者的理论假设。同样地,学者称人类为受访者、行动者、代理人和线人。这种语言不仅暗示着那些学者所使用的方法,也暗示着他们所运用的世界观。然而,并不是所有学者使用的语言都充满了理论和方法上的假设。这可能是正确的,例如,在提及新闻时将其作为一个领域。一个工作领域,或一个研究领域,当然只是常识,是一种涉及工作或研究领域的日常隐喻。

毫无疑问,以这种方式使用领域是正确的,这是作为研究对象的一种非科学、非理论的表达。但是,将新闻称为一个场域需要的可远比这更多。Kurt Lewin(库尔特·卢因)是现代大众传播研究的奠基人之一,他使用一种或多种场域的语言来表示更复杂的事物——"场理论"。整整一代人之后,法国社会学家皮埃尔·布尔迪厄(Pierre Bourdieu)也使用这种语言提出了自己的场域理论,并使用该理论来说明,媒体和新闻是重要的研究领域。其他人(见Benson,Neveu,2005;Hanitzsch,2007;Shoemaker,Vos,2009)利用Lewin和Bourdieu的见解,从事场域传统研究,以推进解决新闻业关键问题的研究项目。本章的目的不是对场域理论进行一个综述。相反,本章探讨将新闻概念化为一个场域的做法意味着什么。这项工作将不可避免地涉及场域理论中的关键概念,但本章仅考虑与手头任务相关的那些概念。

在将新闻概念化为一个场域的过程中,本章考虑了两个关键主题——如何充分地理解新闻的力量和新闻是如何发生变化的,尤其是数字新闻的变化。当然,可以通过以其他方式概念化新闻来解释这些主题。尽管如此,场域理论传统所提供的方法还是提供了一套有用的分析工具,这些工具可能证明对政治传播、媒体历史和新闻学研究的学者们是有吸引力的。

这项将新闻概念化为场域的工作,可能会作为一项深奥的实践让某些人觉得诧异,它被从近年来新闻业的分裂和转型当中分离出来。然而,思考构成场域的种种力量,是思考这种转变如何发生的一种方式。因此,本章在结尾处思考了新闻场域的种种变化,特别是伴随着数字新闻的兴起而发生的变化。本章通篇使用场域方法来思考我们如何获得新闻内容。对有关2008年及以后金融和银行危机的新闻报道的考察,将有助于我们阐释场域概念化如何能够说明新闻工作者的实践。通过查看其他事件的新闻报道并调查新闻实践中的创新——从缓慢的新闻运动到网络分析的使用,本章将回到有关新闻场域的自主性和权力的持久性问题。

场域隐喻

尽管许多理论家都使用场的概念来指称一种社会空间,但Kurt Lewin是第一个将该隐喻发展为详尽的理论方法的人。Lewin明确地利用物理学来阐明许多心理学和社会学的概念。尽管在20世纪中叶,社会科学采用自然科学的词汇和方法是相当普遍的,但Lewin比大多数人更谨慎,他利用了物理学作为一种隐喻而不是一种文字的策略(Martin，2003)。隐喻的作用是可以更容易和充分地理解新知识和抽象知识(Lakoff，Johnson，1999，2003)。隐喻特别有助于将注意力集中在现象的某些维度上，而对那些与理论化无关的维度轻描淡写。根据Foss(2004)的说法，通过将一个域的合法性转移到另一个域，隐喻还具有发表观点的功能——"针对隐喻本身的结构就能提出观点"。毫无疑问，通过借用Albert Einstein和其他学者们所创建的学科，Lewin让他的观点获得了合法性。

无论如何，Lewin的方法借用了有用的学科词汇作出了许多重要的观察，提出了大量有用的论证。Bourdieu和其他人也是一样。最重要的是，场域被理解为一种社会空间和一种社会力量。从根本上讲，所有关于场域本质的见解都来自这些理解。

在普通的、非科学的用法中，场域可能是指用于农业或其他一些实践的离散区域。不过这种常见用法也提供了一些洞察，因为这种隐喻暗示了一个空间，该空间以可辨别的边界为标志，并致力于某种特殊用途。豆田不同于玉米田。场域传统也是以这种方式使用隐喻的，至少部分上是这样的。从基本意义上讲，将新闻看作一个场域，就是为一种不同类型的活动或产品暗示了一个位置。因此，将新闻概念化为一个场域，就是要解决数字新闻时代的一个中心辩论——新闻的边界是什么(de Burgh，2005；Deuze，2005；Peters，Broersma，2013)？在西方传统中，该问题的答案具有重要的影响，因为新闻得到了法律保护，而其他活动没有——甚至那些与新闻有相同之处的活动。换句话说，发生在新闻领域边界之外的活动将无法受到相同法律的保护。将新闻概念化为一个场域——即划定界限的空间或区域，几乎无法回答关于如何或在哪里准确地放置新闻边界的问题。然而，场域的其他概念维度确实有助于解决这个问题。例如，由于场域被至少部分地理解为共享的动机，它就不应该被狭隘地归纳为一种职业上的指称。换句话说，将新闻概念化为一个场域，可以避免如下争论：新闻是否是一种职业，以及谁可以属于该职业。新闻的空间或区域严格来说不是职业或专业空间，而是具有共同动机的空间(更多地关乎新闻动机的本质，和它们在新闻场域的结构中的作用)。

当然，将场域称为一个社会空间并不是字面上的意思。空间上的隐喻表明，所研究的现象不仅在确定的边界之内，而且是相邻的、共存的和连接的。根据Lewin的说法，"场域是相互依存的共存事实的整体"。对于Lewin、Bourdieu和其他人而言，这种相互依存是场域概念的核心。

场域也是具有地形特征的空间。地形指的是区域的形状和特征，而不仅指其边界。Bourdieu将场域称为结构化的社会空间。因此，一个场域不仅仅是可能发生任何事情的区域。场域的地形提供了一定的启示。的确，场域的结构最终决定了可以在场域里被执行的种种活动。但是，最终，当Lewin和Bourdieu提到场域的结构时，他们还有一些其他的想法。在这里，物理隐喻可以更直接地发挥作用；更准确地说是电磁物理。Martin 认为，场域理论建立在来源于这一学科(物理学)的许多特征之上。例如，"场域理论提出了一个包围的引力场，只有通过其作用我们才能看见或测量。"相互联系是这个看似不可见的引力场的产物。

那么，新闻场域是由各种引力构成的，就像"引力场可以看成是许多具有各自引力场的物体的产物"(Martin，2003)。可以说，各种场域相互构成，每个场域为其他场域划定界限。换句话说，要理解一个场域，需要我们相对于其他场域来理解它。场域由社会力量之间的一种平衡构成的。这并不是说场域是平等的——场域的权力和自主性会随着时间而变化。新闻存在于更大的力量场域，主要是政治和经济场域。在各种历史点上，新闻已经被政治场域所主导(Pasley，2001)；在其他时间点上，新闻已被经济场域所主导(Baldasty，1992)。而在某些时间点，新闻经历了一定程度的自主化(Schudson，1978)。

根据Bourdieu的观点，要理解场域的逻辑，最终最重要的是场域的内部关系和结构。Bourdieu对一个场域的内生力量和外生力量进行了有用的区分，但这些力量是相互联系的。实际上，一个场域内至少有一些力量可以带有外生变量的印记。就新闻而言，他在一个场域内识别了一个"他律极"，代表"场域外的力量(主要是经济方面)"(Benson, Neveu, 2005)。但是，场域还包含一个"代表了不同于该场域的特定资本的自律极"。就新闻而言，这种特定资本——也称为文化资本或文化极点，包括场域的配置、技能、规范作用、认识论框架和道德标准(Bourdieu, 2005；Hanitzsch, 2007)。这种两极对立构成了新闻场域。尽管出版商可能通过发布看似新闻的广告来寻求利润最大化，但这种策略将违反新闻编辑室中长期存在的道德常规。因此，受外界支配的经济极点和自主化的文化极点将发生冲突。考虑到特定新闻机构在特定时间和地点的每个极点的相对力量，这种冲突的结果将有所不同。因此，场域的结构反映了场域内力量的排列。

如果在大多数西方新闻机构中都出现了有关出版商试图将广告用作新闻的情形，那么出版商将与该场域长期建立的文化资本背道而驰(Kovach, Rosenstiel, 2007)。出版商在本质上挑战了该场域的文化资本，并且可能改变场域。Bourdieu认为，关于场域结构的张力是场域的特有现象。Bourdieu将这种张力融入他自己的场域定义中：

> 场域是一个力量场，在这里代理人占据了位置，这些位置从统计学上确定了他们相对于场域所采取的位置，这些位置获取行为，旨在保持或改变构成场域的力量关系结构。

Bourdieu的定义表明，场域是动态的，并且不断变化。尽管Bourdieu的确认为其是这种情况，但他得出结论，"大部分活动将倾向于在很大程度上重现场域的结构"(Benson, Neveu, 2005)。

因此，Bourdieu还对那些以不变状态保存和维持场域的力量进行了理论化。在特定场域内发挥作用的行动者是该场域的成员，主要是因为他们已经接受了该场域的种种假设。他们接受内在和外在的规则与行事方法，或者Bourdieu和其他人所谓的信念。Bourdieu将信念定义为"毫无疑问，每个代理人仅凭遵循社会惯例行事的事实就默认了它"。记者接受他们的工作是传递新闻——这个假设在19世纪的美国可能会受到质疑(Dicken-Garcia, 1989)，但现在完全被认为理所当然，而且很少受到争论，如果有的话。一旦一个观点进入"话语领域"或"意见场域"，那么就不能说这个观点是该场域信念的一部分(Bourdieu, 1977)。

与让场域保持稳定类似的一个手段是Bourdieu称之为的"幻象"，他给出的一个相关事实是"被游戏俘虏并沉迷其中，认为游戏是'值得拥有的蜡烛'，或更简单地说，打游戏值得付出努力"。例如，记者喜欢追逐独家新闻，进行大型采访并报道重大事件。他们不质疑这些目标，这些就是新闻游戏带来的刺激。尽管信念通常是具有暗示性的或心照不宣的，但幻象通常会上升到有意识的表达水平。代理人调查了该场域，并认为该场域值得争取。信念和幻象为场域提供了结构；从本质上讲，结构暗示了一种坚固性和弹性。(以下是有关新闻场域的稳定性和不稳定性的更多信息。)

Lewin使用了非常不同的词汇，但也对构成场域的力量进行了理论化。Lewin在介绍"把关"的概念时解释了微观、中观和宏观因素如何影响个人决策。个人位于一个场域当中，因此他或她永远不会在真空中作出决定。Lewin的扩展示例解释了无数的选择和因素如何影响在家庭餐桌上结束一顿饭的方式。在本例和其他示例中，Lewin将力量设想为正价和负价(Martin, 2003)。积极的力量在决策关口推动决策。消极的力量产生抑制的作用——或至少制造摩擦力。这些力量可以来自于场域内的各个位置——它们可能来自环境供给、工具性制度压力或个人认知资源。

Lewin提出，这种守门人模型也可能适合于理解信息或新闻事件的选择。他的学生David White进行了一项著名的调查(White, 1950)，其内容是某位电报编辑如何充当守门人，但该调查并没有促进甚至利用Lewin的基础场论方法。其他人在随后的新闻研究中说明了Lewin的场域原则。例如，Gandy展示了公共关系和公共信息官员发布的新闻如何构成新闻机构的信息补贴。发布新闻和制作其他宣传册相当于做了记者们的工作——整理信息和制作故事——而且是无偿地做空这些工作(Curtin，1999)。因此，信息补贴起到了积极的把关人的作用，增加了信息公开的可能性。但是，必须置身于场域的整体性来理解它。例如，信息补贴会与如下几个方面协同工作：分层组织结构，新闻的流行定义，谋取利益的动机和信任关系。

至此所描述的场域理论要素的主要用途是，它们描述了场域是如何构成的。场域的结构在本体论上是真实的，不是因为它仅仅是社会世界的本质特征，而是因为它是由一种社会空间和多种社会力量构成的。在解释新闻最终如何以我们看到的方式而出现这个问题时，新闻场域的结构是重要的。换句话说，将新闻概念化为一个场域是解释新闻结构的一种方法。

解释，场域和个人

源自场域理论的场的概念化以一种解释性倾向为特征。就变量之间简单的因果关系而言，由竞争力构成的场域是无法解释的。Lewin特别主张"任何事件都是由多种因素共同导致的"这一观点。Lewin用物理学来解释这一点；但是，这种论点本身也源于他在格式塔心理学方面的研究，以及受到他的老师Ernst Cassirer的影响。例如，格式塔心理学认为，人类的思维将现实视为全球整体，而不是一系列离散的因素。但是，Lewin也提出了一个更基本的观点。他认为，解释不能简化为排除个性或个别事件的社会法则。解释的关键是：

> 寻找那些可以最清楚、明显和纯粹地辨别出总体动态结构的决定因素的情况。我们要参考的不是尽可能多的历史性案例的平均概况，而是一些特别情形的全部细节。

Bourdieu提出了类似的论点，驳回了"将[社会]实践明确或隐含地视为机械反应的理论，这些理论直接由先行条件决定，并且完全简化了预先设定的因素的机械功能"。Bourdieu和Lewin都认为这样的解释模式不足以捕捉实际的人类实践。

机械解释的方法至少在两方面与场域方法不一致。首先，由于场域是由空间的总和以及所有力的平衡所组成的，因此将解释简化为一个或两个因素是非常不可行的。尽管因素在概念上可能是不同的，但在现实世界中，它们无法以有意义的方式被分离开。其次，这种机械的方法造就了一个无血色的故事，其中实际的人类行动者似乎起着微不足道的作用。对社会世界中现象的解释"必须通过个人(但不能简化他们)与行动相联系"(Parsons，2007)。其主要参考Bourdieu和在较小程度上参考Lewin的场域概念化，反映了一种对代理人和结构之间的张力的背离，代理人和结构之间的这种张力一直是社会学理论化的重要主题。

Bourdieu拒绝将代理人与结构的分裂视为"假两难推理"。为了解决这个难题，他引入了"惯习"(habitus)这一概念，将其作为一个场域的重要特征。惯习不仅是习惯，而且是持久的"共享的社会倾向和认知结构系统"，"每时每刻都以感知、欣赏和行动的矩阵发挥作用"。这些感知、欣赏和行动是通过普通的生活经验和日常职业工作而获得的。Bourdieu也称惯习为"在给定情况下，关于将要做什么的一种实践感——在体育运动中，这被称为一种游戏的'感觉'"。它是"被转变为自然的历史"。但是，人类行动者既没有被这些"结构化的结构"所困，也无法以完整的能动性来忽略或逃避这些结构。Bourdieu得出以下结论：

> 因为惯习是产生产品、思想、观念、表达、行动的无穷能力，其局限性是由生产的历史和社会条件决定的，因此它带来的受制约的自由和假定的自由，与不可预测的新奇事物的创造相距甚远，与初始条件的简单机械化再生产也相距甚远。

惯习不仅谈到场域的结构，还指出个人如何既可以成为社会结构的知情者，又可以成为社会结构的再生产者。个人将根据自己对场域结构的看法采取行动。实际上，他们的看法和动机取决于他们在场域中的位置。Martin得出结论："场域理论从根本上优雅地解决了通常被认为是对立的两种社会现象，即感觉在外部有某种约束个人的社会力量，和感觉我们能基于自己的动机而采取行动。"

可以通过考察各种媒体消息的结构，来阐明这种解释性的场域传统方法；但是，此处以2008年及以后的金融和银行危机的新闻报道为例。因为未能预示这场危机或给予应有的重视，美国主流新闻媒体普遍受到了批评(Manning，2013；Starkman，2014)。金融杂志、商业有线电视频道和其他主流新闻机构可以接触到金融和银行业中最有影响力的人物——"华尔街高管、交易员、评级代理机构、分析师、金融工程师以及其他金融业内人士"(Starkman，2014)。记者的幻象告诉他们，这些是"大收获"。记者们普遍认为，采访这些消息来源不仅是获得最佳信息的手段，而且采访本身也是一种满足。这就是游戏的意义。换句话说，记者的动机是由这种幻象构成的。通过其职业生涯中的信念表现，记者们一直相信这些信源。场域的信念告诉记者，权威新闻来自权威信源(Schudson，2003；Shoemaker等，2008)。因此，场域的结构可以反映记者日常工作的经济和政策场域的结构。

商业记者讲述了房地产泡沫的故事，以及其他隐晦的表明经济可能放缓的迹象，但警告很大程度上被淹没在"他讲过……"或者"她讲过……"式的报告中。商业记者未能对金融机构本身进行极为重要的报道(Starkman，2014)。社会机构的金融化早已成为新常态，不受商业记者的质疑(Bourdieu，Wacquant，2001；Chakravartty，Schiller，2010)。商业新闻在危机爆发前的几年里已经经历了向娱乐信息的转变，并且可能包括对企业高管和金融公司的奉承式描述(Chakravartty，Schiller，2010)。这是一种简单而廉价的新闻形式，特别适合削减新闻编辑室工作人员的时间(Manning，2013)。在个人、组织和机构层面，新闻场域的结构指向一种新闻业，它错过了金融危机的故事，直到为时已晚。

绝大多数报道金融危机的记者讲述了同一种故事，并系统地错过了危机的警告信号，这一事实本身就是对新闻场域结构的有力证明。但是，不是所有的记者都能按预期行事。正如Starkman得出的结论，新出现的危机对许多监管机构、欺诈受害者和举报人都是显而易见的，但是"几乎没有记者实际上与他们进行交谈，了解危机扩散的问题，并对此进行报道"。吹口哨的记者来自新闻场域的位置，这些位置与企业媒体和主流媒体占据的位置相距甚远。他们来自资源有限的小型新闻机构。但是，他们也有不同的动机和不同的文化资本。这些重要的记者采用了不同的新闻收集程序，呼吁各种不同的新闻来源；他们通过对主要的叙述提出质疑，关注金融腐败的受害者，以寻找满足感；他们写不同风格的新闻，在有需要时表达义愤(Manning，2013；Starkman，2014)。但是，这些较小的边缘媒体组织未能吸引广大公众的注意。他们缺乏制定政策、设置公共议程或改变场域的社会资本。

关于金融危机之前和期间的媒体表现的示例，至少引出了两个有关新闻场域本质的重要问题。首先，从什么意义上说新闻媒体是一个强大的场域？第二，如何改变新闻场域？

新闻的权力

在金融危机之前，包括金融危机，有关新闻的社会地位，新闻界的表现告诉了我们什么？Starkman的基本论点是，如果新闻界只做自己的工作，那么就可以避免许多随后发生的金融危机的痛苦。人们认为，真理有伟大的解放性力量。当然，主流新闻界没有做好自己的工作这一事实也说明了，新闻界的结构性弱点以及其他社会场域对新闻界的束缚倾向。

根据Bourdieu的评估，西方新闻场域的自主性有限，因此权力也有限。尽管新闻场域的权力受到限制，但人们还是敏锐地感受到了这一点。Bourdieu认为：

> 新闻场域对文化生产的不同场域带来了一系列影响，这些影响的形式和效力与其自身结构有关，即与各种媒体和新闻工作者相对于外部力量的自主地位有关，换句话说，其是读者和广告商的双重市场。

一方面，新闻行使着笔的力量。新闻制造的曝光可以影响其他场域行动者的文化和社会资本。例如，公众人物的腐败行为若被公开审判，他们的文化和社会资本就会下降。就像公民和决策者根据他们可获得的信息来采取行动一样，这种权力是真实存在的(Schudson，2003)。实际上，一些金融和商业记者争辩说他们警告了即将到来的危机，但公众没有听(Starkman，2014)。同时，那些作为专家接受了采访的行动者们获得了"社会声誉"，从而增加了他们的文化、社会资本，或许还有经济资本(Bourdieu，1988)。在这种情况下，新闻的力量之所以出现，是因为寻求这种声誉的行动者通常必须接受"新闻标准和价值观"。但是，新闻在很大程度上放大了有权势者的声音，这也是事实。因此，放大是它自身的一种力量：强大的社会行动者对叙事的"永久性媒体重复"，已经逐渐转变为普遍的常识(Bourdieu，Wacquant，2001)。

另一方面，新闻常常需要大量的财政资源，并且通常由拥有积极的利润预期的出版商推动。扰乱现状的新闻机构会为此付出代价。新闻机构必须在市场上取得成功——如果他们未能获得评级、读者或点击，他们的财务前景将会变得惨淡(McChesney，1999；Napoli，2003)。换句话说，如果受众发现该消息枯燥、无礼或只是令人烦恼，他们可以转向市场上其他地方的新闻。由于受众最终是商业新闻机构销售的产品，因此"对这种产品的追求会影响媒体行业的结构和媒体组织的行为"(Napoli，2003)。例如，网络分析的使用为媒体组织提供了有关其受众习惯的详细信息，但是新闻组织通常仍以被预测的受众为导向，而不是实际

的或被测量的受众。应把伴随被预测受众而来的"固有不确定性"作为媒体行为的因素进行考虑，尤其是在他们的内容决定方面。简而言之，新闻场域的结构限制了新闻工作者讲故事的自主性，这些故事可能会冒犯某些赞助者。

同样，讲述难以接受的事实，可能会损害新闻组织与重要信源的工作关系(Schudson，2003)。例如，由于美国法律没有赋予新闻工作者获得政府信源或信息的特殊权利，因此依赖于接触高层消息灵通人士的新闻工作者，几乎无法承担被这些信源排斥所带来的后果。政府消息来源特别设定了基本规则，有关如何以及是否可以被引用，或者政府持有的信息是否可以被传播(Hellmueller，2014)。政府和行业的公关工作已经被建立起来，以管理新闻工作者，限制新闻工作者对关键来源和关键信息的接触(Cutlip，1994)。因此，Bourdieu得出结论，政府消息来源拥有相当多的"用于操纵新闻或负责传播新闻的武器"。

新闻工作者还发现他们受到来自媒体监督组织和其他民间社会组织的定期审查(Wyatt，2007)。这些组织可以而且确实会为新闻工作者带来政治、社会和经济压力(Hayes，2008)。以任何一种方式被视为异端的新闻业，遭受着来自这些邻近场域的压力。同样，新闻和公共事务博主们处在一种所谓"针对看门人的看门人"的最新种类之中，他们监视新闻工作者的表现，并记录他们对新闻工作者的赞扬和批评，大多还是批评(Hayes等，2007；Vos等，2012)。

通过使某些信息易于获得而使其他种类的信息难以获得，外生场域可以利用新闻场域的现有特征来操纵正面和负面的压力。这些场域的相互作用最终为新闻的移动创造了常规渠道。因此，多个新闻组织在其有限的权力中产生同谋关系；但他们缺乏自主性，这是新闻工作者难以克服的场域的结构性特征。

新闻场域的压力通常被解释为基于市场的压力，虽然这是事实，但其只是故事的一部分。Bourdieu认为，资本与权力在很大程度上是

"同一件事"。当然，资本指的是经济极点的权力，它是商业新闻世界的强大磁力。但是，它也指新闻的文化资本。新闻场域通常要拥护它作出的要讲真话的承诺，这也许是新闻业最显著的文化资本形式，将神圣的社会义务置于经济收益之上(Christians等，2009)。文化资本也可以转化为经济资本，例如，当普利策奖扩大受众规模时(例如，获得普利策奖的记者/媒体会有更多的拥护者，进而为他/她/它带来更大的收益)。但是，当其被转化为经济资本时，文化资本则不仅仅是权力。文化资本构成了场域的合法性；正是这种合法性最终为新闻业获得了自主性与权力。

Bourdieu得出结论，新闻的货币在很大程度上就是其自身的合法性。如果受众和新闻来源对新闻合法性失去信任，记者从市场和其他地方获得的权力就会消失。具有讽刺意味的是，社会对这种合法性的认识是对新闻业施加压力的基础。如果将政府和公司提供给新闻工作者的信息传递给公众，并建议记者权衡并核实这些信息，则公共关系的努力是值得付出的。这提供了丰富的动机来创建奖惩制度，旨在通过新闻之门来获取信息。同时，因为意识到他们的合法性是重要的，所以记者们会保护他们的合法性不受攻击。如果新闻工作者们认为，大胆的言论会招致其他社会场域的权威人士的批评，例如权威信源、博客作者和新闻批评团体，那么他们在作出大胆声明方面就会格外谨慎。

记者们长期以来一直认为，他们的合法性基于他们客观的新闻风格，这是美国新闻惯习的一个主要特征。各种社会行动者利用新闻工作者平衡处理新闻话题的承诺，迫使新闻记者讲他们那边的故事(Dreier，Martin，2010)。确实，智囊团和所谓的阿斯特罗特夫组织的整个社会场域都发现了他们存在的理由，即向新闻组织提供信息和评论来源。也许最值得注意的是，多年来对人为导致的气候变化的平衡新闻报道，使这一问题的框架与科学共识不一致(Boykoff，2007)。同样，各种社会场域已经发现了影响新闻场域的方法，即威胁新闻工作者们最重要的资本形式，也就是他们的合法性。所有这些似乎使新闻工作者处于相对于其他社会场域较为弱势的地位。关于西方新闻业优越性的主张(Siebert等，1973)应摆脱专制政府的专制倾向，应该是温和的。如果有的话，新闻自由很少是绝对的(Christians等，2009)。

新闻场域的变化

新闻场域的有限自主性随后在改变新闻场域的前景中起着重要作用；然而，变革的故事是复杂的，并不以对自主性的考虑为开始或结束。如前所述，内源性和外源性力量构成了新闻场域的结构。内源性力量包括场域的信念、惯习和幻象。这些力量证明了场域的稳定性。实际上，惯习和幻象的概念化，使想象新闻场域如何受到干扰变得困难。但是，场域的固定性不应该被夸大。

在幻象的情况下，当然可以打破游戏规则。实际上，经验丰富的新闻工作者有时会主张规则主要是针对初学者的，并且允许更有经验的新闻工作者来打破规则。根据Bourdieu的说法，"场域是一个地点，它或多或少地围绕着对场域划分的合法原则的定义进行公开斗争"(Martin，2003)。因此，Lewin和Bourdieu都将这个场域理解为"争论场、战场"(Martin，2003)。例如，记者已经不可抵抗地接受了游戏规则，以尽可能快地获得新闻故事，来击败竞争对手。但是，遵循这一游戏规则可能会产生一个新的竞争对手或一个新适应的竞争对手，记者可以通过打破规则来区分自己。因此，所谓的慢新闻运动，即通过拥护一种非正统的想法来打破规则，这一非正统的想法是：为了获得新闻的正确性和深度而忽略最新消息(Gillmor，2009)。这是场域如何形成和发挥作用的一个例子——正如场域理论所解释的那样，"行动者群体通过与其他人比较来框定他们的行为"(Martin，2003)。此示例还暗示，场域转变的根源可以来自其自身的结构。

如前所述，如果没有每天积极进行新闻活动的人类行动者，就无法讲述新闻场域的故事。Bourdieu至少将其中一些行动者视为该场域潜在的促进变化的人。尽管惯习和幻象在行动者如何行使其角色方面解释了稳定性，但新闻场域的新进入者似乎不太可能被融入该场域。因此，新进入者有可能以不同种类的文化资本进入场域。作为一种转型手段，这种方案看上去是合理的，但新手记者即便挑战了做事的公认方式，也最不可能危害他们自己的新位置(Hellmueller等，2012)。正如Bourdieu所指出的，记者在场域内的位置暗示了他们的变革程度。但是，新进入者的影响很可能会在很长一段时间后才出现。最终，在女权主义运动之后进入这一场域的美国新闻工作者，被证明比以前的新闻工作者更接受性别平等(Chambers等，2004；Creedon，Cramer，2007)。效果不是立刻出现的，但是这种变化最终以有意义的方式改变了新闻业。

但是，新进入者不仅仅是指新闻业的职场新人。新闻场域，特别是在数字形式上，也吸收了来自不同场域或边缘场域的新成员。一些博主与新闻场域保持距离，而另一些博主被聘请进入主流新闻机构的行列。这些博主已经形成了他们的社会资本，因此处于相对权力地位。例如，当《纽约时报》聘请Nate Silver撰写有关政治和政治性民意测验的博客时，他已经有相当数量的追随者了(Bradshaw，2014)。他的方法与当时普遍的政治新闻实践有着根本性的不同，以及与整个新闻子域的认识论背离(Coddington，2012)。其他由博主转为新闻工作者的人，例如Glenn Greenwald，曾经在英国《卫报》工作，也引起了类似的波澜。Greenwald以大多数主流新闻工作者都避免的方式报道了政府审查。随后，他与别人分享了普利策奖，并将其文化资本变成了纯网络新闻机构。纯网络新闻新兴公司是另一种新进入者；纪录片制片人也是如此。尽管这仍然是一个开放的经验性问题，但把新进入者包括进场域，可以说已经改变了新闻工作者的信念。如果其能够站稳脚跟，信念似乎已经让位给了异端，而异端或许是朝着一个新的正统的方向上的一步(Bourdieu，1977)。

如前所述，新闻场域怀有其自身分裂的种子。缓慢的新闻运动的情况就是这样的例子。例如，场域的信念、幻象和惯习为某些行动者从他们的竞争者中脱颖而出奠定了基础。但是，基于市场差异化的故事只是部分的故事。差异化本身就是对内源性和外源性分裂的回应。24/7新闻环境的兴起，新闻人员的缩编，新闻数字化以及其他领域的发展(技术的变化和市场结构的变化)，共同使快速新闻市场饱和，但快速新闻缺乏语境。应该指出的是，缓慢的新闻运动并不是新闻场域转型的真正故事。这种发展代表了非常狭窄的利基市场，不太可能代表主流新闻实践的转变。

新闻透明的故事更有可能是转型变革的例子。在大半个世纪以来，客观性一直是新闻文化资本的中心(Mindich，1998)。这是如何传授和实践新闻的基础(Schudson，2001；Vos，2012)。但是，在数字时代，透明度已成为客观性的另一种认识论。透明度包括开放性和问责制的价值观与实践(Karlsson，2011；Singer，2007)。然而，客观性意味着新闻工作者主要是在群众监督的视线之外构建新闻，透明度意味着任何足够关心监督或批评新闻工作者的人都被允许这样做(Deuze，2005)。新闻透明的倡导者们提供了这种对新闻构建过程的公共干预，在这些倡导者眼中，这种干预是获得真实新闻故事的一种更好的方式(Hellmueller等，2012)。这种重新定位认识论的动力，并不仅仅来自新闻场域。政府和其他社会场域的行动者都提倡将透明度作为一种真理和问责制的手段(Morris，Shin，2002)。但是，尽管动力可能来自其他地方，新闻场域内的行动者如果想获得吸引力，就必须最终接受新的认识论。改变，如果最终会到来，很有可能是缓慢的。同样，场域的新加入者，那些在重视透明度的社会中长大的人，可能是变革的代理人。

无论是次要的还是主要的变化，每个变化的例子都表明，新闻界的行动者们对内源性和外源性因素的结合作出了回应。这就是新闻场域的本质；这就是任何场域的本质。新闻工作者和其他人争相确定新闻场域的边界线。但是场域本身的结构，是稳定性的一个强有力来源。

结论

把新闻概念化为一个场域，像任何隐喻一样，使我们集中注意力在新闻的某些特征上。由于新闻是一个场域，它是一种社会空间和社会力量。场域是有结构的，并且由该场域的成员进行构造和重组。场域也通过场外的力量来构造和重组。场域的结构由文化极点和经济极点之间的牵引力构成。经济极点从根本上解释了新闻有限的自主性。然而新闻场域也为重要的公共意义建构活动提供了场所。尽管新闻场域的权力和自主性可能有限，但是新闻不可被忽视。不这么做的风险太大。

在我们的世界所面临的一些变革性的变化中，新闻业一直是有同谋关系的。美国及其同盟国和敌人在过去的十年里一直处于战争状态；金融和经济危机导致多年的全球经济困难。在每种情况下，新闻报道既是问题的解决方案，也是问题的一部分(Boehlert，2006；Boykoff，2007；Starkman，2014)。新闻的概念化并不能帮助解释新闻是如何被发现有所欠缺的。Lewin、Bourdieu及其继任者们的场域理论为实现这一目标提供了一种方法。

新闻业正处于根本变革时期(Elliot，2008；McChesney，Nichols，2010)。一个多世纪以来一直支持新闻业的融资模式，正显示出严重的磨损迹象(Kawamoto，2003；Kaye，Quinn，2010)，对新闻业的信任是稀缺的(Gans，2003)。任何不解释这些变化的新闻概念化都应该被发现是有所欠缺的。由Lewin以及特别是Bourdieu发展出的场域理论，为这种解释提供了一个工具包。

第 27 章

新闻网络

David Domingo, Victor Wiard

本章讨论在新闻研究中采用行动者网络理论(ANT)方法的机会与局限性，以追踪数字时代新闻生产、发行和使用的不断变化的结构。行动者网络理论建议取消新闻学研究对制度化新闻的关注，以便通过跟踪情境化社区中顺应现代新闻网络的各种各样的行动者的新闻相关实践，来理解新闻和新闻业的建构(Domingo等，2015)。这意味着对新闻学的科学概念(通常带有隐含的规范性)进行质疑，并通过跟踪各种行动者(新闻工作者、活动家、社会机构、数字技术和公民)的日常新闻实践，将研究重点扩展到新闻编辑部之外。这些行动者集体地协商新闻的意义、新闻生产者的合法性及他们在公共领域中的角色。在理想情况下，这种方法可以使某些行动者对其他行动者施加的权力变得显而易见，这种权力的施加为的是强制实施新闻网络的某些(制度化)配置，察觉非主流的新闻实践，并且让(人类)行动者能够重塑新闻业，这里的新闻业被理解为一种社会—技术实践，而不是一种制度。

本章围绕ANT为之带来贡献的三个相互交织的新闻学研究领域而展开：(1)通过承认技术制品在与新闻工作流程的交互中的作用，来分析新闻编辑室里的技术创新；(2)理解关于争议的新闻报道的动态，以及新闻叙事如何通过多个行动者的互动来被共同构建；(3)解释新闻业的发展演变，这里的新闻业被理解为是依情况而变的，而不是稳定的制度，社会中关于新闻角色的权力争斗影响着新闻业，而社会也并非一成不变，专业记者、他们的信源和他们的公众在日常新闻实践中对社会进行着再生产。ANT的关键概念贯穿于这三个部分，对它们

的描述可结合在新闻学研究中已经采用该框架的研究项目实例。行动者网络方法的本体论、认识论和方法论含义已被认为令新闻学界耳目一新，尤其是它对媒体制度化配置的"本质化概念的普遍怀疑态度"(Couldry，2008)，及其他如何引发我们去解构新闻和新闻制作人、记者和听众、媒体和政治之间牢固的分析性边界(Turner，2005)。该理论还因其分析权力不平等(见Hemmingway，2008；Couldry，2008)和规范价值(Anderson，Kreiss，2013)的能力而受到批评。ANT学者们对这些批评的反应，以及ANT对新闻学研究中其他既定研究范式的补充，也在本章的讨论范围之内。

打开新闻编辑室的黑箱：理解技术创新

行动者网络理论[1]最初是在20世纪80年代科学与技术的社会学这个背景下发展起来的，目的是解释以下这些方面之间的互动研究者、研究组织、研究者用以研究的物质要素、研究对象以及在实验室里用于测量的技术和仪器——如何作用于科学知识的建构(Law，1992)。ANT与社会建构主义的研究传统相联系，因为它着重于日常实践如何塑造社会结构。它强调的重点是行动者之间的关系，他们如何互动以构建像科学这样的社会产品，以及他们如何在此过程中(重新)相互定义。强调交互是行动者网络理论的关键特征之一。它对稳定的社会结构不感兴趣，而对新思想和新技术的发展以及我们认为理所当然的制度瓦解很感兴趣(Latour，2005；Anderson，De Macyer，2014)；它建议探究行动

者建立的并且不断重新协商的关系网络，旨在(临时)将他们的利益强加于其他行动者。行动者与网络之间的连字符"-"指出了ANT的一个重要原理：网络中的任何行动者最终都可以作为网络本身被分析(Callon，1987)，这个网络是不同要素的一个集合，它们被汇集在一个不断演化的关系中(Latour，1999)。其中一个特定的社会配置是行动者及其网络之间这些关系带来的结果，而稳定性是一个得之不易的结果，而且总是一种暂时的结果。

这种观点使ANT特别适合于理解创新和变革，这就是新闻学研究者最先将其添加到其科学工具箱中的根本理由。Hemmingway将新闻编辑室视为新闻界的实验室，Latour和Woolgar在一项具有开创性的研究中分析了新闻实验室，该研究奠定了ANT理论的基础。在借用行动者网络的观点时，新闻学者们正在寻找新的框架来解释新闻业采用数字技术的过程。ANT最吸引人的地方是其最初的方法，即把技术制品概念化为与人类处于相同本体论水平的行动者(Latour，1993；Couldry，2008，见第31章)：物质在任何社会活动的配置中都起着作用，ANT建议像分析网络中其他任何行动者一样对物质进行分析，以探讨其作出了什么贡献，如何影响其他行动者而同时又被其他行动者的行动所影响。ANT的批评者们常常误解了这一原理。Plesner阐明如下：

> 可以说，ANT的唯物主义取向使信息通信技术具有超越其他种类行动者的特权，但事实是，ANT保留技术要素的原因是它有一种抱负，要把那些让关联变得更为紧密的"事物"带到前台……社会学家们常常忽略了这一点(Plesner，2009)。

对技术与新闻业"相互塑造"的研究(Bockzwoski，1999；Hemmingway，2005)，对20世纪90年代主导新闻学研究的技术决定论话语来说，是一个重要的矫正方法(Domingo，2008a)。基于ANT和其他建构主义方法的研究并没有将互联网视为会影响新闻工作者工作的外在力量，而是将新闻编辑室的创新理解为现有新闻制作实践与数字技术供给之间的一个协商过程(另见第13章)。实证结果表明了现有新闻文化是如何抵制并部分中和了创新所带来的潜在替代性配置。

Hemmingway描述了英国广播公司的某区域新闻编辑室对个人数字化生产(Personal Digital Production，PDP)系统的采纳，如何受到记者们和新闻生产现有技术安排的强烈反对，这里的新闻生产旨在服务于团队合作，以及掌控革命性的影响。那些提倡创新的媒体顾问们预测了这些革命性的影响：

> 事实证明，有效的新闻网络对技术冲击的反抗能力可能超出预期。导致这种与新技术的强有力协商的原因是单个决定性的个人数字化生产，其由已经处于网络中适当位置的代理人组合所操作。这些成功的操作既可以依靠先前建立的技术来进行，也可以通过新闻工作者和生产人员的有意行动来完成，这些记者和技术人员是整个技术采用过程的核心。(Hemmingway，2005)

Domingo发现，在4个加泰罗尼亚语在线新闻编辑室中，作为新闻媒体的互联网的所有特征并非都平等地被发展为具体的工作实践的特征。即时性更加明显地与拥有线上团队的报社和广播公司现有的新闻价值观产生共鸣，而且对突发新闻的随后关注阻碍了对交互性和多媒体特征的初步探索。本研究和其他研究的比较方法也展示了对创新的采用，局部地受到每个新闻编辑室的特定情况和动态的影响；没有单一一项分析能够适合所有情况[2]。

Hemmingway提出了新闻网络的概念，她把这个概念视为人类和技术行动者集合的简要称呼，正是这些行动者让新闻生产成为可能。在她的案例研究中，在相互塑造的过程中，新技术在改变某些新闻实践方面发挥了作用，因为它使记者能够赶上更为急迫的截稿日期，并促成了越来越多的与人类利益相关的故事。新闻网络部分地借助各种技术而扩展到新闻编辑室之外，这些技术把该网络连接到新闻工作者、新闻来源和新闻公众。电子邮件和Google(有时是记者在日常工作中采用的创新技术)并未取代电话,后者是构建新闻采集网络的一个核心技术(Plesner,2009),但它们使新闻与消息来源的关系更加非正式和更加直接。这引起了新闻工作中的细微变化,记者们大都忽略了这些细微的变化,因为对技术的自然采纳带来了"无缝性"(Plesner,2009),也就是说,行动者们似乎把技术当作他们工作例行程序的组成部分。其被ANT的研究者们采纳。研究者们使用民族志的方法进行分析:观察新闻工作中出现的矛盾,并通过采访和文档分析来追踪创新发展的先前步骤。Anderson和Kreiss重现了曾经是美国最大的区域性(在线)报纸集团Knight-Ridder的内容管理系统演进过程,目的是展示技术设计如何成为一类紧张关系的中心,这些紧张关系存在于"稳定本地新闻生产控制的深层嵌入的新闻文化与Knight-Ridder的商业需求之间"(Anderson,Kreiss,2013)。深度访谈(Micó等,2013)乃至定量问卷(Spyridou等,2013)都提供了一个相关但部分的网络视角,即人类行动者视角,而在新闻编辑室里的观察则使研究人员能够对新闻工作人员和技术制品之间的实际交互进行详尽的描述(Hemmingway,2008;Anderson,Kreiss,2013;Rodgers;2015)。

ANT认为,术语"行动元"是一个中立的概念,为的是以一种无差别的方式来标记人类和非人类行为者,以此来识别"网络中从与其他要素的联系中获得力量的任何要素"(Hemingway,2008)。"人类,理想,象征性解释,以及物质要素,都被视为同等重要的分析元素"(Plesner,2009)。一个记者、一个新闻编辑室、一群活动家,或者客观性这类的新闻价值观,与一台计算机、一个内容管理系统(CMS)或一个像Twitter这样的社交媒体平台是一样的,都是一个行动者网络。它们都是关系网络中的行动元,如果我们仔细分析它们,它们本身就是网络。对于某些行动元,可能无法看到他们接触的其他行动元中的关系复杂性。这与"黑箱"的概念有关,这是ANT研究中另一个重复出现的概念。这种情况发生在具有很多技术工具的记者身上,即使这些技术是在新闻编辑室里被开发出来的。从记者的角度来看,这些技术制品的内部运作是一个谜,实际上它们不需要任何细节;在记者眼中,特定设备是一个行动元,而不是一个网络。但是当事情运行不正常时,黑箱通常会打开,这对研究人员追踪一个给定新闻网络中行动元的内部网络来说是一个关键时刻。Schmitz Weiss和Domingo展示了网络编辑与他们的内容管理系统(Content Management System,CMS)之间存在一些问题,因为该软件的设计是通过Web开发人员与在线新闻编辑室总编辑之间的互动来被创建的,后者诠释了网站编辑的需求是有效地将CMS架构的基本原理放入"黑箱"中。但是,当新闻生产的日常流程,与软件中被嵌入的故事格式和元素的预期不相符时,网络编辑就创建了替代方法来使用CMS的某些特征,部分地将黑箱开放,旨在通过实践来重新定义呈现在他们面前的一个固定配置。

Andersen和Kreiss,以及Rodgers,还分析了记者在日常工作中如何与CMS互动,这是他们的更广泛的研究项目的一部分。他们"密切注意关联性的路径,这些路径把新闻领域里日益分散的社会—技术要素都联系了起来"这个方面,ANT是有用的(Anderson,Kreiss,2013),"将软件作为新闻学的重要对象……承认它相对于人类使用或授权所具有的部分自主权"(Rodgers,2015)。一旦我们将网络中的人类和非人类元素都视为行动者,我们就可以了解软件产品在由人类程序员设计后,如何在与其他人类的关系中发挥作用:它们"引入标准化形式的决策和功能,这为新闻实践的可能性制造了条件"(Rodgers,2015)。因为行动者网络方法"既不赋予人以优先权,也不赋予技术以优先权"(Plesner,2009),所以研究人员不必预先假设在人和技术的互动中将会发生什么,一切皆有可能。尽管诸如创新扩散之类的理论(Rogers,2003)把这个过程解释为一个具有预测性的采纳曲线(该曲线基于技术本身的特征和组织的特征),但ANT坚持认为,这个过程的结果是开放的，而且常常是出乎意料的，"确定性与偶然性之间"的紧张关系导致了这样一个无法预知的路径(Levrouw，2002；另见Micó等，2013)：如果新闻编辑室里的关系网络的现有配置和新软件技术与新硬件技术中的关系网络的现有配置是分开的话，他们各自可能相对连贯且稳定，但当它们在特定的环境中被聚合在一起时，它们的互动将重新定义这些配置。通过追踪它们之间如何关联，我们找到了它们彼此影响的特定方式。

追踪新闻编辑室以外的网络：新闻实践的多元性

将新闻生产视为一种行动者网络，这种视角会给新闻学研究带来强有力的认识论上的影响。当我们开始跟随行动者(Latour，2005)来追踪他们之间的关系时(ANT认为这是研究者的核心活动)，我们的研究对象将迅速地"从新闻编辑部的机械工作，通过它的人员，它的新闻技术、技能和工作实践，超越新闻编辑室，然后进入这个混乱的世界"(Hemmingway，2008)。ANT提供了框架来分析在信息的生产、流通和使用中日益复杂和交织的格局，而无须使用将角色分配给不同行动者的理论模型。ANT并没有关注可能把新闻工作者、消息来源或观众等特定社会学类别中的行动者分开的(模糊)界限，而是提供了一个视角，着眼于种种行动，这些行动把行动者们绑定在一起，并塑造他们各自的新闻参与(Domingo，Le Cam，2015)。

Anderson提议"放大新闻编辑室"，这里的新闻编辑室是一个独立的，以及在研究新闻工作时存在一些位置优势。这是超越了创新过程分析的ANT带来的主要贡献之一。安德森本人澄清了这一提议的挑衅性含义：

> 我不想暗示新闻编辑室在当代新闻生产中不起作用。确实，本文得出的结论恰恰相反——新闻编辑室的作用仍然很重要。但是，我们不能再将其首要性视为理所当然；传统体制化新闻编辑室的状况必须被不断地问题化(Anderson，2011)。

Anderson对美国费城更广泛的新闻生态系统的研究(见第28章)，识别出参与新闻生产过程的多个行动者，包括相互竞争的新闻媒体公司、地方积极活动分子、公共行政官员，以及博客作者(Anderson，2010，2013a)。尽管新闻传播中涉及多种声音，但其他行动元的行动仍然赋予专业新闻以生产合法事件描述的特权：他们想要他们的故事版本被印刷或者播出，以作为他们争夺霸权的社会行动的一部分(见第17章)。ANT的敏感性提供了关于专业记者中心地位的重要警告：在与其他行动元的每次互动中，专业记者的合法性被争论、协商或重申，并且可能随着时间的推移而发展演变。

从方法论的角度来看，追踪行动元的策略意味着，研究人员将把任何一个人类或者非人类行动者囊括进她的分析，这里的行动者与先前被识别出的行动元进行互动。通过追踪这些关系而构建出的网络，实际上不是一个包含众多节点的网状(例如互联网)的网络，它不以一个物质的且稳定的物体或布局形式而存在——尽管它的视觉呈现也许有时候会有助于突出行动者的一些多重关系(Venturini，2012)，它是一种智力构想，是一种隐喻，ANT使用这一隐喻来概念化社会现象研究过程，正如Latour所解释的那样：

> 我用网络一词不仅仅是为了指代世界上某个具有网状形状的事物(不同于并置的领域、由边界划定的表面、不能通过的容器等)，而主要是指定一种探究模式，在实验的场合里，该模式学着列出种种意外存在，这些存在对于任何实体的存在而言都是必须的(Latour，2011)。

在我们的例子中，新闻是被关注的一种实体，为了让它存在，新闻编辑室内外的各种行动元，都会调动"新闻"来让它发生。而且，根据ANT，如果不分析新闻与其他实体的关系，我们就无法理解这一被扩展的新闻网络中的每个元素。这就是为什么行动者网络研究的重点是实践而不是身份。身份是网络的效果，是实践和行动的结果，而不是原因(Law，1992)。在这一点上，ANT在社会位置的概念方面与场域理论(见第26章)存在根本性的不同，并且它与媒介生态系统方法有更多的联系(见第28章)。通过强调实践³，我们可以研究各种行动元在新闻业中的参与情况，而无须预判他们的立场和身份(Domingo等，2015)。ANT主张不使用预先被定义好的类别，而是倾听行动元如何描述自己和周围的世界。他们可能不会把新闻参与定义为新闻工作，但在与他者的互动中，他们的实践可能对塑造新闻报道意义重大。

继续采取追踪新闻网络的策略，这个过程包括"以前被认为受众的人"(Rosen，2006)，他们是各种各样的行动元，其实践与新闻以不同的方式发生关联，而这些不同的方式通常是没有被说明和解释的(Costera Meijer，Kormelink，2014，另见第13章)。因为新闻学研究的研究对象之一是不断模糊的边界所带来的挑战(Carlson，Lewis，2015)，行动者网络的方法，消除了"学科上的或其他类的偏见，这些偏见可能会自动地把特定的行动读取为，比如，'消费'或者'是一个受众'，无论行动元如何看待自己的行动"(Couldry，2008)。作为其研究项目的结果，ANT"使处于新闻研究理论核心的生产者—消费者二分法不再有效"(Domingo等，2015)，并认可一种分析，它更有能力承认每一个行动元对新闻的集体建构所带来的贡献：

> 与其说是新造的混合概念(生产型消费者、公民记者)传达出现有模式的无效，这些模式解释行动元在数字化时代里正在做什么，还不如说，这种反功能主义的方法让下述的事情变得更加简单：承认专业记者利用大量新闻来让自己有能力生产出自己的故事，或者不为媒体组织工作的某些公民或许可以有效地在Twitter上传播一些新闻，告之专业新闻编辑室，让这些新闻成为热门话题(Domingo等，2015)。

在相对论式的观点下，并不意味着网络中不同的行动元没有秩序或特定的角色；他们实际上会在采取行动的过程中出现。任何社会环境中的核心活动之一是分组的过程，即形成网络中行动元集群(Latour，2005)。再者，ANT并没有先验地定义参与新闻工作的不同行动元的类别，而是建议观察行动元如何分组，如何定义这些分组，如何阻止其他行动元成为其分组成员，以及如何阻止其他行动元执行预定给自己的任务。分组不会将网络分解为孤立的行动元，而是提供一种对行动元的安排；分组实际上是相互作用的结果，只能借助于互动而存在。一个小组中的行动元具有共同的目标和身份，并在与其他行动元的对照和互动中自我定义。Latour认为，"分组必须被不断地制造和再制造，在这个创造和再创造的过程中，分组者留下了很多痕迹，这些痕迹可以被用作数据，来解释一种社会现象的动态，以及每一个行动元为这个社会现象的出现贡献了什么。Mico等人探讨了一家公共广播公司中的组织方式如何阻碍新闻编辑室融合项目的发展：多年来，广播、电视和互联网新闻工作者将自己定义为与其他人是不同的，以此把他们的工作合法化。这种强烈的身份差异让组织变革受到强烈抵制，因为它们被视为对现有分组的压制。在新闻编辑室之外，"对一个接受过传统报道技能培训的新闻工作者来说，所有线上行动者看起来都像新闻来源，并且这些线上行动者可以被评估，依据的是记者判断新闻来源的标准"(Anderson，2010)，新闻工作者会本能地把这些线上行动者分配到不同的组别，而不是将其视为对他们的合法性的威胁。

行动者网络理论提出了另一个认识论的命题：行动者网络理论只有在存在冲突或张力的情况下才能被追踪，而冲突或张力实际上是时常出现的。在行动元设法(临时地)稳定一种安排(做某事的一种方式)时，这种安排对其他行动元来说就像一个黑箱，如我们之前看到的那样，对研究人员来说，这种安排也是一个黑箱。只有在行动元努力改变现有安排的时候，或者新行动元(例如技术创新)进入网络并且其他行动元需要重组的时候，行动元之间的关系才是可见的。为了能够实际追踪到这些关系，ANT建议从争议开始。

Callon将争议放在ANT初始研究项目的中心，因为正是在这些冲突时刻，黑箱更确定地变得敞开，而行动者网络的内部运作也暴露于它们的矛盾之中。争议是一种复杂的情况，在这种情况下，某种安排不会让参与的行动者完全同意；它代表的是不稳定、黑箱或封闭(Venturini，2010)。争议具有一个更广泛的含义，即不仅仅是意见的分歧，还能描述"令人关注"的任何事(Latour，2004，2005)。因为在新闻业中，许多新闻报道都聚焦社会争议，所以ANT可以有助于解释，不同社会行动者的位置如何随着时间的推移而演变，同时围绕着一个特定的话题，例如克隆(Neresini，2000)。ANT也是一个很好的策略，用于探究行动者如何协商分组，以及是什么样的互动塑造了新闻叙事(Le Cam，Domingo，2015)。正是在这样的情境中，诸如权力和规范性之类的概念才出现。正如我们将看到的，这些关键的社会学类别在ANT中一直是有争议的。

新闻业的(再)建构：ANT，权力与规范性

上文所解释的ANT原理，在分析变化的场景时，具有诸多优点：它具备检测新角色和现有角色突变的功能。研究人员追踪的关系不能确定静态位置，关系之所以存在，是因为在一段时期内有活动或者互动被执行，而且这些关系很容易演变。如果ANT在新闻学研究的应用中存在一个核心任务，那么这个核心任务就是解释新闻业正在发生变化的方式。不仅是什么变了和什么没变，而且，更确切地说，是演变的机制，即什么样的行动元执行了什么样的行动，从而随着时间的推移对新闻网络进行(再)配置。这就是本章第一部分回顾的关于创新的实证研究所做的关于新闻编辑室的调查。现在的挑战是运用这些知识来了解新闻业作为一种职业、一种制度和一种社会实践的历史演变，并识别出那些影响新闻业当前格局的因素。

媒体学者们已经表达了他们的质疑，即仅靠ANT就能实现上述目的的可能性(Couldry，2008；Anderson，Keiss，2013；Anderson，De Maeyer，2014；Benson，2014)。他们明确赞同ANT为"物质性"的辩护，主张物质性是我们研究对象的组成部分，而相应的方法则是承认技术的能动性；他们还明确重视ANT的描述各种行动者之间张力的能力，该能力可能会低估新兴趋势的先验式分类。然而学者们不满意的是在ANT框架中人类行动者对网络配置的诠释(Couldy，2008)，"文化上的假定、价值观和基本原理，依据的是哪一种行动被赋予了价值和被指向特定的规范性结果"(Anderson，Kreiss，2013)。通过聚焦实践与关系，ANT突出了社会现象的不可预测性，但同时对指导人类活动的非物质框架不够重视。Hemmingway承认有必要在ANT分析中包括人类行动者的自反性，从而脱离ANT主张的行动元分析的严格对称性。Latour最近提出了"存在模式"的概念，以设法解决非常重要的文化框架，这类框架将人类期望置于不同的社会领域中，包括媒体领域(Cuntz等，2014)。Anderson和Kreiss提出了一个解决方案：在ANT和其他研究传统之间架设桥梁，这里的"其他研究传统"特指同样具有批判性的社会分析方法，却把文化视角置于研究者的视野当中。Benson对此表示赞同，并提出了以"非正式的(而不是正式的)诠释和理论使用"来应对这一挑战。对他而言，制度/场域理论(见第25章和第26章)有利于进行解释性的和规范性的现象分析，ANT方法最先帮助描绘了这种现象。这会补偿ANT的相对主义的代价："首先，没有解释——让一些理由具有凌驾于其他理由之上的特权。其次，没有评估——任何事物都没有更好或者更坏的区别"。

这种关于ANT的影响的观点，与反复出现的一种指责产生共鸣，该指责是说，对行动者网络的追踪，会把权力关系"平面化"，有利于一种无政治意义的世界观：不存在结构性的不平等。Latour已经彻底解决了这种误解，并维

护ANT的批判性与进取性：行动者网络的研究结果实际上表明，现有安排是多么脆弱，以及行动者需要投入多少精力才能让社会现象以他们希望的方式被塑造。对Latour来说，ANT研究是"一个竞技场、一个论坛、一个空间、一个表征"(Latour，2005)，可以使社会行动者们有能力作用于研究者已经描绘出的种种情形。在一个行动者网络当中，改变总是可能的，但这并不意味着没有权力的改变。Hemmingway很好地总结了基于ANT的权力分析所具有的理论基础，这些理论基础与本章前面小节中被提出的原则是一致的：只有通过行动元之间的种种互动，我们才能观察权力，尤其是在一个行动元使其他行动元以某种方式行事的时候。

"权力不仅仅是一个人可以拥有的东西"，还是一个人"行使"的东西，目的是让其他人执行一个行动(Hemmingway，2008)。

ANT的支持者们已经发展出一些概念来解释权力关系，例如转化和通道的强制点。"转化"概念对应的是建构和维系一个行动者网络的权力的机制问题(Callon，1986)。成功将权力施加于他者的行动元，通过把他们的世界观和各自的议程转化为共识，设法让其他行动元加入其网络。Latour(2005)指出了中介者和调解者之间存在差别：前者是指那些转化重要意义的行动元，是他们引发了网络中其他行动元的变化，后者只是简单地传递了意义，并没有改变意义。借助这些概念性工具，我们有可能解释，一个内容管理系统中的技术要素，如何让一些内容具有凌驾于其他内容之上的特权(Anderson，Kreiss，2013)，电子邮件如何改变编辑者和贡献者之间的关系(Plesner，2009)，Google如何影响新闻发布的方式(Sire，2013)，或者，一个数字媒体中心的引入如何设法让一些新闻生产例行程序保持不变(Hemmingway，2005)。这些例子来自针对新闻编辑室中创新过程的研究，不仅关注技术和其人类使用者在塑造新闻方面的权力关系，还关注技术如何改变人类行动元之间的关系。另一个例子把我们带到新闻编辑室之外，它引入一个ANT中与权力有关的最新概念："通道的强制点"。记者们或许会成功地将他们自己创建为新闻网络中的决定性要素(Domingo，Le Cam，2015)。在这种情况下，处于网络中心的新闻工作者可能充当他们的信源的种种活动的中介者，其作用是把信源的立场转变为对媒体友好的事件和内容。

这个概念领域强调了一个事实，即行动元的行事方式可能会被不断地重新协商：通道的强制点和中介者需要持续不断地施加他们的权力，旨在动员其他行动元沿着他们希望的方向采取行动，并且阻止其他的分组行动。规范性——价值观和理想——是最有用的行动元之一，这些最有用的行动元可以被调用，从而让其他行动元听命行事。将规范视为行动元，也是解决如下问题的一个可能的办法，这个问题关乎ANT分析对文化预设的忽略。从这个观点出发，新闻规范与新闻网络中其他行动元进行互动，这确实影响了一些或者许多行动元的行动，但同时这些互动又重新定义了新闻规范。ANT的解释力在于，这些与规范性相关的关系，把新闻业的长期历史，即新闻活动的历史建构，与当前的日常实践联系起来(Carey，1974；Schudson，1997)，把宏观视角与微观分析结合在一起，前者解释了新闻职业从何而来，后者的对象是日常生活，未来就是在日常生活中被精心制作的。行动元，包括专业记者和他们的消息来源(Ryfe，2012；Le Cam，Domingo.2015)以及观众(Costera Meijer，2012)，都可能参与元新闻话语，这类话语引发了规范性理想，我们可以回溯产生这些规范性理想的历史过程；这些行动元也能够暗中参与元新闻话语，通过重复一套由来已久的例行程序，或者完全相反的，反抗这套由来已久的例行程序，这两种方式都是行动元暗中参与元新闻话语的行动方式。规范性是一个强大的中介者，尽管技术创新和众多行动元的存在导致实践的诸多变化，但作为一个非物质性的行动元，规范性始终把新闻业维系成一个整体。但是，和其他任何行动元一样，它已经被创建，并且我们或许能够揭露它在争议当中变成"黑箱"的趋势。ANT使我们能够将新闻规范视为一个相对稳定的行动者网络，随着时间的推移，该网络可能在与行动元互动的过程中发生演变，这里的行动元是生产、传播和使用新闻的行动元。

追踪规范和价值观，与追踪其他行动元相比，或许看上去是一项更棘手的任务。不管显得多么抽象，规范性观念都被书写在物质性物体上，例如书籍、专业杂志和网站；规范性观念还被援引在大学课程大纲和新闻编辑室指南当中。对这些新闻元话语的分析(Carlson, 2015)，可以以一个富有成效的方法来解决如下问题：行动元对新闻应该如何被定义的权力争夺，以及为赋予某些行动元以新闻生产合法性和拒绝赋予其他行动元以新闻生产合法性所做的分组努力。此外，对新闻实践的民族志观察，可以揭示出行动元创建的、规范性的具体关系，该创建发生在与新闻有关的决策过程当中。当惯例化的生产流程作为一种干扰性的争议短促地闪现时，通常被认为理所应当的规范性部署机制变得向研究者开放和可见。在线新闻编辑可能已经委托通讯社去连线发布已核实的信息，但当一个记者在2003年巴格达冲突中死于美军炮火时，谨慎——陈旧的专业规范之一，就像电击一样让新闻编辑室变得瘫痪：他们认为有必要等一等，先寻求证实，然后再发布故事(Domingo, 2008c)。规范仍然在那里，即使记者没有明确地调用它，并且他们的行动看上去是自动化的，规范依然在那里。

结论：调和

Bruno Latour经常后悔他和他的同事们决定命名他们的提议为"行动者网络理论"，因为它太模棱两可并且容易被误解。对他而言，这不是"一种用来解释世界的模型"的理论，而是"一种非常粗糙的方法，用来理解行动者，而无须给行动者强行施加一个先验的定义"(Latour, 1999)。关联社会学或转化社会学(Callon, 1986)，已经被提议作为这一反功能主义方法的别名。尽管如此，ANT的简约的概念工具箱，及其通用术语(行动元、分组、转化)，

与任何其他理论框架一样，具有重要的本体论和认识论上的含义。在新闻学研究的背景下，ANT的贡献可以被解释为，对失联已久的种种研究项目的调和，促使学者们去探索传统上被视为孤立现象的研究对象之间的相互关系：人类与技术之间的调和；专业新闻工作者和其他参与新闻共同创作的社会行动者之间的调和；新闻编辑室和新闻编辑室之外的生活之间的调和；新闻制作实践、新闻传播实践和新闻使用实践之间的调和；新闻工作和接收研究之间的调和；规范性和偶然性之间的调和；历史和日常生活之间的调和；连续性和变化之间的调和。

到目前为止，ANT的大部分经验性贡献都主要集中在对新闻编辑室中技术采用过程的分析。关于人类行动元与非人类行动元之间的互动还有待更多的探索，并且任何基于ANT视角的研究都应该考虑新闻的物质性，把它作为研究问题答案中的一个因素。但是，把新闻工作者和技术之间的关系保留在特定研究项目的显著位置，这么做仍然是值得的，也应该从对技术采用的聚焦，转移到对数字新闻软件和硬件的设计过程的理解。新闻编辑室越来越多地参与(通常是开源的)代码的生产，这使得记者能够过滤信息、分析数据、生产可视化内容；ANT对社会过程和技术过程相互影响的敏感性，可能会极大地促进计算机新闻和算法新闻社会学的发展(Anderson, 2013b)。

在新闻编辑室之外，经验研究已经使用ANT来识别新闻生产行动元的多样性，从而提供了一个令人耳目一新的与新闻相关的多元声音的全貌。这些多元声音并非来自专业人士，而后者常常是研究的核心。对行动者之间关系的分析，对行动者分组和张力的分析，对他们的实践和身份的分析，都需要被置于不同的文化场景中，从而描绘出新闻网络的种种配置。对本地争议的报道，或者对非常专业的话题的报道，是追踪新闻网络的理想出发点，这两种报道的每一个都有自己的行动元和权力动态。到目前为止，聚焦点一直是这些网络中的行动

元。ANT研究也可以被设计用来回答关于这些互动的结果，合作生产的新闻内容及其社会和政治含义等问题；ANT研究也可以被用来评估新闻在社会中的实际影响(通过非常具体的描述)，评估新闻网络和其他行动者网络之间的相互作用。需要强调的是，行动者网络是社会生活的基本结构。

ANT仍然可以应对的最大挑战是新闻规范的演变，新闻规范被理解为一种社会—历史建构，在日常实践中被组织，塑造着日常实践，并且通过日常实践被重塑。

ANT的视角可以促成非正统的、关于规范性问题的优势观点，揭开了作为不可变基准的规范性的神秘面纱，以及清楚阐明规范性与专业新闻之间的默认关联。对新闻的理想定义的协商，发生在参与新闻共同制作的所有行动者的每次互动中。为了展开一场关于新闻业未来的富有成效的讨论，没有什么比承认如下事实更具有推动力，这些事实是：新闻业的偶然性，以及新闻工作者们为了防止其专业性溶入混乱的新闻网络而作出的巨大努力。

注 释

1. 参阅Latour(2005)的论述，以更系统地了解ANT的原理与概念，Hemmingway还从新闻学研究的视角介绍了ANT(2008)。
2. 参阅Boczkowski(2005)的类似发现，其采用的是一种"技术的社会建构"方法，接近ANT的原理。
3. ANT隐晦地把话语看作一种实践形式。

第 28 章

新闻生态系统

C. W. Anderson

引言

本章讨论了在数字时代"走出"新闻编辑室的观点,其灵感来自Zelizer的论点,即当今新闻业的许多重要问题都不在新闻编辑室内部发生。本章首先简要回顾了学者们理解"进入和离开新闻编辑室"这一过程的不同方法;然后讨论我们还必须考虑另一条前进道路——新闻学研究的生态系统方法。这部分先概述了数字时代"新闻生态系统"这一说法的日益流行,接着讨论了媒体研究文献中"生态系统"这一术语的两种用法,最后概述了新兴新闻生态系统研究的几个例子,每个例子都借鉴了一种不同的(即使是未被公开承认的)理论传统。

本章的标志性特征是,尝试通过"新闻生态系统"的两种不同含义来思考新闻,并将这些含义与新闻学研究的可能道路联系起来。我称这些方法为"环境的"和"根茎的"方法。虽然我认为这两种方法在智力和规范上都是有用的,但本章倾向于使用更多的根茎方法。尽管根茎方法已成为当前"大数据分析"浪潮的一部分(Wu等,2011),但是环境方法似乎被应用于更多的传统新闻学研究。因此,在下文中,我想证明根茎方法应该被更严格地应用于新闻学研究,同时我认为,这些主要由数据驱动的研究需要有更多的定性的、民族志的元素。

我应该从一开始就注明,根茎的和环境的方法这二者之间的概念差异并不是我最先提出的。事实上,这种区别在唯物主义媒体理论的某些领域已经流行了十多年。我在本章中的贡献是采用了这两种方法,描述了它们关注的主要领域,并将其应用于新闻学研究。我还想提供一个简短的术语说明,这可能会对第一次接触这些主题的读者们有所帮助。我在这里讨论的理论家们,并不总是谨慎地对待他们为概念性术语提供的标签。他们经常互换地使用"环境""生态"和"生态学的"。在本章中,我使用"生态学的"来指代我在这里讨论的两种主要方法,因为到目前为止这两种方法在许多方面都很相似。我将尼尔·波兹曼(Neil Postman)、马歇尔·麦克卢汉(Marshall McLuhan)的理论的较早版本称为"环境的"视角,而将较新的研究归为"根茎的"方法。

新闻编辑室内外

Barbie Zelizer在其2004年出版的《严肃对待新闻业:新闻与学术》一书中,采用民族志的方法研究新闻编辑室,旨在回应这样一个问题,即人们对存在于传统新闻制度领域之外的新闻业的多样化"缺乏关注"(Zelizer, 2004)。我们可以看到这与科特尔的提议的一些相似之处:

> 在(新近地)渗透(数字化的)传播环境的过程中,新闻生产不再发生在任何一个组织化生产中心内部,而是已经变得越来越分散,跨越多个站点和不同平台,而且处于世界上不同位置的记者们也促成了这一变化的发生(Cottle, 2007)。

从本质上讲,所有新闻研究的目标都是回答以下三个相互关联的问题:为什么新闻以当前这种方式被制造?新闻对世界、读者或这两者都有什么影响?这些新闻生产和消费实践在规范上对维持健康的民主有何贡献？有评论家认为，基于新闻编辑室的方法，忽略了促成新闻生产模式的外部结构性因素，对消费行为的关注太少，并且忽略了将生产和消费模式以及新闻编辑室本身置于历史背景中。

民族志或新闻编辑室研究未能捕捉到促成新闻生产过程的外部(通常是结构性的)因素，这是一种陈旧的观点。属于这一批判范畴的最新例子之一是皮卡德对最近一连串(中心的和民族志的)新闻学研究的概述，其中很多与新闻编辑室有关。在概述中，Pickard指出：

> 这些书的每一本给我们一个"快照"，关于是什么给新闻产业带来了烦恼。它们一起阐明了新闻业未来的更广泛问题。如果要对这些原本还不错的研究做一个全面的批评，那就是他们在总体上缺乏对新闻业危机的结构性根源的重视，普通记者经常被困于超出他们控制能力的种种变化。

一系列得益于政治经济学方法的新闻学研究(Sparks，1992)(其中，国家管理水平、国家媒体制度之间的差异以及宏观经济力量都起主导作用)，把研究者的注意力引向那些新闻编辑室之外的强大力量，这些力量对新闻生产造成影响，甚至决定了新闻生产的结构。

聚焦新闻编辑室的研究，不仅看起来在结构上不完整，而且矛盾的是，它在结构上过于臃肿，也就是说该研究的趋势是聚焦生产制度而非受众或公民消费新闻的方式。实际上，在过去的20年里，新闻学研究出现了一些摇摆；从20世纪七八十年代的生产研究，到八九十年代的文化消费研究，再到今天的研究，可以说今天的研究标志着以生产为中心的方法的回归。然而，最有趣的较早期受众研究，并未采用个人主义的方法来回答关于新闻与受众之间关系的问题，而是采用了一种文化的方法，在这种方法中，主导性的编码和象征性的取向，构成了新闻内容与公民行动之间的交集。再者，对新闻业及其受众之间关系的传统理解，将我们的注意力吸引到新闻编辑室之外，引向在新闻之门另一侧的那些行动者。

历史是询问"新闻编辑室"内外之间关系的第三种机制(尽管尚未被充分探索)。新闻编辑室里的民族志研究，因其把研究对象冻结在某一个时间段而遭受批评——这类研究聚焦新闻制作的现象学方面(新闻编辑室里的行动者看到什么、理解什么和体验什么)，而且研究者在单一一个地点只花费相对较少的时间。即使是最广泛的民族志研究，也往往是数年而不是数十年的研究。这会导致暂时性现象的物化和新闻编辑室结构的去时间化，而这两个方面都会因快速的技术变革而被加剧。相比之下，用历史视角来审视新闻编辑室，可以将当前新闻生产技术置于背景之中，这能显示出它们是如何演变的，通常是以出乎意料的方式。就历史的新闻编辑室研究而言，新闻编辑室的外部处于时间和空间维度上。

这些视角的每一个(政治的/经济的，文化的，以及历史的)，标志着一种走出新闻编辑室的方式，其中一部分放弃了(或至少是补充了)民族志研究模型。这些视角的每一个都是一种方法论策略。但是，是否存在一些概念性策略，可以被用来"打开"新闻编辑室(Anderson，2011)，同时又能保留民族志方法的见解，以及它的细微的、现象学的、以意义为导向的视角？我认为存在这样的概念性策略，而且为了同时处于新闻生产空间的内部和外部，我们需要做的不仅仅是简单地对外部的、结构性的因素进行分类，这些因素控制着(或者在一个更强有力的层面上，是决定了)新闻生产周期。我想证明的是，我们也可以研究新闻生态系统，将其定义为个人、组织和技术的整体，他们处在一个特定的地理性社区内部，或者围绕一个特定的议题，参与新闻生产，以及参与新闻消费。换句话说，比起传统新闻编辑室内部，在外部总是存在更多的群组在制作、传播和消费新闻；大多数民族志新闻研究，首先着眼于大型的、传统的新闻编辑室；不同的媒体和机构生产不同形式的新闻，在故事框架上也不尽相同，这些框架在不同的人口群体和不同的阶层之间流通；这些故事、框架、技术和新闻工作人员也会跨越数字和物理空间。研究新闻生态系统，并不是仅仅针对数字时代的一个策略（一直存在着这样一些群体，例如盗版广播制作人、非裔美国报纸编辑，以及非主流周报记者，他们在大型新闻机构范围之外创造新闻），但它确实在这样一个时代里具有特别的回响，这个时代的特点是，线上新闻生产的界限变得模糊，跨数字空间的新闻移动和"弹跳"格外快速。

在下一节中，我想通过一个简短的族谱考察进一步完善我们对"新闻生态系统"的共识，然后转向我们可能会理解该术语含义的两种主要方式，以及作为学者可以寻求的、在研究中实施该方法的不同方式。

关于新闻生态系统的思考：简短的溯源考察

Google N-Grams是一种软件工具，可提供一个"大数据"的概观，即Google的被扫描书籍语料库中不同短语的流行程度。我使用该工具来追踪"媒体生态系统"这一短语的兴起，追踪期从2001年到2008年。在这期间，对这一短语的使用每年都在翻倍。2001年，也是该短语被用在学术文献中的第一年，它首次出现在一篇题为"融合？我有不同意见"的文章中。在这篇文章中，新媒体与文化研究学者Henry Jenkins提出了一个基本观点：所谓的旧媒体几乎不会被新媒体所取代。"一种媒介的内容可能会发生变化，其受众可能会改变，其社会地位可能会上升或下降，"Jenkins写道，"一旦一种媒介确立了它自己，它会继续成为媒介生态系统的一部分。没有一种媒介会独自'赢得'这场争夺我们的耳朵和眼球的战争(Jenkins，2001)。"由于来自传播和文化研究的世界，以及对粉丝社群和非主流媒体生产有过研究，Jenkins对居支配地位的主流媒体之外的话语生产者行动具有一种天生的敏感性。

尽管如此，Jenkins在他的文章中并未具体提及新闻工作。哈佛伯克曼中心研究员Rebecca MacKinnon在2005年的一篇论文中首次提到了新闻传播生态系统，她在论文中报告了一场伯克曼中心会议的正式记录，并特别提到互联网理论家Jay Rosen和Jeff Jaris对该场会议的贡献(MacKinnon，2005)。尽管数字新闻分析的"首创者们"对新闻传播生态系统给予了关注(Borger等，2013)，但这一短语花费了5年多的时间才首次出现在同行评议期刊中。包括Rebecca Mackinnon的论文出现的期刊《政治传播》(Anderson，2010)，以及其他一些期刊，都引用了皮尤研究中心的一项研究"新闻如何发生：对一个美国城市中新闻生态系统的研究"(Pew，2010)。到2012年，Google 学术搜索可以找到50多个包含"新闻生态系统"这一术语的文章和书籍。

但是，这些例子并没有彻底探讨"生态系统"在一个与传播相关的特定语境中的使用。事实上，它们中的每一个都回到了对生态系统的一种更早期的理解——Jenkins对"旧"技术的物质属性的关注，皮尤研究中心对信息扩散和转换的关注，以及Rosen在2005年那场伯克曼中心会议上提到的，他大大得益于纽约大学"媒体生态学家"Neil Postman的研究[1]。简而言之，尽管对术语"生态系统"的不同理解之间存在表面上的相似性，并且这些理解都以相似的程度受到易获取媒体内容激增的驱动，但它们实际上包含着不同的规范性目标，并推动了不同的研究策略。我现在转而讨论媒体生态系统文献中的两条主线或主题领域，在本章的引言中，我称之为"环境的"方法和"根茎的"方法。在对根茎方法的讨论中，我进一步区分了那些主要使用大数据和定量方法的一类，以及另一些采用更多混合方法(例如访谈和民族志田野调查)的一类。

两种媒体生态

平衡中的传播：媒体环境

关注媒介生态系统的第一批学术研究，可以在零散的传播子领域中被找到，我在这里将其称为媒介研究的"环境的"方法，但该方法自己的实践者们称之为"媒介生态学"。本章将其进行简要的概述，这是一个有着自己的会议和期刊的研究领域，它也让纽约大学的媒体研究名声大噪，后来该学院在2001年改名为"媒体、文化与传播"学院，一个不那么古怪的叫法。相关的理论最早出现于20世纪60年代末和70年代初，并且代表着"生态"这一隐喻在当时的各种跨学科研究领域中大规模扩散。

纽约大学教授Neil Postman于1968年首次正式提出"媒介生态学"这一术语(Postman，2000)，但他还借鉴了Marshall McLuhan在至少10年前提出的理论(Levinson，2000)。"媒介生态学"认为，人类处于媒介"生态系统"或"媒介环境"的中心，而且这个生态系统显著地影响着人们的感知、认知和行为。媒介生态学视角的根源可以被追溯到McLuhan之外的学者，比如多伦多大学教授Harold Innis和Eric Havelock的早期研究，以及学者Walter J. Ong的早期研究。这种环境的视角(也被称为传播理论的"多伦多学派")(Blondheim，Watson，2007)的强大吸引力之一，其主要贡献者来自不同学科。例如，Innis是一位政治经济学家和历史学家，他主要研究传播在控制帝国的时间和空间中的作用。另一方面，Havelock是一位精通古希腊语的英国古典文学学者，他感兴趣的是古代传播从口头形式到书面形式的转变。简而言之，尽管将某种特定的理论倾向称为"流派"这种做法隐约存在着种种诱惑，但在媒介生态学领域内部仍然存在着巨大的分歧，我们应该警惕过度概括这些分歧的相容性。

然而，所有这些学者，无论他们有多少分歧，都明确集中在对媒体格式和该格式长期的社会影响之间关系的稳健理解上。这种影响通常以自然主义的术语被构想，例如多伦多学派代表人物Marshall McLuhan就采用了这种做法；换句话说，多伦多学派将传播生态系统隐喻的"自然导向"这个特别的方面，扩展到了涵盖不同媒体类型之间的演化、增长、衰退和平衡的范畴。例如，这种媒体生态系统中的媒体形式，通常被理解为不同的物种——它们相

互作用，彼此平衡，并且如果生态系统是健康的，它们就会和谐一致。这些"物种"很大程度上是更普通的、更广泛的媒介种类的子集，如"热媒介""冷媒介"等，也包括一些媒介形式，它们较少从属于McLuhan汉对技术史的特殊理解。这些媒介类型，就像自然界中的物种，有时也会灭绝，或者演变成更先进的或更适合当前环境的东西。最后，从媒介生态学的角度来看，这种传播系统的综合特性的重要性在于，它对位于媒体环境中心的人类会产生明显的影响，并且很大程度上借助于符号力量以及这些符号与人类大脑连接的方式。正如James Carey在1967年发表的一篇关于Harold Innis和Marshall McLuhan的文章中所说的那样：

> McLuhan和Innis都假定传播技术的中心性；不同之处在于他们看到的传播技术带来的主要影响。Innis认为，传播技术主要影响社会组织和文化；McLuhan认为，传播技术主要影响人的感觉组织和思想……虽然McLuhan在思想上受到Innis的启发，但我认为McLuhan将更清晰、更有益的方式，与社会语言学的一系列推测联系起来，即通常讲的Sapir-Whorf假说(Carey，1967)。

媒介生态学家，特别是McLuhan，已经因这种技术决定性的倾向而受到批评。Raymond Williams称麦克卢汉(McLuhan)式的立场为"形式主义"。Williams写道：

> 很明显，**麦克卢汉关注媒体的特殊性**：演说、印刷品、广播、电视等在特性上的差异。在他的研究中，媒体从来没有真正被视为实践。所有特殊实践都被随意归类，并且其带来的影响不仅溶解了特殊的意图，也溶解了一般的意图。(Williams，1974)

这些具有技术自然主义特征(强调技术是人的生物性延伸)的媒体形式，通过对人的感官产生影响，从而直接作用于电子时代里普通公民消费者的健康状况，而且这些媒体形式本身也相互影响，影响的方式最接近于一个湖泊或者

池塘边的自然生命相互影响的方式。

唯物主义媒介生态学：根茎方法

　　Matthew Fuller在2005年出版了《媒介生态学》(Media Ecologies)一书。该书不仅着眼于由Postman首创的"媒介生态学"这一说法所形成的传统，还汇集了位于多个领域之间边界上的不同思路，这些领域包括媒介考古学、设计、计算机科学和行动者网络理论(见第27章)，目的是构建一种关于"媒介生态学"的另一种理解(Fuller, 2005)。在富勒的书中，其研究对象是他视为的一种深度非人性化的媒体系统。在该系统中，人类主体不位于传播环境的中心，而是由符号的和物质的媒体所构成的一系列不断变化的网络中的一个节点。在这些重叠的网络中，结果不是最终的控制论上的平衡(就像在媒介生态学传统中一样)，而是动态的、根茎式的扩展。这一观念显然借鉴了Deleuze和Guattari的研究。根茎的主要特征是：

> 　　与树木或它们的根不同，根茎将任何点连接到任何其他点，并且根茎的特征不一定与同种类的根茎的特征相关联；它启用非常不同的符号体系，乃至非符号的情形。根茎既不能简约为一个，也不能简约为多个。它不是简单的一个、两个或者多个的相加。它不是由节点构成的，而是由维度构成的，或者是由运动中的方向构成的。(Deleuze, Guattari, 1980)

　　在对这两代生态学理论之间的差异进行概述时，Goddard主张，相较较老一代的生态学理论，较年轻一代的生态学理论更具有物质性。事实并非如此，两代理论都存在物质性，尽管对物质性的理解方式是不同的。在媒体生态学的根茎方法中，物质性的方面既不被理解为结构化环境的一部分，也不被理解为某一历史时期。在该方法中，起推动作用的研究取向更倾向于如下问题：社会—物质互动，意义如何跨空间扩散和互动，以及这些互动和扩散内在的权力差异如何随着时间的推移被物体化：

> 　　在具有各种各样的特殊或共享的节奏、编码、政治、能力、倾向和内驱力的媒体系统中，有哪些不同种类的(物质性)特质，它们如何混合、相互关联？
> 　　该方法的重点是理解对物质性的关注在以下两种情况里是最富有成效的，即它被认为无关紧要的地方，和在电子媒体的非物质领域。(Fuller, 2005)

　　换句话说：几乎和McLuhan讲的一样，所有媒体都是物质性的，尤其是数字媒体。但是，说到物质性，媒介生态学的这种根茎视角实际上是指"向网络中其他部分施加权力的事物"，而不是从一个包围着人类主体的结构化环境的意义上讲的技术决定论。在这里，理论上的灵感来源，显然更少地来自美国人或加拿大人，而更多地来自欧洲人，不仅借鉴了Guattr和Deluze的研究，而且还借鉴了De Landa、Steiger和Latour的研究。Fuller的研究在根本上具有政治上的潜在含义，这与Postman传统是不符合的；正如Michael Goddard所言，较老一代的媒体环境主义认为媒体是自然系统本身，相比之下，较新版本的媒介生态学可能被视为更类似于环境运动(Goddard, 2011)。

　　总结一下：较旧的媒介生态学方法以自然世界为一个指导性的隐喻，将不同形式的媒介视为个体"物种"，认为这些物种之间的主导性互动模式是控制论的(平衡一体)，并把人类主体(或物种)置于这一自然生态系统的中心，其伴随着的一个主要问题是，物种如何繁衍。我们可能因而将此称为一种环境方法。较新的媒介生态学方法，没有看到自然世界和技术世界之间的有意义的区别，把不同的媒体形式想象成在本质上首要是物质性的，以及在历史上是偶然发生的，还把空间中的运动想象成权力的扩散与实施而不是平衡，不认为人类是任何一种媒体系统的中心，不管是自然的，物质性的，还是其他种类的媒体系统。这就是一种根茎方法，但是这些关于生态学的不同理解对新闻学研究意味着什么，以及它们如何以一种已经在本章开头段落里被讨论的那种方式，帮助我们走出新闻编辑室？我现在要转而讨论这些生态学隐喻在新闻学研究中的应用。

媒介生态学与数字新闻学研究

正如本章引言和其他地方(Anderson，2010，2011)所论证的那样，应该超越传统的新闻编辑室民族志，从而研究构成更大的"新闻生态系统"的网络、组织、社会团体和机构，这显然是研究者们顺应数字新闻变化着的技术、文化和经济结构过程中迈出的第一步。但是，我想把这一见解再往前推一步，为此我想引用我在上文中概述的对生态系统的环境式和根茎式理解之间的区别。这两种观点都可以被用来研究数字新闻，以有益和富有成效的方式。但我还要主张，它们最终代表了新闻研究的不同路径，并最终包含了不同的规范性考虑。如果我们要使用一个更基于环境视角的方法，将如何研究新闻学？根茎方法的使用将如何改变我们研究的焦点？如果我们想把根茎方法更充分地应用于新闻学研究，要如何修正它(目前主要是大规模大数据分析的一部分)？

创立健康的媒体生态系统

新闻编辑室以外的绝大多数数字媒体研究，都对新闻业和新闻生产有一种环境式的理解。在这些研究中，我选择引用奈特委员会的关于"社区的新信息需求"的报告(Knight Commission，2009)，以及新美国基金会(Morgan等，2010)、芝加哥社区信托和隶属奈特基金会的各种组织所生成的各种形式的生态系统制图。这些研究中的每一个，可以被认为遵循着下面的路线。它们各自提供一个关于域媒体与新闻机构的分类法，这些媒体和新闻机构处于特定的地理区域或话题领域。这些机构包括但不限于传统新闻组织。它们研究了这些机构生产的信息，并在最后分析了这些生产输出(包括经常被人为定价的"原始报道")，如何促成一个"全面健康"的公民群体。

我想把芝加哥社区信托在2009—2013年期间开展的关于芝加哥本地新闻生态系统的一系列研究作为健康媒体生态系统研究的标志。在这4年里，这些研究的任务是考察芝加哥本地新闻被生产和消费的方式，芝加哥社区信托编写了十几份报告，聚焦芝加哥本地新闻的可持续性与健康发展。在2011—2012年期间，他们还编写了一个在线网站的网络分析，这是一个相关但又截然不同的任务，将我们转移到另一个研究线路，该研究线路考察的是，一个更"根茎式"的新闻网络分析方法是什么样的。

芝加哥社区信托的报告《新新闻：我们想要和需要的新闻》(2009)，主要关注芝加哥媒体生态系统的新进入者们，而且很大程度上排除了对大型传统媒体机构的考虑，如《芝加哥论坛报》和《芝加哥太阳报》。该报告大约有一半的内容与建立一个芝加哥新兴新闻机构分类数据库有关，而另一半内容则使用了社区焦点小组和非营利领导者焦点小组的方法，来确定何种类型的新闻业能最好地服务于芝加哥居民。该报告中关于公民"想要"的新闻业类型的讨论，是对奈特委员会的"社区信息需求"框架的一种延伸(Mayer, Clark, 2009)。这一讨论还在如下方面起到了帮助性的作用：为一个"健康的"本地生态系统中最有价值的时事信息类型来创建一个规范性的基准模型。这与Postman对信息环境的研究方法相吻合，该方法认为人类处于信息环境的中心，该环境以一种特别的方式让人类健康或者不健康。在让这些社区领导者就芝加哥新闻组织的优劣表现发表意见的过程中，一个框架被创建，该框架让研究者们能够测量一个整体的新闻生态系统的成功或者失败。

芝加哥社区信托在2011年和2013年发布的后续报告，把更传统的老牌新闻机构(如《芝加哥论坛报》和《芝加哥太阳时报》)整合到分析当中，很大程度上通过远离新闻生产分析和更密切地审视，获取消费者想要从新闻中获得什么，以及他们认为他们正在从中获得什么。虽然芝加哥社区信托在2011年的研究中再次使用了焦点小组方法，不过此次研究的核心是针对伊利诺伊州Cook郡居民的一个随机电话调查(在2011年进行)。该调查给受众成员一个机会来衡量，他们的信息需求如何被和不被更大的媒体生态系统所满足。再一次，这些研究主要集中于编撰一个受数据库驱动的、环境式的、与芝加哥本地媒体生产空间中参与者有关的概述。

但是，这些后续研究中最有趣的方面，可能是美国西北大学的研究人员进行的两次社交网络分析，他们使用IssueCrawler(一种网络爬虫工具)对网络上数字新闻站点之间关联的方式和程度进行了一种共链分析(co-link analysis)；这使芝加哥社区信托的研究者们能够发现位于生态系统核心的网站，这里的生态系统基于不同的议题社群，这些社群形成了芝加哥本地新闻网络的个体群聚。尽管此网络分析是最早思考新闻生态系统根茎结构的研究之一，但它没有追踪本地新闻在网络结构中的传播，也没有监控在网络中穿行时本地新闻变形和转换的不同方式。为此，我们需要考虑第二套独特的生态系统研究，这类研究描绘了新闻在一个结构上不明朗的数字新闻环境中的移动。

激活在新闻界和其他地方的网络

可以说，比起采用环境方法的新闻生态学研究，采用根茎方法的新闻生态学研究要少得多。而为数不多的采用了根茎方法的新闻生态学研究，主要是一类新兴的"大数据与扩散"传播研究的组成部分。这类研究的一个典型例子是Wu等人撰写的一篇论文，题为"谁在Twitter上对谁说了什么"(2011)。通过区分"精英"Twitter用户和"普通"Twitter用户，以及区分社交网站上的个人与组织，该论文的作者们再次讨论了"两极传播"的问题(Katz, Lzazrsfeld, 1955)。他们从21世纪的视角出发，并使用大量的数字化工具来实际绘制出信息在网络中的分布。他们还作出这样一个判断："两极传播"理论在数字化时代里仍然非常适用，绝大多数个人和组织在Twitter上获得了大多数关注，但大多数用户是从一个更为分散的"中间层"来获取新闻的。他们还发现，某些种类的内容在Twitter上会"持续"较长时间；对新闻的关注会很快出现峰值，然后迅速消退；博客作者的内容持续时间较长；视频和音乐内容几乎是永久存在的，因为它们不断地被新用户发现和再发现。

与生态学传统中的先前研究不同，这项关于Twitter的研究，并没有将分析首要地基于对不同种类媒体内容的区分上(尽管它区分了博客作者和传统媒体)。该研究的焦点是，探究讯息如何在数字和物理空间中扩散，并沿途激活特定节点(人类的和非人类的)。一个总体的视角仅仅是"不同的"，即更多地聚焦运动中的新闻和信息，而非聚焦在技术型上有所不同的媒体组织。随着讯息向周围移动，它遇到的不同格式和社会—物质群集，在决定它的路径上起着重要作用。

到目前为止我们已经看到，针对媒介生态系统的环境视角(强调"知情公民"中的平衡与种类健康)如何逐渐变为社会网络分析，这一转变细微到几乎无法被察觉。社会网络分析更加强调根茎连接和讯息扩散的过程。

尽管越来越多的采用根茎方法的研究将注意力转向新闻业，但"大数据"方法也通常被用来分析数字化素材的语料库。这些研究中的较少数关注新闻传播，而且这些研究中几乎没有一个采用民族志或者其他形式的定性方法来考察这些根茎式过程如何展开。这让很多新闻学研究披上了一种结构主义的、技术驱动的色彩，就好像整个技术传播环境"不可避免地"把信息推向一个特定的、可计算的方向。通过简要地考察最新的根茎式新闻和新闻学研究中的一小部分，我们就能够看到这一点。Eberl等人使用网络分析，来测量通俗小报与大版报纸上新闻报道的"复杂性"，他们发现优质报纸"提供的议题报道，比通俗小报提供的议题报道，更加相互关联，并且更聚焦大量严肃新闻议题"。来自伯克曼中心的两项最新研究使用媒体云(一种旨在绘制媒体时事报道的内容分析软件)来追踪公共领域(发展中的俄罗斯媒体生态系统)中新闻议题的发展(Etling等，2014)，以及追踪Trayvon Martin案(简称"马丁案")(Graeff等，2014)。对马丁案的研究得出的结论是，尽管电视新闻在公众投向该枪击案(在当时颇有争议)的注意力中起到关键的"中间人"作用，但是数字化—原生的积极活动者们，能够"侵入"这个故事的框架设定过程，以此把报道引向有利于他们的方向。最后我再提及两篇论文，其作者是David Ryfe和他的合作者们(Ramos等，2014)。他们使用社交网络分析研究了博客作者和传统媒体组织的网络；这两个研究，尽管使用了大数据和网络绘制技术，但可能与本章前面部分讨论的对芝加哥本地媒体的研究更为相似。

另一方面，在美国巴尔的摩市进行的PEJ研究中，我们看到了一个针对根茎式新闻扩散问题的更精细的方法——两种研究的混合：一种是，更加以生态学为导向的新闻研究，试图确定不同媒体机构如何贡献于特定的公民信息需求；另一种是，追踪故事的跨新闻机构的移动轨迹。和刚刚讨论过的很多研究不同，巴尔的摩研究采用的灵活的方法论确定以下问题：第一，巴尔的摩市新闻生态系统的总体规模(有60家新闻机构)；其次，对这60家新闻机构进行内容分析(在一天或一周内错开的时间里)；第三，利用这个内容分析来确定，是谁首先报道了一个故事，是谁接手了那个故事，以及是谁在已经被发表的新闻里加入了他们自己的原始报道。这项研究发现，人们收到的许多"新闻"都不包含原始报道。"在被研究的10个故事里，有8个故事只是简单地重复或重新包装了以前被发布的信息……在几乎所有内容都是新信息的故事中，有95%来自传统媒体，其中大多数是报纸。这些故事常常为大多数其他媒体机构设定叙事议程(Pew，2010)。"

尽管巴尔的摩研究的方法论对大数据和网络分析之外的视角开放，但事实是，到目前为止被讨论的所有根茎研究中，没有一个利用民族志或其他定性方法。考虑到这一点，我在这里要提及我在2010年发表的"弗朗西斯维尔四号"研究(Anderson，2010)，它不仅将根茎式方法和新闻编辑室民族志的方法结合起来，还包括一个重要的(实际上也是必不可少的)线下组成部分，即基于实地调查以及对记者和编辑的采访(Anderson，2010)。该研究的具体开展是在2008年，当时我分析了单一一条新闻(关于对美国费城地区几位积极活动分子的不合法驱逐和逮捕)，如何缓慢地出现在互联网上，勃然进入公众视野，然后逐渐消失，整个过程仅有几天的时间。这项关于新闻如何在费城媒体生态系统的长和宽两个维度上移动的研究，其重点不是各种形式的新闻和信息的"营养价值"，而是要揭示语言事实和物质事实的片段，如何在这个城市的新闻网络中扩散。它特别注意这些碎片化的事实如何激活(或未能激活)城市内外的新闻网络的特定部分。这些碎片化的事实不仅是指新闻故事(原创的或非原创的)和博客文章，还包括特定文档、访谈、链接、算法、Web度量软件等。

"弗朗西斯维尔四号"研究的主要发现是，与其说是新闻不费力地、动态地在数字和物理空间中移动(就好像是自然而然地滑过新闻生态系统)，不如说是新闻被各种行动者、积极活动分子和感兴趣的新闻当事人"推着走"。积极活动分子有策略地公布了自己被捕的消息。新闻工作者们把公众的注意力引向他们自己的故事，并且给其他报纸的记者和编辑发送电子邮件，提醒他们注意最近被发布的材料。传统记者会决定，何时链接到一条新闻，何时使用其他数字资料，以及信任或不信任哪种信息。简而言之，新闻在数字空间中的移动，不是一个无缝扩散的过程，而是这样一个过程，其中充满着不同的行动者，他们把内容推向或者拉离各种物质的和准物质的结构。不同类型的数字媒体"物种"之间(例如，博客和新闻之间，或者在内容聚合体和原始报道之间)并非一种简单的、绝对的差别，而是说，不同信源和媒体机构占据了一个混合的阈限地带，其中信息被创造、合成、加工、再合成、补充，以此类推，永无止境。

最后，相较于根茎方法，民族志方法的一个主要优势是，它不仅使得我们能够看到新闻的扩散和传播，还向我们展示了这种传播与扩散发生的过程并非仅仅是结构性的。换句话说，数字化改变了新闻移动的动态，但是数字化和网络的形状并不是决定信息内容传播的仅有因素。新闻工作者、积极活动分子、公共关系工作者和其他行动者，都在实践着新闻判断与策略性的新方案，试图将新闻议程指向特定的方向。在针对新闻流程的大数据分析中，这种视角经常是缺失的。新闻发生扩散和变形，部分是因为技术上的供给；而支配这一过程的规律，部分取决于网络的中心和辐条之间的结构性关系。世界各地的新闻编辑室的日常决策也会让新闻发生扩散。换句话说，通过将民族志视角运用于根茎式的信息生产，我们被再次拉回新闻编辑室本身，不过是站在编辑室"门外"看"门内"。

结论

本章的目的是识别出我们在新闻学研究中包含"后新闻编辑室"概念的不同方法，尤其是理解"新闻生态系统"这一概念的两种相异但可兼容的方法。我希望我已经讲清楚在选择使用哪种生态系统概念时需要重点考虑什么。这取决于数字时代里新闻实践的问题。我认为这两种视角都是有益的，它们都标志着我们的新闻学研究不再局限于新闻编辑室内部，而是向外迈出了一步。但是，这也存在一些原因，它们解释了，为什么一种在更大程度上利用了McLuhan和Postman的环境概念的生态系统研究形式，在那些更大程度上以新闻业产业为导向的研究中，变得如此常见。与此同时，更加根茎式的方法一直是大数据分析者的"专门领域"，他们将一种更加结构化的视角运用于新闻的扩散和传播。特别是，我认为对"健康公民"的理解中蕴含的视角，让那些关注规范性新闻学议题的研究者们偏向了一种特定的媒体研究形式。

用一种更环境的方法来研究新闻生态系统，以此达到的对新闻消费者的根本理解，是对位于一个网状环境的中心的一个有机体的理解，这个网状环境是由相互重叠的种种影响所构成的。新闻业的衰退已经减少了世界上健康信息的数量，所以论点就成了：就像是身体缺乏维生素D会导致骨质疏松症和佝偻病一样，缺乏健康的新闻内容也会让我们"生病"。这些"疾病"最终会进入更大的政体中，从而建立一个健康的民主——或者，更有可能的是，一个病态的民主。

把一个更加根茎式的方法运用于媒介生态系统，这不是否定我们的政体充斥着不健康的选民和媒体消费者；相反，这么做仅仅是拒绝把公民新闻消费者置于分析的中心位置。根茎方法聚焦新闻网络本身——关于一种方式，即信息、技术、真实片段、机构、新闻报道技巧，以及很多其他"新闻客体"，这是一种穿越更大的网络而产生折射的方式，人类只是网络中很小的一部分。正在我们眼前展开的媒介生态系统，其中还有很多有待研究者们去探索。但是同样重要的是，我们要记住，作为新闻学研究学者，我们不仅仅是公民健康的"营养师"。事实上，作为实证研究者，我们不能忽略更大的网络，这类网络在当前正将人类和他们的非人类对应物"牵绊"在一起，这些网络还代表着我们领域的未来学术地带。

注释

我曾经问过Jay Rosen，他是否认为他与Postman的合作让他对媒介生态系统的概念更加敏感。Rosen的回答是，是有一点，但一个更重要的影响是Postman的"信息/行动"的观点，该观念出现在Postman的著作《娱乐至死》一书中。

第 29 章

流动的新闻业

Anu Kantola

在电视连续剧《纸牌屋》中，年轻记者Zoe Barneses的身影成了新生一代的数字新闻工作者的缩影。在剧中，Barnes是一位雄心勃勃的年轻记者，她从一家老牌主流报社的一份有前途的职业转向了一份新的基于网络的新闻媒体职位，与她的消息来源人建立了亲密的、甚至某种不正当的关系，最后，她遭到了背叛。

新闻一直是现代主要职业之一。但现如今，许多人会问，重在讲道理的新闻是否已成为过去，是否已被零散的即时新闻和娱乐信息所取代。这些也是围绕着Zoe Barnes这个电视剧角色的令人困扰的问题。在观看这部电视剧时，人们或许会发现自己在想：谁是Zoe Barnes？她是一个新闻记者，一个新闻从业者，或是一个挑战体制的真正的革命者，或者只是一个想出名而不择手段的无知女孩？

在这里，将通过审视现代专业主义理论来解决这些问题。新闻业是现代性职业的典范之一，甚至是现代性职业的唯一典范。现代性建立在实证观察和不断地追求更新的、完善的知识的基础之上。现代性的特征还在于对传统的突破：现代人相信，理性可以使世界更美好。这对世界一直以来的运行方式提出了种种质疑。记者以同样的方式关注当下，随时准备挑战任何给定的权威，以及依靠自己的推理和判断来理解周围的世界(Hartley, 1996)。

新闻工作者一直相信，理性能带来进步。现代性、进步、发展、解放、自由、增长、积聚、启蒙、完善和前沿(Therborn, 1995)一直是新闻业的关键词。新闻作为一种职业，通过观察和报道事实，一直在推进着这些理想，以期使社会变得更美好。

然而现在，现代性和新闻业似乎都在经历着根本性的转变。现代性理论的一个中心议题作出这样一个主张，从20世纪70年代开始，现代性经历了从稳固的现代性到流动的现代性的转变(Bauman, 2000；Wagner, 2008)。工业化组织的、国家主导的福利制度社会，已经转向个性化的、流动的和自反的社会(Beck等, 1994)，它具有灵活的和消费驱动的生产系统。随着新的信息技术、用户导向和灵活的管理风格进入新闻编辑室，新闻业也发生了这样的转变(Picard, 2006a；Lanchester, 2010)。特别是在2005年之后，稳固性现代社会中以大众为中介的新闻业陷入危机。危机的表现在世界范围内大致相似：发行量下降，新闻纸成本上升，与此同时，广告收入下滑，分类广告逃离到网络空间(Ryfe, 2012)。

这对新闻业意味着什么？由于新闻工作者是适应于日常变化的现代性专业人士，所以有人可能认为现代性的转变并不难解决。然而，很多描述都表明，这些转变并非顺利的和容易的。很多新闻学研究已经发现，改变是困难的和具有破坏性的(Daniels, Hollifield, 2002；Gade, 2002, 2004；Gade, Perry, 2003；Killebrew, 2003；Sylvie, 2003)。这种针对变化的公然抵抗与斗争从20世纪90年代开始，到20世纪初愈演愈烈，并发生在新闻编辑室内部(Steyn, Steyn, 2009；Ryfe, 2012)。

为何新闻工作者们发现改变很困难？我们到新闻编辑室寻找答案，尤其是在它们转型过程中被重组的方式里寻找答案。长期以来，媒体和新闻编辑室管理，一直是一个被忽略的研究领域(Picard, 2006b；Albarran, 2006；Küng,

2008，Sylvie，Weiss，2012)。然而，自1990年以来，随着新的管理理念在新闻编辑室里被试验和新闻实践以各种方式被重组，媒介管理变成了人们关注的一个新兴领域。我认为，对媒介管理的不断增加的兴趣，和媒介管理的不断增加的重要性，这两个趋势关系重大，而且还挑战着战后几十年里新闻工作者们一直秉持的专业主义观念。由于现代性正在从稳固的、工业化的阶段，转变到流动的、后工业化的阶段，组织已经成为社会和文化转变的主要场所，并且关注那里发生了什么是非常有益的。显然，对于新闻业来讲，组织内部的改变已经对该职业的自我理解提出质疑。正如Mark Deuze曾经表示的，我们需要重新思考与新闻职业相关的"组织"这一概念(Deuze，2007)。或者，像Stephen Reese所问的：新闻专业主义要如何被实现，才能满足新闻组织的需要(Reese，2001)？

在本章中，借鉴现代专业主义理论，并且指出，新闻编辑室里发生的斗争，一直以来都是为了专业性权力与控制；主要聚焦主流新闻报纸，以及他们的新闻编辑室管理，这是该职业的传统核心；还借鉴了西方经验，因为新闻职业的转变方式并非在哪里都是一样的。同时，自主专业主义的类似议题在许多非西方国家的新闻编辑室里也制造了紧张关系 (Jones，2001；Pintak，Nazir，2013；Hayashi，Kopper，2014)。

从稳固性职业到流动性职业

新闻业缺乏知识基础，也没有官方认可的专业证书、正规教育或许可制度。甚至是记者们自身，也与他们自己的专业地位存在一种不稳定的关系。许多记者都公开提出要反对任何正式的专业资格认证。他们认为完成自己的工作需要一门高技能性的手艺，最好通过学徒制来学习(Albridge，Evetts，2003)。

与此同时，新闻工作与许多其他现代专业并没有太大不同。特别是在第二次世界大战之后的几十年里，新闻发展成为一种职业，具有与其他现代专业(例如医生、教师、建筑师或会计师等)相同的特征。

注意到以下这一点很重要，新闻工作者并不是唯一想知道其是否属于一种专业的工作者。对大多数职业来说，现代专业主义不是一个给定的事实，而是一种社会建构的现象。专业被简单地理解为"要经历一段时间的高等教育，以及职业培训与经验之后，才形成的基于知识的职业类别"(Evetts，2003)。与其试图在专业和其他职业之间划清界限，不如将专业视为一种社会形式，并观察其如何在社会环境中发展演变。

作为一种社会形式，专业主义通常是一种策略：一种在制度上获得支持的意识形态，为的是实现职位、维持地位并证明其合法性(Freidson，2001)。起初，有人建议，专业要作为"调节式避难所"来发挥作用，由职业团体建立以确保其在社会中的地位，并能够控制市场(Larson，1977；Freidson，1982)。各种职业蓬勃发展，确立了对服务供给的垄断，并试图宣称对一个特定的领域具有排他性的访问权，这个领域具有科学知识、教育认证和许可制度。然而最近，专业主义研究扩大了职业的范围，并寻找各种各样的、更加非正式的过程，这些过程已经巩固了某一领域的专家的权威(Evetts，2003)。对专业的尊重，可以通过较为温和的手段被获得，从创建媒体机构，到创建工会和道德准则 (Macdonald，1995)。

在这里，我们从权力和控制的角度看新闻业的专业化策略：作为策略，它们旨在控制新闻工作，并使新闻工作的自主性具有合法性。通常，专业主义与获得对工作实践的控制权这个目标紧密相关。专业人士已经建立了正式的功能和客观的标准，以及创造了学院组织和共享身份，为的是获得对他们工作的控制。

记者们已经采用各种策略来确立权威和自主的地位。专业人士通常会为他们的工作发展出更高级的正当理由，并且为他们所在的组织展示出一种规范性的"专业的"替代方案

(Evetts, 2003)。这适用于一类新闻工作者,他们倾向于更多地受到专业而非组织价值观的激励(Mierzjewska, Hollifield, 2006)。当新闻工作者觉得自己正在生产高质量的新闻产品(保持公众知情)时,以及觉得自己有自主性(Bergen, Weaver, 1988)和高社会地位时(Demers, 1994),他们就会有积极性和上进心。

专业人士也通常用价值中立的知识来证明他们的专业技能是正当的、合理的,这是他们进行专业判断的基础(MacDonald, 1995)。类似地,工业化现代社会的新闻工作者们,发展出涵盖客观性规范与事实性知识的一套专业思想体系,这赋予他们专业的"为公共利益服务"的使命以合法地位(Zelizer, 2004; Deuze, 2005; Skovsgaard, 2014: 203)。

此外,专业人士经常表现出他们的可信赖性:他们保持机密性,并可能为了专业性的更高目的而隐藏知识(Evetts, 2003)。新闻工作者明显地信奉这种观点,通过宣称自己有不被迫透露其消息来源的特权,在某种程度上,这已经成为西方国家新闻实践的一个重要组成部分。专业记者的特权是一种证明该职业具有排他性地位的专业性策略。

新闻工作者还采用各种"更软性"的策略,来划定专业边界及其在市场中的地位。具有会员规则的工会,帮助将专业人士与业余爱好者区分开来。行为道德准则为专业人士规划了一套职业思想体系。新建的媒体机构变成了宣扬新闻在社会中特殊作用的门面。因此,在战后的几十年里,很明显的是,新闻工作者们茁壮成长,进而将新闻发展成了一个受人尊敬的职业。用James Carey的话来说,新闻工作者成为专业传播者,他们与作家、小说家和学者不同,他们所生产的信息与他们自己的思想和看法没有必然的联系(James Carey, 1997a)。正如Carey所描述的:

> 通信革命的一个方面是,创建一个独特的职业类别,发展项目(主要是为专业角色培训和提供新成员的大学项目),以及设立同步发展的职业协会和制定专业行为准则。这些职业协会和专业行为准则授予不同种类的专业传播者以独特的角色认同,以及一种职业思想体系的种种要素(Carey, 1997a)。

为什么会发生这种情况?一个驱动力无疑是组织,它们需要越来越多的特定类型的新闻工作者。战后的那些年是经济快速增长和工业化大众消费品快速扩张的时代。这个时代的特点是工业化组织不断壮大,它们能够生产标准化的商品和服务。此外,新闻业也发展为一个行业。诸如印刷机和电视之类的先进技术,以低成本的方式,为大规模的、横跨社会各个部分的大众复制新闻。这些技术需要巨额投资和长期计划,这种长期计划是关于技术对大规模工业化组织的依赖,后者为大型的、相对同质化的市场生产标准化产品或服务(King, 2011)。

工业生产需要专门种类的雇员。工业化生产的理想组织是官僚制的:独裁式的结构,系统的劳动分工,以及依照等级和功能被安排的具有特定任务的工作(Freidson, 2001; Clegg 等, 2006)。记者也被转变为在大型的、官僚制的组织中工作的专业人士。一流的新闻组织,主流的报纸,以及广播公司的新闻编辑室,都建立了部门化的层次结构。新闻工作者们学会了在大型组织中工作,为此,他们被去理智化和技术化(Carey, 1997a)。在19世纪和20世纪初,报刊主要是一种文学类型;新闻工作者被认为是事件的独立诠释者,而不仅仅是技术性作者。然而,在20世纪后半叶,出现了一种新型的新闻工作者,一种更加技术化和标准化的专业人员(Schudson, 1995)。

根据现代化理论,Carey的"专业传播者"是工业化现代社会的一类专业人士。大众媒体需要专业人士,这些专业人士展示了价值中立的知识和专业技能,并以一种无党派的、专业化的方式,使用这些知识和技能,来实现组织的更大目标。现如今,工业化现代性,或者根据现代化理论来说,第二现代性、重型现代性、或者稳固现代性显现为现代性历史中一个特殊的阶段。随着新信息技术加速了商品和服务的流动、利润—投资周期加快以及利润率下降(Giddens,1991),工业生产和资本运动背后新的移动逻辑,对工业生产制度和国家主导的凯恩斯主义社会提出了质疑(Harvey,1990)。许多公司不确定5年或10年后它们的主要业务会是什么,它们密切监视市场,并迅速、灵活地改变方向以吸引消费者。大规模生产的工业生产线,已经转变为市场驱动的网络企业,为细分消费者提供"恰好"的产品(Castells,1996)。

　　这种变化给新闻业也带来了冲击。"固态"的广大受众已经变成了流动的、异质性的消费者,口味、兴趣、风格和"场景"均变得多样化。正如Robert McDowell(2006)所言,围绕大众传播的长达数十年的种种假设,已经分裂成一个更加复杂的世界,一个"满足受众的深奥需求"的世界。同质化的受众已经差异化为一个不断变化的、由具有新人口特征和心理特征的细分类别所组成的受众阵列,而且受众已经从满足广泛兴趣的出售物,迁移到一个不断扩大的专门化媒体产品阵列。

　　老行业巨头、传统媒体业务,例如大型报社,尤其受到威胁。对印刷报纸而言,生产成本约占总成本的60%,因此,报纸需要大量销售和广泛发行才能生存。同时,报纸需要了解碎片化的受众偏好,并以有意义的方式对其作出回应。新闻业陷入"交火"当中:以市场为导向的新闻业,需要设计"双刃"策略,既能保护新闻业免受碎片化的"污染",又能建立在碎片化这一趋势之上(Aris,Bughin,2009)。

　　结果是,在媒体业务中,运营的重心已经从生产转移到了消费(Murdock,1993)。尤其从20世纪90年代开始,随着战略管理和受众市场研究进入媒体机构,媒介管理就开始关注波动的市场(Albarran,2006;Mierzjewska,Hollifield,2006;Picard,2006b;Redmond,2006)。品牌推广变得流行;媒体机构启动了品牌宣传活动,为的是在动荡且碎片化的市场中创造消费者忠诚(McDowell,2006)。

　　这会对新闻工作者的工作造成了什么影响?新闻工作者的感受更为具体。所谓的非等级和后官僚式的管理,已经改变了官僚主义的管理方式(Diefenbach,2009),这种非等级和后官僚式的管理,将分散团队、项目与精益化管理结合在一起,后者(精益化管理)把所有的"闲置部分"从组织中切除掉(Bauman,2000;Harris等,2011)。新闻工作者们的工作,已经通过使用后官僚主义的方法被进行了重组;科层制和部门化的新闻编辑室,已经变成具有多媒体新闻平台的综合新闻编辑室。生产团队和制作小组服务于不同的媒体(报纸、广播、电视和网络)(McNair,2011)。工作方法侧重于在灵活的新闻采集项目中进行软性配合与同行合作。大量时间被用来产生想法,计划和创造故事情节,为的是保持议题的鲜活和读者的参与,越来越少的时间和空间被用于传统的"独行侠"或"单打独斗"的方法(Steyn,2009)。政治、商业或城市等不同"部分"之间的边界已经被拉低。记者需要具备多种技能和流动性,并且在新信息变得可获得时提供实时更新(Schmitz Weiss,de Macedo Higgins Joyce,2009;Singer,2011)。

　　与在其他灵活的组织中一样,在新闻编辑室中,运营的新重点是消费者。新闻工作者们密切监控观众,并作出相应反应以满足他们的需求(Deuze,2007,2008;Ruusunoksa,2006,2010;Ryfe,2009;Wik,2010;Witschge,2012)。新闻平台收集信息,并且以提供更多热门事件新闻作为回应(McNair,2011)。新闻工作者不断调整他们的工作,并且交互式地发布博客(Ruusunoksa,2006,2010;Robinson,DeShano,2011;Witschge,2012)。数字化技术已经加速了这一改变,因为它们为更加碎片化和专业化的媒体提供了新的手段和平台(Aris,Bughin,2009),并将焦点转移到用户的注意力和交互性上(Mierzjewska,Hollifield,2006)。强调需求而非供给,这已被编辑室墙上的显示屏具体化了。显示屏实时显示文章正在被阅读的密集程度,并为编辑提供了如何进行下一步的线索。

改变的困难：管理者遇到"自命不凡者"

新管理模式、实践和改革的落地并不总是令人愉快的，因为新闻工作者们总是表现出质疑和抵制。用更少的时间做更多的事情，由此而来的不断增加的压力，以及不断变化的新闻标准，已经造成该专业内部出现紧张关系。David Ryfe对三家美国报纸的新闻编辑室进行了为期5年的田野调查，他敏锐地追踪到这些工作场所中抵制的日常动态。商业策略和市场研究在新闻编辑室中的作用日益明显的同时，新闻制作需要更多地以听众和读者为导向。新闻工作者常常对软新闻的兴起和目标受众的分区感到担心或怀有敌意，他们认为这是对其专业自主性以及他们在社会中的角色(更广泛地讲)的威胁(Ryfe, 2012)。新媒体已经强化了这些感觉，许多新闻工作者对制作博客文章和更新故事并不感到兴奋，他们认为这些行为浪费了高质量新闻工作的时间(Ryfe, 2012)。

Ryfe认为，新闻业有一个不牢固的正规培训传统，新闻工作者一直是通过做新闻工作而学会成为新闻工作者。由于他们依赖工作实践和习惯，因此不具备想象以不同的方式做新闻的能力。随着参与新实践的新管理人员陆续到来，新闻工作者们正在感到他们的身份受到威胁。他们被期望改变工作方式，放弃惯用的新闻采集方法，但是他们不清楚，他们应该采用什么新方法。因此，很多新闻工作者觉得无所适从。一位记者说："我只想让自己感觉像是一个专业人士(Ryfe, 2012)。"Ryfe认为，这种保守主义仍然主导着这个行业；也就是说，大多数新闻工作者"从根本上相信，他们的传统价值观和做法是正确的，应该被保留"(Ryfe, 2012)。此外，许多新闻工作者发现很难信任他们的工作组织和管理者。在大规模裁员和收购的过程中，"深度愤世嫉俗"的新闻工作者与他们为之工作的组织之间的关系，通常是极不融洽的(Ryfe, 2012)。

并非只有Ryfe指出了改变的种种困难。许多对新闻工作者的研究表明，他们对目前的状况并不满意。针对欧洲新闻工作者的调查发现，公司寻求牟利的金融力量越来越强(Preston, 2009a; Ryfe, 2012)，而且许多人认为政府应该采取法律措施来限制媒体的集中化和商业化(Guyot, 2009)。新闻工作者珍视旧的价值观(Ullivan, Heinonen, 2008)，或者如普雷斯顿直言不讳地指出的那样，报纸行业对创新一直感到担忧，因此"……不断宣称它的世界的终结，并且(唤起)一个只有它自己的实践者才记得的黄金时代"(Preston, 2008)。例如，许多新闻工作者认为，用户参与对新闻业及其可信度而言是有害的(Hermida, Thurman, 2008; Singer, Ashman, 2009)。此外，由于人们经常感觉到创新会质疑既定的专业价值观和编辑目标，因此，不间断的管理性改革项目，往往会产生一种"产品倦怠"，创新通常被认为挑战现有的专业主义价值观和编辑目标(Ruusunoksa, Kunelius, 2007)。

媒介管理学者们通常会有些谨慎地指出"极富创造力的员工"和"媒体的社会角色"，因为它们将媒体行业与其他类型的业务区分开来(Lavine, Wackman, 1988; Caves, 2000; Albarran, 2006)。James Redmond总结了如何从业务管理的角度来看记者的常态：

> 对于许多媒体工作者，具有医疗和福利一揽子计划的组织是一种资金来源，他们可以在该组织发展自己的创造性兴趣。其可以通过写作、拍摄静态或视频图片，以及/或者在相机前表演，来获得报酬。这建立了一种很常见的情形：一位富有创造力的、理想主义的新闻工作者，为一家注重发行量(或收视率)以及利润的务实机构工作。(Redmond, 2006)

Redmond(2006)将这种困境描述为，让工厂工人——在严格的生产线计划下工作的工人——同时具有与医生和律师相当的专业性创造力。

商业利益和具有社会责任的专业自主性之间的紧张关系，在管理者看待新闻工作者的方式中是非常常见的。公平、平衡、公正、判断、社区领导和反商业主义等专业思想的核心理想，看上去让媒体业务"与众不同"(Kung, 2008)。面对通过拒绝编造和寻求真理来谋生"的人们，管理人员必须"在传达一个愿景的时候要极其强大"(Redmond, 2006)。从管理的角度来看，在利润不断减少和竞争日益激烈的世界中，新闻工作者们通常看起来像是排他性的搭便车者。正如Annet Aris和Jacques Bughin(2009)所写："抵制日益增长的控制权的一个经常性的原因是，一些顶尖创造者的"自命不凡者"地位，这让对任何规则的接受变得复杂"。

当然，并不是每个人都在对立面；许多记者已经接纳了新发展。而且，在一个专业领域内，人们的反应不尽相同。例如，老一辈可能对过去有一种强烈的怀旧感，而年轻一代则给予反击并专注于保持该专业的合法性(Kantola, 2012; Kantola, 2013)。但是，对变革的抵制已经广泛存在，新闻编辑室也经历了斗争，因为新闻工作者们感到了威胁，从而抵制变革。Ryfe把这种普遍的态度称为"没错，但是"综合征。在与数十名新闻工作者交谈之后，他得出结论，他们中的大多数人坚持"没错，但是"的态度；也就是说，他们对过去念念不忘。

为什么会这样？作为最接地气的白领专业人士，新闻工作者是如何成为"自命不凡"者的？如果新闻记者是紧跟时代脉搏的人，那么他们为何无法赶上变化并适应变化呢？根据现代化理论，为什么新闻工作者，在日常面对这个流动性的社会时，仍然坚持固态社会的过时价值观呢？

我们需要看看这其中的利害关系。对于新闻工作者，从固态的组织转变为更具灵活性的组织，这在许多方面都挑战着他们在战后几十年里试图创建的专业主义。就在新闻工作者们即将要表现得受人尊敬，并有社会使命、专业理想、道德准则等时，他们受到了质疑。管理者们丢弃的不仅仅是组织图表和金字塔式的组织结构。随着新闻编辑室被重组，许多新闻工作者都有失去其身份的危机，并且，同样重要的是，他们看到自己的专业力量正在减弱。如果我们看看新闻编辑室的管理，就很容易精确找到这些损失。

首先，随着对新闻编辑室的控制权，从新闻工作者转移到管理者手上，新闻工作者正在失去业务管理的权力。新的管理风格已经被发展出来，为的是节省开支，它们已经迫使媒体专业人士"增加他们的生产时间"，并"减少花费在内容开发上的时间"。这通常已经降低了工作满意度，至少在短期内是这样(Mierzjewska, Hollifield, 2006)。简而言之，新闻工作者需要在更少的时间里有更多的产出。随着截稿日期持续地开放，对独家新闻的争抢已经大大加速了。新闻已成为即时新闻，需要立即、实时地被发布，并且许多新闻工作者认为，即时性会危害事实与新闻自主判断的可靠性(Deuze, 2009; Weaver, 2009; Pillips, 2010, 2012)。此外，个体新闻工作者对故事的控制权，已经被转移到编辑手中，并且被转移给团队协作。这对过去习惯写自己的故事的人可能是一个打击。

其次，新闻工作者已经失去了对读者的影响力，而读者在新闻内容方面拥有了更多的发言权。专为高质量新闻而开发的新闻专业化标准受到了挑战。读者越来越能够对新闻内容发表意见。高质量的新闻业现在采用新的、小报风格的和更畅销的新闻标准，例如人们的兴趣，让读者持续参与的故事和情节设计等(Preston, 2009b; Rove, 2010)。

第三，新闻工作者已经失去了对营销和广告部门的影响力。在许多情况下，新闻部门与业务之间，以及营销与广告之间的"墙"已经被推倒(Picard, 2006a)。市场研究在新闻业中发挥着越来越重要的作用(Redmond, 2006)，因为报纸会根据不断变化的消费者和广告商对产品进行调整，并且广泛的市场研究会发现市场的利基部分和忠诚驱动因素。因此，一家大型报纸可能会选择"年轻妈妈"这个利基市场，并为其创造产品和开展促销活动，包括报纸上的一个新的育儿版块，更多的健康、健身、时装秀以及家居装饰等内容(Aris, Bughin, 2009)。新闻工作者需要作出调整，并相应地进行写作，无论这么做意味着更多家居装饰的内容，还是关于汽车测试或本地食物特色的更多内容。在广告增刊中，广告和真实故事的组合，看起来很像是新闻。

最后，新闻工作者们正在失去他们的职业前途。部门化的官僚机构提供了能在金字塔结构中向上发展的职业。一个个体新闻工作者，可以建立一个长久的、成功的职业，通过在新闻组织中向上攀爬的方式，或者，换一种方式，专注于一个特定的新闻子领域。随着组织机构的壮大，以及新的部门和功能的激增，新闻工作者们的工作变得差异化，并且专注于特定的领域，比如政治、经济、劳动关系、犯罪或者科学。

现如今，新的新闻编辑室已经变得与以前大为不同。新闻工作者们不被期望专门化，或者攀爬到组织的顶部。相反，他们需要保持灵活的身份：变换在团队中的工作，为的是能够为不同的媒体生产稳定的、高质量的内容(Aris, Bughin, 2009)。Peter Lee-wright和Angela Phillips通过以下方式总结了对新闻工作者的新要求：

> 所有记者都需要了解如何在线和离线地研究、联系和获取资料，他们需要了解社交媒体应用及其工作方式。文字记者也需要能够快速写出引人注目的内容，为不同的受众设计不同的长度。他们应该清楚地知道，什么内容在哪种环境中是起作用的，还要清楚地知道搜索引擎优化的作用。他们还应该在需要生产内容获取简单的图像(静止图像和视频)。

分层制晋升的专业化职业生涯，已经被水平的轮换所取代，并且许多新闻工作者已经看到他们过去的成绩被降级。相反的是，如果我们使用管理术语的话，过去的"一个创造者的库存"，已经变成一个问题。过去的成功让公司面临着被"老旧"牵绊住并且错失新机会的风险。因为任务是被轮换的，所以建立职业生涯并且获得权力地位已经变得越来越难。这能够被很清楚地说明。例如，所有编辑人员可能会被裁员，并被要求在新配置的新闻编辑室里重新申请职位(McNair，2011)。此外，所有新入职的新闻工作者，都可能被雇用为"记者"，而在他们的工作合同中，专长并没有被提及。新闻工作者在部门之间或者生产小组之间被轮换。编辑是流动的：他们有三年的工作经验，然后，可以回到"低一级的"的记者职位。即使是总编辑，也可以被替换。

许多报社还试图保持新闻工作者的年龄结构是相对年轻的，三十多岁的占多数，并为年长者提供提前退休的待遇(Nikunen，2014)。由于人事政策可以识别出"表现不佳的创造者"，进而将他们淘汰且提供退休待遇，所以过去表现优秀的老员工会像效率低下的新入职者一样很容易被淘汰。在对新闻工作者的评价上，获得同行尊重已经让位于工作效率。

所有这些由管理引起的变化，不仅是工作安排的问题。与之相关的是该专业的意识形态和自主权的更深层次的转变。为了理解关键议题，我列出了新闻业分别在稳固性和流动性时代的不同理想(见表29.1)。

表29.1 新闻职业的不断变化的理想

	稳固性时代	流动性时代
主要框架	国家级、州级、社会级	市场化、社区化
机构	第四空间	商业企业
所有者	家族所有	链型商业
管理	新闻业	战略管理和精英管理
生产	事实报道	引人注目的演讲、故事型叙述
受众	知情的公民	利基客户
专业控制	总编、社会关系	每日编辑、绩效监控
职业前景	高级职业、社会认同、同辈认同	非正式职业，取决于受欢迎程度

这些紧张关系并非表明，新闻业已经从稳固性时代突然过渡到流动性时代。准确地说，自从20世纪70年代以来，这些紧张关系一直是报纸新闻业的特征，因为市场和新技术在经济、政治和文化上挑战着社会。看看这些理想的种种变化，我们很容易看到，它们从根本上质疑着该职业的自我认同。最重要的是，它们包含权力斗争：谁应该来统治新闻工作者的所作所为。

新闻工作者们并不孤单；许多职业已陷入

类似的斗争，并发现自己受到威胁。在固态的现代社会中，许多职业，例如医生、律师、建筑师和教师，变成社会中受信任和受尊敬的权威。正如Robert Dingwall所描述的：

> 在国家福利的黄金时代，职业形成了家长式管理体制的一部分，该体制向公民保证，他们的基本人身安全会被满足，这被视为一种文明的职责。专家式公务员会咨询同行专家，并安排好要为公民提供什么，根据这些专家对公民需要什么和应得什么的感知。从某种程度上来说，关于专业服务的配给基于非市场原则，比如"排队"或"社会排斥"。国家和专业人士以一种善意关心的伙伴关系进行协作。

新闻工作者并不太像稳固性现代社会中的其他专业人士，比如医生、工程师、教师或者建筑师。与此同时，他们成立了工会，并越来越赞同新闻专业教育项目。最重要的是，新闻工作者把自己看作"第四等级"（Fourth Estate），也就是说，他们认为，新闻界具有重要的社会角色。为了把这种社会角色表达清楚，他们还制定了行为道德准则，这表明他们是具有道德准则的真正的专业人士(Reese，2001)。

因此，尽管新闻工作者们缺乏正式的证书和执照，却发展成为具有社会角色的、自称为专业人士的工作者。他们的职业信条是一种策略，旨在强化、稳定和证明其在社会中的地位，并建立一个庇护所，清楚地将新闻工作者与其他作家、思想家、政治家和公关专业人员等区分开。实际上，对新闻工作者而言，这种"划界工作"很重要；他们需要一个被明确划分界限的庇护所，因为他们的职业是相对自由和容易进入的，不需要专门的学历与技能。

这也解释了为什么目前的组织改组正在潜在地破坏新闻业。新闻业仍然是一个"不牢固的"职业，它没有建立在科学之上的知识基础，也没有受国家约束的许可制度。相反，新闻业是一个主要以日常工作实践为基础的职业。正如James Carey描述的：

> 记者们不是生活在无实质性细节的世界中，他们生活在一个实践世界中。这些实践不仅造就了世界，也造就了新闻工作者。新闻工作者在实践中被建构。因此，恰当的问题不仅仅是新闻工作者造就了怎样的世界，还有在这个过程中产生了什么样的新闻工作者。

在管理者们重组新闻编辑室的同时，他们也管理、指导和控制工作实践。因此，管理工作对新闻业至关重要：管理者不仅要重新排列组织结构，还要重新安排职业和职业身份。组织管理蕴含着一种特定的人格伦理，并将个人置于由自己执行的道德工作中。一个个体与给定的规则进行协商，努力遵守这些规则，并转变为一个处于规则当中的道德主体(du Gay，2007)。

专业力量的利益

新闻业的转变可以被看作流动性现代性对先前的、固态的、工业的、民族的现代性职业的侵入。在稳固性的现代社会中，职业的自主性专业身份日益强大。例如，当新闻工作者要证明其作为具有公共责任的专业人士的地位时，往往会忽视对其雇主的拥戴(Demers；1994；Mierzjewska，Holifeld，2006)。此外，新闻工作者们一方面公然反对商业化，并指出他们缺乏市场敏感性，另一方面又把自己提升为社会责任的服务者。各种专业化策略，例如客观性理想、记者的特权、工会、道德准则，以及逐渐制度化的培养等，都确保新闻工作者的自主性和对自己工作的控制权。

同时，新闻工作者也是有权力的男性和女性，他们可以控制公共领域，并将他们的想法和议程强加于其他人。对于新闻业，专业权力策略的核心是自主权的职业思想体系：记者不为任何人服务，他们的客观性、无党派和社会责任的理想证明了这一立场的正当性，并且起到一种职业权力策略的作用。Daniel Hallin(1992)很好地捕捉到了高度现代性的新闻工作者们的心态：强大的和蒸蒸日上的，但同时又是独立的，公正的，而且受到每个人——从世界各地的高层政治决策机构到普通公民和消费者——的拥戴。稳固性现代社会中的新闻工作者们，变成了不可批评的社会群体。作为一类专业人士，他们似乎将社会掌握在他们手中，但与此同时，没有人能真正让他们对自己所做的事情负责。

他们不持有政治观点，不参与政治，尽管事实上他们常常与政客们一起，开展与政客们相关的报道与撰写。类似地，他们对自己的工作所造成的经济后果不承担责任，也对他们所服务的业务没有任何兴趣。

从这一点来看，我们正在见证一场革命(McNair，2011)。依赖于德高望重的机构的许多权威人士受到了质疑，看似同质的社会正在分裂成各种生活方式。作为一种职业，新闻工作不能以在大众媒体和大众受众时代里常用的方式来操控现如今的公共领域。新闻工作者们正在失去对公众声音的垄断，并且许多其他人声称他们有权使用公共生活中的公众声音。曾经强大的专业人士们再也不能依靠旧世界，并且再也不能持有相对确定和稳定的岗位。相反，他们需要监控他们所在的环境，并以一种自反性的方式对其作出反应。

新闻工作者不是唯一陷入困境的群体。近几十年来，许多专业已经失去了对知识生产的垄断，或者知识生产的权利。现在的专业人士不是向社会提供他们创造的知识，而是需要满足市场及其消费者的需求(Freidson，2001；Dingwall，2008)。新闻工作者与医生有着相似的命运，后者的病人用Google搜索引擎进行自我诊断；与政客们的命运类似，后者只有在经过焦点小组和民意调查的检测之后，才会谨慎地选择他们的政治口号。

更多地以消费者为导向并且更注重利润的管理方式，通过增加对个体的新闻工作者在管理、消费者和同行等方面的控制，削弱专业人士的权力和自主性。尽管后官僚主义的管理在原则上推翻了高度的科层制，但其最终往往形成一个混合的组织，将等级制和集中控制与灵活的管理实践结合在一起(Courpasson，2000；Courpasson，Clegg，2006)。实证研究指出，管理者们保留了控制权，而且他们参加正式会议和非正式讨论，并且引导具体工作。与此同时，同行控制也有所增强，而且雇员需要调整以适应他们的队友，并且要比以前更加谨慎地控制自己的工作身份。与等级制度相比，团队、项目和协同性工作，对员工的压力更大(Diefenbach，2009)。官僚主义的铁笼还未被溶解，管理却陷入"强大而集中的控制机制中，被"一致赞同"束缚(Courpasson，Clegg，2006)。

这也适用于新闻工作者。比起以前，他们现在的工作被更加严密地管理，他们需要在更短的时间内适应管理需求。强大的编辑人员，也就是所谓的"媒体大师"，用咨询的语言，控制和管理着"原创内容创造者"(Aris，Bughin，2009)。新闻工作者需要具有时间意识，并且在一个更受控制的、有团队合作与编辑校对的工作流程中，生产出比以前更多的东西。因此，专业人士的自由已经被缩减，与此同时，所有"闲散人员"都被从新闻编辑室和新闻组织中撤出。这种变化威胁到了新闻界先前的"神圣"领域，即该职业的"非商业的"、纯粹的专业主义。在以前，该职业的核心是，不要考虑某个故事或标题会吸引多少读者。当时的新闻工作者们是自由的和自主的。现如今，新闻编辑室设置了实时表格，显示每条新闻获得的点击次数，而且编辑人员们都上足发条，要试图理解这些表格的秘密，并追踪成功的标题，以便在新闻工作中复制它们。

对于新闻工作者，一个根本的变化似乎是，从一个由社会主导的媒体变为一个由市场驱动的媒体。但是，这种转变在一定程度上是表面的。在很长一段时间里，新闻工作人员和管理人员本身都不重视管理在新闻编辑室里的作用。媒体的所有者、业务管理者和广告部门一再声明，他们不会干涉新闻工作。不过，这与固态现代性的商业逻辑的关联程度，和与道德标准的关联程度是一样的。自20世纪50年代以来，商业因素和利益因素在各种媒体中变得越来越普遍，广告支出和随后的收益也出现激增。大规模的、工业化组织的报纸系统蓬勃发展，商业广播和电视变得非常有利可图(Picard，

2006a)。最成功的业务是报纸，其年利润率通常会超过20%，这在任何业务中几乎都无法达到(Redmond，2006)。城市化社会中的大众媒体服务于大规模的、在政治上是异质性的受众，并且结果是，作者们变得非常熟练于构造无党派的和"客观"的事件描述(Carey，1997a)。管理层和新闻工作者都赞同这种逻辑。媒体管理和广告避开新闻编辑室，而且媒体管理者强调不要干涉新闻工作，同时新闻工作者则公开批评其所有者。所有这些，尽管显得正直而且是高度道德性的，但也是合理的业务考虑。反商业的、客观性的和自主性的新闻理想，都增加了新闻产品的可信度，并且帮助了销售部门。新闻编辑室与市场营销部门之间的防火墙因而被建立在一个坚定的商业逻辑之上：让新闻变得适合出售的最佳方法，是将其与商业利益区分开来。因此，"谴责市场力量正在破坏新闻业"这一观点是有一些误导性的。事实是，可能不会在流动性市场购买固态性时代的产品。

未来：协商身份

未来的新闻业会发生什么？该职业的固态性理想，例如公共服务、客观性、自主性和即时性(Deuze，2005，2007；Preston，2009a；Schudson，2009)，会以某种形式幸存下来吗？

最明显的失败者是老一代的新闻工作者，他们原本有着自主性的专业地位，现如今却被日常工作、业务和横向职业所取代。新一代新闻工作者们发展出了新的、更积极的职业理念，这些理念并没有利用可能是老一代所特有的失落感(Kantola，2013；Nikunen，2014)。

同时，新闻专业领域的边界已被拉低和削弱。越来越多的人变成博主、作者、媒体工作者，以及独立于或者为旧媒体机构或新媒体机构工作的自由职业者。"真正的"新闻工作者数量已经下降，而在公共领域工作的新行动者的数量却成倍增加。这些人挑战着传统的专业边界。他们建立新的媒体机构，有时称自己为新闻工作者，并要求从事新闻工作，但偶尔会打破专业人士和业余人士之间的牢固界限(Curran，2010)。

接踵而来的新一代新闻工作者们，是当下新闻编辑室的Zoe Barneses(本章开头介绍的电视剧《纸牌屋》中的女主角)。他们觉得自己有一个使命，就是要挑战该专业领域内的现有结构和权威。他们试图在新闻编辑室中找到自己的位置，与拥有权威地位的老一代新闻工作者进行协商，并且，最后，他们中的一些人也离开了媒体，为的是能够遵循他们自己的想法。但同时，他们又不能孤立地行动。例如，政治制度具有一种长期存在的、不会迅速改变的文化。因此，新一代可能会感觉格格不入，或者不能够改变这种制度。Barneses的例子也许可以例证这一点，她就是在政治斗争中被摧毁的。

与此同时，我们需要谨慎的是：尽管新闻业动荡不安，但很多旧的实践和新闻机构仍可以幸存下来，虽然是以一种被重组的形式。在未来，某种固态的专业或许会重新振作。随着新技术彻底改变工业化生产系统，它们通常会带来一个充满不确定性的阶段，以及熊彼特式的创造性破坏。不过随着时间的推移，市场开始趋于稳定和集中，随着赢家吃掉输家并买下最具创造力的新来者。大媒体时代也许不会永久地终结。固态现代社会中的主导性媒体——大型连锁和媒体公司——仍然继续存在，随着市场趋于稳定，较大的系统最有可能接管许多较小的新来者(Coates Nee，2013；Hess，2014)。强大的、知名的品牌会带来不小的影响，并且大公司可能会对其进行改进和设计，以满足新受众的需求(McDowell，2011)。许多媒体也在寻找新闻业的新社会语境，例如可以作为"社区领袖"(Sullivan，Mersey，2010；Linden，2012)。未来的赢家可能会为在专业上强硬的新闻业提供各种平台。

新闻工作实践仍然可以发挥作用。许多研究也指出，新闻工作者并没有真正改变：新闻业一直保持其过去的实践和气质(Ryfe，2012)。许多关于多技能的描述都强调，仅仅有技术，是不具有决定性的，专业性手艺仍然是被需要的(LeeWright，Pillips，2012；Witschge，2012)。新闻工作者们并没有放弃旧的做法，而是在新旧工作方式之间以及在新旧理想之间进行协商。他们试图保存其公共服务的理想，同时采用新颖的内容创作形式(Mitchelstein, Boczkowski, 2009; Williams等, 2011)。一些人发展出一种基于工作者的自主和自由的气质，而另一些人则无法满足新的要求(Ryan, 2009; Kantola, 2013)。很多时候，新闻工作者看似需要同时具有稳固性和灵活性(Deuze, 2008; Deuze, Marjoribanks, 2009)。例如，一项关于瑞典网络广播公司的研究表明，他们陷入了相互冲突的需求之中：他们试图遵守广播新闻业的专业原则与标准，同时试图证明他们可以生产出未经润饰的、像外行的、通常与非专业主义相关联的材料。他们试图在采访中保持一种批判性的、实事求是的风格，并且同时试图显得非正式和具有自发性(Ekstrom等, 2013)。

最后，新闻编辑室的管理也可以在试图解决这一转变方面发挥作用。新的管理风格强调动机和身份形成，以及强调以创新的方式来建立承诺(Seeck, Kantola, 2009)。熟练的管理人员理解新闻业的特点，并将其纳入组织变革当中，例如，BBC Online的开发者就着眼于创建一种新闻工作者可以接受的亚文化。BBC Online起初的管理者离开，因为该企业始于一个错误的开端，他被另一位领导者取代，后者创建了强大的亚文化，同时，这种亚文化抵制BBC的官僚制度。这种孤立主义的文化基于一种"做得到"精神、前沿心态与冒险意识，并借鉴了反文化倾向，例如使用诸如"寄生虫""海盗"或"在雷达之下"的隐喻(Kang, 2008)。现如今，许多公司在管理中采用了一种类似的、革命性的风格，这几乎成为管理中的新常态(Kantola, 2009; Kantola, 2014a; Kantola, 2014b)。

对于报纸的管理者，记者被归类为"创造者"，他们在内容创作方面仍然起着决定性作用(Aris, Bughin, 2009)。管理学者指出，管理需要对创意性劳动的"具有艺术气息的"本质保持敏感。管理需要在自由与朝向新数字化流程的有效过渡之间取得平衡，需要在生产的日常需求与对无拘无束的创造性环境的需求之间取得平衡。新闻编辑室管理中的另一个因素是代际之间的时间：如果Zoe Barneses能活下来，并继续她的工作，她会变成什么样？随着新来者的年龄增加，他们倾向于成为重视成就和同行尊重的中年工作者。因此，随着革命者的年龄增加，组织需要找到奖励他们的方法。

因此，无论组织的流动性如何，管理人员仍然需要能够管理和激励新闻工作者，否则他们将面临失去最佳的、最具创造力的人的潜在风险(Aris, Burgin, 2009)。如果管理人员没有意识到这一点，那么新闻业有可能会成为另一项只针对年轻人的工作，而最好的人将从事另一项更受人尊敬的和酷炫的职业。自20世纪70年代以来，新闻工作者与政客的命运或许是类似的，后者已经失去了对媒体的部分影响力(Kantola, Vesa, 2013)——成为政客，对年轻人和聪明人来说，可能不再是最受欢迎的职业选择。

社会理论通常对流动性阶段持有相当悲观的观点。例如，Zygumunt Bauman用相当模糊的术语描述了这种新情况，认为该阶段的核心方面是"急性的，没有前途的和具有不安全性，并且这些特征正在渗透入个人生活的方方面面"。另一方面，尽管不安全性是当前新闻业的特征，但某些不确定性可能会开辟新的可能性与前景。一个人也许与一个特定的国家、身份或职业没有关联，但可以更自由地迁徙，并以一种更加自由和更具想象力的方式来明确表达自己的身份——这是古典启蒙思想的一个核心方面。

总的来说，职业的结果是双重的：专业人士在强化传统的同时也在向新趋势、新机会开放。由于社会已对专业失去信心，所以变得受制于越来越多的管理和政府控制(Dingall, 2008)。这不适用于新闻工作者，因为他们仍然保持着一种相对开放的专业状态。因此，在动荡之中，也存在着新型新闻业的空间。例如，即将到来的新兴新闻工作者们，比起老一辈，似乎是做好了更充分的准备来表达意见和推进社会讨论与社会事业。而那些老一辈，则常常迷恋于客观性而无法自拔(Kantola, 2013)。也许新的新闻业以一种新的方式被重新设计，这种方式放弃了客观性的神圣颂歌，并且更倾向于参与社会讨论，从而产生影响以及鼓励、充实公民生活。

第IV部分

研究策略

Tamara Witschge

为了捕捉和应对本书强调的新闻语境和实践中的许多变化，我们需要新的研究策略。语境、实践、新闻视角都在经历重大的变化和发展。新闻研究的学者们需要在他们的研究中解决这一问题。在这方面已有一些成果(例如，见Michael Karlsson和Helle Sjovaag编辑的"数字新闻特刊"，2016年，第4卷，第1页)。即使如此，仍然需要方法，以及如何应用新方法或调整现有方法以适应不断变化的新闻实践和背景这两个关键的方面。本部分研究策略的主要目的是：批判性地质疑及激发我们应对本领域变化的创新研究方法。

前三章研究新闻生产实践。Sue Robinson和Meredith Metzler(见第30章)在本部分开篇时，主要讨论在研究新闻生产方面熟知的方法：民族志。他们提出这种方法在多大程度上仍然适用于数字时代的新闻研究，并对新闻编辑部的中心性进行了批判性的讨论。迄今为止，这一直是这一方法应用的核心。它们有助于重新定义"民族志"一词，并呼吁将民族志发展为一种方法，而不是一种技术，同时也为数字时代的民族志提供清晰而具体的线索。

Juliette De Maeyer的研究主题与新闻研究的物质转向有关(第31章)。随着工作环境的变化，对于数字生产技术，学者们一直在思考如何研究这一物质语境。De Maeyer批判性地讨论了最近的研究，这些研究或多或少地关注了新闻工作的物质方面。第31章认为，需要关注对物质的反思性，以捕捉生产过程的复杂性和不同行动者的角色。De Maeyer为我们有意义地关注物质语境提供了明确的指导，帮助新闻研究找到方法来研究数字新闻的各个方面。

第32章关注对新闻生产过程的研究，作者是Zvi Reich和Aviv Barnoy，他们为"重构性访谈"方法的应用提供了理论思考和指导。由于需要将生产过程与记者制作的内容联系起来，这种方法旨在提供关于新闻生产方式的详细见解。由于这种方法在新闻学领域越来越流行，人们第一次关注研究方法的导向并思考：这种方法的前提和内涵是什么？

关于新闻内容和消费实践，Anders Larsson、Helle Sjovaag、Michael Karlsson、Eirik Stavelin和Hallvard Moe的文章进行了案例研究(第33章)。他们发现数字时代新闻学者在试图定义和分析日益"流动性"的新闻时所面临的困难。他们讨论了帮助我们处理分散的和碎片化的无限对象，并提出解决数据收集的不同阶段所面临问题的策略。他们还提供了关于如何对这些材料进行计算机编码的信息和规范。

接下来，Axel Bruns(见第34章)重点介绍了在数字时代，我们可以或多或少地获取丰富的数据的方法。他讨论了记者生产的大数据，以及相关的消费实践。Bruns对与大数据分析相关的研究类型的局限性进行了批判性的反思。这样，学者们既可以找到有用的数据介绍，也可以找到用于收集、撷取或以其他方式访问这些数据的工具，以及在这样做时需要考虑的事项。

本部分的最后三章与受众更加直接相关。Kim Schroder(见第35章)提供了大数据新闻消费实践的相关反应，更加聚焦于消费体验而不是内容。他介绍了新闻用户实践所面临的挑战，并介绍了"Q-方法"，这是一种公正对待新闻受众实践复杂性的方法。其以用户为"出发点"，讨论了一种"非媒体中心的跨媒体视角",介绍了以"Q-方法"为基础的深度访谈,从而了解用户在日常生活中的主观体验和新闻媒体的使用情况。

同样,Irene Costera Meijer(见第36章)认为,在我们的研究中,我们需要从新闻使用者开始,以提供对新闻的有意义的洞察。她也谈到了具体的有助于学者了解新闻使用的复杂的、支离破碎的和多样化的工具。她认为,仅仅增加观众的视角是不够的:我们还需要与研究对象一样复杂的搜索工具。此外,她认为,我们需要一个新的词库来讨论新闻对观众的意义,以及它们的意义。最重要的是,她发展了质疑的概念,以作为数字时代新闻复杂性的答案:作为学者,我们不仅应该力求清晰一致地理解新闻和新闻的使用,更要通过三角分析,把握其间的紧张、矛盾和不确定因素。

第37章的作者是Wiebke Loosen和Jan-Hinrik Schmidt。就像Costera Meijer一样,他们主张三角分析,但他们更多的是把它当成广泛使用的研究策略,不仅仅是比较和对比新闻使用,更重要的是比较和对比内容、使用和生产实践。他们批判地讨论为什么单独一项方法(无论是内容分析、民族志,还是调查研究)不足以分析和理解数字时代的新闻。他们引进了三角分析和混合分析的方法,讨论背后的理论,并提供如何在新闻研究中使用的充分案例。

这些章节提供了一个丰富的、反思的、有用的指南,帮助新闻学者应用既定的方法,发展新的研究方法,并反思他们的实践。到目前为止,他们所提出的研究策略因其重点(生产、使用、内容或组合)、性质(定性或定量)和调查依据(使用现有数据或收集新数据)而不同,但每一种方法都是对新闻研究面临的挑战和机遇的回应。这些方法的多样性和丰富性对新闻研究意义重大,我们相信,这里提出的研究策略将预示、指导和激励新闻研究在其多样性和活力方面蓬勃发展。

第30章

数字新闻生产的民族志研究

Sue Robinson，Meredith Metzler

引言

新闻生产中的民族志研究正经历着某种复兴，因为学者们(重新)发现了正在转型的新闻编辑室，并试图了解新闻实践在数字时代是如何发展的。民族志研究技术以人类学和社会学为基础，提供了一个审视受各种力量冲击的新闻专业体制，正经历的从文化到经济、从政治到组织的根本转变的极好机会。在媒体研究方面，20世纪六七十年代的几项早期民族志研究为传统新闻理论奠定了基础——从Gans的新闻价值研究到Tuchman对记者"战略仪式"的观察。其对这些新闻编辑室人员进行深入访谈、观察和做文本分析，并结合以上研究来揭示这个行业的员工是如何按照一套原则，遵循一种关于新闻功能的根深蒂固的哲学惯例工作的。

后来到了互联网时代，在记者的专业工具库中增加了交互性和多媒体，出版商的生产选择改变了以前的情况。然而，这是一个相当持久的状况。媒体研究学者们争先恐后地记录这一新现象，以及这一现象对记者、消息来源和受众观点的各种影响。突然之间，普通公民可以挥舞他们自己的媒体武器，进行一对多、大众传播和公共信息的生产。这些使记者们陷入混乱的东西为新闻理论家提供了极好而重要的研究机会：通过实验、内容分析和调查研究记录受众态度的演变，整合对专业人士的分析，分析媒体内容，展示事物不断变化的各个方面(Boczkowski，2002；Domingo，2005；Kopper等，2000)。这些研究中的每一项都让我们对这个特殊的巨变的产业——及其生产——的一般知识有更多的了解，对很多国家的民主和生活方式有重要意义。

然而，这些单一的研究中很少能够真正地整体把握这个行业的巨大转变。学术研究开始再次进入新闻编辑室，研究这种"在线新闻"现象。在介绍在线新闻编辑室民族志研究的"第二次"浪潮的首批著作中，Chris Paterson对民族志作为一种在线新闻研究方法表示非常满意。在研究过程中，观察者可以追踪社会主体在技术的采用过程中作出的有意识的或无意识的决定。对Chris Paterson，David Domingo来说(Domingo，Paterson，2011；Paterson，Domingo，2008)，民族志——特别是基于该方法的人类学和社会学根源的那些研究——调查记者们陈述其所做的(采访、调查等)，这实际上是新闻工作中的一项重要观察。在一定程度上，本章回顾了这一趋势对学术方法变革的意义。

本章还考量了网络新闻民族志与Herbert Gans和Gaye Tuhman的新闻编辑室观察的第一波"浪潮"中的差别。数字民族志包括对时间和空间动态的仔细考查，从而使多模式互动生产的观察更加复杂。就空间而言，数字环境下的工作正在适应笔记本电脑、移动设备、聊天室、电子邮件、文本、社交媒体和许多其他工作场所。例如，记者可以在家工作、参加会议，并与主管、同事、消息来源和听众在许多物理和虚拟场所(即通常不在新闻编辑室)进行接触。随着这些空间环境的变化，时间的概念也在不断变化。记者们在非正常时间里工作，在清晨或深夜更新新闻，并在Twitter、帖子和博客上"飞来飞去"。这就引出了学术界非常实际的问题：一个民族志研究者如何"观察"或记录这样的行为，如何解决这样的空间和时间可见性问题?

此外,在以网络为中心的环境中,也出现了一些与研究相关的认识和伦理问题。例如,数字新闻编辑室的民族志研究试图努力解决谁是行动者的问题,这个编辑室里不仅包括作为劳动者的机器和虚拟实体,还包括"以前被称为观众"的公民记者。最后,记者们试图适应不断变化的议题和跟上新的科技。如何研究这种现象(即使这是公共性问题)?这些特征要求民族志研究要有足够的灵活性,根据平台、中介和其他影响新闻工作的新因素进行快速变革。本章将探讨这些哲学差异,以及在今天的各种新闻编辑室中进行民族志研究的好处和局限性。在展开重点内容之前,我们首先从这种研究方法本身的历史叙述开始——这一领域的空间和时间维度的田野调查,以及它所需要的虚拟—现实混合的调查方法的演化。我们对现代新闻编辑室民族志研究的主要建议是,为了更深入地理解这些不断变化的动态,应采用一种新的民族志研究方法,使之能研究模糊不清的地点和工作之间的界限,帮助研究人员在高度不稳定的研究环境中保持灵活性。

民族志研究简史

学科、方法和理论思维都受各种趋势的影响,特定的方法从一个时代到下一个时代会变得更加"时尚"。民族志研究也没什么不同。此外,民族志研究的实践遍布各学科,增加了实践的影响力和多样性。然而,民族志研究的核心是研究者作为某个研究空间的居民,这就导致研究特别具有个人特点。新闻编辑室的民族志研究在民族志研究史上出现得比较晚,民族志研究的三部重要成果(Zelizer,2004)是Tuchman、Gans和Finman的著作。然而,当它们出现的时候,仍然不得不与那些反复出现的、相互交织的、不断变化的有关民族志研究的理论定位、方法与伦理争论作斗争。

民族志研究的"父母学科"是人类学(Kubik,2009),在那里,研究与在另一个地区和文化中花费大量时间有关。事实上,长时间独自在"部落"中(Punt,1986)进行田野调查通常被描述为民族志研究的核心(Kubik,2009)。虽然它起源于科学、强调观察和客观的观点,但人类学家也开始提出与种族、帝国主义和其他复杂结构相关的假设。Denzin和Lincoln(2008)确定了影响今天高质量调查研究的8个关键发展。也许最重要的运动,是在20世纪60年代向社会文化视角的转变以及在20世纪80年代强调自反性(Wedeen,2009)。

事实上,随着时间的推移,这一研究方法经历了许多演变。让民族志研究取向进一步复杂化的是,民族志作为一种研究方法,在其悠久的历史上被许多学科在不同地区被采用(或抛弃)(Weeden,2009)。人类学的这种扩张产生了许多研究实施的问题。除了质疑它的前提,研究人员如何"做民族志"一直是——而且仍然是——充满争论的。例如,Lofland等人以政治学和心理学为例,指出它只是一种简单的"去做"的方法,而不必操心要给"它"取一个名字,这与社会学形成了鲜明的对比。Lofland非常强调方法,Punch则回避了这一点:

> 偶尔,某"学派"会围绕着强大的个性或传统领域发展起来,就像战前的芝加哥或20世纪70年代的南加州一样。但大部分的观测结果似乎是个人的研究,他们随机地对机会作出反应,往往缺少准备和正式训练。

(Punch甚至专门对Lofland过于严格的研究方法提出了批评。)关于民族志及其发展的叙述可以通过相互交织的争论来解读。对于方法、伦理和结果的解释,每一种说法都有一件事是固定不变的,那就是地区的重要性和首要地位——即研究地点和被试者之间的关系——以及研究人员在那个空间里花费的时间。

田野调查是一个广义术语,即研究者可以用截然不同的方式进行实践。在确定田野调查的形式时,Cassell定义了5种变体。其中一种是已经过时的"阳台模式",田野调查学者会找到研究对象("土著人")接受访问。在另一种"贵族责任模式"中,研究者与正在研究的社会里的土著生活在一起,通过当地精英或强大的赞助者获得支持。研究人员和周围环境中的人一样，在日常生活中进行协商，当她在当地土著模式下行动的时候，就好像她是那个社会的一部分一样。在田野工作中，研究人员为了揭示他们的研究对象的生活，一般会掩饰他们的研究意图。最后，正如标题所示，在倡导模式中，研究人员试图向他们的研究对象提供帮助。在每一种模式中，特别是前三种模式中，都有一个非常明确的前提，即在一个社区内居住很长一段时间。研究人员与其研究的地域的关联方式对他们的研究至关重要。

更重要的是，Cassell将这些地域因素等同于研究者的权力。正是研究人员在"官方指定区域"中的位置使他拥有比他的研究对象更大的权力，他们被迫作为一分子进入研究者的空间。这一研究的概念在20世纪60年代受到研究人员的质疑，并开始关注"它在帝国项目和国内社会控制中的共谋，它的帝国主义倾向和它对'他者'的假设"(Wedeen，2009)。不过，田野调查一度超越了这个受控模型，研究对象实际上可以为研究者确定允许进入的空间。Fenno将此描述为"互动观察"，在"互动观察"中，"你所看到的(原文)是由他们所做的和所说的决定的(Fenno，1986)。同样，在田野调查中，调查人员对研究对象的权力相对较小：被研究者通常能够自由离开研究情境或拒绝互动……那些被研究的人控制着研究的背景，也控制着研究的语境"(Cassell，1980)。从这一点来说，只有研究对象才能操作和控制研究空间。

当然，这并不意味着研究人员是无能为力的。研究人员在许多情况下可以运用权力来改变他们能够获得的数据。有时欺骗被看作研究人员获取他们想要了解的东西的工具。生物医学研究与纽伦堡社会科学定性研究的标准逐渐适用于任何涉及人体的研究(Guillemin，Gillam，2004)。审查委员会将伦理作为研究的中心，并设法通过使用内部审查程序和知情同意来保护被研究者。此外，这些"程序伦理"，如Guillemin和Gillam所提到的，帮助研究人员为潜在的道德挑战做好准备，并减轻研究人员对研究对象所造成的伤害。

这种对剥削的关注也促进了一些理论的发展，使民族志研究中对空间的看法变得更加复杂。有人呼吁"更多的参与和更少的观察，要与别人在一起，而不是只看着"(De Laine，2000)。从本质上说，在一个空间里观察是不够的。研究人员需要与空间中的其他人在一起。Irwin追溯了阐释学、女性主义和后现代主义的当代亲密关系范式的发展。特别是，女性主义传统认为"情感"相对于客观立场而言，对参与者的剥削较少。尽管这种方法被声称会更好地尊重个人的权利，但其也有自己的原则。特别是Irwin发现，不考虑结构位置的亲密关系实际上会对参与者造成更大的伤害。而且，不管你所遵循的理论传统是什么，道德的困境仍然随时可能发生(Guillemin，Gillam，2004；Irwin，2006；Punch，1986)。

早期新闻编辑室民族志研究方法的发展

对研究伦理、研究者立场的关注的转向，以及研究方法的内在紧张关系，都可以在一些最早的新闻民族志研究工作中看到。新闻编辑室民族志研究始于20世纪70年代和80年代初，驱动这种研究的是试图通过新闻工作者的观点来看待世界的想法，主要追踪谁决定了什么是有新闻价值的，以及如何和为什么报道的决策过程(Zelzer，2004)。对于Fishman来说，这是一个"新闻生产"的问题。Tuchman检视了"将新闻作为一种框架，以及这个框架是如何建构的"，同时检视了新闻生产者：受某些过程的影响及将新闻工作者作为专业人士的复杂组织"的一部分的观点。研究的是"一个国家性职业"。

在方法上，这些早期新闻编辑室民族志研究遵循芝加哥学派城市民族志社会学家的模式(Zelizer，2004)。芝加哥学派强调语言、阐释、行动，并认为意义的建构是不断变化的

(Charmaz, 2011)。Gans非常明确地阐明了他在决定什么是新闻时倾向于使用芝加哥学派方法论："我对记者的参与—观察研究方法与我在自己以前的一些书(如《城市村民》和《莱维特人》)中使用的方法并没有什么不同。对记者进行观察与对其他人进行观察并没有多大的区别"(2004)。虽然他没有做更正式的研究设计或使用技术术语，但在每一章的开头，Gans都详细地写下了他是如何操作的。Tuchman同样概述了她的研究地域，描述了它们，她在其中的时间，以及它们的劳动力构成。她更明确地引用了民族志研究的概念框架。Tuchman、Gans和Fishman的研究方法的关键是花在田野调查中的时间。每个人都非常仔细地勾勒出时间的长短，以及它们的确切时间。他们在研究地区做了些什么，包括参加会议，和研究对象一起吃饭。Gans非常明确地指出其研究的局限性，因为他只和记者呆在办公室里，从不出现在他们的私人时间里。

与此同时，Tuchman和Gans仍然参与民族志研究转型的各种争论。Tuchman试图借助民族志研究区分实证主义/自然科学与阐释主义/社会科学，并将她的经验发现置于一个特定的解释框架中。另一方面，Gans试图勾勒这一研究领域正经历的变化和趋势：

> 当我开始研究时，我认为我只需要处理早期社区研究中出现的价值问题。然而，我很快就意识到，我是在20世纪60年代中期的社会科学和美国普遍的批判性研究中开始我的研究生涯的。我意识到我的价值观是如何影响我的分析的，因此，在书中我写下了一些自我反省。

在这里，我们可以看到Gans是如何处理新出现的伦理问题和对研究人员立场的关注的，尽管他并没有深入地研究这些问题。

随着编辑室民族志研究的重新兴起，Gans和Tuchman等人根据新问题而不断发展新的方法。时空正在成为方法上的重大挑战。在不断变化的空间环境中，研究者缺乏控制力，使田野调查的过程复杂化。研究人员在他们控制谁进入空间和他们可以获得什么样的知情同意方面的能力总是受到限制。Punch提出以下问题：你需要从谁那里获得知情同意？像这样的问题在今天变得更加普遍，因为空间延伸到数字领域。空间不再代表我们身体的在场；许多研究和讨论发生在虚拟空间的屏幕上。我们如何定义这个新出现的空间？其他问题也出现了："监视和观察之间的界线是什么？""如果屏幕上只有一个真实人物形象，并且难以验证他们的真实存在，你如何招募参与者？"

解决这一空间困境的一个办法是更广泛地理解民族志研究，强调民族志研究的"感性"：

> "感性"一词至少可以部分地超越对实地工作与桌面工作、研究地点与分析场所、研究人员与被研究人员之间的人为区分，在一个无视这些二元差别的世界里是很难维持这种区别的。它还避免将民族志研究简化为现场数据收集的过程。感性暗示语言上的交流比特定的方法更重要；在这个意义上，民族志研究通常使用多种调查工具。(Schatz, 2009)

"感性"使人们对民族志研究有了更广泛和更丰富的认识。现代复杂性的发展改变了人们与空间和时间的关系。Schatz认为，对观察到的人不断变化的观点越来越敏感，会带来更丰富的研究。在下一节中，我们将研究第二波新闻编辑室民族志研究如何面对由数字技术带来的独特挑战，以及作为一种方法的"民族志感性"如何提供克服这些挑战的机会。

新闻民族志研究中的"感性"

在20世纪七八十年代的出色的民族志研究之后，学者们将注意力转向受众和其他研究，直到数字技术发展显示有必要恢复新闻编辑室民族志研究。2005年，Pablo Boczkowski发表了他对《纽约时报》网站上与Houston Chronicle.com的虚拟旅行者和新泽西在线社区相关的三个民族志研究案例。这本书的出版激发了第二波新闻编辑室民族志研究,这是该领域自20世纪70年代以来从未见过的。Boczkowski在每个案例中花费4~5个月在新闻编辑室采访了大约142名记者,为后来的新闻编辑室民族志研究树立了很高的标准,现在几乎每一个这样的研究都要引用这项研究。接下来的几年,其他一些著名的民族志研究,包括(但不限于)Mark Deuze、David Domingo、C. W. Anderson、Lucas Graves、Nikki Usher、Alfred Hermida、Jane Singer、Thomas Cottle、Emma Hemmingway、Sue Robinson等,以及上述两本由Domingo和Paterson编纂的书。即使在这些早期的作品中,我们也可以看到时间和地点的问题是如何影响研究人员的结论的。

从理论上和分析上讲,空间和时间方面的关注贯穿了这些研究中的大多数。例如,在许多最近的研究中,数字新闻编辑室的人花了大量的时间谈论新闻编辑室的物理布局与以印刷为导向的截止时间如何阻碍了创新(Bechmann,2011;Boczkowski,2004;Paulussen等,2011;Robinson,2011;Usher,未出版手稿)。Boczkowski写了一本书,内容是关于员工与工作场所的关系以及不断变化的"创新"时间,这本书会让那些夸大其词的印刷品付之东流。C. W. Anderson在他的《重建新闻》(2013)和Nikki Usher在其关于《纽约时报》的书中也做了同样的工作。Robinson则在"融合危机"(Robinson,2011)中讲述了一个小新闻编辑室通过记者和编辑如何与空间互动,使出版发展为数字出版。Usher在随后的研究中也提到这个主题,她观察了《迈阿密先驱报》如何将办公地点从迈阿密市中心搬到市郊的机场。这种新的工作方式改变了新闻制作的地点/空间和时间配置,最后也导致被观察的记者身份认同的复杂化。因此,许多学者不可避免地探索了工作者与工作对象和工作情境之间的关系,依附于日常生活和周围环境的个人情感,以及受制于短暂环境和不断变化的最后期限的实践现实。这些新闻编辑室雇员都经历了一段艰难的角色转变,从报纸上的署名作家转变为缺乏权威性的网络内容生产者。本章认为,这也适用于试图从物理空间转向不能总是在正确的时间访问数据的虚拟空间的研究领域的学者。

那些从事新闻民族志研究的人通常会追随Gans、Tuchman和其他人的脚步:我们进入新闻编辑室,找到我们的研究对象,从一张桌子到另一张桌子,看着人们工作,在飞行中询问问题,倾听谈话,参加会议,然后在附近的咖啡店或自助餐厅安排采访,记录我们的所见所闻。就像我们已经看到的,传统的新闻民族志研究对时间和空间的理解非常直截了当,他们的研究就是在编辑室里,坐在编辑的办公桌旁,追踪截止期限。"观察"使对需要探询的地点的访问成为必要。花费"时间"意味着为获得足够的数据,一个人必须花费足够的时间来观察和采访一个能够说出重要事情的目击者。在新闻生产是传受模式的线性新闻编辑室中,民族志研究可以进展得很好。空间就是地点。时间则仅指对工作的临时占用。

新闻编辑室民族志研究中的"感性"

在数字新闻研究中,我们目睹了一个重大的转变,不仅是我们对新闻编辑室民族志研究的思考方式,还有我们必须将这个术语进行重构的方式。我们可以参考政治学家Ed Schatz先前讨论过的"民族志感性"的概念,他建议研究人员在使用民族志研究获取社区知识时,更多地将它作为一种方法,而不是技术。如今新闻生产发生在不同的空间(虚拟和物理)和不同的时间(过去和现在,即时和延时)中,上述概念在这个环境中产生了共鸣。我们并不认为传统的民族志研究技术(观察和深度访谈)过时了;只有当研究者试图记录新闻生产时,才会采用一种新的感性方法来解释当今新闻生产的过程取向。当我们思考记者如何适应新闻产品向新闻过程的转变时,这种感性更明显。记者坐在她的办公桌前写文章、打电话或在截止时间前赶稿子——所有这些都可以由研究人员观察——只是数字技术过程的一部分,它是看不见的。

现在的文章来源于非传统的文本、电子邮件、Facebook评论、通过网络连接整个时间的过程，而且在更多的情况下，是在移动设备上，在家里、新闻编辑室或去新闻现场途中，甚至是最后期限的写作——这只占新闻整体内容的一小部分，它也包括Twitter、帖子、博客、评论、电子邮件等。今天，新闻业的民族志研究者走进了新闻编辑室的物理空间，并且知道这个地方只代表需要观察的一小部分。

除了需要观察"什么"——即新闻生产行为——今天的新闻编辑室民族志研究范围扩大到"谁"应该被观察。民族志研究中的感性也延伸到这个观念。长期以来，我们一直认为只有记者才能成为观察对象。博客作者、评论者和其他"公民记者"的内容生产有时被称为新闻业，当然也会影响新闻的内容供给。也许有必要将新闻工作者的概念重新进行定义，记者不只是人，也可以是生产内容的机构或生成的内容本身。这可能包括机器化的新闻简报(称为机器人新闻——成为一个全新的研究空间)，也可能是一个富有成效的小组页面，在此页面中，一群人"报道"一个单一事件、案件或邻里聚会的情况。

许多新的研究成果提供了导向新的网络研究的技术途径。Anderson描述了他所做的"网络民族志研究"，这个术语是Howard发明的。对社区或组织进行网络分析，确定观察什么和谁。他没有简单地选择观察《费城问询者》(尽管这些他也做了)，而是观察了新闻发生的城市的整个生态系统。为了以某种有条不紊的方式来做这件事(以免他完全不知所措，我们作出假设)，Anderson把行动者网络理论作为收集数据的方法。在这个过程中，他不仅考虑了他在无数新闻编辑室中观察到的情况，还考虑了城市中围绕新闻发生的数字流——博客、评论、新闻稿、Facebook分享等。他扩大了传统要观察的"什么"和"谁"的范围，将技术中介、博客作者、社交媒体内容和其他类型的新闻产品和生产包括在内，共同构成了他想要研究的对象。换句话说，相对于只是关注有关新闻的文章或指定的编辑部记者，他追踪新闻流——这是他的分析单位。这种关注点的转变与过去的在任何特定的民族志研究中的分析单位，例如记者的话，或者记者发表的内容大不相同。在我们看来，这提供了一种独特而新颖的方法来解决这个问题。我们在本章的开头介绍过：如何观察这些不可观察的事物？在读Anderson的书的时候，我们突然发现我们问错了问题。一个人不应该被强迫用旧思维来理解被研究的东西，而应该重新思考观察的本质。观察在这个世界上意味着什么？这里生产和产品交织在一起，需要对新闻生产本身做重新表述，并重新安排与观察者的协议，将观察的重点从新闻编辑室转移到新闻流程。

这就引出了关于数字新闻民族志研究的地点和时间的两个结论：第一，数字新闻的地点在任何时刻都会不断变化。新闻民族志研究对象可能在新闻编辑室里，但她的移动设备允许研究人员可以走到其他新闻生产空间，甚至在观察期间也是如此。这就引出了第二个观察：数字新闻可能拒绝接受早九晚五的办公室访问。和常规的民族志研究一样，花时间在生产地点是捕捉实时互动和对话的关键。你永远也不可能真正地重建过去的事情，还应该指出，这一概念延伸到数字对话。获取记者编辑的短信交流内容或者网站论坛上围绕新闻报道的评论是很重要的，但是在现场见证一场激烈的聊天，例如，让观察者有更真实"感觉"的新闻报道或新闻编辑室事件更重要。例如，当你直接进入内容管理系统，坐在聊天的主持人旁边观看未经批准的网络评论时，会对这种交流的氛围产生切身的感觉。你会开始理解信息流向的方式和原因，以及是什么影响了新闻如何规范化成专业内容的。

数字新闻编辑室的民族志研究技术

然而，感性方法应该被阐释为目标还是表现，这是两件不同的事情。这种方法的关键是一个人进入新闻编辑室后的改变——即使不进入新闻编辑室而只是做观察。事实上，对观测地点的这些数字变化的准确理解将在研究的概念化之初发生变化——从采访设计到大学评审委员会(IRB)的批准。例如，在早期，它也许有理由写一份包含所有"工作"领域的IRB协议——记者在Facebook上的公开帖子、电子邮件、短信等。

另外，把"工作"分解为在空间和时间上的观察可能有用。这个新环境中有丰富的内部虚拟空间，它对现代民族志研究能够进入这些工作空间起关键作用。获得编辑部和办公室内部消息传递系统的成员身份与获得新闻编辑部标识徽章一样重要，可以让研究人员在整个观察期间自由进出。一旦进入内部，对于研究人员，重要的是要坚持被允许在电子邮件会话程序中，以随时了解新闻编辑室里的对话，并被允许访问新闻编辑室内容管理系统。应该指出的是，有时这种访问(通常需要获得IT人员的批准与谈判系统的批准)需要一些时间。

进入外部虚拟空间也很重要，值得庆幸的是，访问这些虚拟空间更容易。活跃在参与者的Facebook页面和Twitter账户上可以提醒他们观察者在这些领域的存在，就像在物理空间的新闻编辑室里。另一个重要步骤是建立Google预警，并订阅免费web监控系统以获取在线信息。例如，在Twitter聊天消失之前，要及时记录它们。对虚拟空间中的互动交流进行拍摄截图并为这数以百计的JPG文件建立归档系统。这个外部观察表明，今天的新闻工作是新闻报道的一个过程，它在记者打电话之前就开始了，并在编辑在CMS上发布了信息之后还在继续。

数字新闻编辑室的民族志研究也意味着需要多重身份和许多不同的任务——并不是所有的任务都类似于报告文学——的现代记者的合作。选择要观察的记者并提前安排会面的地点(而不是等那些将要出现的人)能让研究人员更好地理解那些在虚拟空间中进行数字新闻工作的人们。而且，许多新闻机构通过卫星来从事数字工作。跨越物质世界和数字世界之间的观察工作也是民族志研究的一部分。例如，研究人员可能不得不要求成为新闻编辑室的一员与公众进行在线聊天，这样他或她就可以看到编辑室本身以及数字墙后面和公共虚拟空间中正在发生的事情。在这个混合空间中，研究人员可以看到什么被拒绝和批准，了解新闻编辑室周围发生的其他对话的背景。正是所有这些数字导向的小任务，以及他们所做的大型采访和他们写的故事，这些通常看不见的数字作品(比如记住密码或者给博客贴上标签)，往往会对创新产生挑战，形成态度，阻碍进步——所有这些都是研究者需要理解的重要数据。

最后，必须从记者那里收集其他类型的"数据"，不仅仅是关于人口、态度和议程等常规信息。参与者的数字背景和经验将帮助了解这些态度和看法，比如她小时候玩过电子游戏吗？他有智能手机吗？他经常发短信吗？他如何从哲学上看Facebook？她的家人在发推文吗？在进行观察时，研究人员的一种策略是在记者的内容管理系统或处理其他数字工作时采用"大声思考"(think aloud)的方法。"大声思考"是媒体研究学者Sharon Dunwoody观察受众使用科学导航网站时使用的一种互动访谈方法(Eveland, Dunwoody, 2000)。观众被鼓励大声谈论他们浏览网站时的体验和想法。这可能是进入一个人的认知空间的一种方式，他们沉默了很长时间，他们的互动只是虚拟的，而且往往无法被轻易地看到。这种"大声思考"为观察者提供与研究行动相关的背景经验(例如，对一条推文的反应和回应)，并提供一个更全面的语境。

考虑、限制和结论

从上文，我们可以看到数字新闻编辑室民族志研究的两个主要限制。首先，你将在几乎所有这些民族志研究中注意到一些明显的遗漏：在数字交易的内部报告中，数据非常少。对于我们无法接近的记者，可以通过以下方式进行：电子邮件、发短信、私人Facebook聊天、在Twitter上直接发送消息和其他分析性命令式数据进行数字交易的内部报告(虽然我们中的一些人被允许通过别人的渠道来查看，从而成为新闻编辑室即时通讯服务的一部分，或者进入重要的电子邮件程序，但在数字空间中发生的太多事情是无法真正被观察到的)。坦率地说,我们很难观察内部虚拟空间。它取决于被研究的问题,其主要限制不仅仅取决于你如何对待你的参与者,以及你从高层管理层那里得到了什么样的支持,它更强调研究人员和研究对象之间关系的重要性。例如,与研究对象的良好关系可以帮助在编辑室建立对研究人员的信任,使人们更倾向于分享他们的工作空间。

数字新闻编辑室民族志研究的第二个限制是,研究人员永远不可能真正达到真实的状态——在观察研究对象时,研究人员的最佳状态是知道研究对象下一步会做什么和将要说的话。但在这个新的世界里,这可能永远不会发生,这对我们做民族志研究所能真正知道的东西有着相当大的影响。研究人员面对无数的观察空间和时间段,可能会不知所措。如何研究这种新闻生产需要经过很多训练。克服这种限制需要一个庞大的新闻网络和从宏观的角度来处理数据混乱。

对这些限制的讨论自然会导致我们在数字新闻编辑室民族志研究中需要考虑研究的可靠性和有效性。历史上的民族志研究只关注概念(LeCompte,Goetz,1982),但这里需要简单提一下上述问题。在我们看来,可靠性——另一个研究者能复制你的发现并给出同样的数据——是任何定性工作中最需要谨慎处理的概念。也就是说,研究人员也许被迫不采用(主要是定量研究)可靠性概念。可复制性更确切地说是"可靠性"术语的精神。换句话说,数字新闻编辑室的民族志研究可以通过感性方法来进行相关地点的研究。这将鼓励对所有空间和所有时间的新闻工作进行观察,以获得对正在研究的现象或相关事物的整体理解。有效性——你在测量你想测量的东西吗——更有用。例如,你在新闻编辑室问了正确的问题来理解该记者存在的偏见吗?然而,在数字新闻民族志研究中,研究者必须认识到,传统的新闻理论对偏见和其他价值结构等概念的理解是不断变化的。对于记者,当他们在物理空间和虚拟空间之间移动时,定义可能会发生变化。研究人员应该认识到这些起伏不定的信念系统,并以专业的方式重新概念化这些问题。

数字新闻编辑室民族志研究的另一个主要考虑因素是研究伦理。正如我们前面所说的,数字时代特有的一些伦理困境出现了:玩家在你的"新闻编辑室"空间里行动,这些人都应该被"观察"吗?进入其中应得到知情同意吗?在一个现实空间,如在会议室里,观察者的存在是已知的,但在数字空间中则不一定如此。例如,那些在线聊天的评论者根本不知道研究人员在观察他们的评论;是否有义务告诉潜在的受众记者坐在那里?答案并不明确,因为这些空间有着不同的期望。在我们的案例中,我们有物理空间的新闻编辑室(一个私人空间,知道研究人员存在);有公共但虚拟的聊天室,只有被告知有研究者存在时,这个空间才能为人所知;还有只有主持人和研究者才能看到的隐藏的内容管理系统空间。这个空间应该被认为是新闻编辑室或公共空间的一部分或介于两者之间的空间吗?还有其他一些伦理问题必须在民族志研究的某一时刻进行处理:如果有人公开发布东西后又删除评论怎么办?研究人员需要考虑随后也删除这些内容吗?其中一些将在IRB过程中得到解决,但研究人员应该对这个过程中什么东西对研究最重要心中有数。

尽管如此,我们还是应该记住民族志研究的初始精神——或者说,任何定性研究工作的本质:捕捉和理解社会生活中的某些现象。数字新闻编辑室的民族志观察和采访并不意味着其具有普遍性;相反,许多民族志研究涉及从一个网站到另一个网站的"传递"。每一个案例都是独立存在的,说明记者在如此不确定的环境中进行创新和应用数字技术。应用民族志感性进行研究,让数字文化为我们工作,将使我们永远处于正确的地方和正确的时间。

第31章

在新闻研究中采用"物质敏感性"

Juliette De Maeyer

在他描写19世纪早期新闻业的系列小说的开头(《迷失的幻想》,1837年至1843年出版),巴尔扎克(Balzac)展现了新闻业的宏伟物质材料:我们看到和听到媒体,我们感觉到墨水球和大理石。事实上,新闻一直是一件物质和技术上的事情。你可以无休止地列出在收集、制作和传播新闻方面的某一时刻或现在仍然重要的技术:信鸽和印刷机、电报、线缆、电话或传真机、连接互联网的电脑、智能手机和算法……新闻业充斥着技术。

如果说对科技的兴趣渗透到新闻学研究中已经有一段时间了(Steensen,2011),那么最近几年出现了一个转变:"物质性""社会性"和"社会技术系统"等术语正在慢慢地取代对"技术"的单纯关注。对"新闻研究对象"转型的探讨越来越多(Anderson,De Maeyer,2015;Boczkowski,2015),包括数字新闻生产的碎片化的技术:内容管理系统(Anderson,Kreiss,2013;Rodgers,2014),电子邮件和互联网(Plesner,2009);媒体中心、卫星卡车和数字视频专业工具(Hemmingway,2008),博客技术支撑(Graves,2007),世界各地的编辑部正在实施的新软件(Weiss,Domingo,2010),例如评论系统(Braun,2015),在编辑维基百科新闻文章时使用的框和标签(Ford,2015)。

在这些研究的基础上,本章将讨论将物质性放在新闻研究的中心位置的研究方法的内涵。我将首先简要地描述这些研究的理论假设,表明它们中的许多都借鉴了一个共同的理论背景,即行动者网络理论(ANT,见第27章)。然后,我将介绍这种方法令人困扰的方面,即由于其缺乏实用的方法指南,以及依赖针对人类对象的方法工具,它很难让事物说话。为了解决这些难题,我抛开新闻学,探讨了其他媒体和传播研究如何应对类似的挑战,并提出了一系列的方法论建议,供新闻学者们考虑物质敏感性。

什么是物质性,为什么它对新闻研究很重要

即使对物质、基础设施或媒介感兴趣的观点可以追溯到传播学和新闻学领域的"经典理论家",如Marshall Mcluhan(马歇尔·麦克卢汉)、Harold Innis(哈罗德·英尼斯)或James Carey(詹姆斯·凯里)(Anderson,2015),新闻学似乎也长期忽视对物质性的研究。过去几十年的媒体研究聚焦于文本和信息的研究,对那些生产和消费信息的人来说,这意味着新闻制作中的物质性几乎没有得到探讨(Gillespy等,2014)。不过,最近几年,随着媒体和传播学者对数字时代的新闻业进行了深入的审视,对物质性的兴趣又重新兴起了。

我们如何解释这种物质性兴趣的产生呢?首先,随着新闻活动日益数字化,工具和技术成为人们关注的主要问题。当专家们面临着新的机器和工具时,它们的技术本质成为新的亮点。起初,数字技术主要被描述为虚拟的和非物质性的技术,一些研究试图解除非物质性的"理论障碍"(Fuller,2008)。数字"材料"既不是无缝的,也不是非物质性的,它似乎在新闻生产、工具、技术等方面都有所不同,因而成为学术研究的主要对象。第二,数字化为物质性问题提供了新的线索。可能没人注

意到，新形式的可追溯性(如日志、超链接或元数据)揭示了我们的数字生活是多么有形和可见。因此，毫不奇怪新闻研究的"物质转向"(Boczkowski，2015)在数字新闻研究领域方兴未艾。更重要的是，"物质转向"不仅提供了一种途径，让我们把注意力转向这些数字痕迹和物质对象，也提供了一种逃避过度的技术和社会决定论的双重陷阱的方法。自20世纪60年代以来，媒体和传播研究中(有益的)反对"技术决定论"的行动(Sterne，2014)导致了一种强烈的社会和文化决定论，到21世纪前10年，这种决定论已成为第三代研究中的主导观点(Lievrouw，2014)。重回反对社会研究的至高无上地位，物质转向被人们设想为"有用的中间立场"(Graves，2007)，它提倡"更辩证、相互塑造或共同生产的观点，在这种观点中，技术和社会行动被看成是相互构成的和相互影响的"(Lievrouw，2014)。因此，我们可以理解物质转向是试图恢复对物质，特别是对技术的敏感性的重要继承，同时又不将社会建构主义与文化研究排除在外。

有关媒体、传播和新闻的"新唯物主义"研究方法的著作为物质、对象和社会技术系统提供了各种隐含或明确的定义。在本章中，我将采用Leonardi的定义。在这个定义中，物质性被看作"将人为的物理和/或数字材料做成特定形式的一种安排，它能超越时间和地点的差异，并对用户很重要"(Leonardi，2012)。这个定义强调了两个可能更明显的维度，即超越时空的形式和持久性。第三个维度暗示了另一个物质性的概念：如果物体是由特定的材料构成的，那么并不是所有这些材料都是重要的(或"有影响的")。在特定的情况下，并不是所有的东西都会产生后果。因此，要发展物质敏感性，我们不仅需要对所有的事物都给予同等的重视，而且需要界定"相关事物"：除了形式和持久性外，还涉及特定环境中的参与者，在特定环境中发挥作用的要素。

当我们聆听信息提供者、社会行动者的直播声音时，我们会同意"'文本、物体和空间'能说很多话"的观点(Lindlof, Taylor，2011)。

学者们从不同理论、本体论和认识论维度就物质文化创造了许多研究方法：从马克思主义到结构主义，从符号学到后殖民主义(概览见Tilley，2006)。但在新闻学研究中，对物质对象的兴趣似乎主要集中在一个特定的理论传统，即行动者网络理论。

行动者网络理论及其超越

行动者网络理论(ANT)是由Bruno Latour(2005；Latour, Woolgar, 1986)、Michel Callon和John Law等人在社会学研究中创立的。其目标被概括为不是通过"社会"的本质概念，而是通过人类主体、技术和对象之间的联系网络来"解释社会秩序"(Couldry，2008)。行动者网络理论主张以对等的方式对待人类和非人类(如文物、工具、文档)。换句话说，行动者网络理论的学者们拒绝"思想"和"物质"之间的二分法(Couldry，2008)，他们假设事物和人类都是代理人(agency)。在对谁和什么是代理人的彻底重新定义中，行动者网络理论参与了"后人类主义"的建构，更具体地说，即"客观主义"理论(Schatzki，2001)。它淡化了人类代理人的首要地位，强调了物体、人类和非人类代理人的普遍性。

在行动者网络理论提出的许多其他概念和原则中，正是这一"本体论前提"(Primo, Zago 2014)引起了新闻研究学者的注意(Anderson, Kreiss，2013；Hemmingway，2008；Keith，2014；Micó等，2013；Plesner，2009；Weiss, Domingo，2010)。根据行动者网络理论，他们认为不仅记者从事新闻工作，也包括人工技术和其他物体。Primo和Zago(2015)认为，这一观点挑战了以往新闻学研究的认识论和方法论原则，并涉及"人类中心主义"的终结，它已经渗透到传统的新闻业定义之中。按照这些思路，将新闻工作定义为"(专业)记者所做的"不能再令人满意(Primo, Zago，2015)。研究人员应该尝试描述行动者(人类和非人类)生产新闻的异质性和偶然性网络，并承认通过制造差异(Latour，2005)来改变事物状态的任何事物。

尽管行动者网络理论日益流行，但它并不是将物质敏感性应用于新闻研究的唯一途径。学者们已经注意到了其他知识传统的物质性方面。例如，Usher对新闻生产空间方面的分析借鉴了Manuel Castell的传播空间与流程理论。Le Cam将新闻编辑室看作一个空间，并且关注它是如何随着时间的推移而演变的。她利用视觉分析对此进行了分析。Graves利用供给理论(affordance theory)来了解博客的重要性。Parasie通过对数据新闻的探索，发现对人工物角色的敏感很大程度上归功于科学和技术研究(STS)。多样化的理论传统似乎都有典型的"物质转向"。它非但不是一种同质化运动，还充溢着媒体和传播研究的不同学科和学术传统(Gillespy等，2014)。

尽管有其他方法，但在不断出现的许多试图将新闻学转向物质的尝试中，行动者网络理论是一条占主导地位的线索。因此，在讨论新闻研究中物质敏感性的方法论挑战时，我将重点放在行动者网络理论上。我选择了有限的焦点，这不仅仅是因为行动者网络理论是新闻研究"物质转向"的支持者最常采用的框架，还因为它的根本理论基础(普遍的对等原则和给予非人类强代理人地位)迫使我们彻底思考物质意味着什么并拥抱它。因此，这种方法对数字时代的新闻分析也有最根本的影响。在下面，我将回答这个问题：如果我们想认真对待物质，那么我们需要给予非人类与人类同等的权利。它在方法论方面意味着什么？这个问题的答案超出了行动者网络理论的视野。这一激进的本体论观点与包括物质敏感性在内的其他方法有关，包括那些其他理论传统中涉及物质性的方法。

方法论困境

那么，让我们来看看基于行动者网络理论框架的新闻学研究的作品。与其强烈的本体论立场相关的方法论的意义是什么？在本节中，我将描述与行动者网络理论相关的方法论问题：方法和方法论技术缺乏明确的路标，是否可以用研究人类时使用的方法工具来研究非人类。

这是一种方法

在将行动者网络理论纳入新闻学研究的学者中，许多人强调了行动者网络理论的方法论优点。他们认为，行动者网络理论首先是一种"方法论"(MICó等，2013)，这是一种"研究方法"(Plesner，2009)，一种"描述我们周围事物的方法"(Hemmingway，2008)，以及一种"与追踪组织相关的社会学和方法学方法"(Lewis，Westlund，2015)。Van Loon甚至说，行动者网络理论最重要的贡献不是技术的重新发现，而是它是一种全面描述社会环境形成过程的方法(Van Loon，2011；引用于Primo和Zago，2015)。这些引文给人的印象是行动者网络理论附带了一个复杂的方法论工具箱，但正如我在这里所指出的，其实它没有。

行动者网络理论的主要支持者和案例(Callon，1986；Latour，2005；Law和Hassard，1999)对方法没有做太多的说明。或者更确切地说，它主要与特定的方法论相关：它是阐释的方法，不是数据收集和分析的策略(Bowden，1995)。在这样做时，它只处理了"方法"的多重含义的一个方面。毫无疑问，"方法论"一词已经包括了研究过程中的不同步骤：理论和认识论立场、研究设计、数据收集技术，以及数据分析方法。行动者网络理论专注于其中的第一种，即理论和认识论的立场，没有具体解释数据分析方法。

我们可以认为，这仅仅是方法论与方法之间区别(Ackerly，True，2013；McGregor，Murnane，2010)，行动者网络理论将重点放在前者，即"关于研究如何进行或应该如何进行理论分析"，其中包括关于科学和知识生产的哲学假设；后者"方法"指的是"收集、制作和分析证据的技巧"(Ackerly，True，2013)。当行动者网络理论明显描述"方法的规则"(Latour，1987)时，它主要是处理可接受的解释形式，也就是说，对方法论的理论方法。

我们可以找到方法技术的提示，不管它

们是关于数据收集的还是数据分析的，都非常少。例如，希望从《规则的制定》(2010)(Latour最容易理解的作品之一)中收集有关操作方法的线索的研究者，可能会对在索引中列出的"作者的调查方法"这些条目感到困惑。它们指的是作者本人的构想(Latour，2010)，或包含在"避免异国情调""避免形式主义""区分申述制度""遵循先例语料库"等话语中(Latour，2010)。即使在对那些看起来更实用的条目进行归零时("跟随文本踪迹")，读者也不容易找到通常的方法技巧，追踪已经发生的事件的踪迹包括：在这个领域有多少小时了？数据怎么分析？他是怎么进入场域的？他是如何向观察到的人介绍自己的？进行了什么样的观察？它们是否辅之以采访？所有这些重要问题都没有得到相关的解决。将行动者网络理论应用于新闻生产领域的学者使用了不同的数据收集和分析方法，以解决以下问题：如何公正对待行动者网络理论的核心问题——如何分析事物和人之间的代理关系。

让事物说出来

那些采用了行动者网络理论并将其应用于新闻生产研究的人克服了缺乏具体的方法工具的问题，提出了一种更实际的方法，因此需要处理更加具体的方法问题。用对等的方式对待人类和非人类，给研究者们带来了一系列实际挑战。第一个挑战可以概括为一个稚拙的问题：我们如何才能让事物说话？Emma Hemmingway认为：

> 我们的第一个问题是，一旦我们进入新闻编辑室，将面对我们发现的所有对象。我们会发现，这里挤满了无法代表自己的机器和技术。如果我们要探讨人类行动者的关系，我们可以采访、观察和更清楚地理解他们，但面对这些东西，我们如何获悉谁能代表它们发声？如果它们不能发声，我们怎么才能公正地对待它们呢？(Hemmingway，2008)

在新闻研究中使用行动者网络理论的学者们所采用的一些方法(Plesner，2009；Weiss，Domingo，2010)，例如新闻编辑室的观察和记者的采访，可能会引发一些批评，因为他们几乎自然而然地将研究的目光指向人类机构。在讨论使用行动者网络理论研究新闻学的意义的文章中，Primo和Zago质疑对记者和其他新闻工作者进行访谈是否与对物质领域的研究相关。他们断言，访谈无法克服他们讨论的这些问题。新闻是"以人类为中心的故事"，因为他们"保持对人类代理人的关注，而对其他行动者保持沉默"(Primo，Zago，2015)。他们声称，这是对话语和语言的回归，是对以物质为中心的研究的回避，因而不能充分认识到行动者网络理论的认识论意义。似乎在理论上承认了以对等的方式对待人类和非人类的本体论之后，研究人员不可避免地被人类介质所吸引，因为他们的方法总是有利于人类代理人的研究。

我将在本章的后面讨论我们可以通过话语寻找物质性的相关痕迹，但人类是我们方法的中心。这种方法可以扩展到其他方法技术的选择，而不仅仅诉诸访谈。民族志研究，特别是观察，通常是适合研究行动者网络的。Bruno Latour的经典著作，如《法则的制定》(2010)或《实验室生活》(Latour，Woolgar，1986)，被定义为"民族志"(Latour，2010)或"一种人类学方法"(Latour，Woolgar，1986)，他经常将自己(或其他研究人员)定位为"民族志研究学者"(Latour，2013)。当谈到民族志研究的果实时，对新闻生产的物质性方面感兴趣的研究人员可以求助于观察，在各种观察技术中，还可以利用影子法(shadowing)(Anderson，2013a；AnderSon，Kreiss，2013)。

影子法是一种观察技术，包括"在日常工作中跟踪选定的人一段时间"(Czarniawska-Joerges，2014)。在影子法的优势中，我们发现行动者网络理论具有巨大的灵活性和机动性，符合此种方法的座右铭"跟随行动者"。然而，这个比喻并不准确：就像这种技术的名称所暗示的那样，这种方法要求研究人员像影子一样跟踪某人(Vásquez，2013)。作为一个影子，意味着有一个"被影者"(shadowee)，两者之间存在一种人际关系。Vásquez(2013)认为，影子与被影者的关系可以在不同类型的影子法中形成(标记为"透明""不透明"和"影子")，受研究对象和反身性水平的影响，这些影子随着影者(shadower)的参与而不同。

正如Vásquez所指出的，影子技术最突出的特点是它的主体间性。人类主体是隐喻和技术的核心(我们称之为人类影子)。因此，正如Primo和Zago(2015)在访谈方法中提出的问题：影子法意味着密切跟踪人类，那么它是否赋予了人类首要地位，从而未能履行对等的最初承诺？就像我在下一节中要讨论的，即使这些关注是合理的，也并不意味着我们必须完全否定民族志或访谈作为确保我们对物质敏感性的一种有效方法。

方法论线索

正如我们所看到的，发展对物质的敏感性并非没有方法上的挑战。在本章的其余部分，我将提供一些方法上的线索，旨在帮助新闻研究克服这些挑战，发展物质敏感性。新闻学者，可以运用各种各样的方法来解决相关问题，特别是当我们将之与"追踪"的概念结合起来，并探讨痕迹对我们的追询的重要性时。在行动者网络理论的核心文本的"方法规则"中，"追踪"的概念占据了一个重要的位置。Latour建议使用"追踪"概念来掌握对象："要想研究它，对象就必须进入研究之中。"如果不产生任何痕迹，他们就不会向观察者提供信息，对其他代理人也没有明显影响。

正如我前面所强调的，"追踪"的概念在数字领域找到了新的含义：元数据、日志、超链接和其他连接设备——似乎数字通信技术能比其他形式的通信产生更清晰的痕迹(Domingo等, 2015)。数字技术允许行为的可追溯性，换句话说，照亮了行动者网络理论力图掌握网络运作的新曙光(Anderson, 2013b)。当然，数字痕迹并不是获得物质敏感性的唯一方法，下面的方法也是可以的。因此，先简单地暗示一下研究人员可以探索的其他类型的痕迹。这些线索并不构成一个人可以盲目遵循的一刀切的方法，相反，它们强调的是集结和解开它们的可能方法的方法论。我在这里提出的方法技巧在不同的研究过程中同样可用。首先，涉及实地工作和数据收集；其次，讨论与分析和写作有关的问题，所有这些方面都必须在研究过程中得到有力和一致的考虑。

同等地追踪物体和人类

我们的研究技术可能偏向于人类。即使承认"追踪别人更多的是揭示他们的行为而不是他们的网络"(Czarniawska-Joerges, 2014)，一些学者仍然认为，对物体进行更敏感的观测，有可能降低只关注人而忽视网络中存在的其他行为者的"风险"(Czarniawska-Joerges, 2014)。采用观测技术是可行的，可以通过"追踪对象"来成功地研究物质性(Czarniawska-Joerges, 2014)，例如"追踪软件"(Bruni, 2005)。研究人员提出了包括目标排除法在内的几种方法，以实现这一目标。

继Meunier和Vásquez之后，我想在此建议通过他们称之为"隐藏混合行动特征"的方法，将Latour的座右铭改为"追踪行动者"。他们讨论了本体论、认识论和方法论立场之间的密切关系，并从这一讨论中推导出他们试图将理论和实践联系起来的三种方法的意义。首先，如果研究人员承认"全代理人"，那么她必须遵循行动的本来流程。这一行动可能要求她遵循一个特定的目标：事件、模式、工具、报道。在新闻学研究中，类似的做法已经由Anderson(2013a)通过详细追踪一个故事(Francisville Four)如何在网络新闻生态系统中传播获得了成功。这让他可以将新闻生态系统描述为行动和一个整体，因此没有陷入局限于对专业记者的行为和他们公开报道的描述的陷阱。

Meunier和Vásquez认为，对人类和非人类的追踪可以适用于数据收集和数据分析层面。在收集数据时，意味着对人类行动者的关注和对物体的关注交替进行。Bruni的一项研究就是一个很好的例子，研究人员把他的观察集中在一个特定的软件上：这样做的时候，他不仅注意到人们"在电脑上做了些什么",而且把观察镜头转移到了软件代理人上(Czarniawska-Joerges, 2014)。这样的方法也被Rodgers所采用,当时他在编辑室内外跟踪一个内容管理系统(CMS)。这是一个小小的变化,却是一个重要的变化,它是对研究者一直关注的方向的替代——与传统的方法有许多相似之处,但从根本上依赖于研究者凝视的方向。在数据分析过程中,当研究人员特别小心地拉出分析线索时,公正对待人类—非人类所发挥的作用的对等性也形成了。研究人员观察到的场景可能与任何其他观察结果相似(例如在编辑部的一天),但她可以倾向于一种物质性。她把分析的重点放在文件、数据库、算法或书面报道上,而非仅仅分析记者和其他人类行为者的言行。

如果我们采取一种姿态,声称将行动的讨论和物质方面理解为两个不可分割的维度,作为同一枚硬币的两面,我们就需要"所有的工具"。现在我们要把握这两个维度(Meunier, Vásquez, 2008)。例如,视频记录作为一种数据收集工具(有时被称为"视频影子")被证明对研究人员关注视觉和物质细节是有益的,就像采访和谈话的记录和转录一样,研究人员能够彻底地回到话语中去。在分析完成之前,视频影子可以帮助他们在视觉和物质方面进行迭代。

当然,为研究人员配备摄像机并不意味着对现象的全代理人解释会神奇地浮出水面——没有任何工具相当于一种方法论(Cooren等, 2007)。重点是在研究的每一个阶段都做一些小的调整,以便最大限度地把握人类和非人类行为。换句话说,这些方法建议的"新"并不构成根本的创新或"新"方法本身,但它们体现了对其本体论和认识论前提的不断更新的承诺,这些前提需要在研究的各个阶段重新质疑和确定。一项追踪行动者网络和行动者关系网(人类和非人类)的研究可能会发生偏向,让分析人员突出人的作用。因为没有方法指南,对物质感兴趣的研究人员需要格外小心,并定期停下来思考是否以及如何使用行动者网络理论,从而使他们所做的与他们最初的承诺是一致的,让他们的研究能详细阐明所涉及的代理人的多样性。

物质的痕迹

正如前面所强调的,可以在数据收集这个层面关注物质的痕迹,但也需要在分析过程中加以处理。我们在这里将话语分析作为一种方法上可行的策略加以介绍。在本章的前面部分(见"方法论难题"),我们已经讨论了过于关注(人)的话语,比如将访谈作为主要手段,将不可避免地使人类代理人处于首要地位,而忽视非人类代理人。在这里,我将深化这方面的讨论,并认为如果我们采用正确的分析策略,在讨论数据中可以找到物质痕迹。正如Cooren所说,将我们的分析集中在话语中的物质方面,这是新闻学研究拥抱物质敏感性的富有成效的方式。

Cooren提出将会话中的行动和代理人概念化,聚焦于他所称的"腹语主义"。他描述了一种采取行动和代理人的模式,其原则是广义的对等,其中的行动是各种事物(beings)可以表现的东西(Cooren, 2010)。它是一种关系密切、相互作用的行动概念。追随Latour的步伐,Cooren假设当一个人采取行动时,另一些人(人类或非人类)开始行动。随后,他试图将这一原则应用于传播,认为当我们说话或写作时,我们不会仅仅自己行动,各种事物也会行动,作为我们的代理人,或作为我们的代表(Cooren, 2010)。例如,让我们想象一下,两位记者正在谈论一条法律。这可能成为新闻报道的主题。在他们的谈话中,各种各样的东西都可以发挥作用:一位记者向另一位记者解释说,司法部发布的一份备忘录中有一些有趣的东西,另一位记者则通过给她的同事看一份显示相互矛盾的事实的报告作为回答。交换对新闻来源的引用;数据库提供一些数字……平凡的物体,如便笺本被纳入行动,也有更抽象的事物,如"编辑政策"或"新闻道德"。这两位记者在他们的互动中并不只有他们自己。

Cooren提倡一种从根本上讲是物质的传播

观,并进一步提出,传播意味着标记、符号和文本的产生。什么是"腹语主义"的核心?即"一个代理人如何让另一个代理人通过特定话语或文本来说话"(Cooren,2010)。与传播的物质观相一致,这些腹语效应在文字和言语中都会留下标记、信号——痕迹,这正是分析人士应该关注的问题。这种方法在两方面具有物质性:(1)承认各种代理人都在发挥作用,将行动的共享性和分布性纳入考虑,从而将非人类代理人纳入行动模式中;(2)通过促进传播的物质观并建议在话语中寻找全部代理人话语的痕迹。因此,这种方法调和了话语和物质,认为没有必要"过于偏向其中一种或另一种代理人——话语/象征或物质/技术决定论"(Cooren等,2012)。

在这方面,我们可以阅读Parasie关于"摇摇欲坠"项目研究团队的论文(该项目是一项关于旧金山湾区学校地震安全的数据新闻调查),它调动了各种认识论,并突出了激活行动者的"关切事项"。该论文中引用了参与调查的记者和开发商的采访内容。在这些碎片化的讨论中,我们发现了物质的痕迹,记者和开发商在调查期间所关心或受激励的东西,如"数据库""文件"(Parasie,2015)"记者""地图""地质断层""地震工程师"。这些话语带有正在发挥作用的所有代理人的痕迹,并展示了一种混合的行动形式,即人类和非人类——记者和数据库,学校建筑和地震工程师是交织在一起的。

这里有一个我们感兴趣的方法论含义:不是排除物质的研究(例如访谈),而是基于物质敏感性的方法——正如Primo和Zago所做的——我认为,我们可以通过新闻生产者的谈话来解决新闻制作的物质性问题,将访谈(或者更广泛地说,是对谈话、会话和话语互动的分析)发展为一种既承认人类也承认非人类的研究方法。通过强调物质的维度,我们可以解答本章开头提出的问题:如何在话语中找到物质的痕迹。而且,Cooren的方法可以与互动主义、会话分析、民族志方法和分析工具相结合(Fairhurst、Cooren,2004):采用这一框架的学者们对文本、言语和会话进行细致的分析,有助于新闻学者将他们的分析根植于特定的话语痕迹中。

此外,接受"腹语主义"分析可以使新闻学研究者克服长期以来对以物质为中心的方法的批评,特别是对行动者网络理论的批评:即"描述主义"(Benson,2014)。这种批评认为,由于与行动者的关系过于紧密,行动者网络理论并没有解释更广泛的文化、权力、规范、价值观和非物质的其他现象。但是,关注话语中的物质性可以显示诸如文化、权力和规范等非物质实体是如何与物质相关的,这意味着:

> 乍一看,规则、规范、相互理解和制度等东西似乎相对不重要(否则,它们为什么需要化身、物化或具体化),但这种互动恰恰使我们能够目睹这些规则、规范、相互理解和制度是如何在我们的讨论中表征或体现出来的。(Cooren,2010)

如果分析人员"关注"人(在我们的例子中是记者和其他新闻工作者)的痕迹,她可以涵盖任何实体/代理人/事物/想法,只要这些是重要的。只要它们在互动中"以化身展示"(Cooren,2010),分析人员就可以描述它们是如何被调用的,如何让它们说话,以及它们是如何通过行动者说话的。

新闻学者应用这一方法,可以发现被广泛研究的价值观和规范(如"客观性")是如何具体地体现在新闻工作者的话语和互动中的。同时,通过仔细地寻找那个化身的痕迹、标记和迹象,我们才能充分记录文化、规范、价值观等在行动中的作用,从而避免在物质性方法中遗漏它们。在继续的分析中,可以在不以物质痕迹为基础的情况下调用文化、规范或价值观,也就是说,不需要说明它们是如何构成新闻工作者的"关注事项"的。

De Maeyer和Le Cam提出利用在线元话语来更好地理解"新闻中的物体(object)"。他们认为,如果我们承认新闻业充斥着物体,就需要关注它们丰富的社会历史。这样做时,我们接受了这样的事实:物体和技术不是一维的、扁平的或被认为是被赋予的东西。相反,它们拥有丰富的联想网络。也就是说,它们被不同的社会赋予和重新赋予意义,它们也与其他对象相呼应。例如,技术至少在一定程度上影响了我们对当代数字新闻的理解。博客,可以与以前的自我出版形式联系在一起,比如日记、粉丝、样本。探索新闻业中重要物体的社会史的一种方法是,通过元新闻话语,即关于新闻的话语,来追溯它们的存在,更确切地说,通过话语间连接的语篇网络(de Maeyer, Le Cam, 2015)。

通过揭示新闻业是如何被想象的,通过元话语展开物质性研究,这种方法并不会取代在行动中研究新闻生产的需要,而是试图通过在历史语境中将物体置于元话语争论的中心位置来补充它。通过这样做,元话语争论能够有效地将行动者网络理论的"应用"面重新连接起来。对于行动者网络理论的研究者来说,争论被认为是一个特别富有成果的研究领域,一如"行动者坚持不懈地致力于绑定或非绑定关系,争论分类和身份,揭示集体存在的结构,等等"(Venturi ni, 2012)。这些方法遵循一项具体的方法论建议(即使争论研究并不局限于这一技术),即在网上追踪争论话题的物质交互属性,即连接不同话语的超链接。在类似的框架内,试图描述所谓的"问题网络"(Marres, 2004)的学者们也开发了这样的技术,即"异源",并配置成围绕一个常见问题的超链接网络的一组实体(行动者、文档、口号、图像)(Marres, Rogers, 2005)。

在反身性中显示痕迹

最后,介绍最后一个层面的方法,它不可避免地与其他方面相关,即书写反身性。通过与民族志方法的关联(虽然不是不受限制的),物质敏感性研究与民族志有着共同的长期问题:反身性。这个讨论了数十年的议题仍有一些问题有待解决。如:研究者如何确定他们知道什么?他们如何理解他们研究的内容?研究人员的特殊位置与其所研究的现象如何纠缠在一起?研究人员与他们的行动者(包括非人类行动者)的关系如何影响自身?

几十年来的民族志研究已经提出了如何反思性地处理和报告研究人员与卷入研究的他者的方法。民族志方法已创造出报告研究者与所研究的对象共同工作的方式(Marcus, 1997)。他们也采取了"自然主义"或"现实主义"(Neland, 2007)的立场。假设研究人员可以平心静气地观察世界,处于一种专注于描述研究对象的"角色成员身份"的立场(Adler, 1987),或者一种协作的立场。他们没有观察的对象,只有对研究感兴趣的合作者。我认为反身性问题突出了对物质敏感性的研究的两个挑战,第一个是以自反性方式描述研究人员与人类的关系,第二个是扩展这一传统,描述研究人员与非人类的关系。

首先,研究物质敏感性并不需要忽视民族志研究擅长的如何与被研究的人共同理解世界的方法。研究物质敏感性,如果公平地描述各种代理人,仍然涉及与人类打交道。研究人员与记者之间的特殊关系一直是这种方法发展的中心(Brousteau等, 2012; Plesner, 2011)。将这些考虑纳入物质敏感性研究方法中是一个必须解决的挑战。

其次,我们需要发展类似的相对于物体、人工物和事物(things)的反身性思维。如果反身性是指反思研究人员在研究中的处境,特别是在现实中的处境,那么,对于他的研究对象,没有理由把它仅限于人类。他在与非人类的关系中也占有特殊的地位。这种反身性的一个例子是,我们可以在Couture的博士论文中找到关于源代码在重新配置互联网中的作用的论述。Couture反身地描述了他对编程的立场以及它是如何影响他的研究的。

这种对我们与对象关系的自反思维存在一个问题,那就是我们缺乏发展和表达这种自反性的指导方针或传统。关于这个方面,方法论文献显示的问题是仅限于描述研究者与所研究的对象之间的人际关系。为了解决这一盲点,

Latour提出专注于写作的反身性。文本(由研究者生产)是他对反身性定义的中心(Latour，1988)。在他关于"解释的政治"的文章中，他把反身性作为文本与写作背景的关系问题。Latour将反身性文本定义为"其自我生产对读者产生或多或少影响的文本。"但他强烈反对那些关于反身性和方法论的低级观点，即认为"可以通过增加关于文本应该或不应该写的方式来获得反身性"(Latour，1988)。他也对乏味的"自引用循环"方法不屑一顾(Latour，1988)，并认为书写自反性等于"公正"(或"唯一")的写作。

本章没有充分讨论自反性问题，甚至对Latour 1988年论文和其他地方(Woolgar，1988)讨论的自反性问题也没有充分展开。相反，对Latour的长篇大论，我只能强调一个命题：文本的重要性和研究者对写作的关注。Latour认为，为了使文本具有反身性，"所有可以汇集起来的文献资源都必须是生动的、有趣的、有洞察力的、具有暗示性的，等等"。如果说"用风格取代方法论"(Latour，1988，着重补充)似乎是一种极端的衡量标准，那么将学术文本及其文体品质置于最重要的位置则是有价值的。民族志学者也发出了类似的呼吁，要我们关心写作。

Neland提醒我们，"民族志"指的既是方法论(走出去做民族志)，也是书面文本(民族志)(Neland，2007)。第二个方面代表了新闻学研究需要面对如何充分处理新闻报道的物质性的挑战。事实上，书面文本似乎是提供物质重要性的令人信服的论据的关键。行动者网络理论的成果很多，如Latour和Woolgar的《实验室生活》(1986)、Latour的《阿拉米斯》(1996)和《规则的制定》(2010)等。正如Pinch(Bruni等，2014)所强调的那样，Latour早期作品的卓越之处在于他将日常事物编织成"小故事"，使它们具有分析的趣味性(Bruni等，2014)。新闻学研究要具有物质敏感性，就必须改变写作传统，重新重视创造性的写作方法。只有当研究者与期刊编辑、评委和其他重要的行动者一起生产学术文本时，才能推进这种努力。

新闻研究的物质时代即将来临

本章的最后一项建议听起来有点老套：三角定位法比以往任何时候都更有必要(另见第36和37章)。如果有人认为世界是由不同的代理人和行动者组成的，那就需要收集各种不同类型的材料(Plesner，2009)，并使用异构方法收集和分析这些材料。研究人员追踪行动者可获得大量的痕迹，特别是当新闻数字化产生了大量的数字痕迹，而这些痕迹现在可以被学术调查所利用时(Domingo等，2015)。

如果回到本章开头提出的关于物质性的三维定义，即形式、持久度和重要性，那么我们在每一个维度都可以有不同的方法选项来强调它。影子技术聚焦于行动中的物体，即它们的布局，特别是它们的布局形式以及它们如何在不同的情况下安排。Ventriloquism将焦点集中在第三个方面，即重要性，因为它们在话语和互动中被动员起来。争议分类和追溯一个物体的社会历史通过相互关联的元话语，将重要性与物体的持久性整合起来。对于那些想要拥抱物质整体的人，使用多种方法是必不可少的。

新闻学研究已经开始了物质转向，现在可以尝试在方法论上更加明确地拥抱物质性。从理论上讲，让不同的代理人在新闻生产中发挥作用只是第一步。我们现在应该致力于生产令人信服和反身性的成果，这些成果将显示行动的物质性，人类和非人类的纠缠，解开话语中的物质。如本章所述，产生令人信服和反身性的东西可能意味着在方法的明确性和创造性方面投入更多的精力。如果没有完美的物质敏感性研究，那么关注研究过程的每一步都可能构成第二阶段。本章对物质性的关注要求我们在本体论和认识论定位、方法的内涵、方法选择(数据收集和分析)以及编写反身性报告的技艺之间保持一致性。这样做将使新闻学研究能够充分、严格和反身性地追踪新闻业的痕迹，在数字时代充分地拥抱新的复杂性和开放的可能性。

第32章

通过访谈重构生产实践

Zvi Reich 和 Aviv Barnoy

引言

近年来,新闻学和新闻业的变革不仅提出了理论上的挑战,也提出了方法论上的挑战(McMillan,2000)。在这个复杂的生态系统中,传统方法在研究新闻生产过程时失去了一些有效性,我们需要替代的方法。在这个复杂的领域,我们看到学者们越来越多地采用重构采访的方法来考察新闻实践。

重构采访是一种系统地研究新闻工作过程的方法:样本记者描述他们自己的新闻生产过程,反思他们在新闻生产中不易观察的方面,例如不同来源、技术和新闻报道实践的贡献。这种"逆向工程"可以帮助你发现记者逻辑背后的新闻事项,包括优先事项、考虑、判断、规范、资源和(其他)限制。

本章的目的是描述重构方法、它的潜力和挑战,探讨其对探索新的和传统的研究设计的适用性。最后,我们将分享主要学者在过去10年中通过实施该方法所获得的经验、见解和遗憾,并以比以前更深入的、更开放的方式为潜在用户展开它。这种方法使我们能够解决新闻生产的许多方面,从记者如何使用新旧技术来获得新闻并采取主动(通过时间影响和公共关系),到在媒体、节拍、时间和性别以及专业工作和公民记者之间进行一系列比较(见Reich,2008;Reich,2014;Reich,Gold,2014)。在这一章,我们将强调如何通过这种方法获得最广泛意义上的新闻实践。

任何方法的经典陷阱之一是滑进方法图谱的规定性和机械风格里。我们避免陷入潜在困境的方式是对重构方法进行反思,揭示其背后的逻辑。此外,我们这样做的背景是当前的新闻环境和信息流,以及与获取这些实践的其他方法的关系。重构可以是定性的、定量的,也可以是两者的混合,两者都有不可否认的优势。定量研究可以分享我们在这些研究中的丰富经验,以及它们在方法上的更大复杂性和潜在的经验贡献。

在介绍了主要前提,并解决了传统方法在系统和全面地捕捉丰富和复杂的努力中遇到的日益增加的困难后,结合当前的新闻环境,本章将介绍重构采访的方法。我们不仅提出方法指南,而且分享我们所发现的有用甚至对此方法的成功实施必不可少的研究指引。最后,利用这一机会,我们以前所未有的方式详细描述重建采访的局限性,并指出在今后的研究中发展其用处的潜在途径。

基础预设

重构方法发展的基础是探索新闻过程的本质和探讨其有效途径。多年来,其中的一些预设获得了证据支持。我们现在将介绍这些预设中最重要的一个,同时简要地提及它们对重构方法的影响。首先,新闻过程很重要。因为在新闻研究中"内容为王",作为方法论的对象、研究的主体和民主的重要资源(Lombard等,2002),具体过程是研究内容生成。正如主张公开性的学者所建议的,许多决定新闻内容质量的关键步骤(如泄密、匿名消息来源、非摄像机来源、剽窃、外部超链接)仍然在最终产品之外,或被故意伪装(Hallin等,1993;Karlsson,2010;Sigal,1986)。同样地,对新闻过程的认识也被隐藏在最后的新闻产品中，在这些产品中，各种已发表的声明都没有记录下来，一些目击者以及他们的访问和可靠性没有被识别出来，得出事实结论的推理和证据并不总是显而易见的。至少可以通过对新闻制作过程的探索，而不是通过新闻产品来发现其中的一些。

新闻过程既复杂又简单。因此，必须准备一种有效的研究方法来捕捉规则的简单性、线性和结构化性质。新闻报道过程以及它的特性、混乱和令人惊讶的元素，不能总是简单和顺利地简化为规则和类别。从原理上讲，报道过程的核心仍然是结构化的，开始于记者第一次听到潜在对象的存在，终结于他或她出版的信息。在两者之间，资源、技术和新闻实践的组合有着无尽的潜力；然而，在新闻报道中，这些组合通常被减少到与不超过两个或三个新闻来源接触，使用一种技术或另一种技术。

我们的第三个预设是，新闻环境正在变得更加具有"流动性"(Bauman，2000；2013)。这些变化既值得研究，也使生产实践的研究更具挑战性。

根据我们的第四预设，记者日益被密集的行动元(actants)包围，这个术语来自"行动者网络理论"(另见第27章和第31章)。通过行动元，我们需要考虑将不同的人类和非人类实体作为潜在的行动者和行动的来源(Latour，2005)。新闻源和技术正在多样化，包括一系列新的人类和非人类行动者(Rogers，2014)，如社交媒体、大数据库和普通公民(Hermann等，2014；Sienkiewicz，2014；Tandoc，2014)，以及诸如文件、电话采访，甚至在新闻现场亲历等。为了捕捉所有这些"行动"的贡献，研究设计必须足够敏感，一方面不能忽略其贡献的细微差别，另一方面将这种"深描"缩减为重要的类别。

我们的第五个预设表明，传统的方法使新闻工作过程变得越来越不可观察，研究也越来越少。原因之一是新闻编辑室和新闻生产过程"地点迁移"的融合(Anderson等，2012；Berry等，2010)，它意味着记者们正在使用智能手机或WiFi连接等新的通信技术在多个工作地点(Jokela等，2009)报道来自任何地方的新闻(Mabweazara，2011)。当这项研究涉及博客作者或其他公民记者时，由于它们不包含任何类似中央新闻编辑室或其他敏感议题，如新闻来源，其中许多是匿名的，这种不可观察性达到了顶峰(Manning，2001)。此外，新闻工作正在成为一个多阶段的过程，不一定以第一份出版物的出版而结束(Jarvis，2009)，而是包括一系列的生产性行动，如事后临时更正和跟进。最后，在几轮裁员之后，随着新闻周期的加快和工作压力的增加，预计剩下的记者将"用更少的钱做更多的事情"(Van der Haak等，2012；Lund，2012)，他们不仅压力更大，也越来越没有足够的反思能力来做深度采访，也更少接受外部质疑，更不用说学术观察了。当记者发现自己的职业和道德标准受到损害时，情况尤其如此。例如，他们采用"剪刀+糨糊"和"公关稿"来做新闻，或发表他们认为不够有新闻价值的"病毒式"故事。

我们的第六个，也是最后一个预设是，记者仍然是研究新闻工作的新闻链中的最佳环节，尽管其他现有的和正在出现的环节也是合适的。正如下文所述，记者并非没有自己的偏见，但是他们享有相当多的条件来作出相对自主的选择。此外，记者是唯一拥有整个生产链视角的行动者，涵盖了新闻来源、编辑，甚至提供评论、点击等的受众的贡献。

重构访谈与传统方法

由于缺乏最新的新闻研究方法方面的数据，我们对两大主流期刊《数字新闻学》和《新闻实践》的研究方法进行简要的分析。根据我们有限的梳理，内容分析方法使用最普遍，符合先前的观察(Kamhawi，Weaver，2003；Steiner，2009)。尽管内容分析不仅是新闻产品，还是更广泛的社会和文化研究最主要的方法(Krippendorff，2012)，但它是研究新闻生产过程的一种可疑方法，因为人们无法从产品推断出过程。面对敏感问题时的不透明性，使这种方法尤其显得投机。在快速变化和更新的数字环境中，内容分析方法与密切追踪运动目标联系在了一起(McMillan，2000)。

民族志方法，例如观察，也是媒体研究中常用的方法，更适合于探索新闻的生产过程，在经典研究(例如，Tuchman，1978；Gans，1979；Ericson等，1989)和最近的著作(Domingo，2008；Anderson，2013；Usher，2014)中，其能产生更好的研究效果。然而，正如前面所提到的，问题在于新闻环境本身正在变得越来越难以进行系统的观察。通过很少的可观察传播渠道，他们不仅错过了在其他地点进行涉及公民、其他行动者或技术人员和其他来源的交流，甚至在同一新闻编辑室内发生的交流也很少。

根据我们的简要分析和其他资料来源，访谈和观察仍然经常用于新闻研究(Steiner，2009)。被采访者不仅可以描述他们参与的事件，还可以提供洞察力、想法、感受和评价，而这些都是无法以其他方式获得的。然而，除了依靠自我报道和对偏见的开放，当被访谈者本身也是专业的采访者(比如记者)而缺乏自省时，访谈会变得特别困难(Schon，1983；Zelizer，2004)。此外，正如Steiner指出的，访谈和调查是被过度使用并(因此)降低了在新闻生产领域的研究价值的方法。

同时，重构访谈——一种特定的访谈形式——已经由不同国家和不同媒体机构的一些学者采用，用以探讨新闻生产过程的不同方面(Albak，2011；Anderson，2013；Barnoy，2013；Boesman等，2014；Brolin，Johansson，2009；Brüggemann，2013；McManus，1994；Reich，2009；Shapiro等，2013；Van Hoof，2015；Van Pelt，2014)。对这些研究的快速回顾证明了重构访谈在探索新闻生产过程的各个方面的有效性。其具有的经验灵活性，允许它在创造性的组合和调整中实施。

我们熟悉的最早的重构访谈研究是由媒体经济学家John McManus进行的，目的是揭示美国电视台规模与记者主动参与之间的联系。19年后，丹麦媒体学者Erik Albak运用重构访谈的方式来探讨是科学家还是记者与科学专家的访谈更亲密。Christopher W. Anderson利用重构访谈技术研究技术变化对专业知识的影响。瑞士学者Michael Brüggemann用它来识别不同新闻文化中不同的新闻实践。而Lee-Wright、Phillips和Witschge采用重构访谈等方法，探讨了新闻业正在经历的变化及其对个体记者的影响。

其中的一些研究开发了自己的重构访谈方法版本，或将其与其他方法混合使用。例如，Anderson用重构访谈方法补充了内容分析，以便理解"媒介融合从利益相关者的行为来看实际上是独立的和不同的"，以及Lee-Wright、Phillips和Witschge将其与各种复杂的方法相结合，包括问卷调查、内容分析和访谈。Bruggemann和Reich一样，只专注重构访谈方法，他们使用电话采访，而不是面对面访谈来采访来自6个欧洲国家和23家报纸的记者。Van Pelt和Barnoy使用定性重构访谈，前者探讨公关对荷兰新闻业的影响，后者则用于理解以色列媒体如何对新闻来源进行选择，以及对某些新闻来源的偏好。

在下面的内容中，我们将简要描述这种方法，接着详细介绍重构访谈的流程，目的是强调不同选择和建议背后的理由。在我们看来，方法和后勤支持对重构访谈研究的成功实施至关重要。

什么是重构访谈

在深入研究重构访谈背后的复杂因素之前，让我们先简单地阐明它的方法论本质，以及它与传统访谈的不同之处。本质上说，重构访谈是一种研究新闻生产谱系的方法，包括基于新闻记者和其他生产者采访报道的新闻来源和报道过程。不像常规的访谈，重构访谈是有意义的，也就是说，不是对他们的工作流程进行自由讨论，而是要求被采访者重新考虑特定新闻项目的形式，这些新闻项目通常是由研究者有目的地或随机地进行预先选定。

重构访谈研究包括4个基本步骤：(1)对

新闻生产者(记者、公民记者或其他人)进行抽样；(2)对其产出(已发表的新闻报道、评论或其他)进行抽样；(3)面对面或通过音频/视频(通常是电话或skype)进行重构访谈；(4)数据分析。

关于它的具体研究设计和方法策略，采访者既可以使用开放式问题，要求受访者对具体的新闻生产进行自我描述；也可以要求受访者回答一系列诸如在场者、缺席者、事件发生的频率和密度等特定的问题(如新闻工作者、通信技术、新闻惯例和限制)(Brüggemann, 2013)。受访者的回答可以是实况、录音或定性定量的分析。特定项目的微观记录和特定记者的工作过程将被积累起来，整合进描述大规模新闻行动者特征的"大型画卷"中。

需要考虑的因素

在简要概述了研究方法之后，我们将在这里详细讨论不同的考虑因素，以帮助那些希望使用这个工具的研究人员获得实践基础。我们从以前的研究中总结出了一些实用的经验教训、技巧和建议，以及那些可能与未来研究相关的经验教训、建议和意见，以下是我们需要注意的7个方面。

设计问卷

调查问卷的结构应尽可能自然地反映新闻生产过程和普遍的报道模式。同时，它应该对特殊和令人惊讶的组合和场景开放，因为它们是任何社会动态的必然部分。重构访谈方法的主要目的是捕获新闻生产过程的不同层面，洞悉引发报道的新闻来源，连接它们的技术，以及获取研究样本的其他实践之间的联系，我们在这个水平上，将垂直轴和水平轴都加密。垂直轴可以系统地记录每个联系人(例如，每个联系人的类型、性别、可信度、电子技术，尽管与他或她有联系)，水平轴与新闻工作进展相呼应(例如进一步接触、来源和技术)。这样的划分允许采访者穷尽每个受访对象的所有方面。此外，该结构还支持在接触水平上对其社会关联进行粒度多层分析。

没有一个特殊的变量特别适合于重构，因为这种方法可以处理受访者在新闻生产过程中意识到的任何数据，并且能够在访谈时可靠地记忆。这包括对新闻来源、技术、实践和作为新闻生产过程一部分的任何考虑、资源和制约因素的依赖。然而，重构研究的价值在以比较和互文的方式实施时达到顶峰。例如，即使研究的兴趣仅限于一个特定的新闻来源，如公民，或公共关系从业者，在涵盖所有类型的消息来源时，将产生最丰富的、最确凿的和最具解释性的数据。这样，可能不仅表明了每个新闻来源的相对贡献，而且提供了丰富的数据网络，这可能有助于揭示依赖这种或另一种来源的成本和收益的逻辑、环境、渠道、运动和日志。在比较不同时间、不同新闻文化或不同类型的报道者对这些新闻来源的依赖时，可以获得类似的丰富度。

我们建议调查表结构保持两轴垂直，不仅能够快速和系统地记录数据，而且便于发现记者答复中的不一致之处，例如，当他们对新闻来源和技术的描述不相符时。此外，为了缩短访谈时间，人们可以在不获取关于每个项目的联系总次数的信息的情况下限制对接触级别的详细说明。在我们的案例中，我们对详细记录进行限制，要求在每个项目最多有5个联系人，这最终证明是没有效果的，因为95%的故事的接触次数不超过5次。

保护新闻来源可能是受访记者面临的一个问题，研究人员需要在询问每个新闻来源的必要问题(例如，其在组织中的作用，在社会中的部门、信誉水平、与记者的关系，以及性别)与那些可以被视为侵扰性或妥协性的问题之间进行仔细的平衡，因为这些问题会暴露特定的消息来源的身份，从而违背记者对消息来源保密的道德承诺。由于这类研究的目的并不是新闻来源的特定同一性，因此可以避免这种情况。

为了节省时间和加强采访者对访谈过程的控制，我们选择了一份有附加说明的问卷表格，而不是使用详细的实地手册。相关变量是用彩色边缘音符定义的。这还包括一些说明，例如跳过某些问题，这取决于先前问题的答案，或条件性问题。所有这些都是用直观的图形图标而不是口头说明来标记的，以尽量减少过多的文本。

定义变量

为了更好地细化账户，这些账户与"纳米级"的新闻工作相关，分析单位可以集中于不仅是单一的新闻项目，甚至可以接触一个单独的新闻来源。而在类似这样的变量中，所涵盖事件的类型或接受采访的消息来源的数量将始终与项目级别有关，与用于联系消息来源的技术及其在个人接触水平上的可信度有关。

任何可能被模糊解释的变量和类别，例如"高级新闻来源"或"未计划的事件"，都必须仔细和统一地定义，并一再介绍给记者：确切地说，谁是"高级来源"(应该举一些例子，包括具体的角色、军队和警察等在新闻来源上被认为是高级的)，是什么使一个计划相对于计划外的事件更优先，以此类推。

对于容易产生自我放大偏见的变量，如泄密，我们建议提出一个后续问题，以确保记者对泄密的定义符合研究的定义。在后面的几个案例里，我们的后续问题会得到回溯和自我修正的回答。

采访者的选择和培训

使用助理采访者可以使重构访谈很容易扩展。这在不同类型的比较研究中尤为重要。但是，助理必须仔细挑选，经过训练和检验。根据我们的经验，前记者可能不比普通的研究生差，因为他们熟悉新闻过程。这个研究依赖者的报道，以及他们对记者和新闻机构的自然接触，前记者能够识别不一致的、不合逻辑的甚至不诚实的答复。前记者也是学术上友好的研究者、细心的听众和细致的证据记录员，他们可以提高数据收集的质量。

培训采访者应该强调研究背后的逻辑、目的、设计和工具，以及不同的变量及其确切的含义和边界。以下4个措施有助于提高受访者的可靠性，以及其答复及解释和记录在调查问卷中的一致性：

> 1. 在一次试点访谈中，在培训结束时对每位助理进行测试并给予反馈，在此过程中，他或她被要求在现场访谈的基础上重构访谈两项内容，扮演采访者，对记者背后的新闻过程提供详细而复杂的描述。
> 2. 监控每个助理的第一次真正访谈，允许实时监控助理如何记录被访者的回复。
> 3. 当记者的答复听起来模棱两可，或者不符合调查问卷中的访谈类别时，应指导采访者使用"其他"访谈类别，并详细说明"其他访谈"的特征(在新的类别中重新记录重复出现的条目)。
> 4. 指导受访者在更复杂的情况下回答问题。通过文字详细记录案例，并咨询首席研究员，后者会尽可能系统地解决这些问题。

确保在诸如新闻生产过程之类的社会和文化现象的复杂性与半结构化研究工具的简化性之间尽可能平稳地过渡，并尽量减少这种冲击，采访者和受访者的合作是必不可少的。如果记者熟悉这项研究的逻辑和研究结果，他们就会变得更有帮助。当采访者接受训练和指导时，他们可能会更有帮助，他们要注意和敏感于记者重建过程中的细微差别，并优先了解进展情况，而不是匆忙填写任何编码表。

生产者取样

在进入下一步并对所研究的内容进行抽样之前，必须确定该内容的确切生产者是谁。重构可以很容易地扩展到在当前新闻环境下对新兴(半)专业人士的探索，其中不仅包括博客作者、公民记者和超本地新闻记者等编辑工作者，还包括当地记者、数据分析员、黑客、程序员、数据库管理员、信息科学人员、产品经理、质量团队成员、研发人员和数字设计师(Poell, Borra, 2012)。任何行动者如果对他或她的工作过程和可追踪的输出单位产生学术兴趣，都会成为重构访谈研究的候选对象(Kovach, Rosenstiel, 2010；Lahav, Reich,

2011; Wills, 2014)。然而,正如前面提到的那样,鉴于他们在新闻生产中的战略地位,可能需要对目前围绕新闻记者的研究设计进行一些调整。

根据研究的目的,新闻机构和记者个人的抽样工作应侧重于将可比性最大化或增加多样性,同时考虑混合的意义:例如精英和小报记者;公共服务和商业广播;基于融合的报道和原始报道;国家、地方和超本地的报道;机构的和公民基础的报道;调查和殴打记者。

为了有系统地抽样调查受访者,人们可能需要获得或编制一份完整的和最新的记者群体及其特定报道的名单(除非被访谈的新闻编辑室是建立在通才基础上的)。为此,可以使用黄页目录,但需要对其进行核查,以了解他们是否是最新的和全面的。对我们来说,尽管存在一些黄页目录,但我们仍然花了两个月时间,直到有了一张或多或少完整的记者和报道图表,核实了休假或生病的记者以及他们的临时替代者。

有了一份完整的、最新的记者名单,下一步就是挑选多少名记者以及从哪些新闻中选出。如果目的是使可比性最大化,我们会建议从代表新闻文化现有的节点组合中进行选择,与其在整个记者样本中的受欢迎程度成比例。我们的决定是每个组织抽样10~11名记者,由三组事件组成:政治、金融和家庭事务,每一组都显示了新闻工作过程的独特模式(Reich,2009;2011a)。拒绝参与的记者,或在抽样期间不发布最少数量的报道,则可以由下一个最等效的与最接近的记者替换,以维持样本的丰富性及可比性。

下列贴士在方法论章节中很少见,但对于一项成功的大规模重构研究来说,可能是必不可少的。让记者参与研究合作可能不是一件容易的事情。我们花了整整一个月的时间关注他们的出版物,有时甚至破坏了整个研究,我们请了一系列认识记者的"中间人"与他们联系,让他们参加这项研究。这些中间人有私人朋友、现任和前任老板和同事、高级消息来源和发言人。中间人名单是提前准备好的。在几个月的"情报工作"中,为每个指定的受访者找到一个有效的"开门器"。这些是很重要的,因为只有中间人才能联系到记者。同时,这项工作不应早于取样工作结束之前,以避免对记者偏见行为的批评,因为他们会事先意识到即将进行的研究。多亏了中间人,我们的拒绝率从未超过10%。不过,我们认为,比起以色列,那些较少紧密程度的社会中拒绝率会更高。

对新闻产出进行抽样

在确定哪些行为者包括在内后,需要对其产出进行抽样。我们已经发现,重要的是平衡项目抽样周期,使其足够长以覆盖丰富的项目、事件类型和新闻环境,但同时又不能长到挑战访谈中的记者的记忆能力,特别是关于其早期作品。因此,访谈必须安排在离项目抽样结束尽可能近的时间里。

我们的经验表明,一个月的抽样周期和随后一个月的访谈是最佳的。在一个月的出版周期里,大多数记者积累了几十件作品,它们不会让受访者在回忆新闻生产过程中感到困难。原则上,我们可以把研究延长一段时间,在连续的时间里进行抽样调查和访谈几个记者,但对比较研究来说,考虑时间的影响是重要的。无论如何,在研究诸如长篇报道和调查性新闻这样的领域时,可能需要较长的取样周期,因为它们的出版速度较慢。由于新闻产出相对聚焦某个中心,因此可能能让受访者更好地回忆新闻生产过程。出于我们的社会学兴趣,我们选择能代表大多数新闻内容的和平时期和一般时期的新闻作品。也可以选择那些希望侧重于特殊时期的研究,如选举或危机,但需要考虑如何接触到足够多的项目和记者,因为这些事件往往只涉及少量的记者。此外,如果想在非常短的时间内进行如此精细的研究,项目设计就成了一项挑战。但是,通过制订一项应急研究计划,这种情况可能会有所缓解。

在研究持续更新的媒体时,如在线新闻和

广播，由于这些媒体的同一项目可能会在一天内以不同版本一次又一次地发布或播出，我们倾向于对最高级的版本进行采样，以便最大限度地提高可比性，测试所有媒体的最佳性能，避免不公平地拿这种媒体内容的第一个"较薄"版本与其他媒体(如印刷新闻)的"更厚"版本(也只有这个版本)相比较。但是，为了衡量更新过程本身，未来的研究可能会考虑处理所有已出版的版本。

访谈的物理环境

访谈的实际环境不仅仅是一个技术问题。除了比电话采访或网络调查做更多的工作，根据我们的经验，建议进行面对面访谈。首先，面对面访谈能让记者更容易查阅有访谈依据的抽样项目。第二，它能对受访者表示研究的重要性，可以最大限度地让他们集中注意力并确保更长的访谈时间。

除了避免询问新闻来源的身份，我们建议采用特别的座位安排，以保障新闻来源的机密性。在我们的案例中，采访者和记者坐在桌子的对面，采访者拿着一堆问卷，记者拿着一堆他或她抽样的项目。为确保新闻来源保密，在桌子上放一个小屏幕，把两边隔开，这样在任何时候描述特定项目时，采访者就看不见记者手里拿着的那堆东西了。换句话说，当我们选择了最终的混合故事进行研究时，记者可以每次都从一堆项目中选择某个故事并重构它。抽样项目以打印材料、录音、在线记录和可点击视频等方式展示给受访者。受访者根据访谈者的要求口头回答问题并填写调查问卷。

考虑到对记者的压力很大，而且这项研究规范要求很高，应注意安排适当的访谈时间和地点。其可以最大限度地帮助受访者集中注意力，保持耐心，尽量减少延迟、扭曲和干扰。为了尽量减少出版时间和访谈时间之间的时距，访谈应照顾受访者的便利性，但应该尽可能快，即使通知时间短，也应该如此。显然，应首选记者方便时。我们建议避免在新闻编辑室开会时进行访谈，因为一些新闻媒体可能对研究怀有敌意，或者要求上级允许接受采访，并试图以可能影响结果的方式对记者施加压力。

这项研究的设计所面临的挑战是在最大限度地收集数据(更多的项目、更全面的问卷)和记者的耐心之间取得平衡。我们再次承诺将采访限制在每名记者8～11项问题(由于电视制作过程较为复杂，电视节目的采访次数较少)。在这种情况下，根据我们的经验，访谈一般可以持续60～75分钟，较早的项目比后期的项目需要更长的访谈时间。

分析

在最后阶段，数据分析研究人员面临两大挑战：如何将原始数据的片段(其中许多与单接触级别相关)集成到更广泛的意义中，以及如何在理论上检测这么多变量之间有意义的关联。首先，我们必须找到不产生扭曲的方法来减少极其详细的原始数据，其中大部分是"纳米级"的单触点。在数据收集阶段，接触级数据是一种覆盖不同来源特征的技术、实践的策略。在数据分析阶段，策略从单一接触级别上升到整体样本级别，失真最小——就像从树到森林。

例如，变量"性别"(男性、女性、未确定/不相关)在一个基于5个来源的项目中，有三个女性来源，一个男性来源和一个未确定的来源。为了使细节有意义地减少，我们将数据分解为两个变量：女性接触者的百分比(60%)和男性接触者的百分比(20%)。观察这些被记录的变量来了解男性和女性来源对整个样本的总体贡献。以类似的方式，我们计算了不同的源类型(例如高级的、非高级的、PR的)和在每个新闻项目中的技术部分(电话、电子邮件、WhatsApp、Facebook)，为每个联系人分配相同的权重。这种聚合使我们能够将新闻片段聚集在一起，将这些数据转化为坚实而有意义的数字，这些数字不仅揭示了每个来源、技术和实践的相对贡献，还使人们能够识别这些数据与新闻现象之间的相互关系。

其次，重构访谈的能力可以量化面向过程的数据，描述现象的相对频率，并检测变量之间的关联，为回答研究问题和测试假设提供许多选择。然而，面对一打又一打的数据，研究者必须避免陷入统计狂潮，并盲目寻找每一种可能组合的变量之间的关联的诱惑，要专注于基于理论和先前的研究和先验知识，有时甚至是社会科学研究中的常识。

优势和局限性

新闻环境变得越来越支离破碎、虚拟化，涉及越来越多的人类和技术代理人，我们越来越需要追踪这些多样化的代理人的方法。相对于较传统的行动者和实践，并将这些破碎的片段整合到一个或多或少连贯的画面中，本章展示了重构研究是如何在不同国家被用来探索新闻生产背后的新闻来源、技术、实践和过程，帮助探索这一日益具有挑战性的新闻环境。重构访谈体现了5个主要的研究优势。

项目锚定测试

不像变动不居的采访，记者被要求描述他们几乎没有机会探索的现象——更不用说衡量他们的规范，尤其是在他们不断增长的压力下——在重构访谈中，对他们的测试被锚定在他们自己早些时候发表的新闻报道的一个特定样本中，且现在它就摆在他们面前。

定量

除了在描述新闻现象发生频率方面的价值，定量重构在检验假设、发现和分析那些描述网络不同层面的变量之间的关联方面有着独特的阐释价值。数量及其社会的、文化的、认识论的以及专业的、伦理的变化标志着知识的多样化水平、复杂程度和新闻的可接触性和主流化程度。

粒度

数据重建的粒度使建立一个包含数百个项目的数据库成为可能。这种丰富性为回答研究问题和测试假设提供了无尽的选择。显然，因为每个记者都重新构造了多个项目，而且每个项目都可以包含多重联系，所研究的接触与项目之间存在一定的相互依存关系。然而，这种相互依存关系在很大程度上制约着普通新闻的生产和消费，而记者在一定时期内提供的新闻项目数量是有限的。

理解互文性

与专注于单一新闻来源或单一技术的研究不同，重构访谈能够对整体新闻来源和技术，主流新闻来源和替代新闻来源，新的技术和旧的技术同时进行探索。因此，它能够确定每项技术、新闻来源和实践的相对贡献，确定它们的作用，并尽量减少两者对以创新为导向的研究的高估及对保守研究的贬低。

可比较性

重构可以为测试理论和模型提供一个成果丰硕的研究领域，例如，强调不同媒体、新闻机构或不同类型记者日益趋同或同构的人，如新制度主义(Benson，2004；Cook，1998；Ryfe，2013；Sparrow，1999)，或者相反，强调其分歧的人(Altheide，Snow，1979；Dahlgren，1996；Deuze，2008；Sjovaag，2014)。重构使得扩大比较研究范围成为可能。从传统的国际舞台到更多的国内领域，跨越媒体类型、格式、新闻渠道、作品、种族和性别(Hanitzsch，Mellado，2011；Kian，Hardin，2009；Machill，Beiler，2009；Reich，2011b；2014)。

尽管有这些贡献，但与任何其他方法一样，重构研究也有自己的缺点。重构，一般来说，就像粗糙和颗粒的老黑白超声成像，有经验的眼睛需要透过散乱的噪音，检测出不能直接或以更高分辨率观察到的原理图轮廓和图案。

它最严重的缺点是，与任何以人为基础的检测一样，重构容易受到一系列偏见的影响，例如有限的自省(Schon，1983)和有限的知识(Milton等，2005)。对记者来说，由于他们的直觉行为(Cohen，1963；Gans，1979；Golding、Elliot，1979)以及他们对新闻工作者自己的工作惯例的不批判态度，这个问题可能特别严重

(Cook，1998；Gitlin，1980；Tuhman，1978)。此外，访谈者本身也是一个挑战。在离访谈者这么近的地方，记者可以很容易地猜出任何问题的"正确"答案。此外，采访任何专业人士有关他们自己的行为可能会受到不同的不准确、偏见、自我陶醉的影响，可能导致反映不良职业标准的实践的无效和少报。

然而，由于几个因素，这些问题应该不会太严重。首先，因为在项目锚定的采访中，记者被要求报告行动，而不是评估绩效，因此产生有争议的偏见和无效评估的可能性较小。第二，尽管有上述偏见，但我们的受访者还是会选择描述许多糟糕的新闻实践案例，如依赖公关，在没有任何进一步交叉的情况下，依靠单一的新闻来源(有时可信度很低)。第三，雇用前记者作为访谈者，以及做了仔细训练和设计了科学的问卷，降低对记者描述的依赖，因为它可以让访谈者发现那些不一致和奇怪的或没有意义的东西。尽管采取了这些措施，但是记者们如果想说谎，还是可能的，但他们必须对自己作品的生成过程进行实时的、复杂的、多层面的虚构。

但是，质疑并不意味着这些数据毫无意义。偶尔高估或低估都无疑会扭曲数据在描述水平上的准确性，比如高估复核的作用或低估对PR的依赖。但是，即使复核使用不多，我们也可以理所当然地认为对PR的依赖不会比重建数据更少。此外，如果存在这种偏见，在解释层面上，这种偏见的影响通常要弱一些，即变量之间的关联。例如对PR的依赖和来源的可信度可以保持统计上的显著性。

最后，我们应该记住这种方法的盲点。首先，与内容分析(对新闻过程是盲目的)相比，重构大多是对已出版的新闻作品的研究。我们选择避免将描述新闻生产过程与研究项目相匹配是一种战略选择，使记者能够自由地谈论他或她的工作过程，而不涉及对新闻来源保密的侵犯。在保留内容的中介作用的同时，找到更好的访谈该过程的机制，学者可以因此打开新的经验视野，但他们必须找到避免侵犯新闻来源机密的补救方法，并在必要时适当咨询新闻伦理委员会。第二个盲点涉及非具体报道或最终未发表的报道的新闻惯例，这些与权力较少的行动者有关，例如女性、公民和少数群体、社会运动和非政府组织，甚至是公关从业人员。

作为最终的反映，我们希望考虑该方法的进一步应用和调整。首先，考虑使用该方法的未来学者应记住重构访谈的基本逻辑可能不仅适用于新闻工作，还适用于任何复杂的、重复的和足够重要的社会和文化活动(如文化生产、研究、开发或立法)，其中所建议的类型的逆向工程不仅适用，而且还可以揭示未被注意到的行动者、因素、力量和参与模式的来源。第二，除了根据新兴技术更新研究工具的明显意义，希望利用重构来探索前沿问题的学者们也必须注意着眼于新闻生态系统中的社会、经济、组织、职业和人口变化，以及新闻研究中的文化和理论趋势。我们一直在引入新的变量，包括网络媒体、公民新闻、社交媒体以及记者和新闻来源的性别，记者的项目、时间和工作压力。最后，进一步的研究不仅要发展自己对容易被高估和低估的变量的敏感性，还要毫不留情地将它们减少到最低限度，发展自己的技术，以减少对记者报告的依赖。未来的研究将能够结合重构和技术，如大数据、算法和不同类型的度量，这可能有助于限制对主观材料的依赖，或至少将其置于上下文的语境中，并为它们的解释增加洞察力。

第33章

对液态新闻进行抽样

Andrs OLof Lasson，Helle Sjovaag，Michael Karlsson，Eirik Stavelin和Hallvard Moe

引言

向在线环境的转向影响了新闻的生产、分发和消费方式。这种转向也对新闻研究产生了明显的影响。具体来说，这些有时被称为"液态新闻"的发展对学者们如何访问、收集和分析在线新闻中记者和消费他们产品的民众留下的痕迹产生了影响。

"液态新闻"(Deuze，2008；Karlsson，2012)通常可以理解为数字环境下没有固定或明确边界的新闻。因此，流动性是在不同的枢纽和节点之间相互关联的标志，并体现为新闻报道的真实性及其定位，多样化的故事讲述，以及记者和观众之间界限的模糊。液态数字新闻业既可以在一个集中的空间(如网站)中生产，也可以在更广泛的新闻生态(Anderson，2010)中生产，其中不同的行动者在分散的空间中活动。不管有多大的空间，生产这类新闻的过程从本质上不同于传统新闻业，后者更加分散、静态、由较少的机构生产。因此，新闻实践向液态新闻的转向意味着研究对象越来越难以获取和分析。

这种经验材料的不稳定性无疑造成研究人员执行任务的复杂化。液态新闻难以有统一的定义，也难以获取，采样越来越复杂。Neuendorf将抽样定义为"从较大人群中选择研究单位子集的过程"，其目的往往是以能够实现普遍性的方式进行抽样(Krippendorff，2004)。在研究线性媒介时，可用文本的范围太大，不可能作为一个整体采样，必须限定在一个可选择的范围内。这种选择需要有针对性，以便能够充分回答所研究的问题。

传统上，抽样是研究过程中的一个独特部分，很容易与接下来的步骤区分开来。取样后，研究者将根据变量进行编码，为实际分析做准备。因此，一旦选择和收集了样本，就会限制日后在研究过程中采取的不同途径。然而，研究液态新闻的过程不仅变得更加困难，而且在某种程度上还必须与研究中的其他步骤一起进行。这是一个潜在的对研究提出的新问题。因此，液态新闻既给我们带来了机遇，也给我们带来了挑战，要求我们重新思考抽样问题。本章论述的议题提出了关键的挑战，说明了如何应对这些挑战，并建议新闻研究如何从机遇中获益。

本章根据网络新闻生产和使用的两个不同阶段的特点来组织：集中阶段和分散阶段。这两个阶段不是固定的历史时期，而是描述网络新闻的关键方面对研究有很大的影响。在集中阶段，要研究的内容主要是在机构网站上以普通方式出版、分发和消费。在分散阶段，内容在很大程度上会被发布和再版，并通过大量的平台和服务以不同的方式呈现和使用。在某种程度上，前一阶段与以前称为Web1.0的阶段是一致的，而后一阶段则与通常被称为Web2.0的阶段是一致的(更多关于Web开发阶段的信息，请见Allen，2013)。

"Web2.0"的概念通常与O'Reilly的建议相联系，即在线服务应更多地包含读者的意见或对读者的贡献开放，而网站——无论是否有新闻——应该允许用户之间有更多的互动，无论是记者还是读者。像Facebook这样的社交网络服务和所谓的微博服务(如Twitter)放大了这一进展。在进入Web 2.0阶段之前，用户生产内容已经是新闻实践、争论和研究的一个固定部分了(案例见Deuze等，2007；Larsson，2012)，在将取样程序问题化时，需要将这种技术平台的变化属性作为参与依据。本章的具体主题从报纸网站抽样和采集数据与从社交媒体服务(例如在Twitter上)收集有关新闻内容数据有着根本的区别。

因此，本章试图揭示和讨论其中的一些情况。集中阶段和分散阶段被启发式地采用，以引起人们对数字期刊趋势的关注。新闻业已从更统一、更集中的语境，转向更无定式和更多样化的语境。与每个阶段相关联的数字服务的类型从技术角度来看是不同的，当研究人员想要从新闻机构的网站，或者同样媒体的Facebook页面、Twitter摘要中进行抽样时，这些差异就会发挥作用。基于数字新闻研究人员以前如何从网络环境中处理抽样问题的历史背景，本章提出了建立数据的方法和理想的问题集合——通常是为线下媒体开发的——并讨论它们在各种在线环境中的适用性。此外，我们还讨论了抽样和采集问题对研究的影响，并对数字新闻业提出建议。

在下面，我们首先阐述液态新闻的概念，并提出三个核心挑战，这些挑战是与抽样有关的新闻获取的选择和比较。作为案例，在接下来的章节中，我们将讨论如何在数字新闻研究中应对这些挑战，计算机辅助在研究中的潜力和缺陷以及研究过程的不同步骤。我们将考察社交媒体的数据采集，然后讨论如何选择要研究的内容，或者如何设计能够进行分析的变量。我们将重点放在计算机编码上，强调数字化环境的计算机化过程现在如何渗透到研究进程的新部分。这个讨论将引导我们思考计算机编码如何为新闻研究向大数据分析的方向发展提供可能性。

液态新闻抽样面临的挑战

学者们运用许多不同的术语来描述网络媒体及其新闻的具体特征，并对其进行公正的描述。最有成效的努力之一，是Deuze根据Zygmunt Bauman的社会理论提出的"液态新闻"一词。从本质上讲，液态新闻是数字环境下没有固定的或明确的定义边界的新闻。例如，用户与生产者之间的互动，内容的连续编辑与新闻内容的重组，照片和多媒体增删与利用超链接扩展故事，都远远超出某一特定新闻机构或媒体公司的界限(Deuze，2008；Karlsson，2012；Matheson，2004)。液态新闻有一个轮廓，可以被感觉到并被经验化，但是，正如下面所扩展的，如果一个人试图将它固定下来，它就会从你的手指间滑出来。

网络媒体的流动性，特别是新闻业的流动性，不仅意味着新闻的生产、分发和消费发生变化，还意味着抽样方法的改变。事实上，液态新闻很难用传统的方法来获取、储存和分析。考虑到这一点，Mitchelstein和Boczkowski声称，网络新闻的发展——以及对这一主题的研究——显示了传统与变革之间的紧张关系(Mitchelstein，Boczkowski，2009)。这一描述也适用于定量的内容分析，特别是当涉及将通常用于测量线性媒体格式的方法转换为测量网络出版物的内容时所面临的挑战的时候(Kausky，Widholm，2008；Keith等，2010；McMillan，2001；Quandt，2008；Sj Vaag，Stavelin，2012；Weare，Lin，2000)。本质上，内容如何构成的本体论取决于是基于模拟的还是数字的。考虑到与数字媒体的具体情况有关的挑战，必须开发适合数字媒体取样的方法和途径。在下面，我们将概述数字新闻抽样过程中的三个主要挑战：(1)获取数据，或者对样本进行归档，即确定新闻片段的开头和结尾；(2)选择样本；(3)在时间/空间和离线/在线的情况下比较样本。选择模拟内容分析，数据通常是第一位的，在数字媒体的分析中，这种情况不一定是第一位的。这是因为数字新闻的流动性和不可预测性。数字数据，没有真正的样本可供选择，除非有人已经获取了它。

获取数据

获取和归档数据的第一个关键问题是它是基于传统的内容分析方法的假设，因为其建立在模拟符号的逻辑基础上(McMillan，2001)。这反映在人们对内容的期望上，内容是可控的、可识别的、分隔的、保留的、非反应性的。模拟符号媒体的语境是静态的，不受分析的影响，向所有读者传递相同的信息，文本几乎完全由媒体工作者生产(Berelson，1971；Krippendorff，2013；Riffe等人，1998)。内容分析方法的应用在传统媒体上之所以成为可能，是因为模拟符号媒体行业通过一种可预测的和反复出现的出版流程，大量生成的分隔信息片段，为内容分析师提供在银版上剪辑和分割的内容。模拟符号媒体传递内容，将信息流的概念视如水滴那样的形态。数字媒体以不同的逻辑进行工作，这种逻辑不像上面所描述的那样，它被标记为液态。相对于线性呈现的单独文本内容，正如Karlsson所总结的那样，液态新闻是一种根据新闻原则生产内容的"不稳定的、连续的、参与式的、多样化的、相互关联的过程"。

有鉴于此，出现了关于什么才是一个项目真正的组成部分以及这些短暂项目之间真正的关系的问题(Schneider和Fit，2004；Brügger，2009)。与模拟数据收集相比，液态新闻是一条水流，在那里，人们必须努力创造和区分自己的水滴，因为在线新闻是流动的——它在时间和空间中延伸。当写一篇新闻文章时，很难确定这是否是它的完成稿。网络新闻故事是伴随着发布的时间而来的，但是故事通常会在当天晚些时候更新/编辑/删除，甚至是在第一次出版时就如此。在取样这些数据时，研究人员必须确定第一个发布时间是否代表最合适的版本，或者最后一个更新和修改的版本是否正确。

这会对样本的一致性产生影响，例如，如果一个故事在6月的最后一天发布，并在7月的第一天更新——它属于哪个月？当故事包含指向其他网站或类似故事的链接，以及当页面包含读者评论和讨论时，就会出现这样的问题。故事到底在哪里结束？例如，关于获取内容，研究人员必须应用(并可能发明)工具、技术和程序来用于发布和切割。将短暂的网络分成更小的，但有意义的碎片。同样，随着时间的推移，这些片段必须以一种公正的方式存储在原始的发布语境中，这是非常不同的。这完全是虚构的(Brügger，2009)。在类似的媒体(如报纸)中，内容被获取，并以其独特的分发方式被存储，但现在不是这样了。此外，在新闻项目中，项目之间的关系，以及项目在网站上的定位(所得到的关注)可能会随着时间的推移而发生变化。因此，抽样调查涉及不断变化的特征，即流动性新闻的无定形和短暂性。

选择数据

第二个挑战是，一旦数据被获取，如何选择一个子集进行研究。Weare和Lin在2000年指出了互联网的规模和混乱结构是如何使有代表性的分析信息样本的选择工作复杂化的。对他们来说，做在线新闻研究的优势包括扩大收集样本的能力，从而扩大样本的代表性。但这些优势无疑也伴随着一系列的复杂因素。明确界定的电视和报纸信息的界限代表了标准化的界限和项目附近信息的界限。这也需要对它们的语法有一个既定的理解。相反，网络新闻的非线性性质模糊了消息的边界和环境，涉及更多的"复合语义"。这一认识所产生的挑战主要涉及分析单位。

由于分类方案包含关于我们所看到的信息特征的理论，因此为网络媒体制订适当的分类方案需要一个明确的行为。理解我们正在研究的媒体的语法、语义和逻辑——文本所包含的各种元素，如何表示元素的规则，以及这些元素是如何呈现和合为一个整体的。从菜单和广告中识别和分离一篇文章是一个语法识别问题。

因此，在我们开始获取它之前，必须定义我们正在看的是什么。如上文所述，在数字环境中采样数据，数字内容分析人员必须就项目在何时开始和何时结束作出决定。基于网络的新闻业的流动性给获取和选择数据进行分析带来了挑战，这一过程很难实现。在某种程度上，我们已经知道我们在看什么，我们在寻找什么。但是，网络新闻仍然是可以识别的。因为对在线新闻形式的研究倾向于采用传统的内容分析方法，目的是对有关媒体进行广泛的描述(Barnhurst, 2010; Bozckowski, de Santos, 2007; Chadwick, 2011; Karlsson, Str mb ck, 2010; Song, 2007; Van der Wurff, 2008)，在线新闻分析方法必然建立在我们对模拟符号媒体知识的基础上——不仅是新闻业长期存在的制度特征(Barnhurst, 2010)。我们知道，新闻文本应该包含5个W的答案——谁，什么，何地，何时和为什么。我们知道它们包含消息来源，其通常附带图片和署名，文本中所包含的信息往往是在新闻编辑室或通讯社中生产的。

在时间/空间和离线/在线上比较样本

第三个挑战是从一个在线新闻网站进行抽样，正如我们所看到的，其在获取和选择数据方面已经存在问题。在比较中还会出现进一步的问题，目的是从多个新闻渠道或媒体中进行抽样调查。在线分析通常是在跨市场、跨平台、跨出版物或跨时间进行比较的。当涉及抽样时，这种比较就会产生特殊的问题。不仅仅是因为抽样调查人群的多样性，还因为从理论上形成的分析问题，这些问题的目的是衡量其从本质上可以在很大程度上产生新闻的背景。调查新闻工作中使用网络特性的研究也是如此(见Karlsson, 2011; Quandt, 2008; Steensen, 2010; Van der Wurff, Lauf, 2005)。

在界定分析单位的边界方面，比较在线和离线新闻输出会遇到特殊的挑战。这些边界在线性媒体中发布时是有限的，但它们如上文所讨论的，在线文本在时间和空间上的延伸可能是无限的。正如我们在本章后面将讨论的那样，为减轻手工编码的繁重过程而设计的计算方法也无法避免这些抽样问题，因为这些方法本身就会产生了新的问题，特别是抽样过程中缺少实体的问题。此外，网络在研究的可操作性方面也产生了问题，特别是在旨在使用计算方法比较不同网点的可变设计方面。报告中包含数字新闻平台以及记者使用的编辑工具为诸如边栏和互文框提供了不同的方法。为了以一种使它们具有可比性的方式捕捉这些特征，研究人员需要适当的知识来了解这些包含了哪些

人工的或技术性的问题。如果功能(如链接)侧边栏必须包含在故事中，相比这些功能的自动更新，就需要提供网站的不同图片。因此，在捕捉特定的数字新闻特征时，我们需要知道故事的"深度"，这反映了新闻工作者所做的努力。这里所指出的问题引起了人们对如何在实践中进行抽样的关切，特别是在有标准和协议的情况下。对于网络语境还有待开发，传统的内容分析方法给出了有限的指导。因此，有必要开发新的分析模式，对如何联系和评估液态新闻提供指导。我们认为，利用计算机辅助的数据收集和编码模式是一条可行路径。然而，我们需要意识到这条道路有几个陷阱。计算机辅助对研究液态新闻而言，不是一种简易的方法。重要的是，利用这些方法也迫使我们重新思考取样的过程。接下来，我们将深入探讨研究过程中计算机辅助步骤的可能性和缺陷。首先，我们需要考察与分散的新闻业联系在一起的社交媒体的数据获取。在此基础上，我们讨论如何选择要研究的内容，或者如何设计变量，重点讨论计算机编码，以及如何设计变量。它迫使我们重新思考取样的方式，因为与传统取样相关的步骤现在在整个研究过程中以不同的形式重新出现。

获取社交媒体数据

正如前面所讨论的那样，采用抽样的做法是为了从较大的人群中选择一个有代表性的子集——在网络新闻中这是很难或不可能研究的。实际上，以随机、系统、集群、滚雪球或便利为基础的抽样方式在新闻研究中得到了很好的发展，数字技术的发展表明这些大型工程即将过时(见Lewis等, 2013)。这种宏大的主张往往是在"大数据"的主张下提出的(见第34章)，可获得的大量数据将使研究人员能够分析其研究对象的所有实例，并使所有形式的抽样变得不必要。

这种承诺的现实情况，以及由此产生的方法问题，可以用应用研究的例子，集中在社交媒体上加以说明。而在计算机辅助的数据收集

方面的挑战也是通过对更集中的新闻形式的研究来分担的，本节使用了社交媒体的例子，可以说是一种分散化。在液态新闻领域，抽样方面的挑战似乎相当明显。换句话说，当涉及社交媒体时，抽样程序不同于使用抽样调查时使用的程序。对于网站的新闻内容，我们需要消除这些具体的差异，因此，挑战是基于我们认为与这些发展有关的最关键的问题，主要包括三个方面的内容：(1)免费采集数据的质量；(2)数据访问的商业化；(3)数据的适用性。

数据质量

与许多其他在线平台一样，访问应用程序编程接口(API)是从Twitter收集数据的常见方式之一。这种访问可以使数据采集成为可能。以结构化和自动化的方式让研究人员至少有可能获得一个完整的样本，而不必像上文所讨论的那样处理复杂的抽样问题。当然，这取决于人们希望研究的社交媒体内容的数量——Twitter、Facebook帖子等。如果所进行的研究的主题预计会有相当数量的此类内容，每个平台经常提供的免费版本的API可能不再适用。借鉴对Twitter上内容的研究，这些问题有时使用"gardenhose"和"firehose"图像的隐喻来澄清对社交媒体数据的访问，从而指出与第一种类型和可能性相关的限制，以及与第二项有关的指标(另见第34章)。正如这个比喻所暗示的那样，前者对数据流动的访问的精确边界是有限的，难以用一种详细的、经验性的方式确定准入情况。不过，有人认为，"gardenhose"只能提供推文总量的大约1%(见Morstatter等，2013)。因此，利用"gardenhose"访问来抓取所有Twitter数据并不能提供可靠的结果。

相反，成功地使用这种有限的访问方式确实需要特定的搜索词来处理更受限制的主题，如使用主题关键字(称为标签)或特定的Twitter用户处理搜索查询的分隔符(见Brun，Stieglitz，2012)。这类研究通常涉及具体事件，如竞选活动(Moe, Larsson, 2012)，其中一个适当的主题标签(或相关的几个主题标签)来自大众用户，因此可由研究人员选择使用。在新闻业语境中，Larsson(2013)采用YourTwapperKeeper(见Brun, Stieglitz, 2012)来追踪与2011年秋季在瑞典电视台播出的时事脱口秀Hübinette相关的推文主题。在该节目于同年9月首播之前，其工作人员已经在Twitter上做宣传，鼓励观众利用#Hubinette标签来讨论节目主题。因此，数据收集是依据这个标签进行的。该方法是基于与标签上预期的流量有关的gardenhose API。而唯一能完全确定最终数据集涵盖全部用户的方法是所有被发送的推文——将与从商业提供商获得的数据进行比较——由于经费紧张，在进行研究时无法获得这项数据。我们可以接受Morstatter提出的1%的建议，尽管收集到的数据在Twitter的流量总量中被认为是很小的(见Brun, Burgess, 2012)。

这种做法是否合适，或者是否成功，在很大程度上与所使用的定界符的范围有关。因此，使用"gardenhose"访问来收集数据，被认为非常广泛或流行的搜索词是不值得推荐的(Driscoll, Walker, 2014)。如果不能获得更广泛的"firehose"入口，研究人员需要考虑他们的切入点，以及获取数据的搜索术语。与此相关的是，Lewis等人使用多个软件进行数据收集，例如YourTwapperKeeper(Brun, 2011)。因此，数据从多个位置，并有意创建冗余以抵消和暴露来自任何数据集合的潜在丢失的数据块。这样，这些服务就需要集中于有限的一组搜索查询上——或者在更大的一组上，预计活动不会太广泛。在收集之后，可以对收集到的每组数据进行比较，从而提供更大、更全面的数据集和可能的组合。Brun和Stieglitz指出，尽管这些努力可以而且应该作出，但任何复杂的传播系统都将遭受一定程度的信息丢失。因此，这里的关键问题是要意识到用于数据收集的工具的局限性，相应的结论也有局限性。

数据访问的商业化

我们的第二个话题是数据收集的成本。虽然免费提供数据收集的开源解决方案(如上文所讨论的)对相对较小或中等规模的研究项目很好，但对确保满足更大的抽样目标来说，其他的取样方法可能更适合——尽管代价高昂。如前所述，与许多其他在线平台一样，访问API是一个比较常见的从Twitter收集数据的方法。但是，Twitter最近对API访问设置了很大的限制(Burgess，Brun，2012)，这降低了免费获取数据的可能性，并使付费成为需要。的确，虽然研究人员也努力从Twitter上免费获取数据(Gnip，2014)，但这些数据与从公司获取的付费数据相比相形见绌。Twitter正在与第三方服务合作来处理数据销售的日常事务，与数据访问有关的经费问题。目前，Twitter API设置了不同类型的访问。虽然所谓的"firehose" API是可用的，其特色是只要建立一个完整的账户，就可以获取所有Twitter任何时刻发送的数据，但获取它的价格是大多数学者无法承受的(见http://gnip.com/)。因此，很多研究人员使用"gardenhose"的访问类型——它可以提供免费但相对有限的Twitter访问权限(Lewis等，2013)。

这里列举的情况与"人们的在线数据往往具有商业价值"的观点是吻合的(Cantijoch等，2014：204)——但我们在此讨论的是这种商业价值对学术研究的影响。目前，研究人员经常需要借助这样的服务来以有限的资金研究在线媒体实践——新闻或非新闻。因此，明显的风险是，数据访问的商业化程度的提高将会进一步扩大现有的"数据充足"的学者和"数据匮乏"的学者的差距。

数据的适用性

最后，第三个话题涉及商业行动者如何能够为更宽泛的搜索查询提供更充实甚至完全的数据集，它甚至超出了研究所需或分析偏好，即使这些数据，或者更确切地说，它们的呈现方式，可以提供有价值的内部信息。考虑到研究项目或事件的总体性质，研究人员通常需要访问原始的、未格式化的数据。一个商业客户可能通过"现成的"分析师满足一些需要。然而，通常情况下，这样完成的分析并不能满足学术研究的目标。即使再搜索者很幸运地获得了获取"firehose"数据流所需的资金，这种数据的传递和呈现方式往往也无法满足研究所需。因此，确保所购买的数据符合研究小组的要求是至关重要的。例如，上述Gnip研究的默认数据传递格式被设置为JSON模式，它适用于数据库目的，但不一定容易导入到各种计算机程序中，研究人员经常使用这些程序来执行他们的分析。因此，我们不仅必须确定我们正在订购的数据，还需要提出非常具体的以何种格式提供这些数据的要求。总之，当获取流动新闻的样本需要将计算机辅助和接入作为首要解决办法时，我们应该关注这些陷阱。然而，如果我们能够解决这些问题，计算机辅助的数据收集确实能为系统地研究液态日志提供一种方法。即便如此，数据一旦收集完毕，就像我们前面所说的，选择研究什么或如何设计变量仍然是一个挑战。这需要我们更仔细地考察计算机编码。

变量设计与计算机编码

一旦获取了数据并选择了一个样本，就需要根据一组标准对数据进行排序，这些标准可以对数据进行结构分析。如果我们想知道新闻中有多少政治报道，一个网站包含多少体育报道，故事的不同来源，或者这个故事是本国的还是外国的，我们就需要定义规则来支持编码，用预先定义的描述内容的标签来标记每个故事。有了可用于对更多数字新闻文本进行自动分析的计算方法，这些规则还需要让计算机有足够的能力去理解它们(Zamith，Lewis，2015)。与人类编码器不同的是，计算机不能根据规则进行"解释"，它只能将某物进行归类，或被告知要找的东西。因此，在建立计算机编码变量时，我们需要知道我们在寻找什么。本章我们将讨论设计编码的原则，它包括：(1)定义分析单元；(2)设计变量；(3)创建计算机编码规则。

分析单位

首先，在使用机器编码时，分析单元中的细节级别由研究者来定义。在分析模拟符号媒体和集中式数字媒体时，分析单位往往是预先准备好的"故事"——一篇新闻文本，从上到下，或者从头到尾的电视新闻，很容易被人类编码者识别。但对于计算机辅助，我们需要在页面的"顶部"和文本的"结束"位置设置清晰的边界。因此，计算机编码设计需要考虑到网络的特殊性及其底层结构——数据库(Manovich, 2001)；需要定义一组清晰的分析单元来构造收集单位作为数据库记录；还需要建立明确的限制，以便"冻结流量"(Karlsson, Strmbck, 2010)——或在目标时间点捕获数据，使液态可变的网络信息存储在有限的单位。多变的网络需要固定下来，以确保结果不会继承这一流动性属性。正如我们在下面所建议的，其中的一些问题可以用计算机辅助的方法来解决。

设计变量

第二，当定义单个学习单元时，可以通过设计单元内的变量来增加深度。变量是一个可定义的和可测量的概念，它包含不同的个案或单位的不同值(Neuendorf, 2002)。Robert P. Weber说，变量设计必须基于你想要从分析中实现的目标(Weber, 1990)。

为了分离样本中存在的内容变化，编码人员——无论是人还是计算机——都需要一个关于如何分离样本的特定规则，其需要允许分析单位显示变化，以提供更多的信息。变量中的值必须提供所有分析单位的详尽说明，也就是说，它们需要能够说明任何可能的变化。由于文本提供了多种解释，而且随着样本大小的增加，我们的样本包含了"液态"元素，因此很难预测和解释所有的情况。

当人类作为编码者时，多重解释将出现问题，这也是我们要做编码者可靠性测试的原因。当使用计算机工具构造数据时，可能出现的问题是当我们借助计算机来根据这些值对样本进行排序时，可能出现不同情况，即要求计算机在几种可能的情况下提供解释。对一台机器来说，当理解一个很高的要求时，不能期望它比人类编码者提供更好的结果。比如，关于在什么地方划分不同的本地附属机构的界限，它可能是基于地理边界(故事发生的地方)，也可能是由主题决定的(故事是关于什么)，因此，把本地新闻和非本地新闻分开是有道理的。虽然人类编码者可以很容易地将两者区分开，但计算机很难将文本中的参考点(例如，巴拉克·奥巴马来自美国)与实际事件的地点(他在奥斯陆获得诺贝尔和平奖)分开。此外，若变量过多，会限制得出可行性结论的程度，因此变量设计需要平衡细节和可管理性。虽然我们可以从大量的新闻文本中提取成千上万的名字(例如，个人和组织的名字)，但是让计算机把相关的和无关的区分开来可能是个问题，因为计算机不知道哪些项重要，哪些项不重要。编码还可以使项目分散在值范围内，所以分析可以保证合并值。因此，设计变量是规划和提取数据的一个重要因素，要求研究者定义在研究数字鸿沟或者液态新闻时可以获取的分析单元。

计算机编码

决定内容解释的规则对计算机编码来说也是必要的，但它对编码方案获得适当的可信度并不重要。在归纳研究设计中(没有变量的预定义值)，我们采用如概率分类器、训练数据等"教"计算机如何编码。培训数据需要人工选取，因此该模型继承了人工编码和抽样的困难。这方面的例子包括情感分析和语言检测。在情感分析中，一种典型的方法是用标签手动标记一组文本表示正值、中性或负值，并将其用作算法的培训数据。算法在标记数据中找到最能描述该类别的特征，以后可以用于描述新数据的正值/中性/负值状态。手动标记数据的质量允许算法继承编码培训数据的编码者理解(见Balahur等，2014)。在演绎研究设计中(使用变量的预定义值)，例如，用于文本分析(如聚类)的无监督机器学习方案的主题建模，其结果很大程度上取决于为分类/划分数据而建立的规则。文化知识在正式规则和(潜在的、任意的或便利的)阈值中交换。与人类判断相比，只有通过评估结果本身才能找到"正确"规则和阈值。因此，编码在很大程度上依赖于隐性知识和文化底蕴。它允许我们在字里行间阅读，而计算机还不具备这种人类技能。这种缺乏人类阅读技能的例子可以从大多数文本数据分析的结果中看出。一个常见的特点是，在传统的新闻分析中，至少有一个集群(或主题建模中的主题)是完全没有意义的，比如"今日""胜利"或"他的"这些关键字或术语，不能揭示与传统分类的任何关联。计算机能够根据某种阈值检测它们的相似之处，但它们与其他类别有很大的差异——从上下文的角度来看是足够大的差异——它们被排除在更连贯的话题"包"之外，而不一定是内在一致的。在计算机辅助编码里面，难以分类的项目可以归入噪音类别，在这些噪音中，人们可以借助隐含知识很容易地分配适当的值，或者丢弃那些毫无意义的信息。

人类编码者必须"能够理解规则，并在整个分析过程中始终如一地应用这些规则"(Krippendorff, 2004)，以获取可靠的结果。对于人类编码和计算机编码，这个过程在概念上是相同的：准备分析的变量样本中的每一个单元被检查、测量、分类和评估。在这里，数字内容的新的、也许是最令人兴奋的编码方式是计算机编码——我们让软件来进行评估。然而，计算机编码的变量存在新的问题。

潜在变量，如描述新闻的主题类别，可以通过机器学习来分配，存在精确度/召回级别的问题(Baeza-Yates, 2009)(这种分配应具备一定的精确性)，其可靠性与人类编码者相关(我们期望机器编码与人类编码应具备一定的相似性)。关于什么是类别，机器编码需要更详细的说明：即使没有定义，人类编码者对"经济"这一类别的含义，也有一个粗略的认识，而计算机需要一个严格的定义——通常情况下以示例文本的形式出现。

对于显性变量，即通常不需要人工判断的值(例如日期、发布时间、链接数量)，赋值过程的规则指导可以表示为提取器——对每个变量的代码片段赋值。这是利用网络的句法结构来实现的，并被标记为抓取值。网络抓取使我们能够明显地提取一些变量——这些变量与多余的信息分离——并计数其他变量(链接、视频、音频、图像、单词)，或者检查它们是否存在(Facebook-共享按钮、注释字段等)。根据传统的数据结构(Krippendorff, 2004, 见图7.2)，进程的结束状态是行(用于单位)和列(用于Varia)的集合。

这种抓取方法依赖于网站中心的代码——它的语法结构——创建一个与其他站点相区分的统一品牌的网站。即使数据是通过API收集的，从样本中的单元(即新闻网站)中提取变量的行为仍然需要有关领域和内容的规则和知识。通过测量软件代码，以及经过适当训练或调整(潜在变量)和目标(显式变量)规则集，我们可以"冻结流程"，并对液态媒介进行适当的分析(关于如何做到这一点，见Karlsson, Strmbck, 2010)。利用计算机进行新闻内容分析的好处是规模和精度，因为计算机不会疲劳或放弃，并且可以将给定的规则应用于完整的语料库，而不是样本。问题会随着使用软件进行内容分析的复杂性以及如何处理复杂多变的内容而增加。在线新闻网站中，内容必然会随着新趋势、设计、技术和服务的变化而变化。人与机器之间的分工有待改进，人机协议随着计算机化方法的成熟而成熟。对于抽样，计算机辅助的路径允许对完整的文本集合进行全面分析，从而缩小需要的范围，直到一些有趣的子集在语料库中出现。它允许我们从一个有代表性的样本的理想转变为一种分析模式，在这种模式下，我们可以"放大"有趣的模式和详细分析子集。这是将内容分析用于大数据分析的第一步。

结论

本章介绍和讨论了研究人员在各种网络环境下研究新闻实践和内容时所面临的机遇和挑战。我们已经确定了对液态新闻进行抽样的核心挑战，包括获取、选择和比较数据。为了获取流动性的数字新闻，我们讨论了数字新闻报道的内容和背景(例如，超链接、用户贡献、社交平台上的共享)。

需要考虑的是：在某种程度上，取样液态在线内容需要具有针对性，以便能够将相关内容与无关内容区分开来。此外，在网络上获取和归档流动内容时，很难事先知道哪些信息是相关的，甚至在线新闻环境中会发生什么。对于在数字领域的抽样调查中遇到的问题，没有一条明确的"出路"，只有"凌乱但有成效"的解决方案(Karpf, 2012)。

如果不考虑研究的特定网站、服务和媒体，人类与机器之间的分界线或"利与弊"将始终在那里。随着技术的发展，我们很可能会看到计算机编码发生进一步的变化。数字新闻研究在这方面是有潜力的，但批判性评估和考虑具有语境敏感性的人文因素在这方面也是必要的。就这些未来的复杂分析工具而言，计算机的主要问题是无法进行我们定义的"批判性评估"。根据这条推理，跨学科方法——从多种理论和方法角度对数字新闻进行研究——在不久的将来会变得更加重要。而像"连线"编辑ChrisAnderson所说的"理论的终结"，可能对他们有一定的吸引力，但现在和未来的学术研究可能更多地依赖于计算机辅助，同时也更依赖由精通社会理论的人类研究者提供的洞察力。正如González-Balón所建议的那样，需要有理论才能"使信号与噪声脱钩"。没有这样的概念洞察力，我们将面临被大量数据淹没的危险。

第34章

大数据分析

Axel Bruns

引言：新闻学中的大数据

涵盖人类行为几乎所有方面的"大数据"概念已经成为学术研究和产业实践的一个驱动力，它跨越了很大的领域：为投资决策和股票市场交易提供信息；支持政治竞选和决策；跟踪气候变化对天气模式的影响；以及预测和跟踪流行病在全球人口中的传播。大数据反映了自然现象、人类行为和复杂技术的全面数量化趋势。自新千年的第二个十年开始，大数据系统就已经出现了，并导致全新的职业角色的出现——从数据分析人员、数据科学家到"数据记者"：他们与其说是作为新的新闻故事的信息提供者，不如说是专门处理"大数据"来源的记者/研究人员。

这种趋势很大程度上是由传感器和类似传感器的物体生产的主题广泛的详细和连续的数据驱动的；数据来源的范围从传感器检测到的物理世界的信息到计算机程序记录的在线空间活动。在这两方面，数据存储和传感器的检测和处理能力在适用性和可靠性方面的提升都使得大范围的详细、持续不断的数据生产成为可能。此外，现在通常被称为"数据科学"的数据处理和统计分析领域的出现，有助于将单个数据进行组合和修正，从而整合为一个更大的整体，成为"大数据"。

特别是当大数据分析的应用集中在对人类活动和行为的研究时，从网上获取数据发挥着尤其重要的作用。广泛的互联网通信工具的日常使用至少在发达国家已经实现了，这意味着用户活动的数据现在占了公共通信总量的很大一部分。因此，罗杰斯认为，互联网研究和相关学科不应再仅仅将"因特网"作为一个传播领域来研究，而应该把它作为一个互联网"文化与社会"来研究。

虽然这一更广泛的研究议程受到一些局限(我们将在本章的后面部分讨论)，但是通过提供丰富的在线用户活动数据，以及开发能够处理和分析数据的强大和创新的研究方法，互联网研究实现这些目标的潜力进一步增强了。Berry将这种方法的发展描述为媒体、传播、新闻和社会科学研究领域的"计算转向"：它们以计算机科学、数学和统计领域发展起来的计算数据分析方法，以及新的计算建模和预测技术为核心，将这些方法应用于解决人文和社会科学中长期存在的重要问题。因此，这一趋势也为"数字人文"作为一项更广泛的学术努力的出现奠定了重要的基础(见Arthur, Bode, 2014)。

更狭窄范围的运用是Lev Manovich或John Hartley等学者计划开展的新研究项目，他们将其描述为"文化分析"或"文化科学"(Manovich, 2007；Hartley, 2009)。这些研究借鉴了文化研究的已有概念和方法框架——将之延伸到媒体、传播和新闻学等领域的研究——加入计算化、定量化的数字人文研究方法，为文化研究和相关学科提供更严密、更全面的证据基础。

这种计算化的社会科学研究方法在新闻实践和新闻学研究中都有应用。首先，大数据在新闻业中非常有价值，计算或数据新闻作为一种独特的新闻实践的出现表明：对详细而强大的数据来源的直接介入和审视为记者提供了丰富的第一手信息，可以用来验证利益相关者在争议事件中的公开声明，并将政治声明与现实情况区分开来(见第23章关于这一趋势的更全面的讨论)。除了在新闻实践中的这些应用外,通过为新闻生产和新闻接受提供前所未有的细节水平,大数据也为新闻产业和新闻研究提供了新的视野。特别是,对网络和社交媒体的用户参与新闻生产的观察和量化产生了许多新的数据,这些数据远远超过了传统的电视收视率和报纸发行数字,它反映的不只是新闻内容的传播范围,还有它的具体使用情况,以及受众对它的反馈。简而言之,这种方法通过用户自己点击和发布推文,提供了比以往任何时候都要详细的大量数据来测量新闻用户的行为。

无论是好是坏(我们将在本章后面部分研究这些大数据新闻所具有的威胁和机会),这些数据可以使新闻实践的量化水平超越一般的计算水平和流通数字。通过将描绘新闻生产过程和受众接受模式的内部和外部数据源组合起来(需要特别强调的是,这里指的是新闻业生命周期的当前阶段,以及在线和社交媒体受众的接受情况),参与者和学者可以据此研究相关记者和新闻机构的表现、影响,从个人故事到特定新闻的定位和新闻业的长期趋势。特别值得一提的是,这些分析使新闻研究人员能够揭示和比较不同新闻机构的制度性偏好,以及发现各媒体机构在多大程度上基于对网络用户使用和反馈的分析来作出编辑决定或故事安排。

但是,这类新闻分析的有效使用也取决于底层数据的质量、用于处理数据的计算方法的适当性、数据处理的技巧,以及学者和行业决策者的能力——将数据分析结果与其他信息来源相结合——将新闻分析作为当代新闻产业的唯一知识来源是对(新闻业)真实图景的错误表征。在下面的内容中,我们首先讨论大数据在新闻内容生产和接受中的类型和潜在用途。然后,我们将探讨将大数据作为新闻从业者或者新闻学者在更广泛的公共辩论和新闻实践中的重要消息来源具有的机会和威胁。最后,我们将概述推动大数据在新闻业中更丰富、更有效也更全面和具有批判性的运用必须采取的步骤。

新闻生产中的大数据

传统上,至少对于没有直接进入新闻编辑室的研究人员,新闻内容生产是很难衡量和量化的,特别是从产业角度来谈。在过去的几十年里,在网上发布新闻报道和其他新闻内容的转变——这一转变到现在已经基本完成——使得这样的衡量已经变得容易多了,现在有许多现成的方法可以在全球范围内识别和跟踪新闻的发布。

RSS和社交媒体推送

这样做的最早机制之一是RSS推送的使用。丰富的网站摘要(RSS)文档几乎可以从所有主流新闻网站获得,也可以从公民新闻网站获得。它们来源于网站站点、新闻博客和许多其他新闻来源,它删除了新闻网页上面向终端用户的文章布局和格式,并且只提供最近的出版核心信息(通常由文章标题、发布日期和其他创作信息、永久文章URL和简短的文章摘要组成),按相反的时间顺序和机器可读的格式出版。RSS 最初是为新闻阅读软件如Google阅读器或当前市场领先者Feedly的用户准备的,那些包含在订阅RSS 推送中的数据被组合和格式化,以便更有效地使用。

新闻网站的RSS 推送除了应用于终端用户,这些新闻网站上即时更新的出版内容也可以被捕捉和处理以用于新闻研究。RSS抓取软件可以将推送发布的新文章添加到一个持续更新的新闻文章数据库中,然后再进行进一步的处理和分析,以便识别诸如新闻制作和出版的日常模式,或(附加处理)标题和文章摘要中提取到的关键主题和话题。这种方法的进一步扩展是点击URL链接获取与RSS提要相关的全文并进行处理(Brun等, 2008,其中详细描述了这种获取博客文章的方法)。

这种研究方法还可以进一步扩展,获取新闻机构的官方账户或记者在诸如Facebook和Twitter等主要社交媒体平台上的持续更新的新闻报道,然后进一步分析。标准的社交媒体内容跟踪工具(详见下文)可以抓取诸如卫报或纽约时报的官方Twitter账户,或这些出版物的Facebook

官方页面上的帖子，并从这些帖子中获取新闻机构网站上的任何文章的链接。然后，可以从网站本身获取这些故事的全部出版细节和文章文本。RSS摘要可以揭示通过不同社交媒体平台选择文章的不同策略。

web抓取和文章数据库

虽然RSS和社交媒体推送可能提供对新闻机构的内容制作和出版活动有用的核心细节，但是，直接从新闻网站收集数据仍然是一种重要的方法。普通用户可以通过获取web内容(也称为web抓取)并生成目标网页的瞬间快照，收集新闻文章的全文。RSS提要通常没有全文信息，一系列重要的辅助信息同样无法从其他的程序数据源获得。这些信息包括：给定的位置和空间，新闻网站条目页上的新闻报道，对可能附加在中心故事后面的其他相关文章的引用，以及读者评论(这些评论可能会在文章下面发表)。事实上，反复对同一页面进行抓取可以揭示这些附加细节的动态，例如，新闻机构的网站在宣传这些新闻报道时发生了哪些变化，或者在故事之后用户展开了哪些讨论。

考虑到需要将无关的辅助内容(如广告、页眉和页脚，或同一站点上其他流行故事的列表)从所包含的核心信息中分离出来，即使是自动化的网络抓取也可能是一个密集劳动的过程。尤其是为了捕获完整的新闻文章，一种更可行的替代方法是使用标准的新闻文章数据库，如LexisNexis或Factiva：这些数据库通常也包含新闻的全文，因为它收集的是在新闻机构网站上发表的信息(Vincze，2014；Wallsten，2015)。给出某一出版物的一组文章标题和/或出版物URL，或者点击RSS提要，可以自动从数据库中提取每篇文章的对应全文，并将这些数据来源组合到新数据集中(要做到这一点，可能需要具体的目标站点和研究人员可用的数据源开发工具)。

如果研究人员可以直接访问新闻机构的内部文章数据库——这样的数据库很可能包含完整的标题和文章文本，甚至包含多个版本，以及相关的创作和发布细节，就可以在很大程度上避免因生成可靠数据而产生的一些问题，这些数据通过RSS和社交媒体推送和(或)获取新闻机构的新闻站点和数据库生成。但是，很少有新闻机构会将内部使用的数据库对外开放。应该指出的是，一些全球新闻领袖，如《纽约时报》和《卫报》，现在正在提供此类信息的公共应用程序编程接口(Bastos，2014)，但是，外部研究人员不太可能从多个新闻机构获得这样的信息，从而对新闻发布活动进行比较研究。对这种涉及整个行业的研究，建立一个综合RSS源和其他来源的新闻产品的全面数据集是唯一可行的方法，即便它本身是一个既复杂又劳动密集的工作。

进一步的数据处理

一旦从一个或多个新闻机构收集了这些数据，在详细分析之前就需要对它们做进一步的处理。特别是文章标题、摘要和正文，可能需要使用一些先进的计算文本分析技术来建立关键的内容模式。关键字生成和同步生成方法可以用于生成每篇文章的简要主题，这些关键词聚合起来可以显示特定术语和主题随着时间的变化情况或特定文章的明显取向(Touri, Koteyko，2014；Vincze，2014)。此外，更高级的自然语言处理(NLP)技术可以用于各种更复杂的目的，包括识别关键的实体——政治家、名人、组织、地点、国家——或对某篇文章中的情绪进行定量研究。

数据进一步处理的结果也可以根据一系列其他数据点进行修正，以检测诸如某个特定主题或行动者的相关新闻报道在不同媒体中的呈现情况，或者不同的新闻记者对某个特定议题的情感立场，或者某场公共争议的以上方面的长期动态。同样，额外的外部数据来源也可以用来对包括政治投票、经济指标、武装冲突中的伤亡数字，或其他官方数据，以及"谷歌趋势"(Google Trends)等工具提供的行为数据进行比较和修正，这些工具允许搜索自2004年以来Google搜索中的全球和本地趋势。通过比较，这些不同的数据可以显示出新闻重点和当前舆论的一致或分歧。

大数据在新闻生产中的潜在应用

在前面的讨论中，已经概述了一些关于新闻生产中大数据的潜在用途。一般来说，无论是对新闻机构自身还是新闻研究者们，分析这些综合数据集的第一个兴趣点是识别某家或多家新闻媒体的出版活动趋势。对新闻产品的简单分析可能指向新闻活动的关键时刻；结合对文章标题和内容的专题审查，可以发现与当时公共讨论中的热门话题的直接关联。还可以进一步确认记者是否是这篇文章的作者，并判断他对新闻报道的具体贡献。

除了这些基本分析，更复杂的分析技术——特别是计算文本分析——也可以用来提供核心主题及历时动态的更详尽的分析；类似的技术也可以用来聚焦公共讨论中处于中心地位的个人或新闻机构，并对这些个人或机构进行跨媒体比较。例如，揭示不同新闻机构的报道重点或偏见，并使人们能够理解不同的新闻价值框架、不同的政治意识形态、不同的编辑决策在媒介公共议程中发挥的独特作用，或某家新闻媒体的受众人口特征在其中所起的作用。类似的分析还可以对记者和新闻机构的采访实践进行评估：以直接采访或引用社交媒体帖子的形式在政治领导人到某个领域的专家再到普罗大众中确定重要的消息来源或来源类型，揭示不同新闻媒体如何确定这些不同消息来源的相对重要性和相关性。例如，根据学术性新闻数据库的数据，Wallsten探讨了2012年美国总统选举期间社交媒体的意见来源。

需要注意的是，这种分析不应将所有新闻文章同等对待：重点报道的文章被置于新闻网站的顶端，并通过社交和其他媒体渠道被广泛推广，它对受众的影响可能比不重要的报道要大得多。因此，对故事平台的分析(通过对新闻网站头版的抓取和对媒体机构的社交媒体更新的跟踪)可以为故事的总体可见度提供重要的额外数据，并应作为相关主题的全面建模的放大因素进行考虑(见Lee等人，2014)。

更详尽的类似方法所需要的更复杂分析框架表明，仅仅对新闻产品进行大数据的获取和分析不是新闻研究的最后阶段，相反，它只是服务于进一步的混合方法研究，这种研究将大数据与定性调查结合起来。事实上，这是当前公众和学者在讨论"大数据"研究方法作为新的研究框架时的基本出发点："大数据"方法不应该排除其他所有的定性和定量方法；相反，应通过适当的安排，使之可以补充、支持和整合其他研究方法，从而提高研究的总体质量。例如，"大数据"分析可以找出需要进一步定性研究的特定可观测现象；反之，较小范围的定性研究对那些需要大规模数据进行验证的重要问题和假设往往是不可或缺的(关于这一点的进一步讨论，见第35章)。

关于新闻接受的"大数据"

幸运的是，考察某个新闻报道的能见度和影响力，不必仅仅依靠对新闻机构的报道定位和宣传推广的分析，或者研究新闻网站的整体市场定位。现在，新闻大数据除了我们前面提到的有关新闻生产的数据来源，还包含非常丰富的描述新闻内容接受情况的各种数据来源。这些数据增强、扩展和补充了现有的接受数据(包括发行量和收视率)，特别是对网上和社交媒体上的新闻内容消费与使用提供了丰富、详细和实时的数据。

应该指出，传统媒体的现有受众数据有许多问题。电视收视率的局限性(在本案例中，尤指电视新闻和时事节目的收视率)已众所周知：它们是从通常相对较小的、具有人口代表性的抽样家庭中推断出来的。它们很少说明对电视节目关注的质量(电视新闻只是早餐或晚餐的背景，还是真的引起了观众的注意)，此外，它们也应该考虑换台和点播观看的情形(Bourbon，Meadel，2014)。类似地，报纸发行量也只反映报纸印刷和分发的数据，而很少提供用户如何接触报纸以及购买后多大程度上阅读的情况(读者深度参与报道内容，还是只关注政治，体育，甚至招聘广告部分)。相比之下，大数据的生成——由新闻机构内部生成，以及由研究人员外部生成——为在线新闻接受实践提供了对不同受众的注意力的更精确的数据；此外，鉴于持续的在线新闻消费已经成为主要的新闻接受方式(特别是在许多市场上，报纸读者群体日益不稳定，电视收视率在缓慢下降；Christensen，2013；皮尤研究新闻项目，2014)，这些数据与新闻受众实践研究越来越相关了。

网站访问和活动数据

新闻媒体的在线发行量和点击率数据是通过描述访问新闻网站所在服务器的次数来获取的。此类数据首先只提供给这些服务器的运营商，新闻机构也已经越来越密切地关注这些数据。这样的服务器数据很少提供给外部研究人员，尤其不允许对新闻机构的市场定位进行全行业范围的基准评估。对于这样的研究目标，需要寻找一些由在线监测服务机构提供的替代性指标(通常是在商业基础上)，这些服务所起的作用可与电视收视率机构的作用相媲美：例如Experian营销服务机构收集的关于互联网用户网页浏览实践的一般匿名信息，它能够从这些数据中推断出非常详细的人口统计学上的结果，比如对某一国家或地理区域的用户访问哪些网站的描述。这些自动化、ISP水平和选择面板性质的数据收集方式使它们能够收集的数据规模远远超过了电视收视率机构的能力：与3 500户家庭相比，这些数据的收集规模要大得多。例如，相比澳大利亚电视收视率机构OzTAM的数据(OzTAM，2011)，澳大利亚Experian Hitwise的在线趋势数据来自大约150万澳大利亚人。

然而，这种内部和外部生成的网站访问数据并不仅限于简单的体量(volumatrics)，它们通常也提供用户访问的峰值和低谷(即用户访问新闻网站站点之前和之后的情况)，用户与新闻网站的交互(页面访问、花费的时间)，以及网站评论、Facebook点赞或用Twitter分享特定的新闻文章等数据。特别是当用户需要登录新闻网站或网站使用浏览器cookie追踪用户时，这种交互可用于建立历时的用户兴趣的详细轮廓；它既可以通过使用内部服务器分析工具，也可以使用行业标准插件(如Google Analytics)来完成(不过，在这两种情况下，生成的数据不太可能适用于

外部研究人员或整个行业的标准)。

社交媒体参与数据

虽然这些网站访问和活动数据可以构成关于用户活动模式的极其详细和非常有价值的信息来源，但是它们很少适用(或者至少适合)于研究用途：新闻机构倾向于将其内部网站统计数据和Google分析数据视为商业数据，而外部机构的产品也主要面向商业用户，价格往往超出了公共资助项目的承受能力。不过，受众参与的次一等级的数据更容易获得：这些数据揭示了主流社交媒体平台的用户如何在个人网络中使用和分享新闻媒体发布的文章。

在对博客链接和引用模式的早期研究中可以发现这些方法的最初形态，那些早期研究跟踪了许多已知博客(通常侧重于政治主题)的内容，并确定了博客文章中的超链接。例如，通过对这些超链接进行网络分析来研究不同博客群体的不同政治说服行为(AdamamdGlance，2005；Park，Thelwall，2008)，或研究当前某一公共讨论的历时变化情况(Highfield，2011)。然而，博客圈的相对无序、分散的结构——包括大量的个人网站以及托管在一系列博客平台上的博客——可以支持许多不同的出版格式，使得对这些模式进行真正全面的分析几乎不可能；这样的研究一般只能提供零星的材料，而无法对全国或全球博客圈进行更全面的观察。但是，随着Facebook和Twitter成为社交媒体参与的集中平台，情况发生了变化：在这里，至少原则上是可以识别Twitter链接到给定新闻站点或针对某一特定主题的所有帖子或文章的。但是，上述平台(注：Facebook和Twitter)的不同功能，以及关于数据访问和服务条款的不同规则，也给这种可能性带来了许多限制。

Facebook

对于目前全球社交媒体市场的领先者Facebook来说，要全面确定其用户如何参与具体的新闻服务是不可能的：我们大多数人只能看到自己Facebook账户的"好友"或"朋友之友"，而且我们还必须假设，那些向全球公开

他们的个人资料的用户对别人查阅自己的资料只是偶尔设置限制,尽管他们对Facebook频繁变化的隐私控制感到困惑。因此,任何从目前全球公开的Facebook个人资料中提取的用户参与(通过点赞或分享)数据所呈现的很可能是扭曲的画面,应该视为缺乏代表性。同样地,研究人员通过他们的Facebook身份使用在没有提前告知的情况下采用Facebook数据收集工具使用朋友的新闻参与数据是不道德的,即便他们事先获得了朋友的允许,他们所获得的数据也没有代表性。

使用Facebook唯一可行的方式是使用新闻机构的Facebook官方网页的用户数据。即使用户在Facebook上的个人活动受到相关隐私设置的保护,其账户也是公开的,可以合理假定通过新闻机构网页进行参与活动的用户意识到了(但并不完全消除)这种研究方法具有道德可接受性。(在互联网研究中,为研究人员制定适当的道德准则已经有很长的历史了;更详细的情况请参阅互联网研究人员道德委员会在aoir.org/伦理学网站上公布的内容)。这意味着研究人员可以收集一些关于新闻机构官方账户的Facebook用户,以及关于新闻机构自己在平台上活动的有用数据:它使追踪每一篇新发表的文章和文章后面以点赞、分享和评论形式呈现的公众反馈,以及获取Facebook受众总体结构的基本信息成为可能。收集这些数据的现有工具包括独立的Facepager应用程序(Keyling,Jünger,2013)和Python程序设计者的FacePy框架(Gorset,2014)。

Twitter

Twitter的情况有些不同,因为Twitter平台本身和可以获取用户活动数据的Twitter应用程序接口(API)的结构及性能都是不同的(Brun,Stieglitz,2014)。Twitter的绝大多数用户账户是全球公开的,即使是未经注册的访客也可以访问;而且,所有用户推文的全球Twitter防火墙(firehose)是可搜索的,至少在原则上可以通过站点和API访问。这种网络结构及其内部用户活动的扁平而开放的特征极大地促进了Twitter在传播和讨论突发新闻方面的主导作用,甚至与比其大得多的竞争对手Facebook相比也是如此(Dewan,Kumaguru,2014):尤其是Twitter标签在特定议题和事件的全球讨论中发挥了重要作用(Brun,Burgess,2011)。

然而,学术或商业研究人员通常无法获得所有Twitter的完整、未经过滤的数据。当然,可以用很高的价格从如Gnip和DataSift这样的第三方数据转售商手中购买这些数据(Brun,Burgess,2016),或者在某些条件下也可以从美国国会图书馆获得TwitterInc.的所有推文的档案,但这些档案是否保存或是否可能被公布是无法确定的(Raymond,2010)。使用特定的标签、关键字和其他搜索术语对Twitter活动流进行访问,既可以通过开放、免费的API获得,也可以通过商业转售商获得,但是前者仅限于提供不超过当前总量的1%的数据,因此通过标签和关键字搜索获得的数据可能是不完整的。此外,API还提供对底层用户配置文件和网络数据的访问,这对评估不同用户参与活动的相对可见度和影响可能很有价值。许多独立的开源研究工具都将自己设立为Twitter学术研究的虚拟标准,包括Youtwapperkeeper(2012)和DMI-TCAT(数字方法倡议,2014)都要求研究人员进入网络服务器进行安装(见Gaffney,Puschmann,2014,关于对Twitter研究工具的更多的讨论)。

就我们目前的研究目标而言,此类工具可以生成一些关键指标(key metrics)——类似于我们上面提到的Facebook指标——用于描述用户参与过程和新闻媒体的内容。首先,对于任何特定的机构Twitter账户,可以通过获取其所有的Twitter内容,以及获取@答复或转发其消息的所有Twitter来追踪其促销活动。特别是在使用此方法跟踪多个竞争性媒体账户时,能够评估Twitter用户对活动的反馈情况,例如,指出哪种类型的Twitter(或者Twitter中链接到的新闻文章的类型)回复或转发的次数最多。当然,类似的方法也可用于研究记者个人在Twitter上的活动。

除了追踪媒体的官方账户自身的活动,通过特定新闻媒体的域名和搜索术语,研究人员也能获取独立于官方账户的那些推文,它们分享新闻网站上发布的故事链接。例如，Bruns等人(2013)使用这种方法创建了澳大利亚Twitter新闻索引ATNIX，这是一项长期的纵向研究，目前已经产生了两年多的澳大利亚新闻和评论网站的链接共享数据。这种研究方法在每日数据基础上确定了目前最重要的澳大利亚新闻报道主题和话题。这种历时性研究既可以评估受众之间不断变化的话题兴趣，也可以评估链接共享实践本身的逐步演变。此外，Twitter相对开放的结构还提供了更多的基础数据，这些数据可用于评估用户的个人行为可能产生的影响。Twitter和Facebook都有一些适用的用户标准，但只有Twitter可以建立——由于API访问限制，速度可能会慢些——整体网络连接和用户观点的更全面的视角。在评估个人用户参与活动对新闻品牌所产生的影响和决定新闻机构在Twitter空间中的用户总体印象时，这些数据是无价的，我们将在下文更详细地讨论。

"大数据"在新闻接受中的潜在应用

综合来看，整体层面和个体层面的社交媒体新闻内容接受的大量数据，构成了前所未有的关于互联网用户如何参与新闻的详尽信息——显然，在线访问而不是广播电视或报纸现在越来越成为新闻接触的首要方式。总体而言，这些数据重新揭示了用户注意力的总体情况以及不同新闻媒体和故事主题在注意力经济新兴市场中的相对突出程度。当然，随着时间的推移，这些数据也可能被用来追踪这种注意力的相对涨落，因此也可能对新闻机构自身的内容生产策略产生影响。

如前所述，这些数据在重要性方面不同于传统评级和发行量数字。在线和社交媒体接入通常是以"拉"而不是"推"为基础的，内容生产是基于用户主动访问，而不是由发布者广泛分发，因此，通过站点访问和社交媒体数据来度量用户活动比其他媒体的收视率拥有更高的可靠性。尤其是社交媒体平台的量化指标，真正地代表了用户的参与，而不仅仅是阅读：虽然没有即时可用的指标来说明用户是否读过他们正在接触的文章，但可以确定用户是

否喜欢、分享、评论、@回复或转发某些新闻内容。虽然受众研究还没有开发出一个分析框架，将这种参与指标与更传统的收视率和发行量数据完全结合起来，但一种更复杂的新闻使用和参与形式的类型正在出现(Costera Meijer，Groot Kormelink，2014)。

即使没有宏大的统一受众理论，这些新的在线指标也为评估单个新闻品牌及其内容表现提供了非常有价值的新方法，并以透明和科学严谨的方式将这些指标与竞争对手对照。对于新闻机构自身，这类指标的标杆价值在于对特定活动和计划的投资回报的评估(主要的排他性产品是否产生了大量的读者，品牌本身的社交媒体活动对内容分享或网站访问产生了什么影响)；此外，此类研究方法还可用于测试特定新举措(与风格相关)的影响(在网站的首页上放置文章，或使用搜索引擎优化技术和通过有针对性的广告宣传特定的故事或整个网站)。

对于产业界和学术界的研究人员，进一步的研究兴趣是识别特定类型、形式和格式的内容的目标受众，识别方法包括：使用访问数据服务(如Experian Hitwise)所提供的受众细分工具来获取用户人口统计特征，对社交媒体网络做进一步的分析，寻找那些在网站或社交媒体上对新闻文章提供有用评论而可能成为未来的专家型消息来源的用户。

最后，对新闻学者来说，这里概述的数据来源分析也为研究公共讨论的全过程，研究特定的公众议题(Habermas，2006；Dahlgren，2009)，研究当前的公共领域或至少那些通过在线媒体渠道进行的公共传播提供了一个独特的机会。在这里，不仅可以考察主流媒体的活动(以及主流媒体报道的声音)，正如以往大多数关于公共领域的研究所做的那样，还可以更全面地研究一般公众对这类主流媒体的反应和参与程度，以及这两方面的交互结果。

机会和威胁

上述关于新闻生产和接受的大数据为行业从业者和新闻研究人员提供了一系列机会。将受

众行为数据与媒体自身的生产活动数据结合起来，新闻业可以基于更详细、全面的受众兴趣和媒体活动的视角，更好地调整和定位其内容。在财政压力日益增大的时候，这将特别有助于我们在削减资金和增加新投资方面作出决定。

同时，这种数据驱动的人员和资金决策并不一定会生产出更好的新闻产品，即使它能生成一种更受欢迎的新闻服务。这里有一种危险，即商业决策的重点可能是所谓的"大数据逻辑"，而不包括其他因素，这可能会造成一种非常偏畸的新闻组织。总之，如果新闻管理者的决策完全由投资回报(如文章点击量和股票价格)驱动，那么他们可能很难证明潜在的亏损活动，如深度调查新闻的长期投资是合理的，即使新闻机构从事这种复杂的新闻活动可能会大幅提升其公信力。以数据驱动来确定新闻机构的新闻和品牌目标会可能导致向民粹主义的大幅转变，如生产吸引注意力的标题和内容，目的只是为了吸引短期读者(从而创造广告收入)，即使它是建立在破坏品牌信誉的基础上。这是一种基本上等同于Buzzfeed新闻品牌的方法，而Buzzfeed的内容是为了在社交媒体上进行"病毒式传播"设计的(以诸如"另一部《权力的游戏》"或"它改变了一切"之类的标题)，它通过使用诸如此类的方法来密切跟踪其故事的表现。还需要指出的是，Buzzfeed最近表示他们打算使用这种民粹主义内容作为吸引更多女受众的手段(Stelter, 2011)。这一战略的成功有待评估——事实上，新闻机构决策过程的"数据化"现在已成为新闻学研究的一个重要新领域，像Buzzfeed这样的非传统新闻模式对其他行业的影响正在进行定量研究(对新闻品牌的流行指数的数据驱动研究)和定性研究(观察或调查新闻专业人士对这些新竞争对手及其工作方法的态度)。当然，一些新闻研究人员也将直接与既有的和新兴的新闻品牌合作，帮助他们在不断变化的媒体环境中制定他们的经营策略。

对于新闻学研究者，这里罗列的数据来源建构了关于新闻内容生产和接受的全面的、重要的、独立的新闻来源，也支持了一系列创新的研究议题。对新闻过程的两个方面来说，既使我们能够对故事的发展进行详细的、本质上是实时的追踪，它们也能使我们对新闻主题和新闻机构的市场定位进行长期追踪。例如，Brun和Sauter(2015)通过考察国际社交媒体网络中长达数小时的用户活动，记录了一个突发新闻事件的传播过程。

当这种方法聚焦于新闻生产研究时，能够通过记录具体新闻主题和行为者的行为数据，并将之与其竞争对手进行比较，来研究新闻机构的报道议程和媒体偏好；将网站首页的文章定位，以及将头条新闻和内容的搜索引擎优化等纳入考量，也可以研究某个媒体机构或受众新闻反馈的偏好问题(这类研究并不是全新的，但是使用这样大规模的数据可以使研究更加全面，做得比以往的研究更好)。相比之下，用这种方法聚焦于新闻接受的研究，通过使用一般的站点访问数据能够量化新闻机构在用户中的总体受欢迎程度；通过进一步收集社交媒体数据，也可以研究社交媒体链接共享活动对这种访问模式的作用和影响。

总的来说，大数据可以让研究人员在受控实验室之外研究"编辑室外"的新闻机构和受众行为，通过利用大量的和详细的数据，在不影响描述过程的情况下，既涵盖新闻媒体的内容出版实践，也涵盖受众的访问和参与活动，使研究第一次能够大规模调查新闻生产和接受过程，超越(但两者结合也是重要的)较小规模的个案研究和问卷调查。因此，这种对新闻过程的更系统的研究视角，也为诸如舆论领袖、两级传播、沉默的螺旋，甚至是公共领域等已有理论的研究提供新的重要视角：它第一次提供了强有力的、大规模的经验证据，可以用来检验这些理论在多大程度上仍然有效，从而作出调整以适应当今的媒体生态。不过，这些研究目标也遇到了一些阻碍。首先，对于采集这些关于新闻实践的大数据来源的全面文献资料，研究人员严重缺乏行之有效的方法。此外，虽然我们集中讨论了为研究更大的问题而将一些不同的数据来源进行有效整合，但对许多研究人员来说，从如此巨大的数据来源中获取的数据仍然是有限的和零碎的，各种数据的组合和集成仍处于初级阶段，特别是那些不是由研究人员自己创建的数据。严重的黑匣子问题依然存在：Gnip和DataSift这样的商业运营者没有说明他们是如何收集数据信息的，这些数据来源的可靠性和适用性受到明显的限制。

更糟糕的是，这种方法的相对新颖性和吸引力掩盖了这样一个事实：许多新闻研究人员(以及在媒体、通信和互联网研究等相关领域的研究人员)缺乏有效地或正确地使用大数据的方法培训和研究专长。人文社会科学的传统转变才刚刚开始，许多试图利用大数据从事新闻研究工作的学者继续在很大程度上依赖计算机科学家、统计学家和其他跨学科同事在制定其方法和研究框架时的帮助。当然，这种跨学科合作可能是非常有成效的，在处理大数据时，基于团队的研究方法通常是可取的，但新闻学者仍有责任发展他们自己的方法技能，从而与这些同事更有效地合作，并确保他们的研究策略适合手头的项目。Boyd和Crawford最为清晰地论述了关于"大数据"研究的那些警示，他们的意思并不是要否认使用大数据来进行新闻研究。他们寻求的是公开和诚实地讨论大数据方法给新闻研究带来的机遇和它所固有的局限性。大数据研究可能不可避免地将焦点放在以互联网为基础的新闻生产和接受模式上，正如我们前面所说的，在线接受现在通常是接触新闻内容的第一渠道。过分强调这种在线模式，而不将其他所有的生产和接受方式纳入研究会造成自己的偏见。对于研究人员在多大程度上可以将互联网作为观察整个社会的透视镜，仍然存在着重大的疑问。因此，在利用以互联网为中心的新闻生产和接受的数据集时，我们必须始终询问哪些新闻实践没有被涵盖在这样的数据集中。

新闻研究中的"大数据"应走向何方

最后，对当前新闻研究使用大数据的机会和威胁有必要做一个总结。大数据分析方法和建立数据集可能成为新闻研究者日常研究的工具，但仍然必须解决其存在的一些问题和局限性。显然，使用大数据有很大机会推进相关领域的研究工作，如果没有进一步的方法和概念的实质性发展，这些机会将无法充分实现。因此，本章应被看作对这些的呼吁：我们必须努力开发和检测新闻研究中使用大数据的跨学科技能、方法和框架，并就这些方法的局限性进行坦率和公开的辩论——而不是完全忽视它们，甚至为已有的相关研究实践辩护。我们需要确定它们在哪些方面可以对现有的方法工具箱作出有益的贡献。

最重要的是，大数据在新闻研究中的应用必须不局限于数字运算。大数据研究方法如果只是提供简单的数据(新闻生产、受众参与)，它就是一种浪费；它必须超越这些指标，可以用于对涵盖个人故事、新闻媒体、新闻受众以及公共讨论、公共领域和整个社会的新闻和受众实践的影响和重要性的研究。这个更复杂的和全面的视角也是为了确保新闻大数据不是简单地被用于(或滥用)为削减成本的做法辩护，或推动新闻品牌及其内容日益民粹化。如此复杂和深入的分析，不能仅仅依赖定量数据处理，它应采用混合方法，同时利用定量方法、大数据方法和定性方法。如果以这种方式使用大数据，那么，新闻大数据就可能被用来赋予记者和受众权力，而不仅仅是为新闻机构提供工具。

致谢

本章的研究得到澳大利亚研究理事会(ARC)的支持，ARC的未来研究基金"理解澳大利亚在线公共领域中的媒体内信息流动"项目提供了有关访问澳大利亚新闻和评论网站的数据，这些网站由澳大利亚Experian Hitwise公司提供。我还要感谢我的同事Darryl Woodford，他为当前的数据收集提供了建议。

第35章

Q-方法与新闻受众研究

Kim Christian Schroder

在新闻中度过生命里的一天

这是48岁的Kirsten Jensen，一位退休的幼儿园教师口述的"在新闻中度过生命里的一天"。

> 早上第一件事，"我打开电脑，查看我的电子邮件，然后就像我每天做的一样，继续刷Facebook，只看看有什么消息，但不看内容，然后到dr.dk(国家公共服务广播公司的网站)去查看新闻。在这里，我才真正开始看早间要闻。
>
> 然后，我回到电子邮件中进行更严肃的阅读和回复。之后，我再回到Facebook。在Facebook好友提供的各种更新中，有一些链接会提醒我注意人们分享的新闻故事。我在新闻世界里四处闲逛，因为我的网友们组成了一个多样化的群体，他们与denkorteavis.dk(一个右翼报纸网站)、ekstrabladet.dk(一个联机版本的八卦新闻网站)或information.dk(在线版的中左报纸)联系在一起。一旦我在这些网站上，就会很容易被其他故事的引人入胜的标题吸引，所以我通常会花更多的时间在那里。
>
> 白天，当我做其他事情时，我经常重复这个步骤：电子邮件、Facebook、DR.DK、等等。晚上，我总是在公共电视频道上看至少一个黄金时段的新闻。DR1(全国)公共服务广播公司(国家许可的免费公共服务公司)的电视是我看的主要电视新闻节目，内容包括新闻评论和背景报道，往往有符合我的口味的小报新闻。我也不时看看TV2 Nyhederne频道(国家公共广播，但有商业资助)的节目，但对我来说，它太低俗了。我也喜欢看DR2(DR1的姐妹频道)的纪录片和辩论节目，不只是它的星期六主题晚会。
>
> Google是我的朋友。显然，你不应该相信你找到的一切，但总的来说，Google帮我找到了所有问题的答案，比如我想了解更多的新闻。有时候，答案是由维基百科提供的，有时我被带到更专业的网站上。

这个简短的故事讲述了新闻在一个"普通"的、受过教育的中年妇女的生活中的作用，这是我在2014年采用混合方法所做的对人们日常生活中对新闻媒体的选择的调研结果的一部分。它当然不能代表丹麦新闻消费者，但它在今天丹麦的许多人中并不罕见。人们浏览、选择和理解当代新闻景观的"媒体多样性"(Couldry, 2012)，以保持对与他们生活有关的大小事件消息的关注。Kirsten的个人新闻世界可以描述为一个复杂的、混合的媒体组合。

新闻受众研究人员开始意识到，他们需要更新他们的方法论工具箱，这样他们才能通过跨媒介景观绘制和理解人们消费新闻的复杂路径。例如，在这个更新的工具箱中，我们看到新闻用户在日常生活中实际"跟踪"新闻的情况 (Taneja等，2012)，或者研究人员跟踪人们在网上留下的"数字足迹"(Vitadini, Pasqui, 2014)，以及人们对新闻实践的主观动机和复杂理解。在这一努力中，显然，不存在能够准确捕捉人们对新闻的行为和感知两种维度的单一方法。本章将讨论如何使用常用和创新的方法、单一方法或混合方法进行研究设计，来理解公民消费者如何在混合媒体饱和的社会中搜寻和理解围绕着他们的新闻平台和形态。只有这样，我们才能理解人们如何利用新闻媒体作为日常生活和民主参与的资源。

融合媒介文化中作为新闻受众的公民消费者

可以毫不夸张地说，在过去的几十年里，我们目睹了媒体平台和形态前所未有的爆炸，数字和社交媒体作为新一代媒体加入诸如报纸、广播和电视等传统媒体的行列。这种平台的多样性及其给用户的信息供给意味着在满足我们对新闻的需求方面，我们不再受到时间和地点的限制：我们可以在任何时间、任何地点、以免费或很少的代价获得新闻(Peters, 2012；Webster, 2014；Wolf, schnauber, 2014)。但是，重要的是不要被一种纯粹的数字参与文化的概念所迷惑：我们生活在一个"融合媒介系统"中(Chadwick, 2013)，传统媒体和新兴媒体相互依存和交织在一起，它们共同构成了跨媒体群，人们可以以此为基础建立自己的媒体节目。

尽管人们越来越多地参与新闻制作，正如所谓的"生产使用者"或者"杰出用户"进行用户内容生产，但受众很可能仍然是受众(Carloonier, 2011；Couldry, 2011)：记者和受众之间界限的模糊不太可能导致将受众称为"前受众"的情况(Rosen, 2006)。大多数时候，大多数人被牢牢地置于新闻过程的接收端，尽管他们可能经常在社交网络上分享新闻故事，不时地在网上投票，或在Facebook或Twitter上对新闻报道发表评论。网络新闻媒体的互动性通常很少被受众使用，在公共领域的讨论中，受众的前倾型讨论远远超过了"后倾"型讨论(Picone, 2007；Nielsen, Schroder, 2014)。

因此，试图描绘和理解受众实践在新闻环境和民主参与中所起的作用，对于新闻受众的研究仍然是合法的和有益的：如果我们想了解新闻媒体作为日常生活和民主参与的资源以及它是如何运作的，我们就必须研究公民—消费者在新闻平台如何搜寻新闻——在参与式实践中的消费者角色，那么"受众"一词并非用词不当。

新闻媒体形成和维持政治惯例及特性方面的具体方式是多种多样的。本章主要介绍从融合新闻媒体环境中选择和撰写新闻的分析方法，在这种情况下，新闻选择的含义既是指个体的公民消费，也是指新闻媒体系统中的民主力量，它是无数个人选择的产物。

无可争辩的是，新闻媒体在西方社会中的首要历史作用是民主治理的催化剂(Keane, 1991；McNair, 2003)。传统上，这个角色——受众作为公民的角色——被单独从媒体的其他功能中拿出来分析，其政治倾向不仅存在于公共领域，而且被定义为政治领域的独立部分，即基于公民身份的政治公共领域(Habermas, 1962)。然而，对于今天的新闻受众，分析公民身份和政治因素在日常生活中变得普遍和不可或缺(Beck, 1997；Dahlgren, 2006)。政治并非仅存在人们的脑海中，人们经常听到的一些新闻，甚至日常生活中人与人之间的琐碎谈话，也充满潜在的政治潜质，而这种政治潜质可能会突然爆发为"政治潜力"。

本章的其余部分讨论了三个视角，它们是当今新闻受众研究议程的核心：受众实践的跨媒体性质，以媒体剧目形式为模式的新闻消费，以及对混合方法研究设计的需求。

新方法、创新方法与传统方法

不断努力提高知识生产的质量及研究结果的解释力，这是研究的永恒追求。这意味着(至少是在研究方法方面)为应对媒体技术和媒介消费的巨大变化，以及全球研究的制度环境更加富于竞争性的改变，革新我们的研究方法具有新的紧迫性。

通过分析2000年至2009年期间优质社会科学期刊，我们发现，虽然很多研究者声称他们的研究具有创新性，但实际出现的全新方法或研究设计很少(Wiles等，2012)。"所谓的"创新"往往涉及对现有方法的改造或从其他学科借鉴或改造的方法"(Bengryhowell等，2011)。

只要在给定的研究领域开辟了通向新知识的途径，即使他们只是采用或改造其他学科的方法，声称他们的研究方法是创新的方法也没有什么错。然而，近年来在数字媒体研究中引入的一些创新方法确实是新的，而不仅仅是创新的。通常标记"大数据分析"的方法是监测、跟踪用户在网络世界中的活动，这在社会科学研究史上是史无前例的(见第34章)。它们不是在以数字计算机为基础的媒体和应用出现之前就发明了——它们不可能在技术历史的这一刻之前就被发明出来，因为它们开发和利用了构成数字媒体的数字化过程；它们是"系统内部运作的结果"(Jensen，2014)。

在大数据方法发明之前，人们的(新闻)媒体消费的过程基本上是看不见的(除了20世纪80年代发明的人工计量器，其用于跟踪电视收视率)。因此，研究人员必须建构各种形态的研究方法来要求人们提供关于其(新闻)媒体使用情况的口头说明，以便记录并以定量或定性的形式进行分析和解释。当大数据技术被编程到人们的数字设备中时，大数据方法自动记录这些人留下的数字痕迹——"谁做了什么、用什么信息、与谁、何时、多长时间、在什么序列和网络中做了什么"(Jensen，2014)。人们数字旅行留下的数字痕迹通过数字平台被统计汇总，并有可能被输入到聪明的算法中，而这些算法会严重影响未来的新闻消费。然而，批评人士警告，对测量网络流量和点击量的内在简化论，是因为"新闻受众正被缩减为可量化的聚合体"，而不是创造性的个人或团体(Heikkil，Ahva，2014)。关于大数据在新闻受众研究中的案例和讨论，见第34章。

除了分析大数据的方法外，"虚拟民族志"或"网络民族志"也是一种真正具有创新性的受众研究方法。"网络民族志"利用社交媒体互动留下的文本痕迹，让受众研究人员可以不引人注目地观察(Kozinets，1998；Hine，2000)。虚拟民族志是对传统民族志方法的一种改造，它对受众日常生活中的话题进行实时的在线分析，人们认为这些话题值得与他人分享和讨论。通过分析Twitter上关于新闻节目、真人秀和其他媒体的讨论，Deller认为，Twitter用户留下的文本记录"为媒体学者……提供了一个独特的机会来见证事物发生时人们的谈话"(Deller，2011；Graham，Harju，2011)。在社交媒体上观察和分析人们的谈话和讨论的主要优点是，以这种方式获得的数据不是由研究人员建构的，而是基于或多或少的人工智能进行的研究(Spradley，1979)。

对本章的研究目的而言，必须强调的是，无论是大数据方法还是虚拟民族志，都不能让我们捕捉到新闻受众参与跨媒体的方式以及整体的新闻平台和形态，它不限于数字平台，还包括报纸和广播媒体。基于受众在新闻媒体多元化时代的选择性，我们需要将新闻用户个体作为我们的方法论出发点。

以用户为出发点：非媒体中心，跨媒体视角

在对意大利年轻人的数字媒体生活的全面研究中，Vittadini和Pasqual使用了一系列传统的和新的研究方法，并将之称为"连接的民族志"。他们认为，受众研究必须从用户及其在日常生活中寻求信息、建立社会关系和网络的需要开始：它不再是对被视为"电视观众、电影观众、音乐或广播听众、互联网用户等"的研究。取而代之的是，受众研究应该将媒体使用作为一种跨媒体现象加以探讨(Schröder，2011；Bjur等，2014)。

更进一步地说，也有人认为，即使我们最终探索到人们对媒体做了什么，我们的研究设计也应该承认这一点只是日常生活中的一个元素，它常常从属于和辅助于更集中的追求。因此，采用非媒体中心的分析方法通常是有意义的，它可以"更好地了解媒体使用过程与日常生活相互交织的方式"(Krajina等，2014；Morley，2009)，下文使用的方法近似于这种非媒体中心的研究策略。

因此，真正的关于新闻消费的受众视角应该以个人消费者基于整个新闻媒体平台对多样化的信息和社会资源的日常需求为出发点，并探索其实践和策略以满足这一需要：每种媒体都有其独特属性，而任何媒体的具体作用和使用在某种程度上取决于现有媒体的总体矩阵。你不能独立于媒体的整体矩阵来分析任何单一媒体的作用(Finnemann，2008)。

结合上面关于数字跟踪工具的跨媒体局限性的观点，我们可以得出这样的结论：为了绘制报纸、广播和在线新闻消费的复杂地图，我们必须依赖那些已经被证明好用的传统社会科学分析方法和研究工具：问卷调查、日志、访谈和焦点小组(见第36章；Schrøder，2015)。

洞察力互补的混合方法

目前，许多进行受众研究的研究者正在采用三角化混合方法。在研究设计中，大数据分析被看作对传统方法所获得的洞察力的补充，以便建立对人们新闻生活的复杂理解。例如，基于理解主观用户视角，Linaa Jensen和Sørensen将全国范围的问卷调查、焦点小组和在线虚拟民族志研究方法混合起来，用于研究Facebook用户。

混合方法有时也被直接用于反对大数据方法，因为大数据方法被批评为无法"捕捉人们在生活中所使用的丰富实践"(Heikiliä，Ahva，2014)。Heikilin和Ahva使用了一个完全传统的方法工具箱，坚持"从人开始"的非媒体中心研究方法，聚焦以工作为基础、以兴趣为基础、以休闲为基础的社交网络，其成员定期相互了解和见面。在他们与74名参与者建立的研究回馈中，他们关注的是人们说的和做的与媒体有关的各种不同的事情(Heikiliä，Ahva，2014)——用一年的时间通过9个受众群体及个人的访谈、日志和对455名受访者的问卷调查收集大量的数据。他们的发现包含了丰富的媒体惯例和新闻参与，以及基于新闻话语和受众的社交网络话语所激发的公共行为形式，其中大部分发生在面对面的情境中。

在本章的接下来部分，我将介绍和讨论一个具体的混合方法研究项目，旨在提高我们对跨媒体融合新闻文化的理解。我们认为它具有很强的创新潜力：如今，对新闻汇辑的Q-方法学研究并不只是以时间顺序应用不同的方法，在媒介研究的不同领域，它几乎成了新的研究准则(Bryman，2001；Jensen，2002；Greene，2007年)。Q-方法演示了如何将几种方法集成在一起，从而成为一个有用的研究工具，其目标是分析新闻用户如何在日常生活的每个领域建立新闻媒体汇辑。本章还概述了运用Q-方法进行知识生产的更多方面，它包含了研究新闻参与的纵向时间维度和跨国界比较新闻消费的潜力。最后，该方法允许将新闻内容的定性分析与对受众参与和民主互动关系的调查分析结合起来——Couldry等(2007)称之为公民"公共连接"感。

描绘新闻消费的跨媒体景观：探索用户的媒体使用情况

本章的开篇部分描绘了Kirsten Jensen在新闻媒体中度过的一天。本章的其余部分将专门介绍和讨论一种可以使得我们能够在微观层面上提供像Kirsten这样的用户透视图的详细洞察力的方法。我拟讨论一种方法，包括：(1)系统地跟踪个别新闻消费者对现有新闻媒体的主观感知和评价；(2)描绘这些感知如何引导每个人在每一天的生活中选择新闻媒体的方式；(3)根据个人消费新闻模式的异同，计算出可被视为参与性的新闻内容。

"媒体汇辑"的概念可追溯到Reagan(1996)、Wolf和Schnauber(2014)提供的标准定义："用户每天在媒体平台和内容供给中进行多次选择，建立稳定的媒体使用模式，其中包括定期使用的媒体设备。"这个定义将媒体汇辑看作个人日常生活中使用媒体的情况(Hasebrink，Popp，2006；Hasebrink，Domeyer，2012)。其他研究人员将媒体汇辑定义为地点和情况——个人在进入某个场所(例如家中、工作场所、通勤时)时受约束的媒体组合(Taneja等,2012)。Q-方法将媒体汇辑定义为个人在不同情境下的媒体使用情况。

在与媒体汇辑相关的方法中,研究人员将注意力集中在媒体技术平台、媒体品牌或内容类型上。例如,基于对移动媒体技术在用户媒体汇辑中扮演的角色的兴趣,Wolf和Schnorber使用了对调查数据的聚类分析,重点研究了移动用户如何在技术平台水平(电视、广播、报纸、计算机和移动设备)中建立媒体汇辑。他们界定了6种与信息技术相关的媒体汇辑,其中移动设备被假定为对其他媒体呈现不同程度的重要性。

为了说明我们分析媒体汇辑的方法,我讨论了一项旨在说明跨媒体新闻消费与技术平台、新闻供给机构类型与不同的新闻类型的研究。在本研究中,我向参与者询问的新闻领域包括以下维度。

- **新闻平台**:电视、广播、报纸、在线新闻网站、社交媒体等。
- **新闻机构**:公共服务和商业新闻媒体;转型的和原生的在线新闻媒体;早报和小报;全国、地区和地方新闻媒体;等等。
- **新闻类型**:黄金时段新闻广播;时事电视和广播节目;在线内容类型包括新闻网站、博客、社交媒体等。

我把这三种新闻维度混合在一起,询问参与者日常生活中熟悉的新闻现象,例如"公共频道的全国电视新闻公告""通用广播频率的时事广播""地方/地区日报""Facebook上的新闻"(新闻媒体的Facebook平台,以及与新闻媒体的链接)。由于对参与元素的认知限制,我决定最多涵盖36个新闻来源,没有区分人们进入互联网的不同技术设备(电脑、手机、平板电脑等),也没有问人们通过什么设备看电视节目,因为这不是这项研究的重点。但是,如果有需要的话,这些问题也可以纳入对媒体汇辑的研究。

采用Q-方法研究设计

为了获得媒体汇辑,我们需要一种创新的方法,使我们能够掌握媒体使用的相互交织的性质。在这里,我想提出Q-方法,一个以独特而全面的方式洞察媒体内容的混合方法。

Q-方法的实践者把它描述为对主观性的科学研究。它是一种"客观地描述观点、经验和基于人生立场的人生观"的方法(Davis, Michelle,2011)。在一项Q-方法研究中,研究者让参与者根据他们对某一特定的争议性体验作出反应,例如他们作为大型卫生机构管理雇员的经验,或他们对有机产品的看法(Stephenson,1953;Brown,1993;Rogers,1995;Schrøder等,2003)。在媒体研究领域,争议性体验可能是人们对一部大片的虚构世界的体验,例如《阿凡达》(Davis,Michelle,2011),或"妇女对女性广告的看法"(Popovich等,2000),或博物馆参观者对艺术馆展览的体验(Kobbernagel,2012)。

方法研究(称为"汇合")的争议性体验是以一组编号卡片来操作的,每一张卡片上都有关于争议性体验的某个方面的陈述。系列卡片涵盖了争议体验的所有重要方面(例如新闻媒体的体验)。研究人员以金字塔方式对卡片进行排序,"非常同意"语句放置在网格最右侧,"最少同意"在网格最左侧,中立态度的卡片放在网格的中间区域。

网格的列上有数值,例如从+4到-4,在中间列为零。通过将这些卡片放置在图案化的网格上,每个参与者可以表达他或她对争议性体验的主观感觉。因此,每个个人的卡片的配置可以被看作他或她的争议性体验关系图。这种关系与传统问卷的答案形成了关键的对比,后者可以被用来依次询问被访者关于每一种陈述的情况,而Q-方法则将其以卡片的方式分类。一个人在网格上创建的关系图可靠地代表了这个人的争议性体验认知,他们彼此间的关系都是结构化的。

让参与者在网格上对卡片进行排序的附加价值来自于根据卡片上的数值与网格列的数值

之间的因素分析。该因素分析比较了所有参与者的卡片配置之间的异同，并生成排序彼此相似，而与其他类型用户不同的用户类型。争议性体验的共同结构——在本章新闻媒体汇辑的语境中——是可解释的，与研究的社会文化背景相关。

改进Q-方法构建新闻消费汇辑

为了研究新闻消费汇辑，需要对Q-方法进行调整，以满足研究者的需要。在我们的案例中，我对其进行了调整，使之适合于一种本质上定性的实地工作形式(见方框35.1，以了解研究阶段)，而不是简单地给参与者一堆卡片，上面写着排序陈述。后者是进行Q-方法研究的传统方法，我把这个方法整合到"在新闻媒体中度过生命中的一天"的叙事中去，在采访者的协助下，用参与者自己的话进行研究。

方框35.1 运用Q-方法分析新闻消费
通过以下6个阶段，运用Q-方法分析新闻消费。
1. 定义争议体验研究：制作新闻媒体类别和案例的卡片
2. 媒体卡片=会话采访指南
3. 困惑阶段：参与者个人协商在金字塔网格上如何放置卡片，并创建他们的争议体验区
4. 因素分析：将参与者个人模式作为新闻汇辑
5. 解读新闻汇辑
6. 新闻汇辑的精细化：分析会话访谈的定性稿本

Q-方法可以用来发现一系列的媒体汇辑。在我的研究中，我感兴趣的是新闻和民主生活之间的联系，如果参与者不自己提及这方面的话题，采访者会特别提出这个问题。这样，我们就可以深入了解利用(社会)媒体建立与民主议程相关的公共联系(Couldry等，2007)。

Q-方法可以整合到不同的研究设计中，在结合时必须认真研究和拼合研究设计中的方法。在将Q-方法与"大声思考"方法和简短的问卷调查方法结合起来衡量人们对民主的参与和互动程度的时候，我是以半个小时的访谈开始这项研究的。在说明研究方法时，我将局限于解释Q-方法的设计和目标。

在接受访谈后，参与者手里有了一叠36张已编号的卡片。每一个都有一个新闻来源和一些著名的新闻案例的标题来说明这组类别的问题。我们要求参与者把卡片放在他们前面的金字塔形的网格上。网格上有36个插槽，从"对我的生活很重要"到"在我的生活中不重要"。为了确保该方法的可靠性，我通过告知参与者检查准确度(即符合逻辑)来完成这部分工作。

Q-方法允许我们要求每个参与者对他们在全国和国际新闻中可以获得的各种新闻媒体的重要性进行排序：参与者因此可以完成对他或她的争议性体验的自我分析。此外，通过与其他方法相结合，最值得注意的是访谈时采用的"大声思考"法，我们可以获得新闻使用的主观经验。

为了了解这些新闻使用的主观经验，我对每个新闻平台、机构和类型的参与者个人评分进行了编码，以便于统计。通过因素分析，我们能够可靠地计算出参与者的争议性体验之间的相似模式和差异模式。其结果是产生一个可代表新闻媒体汇辑的有限数目的因素分析模式(关于Q-方法分析的统计和认识方面的进一步细节，见Schrøder，kobbernagel，2010；Davis，Michelle，2011；Kobbernagel和Schroder，2016)。这个因素-分析类型学提供了一种"强化"定性研究的形式，使我们能够避免在传统的定性研究过程中完全取决于研究人员区分参与者话语异同的能力而容易出错的问题，从而大大增强研究方法的效果(Schrøder，2012)。

在元方法层面，这种定性与定量相结合的Q-方法分析体现了Jennifer Greene(2007)所说的"整合设计"混合方法。这是两种不同方法，不仅是按顺序组合，而且当一种方法产生的数据可能会影响另一种方法产生的数据时，它的特点是"研究过程中的不同数据相互作用"(Greene，2007)。具体来说，整合设计的Q-方法体现了一种数据形式(定性或定量)的转换，这样数据就可以一起分析。

本研究通过对36位参与者新闻偏好的Q-方

法分析，得出了6种不同的新闻媒体汇辑。分析建立在每个汇辑的全部新闻来源的基础上，但在这里，显示每个汇辑的前5个新闻来源(见方框35.2)。

> **方框35.2 在混合方法中使用Q-方法**
> 每个汇辑使用前5个新闻来源。
> 汇辑1："在线质量Omnivores"
> 　　仅使用在线来源：全国性优质报纸的在线新闻网站，原生在线新闻网站，在线公共服务社区，YouTube，在线国际新闻提供商。
> 汇辑2："混合公共服务爱好者"
> 　　主要使用的公共服务来源：公共服务广播新闻，网上公共服务新闻，全国性优质报纸网站，国家公共服务电视，公共服务图文电视。
> 汇辑3："(光线)新闻台"
> 　　聚焦概览：在线小报，24小时电视新闻，国家公共服务电视，Facebook新闻，图文电视新闻。
> 汇辑4："主流网络媒体"
> 　　传统新闻媒体的在线网络：全国性优质报纸，其他社交媒体新闻，国际电视新闻，国家公共服务电视，Facebook新闻。
> 汇辑5："知识分子/专业网络媒体"
> 　　社交媒体与深度和背景媒体的结合：Facebook新闻，广播时事，专业杂志，电视严肃时事，Twitter新闻。
> 汇辑6："报纸成瘾者"
> 　　用电视新闻补充印刷媒体：免费日报，全国性报纸，地方周刊，地方日报，国家公共服务电视。

通过展示新闻使用模式，以及媒体汇辑中的新闻使用者类型，Q-方法可以使我们初步指出汇辑中的民主性。例如，所有6份汇辑显示，电视和其他各种平台(电台、网站、图文电视)在丹麦公民每日新闻提供的公共服务媒体中发挥了突出作用。这一发现的结论有Papathanassopoulos等人基于四大洲的8种汇辑类型对新闻消费与受众对公共事务知识的关联的研究作为支持。他们发现，电视曝光水平与各国的硬新闻知识水平之间存在明显的关联。市民看电视的次数越多，他们似乎就越了解情况(Papathanassopoulos等，2013)。

此外，通过对各种媒体平台和来源的分类，我们了解了当前媒体时代人们的媒体使用方式，并显示出某些媒体的突出地位。我们的研究发现，6种汇辑中有4种包含来自社交媒体的新闻。这项研究并没有告诉我们人们如何通过社交媒体获得琐碎的重大新闻(Bro, Wallberg，2014)，但最近的基于问卷调查的研究表明，社交媒体使人们接触到比他们本来会遇到的更多样化的新闻世界(Newman等，2015)。这说明我们需要将不同的方法结合起来，以便深入了解媒体的使用情况，以及访问新闻内容的方式。

我们的研究旨在展现如何将Q-方法与访谈相结合，使我们对汇辑有丰富而深入的理解。在这里，我们可以了解一下参与者对新闻消费的日常体验的看法。通过这种方式，可以将词语描述添加到由因素分析产生的新闻媒体排名中。例如，可以观察参与者如何通过将广泛使用的公共服务平台和全国性大型报纸的在线版本结合起来培养她的"公共联系"：

> 我想我有一个相对固定的方式来使用新闻媒体。我经常使用在线媒体。很明显，我真的很恼火你必须付费，以便在大多数在线报纸上阅读真实的新闻文章……我以前经常看电视新闻，现在我不想再看了。在早上和下午，当开车的时候，我们听DR P1的广播……我喜欢他们花时间讨论事情的方式，彻底地解释事情，而不是仅仅给出标题和冲突。我一直在网上工作，所以我每天都浏览DR on Line(公共服务在线新闻)以及Politiken、Jyllandsposten和Berlingske(这三家是主要的全国性优质报纸在线网络)，但后来我碰上了他们的付费墙……世界上的某个地方确实发生了一些事情，我们观看了大量的BBC节目，有时是CNN，还有半岛电视台，某种程度上就是这样。

定量因素分析的结果与会话访谈的粗略叙述的这种互补性，是整合设计中提到的另一个要素的例证(Bove，2007)。一种数据分析形式的分析产品(这里是因素分析类型学)可以用来构造另一种数据形式的分析(这里是转录的光盘)。

与任何方法一样，Q-方法也有其缺点。例如，对于一些参与者，金字塔网格并不能完全公正地对待他们主观体验的新闻世界。但是，特别是在将它与其他方法结合起来时，它使我们能够得到质量和数量最好的数据。它允许我们将具有丰富语境的"生命世界"的定性数据与广泛而可靠的标准化类型形式结合起来。

整合跨国和纵向视角分析新闻汇辑

新闻汇辑与跨国视角

准确地说，通过对新闻消费汇辑的可靠计算进行严密分析是可能的，Q-方法分析为跨国研究提供了巨大的潜力(Courtois等，2015)。在定性研究中，因为语言数据在不同语言中的可转移性的障碍，以及对其分析结果强有力的语境锚定，跨国比较几乎是不可能的(Livingstone，2003)。Q-方法允许我们通过将主观经验和语境经验标准化为可比较的格式来跨越这些障碍。它的比较潜力已经在Richard Robyn对欧洲12个国家的国内和跨国的新闻消费的Q-方法研究分析中得到了证明(Robyn，2005)。

用这种方法进行跨国比较研究的主要好处之一是，它使我们能够"去归化"媒体汇辑，包括在任何一个国家的新闻消费实践。跨民族差异可以显示不同国家"属地"的公民在多大程度上将跨文化媒体技术创新和不同文化交流发展归化"同一"(Hepp等，2015)。这可以通过纳入不同的国家历史轨迹、文化结构和政治来解释媒体部门的"惯例"，简言之，其是不同的"媒体系统"(Brüggemann等，2014；Perusko等，2015)。

在使用Q-方法进行跨国比较时，有一个重要的考虑因素：你不仅需要为参与者设计一套通用的新闻媒体卡片，以便进行排序，还要对不同国家媒体系统的差异进行公正处理。因此，在设计比较时，研究人员必须协商一套共同的新闻媒体，这些媒体在整个参与者中具有与国家媒体系统最大的契合度。在上述12个国家的研究中，研究人员遇到了以下挑战：

- **社交媒体使用上的差异**：在所有国家，Facebook是新闻的重要参与者，但Twitter显示出更多的差异：因此，对一些国家来说，来自Twitter的新闻应该属于索引悬垂类，而对其他人来说，它可以归类为"其他社交媒体"，最终将Twitter作为一个独立的新闻媒体类别。
- **区域媒体的差异**：一些国家拥有比其他国家更区域化的媒体系统，特别是在广播电视领域。

当产生了一些针对国家的新闻节目时，研究人员就会有一系列的比较焦点。例如，将聚光灯投射到不同的国家汇辑系统中，如公共服务媒体和社会媒体的作用。因此，这项研究能够在该领域现有的大部分跨国比较研究中增加其重新定位的见解，这些研究通常采取报告汇总数字的形式，供虚拟新闻媒体使用(Papathanassopoulos等，2013；Nielsen，Schroder，2014；Hells等，2015)。

我们还可以通过合并所有国家数据集，对国家汇辑数据进行Q-方法分析。这套完整的跨国数据集(Hepp，2013)的分析最终将是一套跨文化的汇辑——每一套都由来自几个国家的参与者组成。

新闻汇辑和纵向视角

通常，对新闻媒体消费的研究给读者提供了一个特定时刻的快照。很难确定哪些视角是真正重要的。共时分析也不能告诉我们事物在向哪个方向移动，一个新闻来源的使用可能与另一个消息来源的使用有关。

纵向分析，或者说"历时分析"，研究了一个持续变化过程，显示了变化的方向和规模。因此，纵向分析使我们可以将新闻系统理解为一个生态实体，由不同种类的新闻媒体(设备、文化形式)组成，并评估该系统的平衡和可持续性；持续变化会加强或削弱系统的能力以服务于我们期望它履行的功能。

Q-方法汇辑分析也有助于纵向比较，在不同的时间点映射新闻汇辑的综合体。可以将

2009年在丹麦对新闻汇辑的Q-研究(Schringder, KobberNagel，2010)中的7组汇辑与2014年研究的6组汇辑进行比较。当这样做的时候，我们应该知道在这段时间里新闻媒体的景观本身已经发生了变化，因此，以新闻媒体卡的形式描述这两种景观也有了很大的变化。2014年，我们向参与者询问了36条新闻来源，而2009年的新闻来源为25条。

通过这种方式，我们可以在参与者中显示最受欢迎的新闻媒体的总体情况。为了说明它可以提供的洞察力，我在这里列出了2014年(见表35.1)和2009年(见表35.2)所有参与者中排名前八的新闻媒体。

使用Q-方法进行纵向比较使我们能够洞察连续性。例如，在我们的研究中，它展示了"汇辑"中与个人最相关的新闻媒体——全国性电视新闻变化是如何发生的。但是，如果我们把这三类在线新闻来源(优质报纸、小报新闻、公共服务在线)综合起来与2009年的研究进行比较，我们可以看到2014年的网络新闻提供商是如何在电视新闻上跃升到第一位的。2014年的电视时事节目被认为是重要的新闻来源，而广播新闻则明显地从第二名降至较低的级别。图文新闻提供新闻的速度已经输给了网络新闻，后者拥有优越的功能。通过这些比较的案例，我们可以清楚地看到Q-方法是如何成为一个重要的比较视角的。不仅对个人和国家，对时间也是如此。

结论：混合方法的附加值

本章讨论了受众研究人员可能使用的方法，以便绘制受众使用各种新闻媒体的方式，以及如何搜寻新闻媒体和感知他们的跨媒体新闻内容。为此，我概述了一种创新的方法，以综合方式从定性和定量研究的工具箱中整合研究方法。我们讨论了这项战略，为我们对跨媒体新闻消费的理解增加了新的解释形式。

表35.1　丹麦2014年最受欢迎的新闻媒体

1. 全国电视新闻
2. 全国优质报纸在线
3. 来自Facebook的新闻
4. 国家优质报纸
5. 严肃电视时事新闻
6. 全国小报在线
7. 区域/本地TV新闻
8. PSB电台新闻

表35.2　丹麦2009年最受欢迎的新闻媒体

1. 全国电视新闻
2. 公共服务广播新闻
3. 报纸和广播公司在线新闻
4. 严肃电视时事新闻
5. 图文电视
6. 国家优质报纸(印刷品)
7. 来自社交媒体的新闻
8. 24小时电视新闻和免费报纸(印刷品)

显然，这种集成的混合方法可以很容易地与顺序策略相结合，但我的观点是顺序策略无法捕获当今的媒体使用模式的广度和深度。混合方法采用真正的创新方法，如本文引入的Q-方法，使我们超出简单的媒体使用，获得知识和洞察力。Q-方法的混合方法允许深入了解新闻用户的主观体验，而不是简单地将他们描述为新闻消费者。它也不一定将研究局限于他们作为公民的作用和活动。这里讨论的方法，确切地说，是为了公平对待受众作为消费者和公民两方面的角色(见第21章)。

在本章中，我的目的是促进一种方法实验和复杂性的精神，这对于测量和理解公民和消费者对他们生活在一个媒体社会中的感觉并理解新闻在比较语境中的使用方式是必要的。

第36章

实践以受众为中心的新闻研究

Irene Costera Meijer

> 我们必须记住，指向月球的手指仍然是一根手指，在任何情况下都不能变成月球本身。
> (D. T. Suzuki, 1949)

关于受众的隐含知识和想象被嵌入新闻惯例、新闻产品、讲故事的程式和新闻价值中(De Werth-Pallmeyer, 1997)。虽然关于受众的理论和不言而喻的理解一直在管理和指导媒体从业人员(McQuail, 1983)，但它们仍然很少得到足够的研究。受报业危机及新的数字媒体平台和设备的影响，对新闻传播领域受众研究的兴趣越来越大了，最近的例子是荷兰研究报告的英文版(Welber等, 2015)，尽管结果自相矛盾。例如，网络指标显示用户的新闻兴趣更多地集中在垃圾新闻而非重要新闻上(Anderson, 2011; Boczkowski, Mitchelstein, 2013; Welber等, 2015)。然而，通过使用内容定量研究和评级数据，Rosenstiel等人指出，这种管理电视新闻内容的假设显然是错误的。

在本章中，我认为新闻学者和从业者对用户实践的限制乃至贬低是基于根深蒂固的新闻编辑室和媒体中心的新闻研究结果，即使他们也调查受众(Costera Meijer, 2010; 2013a; 2013c)。我们需要的是一个强大的以信息和用户为中心的视角，它使我们能够从方法和概念上处理改变新闻使用所涉及的复杂性。一个更丰富的词汇库将让我们的研究超越质量与人气、专业性与业余性、自主与商业、旧媒体与新媒体之间令人厌倦的矛盾。

要改变新闻研究的媒介和新闻编辑室中心，就必须允许对它的质疑。强调怀疑是学术界和新闻业的核心。大多数学者都希望对事情有所把握，并把确认记者的声明作为核心原则，而记者的可信度则是建立在受众信任基础上的(Kohring, Matthes, 2007; Kovach, Rosenstiel, 2007)。正因为真相和信任是新闻业和新闻学研究中的基本价值，所以在我们的研究过程中，怀疑是至关重要的。如果我们真的想让我们的研究包括用户实践，我建议我们遵循Locke等人的建议，只有当真相和信任都受到真正的质疑时，研究才有可能成为现实。我建议把怀疑作为研究工作的一个组成部分。"怀疑"并不是作为一个存在主义的哲学范畴，我指的是我们往往忽视的"不安"的身体感觉(Locke等, 2008)，不仅仅是因为我们习惯思考关于新闻和研究的过程的验证，还因为它需要时间来关注，因为它会引起身体不适。如果我们想尊重真相，我们应该倾听这些日常的怀疑情绪。当怀疑使身体不适时，它很可能揭示了某种不完全正确的迹象。只有在我们学会将怀疑作为一个表明我们需要批判性审视我们的信念和实践的信号时，我们才可以改变它们。

强调怀疑在寻求真相的过程中的价值并不意味着真相不存在或者应该在中间的某个地方被发现。我也不想建议研究人员忽视真相。相反，他们如此严肃地对待真相，以至于那些读过新闻或新闻研究的人能够将他们的行动和思考建立在它之上。在我们的研究准则中，真相会使我们更真实、更敏感地注意到我们的理解和行为方式可能不起作用，而这反过来又可能导致我们改变研究方法。为了对抗新闻研究的新闻编辑室和媒体中心主义，仅仅在质量上或数量上增加受众研究是不够的，我将在下面的章节中说明这一点。本章还介绍了作为良好的新闻研究起点的必要的多样性的概念,即选择一套多样化的方法来适应新闻研究的复杂性。尊重新闻用户实践的复杂性要求我们在研究过程中使用诸如三角测量、结晶和深描之类的研究策略组合。本章最后讨论了既有的关于好新闻的观念(真诚和准确)以及新观念(如透明度和问责制、良好的倾听和热情)发生了哪些变化。按照惯例,研究对象不是内容,也不是专业或组织原则和程序,而是新闻受众或用户。

数字时代主流受众研究方法的局限性

在本节中,我将探讨主流的定量和定性研究方法的一些局限性,这些方法说明仅仅增加受众研究为何不足以对抗新闻研究的新闻编辑室中心主义。研究人员使用新闻的方式通常是通过眼睛跟踪方法、在线流量测量、评级和新闻网站点击来跟踪。我们无法从这些方法中推断人们在特定环境下使用新闻的意义。通过目视跟踪,追踪的强度可能暗示读者发现某些特定内容的多少,但这也可能只是意味着他对某一特定标题的表述感到好奇。类似地,评级可以表明人们正在观看新闻,但无法揭示他们的注意力水平(他们可能同时在做饭)或他们对新闻的评价(他们可能只是为了消磨时间而看新闻)。下面的案例将说明关注新闻并不等同于发现它是重要的或者对它感兴趣。反之亦然,对它没有注意,并不一定表示人们对此不感兴趣。高频率的接触也不一定意味着强烈的兴趣。不过,通过接触频率或注意力来测量受众对新闻的兴趣或价值评判是一种常见的研究实践。

测量实际新闻使用情况

近来,对于衡量实际的新闻使用情况,网络度量被认为比问卷调查或日志更可靠(Tewksbury,2003;Lee,Lewis,Power,2014;Boczkowski,Mitchelstein,2013;Welber等,2015)。因为人们的在线点击行为被看作与在电视上选择新闻节目一样,被解释为可以衡量他们的兴趣。新闻机构和记者为了更好地回应新闻用户的偏好,把这些点击作为他们的新闻选择和生产的指南(Anderson,2013)。然而,网络度量表明人们实际上对垃圾新闻感兴趣(占他们点击率的60%)。值得注意的是,对受众需求的回应可能会导致新闻的低俗化,反过来将危及我们的民主社会,正如Boczkowski和Mitchelstein(2013)以及Tandoc和Thomas所言。他们建议新闻机构应该坚持自己的新闻选择标准,并作出决定:不要给人们他们想要的(无价值的新闻),而是给他们需要的(重要的新闻)。

对长达10年的追踪和比较实际使用新闻的情况表明,作为日常生活一部分,这种一对一的点击、观看、验证或收听行为描绘出了人们感兴趣的新闻项目(Costera Meijer,2006,2007,2008,2010,2013a,20133c;Costera Meijer,Groot Kormelink,2014)。我们对不同新闻用户实践的研究表明,人们点击、验证或浏览新闻有多种原因。更重要的是,大多数人重视定期更新有关重要新闻发展的信息。他们仅仅通过扫描、浏览或检视新闻标题来做到这一点(Groot Kormelink,Costera Meijer,2016),这些在线新闻用户实践无法被新闻组织追踪,因为它们不涉及任何点击。

使用创新性方法

认识到新闻消费的复杂性是一些学者对定性研究方法更有信心的原因。例如,Laura Ellingson和David Gauntlett鼓励研究人员寻找创新性方法,如讲故事、绘画、诗歌写作、摄影或制作乐高装置——以揭示复杂研究的真相。我们在研究年轻人对新闻的兴趣(Costera Meijer,2006,2007,2008)时所面临的矛盾研究结果引发了我们对创新性方法的运用。一方面,定量评级研究表明,年轻人往往忽视新闻,甚至在以后的生活中也是如此。然而,问卷调查、街头采访和日志方法表明新闻仍然是重要的和必要的,年轻人随着年龄的增长会更多地关注新闻(Gauntlett,Hill,1999)。使用情绪板似乎是解释这种不一致的方法的不错选择。情绪板是一种拼贴，由图像、文本和物体的样本组成，目的是使一个概念、想法、思想或感觉可视化(Madonagh等，2002)。按照Gauntlett(2007)的说法，创新性方法对那些以为可以通过问人们问题来探索社会和世界的理所当然的想法提出了积极的挑战：人们在考虑做某事的时候与用他们的手做东西的时候，会有不同的感觉——这会导致更深层次和更多的反思。我们邀请了37名传播学二年级的学生组成一个关于"优质新闻业"的情绪板。尽管读过几篇关于大众新闻的社会相关性的文章，学生们的情绪板(以及他们的书面解释)还是揭示了它们是如何不受欢迎的。一个示范性的情绪板展示了一组商人的照片，他们穿着灰色西装，站在高高的窗口前(见图36.1)。优质新闻是指公共广播机构(如英国广播公司1、英国广播公司2和荷兰公共广播新闻机构NOS新闻)，而区域新闻节目则被认为质量不高，荷兰商业广播公司Editie NL的商标Logo在情绪板上被划掉。在这个特别的情绪板上，我们还可以找到一些飞机和岛屿的小画，表明他们对"优质"的看法：上面和远处的视角。旁观者还表示，右边微笑着的男性主播很严肃。最后，根据参与者的表述，这个示例性的情绪板将新闻比作一个无聊的教授，非常无趣。

所有37个情绪板都展示了年轻人(20~25岁)是如何陷入大众新闻(他们喜欢但不认为是真实新闻)与优质新闻的两难境地的。这个现象发人深省，但这是真实的，后来我把它命名为"流行的悖论"(Costera Meijer 2006，2007)。情绪板展示了创新性研究方法的价值。这让我们看到，定量和定性研究的结果都是正确的。观看大众新闻是非常有趣的。人们确实看过它(以收视率来衡量)，但它也是一种有损于人们尊严的类型：不够严肃，不足以被认为是真正的新闻，因而被取消"新闻"资格。同样，他们认为严肃的新闻是重要的，本身是值得一看或读的，但它也是"灰色"的，枯燥乏味的，因此——正如收视率所表明的——很少有人去看。然而，用问卷调查、日志和访谈来测量的话，它不应该改变，因为变化可能导致可靠性的丧失。

情绪板也让我们看到，年轻人与新闻的关系可能会发生变化。当遇到一个类似的问题——想象他们的新闻经验——2014届的全班同学不再有迹象表明他们陷入了大众新闻与优质新闻的两难境地。2014届学生在选择时毫不犹豫。他们的情绪板上写着名人新闻、体育新闻或时尚新闻，这些都是他们喜欢的新闻类型。但是他们也选择了关于政治的新闻。"新闻"不再局限于狭义的"严肃"或"质量"类型，2004年的情况就是如此，而是以"别针"的形式呈现，收集了各种各样的新闻，把严肃、个人、八卦和音乐都描述在一个平台上，

图36-1 关于"什么是优质新闻业"的情绪板

例如，最近对我们的消息来源的报道，以更广泛的话题和方式来呈现。

我的首要结论是，流行的悖论在10年内已解决了。年轻人的实际新闻兴趣，就像他们对新闻范畴的看法一样，已经趋同了。

然而，仍然有为难之处。我认真对待自己的怀疑，把年轻人对新闻的看法与新闻媒体所提供的新闻进行了比较，收获颇丰。2014年，年轻人的更广泛的新闻热情反映了更广泛的新闻选择，即使是所谓的优质新闻机构，也是如此。我们只需随时看看主流新闻的头版即可说明这一点：我们正遭遇个人化的、严肃的、国内的和国际的新闻的混合物。此外，新的新闻类型，比如2004年洛杉矶还没有的"眼球新闻"，如今已成为公共广播机构和优质报纸在线新闻中的一个合适类别。出乎意料的是，这些发现表明年轻人对新闻的个人想象，与其说反映了他们对优质新闻不断变化的经历，不如说反映了专业新闻惯例10年后发生了多大的变化。

因此，这一事实证实了Buckingham对使用视觉或创新性方法来直接洞察人们的个人喜好和经验的保守观点。

必要的多样性：开放新闻研究的研究议程

上述研究经验表明，要了解实际新闻使用中涉及的矛盾、实践和矛盾性评价，关键是要解决单一方法研究(定性或定量)中的问题。这不仅在学术意义上是重要的，还因为媒体根据这些研究调整它们的政策、金融和个人投资。好的研究的起点必须包含怀疑的空间，即必要的多样性原则(Ashby，1956)。Sarah Tracy 认为，必要的多样性是指，"作为研究现象的工具或方法至少是复杂的、灵活的和多方面的"。新闻的数字化、全球化和日益参与的特点需要同样复杂的研究方法。这种复杂性将在实际新闻学研究中应用诸如三角测量、结晶和深描方法时被放大。

质疑与三角测量：匹配复杂性

为了有效地处理多层次的受众经验，研究人员需要将它们与适当的策略相匹配。一种有用的方法是三角测量，Denzin对它做了一个广义的定义：它是"研究同一现象的方法的结合"。该隐喻来源于使用三个参考点定位对象位置的导航。Denzin区分4种类型的三角测量：数据三角测量(在研究中使用各种数据来源)，调查员三角测量(使用几个不同的研究人员)，理论三角测量 (使用多种理论视角解释研究结果)，方法三角测量(使用多种方法研究问题)。这种方法适用于通过发现另一种方法的优势，了解每一种方法的弱点。通过对同一研究现象进行不同类型的三角测量，收集不同类型的数据，研究者可以提高其判断的准确性，验证和深化他们的研究。

三角测量也是解决对单一方法研究结果的质疑的一个非常有用的准则。皮尤研究中心因其对数字新闻消费的概率调查而闻名，它对舆论研究是很有价值的，但它并没有让我们深入了解人们是如何使用数字新闻的。例如，我们质疑皮尤关于个性化新闻广泛需求的结论没有在实际用户实践中得到确认(Purcell等，2010)。适用的技术是人们消费新闻的充分条件吗？为了论证这个观点，Groot Kormelink和Costera Meijer从以下4个方面运用三角测量进行了研究：(1)列出各国现有的编辑新闻方法的清单；(2)对(首席)编辑和政策制定者就提供或保留这些个性化新闻选项的考虑进行深入访谈；(3)与新闻消费用户进行24次深度访谈；(4)验证用户新闻接触频率(N=270)。在用户访谈中，我们应用了几种创新性方法，包括描绘用户心目中理想的新闻网站图谱(Gauntlett，2007)、考虑准则(van den Haak等，2007)、评级训练(Watts和Stenner，2005)和感觉民族志(Pink，2009)。

对于Purcell等人的询问，研究对象表示他们喜欢个性化新闻，特别是当新闻成为激怒他们的来源时(例如，体育新闻)。然而，通过同步思考准则实时跟踪他们的实际新闻使用情况，我们发现用户说他们想要什么和他们实际做什么之间的显著区别。相对于改变智能手机、平板电脑或笔记本电脑的设置，略过不那么有趣的新闻项目要容易得多。比较Purcell等人的研究结果，我们的用户研究模式显示绝大多数用户认为新闻网站和新闻应用程序的格式和内容是理所当然的。他们不想错过重要的或有趣的新闻(不管主题是什么)，当他们对特定的新闻项目或新闻类型不感兴趣时，他们就跳过了。通常，因不想看到特定的新闻而改变设置是很少见的。数据三角测量与方法三角测量相结合，为我们提供了一个比单一研究方法更复杂、更丰富的真相。

质疑与结晶方法：去新闻编辑室中心主义

毫无疑问，三角测量不是唯一的策略，它甚至可能不是最合适的策略。Richardson批评道，对于建立一种完全的方法，我们的世界不仅仅有三个维度。她摒弃从固定立场实施三角化测量的方法，并从几何学转向光学理论，提出我们不应局限于三角测量方法，而应将其转化为结晶理论。与三角测量不同，结晶的目的不是要给研究人员提供更有效的具体真相，而是要打开一个更复杂、更深入、但仍然是彻底的对某一问题的理解(Tracy, 2010)。事后看来，我们对用户个性化新闻网站需求的上述研究方法可能被视为结晶，而非三角测量。我们用了比三个更多的研究角度，也不是为了寻找一个单一的真相。尽管受访者证实了皮尤的观点，他们非常喜欢个性化新闻，但在日常实践中他们认为新闻供应和移动形式是理所当然的；有些原因是因为他们不想错过一些东西，另一些原因是因为重新设置计算应用程序太费劲了。

将结晶作为研究策略，可以促使我们反思新闻学的各种视角。结晶在不失去结构的情况下，解构了传统的"有效性"观念(让我们感觉到没有单一的真相，我们看到文本是如何自我验证的)，结晶使我们对某个主题有了深入的、复杂的、完全的理解。矛盾的是，我们知道的越多，就越质疑我们所知道的(Richardson, 2000b)。我们所看到的取决于我们的视角。追随Tracy和Treathewey的观点，我建议鼓励研究人员研究不同的"自我语言"。从新的公民新闻实践和身份意识看，结晶有助于研究真正的记者产生的真相与公民记者的影响。这很重要，不是因为专业记者和公民记者之间必然存在真正的差异，而是"因为人们说话和行动是按这样来做的"(Tracy, Threthewey, 2005)。

从这个角度来看，简单地假设公民记者和专业记者之间存在着明显的差别，可能会模糊一些社区记者每周工作20～40小时的情况，除了有一份固定的全职工作，他们还明确地与被称为公民记者的人保持距离。他们不想与被批评为习惯于煽情和戏剧化他们的社区的主流新闻联系在一起 (Costera Meijer, 2013b; 2013c)。他们认为，他们自己讲述的故事比专业人士更客观、更独立、更诚实，因为"我们不必靠新闻业谋生，不必获得高收视率，也不必为自己成名"(Costera Meijer, 2013b)。结晶及其重点在于不同语言的自我表达使它更容易超越新闻业"边界工作"的概念(Lewis, 2012)。尽管这种学术传统对判断新闻业和记者的变化很有帮助，但它仍然难以在新闻编辑室外识别新闻的实际情况。如果我们想真正了解处于新的和不断变化的新闻实践，对传统新闻业的关注可能仍然是一个起点，但它们不应该再成为研究的中心视角(Borger等, 2013)。

当以质疑作为研究的出发点时，三角测量似乎是生产某一特定对象的多层次、稳定和易于了解的真相的适当的策略。结晶则是解释几个不同的真相的有用工具，因为研究对象会随研究角度的不同而发生变化。这两种研究策略都有助于我们寻找尊重、理解和解构复杂性的词汇和方法。

敏感性概念：对体验特性的关注

除了优化我们质疑的潜能外，对受众和用户的新闻和新闻业体验保持敏感对寻找更丰富的词汇至关重要。在这一点上，我想借鉴Dening、Young和Geertz的主张，关注具体的细节或体验的特性。这可以通过定性来获得研究概念，如深描(Denzin, 1989; Geertz, 1994)和倾听(O'Donnell等)，或类似于行动者网络理论的准则(Domingo等，2015；Latour，2011，见第27章)。这些概念和程序有助于研究人们是如何在日常生活中体验新闻的。Denzin修正了Geertz的深描理论，为那些想研究媒体用户的具体实践的人提供了一个有用的概念。正如他所指出的：

> 深描……不仅仅是记录一个人在做什么。它超越了单纯的事实和表面现象。它呈现细节、背景、情感和社会关系网络，这些社会关系将人与人联系在一起。深描唤起情感和自我知觉。它将历史融入经验。对相关者而言，它确定了经验的重要性，或事件的顺序。在深描中，声音、感觉、行动和互动意义被听取。(Denzin，1989)

研究用户体验特性的一个案例是我们对点击或不点击新闻APP和新闻网站上的特定新闻的分析(Costera Meijer，Groot Kormelink，2014；Groot Kormelink，Costera Meijer，2016)。通过让56个研究对象参与不同形式的定性研究，通过感觉民族志和"大声思考"方法，我们能够更深入地描述用户的在线新闻行为。参与者包括较年轻的用户(20～35岁)和年龄较大的用户(50～65岁)，轻量级和重度型数字新闻用户，以及数字新闻的早期采用者和晚期采用者。就像Boczkowski和Mitchelstein一样，我们发现了记者认为重要的新闻和用户点击的新闻之间的差别。然而，通过研究用户体验特性，可以看出人们的个人浏览行为而不是他们的点击行为更能代表他们的新闻兴趣。

有价值的新闻：共振还是共鸣

要真正理解新闻数字化的影响，需要一个比评级、分享或点击更全面的工具箱。关于人们利用新闻做什么、为什么以及如何做，如何评价它的研究，需要一个更丰富的词汇库来讨论新闻的质量和影响。这种尝试的一个例子是引入"有价值的新闻"的概念，旨在取代新闻过去关注的研究焦点，即从内容质量、生产环境质量到用户体验质量(Costera Meijer，2013a)。

什么样的故事让你喜欢？你还记得哪些新闻对你的思维方式有影响？什么形式的新闻会激怒你，让你感到无聊或让你热衷于改变？什么样的新闻形式能扩大或加深你的想象力？

通常，新闻对用户的价值是从效果或影响的角度来评估的(Gauntlett，2005，"效果研究评论概览")。在这方面，Michael Schudson(1989)介绍了衡量新闻文化力的5个有用维度：可检索性、修辞力、共鸣性、制度保留性和解构性。文化力是指新闻产品是否和多大程度可以被检索、改变话语、产生共鸣、得到制度支持，并产生持久的变化。这些问题集中于新闻产品的共鸣性。关于用户共鸣的问题，人们关注的较少：例如，无聊、震惊或惊讶对用户意味着什么？

共振和共鸣之间的区别在这里很重要，因为它提出了两个不同的参照点：文化产品或使用者/受众。在Schudson(舒德森)的新闻业中心分析——以文化力为分析中心的研究中，最重要的是新闻业对社会及其成员的影响。而在以用户为中心的分析中，最重要的是用户在特定的新闻实践中遭遇了什么。

与以"优质新闻"为中心的研究不同，以"有价值的新闻"为研究起点，鼓励人们关注用户实践的多样性和嵌入性(Costera Meijer，Groot Kormelink，2014)。在过去的十年中，我们访谈了数百名用户，他们区分了易用性、平台、时点、语境、特定环境以及供他们评价新闻的信息需求。当他们描述他们的新闻体验时，这些体验包括前后浏览、寻找谈资，或只是消遣时间，从想真正了解一个东西到想告知别人什么或习惯性地看看有什么新消息等。最后，他们用16个动词来标记他们的新闻实践：阅读、观看、细读、聆听、检查、浏览、监控、扫描、搜索、点击、链接、分享、喜欢、推荐、评论和投票。因为新闻的价值并不是自动地与特定类型、伦理价值、内容或制作实践相关联，所有16个新闻实践如何对用户有价值取决于时间、空间、平台易懂性和语境。拓宽我们的研究视野可以更好地解决新闻使用的复杂性。对那些通过简化工作或使新闻更具娱乐性来使用户产生共鸣,以此作为取悦和吸引更广泛的受众的记者来说,这也是很重要的(Langer,1998;Ytreberg,2001)。

发声,潜水还是倾听

在研究人员和记者对民主和新闻的思考中,他们往往把参与新闻工作与发声和发言混为一谈(Bakker,2013;Karaganis,2007;Brun,2008)。从新闻业的角度看,这是有意义的,因为从单纯的"消费"到实际的"贡献"内容,衡量在线参与的程度就像人们所熟知的新闻使用者和生产者之间的区别。O'Donnell等人从受众角度推理,批评这种对媒介传播的分析仅仅是关于表达的政治——大声说出来,找到一个声音,让自己被听到,等等。为了在新闻语境中探讨对话和有意义的互动问题,他们介绍了将"倾听"作为"发声"的概念。

在新闻学研究中,把倾听作为一种独特的活动(而不是一种消极的思维方式)的做法很大程度上被忽视了。被动地消费新闻,不积极地评论它,无论是分享还是增加内容,有时都会被贬低为"休闲"或"潜水"。Crawford解释了"潜水"一词为什么以及如何阻碍我们对在线参与的体验和理解:

> 例如,在20世纪90年代的互联网研究中,潜水者——意味着他们自居争论的边缘,很少或从不参与公共讨论——通常被定义为非参与性在线。……潜水者并不是无所事事,而是积极地记录和追踪他人的奉献;他们贡献了一种接纳模式,鼓励其他人公开合作。……他们以聚集的听众的身份为社区做出了直接的贡献:既不同意也不反对,而是倾听(即使分散注意力)。

将倾听作为在线活动和在线关注的概念,不仅使我们摆脱对"潜水"的批评及从用户角度丰富我们的在线新闻学词汇库,而且让研究者看到当有人仅仅倾听时,传播也能发生(Dobson,2014)。没有倾听,声音和言语就变得毫无意义。根据我们对数字新闻业的理解,我们认识到将倾听声音作为数字时代的关键实践的重要性和价值。

新闻伦理中的用户视角

以用户为中心的新闻研究需要特别注意到新闻伦理领域缺乏这种观点。用户或受众视角在这一领域几乎没有,甚至在专业管理受众参与(Friend,Singer,2007;Zion,Craig,2015)的大众媒体伦理(Wilkins,Christian,2009)、新闻和新闻业(Allan,2010)或在线新闻伦理的专业书籍中也是如此。没有专业角度和受众视角,我们的道德反思能得到什么?让我们把重点放在相对新的伦理策略上,比如透明度和问责制。根据新闻学者的说法,这意味着受众和用户可以发挥更积极的作用。Deuze(见第5章)提到透明度是"新闻业内外的人获得更多的机会来监督、检查、批评甚至干预新闻生产过程"的新的关键词。De Haan和Bardoel讨论了问责制如何鼓励新闻机构发展各种形式的倾听和与公众的联系。在真相和信任的寻求策略——透明度和问责制中,用户在新闻业中的作用比客观性(与新闻文本相关)或公信力(与新闻机构有关)更为突出。本节将讨论如果从受众的角度研究这些价值会发生什么。

真相与信任,真诚与透明

新闻数字化使新闻机构对新闻生产过程更加开放。通过提高透明度,记者可以(重新)与受众建立信任。Hayes、Singer和Ceppos认为,这对数字时代新闻业的生存甚至是必不可少的。透明度一直被认为是新闻伦理学的热门词汇(Ward,2001),它被认为取代客观性成为新闻价值的一个要素。在新闻实践中,公众和民主将受益于透明度。透明度也有望鼓励记者和公众之间的对话(Nemeth,Sanders,2001)。例如,"透明的新闻编辑室"被视为促进记者和公民交谈的一个工具,而非"新闻编辑室堡垒"(Smith,2005)。Tracy认为对受众诚实和真实是必需的。记者和她的受众分享她已经采取的步骤和为什么这样做是重要的或必要的。这些学者认为,这种反思性或自反性问责制会让受众判断出和感受到他们的贡献的意义。

然而,当从受众的角度对透明度进行调查时,人们会对这些说法有不同的看法(Doeve,Costera Meijer,2013)。在我们的研究中,我们从19个深度访谈开始——了解人们对透明度的理解,包括一项让他们将透明度与其他新闻价值(如可靠性和客观性)联系起来的工作。与研究预设一致,一些受访者喜欢被告知新闻的生产情况,最好是实时通过超链接或推文。他们也体验了将定期更新作为新闻公信力的标志。然而,我们研究中的大部分参与者,包括那些对理解透明度概念本身有困难的人,并不认为透明度是一种积极的价值。他们更喜欢保持新闻的"魔法"或"完成"的形态。获得或期待充分更新意味着你永远无法确定你读到的新闻代表了"完整的故事",因此值得信赖。当用户体验的分布通过一项调查(N=270)进行检验时,只有一部分人经历了随着新闻收集过程的透明度不断提高,新闻可靠性逐渐提高。从受众角度展开的严肃的研究带来了意想不到的结果:虽然学者们一致肯定透明度对受众的价值,但它远没有得到(如果有的话)大多数新闻用户自己的认同。

准确,殷勤,善于倾听

上述排名工作还表明,以牺牲客观性为代价提高可靠性的重要性。

研究显示,与有价值的新闻相关的最显著的伦理价值是可靠性(betrouw-baar)和可信性(geloofwaardig)。原因可能是人们越来越意识到他们生活在"媒介政治"中(Silverstone,2007),从而想通过媒体了解自己、世界和彼此之间的关系(Coleman,Ross,2010)。从专业角度来看,信任指的是"准确性"或"真诚"等伦理价值观。Phillips等人将准确性描述为采取必要的注意措施来尽可能确保一个人所说的不是假的。一个相关的伦理概念是记者诚恳描述真实的自己——"确保自己所说的是自己真正相信的东西"。

从受众的角度来看,Silverstone的殷勤的概念比信任的概念可能更有意义,因为公民们强调新闻业应该承认所有人的体验(而不是被观点搞糊涂)(Costera Meijer,2010,2013a,2013c)。如果媒体和新闻业是殷勤的,那么它们就提供了一个讨论的公共空间让公众来理解自己、他人和世界。人们应该能够在文本中被承认是积极的社会和道德存在。互联网常常被视为提供了这样一个空间,但其开放性及其对广泛意见的表达并不是自然而然地作为一个殷勤好客的空间来体验的。坚持殷勤是媒体和新闻业的道德价值,主持人在场聆听、倾听和回应,从而创造"有效沟通的空间"(Silverstone,2007),因为没有主持人的殷勤,就像在一个空间里人人都能说话,但没有人想倾听。

然而,仅仅把良好的倾听作为新闻工作的伦理价值是不够的。当我们想认真对待用户和受众时,学者们也需要在我们的研究中加以实践。在这方面,Waks强调区分两种倾听形式的价值和重要性:积极倾听和消极倾听。积极倾听涉及使用先验类型,消极倾听则是听众按照已经存在的类型和期望来理解所说之事。在研究中,这些可能是功能性的,甚至是必需的,特别是这些分类相对简单时,比如年龄、性别、教育、文化背景等。然而,一个先验的分类,如学者所做的,也是有意义的。数字时代的新闻报道(例如,创新者、早期采用者或落后者之间的区别)倾向于将这些差异具体化,而不是解释它们。

为了听到"意外与惊奇"(Dobson,2014),消极听众可能暂停她的分类和期望。以开放的心态倾听真实的话语可能会给我们带来惊喜,并给研究人员足够的怀疑空间。对于专业记者,如O'Donnell所建议的,探索与新闻相关的倾听实践应该邀请受众和用户超越移情和舒适区,接触"不熟悉和/或敌对的观点"。一个好的例子是看看积极倾听如何让我们怀疑上述类型。它让我们有足够的空间来分析在西班牙的没有受过良好教育的摩洛哥移民妇女和退休的荷兰老人作为早期平板电脑使用者的情况。他们欢迎新技术,不是因为它简单,而是因为通过Skype可以与家人进行费用低廉的交流。以开放的心态倾听,让人洞察、了解更广泛的用户实践，它并不一定都遵循研究者预先确定的意象、取样、概念和逻辑(Becker，1998)。

结论

在这一章中，我概述了我们通过在新闻和新闻业研究中为质疑留出空间而获得的好处。反对新闻学的编辑部和媒体中心的观点，只增加受众的观点是不行的。为了有效而细致地处理数字时代挑战受众研究的复杂性，我们需要的不仅仅是概念的扩展方法，还要提高经验和方法敏感性。正如禅宗大师Daisetsu Teitaro Suzuki的箴言，怀疑是研究的基础，我们必须以此开始我们的研究。要记住，指向月球的手指仍然是手指，在任何情况下都不能变成月球本身。

第一，我们必须对我们在新闻研究中实际测量的内容更加敏感。其有许多优点。通过不将评级、分享和流通混为一谈，我们获得了关于受众和用户实践的更复杂的反馈。因此，专业记者和学者可能会对给予受众和用户在新闻业中更突出的地位少一些抵触情绪。

第二，通过对用户使用频率、质量、知情权、文化力或效应、共振或共鸣的假设进行问题分析，我们了解到用户和受众可能与记者并没有那么大的不同。

第三，将倾听作为分析类别，并作为记者和学术界的专业实践，新闻业可能会成为一个更具建设性的传播领域。

第四，关注用户视角打破了传统的关于新闻与信息、优质新闻与大众新闻、专业记者与业余记者的二分法，让我们能够研究在起居室或新闻编辑室以外的新闻用户和生产者更丰富的日常实践和身份认同，因为用户不会自动将新闻的价值与特定的地方、类型、道德价值、内容或刺激联系起来。根据不同的时间、空间、平台可用性和语境，至少有16种不同的新闻实践对用户是有意义的。

第五，要获得用户实践的多样性，我们需要更充分地理解人们在什么样的环境中体验到信息、娱乐、新闻和新闻业等信息，还需要更多地了解已经改变的用户习惯和新闻形象。大多数人仍然喜欢将新闻作为完整的文本，还是有更多的人已经学会喜欢它的无穷无尽的更新？是否仍有少数人希望跟随它的建构进程？或者说，不断增加的新闻发布"碰巧"会导致新的用户习惯和期望吗？

第六，重新思考新闻和新闻业作为公众委员会和公共联系的来源和空间的价值，这要求扩展我们的道德伦理。倾听和相关概念(如接受和移情)可能会使我们的想象力与专业的理论有关。它们将使在内容、用户和新闻制作者之间的各种形式的在线参与获得更广泛的反思和更准确的操作。然而，最重要的是我们重新思考怀疑在新闻和研究中的作用。从受众和用户的角度来探讨新闻的价值，没有怀疑，几乎是不可能的。重视怀疑将鼓励我们放弃单没有怀疑，方法的研究和应用复杂用户实践分析。怀疑的空间唤醒了三角测量、结晶和深描等研究策略，它们增加了将研究的复杂性与所研究现象的复杂性相匹配的可能性。

第37章

多重方法研究

Wiebke Loosen, Jan-Hinrik Schmidt

简介

"Re-"("后-")可以说是这个数字新闻时代最受欢迎的前缀：我们正在"反思新闻学"(Peters, Broersma, 2013), "重建新闻学"(Anderson, 2013), 并试图在工作室和研讨会上重新创建或重新定义新闻业。处在不断变化的传播环境中的新闻变革动态，不仅是新闻业面临的挑战，也是对新闻研究的挑战。这一转变似乎模糊了新闻研究的边界：比如，记者与非记者之间，新闻与其他形式的(公共)传播之间，生产与消费之间的界限——这些只是新闻研究长期以来建立的众多区分的一部分(Lean, 2015)。但是，离开了这些区分，实证研究就无法进行——即使只是询问调查对象对"新闻"或"新闻业"的基本区别和隐含理解(Domingo等, 2014)。同时，随着边界的模糊，领域重建将关注或转移到某些分类：比如记者如何"(重新)发现"受众(Loosen, Schmidt, 2012), 新闻学研究也越来越多地被纳入这些"隐含分类"中(Madianou, 2009), 发展在相互分离的新闻学和受众研究之间建立起桥梁的方法(Dohle, 2014)。

我们把新闻研究理解为以新闻生产、新闻消费和新闻报道的行动者为研究对象的"三位一体"。既然我们不能确定(就像我们以前在大众媒体的条件下)生产和消费的环境以及新闻输出的相互关联，就不能再只依靠区分的方法来研究这些行动者和报道。为了分析数字时代的新闻，我们认为需要创新研究设计和理论建构的三种基本的科学方法——访谈，内容分析，观察。这种多重方法研究是实证研究的"黄金法则"和处理社会复杂性的常用研究手段。预计不同的方法可以互相补充，相互验证，增强研究深度，从而拓宽研究视角(Loosen, Scholl, 2012)。这种方法可被视为一种理想的研究方法，与以新的行动者、网络化和参与式受众为特征的新闻环境变迁，与越来越多样化的新闻生产和消费工具相适应。

尽管多重方法研究似乎是理想的，甚至是这种动态环境中的新闻研究所必要的，但它并非没有困难。特别是我们与这些方法相关的研究，以及由此产生的各种发现，都远非不言自明的。在此背景下，本章有两个目的：第一，提供一个由不同方法组合的系统性清单。为此，我们简要介绍了一般情况下可以组合的内容，即新闻研究的"方法工具包"；我们讨论模态内与模态间的组合，并考虑多方法设计的功能和结构。使用这些类型的多方法研究会面临多种挑战，我们接着讨论认识论和实践方面的挑战。最后，我们将多方法设计置于更广泛的数字新闻研究的背景下。

本章的第二个目的是以多方法研究和研究结果为例，结合实际研究的经验，来说明和丰富方法论的讨论。为了这个目的，我们利用一个关于受众参与研究的研究项目，研究德国新闻媒体如何增加受众参与的机会(主要与社交媒体相关)，从而重塑新闻业与受众关系的4个案例。显然，在这项研究中采用的任何单一研究方法都不具有创新性。但是，为了适应不断变化的新闻环境的复杂性，本文选择了在一个完整的理论框架内对记者和受众的参与式实践和相关期望进行比较的理论框架和实证设计。我们相信这个研究案例不仅展示了多方法设计中的研究决策、挑战和机遇，也表明通过扩大研究的重点，把新闻记者和新闻受众纳入新闻研究可以收获什么。

新闻研究中的"方法工具包"

研究设计中将采用哪种方法组合取决于可用的"方法工具包"：与所有其他研究领域一样，新闻研究本身并不局限于一套特殊的经验方法，它借鉴的是不同的基本方法。我们从广义上理解包括访谈、内容分析和观察这三个"科学认知的广义模式"(Schooll，2011a)。它们分别包括多种定性/非标准化形式和变体与定量/标准化形式和变体，用于(作为访谈的一种特殊类型)定性的内容分析与语篇分析(作为特定类型的内容或文本分析)，或日志文件分析(作为一种特定类型的观察)。

由于新闻研究主要将记者作为该领域的核心行动者或角色，因此他们被视为数据收集的主要来源或"社会地址"(social address)。尽管在界定谁可以/应该被算作记者的问题上还存在争论，新闻研究的首选手段往往是一种提问技巧，例如访谈或调查(Weaver，2008；Hanitzsch，2009；Weaver，Willnat，2012；Weischenberg等，2012)。因此，在我们关于新闻的经验知识中，有一个广泛的(不是精确量化的部分)、基于自我描述(获得这种自我描述的创新方法，见第32章)的基础。

这一领域的第二种主要方法是内容分析法，它着眼于新闻生产过程的产出、可见和明显的表现，不需要任何访谈或调查参与者(Kolmer，2008)。这就是内容分析法通常被看作一种"非反应性"方法的原因之一(Krippendorf，2013，把它描述为一种"不显眼的技术")。此外，它的调查对象，即要分析的内容，在分析的过程中往往被认为是"不变的"，因而被认为是"凝固的现实"(fossilized reality)(Merten，1996)。

最后，新闻编辑室观察是新闻研究的第三种历史悠久的传统方法(Quandt，2008)。在这种观察中，研究人员在编辑室里观察实际发生的工作惯例和编辑过程。虽然功能强大，但这种方法最近被怀疑为"新闻编辑室中心主义"(Wahl-Jorgensen，2010)，它可能不再适合研究当前的新闻环境，因为新闻生产不再"在任何一个新闻机构的生产中心内进行"(Cotton，2007)。但这不仅仅与新闻编辑室的空间焦点有关："炸毁新闻编辑室"的号召与远离新闻编辑室，无法再从围绕它的媒体生态系统中孤立出来观察了(Anderson，2011；关于如何应用民族志分析数字时代的新闻学，见本书第30章)。

显然，不同的基本科学数据收集模式(访谈、内容分析、观察)各自提供了自己独特的接近社会现实和调查对象的途径。因此，他们也有其特殊的"盲点"、权力和限制(Loosen，Scholl，2011)。访谈产生自我报告或关于行为的报告，但不能观察行为或动作本身。内容分析考察(新闻)产出方面，但不能直接识别生产或消费的条件——即使出于充分的理由，它的目的是"从文本(或其他有意义的事项)推断其使用背景"(Krippendorf，2013)。而观察虽然可以看见新闻实践过程，但不能揭示背后的动机和主观意义。正是基于各种方法的这些限制，我们可以通过多种方法来解决它：通过将这些方法结合起来，可以克服每种方法的特殊局限性，弥补各自的盲点。

新闻研究人员当然对这三种基本研究方法有许多不同的变体(例如，见本书有关创新数字方法的章节)。为了解决新闻学研究领域的复杂性(见第36章)，多方法可以利用两个或全部三种研究方法组合成"三位一体"的新闻研究方法，包括内容、生产和/或消费。图37.1阐述了一种方法，它着眼于消费者、生产者和内容，并使用了两种基本的研究方法：访谈和内容分析。

访谈法允许采访生产者和消费者。在我们的案例中，包括对不同角色和层次的新闻编辑部工作人员的5~10次的深度访谈，以及对5~10名不同参与程度的受众的访谈。对编辑人员和用户的在线定量调查使我们能够在更广泛的范围内界定新闻实践的参与性，衡量记者和受众之间的一致性。考虑到自我报告的局限性，以

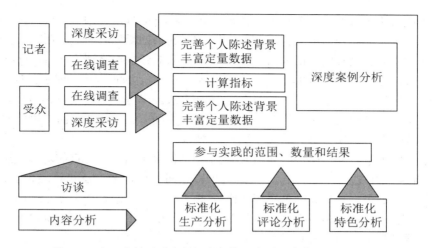

图37.1 在一个针对受众新闻参与的研究项目中的多重方法设计

及需要评估受众参与的实际程度，我们将线下新闻产品的内容分析与网站及Facebook上的用户评论和内容生产行动者的访谈结合起来。最后，连续几年的两波"特征分析"记录了网站及社交媒体中参与性内容的范围和发展情况。此外，我们在对作为基准的选定新闻网站的比较中对其他12家新闻机构的参与因素进行了专题分析。在我们的案例中，观察法没有包括在内，因为它非常耗时，而且可能会预先为实地访谈设置额外的障碍，尽管在新闻编辑室的观察或对用户的观察肯定会提供另一个角度来检测他们的新闻实践。最终，我们对每个案例撰写了长达100～150页的详细报告，将不同方法的结果以不同的方式组合在一起，以获得对受众参与性的个案研究的详细描述(见图37.1)。

模态内与模态间的多方法研究设计

有关"混合方法研究"以及"三角测量"(triangulaiton)的学术文献(后者主要以定性方法为基础，见本书第1章)充满了类型学系统化研究设计(Flick，2004；Teddlie，Tashakori，2006；图37.1关于受众参与新闻项目的多方法设计，Johnson等，2007)。一方面，这说明了该研究领域的复杂性，尽管Maxwell和Loomis(2003)认为，混合方法研究的实际多样性是远远不够

的，任何类型学都不能充分涵盖。另一方面，每一种类型学都需要提出标准来定义和区分多个类型的核心特征。在这一节中，我们想从区分开始，突出强调模态内和模态间方法设计的区别。

这一区分依赖于访谈、内容分析和观察这三种基本模式，我们将其作为基于社会现实的经验研究方法的基本类型。每种方法都包括定性/非标准化的形式和变体与定量/标准化研究的形式和变体。考虑到这一点，我们认为作为组合的多方法研究既可以将这些基本科学方法中的两种或多种纳入一项实证研究，也可以将这些方法的不同形式或变体结合在一起(Loosen，Scholl，2012；Moran-ellis等，2006)。从这个角度来看，将深度访谈与一项研究中的标准化调查结合起来，被认为是一种模态间(intra-modal)多方法设计(不包括采访技巧)，而非标准化调查与标准化内容分析的结合则是一种模态内(inter-modal)组合。

上面提到并在图37.1中描述的项目说明了这两个变体：它从定性访谈方法和定量调查方法的(模式内)集成开始，目的是相互补充(而不是让一种方法验证另一种方法；见下文)。更确切地说，这两种方法的研究结果可以结合起来，呈现参与式实践和期望的不同方面的完整画面。首先是分别关于记者和受众的：定量数据需要被个体语境化，例如，某主任编辑的专业形象得到新闻编辑部同事的支持。第二，

同等重要的是，访谈可以证明或丰富定量研究发现，为数据来源增加额外的价值。例如，对周播的政治脱口秀的访谈发现，记者认为他们的职责是"尽可能客观、准确地报道"。乍一看，似乎相反，因为脱口秀的形式不是关于客观的信息，而是关于主观的意见。然而，深入的访谈揭示了编辑人员将谈话嘉宾的观点视为要传递的信息，并力求通过平衡不同立场的演讲嘉宾的方式来实现客观性。

另一种模态间的多方法设计则更直接地比较记者和他们的受众。使用调查方法，我们测量了一个相同项目和量表的记者和受众的相似变量；或举例说明(假设)就新闻报道或观众参与的总体评估提供反馈动机。通过这种设计，不仅可以在不同的案例研究之间比较研究结果，也可以在记者和受众之间比较(关于这一方法的不同层次比较的更深入讨论，见Schmidt, Lay, 2014)。

鉴于新闻编辑室和其他新闻生产空间的复杂运作，多种方法的组合——科学研究的两种或三种基本模式的结合——可以为新闻内容、生产和消费之间的相互关系提供更深层次的洞察。在我们的案例中，我们采用了一种模态间方法设计，将内容分析与访谈技术引入其中，以对比研究对象的自我报告和他们的新闻产品。特别是，我们对将(离线)新闻产品的内容分析与从访谈中收集到的编辑把关过程和惯例的信息联系起来的结果进行讨论。

这两个来源的数据结合在一起，帮助我们揭示用户参与新闻实践是如何塑造产品的。因此，我们能够(例如，通过对用户生成内容的各种把关过程的了解)获知哪些内容通常是不可见的。特别是，它揭示了受众如何大量参与新闻编辑室的新闻生产，但通常是不可见的，因此它是新闻产品分析中具有"相关性"的部分。如果只看访谈对象的自我报告，或者只从内容分析中得出结果，这种不平衡是不会被揭示的。

同样，我们也比较和对比用户评论的内容分析结果和深度访谈中所表达的用户参与惯例的讨论结果。前者有助于我们评估用户评论的实际内容，以及他们与其他受众成员互动的程度。后者的数据帮助我们进一步了解情况，例如，我们的研究对象对"用户社区"的依恋程度，它对建构网络评论或Facebook自媒体的意义。在这些方面，使用不同方法(而不是任何单独方法)的模态内和模态间组合可以提供一个更细致的画面来描述这些面向集体的受众参与的情况。

作为不同科学视角的基本方法的模态内和模态间组合，多方法设计经常表现为(但不是必需的)定性-定量的混合方法。关于"混合方法"的研究主要集中在定量和定性方法的结合上，而关于"三角测量"的文献要么涉及至少两种定性研究方法的使用，要么涉及两种以上定量方法的组合。这两种研究方法也经常讨论这种组合所涉及的认识论问题(Flick, 2004；Brewer, Hunter, 2006；Johnson等, 2007；Teddlie, Tashakkori, 2009)。在此背景下，Moran-Ellis等人(2006)提出经常交替使用的"整合""组合"和"混合"等术语的问题，他们认为，多方法/多数据研究必须被理解为不同方法、数据集、分析结果之间的一种特殊的实际关系或者视角，而三角测量则包含了一种关于研究结果的认识论主张。方法的组合是否包括定量和定性方法是方法论(自我)反思的一个重要方面，但在实际研究实践中所面临的挑战和后续问题在这两种情况下都是相当相似的。无论哪种方式，都需要以务实的方式处理多方法的实际后果。因此，最重要的问题是，不同的方法究竟是如何和为何种目的而相互关联的。

多方法设计的功能和结构方面

讨论了在多方法设计的第一个重要区别(模态内结合和模态间组合)后，我们现在转向第二个区别。在Loosen和Scholl之后，多方法设计有两个截然不同但又相互关联的维度：

1. **功能维度**：这种组合的目的是什么？这些方法应该是(A)补充，还是(B)支持，又或者是(C)相互验证？
2. **结构维度**：如何实现？这些方法如何紧密

或牢固地联系在一起？方法在研究过程的不同阶段和步骤是松散的、强耦合的，还是在一起被运用的？

让我们更详细地讨论这些维度。首先，在功能维度方面，如果用一种方法解决另一种方法的"盲点"，则它们是互补的。一个典型的例子是将观察和深度访谈结合起来，以揭示观察到的行动背后的动机和态度。例如，Tandoc的一项研究考察新闻工作者如何将来自网络分析的反馈信息整合到他们的新闻工作中去的程度。Tandoc用半结构化方式访谈记者，聚焦于编辑决定的解释和对受众影响力的感知，来补充观察到的数据。

这种"互补模式"在其结构耦合(第二维度)方面是多变的。当它们处理的是总体研究兴趣的不同方面时，它可能涉及所选方法的松散耦合。但是，互补组合也有可能要求两种方法更强地耦合。在这种情况下，典型的情况是运用舆论研究(通过调查)与传播内容分析相结合的方法来研究类似"新闻媒体是塑造还是反映公众舆论"这样的问题(Schulz，2008)。在这种情况下，方法的结合是研究问题本身"固有"的——这是媒体效果研究的典型方法。这样的研究需要"联动系统"(Schulz，2008)将分析单位(在这里是被调查者和媒体信息)或多或少地紧密地联系在一起(Neuendorf，2002)，以便知道他们说了什么。

如果使用一种方法来设计另一种方法，则方法相互支持或遵循"协作模式"。这方面的一个例子是使用定性访谈来回应标准化调查分类——一种典型的规模开发程序。例如，Kohring和Matthes用标准化问卷进行了近60次定性访谈来研究新闻媒体的公信力问题。他们的方法遵循Morgan的"优先顺序模型"，以定量方法为主，但只有在先期定性访谈的支持下才能实现。

当组合方法的目的是验证结果时，必须在方法之间建立特别强的耦合。这种"竞争模式"可以用Mellado的研究来说明：她感兴趣的是专业新闻角色概念如何在新闻产出中"物化"，以及"不同专业角色"在新闻报道中是如何被强化的。这样的问题需要一种由Schooll和Weischenberg运用的方法，它将访谈数据(记者关于其角色概念的报道)与内容分析数据(以确定他们在自己的新闻生产中多大程度上变得明显)结合起来。这样的组合方法用于验证记者对其产品的自我报告。

补充、支持、验证对不同的多方法设计的结构维度的特殊的影响，或多或少需要这些方法的强耦合。要特别指出的是：结构遵循功能，也就是说，与结构维度相关的所有方面都依赖于功能维度，方法耦合的方式和目的取决于在研究设计过程中作出的许多决定。为了评估研究实践中这些更实际的方面，我们可以跟随Christmann和Jandura的建议，他们提出了有关多方法设计结构方面的更多观点。

- 规划的系统学：方法组合是研究项目初步规划的一部分，还是在规划阶段之后决定的？
- 方法的权重：这些方法是同等权重的，还是一种方法在总体设计中更占主导地位或更重要？
- 耦合强度：在研究过程中，方法是松散连接的还是强连接的？
- 排序类型：这些方法是并行的还是连续的，又或者是按照特定和必要的顺序进行的？

综上所述，多方法设计不仅涉及模态内和模态间、定量和定性方法的结合，还依赖于对其功能的决策和结构方面。由于在一项研究设计中有许多种组合，每种组合都可以是一种方法与另一种方法相关联(Christmann，Jandura，2012)，实际的多方法研究可能会有很大的差异，这取决于研究人员所做的决定。在我们自己的研究中，我们选择了一种多方法的设计，它是互补的，而不是验证的(例如，关于深度访谈和标准化问卷调查的指南应用于诸如"职业自我形象"或"参与动机"之类的议题结构)，在适用情况下也涉及模态内方法组合(用户调查包括进行中的用户评论及评论分析的系列问题)。方法的紧密耦合对新闻产出的研究非常重要，因为研究结果并不是为每一种方法分别提出的，而是与多方法的挑战及整个研究问题和分析维度纠缠在一起的。

多方法设计的挑战

多方法设计的功能和结构方面的讨论已经表明，将各种方法和它们生成的研究结果联系起来是远远不够的。本节重点讨论多方法设计的两个更普遍的挑战，它们既具有认识论，又具有实践性：分析的不同单元的连接性的挑战和工具标准的可通约性的挑战。

第一个挑战是确定方法组合可用于交互验证的程度和条件。这样做的先决条件是方法是否适用于同一研究对象。问题是：在哪种情况下，两种不同的经验方法可以用于同一研究对象或同一社会现象？答案远非不言自明，正如关于"三角测量"方法术语的讨论和运用(Kelle, Erzberger, 2004)所表明的那样。按照三角测量方法最初的设想，使用不同的方法可以提高结果的有效性，而最近的解释则更强调视角的互补性："三角测量"与其说是验证结果和过程的策略，不如说是验证替代的方法……这增加了方法程序的范围、深度和一致性(Flick, 2002)。

评估这一问题的一种方法是思考分析单元相互关联的层次。以上面提到的验证记者对他们生产的新闻产品的自我报告的例子为例，我们可以问：它们是否在记者个人层面及其产出方面相互联系？或是在组织层面将新闻编辑室的角色概念与其整体产出进行比较，或者将具有代表性的记者调查与具有代表性的记者报道样本进行比较(Loosen, Scholl, 2011)。

第二个挑战来自于工具或结果的可通约性(commensurability)问题：当媒体文本的代表性程度、所代表的知识的深度以及特定情况与个人的背景数据不同时，我们如何将不同方法的数据联系起来(定性和定量研究工具，自我报告和媒体文本分析)？同样，这个问题没有一个普遍的答案，因为它取决于研究问题和研究领域的特殊性。但人们必须在多方法研究的所有阶段对上述问题作出反应，特别是在不同方法导致(看似)矛盾的出现的情况下。

我们的研究的最后一个例子可以说明这一点：所有案例研究中接受调查的记者都假设，用户参与至少一部分是为了"发泄怒火"，而接受问卷调查的受众却不这样认为。然而，对用户的深入访谈显示，他们中的许多人的新闻参与正是因为他们对新闻报道(或其他用户的评论)感到愤怒或不安，并想释放这种情绪。在考虑数据冲突时，我们意识到了以下几点。第一，显然，调查问卷包含了一种偏差，因为在调查环境中的受访者在描述自己的行为时往往会给出社会期望的答案。在深度访谈的情况下，有更多的空间来阐述和将其置于背景中考虑，以及建立信任和友好关系，用户更有可能解释他们参与动机的微妙差别，以及他们参与类似实践的环境背景。

第二，我们意识到这个项目的区分度实际上是很好的，因为它揭示了记者和受众之间的一个重要差异：记者们在不同程度上面对许多激情、愤怒、咆哮、哀求的评论或邮件反馈，但他们通常缺乏对用户背景的了解——类似于用户通常缺乏对新闻编辑室及其产品的背景的了解。因此，记者们从表面上看待这些评论，认为受众的参与是一种很好的"宣泄情绪"的方式。通过把不同的方法结合起来研究不同的行动者和他们的行为、期望，我们能够描绘一个有关记者和他们的受众之间关系的更详细的画面，准确地认知(而不是报告)不同工具所揭示的差异。

结论与展望

本章关于多方法设计类型、决策和议题的研究表明，在经验研究实践中，多方法研究远非没有缺陷，至少比它们乍一看时问题更多。此外，它们也会产生各种"研究成本"：它们极大地增加了工作量，并且需要数据方面的收集和分析的特殊技能。鉴于前面概述的可能的多方法设计的多样性，我们引用的例子不能使其具有代表性或完整性。然而，这些案例表明在开发和应用多方法设计时应考虑方法论和认识论方面的典型问题。不仅限于新闻研究，所有其他社会科学领域的经验研究也会面临类似的挑战。但是，结合数字新闻研究的具体进展，我们勾勒出更广泛的我们领域中的多方法研究内涵，并得出结论。

首先，我们必须承认，数字化为新闻研究创造了一种方法上的矛盾局面：一方面，它使我们能够获得大量的数字数据，可以通过标准化甚至自动化手段进行分析。另一方面，它打乱了"新闻""新闻业"和"受众"的基本分析范畴，并对传统的编辑概念研究进行了重构，如新闻角色概念、新闻选择标准、新闻编辑室及其作为新闻合作组织中心的理解、新闻与受众关系等。网络媒体与(部分)参与式受众的相关性日益增强，显然正挑战新闻学和研究机构所固有的大众媒体范式。我们正在目睹一种新的"网络新闻学架构"的出现(Bastos，2014)，但还只能窥见它的轮廓。因此，当代新闻研究必须重新审视其核心概念，使其适应不断变化的媒体和传播环境。

其次，最近(技术驱动的)新闻业的变革不仅挑战新闻研究的理论和分析概念，而且挑战其基本的方法论假设。网络媒体内部和通过网络媒体进行的传播在前所未有的规模上留下了数字痕迹(Gold，Macy，2014)。而我们可以说，对这些痕迹的分析将包含在作为"观察"的基本方法中，把它们作为一种新出现的第四种科学认知模式来改变我们研究和理解(新闻)传播过程的方式似乎更合适(Boyd，Crawford，2012)。算法在选择和呈现信息方面的重要性越来越大——从个性化的信息提要到机器编写的新闻和智能新闻业，它提出了另一个方法挑战，因为它使网络传播的关键方面变得难以观察和不透明(van Dalen，2012；Beam，2013；Gerlitz，Helmond，2013)。新闻研究可能会越来越多地包括分析算法、观察其结果、访谈它们的开发人员。它还可能将新的数字方法与传统的方法结合起来用于研究。比如，通过深入访谈，对Twitter进行了充分的分析，以便通过对Twitter用户的个人理解来补充Twitter数据的总体水平(Bastos，Mercea，2015)。

第三，这些理论和方法的基本挑战还来源于我们的"学术评价系统"正在发生根本性变化(Hanitzsch，2014)。首先，它似乎越来越只看重一种特定类型的学术产出，即期刊论文。作为一名研究人员，人们有很高的动机来发表以较小问题为重点的实证研究，以使学术产出最大化。其次，研究人员在方法上也是社会化的，这越来越多地包括对某些方法和研究范式的偏爱(例如，定性或定量研究方法)。此外，内容分析或问卷调查等单一方法的进展，更不用说在线/数字方法不断发展的领域(Fielding等，2008；Poynter，2011；Rogers，2013)，也导致了"方法专家"，他们专门研究特定的方法，即使不是所有的研究都是以这些方法为基础的。综合来看，这些发展不仅很难确定当前新闻研究的研究状况，也导致了基于来自网络公众的新数据流的经验研究缺乏理论设计。因此，在一个非常基本的层次上，学术界正在阻挠多方法设计，而不是支持它们。

理论驱动的多方法研究有其独特的"约束效应"，因为它需要一个理论和概念框架——作为它的起点，也作为它的(初步)终点。相比许多对经验研究的介绍中提出的简化的线性过程，我们必须承认科学问题、社会理论和经验方法被置于一个"不可分割的循环关系"中(Scholl，2011b)，从一开始就贯穿整个过程(观察某事物被表示为"研究"方法问题)，直到最后(解释实证结果并将其与最初的问题联系起来，最好与理论联系起来)。

多方法设计在某种程度上增加了这种循环性，它们在研究过程的各个阶段都增加了复杂性。这意味着，尽管多方法设计是一种适当的方法，但是为了解决复杂的研究问题，它们会增加工作量，也会提高对数据收集和分析的多方面方法技能的需求。最重要的是，当涉及解释用多方法设计收集的相应的、互补的和/或矛盾的结果时，他们需要彻底的方法论自我反省。这不是一个"威胁"，而应该被看作一个特殊的优势：分歧或自相矛盾的发现需要重新审视，也许需要从另一个角度来重新解释——这是一个新的研究问题的起点。